周振甫学术文集

产业卷
中国经济卷
上海发展卷
全球城市卷

产业结构与产业政策

周振华 著

格致出版社 上海人民出版社

潘宜辰摄于2023年5月24日

作 | 者 | 小 | 传

周振华，1954 年 4 月 1 日出生于上海。祖籍是浙江上虞。1961 年，就读于上海市南市区中心小学（试行五年制），受到当时最好的教育。但初中三年“复课闹革命”，没上过什么课，留下一片空白。1970 年，作为 69 届初中生，毕业后即赶上知青下乡“一片红”（全部离沪“上山下乡”），便去了黑龙江香兰农场接受“再教育”。农田干活，战天斗地，经受日炙风筛的砥砺，接受凌雪冰冻的洗礼。好在八年的知青生活，没有闲游如戏人生、放荡如梦江湖，而是把青春默默存放，毫无目标地翻阅了一大堆哲学、历史及马列经典著作。特别是调到场部宣传科后，接触了更多文史哲的理论知识。

1977 年恢复高考，仓促迎考，也不抱有太大希望。也许是，付出终究会有回报，竟被牡丹江师范学院政治系录取，圆了多年的上学梦。作为 77 级大学生，对知识的追求，如饥似渴，分秒必争，近乎痴迷和狂热。不经意间，还孕育出未来继续深造的奋斗目标——报考硕士研究生。最初，选择了当时较热门，自身也有些基础的哲学专业方向。后来，接触了政治经济学，有一种直觉：这门学科更为实用，尤其是在改革开放和转向以经济建设为中心的背景下。于是，调整了报考研究生的专业方向——政治经济学，并主攻《资本论》研究，尽管是从“一张白纸”起步。大学期间，除优质完成所有课程学习外，大部分时间花费在备考研究生上，特别是“无师自通”了《资本论》三卷本。

1981 年底，如愿考上了福建师范大学硕士研究生，师从我国《资本论》研究权威人物陈征教授。硕士研究生三年里，在陈征老师的卓越指导和严格要求下，通读和精读《资本论》数遍，受到政治经济学及《资本论》逻辑体系的系统训练，为此后的学术研究打下了扎实的理论功底。并尝试运用《资本论》原理，结合我国改革开放的实际，研究社会主义流通问题。硕士论文成果在《福建师范大学学报》和《南京大学学报》上发表。

1985 年初，硕士毕业去南京大学经济系工作。除了开设《资本论》课程外，又系统学习了宏观经济学和微观经济学、投资学、企业管理学等，进一步完善了经济学的知识结构。在教书育人的同时，深入研究我国改革开放中的重大理论问题，如市场经济问题，现代工业、乡镇工业和农业三部门的结构问题等，并发表了一系列论文。1986 年，被评为讲师。1987 年，领衔完成《社会主义市场的系统分析》一书的撰写，该书由南京大学出版社出版，成为我国较早一部阐述社会主义市场经济的著作。

1987 年，因科研成果突出，被中国人民大学免试录取为博士研究生，师从我国杰出经济学家、教育家、新中国国民经济学学科开拓者胡迺武教授。在此期间，学习和研究的重点转向市场经济条件下的宏观经济管理，在《经济研究》等刊物陆续发表学术论文。参与了吴树青、胡迺武承接的“中国改革大思路”国家重大课题，撰写了其中有关流通体制改革的章节。该成果获首届孙冶方经济科学奖论文奖。博士论文选题是当时比较前沿的产业结构与产业政策研究。博士论文提前一年完成，并以《产业政策的经济理论系统分析》为书名于 1991 年由中国人民大学出版社出版。

1990 年初，去上海社会科学院经济研究所工作。因博士论文撰写中的大量资料积累及观点酝酿，在 1991—1992 年两年内，出版了《产业结构优化论》和《现代经济增长中的结构效应》两部专著。1991 年底，从讲师（助研）破格晋升为研究员。1993 年，获享受国务院特殊津贴专家荣誉。1994 年，获国家人事部突出贡献中青年专家荣誉。1995 年，入选中共中央宣传部、组织部、国家人事部等国家社科领军人才。1996 年，任上海社会科学院经济研究所副所长，《上海经济研究》总编。在此期间，陆续出版了《增长方式转变》、《步履艰难的转换：中国迈向现代企业制度的思索》、《积极推进经济结构调整和优化》（合著）、《体制变革与经济增长》、《信息化与产业融合》等专著，主编了《中国经济分析》年度系列研究报告（持续近 25 年）、“上海经济发展丛书”（12 卷本）等。

2006 年，调任上海市人民政府发展研究中心主任、党组书记；兼任上海市决策咨询委员会副主任、上海市社会科学界联合会副主席、上海市经济学会会长等职。在此期间，创建了上海发展战略研究所，兼任所长；创办了《科学发展》杂志，兼任主编。主持和组织了上海市若干重大课题研究，如“上海‘十二五’期间发展主线研究”“上海世博后开发利用研究”“面向未来三十年上海发展战略研究”等。出版个人专著《崛起中的全球城市：理论框架及中国模式研究》《服务经济：中国经济大变局之趋势》《城市发展：愿景与实践》等，主编《上海：城市嬗变及展望》（三卷本）等。

2014 年，退居二线，任政协上海市十三届委员会常务委员、经济委员会常务副主任，继续兼任上海发展战略研究所所长。在此期间，出版个人专著《全球城市：演化原理与上海 2050》，主编《上海改革开放 40 年大事研究》（12 卷本），并执笔其中的第一卷（总论）《排头兵与先行者》。组织上海发展战略研究所科研人员集体攻关，完成《战略研究：理论、方法与实践》《上海战略研究：历史传承时代方位》《上海战略研究：资源、环境、驱动力》《上海建设全球科创中心：战略前瞻与行动策略》等研究成果并公开出版。

2018 年，受邀组建上海市决策咨询委员会下属的全球城市研究院，并出任院长。创办《全球城市研究》杂志，为总负责人。每年组织面向全市和全国的招标课题研究，主编和出版《全球城市发展报告》《全球城市发展指数》和《全球城市案例研究》三大年度标志性成果。个人撰写并出版《卓越的全球城市：国家使命与上海雄心》《全球城市：国家战略与上海行动》等简明读本。加强国际学术交流，组织"全球城市经典译丛"系列的翻译，个人专著《崛起中的全球城市：理论框架及中国模式研究》《服务经济：中国经济大变局之趋势》《全球城市：演化原理与上海 2050》的英文版也由世界著名学术出版商施普林格（Springer）、世哲（Sage）等出版发行。

曾被中国人民大学、上海交通大学、同济大学、华东师范大学、上海财经大学、上海海事大学、上海师范大学等诸多高校聘为兼职教授。为首届长三角一体化发展咨询委员会专家、上海市决策咨询委员会委员、上海市政府特聘专家，被浙江、成都等多地政府聘为顾问和咨询专家。著作类研究成果曾获得国家"三个一百"原创图书奖、华东地区优秀理论读物一等奖、上海哲学社会科学优秀成果奖一等奖（多次）、北京哲学社会科学优秀成果奖、上海市"银鸽奖"最佳出版奖等多种奖项，入选"十四五"国家重点出版物出版规划等。

自　　序

出版社准备编辑这套学术文集，要我作一自序。正好，乘此机会，对一路走来的经历及感受作一个系统梳理。但是，又有点犯愁。往事久远，记忆淡去，再加上我有一个习惯，就是只顾匆忙前行，无暇回眸过往。学术生涯四十载，研究成果积三尺，却从未整理过一二。这下可好，有点手忙脚乱，不得不静下心来，凝思回想：这一学术之路如何走过，沿途又有怎样的风景？一帧帧画面，在脑海中匆匆闪过，丰实多彩，却又片断杂乱。这些画面的不规则组合、交叉渲染，竟然变幻为一种朦胧写意，让我突然联想到当年独登泰山的生动场景。两者之间，如此相似！难道是冥冥之中的暗喻？

那还是 1971 年，我参加知青下乡的第二年，回沪探亲途中的事情。事先约定登泰山的同伴们，或许因旅途疲惫，快到泰安站，临时变卦，剩我一人独行。为观日出，我不顾舟车劳顿，半夜三更上山。天色阴黑，万物寂静，漫漫山道上，一道孤影飘然而行，尤显孤单、落寞。沿途两侧，景物模糊，难窥秀丽之色，我不免有些无奈，心生遗憾。更叹浑然不知泰山典故，无以领略沧海桑田之变，乏味、茫然之感陡增。

到半山腰，正准备歇脚，突然望见，远处有黑影晃动。哇！原来不乏夜行者。那是两位 50 多岁的老人，正慢悠悠走着，不时停下来，指指点点，说说笑笑。原来，他们对泰山情有独钟，每隔几年就登临山间，对此地的一景一物了如指掌。见我一人，他们便热情招呼我随其同行。这下可好，下半程的山路，有了另一番风景。他们给我介绍景点，讲传闻趣事。生动之余，阐幽明微，赏心悦目。周边朦胧景物，仿佛逐渐明朗，露出真容仪态，并似乎鲜活起来，呈现古往今来的流动。这才让我慢慢感受到五岳之尊的魅力，初识得泰山的真面目。过了中天门向上，两边山崖壁如削，山路陡峭乱云渡，风啸阵阵催更急。置身其中，犹如逆天渡劫。我咬紧牙关，拉着铁索，奋勇攀爬，直至一步一喘，五步一歇。终于，天色微亮之际，站立于岱顶之上，脚踩云雾缭绕中的峰峦，领略了“一览众山小”的境界。

一

说来好笑。搞了一辈子学术研究，还真不知，学术生涯开端，以什么为标志。有人说，是处女作。如果那样的话，我的学术生涯开端可追溯到1980年。当时，我还是大学三年级的学生，试着对外投稿。想不到，稿件被黑龙江省委党校《理论探讨》录用，他们让我快速去编辑部修改定稿。为此，我专门向学校请了假，连夜从牡丹江乘火车赶去哈尔滨。此番经历给我留下深刻印象。

但我总觉得，这似乎并不能标志学术生涯的开端。当时发表一篇论文，只是业余爱好而已。更主要的是，当时压根没想过要走学术研究之路。这主要源自69届知青的“出身卑微”。所谓的知青，其实没什么文化知识，尤其是69届知青，实际上只有小学文化程度。初中三年，赶上“复课闹革命”，没上过文化课；毕业后上山下乡“接受再教育”，整整八个年头，实践知识大增，文化知识却没增添多少。幸好，1977年恢复高考，借洪荒之力，我考上了大学，实现了不可想象的“飞跃”。但如此浅薄的底子，怎能去搞这般高深的学术研究?！至今，回想起来，对走上这条学术之路，我仍感不可思议。只能说，也许是鬼使神差，机缘巧合，勉为其难，艰辛付出的结果吧。

应该讲，真正意义上从事学术研究，是在攻读硕士学位之后，是我国《资本论》研究的权威人物陈征老师将我带入了学术研究之门。其实，当时报考陈征老师的研究生，也是逼迫无奈，挣扎奋起的结果。1978年底，大批知青返城，这使曾经当过知青的我，有一种失落感，回上海的愿望很强烈。无奈所读学校是省属高校，毕业后当地分配。唯一出路，就是报考研究生。但这种机会，只有一次。直接报考上海高校的研究生，风险太大，故选择“曲线返城”，先报考福建师大陈征老师的研究生，等以后有机会再回上海。为此，大学在读期间，我足足准备了近三年。考试下来，自我感觉也不错。但结果如何，心里仍没底。在焦急等待之际，意外收到陈征老师来信，告知报考人数多达 80 余人，竞争十分激烈，但“你考试成绩优秀，欢迎前来深造”。这样，我开启了新的人生，走上了学术研究之路。

陈征老师担任中国《资本论》研究会副会长，并率先组建了“全国高等师范院校资本论研究会”，担任会长。他的 5 册本《〈资本论〉解说》是我国第一部对《资本论》全三卷系统解说的著作，也是国内对《资本论》解说得最为清晰明达、通俗易懂的专著。在他的教诲和指导下，我开始对《资本论》三卷进行系统学习和研究。一开始，我感觉这“大部头”很难啃，读了老半天，像无头苍蝇似的，不得要领，入不了门。陈征老师送我陆九渊《读书》中的一段话：“读书切戒在慌忙，涵泳工夫兴味长。未晓不妨权放过，切身须要急思量。”于是，我调整了策略，采取“先粗后精、步步为营”的方法。初读时，看不懂的地方，先跳过去，继续往下看；然后，回过头再看，将原先不懂的地方消化了。前后章节，来回研读，并特别注重《资本论》方法论及辩证逻辑关系。在每一阶段学习结束后，加以巩固，把其逻辑演绎梳理出来。通过“三遍通读”加上“两遍精读”，我最终将其逻辑演绎完整梳理出来，绘制出了一张《资本论》结构体系示意图。同时，我学习和研究了马克思的《剩余价值史》《政治经济学批判导论》等专著，以及黑格尔的《小逻辑》等。这不仅让我掌握了《资本论》的核心范畴和各种概念，而且理清了基本脉络，甚至有点触摸到《资本论》的精髓。正所谓“半亩方塘一鉴开，天光云影共徘徊。问渠那得清如许，为有源头活水来”，唯有进入这一境界，才能真正享受到《资本论》逻辑思维的艺术性和美感。

而且，陈征老师身先垂范，将《资本论》基本原理与中国具体实际相结合，创建了社会主义城市地租理论和现代科学劳动理论，并要求我们把

《资本论》的原理及方法运用于现实之中,特别是中国的改革开放。这不仅为我从事学术研究打下了坚实基础,而且也为我指明了学术研究方向。当年,我的硕士论文就是运用《资本论》原理来分析社会主义流通问题,论文中的研究成果在《福建师范大学学报》和《南京大学学报》上发表。

硕士毕业后,我到南京大学经济系任教。课堂上,给学生上《资本论》课程。业余时间,潜心学习和钻研西方经济学,感觉其中许多原理及方法,可用于现实经济运行分析。在此过程中,我试图将《资本论》的逻辑演绎与西方经济学分析工具结合起来,用于研究中国改革开放及经济发展问题,并撰写和发表了一些学术论文。同时,高度关注改革开放实际情况及相关文献,并通过征文录用,我参加了一系列全国中青年经济学人论坛及研讨会,与许多当时活跃在改革开放理论研究和决策咨询领域的中青年学者进行交流。这种交流,特别是私下闲聊,不仅信息量大,而且现实生动,绝非书本上所能获取。由此,我明显感觉思想认识上一个新台阶。另外,也学习和汲取了他们合作攻关重大课题的经验。当时,这些中青年学者合作发表的一系列高质量、高水平研究报告,产生了重大的社会影响,其建议往往被政府部门所采纳。

在南京大学,我们六个硕士毕业、同时进入经济系的青年教师(金碚、胡永明、张二震、刘志彪、施建军和我)也开展了合作攻关。尽管专业和学术背景不同,但都具有较扎实的理论基础,思想活跃,精力充沛,积极向上,平时交往也较密切。我们围绕一个重大问题,分头调研,取得一手资料,开展头脑风暴,分工协作撰写论文。这些合作论文围绕热点问题,有新思想和新观点,质量也较高,从而录用率较高。成果出得也较快,一篇接一篇地密集"出笼"。后来,感觉不过瘾,遂开始更高层次的合作——撰写专著。当时,全国正进行有关市场经济的大讨论,焦点在于商品经济还是市场经济。我们的选题更超前一步,试图回答"市场经济是什么样的,有怎样一种市场体系结构"。我承担了主要部分的撰写,并对全书进行了统稿和润色。1987 年底,《社会主义市场体系分析》一书由南京大学出版社出版。这是国内较早一部全面系统研究社会主义市场经济的专著。我的博士生导师胡迺武先生为此写了书评，发表在《经济研究》上。在南京大学，虽然这种学术合作只持续了两年多（其中三人，离开南大去读博了），但十分让人留恋。它不仅促进互相学习，实现知识互补，拓展学术视野，而且形成学术争锋的强大激励，激发多出成果、出好成果的斗志。对于刚踏入学术研究领域的青年学者来说，这无疑是难得的宝贵财富。

在南大两年多，我的工作与生活已基本安稳下来，也分配到了两室一厅的新房。然而，“天上掉下馅饼”，人生又迎来一次重大转折。中国人民大学的胡迺武教授首次招收博士生，向校方争取到一个免试名额。经一些学者推荐，并看了我的科研成果，胡迺武教授对我颇有兴趣，允许我免试去他处攻读博士学位。事出突然，让我有点措手不及。但惊喜之余，我还是毅然决然放下家里一切，投入胡迺武老师门下。

当时，胡迺武老师是中国人民大学最年轻的博导，经济研究所所长，学术精湛，成果丰硕。而且，胡迺武老师思想解放，与时俱进，不受传统理论束缚。他结合中国改革开放和建立社会主义市场的实践，率先将我们的专业方向（国民经济计划与管理）转向宏观经济管理研究。这给我们专业研究打开了通途，其中涉及许多值得研究的新议题和理论创新。更重要的是，这正为我国改革开放及经济发展所迫切需要。胡老师在专业研究指导上，强调系统学习，独立思考，掌握分析工具，涉猎前沿新理论；积极倡导学以致用，理论联系实际，务实求真；鼓励我们运用原理及方法深刻揭示现象背后的深层原因，大胆提出独到见解，发表研究成果。胡老师还经常组织大型课题研究，为学生提供参与现实问题研究的机会及平台。例如，他与吴树青老师一起承接了“中国改革大思路”国家重大课题，组织在校博士生开展研究，带领我们收集资料、开展调查研究、梳理思路、讨论交流；指导我们设计课题、确定提纲、把握写作重点、进行修改完善等。在此过程中，我们全面了解了我国80年代改革开放的进程及特点；充分认识到价格“双轨制”等问题的复杂性和严重性；深切感受到进一步推进改革面临的艰难抉择；深入思考了如何推进改革，减少改革风险的思路和操作路径等。这种“实战”磨炼的机会，非常难得，我们的研究明显提升了一个境界。后来，“中国改革大思路”的人大版本，因研究扎实，并提出独到的改革思路，获首届孙冶方经济科学奖论文奖，我们得以分享荣誉。胡老师这一治学品格，对我影响极其深刻，甚至决定了我此后学术生涯的风格。

特别难能可贵，让我更为感动的，是胡老师对后辈的鼎力扶持，为后辈的开路铺道。初次接触，只觉得胡老师平易近人，对学生关心备至，爱护有加。到后来，我越来越深切感受到，胡老师对学生，倾其心血，尽其所能，创造条件，积极提携，帮助搭建与著名学者的学术联系。他听说我正在翻译国外《金融大百科》的相关词条，便主动联系著名经济学家、资深翻译家高鸿业教授，并陪我去高教授家里，让他帮着把关与指导。高教授视力很差，几乎贴着稿纸进行校对，一整就大半天。这让我十分感动，敬佩之极。还有一次，胡老师给我一本中国社科院经济所董辅礽所长的新著《经济发展战略研究》。原以为，是让我读一下这本书，有助于博士论文写作。殊不知，胡老师说：“你写一个书评吧。”闻之，我吓了一跳。一个无名小卒岂能给大名鼎鼎的大师的著作写书评?! 我赶紧解释，水平太低，难以把握书中要点和精髓，容易“评歪”或评错。看到我有所顾虑，胡老师鼓励说：“没关系，试试吧，争取写出一篇好的书评。我跟董辅礽所长打个招呼。”接下这一任务后，我不敢有丝毫懈怠，反复阅读，认真学习，吃透精神。同时，参阅了不少文献资料，通过比较分析，找出书中的新思想、新观点及理论创新点，阐明该书独特贡献的学术价值以及现实指导意义。一天晚上，胡老师和我，骑着自行车，去董辅礽所长家送书评初稿。董辅礽所长热情、好客、随和，不经意间给人一种轻松、惬意的感觉。而他一拿起稿子阅读，便聚精会神，神情也变得严肃起来。他看得非常认真，逐字逐句斟酌，让我不由产生时间放慢的错觉。寥寥数页，怎么看了这么长时间？瞬间，我有点坐立不安。一旁的胡老师似乎有所察觉，便乐呵呵介绍起写作过程，还不时夸我几句。总算，董辅礽所长看完了稿子，对我微微一笑，说道：“写得不错。”随后，董辅礽所长与我们交谈了一些重大理论问题及其争议等，并询问了我的学习和科研情况。后来，这篇书评在《经济研究》发表。胡老师用各种方式为学生搭建与著名学者的学术联系，并向大师们积极推荐学生，体现了崇高师德，他是教书育人的楷模。这对我也有深远影响。

在博士课程尚未结束之际，我就提前进入博士论文撰写。经过反复比较和斟酌，我最后确定论文选题为产业结构与产业政策研究，从而也奠定了我学术生涯的主要研究方向。这一选题在当时是比较前沿的，可参考的文献资料较少，还要收集大量历史资料及数据。而传统统计口径缺少这方面的现成数据，要重新整理并作相应的技术处理，甚为繁杂与烦琐。当时，没有电脑，全靠笔记，抄录在小卡片上，厚厚一沓，用不同颜色进行分类。虽然费时、费力，但有一个好处——走心了，不容易忘记。主线逐渐清晰后，开始梳理基本逻辑关系，编排相关内容。由于受过《资本论》逻辑的系统训练，这是我的强项，没有花费太多精力。主要功夫下在充分论证，提出新思想，提炼新观点上。整天，满脑子的问题，不停歇地思考；稀奇古怪的想法，不断否定之否定，似乎进入着魔状态。半夜醒来，有时会突发灵感，好似洞彻事理，便赶紧起床，将它及时记录下来。这段时间，讲呕心沥血，一点也不为过。用了一年多时间，我完成了博士论文写作，提前半年进行论文答辩。并且，经胡老师推荐及专家们严格评审，论文被列入首批“博士文库”出版。至此，我的第一部个人专著《产业政策的经济理论系统分析》诞生了。

1990年初，我来到上海社科院经济所工作。这里集聚了一大批学术大佬和知名专家，学术氛围十分浓厚，学术影响很大，是一个名副其实的学术殿堂。院、所领导高度重视人才培养，言传身教，进行学术指导，并向社会大力宣传和推荐青年学者及其优秀成果。张仲礼院长为我的两部专著亲自作序。袁恩桢所长向宣传部推荐我参加市委双月理论座谈会。所里经常举办报告会，组织学术讨论，鼓励思想交锋，展开争论，却能心平气和，以理服人，学术氛围浓厚、活跃、融洽。这样的环境，不仅让我深受学术熏陶，更加夯实学术研究的根基，而且让我备感温暖，激发起学术钻研的劲头。利用博士期间的知识积累，我在《经济研究》等刊物上连续发表了数篇论文,并先后出版了《现代经济增长中的结构效应》和《产业结构优化论》两部专著。1991 年底,我破格晋升为研究员,开启了学术生涯的新篇章。

社科院学术研究的一个显著特点是:针对现实问题,深入调查研究,理论联系实际。上世纪 90 年代初,我国改革开放进入以浦东开发开放为标志的新阶段,社会主义市场经济体制机制开始建立,许多新事物,如证券市场、公司上市、土地批租等涌现出来。当时,我们宏观室在张继光老师的带领下,系统研究了证券市场的架构、功能及其运行方式,讨论中国证券市场自身运行特征和市场管理及调控方式等,集体撰写了《经济运行中的证券市场》。这是一本国内较早出版的证券市场专著,引起社会较大反响。为此,我们受邀去杭州举办讲座,给浙江省银行系统人员普及股票市场知识。我还在社科院新办的《证券市场研究》周刊担任副主编。周五闭市后,与一批股评家讨论与分析基本面、走势图和个股,然后分头赶写稿件,连夜编辑印制,保证周六一早出刊。另外,在袁恩桢所长的带领下,经常深入基层,进行调查研究,先后参与了二纺机、英雄金笔厂、中西药厂、白猫集团等企业改制与上市的课题研究。在此过程中,我接触了大量鲜活案例,了解到许多实际问题,提出了不少研究新题目,也有了更多理论研究的实际感觉。在此期间,除了坚守产业经济学研究外,也研究了经济增长与制度变革、经济结构调整以及企业改制等问题,在《经济研究》《工业经济研究》等杂志发表了多篇学术论文,并出版数部专著。

到 20 世纪 90 年代后半期,理论研究更加深植上海实际,与决策咨询研究相结合,我先后承接和完成了一批国家及市里的重大研究课题。例如,参与了“迈向 21 世纪的上海”的课题研究,主要分析世界经济重心东移和新国际分工下的产业转移,为上海确立“四个中心”建设战略目标提供背景支撑。在洋山深水港建设前期论证研究中,我主要分析了亚洲各国争夺亚太营运中心的核心内容及基本态势,论证了加快洋山深水港建设的必要性和紧迫性,并评估了优势与劣势条件。尽管这些课题研究是问题导向和需求导向的,但仍需要相应的理论分析框架,并运用现代经济学分析方法和工具，才能找准问题、讲透成因、切中要害、对症下药。而且，通过这些课题研究，还能引发新的学术研究方向及思路，并可以从现象感知、具体事实、个别案例中抽象出理论要素、思想观点，并加以系统化和学理化。因此，在完成许多课题研究的同时，我也在核心期刊上发表了诸如“城市综合竞争力的本质特征：增强综合服务功能”“流量经济及其理论体系”“论城市综合创新能力”“论城市能级水平与现代服务业”等议题的学术论文。

学术研究，确实要甘受坐“冷板凳”的寂寞，乐于“躲进小楼成一统”的潜心钻研，但也需要广泛的社会交往和学术交流。同仁间的思想交锋、观点碰撞，将会带来意外的收获和启发，产生更多的灵感，得到更深的感悟。从 1993 年起，在没有正式立项和经费资助的情况下，通过一批志同道合者的聚合，我们自发组织开展中国经济问题研究，撰写《中国经济分析》系列报告，主题包括“走向市场”“地区发展”“企业改制”“增长转型”“结构调整”“金融改造”“收入分配”“挑战过剩”“政府选择”等。我负责设计每一主题的分析框架和基本要点，撰写“导论”和有关章节，并负责全书的统稿。这套年度系列报告的编撰，一直持续了 25 年之久，产生了重大社会影响。在此过程中，不仅结识了一大批各专业领域的专家学者，形成了松散型学术团队，而且在大量学术交流中，我深受其益，提高了学术水平。1996 年，我担任经济所副所长后，组织所里科研人员集体攻关，研究改革开放以来上海经济运行新变化及主要问题，并分成若干专题，逐个进行深入研讨，确定分析框架及重点内容，然后分头撰写，创作了一套《上海经济发展丛书》(12 本)，其中包括自己撰写的《增长方式转变》。这一成果获得了市级优秀著作奖。此后，我又组织所内科研人员专题研究收入分配理论及我国收入分配问题，突破传统收入分配理论框架，基于权利与权力的视域探讨收入分配，提出了许多新观点，形成集体成果即《权利、权力与收入分配》一书。通过这种集体攻关，不仅锻炼了青年科研人员，带出了一批科研骨干，而且自己也从中吸收许多新知识、新思想，拓展了视野，开阔了思路。

不得不说，教学相长，也促进了学术研究。自 1993 年起，我担任博士生导师，讲授产业经济学课程。鉴于博士生有一定理论基础和思考能力，我重点讲述一些基本原理在现实中的运用及表现，以及实践发展对原有理论命题提出的证伪(质疑与挑战)。这种启发式的、令人思考的教学，要求每年的课程内容及重点都有变化。我每年讲授这门课，都有不同“新版本”。实际上，这是一种促进学术研究的“倒逼”机制。授课前，要根据现实变化和实践发展，重新审视产业经济学理论，如现代信息技术带来的产业融合以及产业集群的新变化等，逼自己事先调整和补充课程内容及重点，并厘清逻辑关系及思路。讲课时，不用讲稿，娓娓道来，主线清晰，逻辑相扣，化繁为简，深入浅出。一些同学惊讶地发现，比较完整的课堂笔记，稍作修改，就可成为一篇论文。更重要的是，在课堂上，我喜欢营造宽松、活跃、惬意的氛围，让学生随时提问及插话，我及时回应，予以解答。这些博士生都很优秀，思想敏锐、想法新奇，又有社会阅历和实践经验，会提出许多“稀奇古怪”的问题，发表与众不同的看法，进行热烈的讨论和争辩。这种探究和碰撞，往往是新知识的开端，理论创新的导火索。特别是那些反对意见，更给人很大启发，有较大研究价值。在近 30 年的博士生指导工作中，我确实从他们身上汲取了不少学术研究的养料，而这些学生也成为我人生中的宝贵财富。至今，我们仍保持着密切联系，不时小聚一番，继续切磋“武艺”。

2006 年，我调任上海市政府发展研究中心主任。在这样一个专职为市委、市政府提供决策咨询的机构里，理论研究更贴近现实，特别是上海经济社会发展的现实，同时也有利于我发挥自身理论研究的特长，使其更有用武之地。当时，上海经济经过连续 16 年高增长后趋于减缓，且出现二产、三产交替增长格局，由此引发坚持发展制造业还是坚持发展服务业的争论。对此，我提出了新型产业发展方式以及产业融合发展方针的政策建议。针对 2008 年全球金融危机对上海形成较大外部冲击，致使诸多经济指标严重下滑，且低于全国平均水平的状况，通过深入分析各种主要变量对上海经济的影响程度，我提出，其主要原因在于大规模投资驱动的上海经济高增长已到一个拐点，外部冲击只是加重了下滑程度。我进一步分析了全球金融危机是世界经济“三极”（技术、资本输出国，生产加工国，资源提供国）循环的“恐怖平衡”被打破，其实质是全球产能过剩。基于此，我提出了不宜采用大规模投资刺激来应对这一外部冲击，而要实行“创新驱动，转型发展”的政策建议。这一建议被采纳作为上海“十二五”发展主线。此后，围绕这一主线，我又深入开展了培育新增长极的研究，如大虹桥商务区开发、张江高新技术区的扩区、迪士尼国际旅游度假区的功能调整及扩区等，提出了中心城区商务“十字轴”及环形（中环）产业带的构想，郊区新城作为区域节点城市的建设，以及融入长三角一体化的空间拓展等政策建议。

在上海举办中国2010年世博会时，围绕“城市，让生活更美好”主题，通过城市最佳实践区的案例分析，我进一步挖掘城市发展新理念、新实践和未来发展新模式，出版了《城市发展：愿景与实践——基于上海世博会城市最佳实践区案例的分析》；参与了《上海宣言》的起草，提出设立“世界城市日”的建议；参与撰写作为上海世博会永久性成果的首卷《上海报告》；牵头全市的“上海世博会后续开发利用研究”，提出了世博园区“公共活动区”的功能定位。针对当时上海服务经济乏力，服务业发展“短腿”的实际情况，根据市委、市政府的工作部署，从市场准入、税收制度、法律制度、营商环境、统计制度等方面研究影响服务经济发展的制度性障碍，组织了“服务业‘营改增’试点”课题研究，提供总体思路及可操作方案。

我在上海市政府发展研究中心工作期间，为做大做强组织全市决策咨询研究的平台及网络，在市领导大力支持和中心同仁共同努力下，除了创办上海发展战略研究所和《科学发展》杂志外，还加强与高校及研究院所、政府部门研究机构、中央部委研究机构、国际智库等联系和合作。例如，与上海市哲学社会科学规划办公室一起创建了15家“领军人物”工作室；在大多数高校设立了研究基地及联合举办的发展论坛；组建了由10多家高校参与的社会调查中心，由麦肯锡、野村、德勤等10多家国际咨询机构参与的国际智库中心，以及决策咨询研究部市合作办公室等。通过组织和参与上述机构的各项活动，加强了与专家学者的合作，拓宽了学术交流的渠道，得以及时了解学术前沿发展新动向，掌握理论研究的主流趋势，获得许多新思想与新见解。同时，在主要领导身边，参加各种工作会议、专题会和内部讨论会，与各委办、各区县有密切联系，深入基层和企业开展广泛调研，接触到大量生动的实际情况，了解到许多关键性的现实问题。这两方面的结合，不仅没有中断自己的学术研究，反而更有助于我学术研究的深化。在此期间，我组织上海30余位专家学者对上海建埠以来的历史、现状、展望作了系统研究，合著《上海：城市嬗变及展望》（三卷本），时任上海市市长韩正为此书作序。后来，在上海发展战略研究所，与上海市地方志办公室合作，我组织上海50多位专家学者撰写《上海改革开放40年大事研究》系列，其中我撰写了丛书总论性质的《排头兵与先行者》一书。

2013年，鉴于上海2020年基本建成“四个中心”后，如何进行目标定位，更上一层楼，我提议开展“面向未来30年上海发展战略研究”大讨论。经上海市委、市政府批准后，研究和制定了大讨论的实施方案，设立了三大平行研究的总课题，即委托世界银行的“国际版”、国务院发展研究中心的“国内版”，以及上海市发展研究中心、上海社会科学院、复旦大学、上海市委党校等分别做的“上海版”，另有80多项专题研究，广泛动员学界、政界、商界及社会团体和社会组织参与。随后，举办了各种形式的国际研讨会和论坛，分析战略背景、战略资源、战略目标、战略路径及行动，开展学术讨论和交流，参照国际标杆和借鉴国际经验，进行典型案例和实务操作分析等。2014年，我退居二线，去上海市政协工作，同时兼上海发展战略研究所所长，组织所里科研人员集体攻关，出版了《战略研究：理论、方法与实践》《上海战略研究：历史传承 时代方位》《上海战略研究：资源、环境、驱动力》《上海建设全球科技创新中心：战略前瞻与行动策略》等。这次大讨论的研究成果，有许多在《上海市城市总体规划（2017—2035年）》的修编以及上海市委、市政府文件中被采纳。

2018年退休后，我原想“解甲归田”，但上海市决策咨询委员会拟成立全球城市研究院，我于是受邀出任院长。时任上海市委书记李强同志为研究院的成立作了重要批示。上海市委宣传部予以大力支持，把全球城市研究院列为首家市重点智库，并帮助创办了公开发行的中英文版《全球城市研究》杂志以及新建光启书局（出版社）。该研究院落户于上海师范大学，也得到校方大力支持，提供了办公用房和人员编制。研究院引进了一批海内外精通外语、熟悉国际大都市的青年才俊，形成基本科研骨干队伍，并构建起一个广泛的社会研究网络。每年围绕一个主题，如“全球资源配置”“全球化战略空间”“全球化城市资产”“城市数字化转型”“全球网络的合作与竞争”等，出版《全球城市发展报告》和《全球城市案例研究》，并发布《全球城市发展指数》。另外，还出版《上海都市圈发展报告》系列、《全球城市经典译丛》等。在此过程中，我也延续和深化自己的学术研究，出版了一系列个人专著，并承接了国家哲社重大课题“以全球城市为核心的巨型城市群引领双循环路径研究”等。

二

在上述我的学术生涯中，学术研究林林总总，看似带有发散性，未能“从一而终”，但实际上仍有一条贯穿全过程的明显脉络，即产业经济研究。学术，确实要“术有专攻”，不能开“无轨电车”，但也不是固守一隅之地、无过雷池一步。特别在侧重与现实结合及问题导向的理论研究中，我发现，许多问题在产业经济学范围内并不能得到很好解释，必须向外拓展开去来寻求新的解释。因此，一些所谓的旁支研究，实际上都是从产业经济研究发散出去的延伸性研究。我认为，这种做法也符合学术研究的规律性。如果把学术研究譬喻为一棵大树，那么术有专攻是根深于土的树干，延伸研究则是分叉开来的树枝。枝繁叶茂（当然要经过修剪），不仅反衬出树干的粗壮，而且更多的光合作用，也有利于树木生长。

最初，我的博士论文选题，着重产业结构与产业政策研究，在当时是新颖和前沿的，但也是一个具有较大国际争议的问题。西方主流经济学以发达国家经济运行为蓝本的理论抽象，注重宏观与微观及其综合，不研究产业结构等问题。一方面，这些国家是先行发展国家，其经济发展是一个自然过程，许多结构问题作为经济增长的因变量，在经济自然增长中被不断消化，实行迭代升级，因而结构性问题很少长期累积，结构性摩擦不很充分。另一方面，这些国家市场经济发展较成熟，市场机制在结构转换中发挥着重要作用，使得资源、资本、人力等生产要素较好地从衰退产业部门转移到新兴产业部门。尽管其中存在沉没成本、技能刚性、工资黏性等障碍，但通过经济危机的释放，强制市场出清，达到新的均衡。因此在西方主流经济学看来，只要市场处于动态均衡之中，就不存在产业结构问题，也不需要什么产业政策。然而，后起发展的国家，在经济系统开放情况下，通常可以通过外部引进，发挥后发优势，但由此也形成现代部门与落后部门并存的二元结构，结构性问题比较突出。而且，在追赶和赶超过程中，势必面临领先国家的产业打压（客观的与主观的），致使一些主导产业难以自然发展，形成对外的强大依赖。在这种情况下，旨在调整结构及培育新兴主导产业的产业政策应运而生。特别在日本、韩国等后起发展国家和地区，基于出口导向发展模式的经济起飞后，转向进口替代战略，产业政策发挥着重要作用。总之，西方发达国家一直对产业政策持否定态度，甚至将其视为国家保护主义的产物；后起发展国家，特别是亚洲“四小龙”则比较推崇产业政策，认为这十分必要。因此，在选择这一研究方向时，我心里是有点忐忑的。毕竟这一研究面临重大挑战，且风险也较大。

对于中国来说，这一问题研究有着重大现实意义。在传统计划经济体制下，中国工业化超前发展，跨越轻工业、基础产业发展阶段，直接进入重化工业阶段，导致产业结构严重扭曲，结构性问题不断累积。改革开放后，产业结构迫切需要调整，甚至需要“逆转”，“补课”轻工业发展，“加固”基础产业发展，实现产业结构合理化。与此同时，随着经济特区开放进一步转向沿海主要城市开放及沿江开放，通过引进外资、加工贸易等参与新的国际分工，外部（全球）产业链日益嵌入本土，打破了原有国内产业关联。在这种情况下，如何进行产业结构调整，采用什么样的政策进行调整，成为一个迫切需要解决的问题。显然，传统的国民经济计划与管理方法已不再适用，而比较可用和可行的新的理论及方法就是产业经济理论与产业政策。当时，产业经济理论主要来源于两部分：一是发展经济学中的结构理论，以刘易斯、克拉克、赫希曼、库兹涅茨、钱纳里等为代表；二是日本的产业结构理论，以筱原三代平、赤松要、马场正雄、宫泽健一、小宫隆太郎等为代表。国内在这方面的研究，基本处于空白。相对来说，这方面的研究文献少得可怜，无疑增大了研究难度。在博士论文撰写中，我针对产业政策国际性的争议，找了一个较小切口，对产业政策进行经济理论系统分析，试图回答产业政策有没有必要，在什么情况下显得尤为重要，属于什么性质的政策，涉及哪些主要方面，有哪些不同政策类型，如何制定与实施，如何与其他经济政策配合，如何把握政策的“度”及避免负效应，如何监测和评估政策绩效等问题。这一研究也算是对这一国际性争议的一种回应。

当然，这一争议至今尚未结束，时有泛起。有的学者对产业政策直接予以否定，认为是扰乱了市场，引起不公平竞争。我仍然坚持自己的观点，即不能把市场设想为是一种平滑机制，可以消除结构变动的摩擦，而是需要通过政策干预（不仅仅是宏观调控政策，也包括产业政策）来解决市场失灵问题。更何况，在外部冲击的情况下，市场本身更容易产生失衡，存在着内外不公平竞争问题，要有产业政策的调节。事实上，我们可以看到，目前西方发达国家也在一定程度上自觉或不自觉地推行和实施产业政策，如美国的“制造回归”、德国的“工业 4.0”等。新兴经济体及发展中国家就更不用说，都在加大产业政策的实施。当然，产业政策也有一定的负面效应，犹如宏观调控政策反周期的负面效应一样。特别是在政策不当的情况下，负面效应更为明显。但这不能成为否定产业政策的根本理由。关键在于，采取什么样的产业政策，产业政策是否适度。首先，要立足于产业技术政策，注重解决技术创新瓶颈，促进产业技术能力提升，而不是产业部门扶植政策，对一些产业部门实行保护，实行差别对待。产业部门扶植政策的运用，要压缩到最小范围，甚至予以取消。其次，要通过不同类型产业政策的比较，权衡产业政策的正面效应与负面效应之大小，决定采取什么样的产业政策。最后，要通过科学的政策制定，将产业政策的负面效应降至最低程度。

我在研究中发现，产业政策制定基于三种不同类型的产业结构分析，即趋势分析、机理分析和现象分析。我的博士论文主要基于产业趋势分析来论述产业政策，还远远不够。所以在完成博士论文后，便进一步转向产业结构的机理分析与现象分析。机理分析主要研究产业结构变动对经济增长的作用及其实现机制，即结构效应，重点考察不同类型结构变动对经济增长的差别化影响。这就要对传统增长模型排斥结构因素的缺陷进行批判，并用非均衡动态结构演进分析法替代传统的均衡动态结构演进分析法，具体分析结构关联效应、结构弹性效应、结构成长效应和结构开放效应；以结构效应为价值准则，判断不同类型产业结构状态及其变动的优劣，选择最佳（或次佳）结构效应模式，并说明这一结构效应模式得以实现的必要条件和机制，从而为产业政策制定提供基本思路和方向性指导。这一研究的最终成果即《现代经济增长中的结构效应》，是国内最早系统研究产业结构作用机理，揭示全要素生产率索洛“残值”中结构因素的专著。现象分析主要是立足本国实际，在考察中国产业结构变化的历史过程及其特点的过程中，对照产业结构变动规律，评估和分析中国产业结构变动轨迹的严重偏差；系统梳理当时比较突出的结构问题，深刻剖析各种结构性问题的成因；从产业结构合理化与高度化的不同角度，探讨产业结构调整方向、优化重点及实现途径、方法手段等。这一研究的最终成果是《产业结构优化论》，成为较早全面分析中国产业结构变动及其调整优化的一本专著。

在上述研究中，我已隐约感觉到，尽管结构效应分析与库兹涅茨“总量—结构”分析不同，但都把制度视为“自然状态”的一部分及外生变量。然而，在如何发挥这种结构效应问题上，是绕不过制度这一关键环节的。事实上，许多结构性问题的背后及生成原因就在于制度缺陷或缺失。从这一意义上讲，产业政策对产业结构调整的作用是有限的。或者说，只有在体制机制相对稳定且成熟的情况下，产业政策对产业结构调整才比较有效。如果没有相应的制度变革，仅仅靠产业政策，难以从根本上解决结构性矛盾。特别是中国的结构性问题，许多都是传统计划体制下形成和累积起来的，在体制改革尚未真正到位的情况下呈现出来的。而且，在体制机制不健全的情况下，产业政策实施可能不是缓解而是加剧结构性矛盾。从更宏观的层面考虑，中国经济高速增长的"奇迹"来自全要素生产率提高，其中有较大部分是结构效应所致，而结构效应的释放恰恰是改革开放和制度变革的结果。因此，产业结构重大调整总是与制度变革联系在一起的。这样，产业经济研究开始向制度变革的方向延伸。经过几年的努力，我出版了专著《体制变革与经济增长：中国经验与范式分析》。

在考察制度变革对产业结构及经济增长影响的过程中，我还特别关注了企业制度变革。因为企业组织是产业经济的微观主体，是产业变动及其结构调整的微观基础。产业部门变动及其结构调整是这些企业组织的决策及其行为方式集体性变动的结果，而这在很大程度上取决于起支配作用的企业制度。在企业制度不合理的情况下，企业组织的决策及其行为方式会发生扭曲。对于我国产业结构调整来说，企业改制及迈向现代企业制度显得尤为重要。为此，我对产业经济的研究向微观基础重构的方向延伸，深入研究了影响和决定企业决策及其行为方式的企业制度，最终出版了个人专著《步履艰难的转换：中国迈向现代企业制度的思索》。实际上，这一时期我的其他一些研究，如有关经济结构调整与优化、经济增长方式转变、中国新一轮经济发展趋势及政策的研究，也都围绕产业经济这一核心展开，是产业经济研究的拓展与延伸。

当然，在延伸研究的同时，我也时刻关注产业发展新动向，开展产业经济的深化研究。一是产业融合问题。这主要是关于信息化条件下的产业发展新动向。2000 年左右，我较早接触和研究了现代信息技术及信息化的问题，并先后承接了上海市信息委重点课题"上海信息化建设研究"和"上海信息化建设的投融资体制机制研究"。在此研究中我发现，信息化不仅仅是信息产业化（形成新兴信息产业）和产业信息化（信息化改造传统产业)。现代信息技术的特殊属性,能够产生技术融合与运作平台融合,进而促进产品融合、市场融合及产业融合。这在很大程度上打破了传统的产业分立及产业关联,代之以产业融合发展的新方式。为此,我对传统产业结构理论进行了反思和批判,从理论上探讨信息化条件下的新型产业发展方式,分析了产业融合的基础、方式及机理,以及由此构成的产业新关联、新市场结构等。2003 年我出版了个人专著《信息化与产业融合》,在国内较早提出了产业融合理论。

二是服务经济问题。这是后工业化条件下的产业发展新动向。2004 年左右,我先后承接了"城市能级提升与现代服务业发展""加快上海第三产业发展的若干建议""'十一五'期间上海深化'三、二、一'产业发展方针,加快发展现代服务业的对策研究""'十一五'期间上海发展服务贸易的基本思路及政策建议"等重大课题。在这些课题的研究中我发现,原先产业经济理论主要基于工业经济的实践,虽然也揭示了服务经济发展趋势,但对服务业发展的内在机理阐述不够深入。事实上,服务业发展有其自身规律及方式,与制造业有较大不同。尽管服务业发展与制造业一样也基于分工细化,但其相当部分是制造企业内部服务的外部化与市场化的结果,其分工细化更依赖于产业生态环境(规制、政策、信用等)。而且,服务业发展带有鲍莫尔"成本病"及"悖论"。因此,促进服务业发展的思路与制造业是截然不同的,更多是营造适合其发展的"土壤"与"气候",重点在于技术应用,创造新模式与新业态,扩展基于网络的服务半径等。为此,我撰写出版了个人专著《服务经济发展:中国经济大变局之趋势》。

另外,在我研究产业经济的过程中,一个重要转折是开始关注产业经济的空间问题。尽管产业集群理论是从空间上来研究产业经济的,但我感觉其主要涉及制造产业的集群,而工业园区及高新技术园区等空间载体,似乎并不适合于服务经济的集聚。服务经济的集聚方式有其独特性,特别是生产者服务业高度集中于城市及市中心区。为此,我开始重点考虑服务经济的空间载体问题。与此同时,一系列课题研究也促使我把服务经济的空间问题引向了全球城市研究。这一时期,我曾先后承接了国家哲学社会科学基金项目“我国新一轮经济发展趋势及其政策研究”,上海市哲学社会科学基金“十五”重点项目“城市综合竞争力研究”,上海市哲学社会科学基金 2004 年系列课题“科教兴市战略系列研究”(首席专家),上海市重大决策咨询课题“科教兴市战略研究”“全社会创新体系研究”“上海‘学各地之长’比较研究”,上海市科技发展基金软科学研究重点课题“实施科教兴市战略与科技宏观管理体制、机制研究”,以及上海市发展改革委课题“上海市新阶段经济发展与 2005 年加快发展措施”等。完成这些研究后我发现,尽管这些课题研究涉及不同领域,内容不尽相同,但实际上都在回答同一个问题,即如何建设现代化国际大都市。由此我想到,如果能在一个更高层次的理论分析框架下来研究这些具体问题,可能会形成统一的标准要求,以及更为明晰的相互间关系,有利于这些具体问题的深入研究,特别是有利于准确地定位判断。于是,我开始关注和研究全球城市理论。

全球城市理论虽然涉及全球化、全球城市网络、全球战略性功能、城市发展战略及规划、城市运行及治理,以及城市各领域的重大问题,但核心是其独特的产业综合体及全球功能性机构集聚。它决定了全球城市不同于一般城市的属性特征,赋予了全球城市独特的全球资源配置等功能。这种独特的产业综合体及全球功能性机构集聚,集中表现为总部经济、平台经济、流量经济等。全球城市正是这种高端(先进)服务经济的空间载体。因此,在全球城市研究中,有很大一部分内容是产业综合体及其空间分布规律。出于研究需要,我举办了国际研讨会,邀请“全球城市理论之母”沙森教授等一批国内外专家前来交流与研讨。之后,我主编了《世界城市:国际经验与上海发展》,翻译了沙森教授新版的《全球城市:纽约、伦敦、东京》,在《经济学动态》等刊物上发表了“世界城市理论与我国现代化国际大都市建设”“全球化、全球城市网络与全球城市的逻辑关系”“21 世纪的城市发展与上海建设国际大都市的模式选择”“现代化国际大都市:基于全球网络的战略性协调功能”“全球城市区域:我国国际大都市的生长空间”“我国全球城市崛起之发展模式选择”“全球城市区域:全球城市发展的地域空间基础”“城市竞争与合作的双重格局及实现机制”等议题的论文。同时，陆续出版了个人专著《崛起中的全球城市：理论框架及中国模式》《全球城市：演化原理与上海2050》《上海迈向全球城市：战略与行动》《卓越的全球城市：国家使命与上海雄心》等，主编了《全球城市理论前沿研究：发展趋势与中国路径》，个人专著《全球城市新议题》也即将完成。

三

学术生涯，一路走来，风景无限，辛苦并快乐。

尽管一开始并没有如此的人生设计，但不管怎样，一旦走上学术研究之路，也没有什么后悔与懊恼，就义无反顾、踏踏实实地走下去，坚持到最后。幸运的是，赶上了国家改革开放、蓬勃发展的大好时光。这不仅创造了思想解放、实事求是、理论创新的学术环境，而且源源不断地提供大量来自实践的生动素材，让我们的学术研究始终面临机遇与挑战，有机缘去攻克许多重大和高难度的研究课题，并催促我们的学术思想与时俱进、创新发展，形成高质量的众多研究成果。

当然，这条路也不好走，有太多坎坷，面临多重挑战。特别是，要补许多先天不足，把耽误的青春年华追回来，更是时间紧、困难多，须付出加倍努力。在此过程中，把“别人喝咖啡的时间”用于学习钻研，牺牲掉许多陶醉于爱情、陪伴于亲情、享受于友情的人生乐趣，是在所难免的。而且，还要有孜孜不倦的追求和持之以恒的坚韧，要坚持“苦行僧”的修行，这些都毋庸置疑。

好在，久而久之，这逐渐成为人生一大乐趣，我甚为欣慰。每当面对疑难问题或有争议的问题时，必会生发探究其中的巨大好奇心。每当带着问题和疑惑，学习新知识和接触新理论时，常有茅塞顿开的兴奋。每当有一些新发现或新想法时，便得一丝欣喜，不禁自鸣得意。每当理清思绪、突发奇想时，总有强烈的创作冲动。每当思维纵横、纸上落笔时，定会亢奋不已，乐此不疲。每当成果发表，被引用或被采纳时，获得感和成就感则油然而生。

其实，这也没有什么特别之处，我们这一代学人都差不多。但一路走过，总有一些个人的不同感受与体会。此在，不妨与大家分享。

学术研究，重点自然在于研究，但更是一个学习过程。这并非指大学本科、硕博期间的学习，而是指在此后专职研究过程中的学习。按照我的经验，在做研究的过程中，至少有一大半时间要用在学习上。任何一项研究，都带有很强的专业性，很深的钻研性。只有补充大量专业知识与新知识，汲取新养分，才能拓宽视野，深入研究。而且，也只有通过不断学习，才能敏锐地发现新问题，得到新启发，提出新课题，从而使研究工作生生不息，具有可持续性。另外，对“学习”我也有一个新解：学之，即积累；习之，即哲思。学而不习，惘然之；习而不学，涸竭之。因此，不管理论研究还是决策咨询，都要“积学为本，哲思为先”。

学术研究，不仅是一种知识传承，更是一种理论创新的价值追求。在我看来，“研”似磨，刮垢磨光；“究”为索，探赜索隐。研究本身就内涵创新。我所倡导的学术研究境界是：沉一气丹田，搏一世春秋，凝一力元神，破一席残局。学术研究中，不管是在观点、方法上，还是在逻辑、结构、体系等方面的创新，都有积极意义。但据我经验，更要注重研究范式及本体论问题。因为任何学术研究都是自觉或不自觉地在某种研究范式及本体论假设下展开的，如果这方面存在问题或缺陷，再怎么样完美和精致的学术研究，都不可避免带有很大的局限性。在这方面的创新，是最具颠覆性的理论创新。

学术研究，必先利其器，但更要注重欲善之事。熟练掌握现代分析方法和工具，有助于深刻、严谨的分析，新发现的挖掘，以及思想观点的深化。并且分析方法和工具多多益善，可针对不同的研究对象及内容进行灵活应用。但分析方法及工具要服务于欲善之事，特别是当今时代许多重大、热点、难点问题研究。要拿着锋利的斧子去砍大树，而不是砍杂草。避免被分析方法及工具约束，阻碍观点创新。更不能通过分析方法及工具的运用，把简单问题复杂化。事实上，任何一种分析方法和工具，都有自身局限性。特别是，不要过于迷信和崇拜所谓的数理模型及其验证。

越是复杂、精致的数理模型工具,假定条件越多,也越容易得出偏离现实的观察和结论。

学术研究,生命力在于理论联系实际,回归丰富多彩的大众实践。因此,不能把学术研究理解为狭义的纯理论研究,而是还应该包括决策咨询研究。两者虽然在研究导向、过程、方法及语境等方面不同,但也是相通的,都要"积学为本,哲思为先",知行合一,有创见、有新意。而且,两者可以相互促进。理论研究的深厚功底及分析框架,有助于在决策咨询研究中梳理问题、揭示深层原因、厘清对策思路,从而提高决策咨询研究的质量;决策咨询研究的问题导向以及基于大量生动实践的分析与对策,有助于在理论研究中确定特征事实、找准主要变量、校正检验结果,从而使理论研究得以升华。当然,跨越这两方面研究,要有一个目标、角色与技能的转换。理论研究,明理为重,存久为乐(经得起时间检验);决策咨询研究,智谋为重,策行为乐。

也许让人更感兴趣的是,怎样才能让学术研究成为一种乐趣?据我体会,除了执着于学术研究,将其作为一种使命外,治学态度及方式方法也很重要。

学术研究,要率性而为。因为率性,不受拘束,就能"自由自在"。坚持一个专业方向,研究范围可有较大弹性。刻意划定研究范围或确定选题,只会强化思维定势,束缚手脚。率性,不是任性,要懂得取舍。不为"热门"的诱惑力所左右,趋之若鹜,而是只研究自己感兴趣,且力所能及和擅长的问题。不顾自身特长,甚至"扬短避长",去啃"硬骨头",往往"吃力不讨好",很难走得下去。对于所选择的问题,要甄别是否具备研究条件。那种超出自己知识存量及能力水平,以及研究对象不成熟或不确定、资料数据不可获得等客观条件不具备的研究,只会走入僵局或半途而废。

学术研究,要淡定处之。既要志存高远,脚踏实地,也要云心月性,从容不迫。只有保持平和心态,静心修炼,方能修成正果。任何心猿意马,心浮气躁,只会徒增烦恼,让人焦虑不安。保持适度目标或望值期,做到"全力以赴,力尽所能"即可,至于做到什么程度和达到什么水平,那是"顺其自然”的事情。追求过高目标或期望值，往往“高标准”地自我否定，会带来更多纠结乃至痛苦。面对坎坷与挫折，只有云淡风轻，冷眼相看，蓄势待发，才能迈过一道道坎，从挫折中奋起。任何浮云遮目，畏缩不前，灰心丧气，一蹶不振，只会令人陷入困境，无法自拔。对待学术研究，介于功利与非功利之间，“宠辱不惊，闲看庭前花开花落；去留无意，漫随天外云卷云舒”。任何急功近利，试图一蹴而就，为博“眼球”，哗众取宠，一味追求结果的“名利”效应，只会落得焦头烂额，苦不堪言。

学术研究，要抱残待之。这既是对学术抱有敬畏之心，也是一种自知之明。学术研究是无止境的。任何一个阶段的学术研究成果，总会留有瑕疵。对于个体的学术研究来说，其缺陷和不足更会几何级数地放大。因此，学术研究，不求完美，只求不断完善。年轻时，无知无畏，感觉什么都行，并认为来日方长，以后可以得到弥补和提高，总想着要达到完美，不留遗憾。后来，逐渐对自身存在的缺陷和不足，看得越来越清楚，尽管内心有着坚持与努力，却感叹人生苦短，许多东西是难以弥补和提高的。特别是迈入老年后，更明白了应该努力的方向以及如何进一步提高，但已力不从心，望洋兴叹。也许，这就是个体学术研究的一种宿命吧。然而，这种残缺的美感也正是学术发展的魅力所在，让后来者“接棒”跑下去，并超越前人。当然，有生之年，如果还有可能，我很想把近年来对产业经济理论的反思作一系统整理，写一残本《新产业经济学纲要》。

周振华

2023 年 6 月 18 日

目　　录

上编　产业结构优化论

下编　产业政策的经济理论系统分析

上　编

产业结构优化论

本编原为周振华著《产业结构优化论》，上海人民出版社 1992 年版。

1 优化产业结构:一个世界性的时代任务

日益成为世界性进程的现代经济增长所提出的本质要求是产业结构调整与优化,从而产业结构优化问题就成为每一个进入现代经济增长过程的国家都无法回避的问题。只有从现代经济增长本质要求的深层、宏大的背景中,我们才能真正把握世界性的经济结构大调整的客观必然性,深刻理解各国政府把产业结构优化问题作为其经济政策的主要议题之一的实质。

历史已经证明,在现代经济增长中,谁能抓住产业结构优化这一关键问题,谁就能在世界经济的激烈竞争中处于领先地位。正因为如此,许多国家都想通过产业结构调整和优化来摆脱目前的困境,开辟一条经济发展的新道路。笔者试图从现代经济增长过程来考察产业结构优化问题,突破传统的旧方法(即把产业结构优化问题放在狭隘的结构变化的范围内考察),把产业结构优化问题的分析置于更高、更广的视角,以揭示产业结构调整与优化的历史必然性,并以此为契机展开本编研究的论述。

1.1 现代经济增长的特征与本质

所谓现代经济增长是特指从传统经济向现代经济、从不发达状态向发达状态转变过程中的经济增长。这种现代意义上的经济增长始于18世纪中叶的西欧,继而成为一个世界性的过程。以按常规测量的国民生产总值及其组成、人口、劳动力等为基础所作的分析,已经发现了现代经济增长的六个特征:

(1)按人口计算的人均产量的高增长率和人口的高增长率。(2)生产率(包括所有生产要素单位投入量的产出率)的高增长速度。(3)经济结构的急剧变革,其主要方面包括劳动力从农业转移到非农业部门,以及从工业转移到服务业;生产单位的生产规模的变化,消费结构变化,以及国内供应和国外供应的相对比例的变化等。(4)与经济结构变化密切相关且非常重要的社会结构和意识形态也改变得非常迅速。(5)经济发达国家借助不断增强的技术力量,特别是在运输和通信方面,具有向世界其他地方伸展的趋向,从而使整个世界经济一体化。(6)尽管现代经济增长对整个世界都产生了影响,但它在占世界人口四分之三的国家中的传播还是有限的,这些国家的经济成就远远落后于现代技术的潜力可能达到的最低水平。

著名经济学家库兹涅茨认为,这六个特征支持了一个重要的假设,即现代经济增长标志着一个特定的经济时代。①因为经济总量的增长率以及经济结构和社会制度甚至包括思想意识等的变化速度,如此大大高于过去,以至于代表了一种革命性的加速发展;同时世界各个地区在历史上第一次如此密切相关地形成一个整体,这必然是有某些新的重大增长源泉,某些新的划时代的创新,才能产生这些显著不同的成长模式。

如果我们把现代经济增长作为一个特殊经济时代来考察,那么就会发现在上述种种特征中,最引人注目的是经济总量高增长率和经济结构高变动率,统计分析表明:

(1) 经济持续高速增长。在大约一个世纪内(从 18 世纪后期至 19 世纪 80 年代),15—18 个目前的发达国家中,人口差不多增长 3 倍,人均产值却增长 5 倍多,国民生产总值至少增长 15 倍,有的国家甚至增长 30—50 倍。然而,与此形成明显反差的是,在 1000—1750 年几个世纪的漫长年代中,欧洲的人口是按每世纪 17%的比率累进增长,人均产值每世纪的增长倍数在 1.25—1.50 倍的范围内变动,或者说不到现代时期增长倍数的四分之一至二十分之一。②

(2) 经济结构发生实质性变化。这主要表现为产业结构中传统部门与现代部门之间相对比重的迅速消长。从发达国家经济增长过程来看,在一个世纪里,农业部门的产值份额从 40%以上下降到 10%以下;工业部门的产值份额则从

---

① 西蒙·库兹涅茨:《现代经济的增长:发现和反映》,载《现代国外经济学论文选》第 2 辑,商务印书馆 1982 年版,第 23 页。

② 西蒙·库兹涅茨:《各国的经济增长》,商务印书馆 1985 年版,第 27、323 页。

22%—25%上升到40%—50%;服务部门的产值份额也有上升。如果从劳动力的部门份额变动来看,结构变动更为明显。农业部门的劳动力份额在一个多世纪内下降了35%—50%。①

对于现代经济增长所表现出来的这两个基本特征,大多数经济学家都看到了两者之间的历史联系。最早注意到经济增长与产业结构变动之间存在关联的是英国经济学家威廉·配第,但他所在的那个时代还不能看到按人口平均产值的高增长率与生产结构的高变换率之间的内在关系。真正对此关系首先作出经验性总结的是英国经济学家C. G.克拉克。他搜集和整理了二十几个国家总产出和各部门劳动投入的时间数据,通过开创性的统计研究,验证了总量增长与结构变动的历史关联。他得出的结论是:随着人均国民收入水平的提高,劳动力首先由第一次产业向第二次产业转移。当人均国民收入水平进一步提高时,劳动力便向第三次产业转移。

库兹涅茨在继承克拉克研究成果的基础上,运用其所擅长的国民经济统计分析的方法,极大改进了研究方法,主要是:第一,不仅从劳动力结构,而且从部门产值结构方面,研究了与总量增长的关系。第二,不限于对观察值的利用,而且对历史数据和截面数据进行了统计回归,得到了按人口平均产值和相应份额的某些合理而有用的"基准点价值",从而使验证更富有一般性意义。第三,不仅考察了产业结构变动与总量增长的一般关系,而且分析了结构变动在不同总量增长时点上的状态。

库兹涅茨运用经过改善的研究方法,对57个国家的原始资料进行了处理,分别作了截面分析和历史分析,从中得出的结论是:在按人口平均产值的较低组距内(70—300美元),农业部门的份额下降显著,非农业部门的份额则相应地大幅度上升,但其内部(工业与服务业之间)的结构变动不大。在按人口平均产值的较高水平组距内(300—1000美元的基准点价值之间),农业部门的份额与非农部门份额之间变动不大,但非农业部门内部的结构变化则较为显著。②显然,库兹涅茨把现代经济的总量增长与结构变动的内在关系揭示得更为深刻和具体,以至于"如果不去理解和衡量生产结构中的变化,经济增长是难以理解的"③。

---

① 西蒙·库兹涅茨:《各国的经济增长》,商务印书馆1985年版,第330页。

② 同上书,第118页。

③ 同上书,第107页。

为了更加深入地研究现代经济发展中总量增长与结构变动的联系，霍斯·钱纳里使用库兹涅茨的统计归纳法进行了更为广泛和更大信息量的最新研究。他认为，一个沿着更加现代化的增长模式演进的经济增长的普遍模式的存在，可能仅仅是由于产业体系有着某种在世界范围内趋同的要素。①为此，他首先确定了分析的基本假定前提：(1)随着人均收入的提高，消费者需求的构成将发生变化；(2)资本(实物的和人力的)积累以超过劳动力增长的速度增长；(3)技术进步对各国都是普遍的；(4)存在着可利用的对外贸易和外资流入的通道。根据这些基本假定，他和他的助手从大量观察值中选择了10个基本经济过程来描述几乎所有国家发展的基本特征，并用27个变量规定了这10个经济过程。然后将收入水平和人口数作为外生变量对所有这些过程进行一致的统计分析，构造了反映结构转换的主要变量典型性关系的“发展模式”。为了使分析的结果更广泛地适用于各国和各种经济过程，钱纳里进一步使用了几个基本的回归方程对“发展模式”进行复合，回归得出一个具有一般意义的“标准结构”。根据“标准结构”的描述性结论，总结构变化的75%—80%发生于人均GNP 100—1000美元发展区间，其中最重要的积累过程和资源配置过程都将发生显著的、深刻的变化。可见，钱纳里的“标准结构”对于揭示总量增长与结构变动之间的关系，具有更大的价值。它可以对结构变化过程中大量相互关联的资源转移和分配等各种类型作出连续的描述，并可以以此来识别不同国家发展模式的差异。

总之，经济学家已经通过大量的统计分析，确认了现代经济增长不仅是一个总量增长的过程，而且也是一个结构成长的过程，两者之间存在着内在联系。总量的高增长率与结构的高变动率无疑是现代经济增长两大基本特征。

然而，问题在于，现代经济增长的本质是什么？这个问题是更为深刻、富有现实意义的问题。如果说人们对现代经济增长的基本特征没有多大异议的话，那么对于现代经济增长本质的看法则有较大的分歧。

库兹涅茨和罗斯托对此进行的争论，反映了两种具有代表性的不同观点。

库兹涅茨认为，经济增长是一个总量的过程；部门的变化都同总量的变化相互联系；而且，只有把部门的变化结合到总量的框架中时，才可能对它们加以适

① 参阅霍斯·钱纳里：《发展经济学的新格局》，经济科学出版社1987年版，第19页。

当的权衡比较;缺乏所需要的总量变化就严重地限制了内含的战略性的部门变化的可能性。①

根据库兹涅茨的看法,经济增长本质上是一个总量增长的过程,因为只是总量的高增长率才引致了生产结构的高变换率,没有总量的足够变化就会严重限制结构变化的可能性。这种关系可以通过以下几个方面给予具体说明:

一是消费者需求结构的变动直接拉动生产结构的转换,"反映与人类生理特征有关的需要等级的先后次序级别,在生产结构形成的年代中具有支配作用"②。然而,消费者需求结构是以对各类商品供给的丰富水平具有不同的反应为其特征的。如果消费者需求结构对保证消费品增加供给的不同制度条件是持续且大体不变的,那么按人口平均产值的增长率越高,消费者需求结构的改变也就越大。③因此,逻辑的顺序似乎是:总量高增长率引起需求结构高转移率;需求结构高转移率拉动生产结构高变动率。

二是某个部门有了重要的技术革新突破以及技术革新的中心发生转移,将对生产结构产生直接影响。然而,一项有重大经济影响的技术革新是三个组成部分的综合:(1)一项发明,它提供了一种骨架,使一系列次要的发明和改进能环绕它而建立起来;(2)物质资本、特别是人力资本的供给;(3)巨大的潜在需求,它经常通过当前增长快的工业在生产进程中的明显的薄弱环节而透露出来。这三个组成部分是互为制约的,而同时又都与总量增长有密切关系。另外,技术革新中心的转移则是需求偏重某种产品选择性的结果。因为在需求反应转变为不灵敏时,这种产品进一步的技术变革,不论其在工程技术上是如何革命,总体上也不会引起产量增长的进一步加速。这样就促使发明家把其注意力转移到更有希望的部门中去。因此,技术革新引起生产结构的变动仍然是处在总量框架之内的。

三是在开放经济条件下,反映各国间产品生产相对优势变动的各国进出口结构的不断变动,也会促使一国国内生产结构的改变。然而,产品生产相对优势的变动,则说明本国较世界其他国家拥有较高的增长率。因此,通常作为技术进

① 西蒙·库兹涅茨:《评起飞》,载 W. W.罗斯托编:《从起飞进入持续增长的经济学》,四川人民出版社 1988 年版,第 48 页。

② 西蒙·库兹涅茨:《各国的经济增长》,商务印书馆 1985 年版,第 344 页。

③ 同上书,第 345 页。

步高速度发展反映的按人口平均产值的高增长率，就会有助于相对优势的迅速改变，从而也会加强国内生产结构的改变。①

与库兹涅茨的观点截然相反，罗斯托认为，近代经济增长本质上是一个部门的过程，它根植于现代技术所提供的生产函数的累积扩散之中。这些发生在技术和组织中的变化只能从部门角度加以研究。②当然，罗斯托本人无意要否定总量概念，而只是强调离开了部门分析，将无法解释增长为什么会发生。罗斯托主要是从创新以及主导部门的角度论证其观点的。

(1) 新技术的吸收本来就是一个部门的过程。按他的说法，吸收新技术并非出现在我们所说的国民生产总值或投资这类指数抽象物中，也非出现于我们称为农业、工业或服务业的这类指数抽象物中。③技术创新是具体的，它总是与某一特定部门中的经济问题相联系的，也会遇到这个部门在制度上和社会上的所有问题。因此，技术创新能否出现和是否行之有效，是由特定部门中广泛的关系及其特点决定的。

(2) 引进新的重要技术或创新于某个部门之中，是一个与其他部门以及与整个经济的运转相联系的纵横交错的复杂过程。应该说，罗斯托所指出的这一点，正是库兹涅茨、钱纳里之类采取的典型的动态结构演进分析法的缺陷之一。因为它们构造的模型，除了采用三次产业分类法和一些通用的宏观总量指标外，所采用的其他变量实际上是反映了与总量密切联系的国民消费结构变动对产业结构变动的制约。但这却无法显示创新在一个部门出现，通过与其他部门复杂的关联，对产业结构转换所起的猛烈激发和推动作用。

(3) 经济增长是主导部门依次更替的结果。罗斯托认为，一个或几个新的制造业部门的迅速增长是经济转变的强有力的引擎。因为这些具有新的生产函数的主导部门会发出各种扩散效应，从而使经济增长产生飞跃。在此过程中，当旧的主导部门衰退时，新的主导部门便会诞生。因此，"增长的完整序列就不再仅仅是总量的运动了；它成了在一连串的部门中高潮的继起并依次关联于主导部门的序列，而这也标志着现代经济史的历程"。④

---

① 西蒙·库兹涅茨：《各国的经济增长》，商务印书馆 1985 年版，第 346 页。

② W. W.罗斯托编：《从起飞进入持续增长的经济学》序与跋，四川人民出版社 1988 年版，第 5 页。

③ 同上书，第 3 页。

④ 同上书，第 7 页。

这场尚未充分展开的争论，就其本身性质来说，只是限定在关于现代经济增长过程分析描述的范围内。库兹涅茨的观点实质上是在总量增长的框架内，把结构变动描述为一种渐进的、连续的过程。在这种过程中，似乎存在着某种涓流效应使动态结构趋于稳定与均衡。罗斯托的观点实质上是以动态结构的非均衡变动为基础，把总量增长描述为一种自我持续的增长过程。在这种过程中，似乎存在着某种回波效应使总量增长不断加速。

但是，这场争论的意义并不限于此。实际上，这一争论是很深刻的。因为，它不仅仅是采取总量分析，还采取结构分析来描述现代经济增长过程的问题。从这一争论中可以引申出一个如何推进现代经济增长的实践性问题，尤其对于刚进入现代经济增长的发展中国家，这更为重要。

1.2 现代经济增长的主题：结构调整

库兹涅茨和罗斯托的争论给予我们极大的启示，使我们得以沿着这一线索寻找产业结构优化问题的历史性逻辑。这也许是库兹涅茨和罗斯托都不曾料想到的。

笔者认为，增长在一定意义上并且按其定义来说自然是一个总量概念，它表明人均产出有规则地上升。但是，现代经济增长已不仅仅是一个总量问题。如果离开了结构分析，我们将无法解释增长为什么会发生和怎么发生的，因而现代经济增长本质上是一个结构问题。当然，结构与总量是不可分割的。但这并不妨碍我们对其相对地位的区别和给予不同的权重。这也就是说，当我们确认现代经济增长的本质是结构问题时，并不意味着否定总量的重要意义。

从基本倾向来说，笔者赞成罗斯托的看法，并也同意他对这一问题的个别论证。但笔者认为罗斯托对此的论证是不够充分和全面的（这也许是此争论没有充分展开的缘故了），应给予补充。

（1）现代经济的一个明显变化是社会分工日益细化，产业部门增多，行业间的交易变得相当复杂，相互之间的依赖强度增大。金德尔伯格和布鲁斯·赫里克曾根据经过整理的实际数据，设计了两个经济结构（欠发达和较发达）的投入产出模型，通过比较发现，在较发达经济结构的投入产出模型中，部门交易上的中间产品种类增多，其交易规模增大，充分显示了现代经济增长更具有专业化和一体化的倾向。[①]在这种情况下，结构效益就上升到最重要的地位，成为现代经济增长的基本支撑点。这种来自结构的经济效益，其意义远远超过个别的劳动生产率提高的经济效益。如果说劳动生产率提高这种经济效益是所有经济增长都具有的，那么结构效益则是现代经济增长享有的"专利"。

(2) 现代经济增长的另一个明显变化是持续高增长。一般说来，持续高增长取决于资源(人力、资金、技术等)的动员及有效配置，而结构状态在很大程度上决定了资源配置的效果。如果产业结构比较合理，与国内和国际市场需求相适应，与技术的发展相适应，则资源配置是有效的，能保证总量的持续增长。如果产业结构扭曲，则会严重降低资源配置的效果，即使短期的高增长也许可能，但最终会因结构制约而不能长时间地持续下去。国际经验表明，结构扭曲是大多数发展中国家不能实现持续高增长的主要原因之一。虽然从一般趋势来说，随着人均国民生产总值的提高，产业结构将不断向高度化演进，但总量增长并不会自动使结构合理化，并带动结构成长。因此，逻辑的顺序应该是改革结构，促进结构合理化，以此推动持续高增长。

(3) 现代经济增长的又一个明显变化是科学技术的大量应用，技术创新日新月异。可以说，现代经济中生产率的高增长率以及由此产生的人均国民生产总值的高增长率，最终可归因于科学技术的发展。然而，新的科学技术不可能在所有现存的生产部门之间平均分布，它只被特定的生产部门所吸收，因而技术创新总是首先在某个特定部门出现而后再向别的部门扩展。可见，技术创新对总量增长的作用是通过结构关联效应实现的。结构关联效应使某一部门的技术创新作用不断扩散，并使技术创新的中心不断转移。显然，在产业结构扭曲的情况下，结构关联将发生断裂，从而使技术创新扩散受阻，不能充分发挥其应有的作用。

如果说上述这些理论分析仅仅是提出了现代经济增长本质上是一个结构过程的理论假说，那么一些发达国家以及"新兴工业国"的发展过程则使这一假说得到了历史验证。

这些国家的发展大致经历了以下三个阶段：进入现代经济增长的准备阶段；

---

① 金德尔伯格、布鲁斯·赫里克：《经济发展》，上海译文出版社1986年版，第194—195页。

高速增长阶段;稳定增长阶段。

第一阶段:进入现代经济增长的准备阶段。在这一阶段,一般人均国民生产总值低于或略高于 300 美元(1958 年,美元),与此相联系,尚未能稳定地形成较高的积累率,从而基本上没有形成比较完备的工业体系以及具有出口竞争能力的主导产业。在这一阶段,产业结构处于以落后农业为主的传统结构向工业化结构转变时期,主要有以下特征:(1)第一次产业在国民生产总值中占有一定比重(30%—40%),农业劳动力在全社会劳动力中比重很大(70%—80%),但这些比重逐渐降低。(2)第二次产业处于成长期,大多数制造业部门处在建立与成长中,增长较快,但在一般情况下轻纺工业占的比重较大。(3)传统农业与现代非农产业、落后农村与先进城市、传统技术与现代技术之间的二元结构特征十分显著。

这一阶段的主要目标是实现初步工业化,使国民收入中工业所占比重超过农业,并初步建立一个独立的、比较完整的工业体系。因此,这一阶段主要是粗放式的外延扩大再生产,需要大量的人力、物力和财力的投入,因而这时期社会供给总量往往短缺,总量矛盾往往成为经济发展中的主要矛盾。

第二阶段:高速增长阶段。在这一阶段,人均国民生产总值达到 300 美元(1958 年,美元)以上,一般在 300—2000 美元之间。这一阶段的产业结构主要特征是:(1)第二次产业高速增长,在国民生产总值中占最大比重,第一次产业比重迅速下降,农业劳动力所占比重大幅度下降。(2)形成了具有出口竞争力的主导产业,加工度与附加值比较高的产业、技术知识密集产业和新兴产业所占的比重增大。(3)第二次产业内部结构的变动加快,处于结构高变换率时期,重化工业一般占较大比重。(4)二元结构出现重大转化,现代非农产业已占主要地位。

在这一阶段,结构矛盾经常成为经济发展中的主要矛盾。因为当人均国民收入上升到这一阶段水平,需求结构将发生重大变化(以满足温饱为中心的必需品消费阶段向非必需品消费阶段转化),原有的产业结构对需求的迅速变化已难以适应,需要进行大规模的结构调整。正是这一要求才形成这一阶段产业结构迅速转换的特征,也只有这种结构的迅速转换才能推动高速增长,并进入一个高增长→高国民收入→高积累→高投资→高增长的良性循环。

第三阶段:稳定增长阶段。在这一阶段,人均国民生产总值达到 2000—3000 美元(1958 年,美元)或更高,消费进入"高额消费阶段",与此同时,产业结构逐步具有“后工业化”的特征:(1)第三次产业在国民生产总值中的比重迅速上升,甚至超过第二次产业,第二次产业的增长相对减缓。(2)在第二次产业内部,资本密集的重化工业比重逐渐下降,技术知识密集的产业所占比重迅速上升,并且反映当代科技进步的产业成为主导产业。(3)二元结构基本消失,农业已实现现代化,农村已改变落后面貌,传统技术基本上被现代先进技术所取代。

在这一阶段,结构矛盾仍然是经济发展中的主要矛盾。因为不少产业(尤其是制造业)已经历了几十年的发展,规模经济的效应已达极限,生产的迅速扩张开始受到市场空间的阻碍,它们正在进入成熟期和衰退期,其增长开始逐步减缓,甚至出现负增长。在这种情况下,如果不及时实行结构转换,不仅难以满足社会的需求,而且总量增长也将缺乏推动力。

由此可见,如果我们从狭义的现代经济增长(仅包括高速增长阶段和稳定增长阶段)的历史过程来看,显然结构矛盾是经济发展的主要矛盾,从而结构调整是经济发展的主题。即使从广义的现代经济增长(还包括准备阶段)的历史过程来说,虽然在准备时期总量矛盾较为突出,但在整个过程中它仅占极小的地位,基本的方面仍然是结构问题。因此,现代经济增长的历史过程也充分验证了其本质是结构问题。

确定了现代经济增长本质之后,我们就可以进一步探讨现代经济增长的本质要求是什么。既然其本质是结构问题,那么要获得经济增长的高速度、持续性,首要的问题就不是增加投资、增加就业以扩大经济规模,而是产业结构调整,从推动产业结构合理化和合乎规律的转换中求速度、求效益。显然,要从推动产业结构的演进中求经济发展的速度和效益,非常关键的一环就是要具备适时适宜地推动产业结构演进的能力(即产业结构的转换能力)。在现代经济增长的历史进程中,这种产业结构转换能力的高低优劣决定着各国的盛衰荣辱,决定着各国之间经济实力对比关系的变化。日本在第二次世界大战后之所以能跻身发达国家行列,成为西方第二个经济大国,原因就在于其具有较强的产业结构转换能力。而曾为世界第一强国的英国也正是缺乏这种产业结构转换能力,在 20 世纪 20 年代进入经济的“黑暗”时代。

因此,在现代经济增长过程中,促进产业结构优化具有内在的历史必然性。它对于所有进入现代经济增长进程的国家都是适用的。对于先进入这一进程并已经济发达的国家来说,一些传统的重工业(例如钢铁、橡胶、造船、汽车业等)正在迅速衰落，高技术产业正在兴起，它们正面临着“后工业化”阶段的结构转变。如果它们不采取有效的产业政策，增强产业结构转换能力，稳定的经济增长将难以维持。为此，一些发达国家的有识之士疾声呼吁：排除增长道路上的结构性障碍。对于后进入现代经济增长进程的发展中国家来说，正处在大量农业剩余劳动力向现代非农产业转移，需求结构急剧变动从而要求产业结构有较大调整的阶段。为了实现经济起飞，并赶超先进国家，推进产业结构合理化和高度化势在必行。

总之，现代经济增长本质上要求处于不同发展阶段的各个国家采取产业结构优化政策。至于产业结构优化政策是否有效（即是否能增强产业结构转换能力，进而在推动产业结构演进中求速度、求效益），则取决于各国政府能否正确地设计和实施产业政策，取决于运行机制、经济环境和体制是否适应和有利于产业政策的正确实施，取决于产业政策与其他经济政策是否协调等因素。然而，这些问题正是我们要进一步详细展开探讨的。

2 产业结构优化:分析的理论模型

本研究的中心议题是产业结构优化问题。这个问题是一个复杂的,同时也是新颖的经济学问题。产业结构变化及调整涉及许多因素,不仅仅是直接与结构变动有关的诸经济变量的运动结果,而且也与更高层次和更大范围的发展战略、体制模式等有密切关系。因此,产业结构优化问题的分析,首先要建立起一个基本框架,以便从这一复杂的经济关系中整理出一个基本秩序,把握住这一问题分析的主要线索。然而,这种分析框架的构造在经济学研究中尚欠缺,还没有产生一个较为成熟的理论模型。为此,我们只有借鉴于前人的研究成果,进行这一探索性的工作,试图建立起有利于我们进行产业结构优化问题分析的理论模型。我们首先从最抽象的经济关系入手,建立产业结构决定模型;然后引入需求结构这一变量,建立产业结构调节模型;最后引入各种调节手段变量,建立起产业结构优化模型。这三个模型之间存在着内在的联系,它们共同构成了我们分析产业结构优化问题的理论框架。因此,这一章实际上是全编分析的一个基本概貌。

2.1 产业结构决定模型

产业结构是各产业生产能力的配置构成的方式。标准的产业结构是社会按再生产要求的投入产出比例建立起来的各产业生产能力配置构成的方式。它是一种能使国民经济体系达到潜在产出量的产业结构。

标准产业结构表明,在社会再生产过程中,各产业部门的生产能力并不是独立的,它们必须按照部门之间的投入产出关系,互相依存和互相衔接,形成一定的比例关系。然而,产业的生产能力是由资产、劳动、资源、技术等生产要素配置而成的。一般说,一个产业部门拥有的劳动、资产数量越多,技术越先进,生产组织越科学,它的生产能力就越大;反之,生产能力的情况则相反。

因此,产业结构可以进一步被看作是各生产要素在各产业部门之间的配置构成方式。它既包括劳动资源在各产业部门之间的配置构成,也包括资产设备、中间要素以及技术等要素在产业部门之间的配置构成。这些因素共同决定了产业结构,其中任何一种因素变动都可能引起产业结构变动。下面我们用投入产出分析方法来大体描述产业结构的基本概貌。

$$\begin{pmatrix} \frac{s_{11}}{a_{11}} & \frac{s_{12}}{a_{12}} & \cdots & \frac{s_{1n}}{a_{1n}} \\ \frac{s_{21}}{a_{21}} & \frac{s_{22}}{a_{22}} & \cdots & \frac{s_{2n}}{a_{2n}} \\ \vdots & \vdots & & \vdots \\ \frac{s_{m1}}{a_{m1}} & \frac{s_{m2}}{a_{m2}} & \cdots & \frac{s_{mn}}{a_{mn}} \end{pmatrix} \Longrightarrow \begin{pmatrix} S_1 \\ S_2 \\ \vdots \\ S_n \end{pmatrix}$$

在上面的模型中,a_{ij}是投入系数,表示j部门生产一个单位产品所需i部门投入产品的数量,该系数是由技术关系决定的,亦称为技术系数;$\frac{1}{a_{ij}}$是每种投入要素的产出效率系数,表示i种要素投入j部门对生产一个单位产品所作的贡献;s_{ij}是生产j种产品而投入i种要素的数量,体现资源或要素的投入结构。这样,产业结构体系中每一行的各元素$\frac{s_{ij}}{a_{ij}}$就表示每一种投入要素对某一产品生产的贡献份额,各种投入要素的贡献份额总和决定了某一产品的供给(S_i)。

这一模型表明,产业结构是由资源(或要素)投入结构(s_{ij})和技术结构$\left(\frac{1}{a_{ij}}\right)$这两个因素共同决定的,其中任何一个因素的变动,都会引起产业结构的变动。虽然这一模型没有明显地反映劳动要素结构和资产结构对产业结构的决定,但实际上,这两个因素对产业结构的影响已暗含在模型之中。

因为,这种投入要素的产出效率系数内在规定了社会要实现事先计划的产品供给结构(S_1, S_2, $\cdots$, S_n)应有的资产和劳动的配置结构。一定的机器设备及其配置的厂房总是同一定的技术程度紧密联系在一起的，而包含一定技术水平的固定资产量在技术上也规定了它所能吸收的劳动人数和它所能加工处理的其他中间要素的投入量。因此，一旦给出每一种投入要素对某一产品生产的贡献份额$\left(\frac{s_{ij}}{a_{ij}}\right)$，实质上也就意味着一定的资产结构和劳动要素结构。如果作进一步的分解，那么资产结构包括两个方面：一是固定资产存量结构；二是购买中间产品的流动资产数量结构。后一项可以同劳动要素结构合并，构成产业的流动资产总量结构，这可以看作是广义的中间要素投入结构(前面在模型分析中提及的要素投入结构是狭义的，仅指中间产品投入，没有包括劳动要素，下面所讲的中间要素投入结构均指广义的)。

由此可见，产业结构(生产能力结构)的决定因素，大致上是三类：产业固定资产结构、中间要素投入结构和产业技术结构。为了更清楚地了解这些因素对产业结构的决定，我们分别考察它们对产业生产能力结构的影响。

2.1.1 技术结构

投入要素的产出效率系数的集合实质上就是社会在各产业部门的一种技术结构。毫无疑问，这种投入要素的产出效率系数会随着新材料、新工艺、新技术的出现而变化，还会随着生产批量的大小而变化，但在技术不发生突变的时代，即没有发生技术革命全面改变各产业部门原有技术的时期，各产业部门投入要素的产出效率系数是相对稳定的。世界上已有许多人用种种方法研究过投入系数随着时间的迁延发生变化的状况和程度，研究成果表明，尽管投入系数随着时间的推移逐渐在变化，但从已知投入系数表向前估计 5 年至 10 年，不必太担心其精确性被现在还没有问世的技术进步所降低。①因此，在一个较长时期内，可以认为这一系数是一个稳定变量，在中短期产业结构分析中不必过多地考虑投入系数的变动所带来的影响。

为了考察技术结构对产业结构的影响，我们假定中间要素投入结构不变。在这一条件下，如果各产业部门技术状况不变，或者各产业部门的技术水平以相同的速率同方向变动，那么各产业之间内在的投入要素的产出效率系数不变，从

---

① 参阅杨治：《产业经济学导论》，中国人民大学出版社 1985 年版，第 113 页。

而产业生产能力结构就不会发生变动。如果国民经济体系中一些部门的技术发生变动而另一些部门的技术依旧,或者各产业部门的技术变动的速率不同,那么社会各产业部门之间的投入要素产出效率系数将会改变,从而产业生产能力结构也会发生变动。在中、短期内,前一种情况也许存在,但从长期来看,只有后一种情况是现实的。

2.1.2 中间要素投入结构

中间要素(中间产品和劳动要素)在社会各产业部门的配置构成就是中间要素投入结构。中间要素在各产业部门的结构性配置在短期内是可变的。在市场经济中由价格引导并决定,而在计划经济中则是由政府短期(例如年度)计划规定的。因此,中间要素在各产业部门的投入结构可以被看作是决定产业生产能力结构的短期因素。

在各产业技术结构既定的情况下,产业间的中间要素投入比例发生变化,就会改变社会产业生产能力结构。因为在技术水平不变的情况下,只要固定资产的生产能力所能承受,一个产业部门拥有的劳动、中间产品数量越多,其所能提供的产出量就越多。而在中间要素总量有限的情况下,某些部门的投入多一些,另一些部门的投入就相对减少,从而就使产品供给结构发生变化。

在各产业技术结构发生变动的情况下,中间要素投入结构若能自动作适应性调整,产业生产能力结构也许不会发生变化。但在大多数场合,中间要素投入结构是按照各产业技术结构变动的要求变化的,即技术先进的产业部门要求有更多的中间要素投入(尤其是中间产品),从而会引起产业生产能力结构的变动。

2.1.3 固定资产结构

固定资产在各产业部门的配置结构就是产业的固定资产结构。固定资产结构与技术结构有某种对应性。根据工艺学的一般常识和现代工业的经验,机器设备及其厂房的技术程度,往往与所投入的固定资产量有正相关关系。一般说,固定资产雄厚的产业(或企业)往往拥有较高技术水平。与技术结构一样,固定资产结构也具有相对稳定性,是决定产业结构的长期因素。

在技术结构既定的情况下,固定资产结构主要取决于长期的投资结构,即社会投资总量在各产业之间分配量的构成。当然,在一定范围内,固定资产存量转移,也会引起固定资产结构的变动。但这种资产存量转移受到各种因素限制,对固定资产结构影响相对较小。因此,产业固定资产结构的变动,实际上是社会资产总量在各产业配置构成的变动,它的变动最终要通过投资结构变动才能实现。由于固定资产结构在很大程度上决定了中间要素投入结构,因而一旦固定资产结构发生变动,势必带动中间要素投入结构变化,两者的变动结合在一起,就决定了产业生产能力结构的变动。

综上所述,我们可以看到,决定产业结构状态的长期因素是产业固定资产结构和产业技术结构,短期内产业生产能力结构几乎唯一决定于中间要素投入结构。因而,调整与优化产业结构的可操纵的直接变量,短期内就是中间要素投入结构,长期性的则是固定资产结构和技术结构。

2.2 产业结构调节模型

上面关于产业结构决定模型的分析是建立在标准产业结构基础上的,而标准产业结构暗含着一个基本前提,即产业的供给结构恰好等于国民产品的需求结构,就是说,国民产品的供给结构与需求结构处于均衡状态。这对于产业结构决定因素分析来说是允许的,但要进一步分析产业结构调节模型则不行了。

因为我们所要调节的产业结构是偏离标准产业结构的实际产业结构,即社会实际建立起来的各产业生产能力的配置构成,实际产业结构所能提供的产出水准要低于标准产业结构下产出的水准,其供给结构往往与社会需求结构处于非均衡状态。因而,产业结构调节模型分析应建立在实际产业结构基础上,并以国民产品的供给结构与需求结构的关系为框架。

从国民产品的角度来分析,产业结构就表现为产品供给结构。从全社会看,一种产品代表一个产业,n 种产品代表 n 个产业部门,国民收入由 n 种产品构成,因而供给结构就是从产品的角度考察的国民收入产出构成。如果设第一个产业部门生产的国民收入为 S_1,第二个产业部门生产的国民收入为 S_2,依此类推,则第 n 个产业部门生产的国民收入为 S_n,由此国民产品的供给构成为:

$$S=S_1+S_2+\cdots+S_n$$

与供给结构相对应的是需求结构,它是从产品的角度考察的国民收入支出构成。国民产品的需求结构就是社会在既定的有支付能力范围内购买或需要的这样一种国民产品结构,它可以用国民收入最终购买各种产品的支出结构来近似地衡量。如果设社会对第一个产业部门生产的产品的需求为 D_1,对第二个产业部门生产的产品的需求为 D_2,依此类推,则社会对第 n 个产业部门生产的产品的需求为 D_n,由此国民产品的需求构成为[①]:

$$D=D_1+D_2+\cdots+D_n$$

国民产品的供给结构与需求结构的对应关系,最终可以归纳为两类:一类是均衡状态;一类是非均衡状态。

所谓供求结构的均衡状态就是社会各产业部门生产的国民产品正好是社会所需要并购买的状态。在这种状态下,社会中既没有因一些产品供过于求而出现的过剩,也没有因另一些产品供不应求而发生的短缺。这种国民产品的均衡供求结构的形式是:

$$\begin{pmatrix} S_1 \\ S_2 \\ \vdots \\ S_n \end{pmatrix}=\begin{pmatrix} D_1 \\ D_2 \\ \vdots \\ D_n \end{pmatrix}$$

所谓供求结构的非均衡状态就是国民产品中一些产品的供给小于社会对它的需求,而另一些产品的供给则超出社会对它的需求的状态。在这种状态下,部分产品短缺与部分产品过剩并存,形成结构性矛盾。这种国民产品的非均衡供求结构的形式是:

$$\begin{pmatrix} S_1 \\ S_2 \\ \vdots \\ S_n \end{pmatrix}\neq\begin{pmatrix} D_1 \\ D_2 \\ \vdots \\ D_n \end{pmatrix}$$

国民产品的供求结构均衡态可以说是结构上的最优状态,但在现实经济中,

① 国民产品的供给结构和需求结构分式均参考符钢战等:《社会主义宏观经济分析》,学林出版社1986年版,第301—303页。

这种结构均衡态是极为偶然的。在国民经济运行中，更为现实和本质的是国民产品供求结构的非均衡态。供求结构均衡态至多是供求结构调节的理想状态。因而，我们主要从国民产品供求结构非均衡态来考察产业结构调节问题。

首先要明确，国民产品供求结构非均衡态总是意味着国民经济的摩擦和损失，是需要加以调整的，但影响供给结构和需求结构两者互相偏离的力量是复杂的，它既可能来自需求方面，也可能来自供给方面。并且，在不同力量影响下，供求结构互相偏离的性质也不相同。因此，我们要具体考察国民产品供求结构非均衡态的各种表现。为了分析的简便，我们假定初始的供求结构处于均衡态，那么供求结构互相偏离的情况大致有两类：

一类是供给结构没有变，需求结构改变了，从而形成两者互相偏离。

显然，这种结构偏离是由需求变动的力量推动的。在一般情况下，这种供求结构偏离的调节，其重点在供给结构（产业结构），使产业结构适应需求结构的变动。但也不尽如此，要作具体分析。

因为决定需求结构变动的因素主要有两种：一是收入水平变化引起居民购买商品的支出结构发生变化，这种支出结构的变化直接反映了社会需求结构的变化。二是消费的示范效应引起消费结构变动，从而使社会需求结构发生变化。这两种力量所推动的需求结构变动的性质是不同的。

收入水平提高引起社会需求结构变动是一种自然的过程，符合历史发展规律的。这种需求结构变动是收入长期累积性变动决定的，不是收入的短期变动决定的。一般说来，收入的短期变动，不会引起需求结构发生根本性变化，只有收入的长期变动，才构成决定需求结构变动的主要力量。①与此不同，消费的示范效应引起的需求结构变动是一个反自然的过程，不具有规律性。因为在低收入水平条件下，消费需求向高收入发达国家和邻人看齐与攀比，所产生的是消费早熟问题，消费早熟下形成的需求结构是畸形的。

针对这两种不同性质的需求结构变动，调节供求结构互相偏离的重点与方式就截然不同。

（1）对于收入水平提高引起的需求结构变动，供求结构偏离的调节主要是供给结构（产业结构），使产业结构适应需求结构的变动。由于这种需求结构变

① 符钢战等：《社会主义宏观经济分析》，学林出版社1986年版，第305页。

动是收入长期累积性变动的结果,因而产业结构的调节主要是技术结构和产业固定资产结构的变动。

(2) 对于消费示范效应引起的需求结构变动,供求结构偏离的调节主要是需求结构,纠正畸形的需求结构,改变不合理的需求行为,而不是产业结构大调整。当然,由于存在"消费刚性",消费示范效应下发生的畸形需求结构难以彻底纠正,因而在适当情况下可对产业结构作些调整,主要是采取中间要素投入结构变动的方式。

另一类是需求结构没有变,供给结构改变了,从而形成两者互相偏离。

显然,这种结构偏离是由供给变动的力量推动的。在这种情况下,对供求结构偏离的调节,也要进行具体分析。前面已经论述,决定产业结构的主要因素有三个:产业技术结构、产业固定资产结构和中间要素投入结构。这三个变量都具有两重性:其变动有可能是合理的,也有可能是不合理的。因而,供求结构偏离的调节要按性质而论。

(1) 在合理的技术结构变动下,调节的重点是需求结构,引导和刺激某些与技术结构相适应的需求。例如对某些高技术的产品需求的引导和刺激,以提高这些产品的需求;同时抑制对某些淘汰技术的产品的需求。在不合理的技术结构变动下,调节的重点则在技术结构本身,使不同层次的技术处于协调和互补状态。

(2) 在合理的固定资产结构变动下,调节的重点是需求结构,促使需求结构适应产业结构的变动。在不合理的固定资产结构变动下,调节的重点是固定资产结构本身,主要是通过投资结构的合理变动和资产存量的转移重组。

(3) 在合理的中间要素投入结构变动下,调节的重点是需求结构,在原有需求范围内作某些需求调整。在不合理的中间要素投入结构变动下,调节的重点是其本身,按照现有技术关系内在规定的投入产出比例配置劳动和中间产品。

由此可见,产业结构调节主要是在以下两种情况下进行的:一是滞后于收入引起的需求结构变动;二是产业结构本身不合理。调节产业结构的关键是调整影响供给结构的各个变量,对短期来说是调节产业的中间要素投入结构,对长期来说是调节产业的技术结构和固定资产结构。但要注意,虽说滞后于正常需求结构变动的产业结构从总体上讲,也是不合理的,但这种不合理是相对需求结构而言的,主要表现在不适应需求结构的正常变动。而后一种情况,则是指产业结构内部本身就存在着不符合投入产出关系要求的不合理,缺乏结构的聚合质量(参阅第5章)。因此,这两种产业结构调节的目标是不同的,前者主要是实现产业结构高度化,后者主要是实现产业结构合理化。这种产业结构调节总体模型可用图2.1表示。

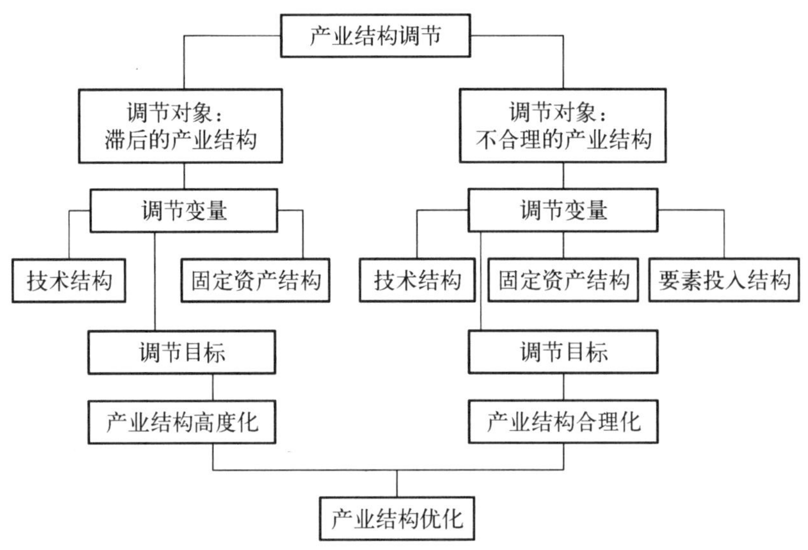

图2.1 产业结构调节总体模型

2.3 产业结构优化模型

从产业结构调节总体模型中可以看到,产业结构调节无非就是对初始不理想的产业结构进行有关变量的调整,以实现产业结构优化。因而,产业结构调节的全部内容的中心问题,就是产业结构优化。

产业结构优化并不意味着完全达到国民产品供求结构的均衡状态,而是对这种均衡状态的趋近。严格讲,产业结构优化不是一个绝对概念,而是一个相对概念;它并不是一个"最优"的问题,而是一个"次优"的问题。

当然,产业结构优化也不是一个无从捉摸的虚幻概念。它具有明确而丰富的内容,具有衡量的标志。我们认为,产业结构优化的两个基本点是:产业结构高度化和产业结构合理化。

产业结构高度化是指产业结构从低度水准向高度水准的发展。这种产业结构的发展是根据经济发展的历史和逻辑序列顺向演进的,它至少包括以下三方面的内容:[①](1)在整个产业结构中,由第一次产业占优势比重逐级向第二次、第三次产业占优势比重演进;(2)产业结构中由劳动密集型产业占优势比重逐级向资金密集型、技术知识密集型产业占优势比重演进;(3)产业结构中由制造初级产品的产业占优势比重逐级向制造中间产品、最终产品的产业占优势比重演进。

这种产业结构高度化总是以新技术的发明和应用作为基础的,它意味着产业结构的发展越来越多地渗透技术因素。显然,这种产业结构高度化对于一国国民收入增长起着重大作用,是一个带根本性的战略问题。因而,产业结构高度化是产业结构优化的一个重要标志。

产业结构合理化是指提高产业之间有机联系的聚合质量,即产业之间相互作用所产生的一种不同于各产业能力之和的整体能力(具体论述见第5章)。这种产业结构合理化主要包括两方面内容:(1)各产业之间在生产规模上的比例关系,诸如第一、第二、第三次产业之间的均衡;生产资料生产同消费资料生产之间的均衡;基础设施同制造业之间的均衡;能源、原材料工业同加工工业之间的均衡等。(2)产业之间的关联作用程度。产业关联作用是指某一产业引起其他产业部门的建立和发展的能力,这种作用是通过投入物和产出物的互相依赖而表现出来的。显然,产业之间的关联作用程度越高,产业结构的整体效应越大,从而产业结构也越合理。

这种产业结构合理化是以资源在各产业部门的合理配置为基础的,它意味着产业之间的良好协调,因而产业结构合理化必定产生较大的结构效益。显然,产业结构合理化是产业结构优化的又一重要标志。

那么作为产业结构优化两大基本点的高度化与合理化之间又是什么关系呢?我们认为,不能笼统地论述,要确定不同的分析方法,进行综合论述。

一是静态分析。在这一分析框架内,产业结构合理化是产业结构高度化的基础;只有先实行合理化,才能达到高度化。的确,产业结构高度化必须以产业结构合理化为基础,脱离合理化的产业结构高度化只能是一种“虚高度化”,即在不合理结构基础上产业结构向更高一级的水准推进。其次,在一定的时期内,产

① 刘伟、杨云龙:《中国产业经济分析》,中国国际广播出版社1987年版,第28页。

业结构高度化是相对稳定的,产业结构合理化则是经常的工作。一般讲,只有产业结构合理化达到一定程度,结构效益累积到一定水平,才能推进产业结构高度化。

二是动态分析。在这一分析框架下,产业结构高度化与产业结构合理化是互相渗透、交互作用的。要实现产业结构高度化,必须使其结构合理化;而且产业结构发展水平越高,其结构合理化的要求也越高(因产业之间的技术经济联系日益复杂,结构一体化的整体性要求更高)。而要实现产业结构合理化,则必须在其高度化的动态过程中进行。产业结构合理化是一个不断调整产业间比例关系和提高产业间关联作用程度的过程。实际上,这一过程也就是产业结构向高度化发展的成长过程。前面的分析已经指出,国民产品供求结构的非均衡态是经常状态,产业结构合理化就是对这种非均衡态的不断调节的过程。在这一过程中,产业结构本身得以发展和提高。

因此,在产业结构优化的某一特定阶段,可以根据产业结构的实际情况,安排产业结构优化的重点,即以合理化为主,还是以高度化为主。一般讲,在产业结构严重不合理,国民经济瓶颈制约严重,结构性矛盾加剧的情况下,产业结构优化的重点是合理化问题,即缓解结构性摩擦,提高结构效益。而在产业结构内部矛盾相对缓和,产业结构不适应因收入正常提高而引起的需求结构变动的情况下,产业结构优化的重点则是高度化问题,即提高产业结构转换能力,促进产业结构适应需求结构的变动。

然而,在产业结构优化的全过程中,则要把合理化与高度化问题有机结合起来,以产业结构合理化促进产业结构高度化;以产业结构高度化带动产业结构合理化。在产业结构合理化过程中实现产业结构高度化的发展;在产业结构高度化进程中实现产业结构合理化的调整。只有这样,才能实现产业结构优化。

实现产业结构高度化,取决于产业结构转换能力,其关键在于创新。创新是产业结构演进的主动因。实现产业结构合理化,取决于产业结构聚合能力,其关键在于协调。协调是产业结构完善的精髓。

然而,产业结构的创新能力与协调能力并不是孤立的,要涉及很多方面,其中最重要的是经济发展战略、经济体制模式和产业素质。因此,产业结构优化需要具备一系列外部条件,是一项复杂的系统工程。综合上述分析,产业结构优化模型可用图 2.2 表示。

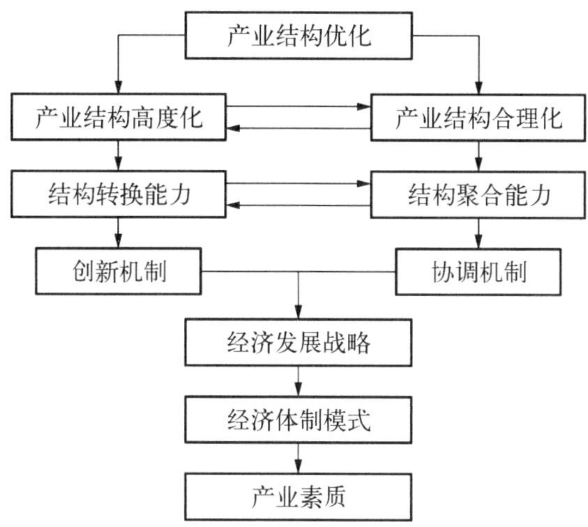

图 2.2 产业结构优化模型

产业结构决定模型、产业结构调节总体模型和产业结构优化模型的建立,为我们构造了产业结构分析的理论框架,以及有关论述的逻辑顺序。无疑,这将有助于我们全面分析产业结构优化问题,系统阐述产业结构优化的基本原理,并有助于我们从较深刻的理论分析中提出有关产业结构优化的政策思想和主张,以及加深对中国现实产业结构问题的认识。

3 产业结构变动一般趋势的描述

从历史的角度来看，产业结构调节乃至优化必然是一个动态过程，即在产业结构的变动中促进其合理化和高度化。离开了产业结构变动过程，产业结构是无从优化的。如果产业结构优化只有在动态中才能进行，那么我们首先就要把握产业结构变动的一般过程及基本趋向。从某种意义上讲，产业结构变动的一般过程及基本趋向是我们进行产业结构调节和优化的基本参照框架。脱离这一基本参照框架，产业结构调节也就失去了基本依据和方向。因此，在具体分析促进产业结构优化问题之前，我们首先描述产业结构变动的一般过程和基本趋向，以把握产业结构变动的一般规律性。

3.1 产业结构变动的总趋势

对于产业结构调整与优化来说，把握产业结构变动的总趋势是最基本的要求。随着经济理论和分析工具的不断完善，在经济学家的不懈努力下，产业结构变动的总趋势已基本上被揭示出来了。然而，由于理论依据和采取的分析工具不同，对于产业结构变动总趋势的描述有所差异。这里我们分别采用"三次产业"分类法和"四次产业"分类法来勾画产业结构变动的总趋势。

三次产业分类法是由澳大利亚经济学家费希尔创立的。这种分类法的依据是：第一次产业的属性是取自自然界，第二次产业则是加工取自自然的生产物，其余的全部经济活动统归于第三次产业。总体上说，三次产业的划分具有一定的科学性和实用性，从而成为产业结构变动研究的较为普遍的分析工具。

英国经济学家克拉克首先运用三次产业分类方法进行了产业结构演变的研究。他的理论研究是建立在三个重要前提的基础上的:(1)全部经济活动分为第一、第二、第三次产业;(2)以劳动力在各产业的人数及所占比例的指标来反映产业结构的变动状况;(3)劳动力指标的变动是以人均国民收入不断提高为依据的。在这一框架下,克拉克搜集和整理了二十几个国家的各部门劳动投入和总产出的时间数据,通过开创性的统计研究,提出了有关劳动力在三次产业分布的结构变化的理论。

克拉克用较近期的数字显示了从事第一、第二和第三次产业部门的劳动力比重。当一个国家向前发展时,农业劳动力比重从最不发达国家的 80%下降到最发达国家的 7%—8%。从事第二次产业的劳动力比重与人均国内生产总值增长率同步提升,但在接近 50%水平,通常情况下在接近 40%时,就开始稳定下来。第三次产业有着最高的收入弹性,即使农业和工业劳动力占总量的比重停止增长时,它的劳动力份额仍增长着。①

因而,克拉克研究的结论是:随着人均国民收入水平的提高,劳动力首先由第一次产业向第二次产业转移。当人均国民收入水平进一步提高时,劳动力便向第三次产业转移。总的结构变动趋势是:劳动力在第一产业的比重减少,在第二、第三次产业的比重增加。

这个有关经济发展同产业结构的变动之间关系的经验性总结,不仅可以从一个国家经济发展的时间系列分析中得到印证,而且还可以从处于不同发展水平的国家在同一时点上的横截面比较中得到相同结论,即人均国民收入水平越高的国家,农业劳动力所占总劳动力的比重相对越小,而第二、第三次产业劳动力所占比重相对越大;反之,人均国民收入水平越低的国家,农业劳动力所占比重相对越大,而第二、第三次产业劳动力所占比重相对越小。

显然,"克拉克定理"粗略地揭示了产业结构演变的基本趋向。然而,他的研究尚不成熟,在研究方法上有两个主要缺陷:(1)使用单一的劳动力指标,不可能从更深层次上揭示产业结构变动的总趋势;(2)所利用的原始数据的处理比较简单,取样范围较小,典型意义不够。

美国经济学家西蒙·库兹涅茨在继承克拉克的研究成果的基础上,进一步

① 参阅 C. G. Clark, 1957, *Conditions of Economic Progress*, Macmillan。

改进了研究方法,对产业结构变动总趋势作了更科学、更精致的统计分析的验证。他在研究方法上的改善,主要表现在:(1)不仅运用劳动力的部门分布指标,而且提出了各产业所创国民收入及其在全部国民收入中所占比例的指标,把这两个指标结合起来考察产业结构变动的趋势。①(2)不限于对观察值的利用,而是进一步对历史数据和截面数据进行统计回归,得出按人均产值和相应份额的某些合理而有用的"基准点价值",从而使分析更富有一般性的意义。(3)不仅考察了三次产业之间的一般变动,而且分析了部门结构变动在不同时点范围内的状态。

在这一经过改善的分析框架下,库兹涅茨运用其擅长于国民收入统计的优势,首先揭示了因人均收入水平的提高而产生的产业形态的变化,以及与此相适应的产值和就业构成的各自变化,而后又统一地把握产值与就业构成的相关变化。

为此,库兹涅茨首先对 57 个国家的原始统计资料进行处理,整理出 1958 年截面收入分布结构的基准点价值份额图表(表 3.1)。②

库兹涅茨从表 3.1 中得出的结论是:在 70—300 美元的组距内,A 部门的份额下降显著,而 I+S 部门的份额则相应地大幅度上升。但在国民经济的非农业部门内部,I 部门和 S 部门的份额的改变不大。当基准点价值为 70 美元时,I 部门在非 A 总份额中占 40%,当基准点价值为 300 美元时占 45%;与此相比,在 300—1000 美元的基准点价值之间,I 部门占非 A 总份额的比重则从 45%转变

① 金德尔伯格认为,各部门的整个资源配置不应只用单一的劳动力要素来衡量。各部门生产要素的比例不仅可能各不相同,而且也必然不同。即使三次产业中土地、劳动力和资本的边际产品都相同,用单一要素来衡量总资源配置也是不完善的,如果试图衡量资源的总投入量,还将发生指数问题。因为,边际收益递减规律意味着,某种既定要素投入越多,其边际产品越少,按任何一种总投入指数,其投入量的权数也越小。相反,边际产品越多,稀缺要素的价格权数就越大。因此,一个国家资本丰富,劳动力稀缺,就重视劳动力,而不重视资本;资本不足的国家则反之。除非以实物来衡量,否则很容易曲解要素比例和要素总投入的国际比较(参阅金德尔伯格等:《经济发展》,上海译文出版社 1986 年版,第 197 页)。库兹涅茨则不以为然。他认为,一个明显的理由是,劳动力的部门分配的现有资料,足够让人们进行分析;而资本的情况则不是这样(虽然现行资本构成部门分配的数字,其资料提供还是完备的)。但另一个显得重要而更为本质的理由是,在经济领域中的职业活动对劳动者(及其家属)的生活起着支配的作用,由于加在从业人员身上的生活和工作型式在各部门中的差异又是很大的。所以,生产结构对劳动者(及其家属)生活的影响,是生产结构极其重要的方面,从而各国间生产结构上差别的影响也显得重要(参阅库兹涅茨:《各国的经济增长》,商务印书馆 1985 年版,第 208 页)。

② 库兹涅茨把全部经济活动划分为:A 部门(农业)、I 部门(工业)、S 部门(服务业),他把电力、煤气、供水、运输、邮电等产业都列入 I 部门,而在后来的分类中,一般都列入 S 部门。

表 3.1 生产部门在国内生产总值(1958 年按人口平均的国内生产总值的基准点价值)中的份额

(%)

	1958 年国内生产总值基准水平(美元)				
	70 (1)	150 (2)	300 (3)	500 (4)	1000 (5)
主要部门					
1. A	48.4	36.8	26.4	18.7	11.7
2. I	20.6	26.3	33.0	40.9	48.4
3. S	31.0	36.9	40.6	40.4	39.9
I 部门的细分部分					
4. 制造业	9.3	13.6	18.2	23.4	29.6
5. 建筑业	4.1	4.2	5.0	6.1	6.6
6. 运输和通信、电力、煤气、水	6.1	6.9	7.8	9.4	10.4
S 部门的细分部分					
7. 商业	12.7	13.8	14.6	13.6	13.4
8. 服务业	18.2	23.1	26.0	26.9	26.5

资料来源:西蒙·库兹涅茨:《各国的经济增长》,商务印书馆 1985 年版,第 118 页。本研究引用时作了部分调整,省略了个别细分部分,故 I 和 S 部门内的细分部分的数目加总并不与该部门数目一致。

为 55%。因而,国内生产总值结构变化的一般轨迹是:在按人口平均产值的较低组距内,非农业部门的份额上升迅速,而其内部的结构转变可能是和缓的;在按人口平均产值的较高水平内,在非农业部门之间和细分部分之间的结构转移则较为显著。

虽然上述的截面分析能揭示人均产值的上升与部门及其细分部分份额变动之间在时间过程中的联系方向,但它们不大可能给估算恰当的参变数提供结实的基础。为此,库兹涅茨仔细考查了经济发展过程中份额的长期变动以及与截面联系之间的一致性问题。结果发现,长期变动与截面变动既有一致性,又有差异性。这种差异性主要表现在,在某些欠发达国家,人均产值长期内没有显著上升,而 A 部门的份额则显然下降。洪都拉斯、菲律宾和埃及都是这样。库兹涅茨认为,这种差异很可能反映了在时间过程中某些经济变量关系发生了变动,例如技术和组织结构变动。这种差异并不影响截面分析所揭示的国内生产总值结构变化的一般趋势。

为了使考察更加深入，库兹涅茨又分析了 59 个国家 1960 年劳动力的生产部门份额，见表 3.2。

表 3.2 根据 1958 年人均国内生产总值基准水平计算的 1960 年劳动力的生产部门份额

（%）

	1958 年国内生产总值基准水平（美元）				
	70 （1）	150 （2）	300 （3）	500 （4）	1000 （5）
主要部门					
1. A	80.5	63.3	46.1	31.4	17.0
2. I	9.6	17.0	26.8	36.0	45.6
3. S	9.9	19.7	27.1	32.6	37.4
I 部门的细分部分					
4. 矿业和采掘业	1.2	1.0	1.0	1.1	1.1
5. 制造业	5.5	9.3	15.5	21.4	27.9
6. 建筑业	1.3	3.2	5.4	7.1	8.4
7. 运输和通信、电力、煤气、水	1.6	3.5	4.9	6.4	8.2
S 部门的细分部分					
8. 商业	4.5	7.6	10.3	12.5	15.5
9. 服务业	5.4	12.1	16.8	20.1	21.9

资料来源：西蒙·库兹涅茨：《各国的经济增长》，商务印书馆 1985 年版，第 210—211 页。本研究引用时作了部分调整。

从表 3.2 中可以明显地看到，A 部门劳动力份额随人均产值提高显著下降，I 和 S 部门劳动力份额则不断上升，相比之下，在 300—1000 美元区间，I 比 S 部门增长更快些。从总体上说，劳动力部门份额变动与产值部门份额变动在方向上是趋于一致的，但其变动的具体节奏有差异（这一问题在后面给予论述）。可见，库兹涅茨以基准点价值份额为中心，从总产值（生产成果）和劳动力（生产资源）两方面考察了产业结构变动的总趋势，比“克拉克定理”更精确地揭示了具有普遍意义的产业结构变动方向。

为了更加深入地研究产业结构变动的一般趋势，霍利斯·钱纳里运用库兹涅茨的统计归纳法进行了更为广泛和更大信息量的研究。他的研究步骤大致是：

第一，确定结构转换分析的基本假定前提：（1）随着人均收入的提高，消费者需求构成将发生变化，食品需求份额下降，制造业产品的需求份额提高；（2）资本积累(实物的和人力的)以超过劳动力增长的速度增长;(3)技术进步对各国都是普遍的;(4)存在着对外贸易和外资流入的通道。

第二,根据基本假定,对结构转换的主要变量的典型关系构造模式。他用27个变量规定了10个基本经济过程,然后将收入水平和人口数作为外生变量对这些过程进行统一的统计分析,构造了"发展模型"。

第三,为了更广泛地适用于各国和各个过程,进一步使用几个基本的回归方程对发展模型进行复合,回归得出一个"标准结构"(见表3.3)。"标准结构"从人均GNP 100—1000美元发展区间的经济变化,得出了重要的描述性结论。总结构变化的75%—80%发生于这一区间,其中最重要的积累过程和资源配置过程,都将发生显著的、深刻的变化。

表3.3　产业结构转换的"标准结构"　(%)

	1964年币值的国民生产总值的基准水平(美元)										
	小于100 (1)	100 (2)	200 (3)	300 (4)	400 (5)	500 (6)	800 (7)	1000 (8)	大于1000 (9)	总变化(9)－(1) (10)	中值 (11)
产值部门构成(部门产值占国内生产总值的比例)											
1. 第一次产业	0.522	0.452	0.327	0.266	0.228	0.202	0.156	0.138	0.127	－0.395	200
2. 制造业	0.125	0.149	0.215	0.251	0.276	0.294	0.331	0.347	0.379	0.254	300
3. 基础设施	0.053	0.061	0.072	0.079	0.085	0.89	0.98	0.102	0.109	0.056	300
4. 服务业	0.300	0.338	0.385	0.403	0.411	0.415	0.416	0.413	0.386	0.086	
劳动力部门构成											
5. 初级产业	0.712	0.658	0.557	0.489	0.438	0.395	0.300	0.252	0.159	－0.553	400
6. 制造业	0.078	0.091	0.164	0.206	0.235	0.258	0.303	0.325	0.368	0.290	325
7. 服务业	0.210	0.251	0.279	0.304	0.327	0.347	0.396	0.423	0.473	0.263	450

资料来源:H. Chenery and M. Sycqquin, 1975, *Patterns of Development, 1950—1970*, OUP, p.38.

从表3.3中可以看到:初级产业的附加价值从占GDP的52%下降到13%;制造业的变动也很显著,从12.5%上升到38%;基础设施和服务业不断稳定上升。用标准回归方程拟合的曲线,非常直观地显示出生产结构的变化趋势(见图3.1)。其中一个重要的信息是,当越过人均300美元的临界点之后,制造

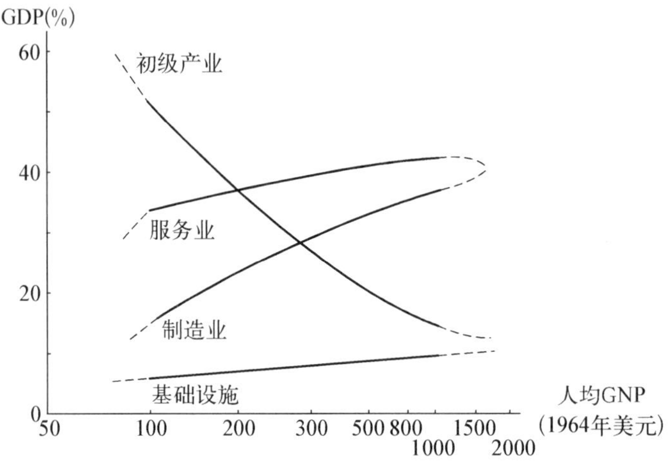

图 3.1　"发展模型"生产结构回归曲线

资料来源:同表 3.3,第 36 页。

业的增值一般才会超过初级产业的增值。

尽管就业的变化受种种非均衡因素的影响,显得比较复杂,但统计分析的结果还是相当有规律的(见图 3.2)。随着收入的提高,初级产业劳动力比重从 71%不断下降,制造业劳动力比重从 7.8%不断上升,当人均收入超过 700 美元后,工业中的就业才开始超过第一次产业的就业人员。一旦达到人均收入 1500 美元,一次产业的劳动力份额将降到 15%,而工业和服务业所占用的劳动力份额则越来越大。

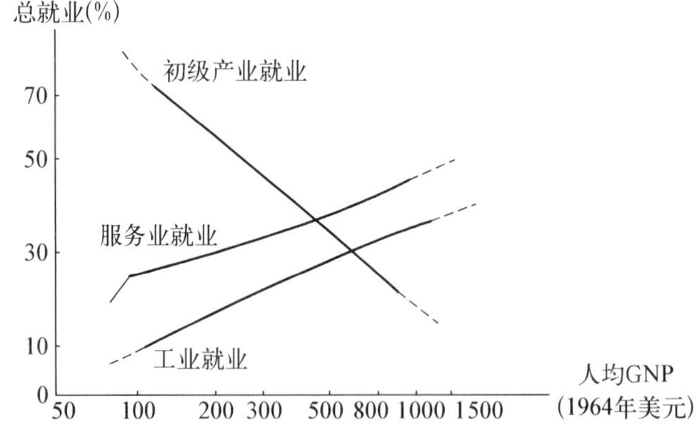

图 3.2　"发展模型"就业结构回归曲线

资料来源:同表 3.3,第 50 页。

钱纳里的“标准结构”对于揭示产业结构发展的一般变动趋向，具有更大的价值。由于他使用了统一的计量经济框架来处理资源转移和分配的一些主要特征，从而就可以对结构变化过程大量相互关联的各种类型作出连续的描述，并可以从不同国家的发展模式中识别出系统的差异。当然，任何一条逻辑曲线不管其对多少发展过程提出多么令人满意的说明，它仍然是一种简单的形式，在具体运用中要进一步修正。

自 20 世纪 70 年代以来，一种新的产业分类法(四次产业法)开始兴起，它对于产业结构变动总趋势的揭示，给予人们以新的和更大的信息量。四次产业划分法就是在三次产业划分法的基础上，从服务业中再划分出一个第四次产业(信息业)。美国经济学家 F.马克卢普对此进行了开创性的研究，他在《美国的知识生产和分配》一书中，考察了信息业在经济发展中的作用和意义，研究了信息业在国民经济中的结构比例，提出了一套测算信息经济规模的方法。美国另一位经济学家 M. U.波拉特继承并在很大程度上扩展了马克卢普的研究成果，为信息经济学在产业结构方面的研究提供了一整套“可操作”的理论和方法。根据波拉特对美国信息经济的测算，美国一百多年来的四大产业就业人口结构变动趋势表现为：农业明显下降；工业上升又下降，曲线呈山形；服务业缓慢上升，递增率很低；信息业显著上升(见图 3.3)。

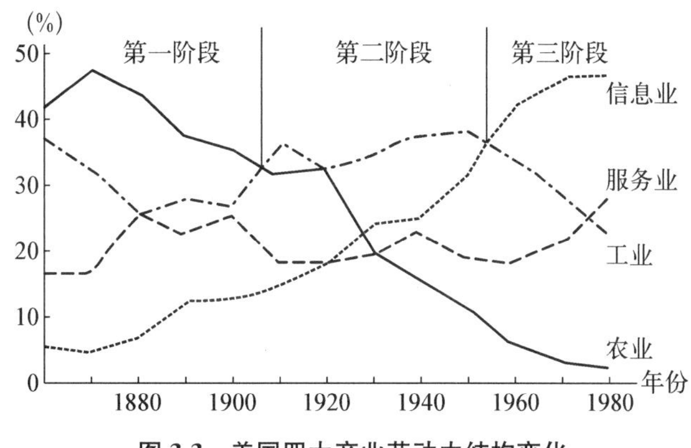

图 3.3　美国四大产业劳动力结构变化

资料来源：米查尔 · 鲁宾：《信息部门测度的两种方法》，《经济学译丛》1988 年第 2 期。

四次产业分类法对产业结构变动总趋势的描述使人们看到，原来意义上的第三次产业在被抽去信息业的成分之后，其增长趋势并不显眼，真正具有增长势头的是信息业，产业结构演进的总趋向是经历农业化阶段、工业化阶段和信息化阶段。四大产业就业结构的上述变化趋势，并不是美国才有的，其他经济发达国家就业结构的历史变化状况与此基本相同(见图 3.4)。并且，用产值结构指标也反映出信息业不断上升的趋势，其中较为突出的是欧洲共同体，1985 年，它的信息业产值占总产值的比重已达到 66.7%，就业比重为 55%。

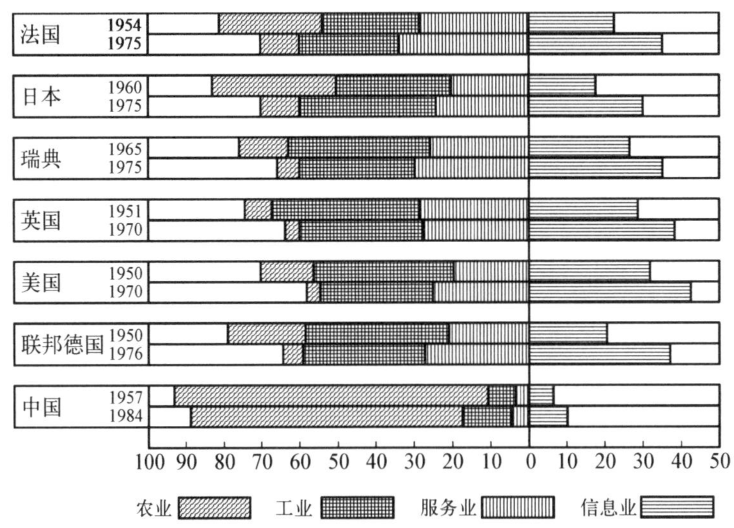

图 3.4　几个国家四种产业就业人数在劳动力中所占的百分比

资料来源：杰里夫·里夫金、特德·霍华德：《熵：一种新的世界观》，上海译文出版社 1987 年版，第 172 页。

马克卢普—波拉特方法并不是完美无缺的，并且此研究方法在产业结构分析中的运用还是相当粗糙的，但他们确实为揭示产业结构变动总趋势提供了新的信息，从而引起了世界上许多国家的极大兴趣。1981 年，世界经济合作与发展组织(OECD)成员国开始采用此方法测算国民经济结构。虽然四次产业划分法的研究在某种程度上使三次产业划分法的研究相形见绌，但由于四次产业划分法的研究刚刚起步，在统计分析上尚不成熟，故我们在下面的论述中还是以三次产业划分法为主。

3.2　产业结构变动趋向的理论测度

前面已经论述过，随着人均产值不断增长，产值的部门分布会发生变动，从一次产业向第二、第三次产业转移。然而，人均产值增长对部门份额变动的影响程度又是如何呢？这就需要进一步分析。

钱纳里和库兹涅茨在揭示产业结构变动一般趋向时都曾指出：A 和 I 部门与按人口平均产值之间存在明显的密切关系，而 S 部门与按人口平均产值之间的联系是不密切的。①为了进一步检验按人口平均产值的差异与部门份额差异之间的联系，库兹涅茨提出了两种度量尺度来证实上述的观察结果。

第一种尺度是把按人口平均产值最低和最高的国家分组间的变动范围与在份额最小和最大的国家分组中所看到的变动范围进行对比。具体来说，首先根据原始资料进行产值高低的国家分组，然后进行部门份额大小的国家分组，最后求出两者变动范围的百分比（见表 3.4）。

表 3.4 人均产值与部门产值份额联系之间的关系

	人均产值的国家分组				部门份额的国家分组				两者变动范围的百分比 (4)÷(8) (9)
	产值的平均份额（%）			产值份额的变动范围（%） (1)－(2) (4)	产值中的平均份额（%）			份额的变动范围（%） (5)－(6) (8)	
	最高的六国 (1)	最低的六国 (2)	全部国家 (3)		最大的六国 (5)	最小的六国 (6)	全部国家 (7)		
主要部门									
1. A	53.6	9.2	28.6	44.4	58.0	6.7	29.2	51.3	0.86
2. I	50.2	18.5	34.0	31.7	55.3	16.7	33.4	38.6	0.82
3. S	40.6	27.9	37.2	12.7	49.5	23.2	37.4	26.3	0.48
I 部门细分									
4. 制造业	31.3	7.7		23.6	35.3	5.7	18.5	29.6	0.80
5. 建筑业	6.6	4.0		2.6	9.2	2.0	5.1	7.2	0.36
6. 运输和通信、电力、煤气、水	10.2	5.7		4.6	13.9	4.1	8.0	9.8	0.46
S 部门细分									
7. 商业	14.2	12.8		1.4	23.6	8.1	13.7	15.5	0.09
8. 银行、保险、房地产	4.0	0.6		3.4	5.3	0.5	2.4	4.8	0.68
9. 公共服务与其他服务	18.6	12.1		6.5	27.0	7.7	16.3	19.3	0.33

资料来源：西蒙·库兹涅茨：《各国的经济增长》，商务印书馆 1985 年版，第 111 页、115 页。

① 参阅钱纳里：《工业增长的型式》，载《美国经济评论》卷 I，第 4 期（1960 年 9 月），第 624—654 页。

运用这一尺度检验，可以看到A部门(86%)和I部门(82%)，制造业细分部分(80%)以及银行、保险细分部分(68%)，人均产值变动与部门份额变动有密切关系。S部门(48%)以及商业、服务业细分部分(9%和33%)，两者之间的联系较弱。

第二种尺度是反应弹性值(E)。它是某一部门在按人口平均产值中的百分比差异(对国内生产总值的贡献)与按人口平均产值的百分比差异的比率。它表示人均产值变动某一百分比时，部门产值份额变动的比率。其公式是:①

$$E_i = a_i + [(a_i - 1)/r]$$

其中:E_i 为部门 i 的反应弹性值;a_i 为该部门的终端份额与起端份额之比;r 表示人均产值在两端间的增长比率。

运用这一公式进行计算一般是采用20%为 r 的标准值，同时把真数($1+r$)的对数除以1.20的对数，以计算各标准间隔单位的相应数字。然后把真数 a_i 的对数除以标准单位的相应数字，取其结果的反对数，以之代替上述公式的 a_i 而求得 E_i。

由于反应弹性值(E)代表着与人均产值的百分比变动相联系的部门产值的变动百分比，所以低于1的反应弹性值意味着这一部门产值的变动比率小于人均产值的变动比率，因而当我们从较低的人均收入移向较高的人均收入时，该部门的份额就显著下降。它被其他部门超过1的反应弹性值所抵偿。总之，反应弹性值偏离1越多，人均产值的差异对部门份额的影响也就越大。

从表3.5中可以看到，A部门与I部门的反应弹性值偏离1较大，S部门的反应弹性值偏离1较小。在部门细分部分，制造业和银行、保险、房地产的反应弹性值最大。这与第一种尺度衡量的结果是一致的。同时，反应弹性值的尺量还揭示了，A部门的反应弹性值小于1，而I和S部门的反应弹性值大于1，其中I部门比S部门的反应弹性值更大。这就告诉我们，当人均国民收入不断提高时，A部门的产值份额将显著下降，而I和S部门的份额将上升，尤其是I部门的份额将明显上升。

---

① 参阅库兹涅茨:《现代经济增长:比率、结构及扩展》，耶鲁大学出版社1966年版，第98—100页。

表 3.5　人均国内生产总值(1958 年美元)的标准增长为 20%时 57 国平均结构中的反应弹性值

	70—300 美元	300—1000 美元	70—1000 美元	51.8—1382 美元
主要部门				
1. A	0.56	0.30	0.44	0.44
2. I	1.37	1.36	1.36	1.34
3. S	1.21	0.98	1.11	1.13
I 部门细分				
4. 制造业	1.53	1.46	1.50	1.49
5. 建筑业	1.16	1.25	1.21	1.16
6. 运输和通信、电力、煤气、水	1.19	1.26	1.22	1.20
S 部门细分				
7. 商业	1.10	0.92	1.02	1.04
8. 银行、保险、房地产	1.83	1.22	1.55	1.68
9. 政府及其他服务	1.18	1.07	1.13	1.14

资料来源：西蒙·库兹涅茨：《各国的经济增长》，商务印书馆 1985 年版，第 118 页。

上述分析表明，三次产业在其结构变动中，由于各自对人均国民生产总值提高的反应弹性不同，其结构变动的幅度是有差异的。正是这种差异的存在，形成了产业结构变动的基本趋向。

3.3　产业结构演进有序性的作用机制

在本章第一节中，我们曾经分别列出了库兹涅茨的国内生产总值部门份额(表 3.1)和劳动力部门份额(表 3.2)，当时我们利用这两张表分别说明产业结构的一般趋向，现在我们进一步对这两张表进行比较分析。

因为，产值的部门份额的差异，并不意味着劳动力的部门份额的差异也是如此。例如，在 1958 年人均产值为 70 美元基准点价值时，产值中 A 部门的份额为 48.4%；在基准点价值为 1000 美元时，A 部门的份额是 11.7%(参见表 3.1)。这种发现并不意味着在上述两个基准点上，劳动力的 A 部门份额也是 48.4%和

11.7%。所以,我们要考察在相同的基准点上,两者的相似之处和差异。[①]通过比较,可以发现:

(1) 劳动力的A部门份额,一般高于产值中的A部门份额。前者的变动范围为80%至18%;后者的变动范围为48%至12%。与此相反,劳动力的I部门和S部门份额,却明显地低于产值中的I部门和S部门。

(2) 尽管随着人均产值的提高,劳动力的A部门份额下降与产值的A部门份额下降一样地显著,但下降的速度不同,前者的绝对下降约为63个百分点,大于后者的约为37个百分点;下降速度之比则为1∶0.58。

(3) 随着人均产值的变动,劳动力的部门份额变动高于产值的部门份额变动,I部门表现尤为显著(劳动力的部门份额上升了36个百分点,而产值的部门份额只上升28个百分点)。如果从部门细分部分来看,还有些区别。在制造业,两者变动的差异没有这么大(劳动力份额上升22个百分点,产值份额上升20个百分点),但在建筑业、运输业和公用事业,差异则要大一些。

(4) 在S部门,两者的差异最显著,特别是把金融和房地产分支从S部门除外(就它们来说,进行产值与劳动力比较是不适宜的)之后,两者的差异就更显著了。在商业部门,劳动力份额上升了11个百分点,而产值份额只上升了0.7个百分点。在服务业,劳动力份额上升16.5个百分点,而产值份额只上升8.3个百分点。

(5) 劳动力在S部门的份额对人均产值灵敏反应的一个明显结果,就是从农业转移出来的劳动力比其转移出来的产值,更均匀地分布到I部门和S部门。因此,劳动力的A部门份额下降62.6个百分点,I部门份额上升36.1个百分点,而S部门份额上升26.3个百分点。

由此可见,劳动力和产值的部门份额水平和运动存在着差异,有时甚至是较大的差异。那么这种差异说明什么问题呢?这种差异意味着每一工人产值的部门差异。因此,当我们把两者的差异进行百分比处理时,就得出了一个"比较劳动生产率"指标。如果设T和T_i分别为总产值和部门i的产值,设O和O_i分别为总劳动力和部门i所用劳动力,f_i和g_i分别为部门i在总产值和总劳动力中所占的比率。那么该部门的劳动生产率与一个国家的总的劳动生产率之比,

---

① 虽然表3.2是1960年的年份,但如果在1950年至1960年间用简单线性内插法估算劳动力的1958年部门份额,估算的结果和1960年的部门份额相差甚微,因此可以用此代表劳动力的1958年部门份额进行对比。

可用下式来表述：

$$f_i/g_i=(T_i/O_i):(T/O)$$

然而，各部门构成比是因时间而变化的，因此如果这种变化表现为对初期水平的比率，把关于 f_i 的比率定为 k_i，把关于 g_i 的比率定为 m_i，那么期末的比较劳动生产率，则可以用下述公式来表示：

$$f_ik_i/g_im_i=(T_i/O_i)(k_i/m_i):T/O$$

部门的比较劳动生产率在产业结构变动中是一个秩序因素，它决定了产业结构不断向高级程度发展的有序性。因为，技术创新所带来的劳动生产率提高是产业发展的基础，比较劳动生产率高的部门代表着结构中将不断扩展的部分，比较劳动生产率低的部门则意味着相对收缩，因而这将引起比较劳动生产率低的部门的劳动力不断转向比较劳动生产率高的部门的趋势。一般而言，部门之间的比较劳动生产率越是相差悬殊，部门之间劳动力转移的可能性越大，动力越强。因此，通过部门比较劳动生产率的分析，可以揭示产业结构转变的方向和结构转换率的大小。

库兹涅茨经过统计处理所计算的在不同人均国内生产总值基准点的比较劳动生产率（见表 3.6），向我们揭示了产业发展过程中每一工人产值的部门差异的基本分布状态。

（1）A 部门的比较劳动生产率在 70—1000 美元的区段内都大大低于劳动生产率的平均水平（低于 1），其他部门的比较劳动生产率都高于平均水平，只是商业和服务业在基准点 1000 美元时的情况除外。

（2）在每一基准点上，部门间的比较劳动生产率差距的变动范围很宽。A 部门与其他所有部门之间的比率表明，其他部门的劳动生产率是 A 部门的 4—1.4 倍（第 10 行）。

（3）但随着人均国内生产总值的提高，A 部门与其他部门劳动生产率差距趋于明显缩小。I 部门与 S 部门劳动生产率差距，以及商业与服务业劳动生产率差距也趋于下降。

（4）由于具有支配地位的（I+S）/A 比率急剧下降和部门内各部分之间比率的逐渐下降，因而每一工人产值的不等量性，在高基准水平下，比之在低基准水平下的差距要小一些（表 3.6 中 13.14）。在 300—1000 美元区段，部门间以及部门内部的劳动生产率差距的幅度趋于明显缩小。

表 3.6　根据按人口平均国内生产总值基准水平计算的 1960 年每一工人的部门产值

	1958 年按人口平均国内生产总值基准点价值(美元)				
	70 (1)	150 (2)	300 (3)	500 (4)	1000 (5)
主要部门					
1. A	0.63	0.63	0.63	0.65	0.75
2. I+S	2.53	1.64	1.32	1.16	1.05
3. I	2.25	1.67	1.35	1.24	1.15
4. S	2.80	1.61	1.29	1.06	0.93
I 部门的细分部分					
5. 制造业	1.75	1.58	1.28	1.20	1.15
6. 建筑业	3.23	1.42	1.04	0.95	0.85
7. 运输、仓储、通信和电、煤、水	4.18	2.15	1.75	1.60	1.38
S 部门的细分部分					
8. 商业	2.97	1.96	1.55	1.19	0.94
9. 服务业	2.65	1.39	1.13	0.99	0.92
部门间的比率					
10. (I+S)/A(行 2∶行 1)	4.02	2.60	2.10	1.78	1.40
11. S/I(行 4∶行 3)	1.24	0.96	0.96	0.85	0.81
12. 商业/服务业(行 8∶行 9)	1.12	1.41	1.37	1.20	1.02
不同部门每一工人产值不等量的度量					
13. 三个主要部门	59.4	47.1	34.5	21.8	13.9
14. 所有细分部分	59.4	47.1	34.5	23.2	16.4

注:每一工人的部门产值(全国范围每一工人的产值,不包括银行、保险和房地产以及住房收入,等于 1.00)

资料来源:西蒙·库兹涅茨:《各国的经济增长》,商务印书馆 1985 年版,第 217 页。

比较劳动生产率在人均国内生产总值不断提高过程中所发生的变化,从更深的层次反映了产业结构演进的一些特点和规律性活动。不仅如此,比较劳动生产率还向我们揭示了产业结构变动的基本动因。

3.4　工业结构变动的一般规律性

前面的分析已经表明,在现代经济增长过程中,三次产业结构转变首先集中在农业向工业的转变上，即所谓的工业化过程。虽然今后的趋向将是信息化过程取代工业化过程，但在现阶段大多数国家，尤其是发展中国家所面临的是工业化问题。在工业化过程中，工业部门之间也将发生重大的结构变动。因此，在把握产业结构演进的总趋势的基础上，要进一步深入研究工业结构变动的一般规律性，以便更好地指导现实的产业结构调整和优化工作。

大量的产业结构统计分析表明，不仅在整个产业结构演变过程中会表现出明显的阶段性和有序性，而且在这一演进的每一阶段中也表现出这一演变特性，尤其在工业化阶段更为明显。在工业化过程中，结构演变表现出双重的阶段有序性：一是以轻工业为中心的工业向以重工业为中心的工业推进，即所谓的“重工业化”；二是无论在轻工业还是重工业，都会以原材料工业为中心的发展向以加工、组装为中心的发展演进，即所谓“高加工度化”。除了工业发展的重心由轻工业到重工业，原材料工业向组装加工业转移，工业资源结构（主要是劳动力、技术和资本的结合关系）的重心也相应出现阶段有序性变动，即“劳动密集型—资本密集型—技术密集型”的转变。

对于“重工业化”问题进行开创性研究的是德国经济学家霍夫曼。他根据产品的用途将工业划分为“消费品工业”和“资本品工业”，为了克服这种划分给实际产业分类带来的困难，他假定：75％以上产品用作消费品的产业是消费品工业，75％以上产品用作资本品的产业是资本品工业。

在这样的假定下，霍夫曼对 20 个国家 18 世纪以来的工业化历史和统计资料进行了研究。他发现，虽然存在一些差别，但各国的发展大体遵循一个共同的模式，这个模式可以用资本品工业净产值在整个工业净产值中所占份额的稳定提高来描述，为此他提出了消费品工业净产值与资本品工业净产值的比例关系。这个比值就是所谓的“霍夫曼比例”。

$$霍夫曼比例=\frac{消费品工业的净产值}{资本品工业的净产值}$$

在所有被研究的国家中，他看到消费品工业净产值与资本品工业净产值之比在发展过程中是持续下降的。这就是所谓的“霍夫曼定理”。这个连续的渐进过程可以大致分为四个阶段（见表 3.7）。

表 3.7 霍夫曼工业化阶段指标

	霍夫曼比值	
第一阶段	5	(±1)
第二阶段	2.5	(±1)
第三阶段	1	(±0.5)
第四阶段	1	以下

资料来源:杨治:《产业经济学导论》,中国人民大学出版社 1985 年版,第 60 页。

除了分析消费品工业与资本品工业相对地位的这种变化外,霍夫曼还指出了所谓"优势产业"的变化。他认为,在发展的任一特定阶段,将有一个产业是最先进的,以净产值而论,这个产业作为领导超过了所有其他产业,并极大地影响着经济增长过程。在递次的发展阶段中,新的产业将兴起代替原来优势产业的位置。

不可否定,霍夫曼关于工业化过程中工业结构演变的规律及工业化阶段的理论,揭示了这种演变的阶段性(优势产业的更迭)和有序的方向性(资本品工业比例稳定上升)。但囿于"双部门模型"的窠臼和不很合理的部门划分使他的理论受到很大伤害,因而遭到不少经济学家的诘难。例如,梅泽尔斯(A. Maizels)认为,霍夫曼比例在运用上存在两个问题:一是仅从工业内部比例关系来分析工业化过程是不全面的;二是霍夫曼比例忽略了各国工业化过程中必然会存在的产业之间的生产率的差异。

日本经济学家盐野谷祐一针对霍夫曼部门分类的缺陷,运用了国民收入统计中的一种新方法——"商品流动法"原则,重新计算了霍夫曼比例。他的计算方法特点是:(1)采用消费资料和资本资料的产品分类;(2)不用净产值,而使用总产值作为统计量。

从盐野谷的计算结果(见表 3.8)中可以看到:(1)在一个长期时间序列中,制造业中资本资料生产的比重大体处于稳定状态。(2)但从轻、重工业的比例关系看,重工业比重增大是普遍现象。(3)日本的霍夫曼比例明显下降的事实说明,在工业化初期,霍夫曼定理是适用的。他认为,在工业化水平达到较高阶段的国家,如表中的美国、瑞典,消费资料工业和资本资料工业的比例(按产品用途来划分)是稳定的;但对于正在进行工业化的国家来说,霍夫曼比例将下降,然后趋于稳定。

表 3.8 霍夫曼比例的估计值

国家	项目												
美国	年 份	1869	1879	1889	1899	1904	1909	1914	1919	1929	1937	1947	1954
	霍夫曼比例	2.8	3.6	2.8	2.8	2.7	2.7	3.0	3.1	2.2	2.4	2.3	2.0
日本	年 份	1909 | 1914	1914 | 1919	1919 | 1923	1921 | 1925	1923 | 1927	1925 | 1929	1927 | 1931	1929 | 1933	1931 | 1935	1933 | 1937	1935 | 1939	1937 | 1940
	霍夫曼比例	11.4	9.6	7.2	7.9	7.8	7.4	6.5	6.3	5.6	4.8	4.7	4.6
瑞典	年 份	1864	1873	1882	1889	1897	1906	1913	1926	1938	1948		
	霍夫曼比例	2.9	2.6	2.4	2.5	2.4	2.6	2.3	2.7	2.0	1.8		
丹麦	年 份	1930	1935	1939	1947	1949	1953	1958					
	霍夫曼比例	2.5	2.9	2.9	2.9	2.7	2.3	2.5					

资料来源：杨治:《产业经济学导论》,中国人民大学出版社 1985 年版,第 62 页。

无疑,盐野谷的分析比霍夫曼更精致,也更科学。他不仅论证了霍夫曼定理的适用范围(工业化初期),而且还揭示了现实经济生活中存在的新现象,即在消费资料生产与资本资料生产的比例关系保持不变的情况下,重工业化率却在上升。

一些经济学家认为,这种情况是由于重工业内部的消费资料生产与资本资料生产的比例发生变化所致。这种解释是有一定道理的。因为在重工业发展过程中,其内部的消费资料的生产的比重日益增大,从而弥补了轻工业中的消费资料生产比重下降的部分。重工业内部消费资料生产比重的增大,主要是机械工业中的耐用消费品工业的迅速发展。从一些发达国家的经历来看,"重工业化"过程,特别是在工业化的后期,是靠机械工业的增长来支持的,因而从总体上来说,重工业比重上升是工业化过程中的普遍现象。但在机械工业的增长中,耐用消费品工业的增长是重要支柱,因而从消费资料工业和资本资料工业的比例来看,是比较稳定的。

为了更加细致地考察制造业内部结构转换的阶段性和有序性,钱纳里在 1960 年通过对 51 个不同类型国家的数据计算,得出了在人均收入不同基准点上,制造业各部门相对比重变化的一组"标准值"(见表 3.9)。

根据这组数值,可以发现制造业内部结构变化的某种规律性。在人均收入较低的水平上(100 美元),消费物品生产是制造业结构中的重心,占 68%的较大比重,而投资品只占 12%,中间物品也只占 19.7%。但当收入水平达到 600 美元

表 3.9　钱纳里产业结构标准模式　（美元）

产业部门 \ 人均附加价值 \ 人均收入		100	300	600
A. 投资物品及相关物品				
36—37*	机　械	0.08	1.84	12.82
38	运输设备	0.18	2.28	11.44
34—35	冶　金	0.34	3.62	15.97
33	非金属矿物	0.39	2.30	7.05
	小　计	0.99	10.04	47.28
	占制造业比重	12.0%	23.6%	34.5%
B. 其他中间物品				
27	纸及纸制品	0.04	0.96	4.94
32	石油制品	0.01	0.13	0.59
30	橡　胶	0.06	0.33	2.13
31	化工产品	0.51	3.16	9.95
23	纺　织	1.00	4.90	13.31
	小　计	1.62	9.48	30.92
	占制造业比重	19.7%	22.3%	22.6%
C. 消费物品				
25—26	木材制品	0.35	2.46	8.36
28	印　刷	0.32	2.06	6.71
24	服　装	0.50	3.21	10.31
29	皮革、皮革制品	0.09	0.53	1.65
20—21	食品、饮料	3.85	13.29	29.07
22	烟　草	0.51	1.42	2.70
	小　计	5.62	22.97	58.80
	占制造业比重	68.3%	54.0%	42.9%
A—C	合　计	8.23	42.49	137.00
20—39	整个制造业	11.92	57.99	157.40

注：* 系两位数国际标准产业分类（ISIC）编号，下同。

资料来源：Chenery, “Patterns of Industrial Growth”, in *American Economic Review*, 1960.9.

时，消费物品比重明显下降（43%），投资物品的比重却明显提高（35%），其中机械、运输设备、冶金部门发展非常迅速。

1968 年，钱纳里和泰勒在《发展模式》一文中，把收入弹性的变动引入到分析型式中，考虑人均收入水平提高对每一工业部门为整个制造业增长所作贡献大小的影响更仔细地考察了大国的制造业结构变化模式，用早期产业、中期产业和后期产业描述了制造业结构演进的阶段性和有序性。①

早期产业是在经济发展初期阶段占主导地位的那些制造业部门，例如食品、皮革及皮革制品、纺织部门。这些部门一般具有以下特点：(1)其生产品大都是满足基本生活的必需消费品；(2)最终需求性质很强，基本上都用于最终需求；(3)需求收入弹性比较小；(4)技术比较简单；等等。

中期产业是经济发展中期阶段占主导地位的那些制造业部门，如非金属矿物制品、橡胶提炼加工、木材以及木材制品、石油、化工、煤炭制品等部门。中期产业的特点是：(1)不仅包括最终物品，也包括中间物品；(2)仍带有部分最终需求性质；(3)收入弹性很高；等等。

后期产业是经济发展后期占主导地位的那些制造业部门，如服装、印刷出版、纸制品、冶金、机械等部门。后期产业的特点是：(1)除服装等最终物品外，其他物品的前向连锁效果大；(2)带有很强的中间需求性质；(3)收入弹性很高。

钱纳里的早期、中期、后期产业的划分虽然在一定程度上反映了工业结构变动的历史阶段，以及每一阶段处于主导地位的产业，但他主要是从需求的角度进行分析的，这不免带有片面性。因为世界工业化进程中这种结构演变趋向是直接由生产力发展，尤其是重大的技术革命发展所造成的。联合国拉丁美洲经济委员会对工业结构演变状态的分析则比较全面，它把工业结构发展划分为五阶段：②

第一个是"前制造业"阶段。其特点是手工业和家庭手工业，主要满足人们对纺织品、服装、家庭用具等简单制成品的需求。

第二个是生产传统消费品的阶段。其特点集中体现为由工厂生产的工具、建筑材料、纺织品、皮革制品、肥皂、玻璃等。

第三个阶段是生产基本材料、简单机器设备的工业部门兴起，出现了某些较简单的钢铁业、机器制造业、炼油业、基本化学材料及简单化工产品。同时，在进口原料的基础上，橡胶工业、合成材料的生产也开始发展起来。总之，在这一阶

① H. Chenery and L. Taylor, "Development Patterns: Among Countries and Over Time", *Review of Economics and Statistics*, Vol.50, No.4(1968), pp.391—415.

② 联合国拉丁美洲经济委员会：《拉丁美洲的工业发展过程》，R/CN, 12, 716，纽约 1965 年修订第1版，第1章。

段,制造业产品的种类迅速扩大。

第四个阶段以具有高度技术的工业部门的兴起为特点,开始了更高级的中间产品的生产以及复杂设备的生产,已经能够解决复杂的、多方面的设计和建造任务。

第五个阶段则是利用当代科学技术一切可能性的最发达工业部门兴起,例如高纯度的材料、以核能为基础的工业、复杂的电子设备、航空工业等等。

如果我们对上述分析作一个总的简单概括的话,那么产业结构一般的演变顺序如表 3.10 所示。

表 3.10 一般的产业结构阶段及其重心的演变

人均产值(1980 年)(美元)	产业结构发展阶段	重　　心
150 以下	农业与初步工业化	农　　业
150—300		农业、轻工业
300—600	工　业　化	轻工业、基础工业
600—1500		轻工业、基础工业、重加工业、建筑
1500—2500		重加工业、建筑
2500 以上	服　务　化	咨询等现代工商服务业

4 产业结构高级化分析

产业结构高级化是产业结构演进趋势的客观要求之一，从而也就成为产业结构调整与优化的基本目标之一。推进产业结构高级化必须遵循其演进规律，抓住其关键因素，把握住适当的时机，适时适宜地推动产业结构向高级化的转换。为此，我们要分析产业结构高级化的动因及变动机理。

4.1 产业结构变动的决定因素

一般认为，在封闭经济条件下，产业结构的变化是需求结构变动和相对成本变动相互作用的结果。在开放经济条件下，再加上一个国际贸易因素。这三个因素是决定产业结构变动的基本因素。我们首先对这三个因素进行分析。

4.1.1 需求结构的变动

我们知道，人的需要是多种多样的。这种无限多样的需要按人们所赋予的重要程度，可以划分为各个不同的层次。按照恩格斯的划分，人的需要有三个层次，即生存需要、享受需要和发展需要。每一层次又包含了对同属一个需要层次的不同商品的需要。因此，需求结构就是按照人们需要等级的先后次序排列的有机构成。

我们这里所说的需求是指有支付能力的需求，因而它总是与可支配收入之间存在着某种函数关系。这种函数关系简称为消费函数，可写成：$C=C(Ya)$。其中，Ya 是可支配收入，C 是消费支出。显然，当收入有限而不能满足所有层次需要时,人们自然倾向于首先把有限的收入用于购买满足生存需要的商品。随着收入的增长,人们也自然倾向于在满足最基本需要后,把增加的收入用来购买满足更高层次需要的商品。因此,需求结构的一个基本特征是对各类商品供给的丰富水平具有不同的反应。随着人均收入水平的不断提高,需求的重点会逐步向更高的层次转移。

由于需求具有引导生产的作用,因而需求结构的变动会导致产业结构的变动。大量的统计分析表明,需求结构的变化与产业结构的变化是相对应的。

在人均产值处于300美元以下的低收入阶段,恩格尔系数较大,①人们的消费需求主要集中在温饱问题上。在这一阶段,一方面人们对农业和轻纺工业产品的需求占主导地位,另一方面,较低的经济发展水平也决定了无力发展资本有机构成高的产业,因而产业结构中农业占有较大份额,工业中纺织业占有较大比重。

在人均产值处于300美元以上的阶段,温饱问题基本解决,需求结构的重点从必需品转向非必需品,特别是耐用消费品。这种变化拉动了产业结构的变化,要求资本物品的生产也迅速增加。因而,以农业和轻工业为中心的生产转向使用工业原料的以设备、耐用消费品制造为中心的基础工业和重加工业的生产。同时,在这一阶段,农业、轻工业的充分发展和劳动生产率的大幅度提高,提供了超过它们自身需要的过剩资金和劳动力,使资源向非必需品生产的转移成为可能。

在人均收入高水平阶段,物质产品已相当丰富,人们的消费选择余地大为扩展,人们对精神生活、生活质量和生活环境的要求大大提高。由于人们的需求出现了多样性和多变性,少品种、大批量的大规模生产方式已不再适合高速变化的市场需要,遂日益让位于多品种、小批量的生产方式,并加强了产前产后的服务。同时,随着高加工度的提高,国民经济和社会组织结构日益复杂化,并对劳动力素质提出了越来越高的要求,这就促使了以信息咨询业等高科技产业为中心的现代服务业的大发展,使产业结构迅速走向服务化。

4.1.2 相对成本

相对成本是一个从供给方面对产业结构变动产生决定性影响的因素。相对成本的高低反映了与生产供给能力有关的资源(资本、劳动力、自然资源)耗费水

① 恩格尔系数$=\frac{\text{食物支出金额}}{\text{总支出金额}}$。

平。相对成本较低的产业,就有可能在相对国民收入上占有优势,从而吸引资源向该部门流动,使该产业部门得以迅速扩大。因而,相对成本的变动会从供给方面推动产业结构的变化。

相对成本是各种生产要素组合的综合比较利益的指标,决定相对成本的因素很多,有技术水平、规模经济程度、劳动力价格、自然资源赋存等因素。

但最重要的因素是技术进步。技术进步提供了新的生产工具和生产方法,提高了人力资源和物质资源投入的质量,从而劳动生产率大幅度提高,使生产成本显著降低。如果撇开垄断价格因素,那么技术进步速度较快的产业,其生产成本的下降速度也较快。

由于各产业部门技术进步的速度是不同的,因而在产业部门间出现了"生产率上升率不均等增长"的现象。正是这种生产率上升率的差异,推动了产业结构的变动及高级化。大量的经验材料表明,工业比农业,重工业比轻工业,加工业比原材料工业,在生产率上升率方面有较大的优势,这成为产业结构高级化演进的重要根据。

4.1.3 国际贸易

国际贸易是在开放经济条件下来自外部的影响产业结构变动的因素。它对产业结构的影响,主要是通过国际比较利益机制实现的。一般说来,各国间产品生产的相对优势的变动,会引起进出口结构的变动,从而带动国内产业结构的变动。

当然,国际贸易这一因素具有双重性。在违反国际比较利益原则的情况下进行国际贸易,它虽然也会影响国内产业结构的变动,但并不能促进产业结构有序发展,而往往造成国内产业结构的畸形。只有在符合国际比较利益的情况下,国际贸易才能成为促进产业结构有序发展,不断向高级化转化的基本因素。

因此,国际贸易对一国的产业结构会发生什么性质的影响,以及发生何种程度的影响,关键在于国际比较利益。国际比较利益是建立在各国生产要素赋存差异的基础上的,这种差异引起生产要素价格的差异。当一国密集地使用它天赋的比别国丰富,因而价格便宜的生产要素所生产的商品,其成本相对便宜,所以在国际贸易中,它就能取得比较利益。

无疑,建立在生产要素赋存差异基础上的国际贸易,将对国内产业结构产生重大的影响。因为,这种生产要素赋存的比较优势,一方面将引导该国在产业结构选择上倾向于某种类型的要素组合方式(劳动密集型或者资金密集型等其他类型);另一方面,这种相对成本较低的专业化生产,在国际贸易中将处于较有利的地位,从而反过来有利于进行国内产业结构的调整。

当然,这是一种静态的比较利益。在一些后起的国家,某些具有潜在要素赋存优势的产业,在发展初期,由于某些原因,其产品成本较高,但一旦借助于某种力量(如政府扶植等)克服了这一障碍,就会拥有比较利益。这就是所谓的"动态比较利益"。

比较利益在各国的分布并不是一成不变的。因为:(1)相关国家资源赋存状况发生了变化,如自然资源新开发;(2)市场状况发生了变化,如劳动力价格变动;(3)生产本身的技术状况发生了变化,如新技术的采用;(4)其他一些无法从物理方面测定的生产要素的变动,如企业家精神、管理效率等。所有这些都将改变国际比较利益优势的格局,进而通过进出口结构的变动影响国内产业结构。

国际贸易通过比较利益机制促进国内产业结构变动的方式,因各国情况而异,但大致可归纳为如下两种:

一是以某一产品的进口为起端,借助于这一进口产品来开拓国内市场,引发该产业在国内的发展。当该产业发展到一定程度,规模经济得到充分利用,生产成本显著下降时,再利用本国某些生产要素赋存的比较优势,出口该产品,并通过国际市场的开拓,进一步促进该产业的发展。

这种方式经常被后起国家所采用。因为这种方式有利于这些国家发挥"后起国优势":第一,利用进口开拓国内市场,发展新兴产业;同时又可避免技术开发风险,减少投入成本。第二,利用后起发展国家的劳动力价格相对便宜的优势,把该产品打到国际市场上去,以取得比较利益;同时又扩展了国内的产业。所以,发展中国家通常运用这一方式来促进本国产业结构的发展。

二是首先在国内开发新产品,形成国内市场,以此促进该产业的发展。一旦国内市场趋于饱和,便开拓国外市场,实行产品出口。随着国外市场的形成,进一步出口有关技术和输出资本。当国外生产能力形成之后,再把这种产品以更低价格打回本国市场,以此促使国内这一产业的收缩,乃至转向其他新产品的开发。通过这样一个周而复始的过程,该国的产业结构便不断发生变动。

这种方式大多被发达国家所采用。它们借助于先进的生产能力,在国际贸易中处于有利地位,以此来促进国内产业结构的迅速发展。

4.2 创新:产业结构高级化的主动因

上述三个基本变量对产业结构变动的影响是互相联系的。其中一个因素会通过一种链式关系引出另两个因素。一般而言,只有在三者的互相作用趋于一致时,才可能促进产业结构的有序发展。然而,在这当中起核心作用的是创新。经济学家特利克耶杰(Terleckyj)认为,在需求模式和相对成本变化中,创新无疑起着主要作用。①

按照熊彼特的观点,创新是引入一种新的生产函数,从而提高社会潜在产出能力。这具体表现在两个方面:一是带来新商品和劳务的创造;二是在既定的劳动力和资金的情况下,提高原有商品和劳务的产出数量。因此,创新不仅可以提高生产商品和劳务的能力,而且可以增加品种。除此之外,创新还具有一种扩散效应,促进经济发展的加速与飞跃。下面我们具体分析创新在这三个基本变量变化中的作用。

4.2.1 创新对相对成本变化的作用

从概念的从属关系来讲,创新只是决定相对成本的因素之一。因此,在没有发生创新的情况下,相对成本也会因规模经济、资源比较优势以及劳动力价格下降而变动,从而影响产业结构的变动。但历史经验表明,这种结构转变的意义并不大,不足以推动产业结构的重大质变。只有在发生创新的情况下,相对成本的巨大变动才能对产业结构发展产生本质意义的影响。其具体的作用过程,我们将在下面专门论述。

4.2.2 创新对需求结构变动的作用

这主要表现在两个方面:第一,由创新所引起的新产品或新工艺的出现,伴随而来的常常是人均收入水平的提高和生活条件的改善。它的影响是随着经济增长的进程一层层地添加在原有的需求结构上的。无论是为了适应于改变了的

---

① 参阅 Nestor E. Terleckyj, 1957, *Factors Underling Productivity Advance*, pp.300—309。

生活条件作出反应,还是为了新产品作出反应,都会造成新的需求压力。当然,需求的变化也将反过来刺激创新,但在现代经济增长中,创新始终居于突出地位。

第二,更为重要的是,需求结构拉动产业结构有序发展的前提条件,就是需求结构的变动要与创新相联系,以创新为基础。因为,需求结构变动的拉动影响按其性质有两类:一是有利于产业结构正常转变的积极影响;二是不利于产业结构正常转变的消极影响。

这种积极影响一般与适应经济发展水平要求的需求模式相联系。这种需求结构的变动是以人均收入的提高为前提的,因而它拉动产业结构的合理变动。从深入的分析中可以看出,这种需求模式的积极影响作用是与创新相联系的,并以创新为基础,因为人均收入水平的提高主要来自创新的贡献。

需求模式对产业结构变动的消极作用,往往是需求模式跨层次、超前性所致。这种超越经济发展阶段的需求模式,在很大程度上是受外部发达国家"消费示范效应"的影响,通过国际贸易实现的。它对于产业结构变动的导向,具有消极影响,具体表现为:

(1) 与经济发展水平相矛盾,使产业结构变动付出高昂的代价。工业化国家的经济发展史表明,在经济发展的不同阶段,各个产业间的相对地位是不同的。这些产业部门相对地位的变动与更替,与经济发展阶段有很大的相关性。这反映了生产力发展和产业结构演进的内在规律。然而,不合理的需求模式拉动的某些产业部门的超前发展,超出了特定发展阶段的经济实力,事实上是很难支撑的,强行的支撑必然要以其他方面的牺牲为代价。例如,以进口来支撑,就会导致贸易逆差,为填补贸易缺口,就要强行出口初级产品,尽管国际市场初级产品价格大幅度下跌。

(2) 加剧了产业结构的矛盾,削弱了产业关联效果。在不同的发展阶段,产业关联程度是不同的。一般来说,在低收入水平阶段,产业关联本身就比较薄弱。在这种情况下,如果不合理的需求模式拉动产业结构变动,就更会削弱产业关联效果。超前发展的产业往往依赖于发达的国外产业条件,从而难以把国内产业联为一体,发挥整体效应。

(3) 容易引起产业结构逆转的严重后果。不合理的需求模式对产业结构的拉动,必然破坏产业结构变动的正常秩序。某些产业的超前发展,势必抑制另一些本应该扩张的产业。当这种强制替代发展到一定程度时,便会受到惩罚,从而发生结构逆转。无疑,这种结构逆转是要付出沉重代价的。

(4) 吞蚀了必要的积累,阻滞了产业结构的转换。这种跨层次、超前性的需求模式,往往会把居民用于储蓄部分的消费基金吞食掉,从而减少了消费基金通过储蓄等途径转化为积累基金的数量。在缺乏足够积累的情况下,产业结构正常的更新换代,或重点发展“瓶颈”产业和战略产业等,都会受到阻滞。

4.2.3 创新对国际贸易变化的作用

虽然自然资源赋存优势也能在国际贸易中取得比较利益,但在现代经济增长中,比较优势的重点日益转向技术、管理、组织等方面,从而它也就越来越紧密地依赖于创新能力。国际经验表明,国际贸易的相对优势的迅速改变,有赖于创新能力的增强。日本从一个不具有自然资源比较优势的国家迅速成为具有技术比较优势的国家,完全是与其强大的创新能力分不开的。

因此,我们认为,一个国家的创新活动和创新能力是产业结构有序发展的核心动因。唯有创新,才能从根本上提高产业结构的转换能力。唯有创新,才能使需求结构和国际贸易的变动对产业结构产生积极的影响。

那么,创新是怎样有力地推动产业结构有序发展的呢?这可以从静态与动态两个方面进行分析。这里我们只作静态分析,在下一节结合产业结构高级化的运动机理进行动态分析。所谓静态分析是从一个横截面的角度来考察创新对产业结构变动的影响。这种影响又可以细分为直接影响和间接影响两类。

一类是创新对产业结构的直接影响。假定在一个具有资源再分配自由的社会中,当创新可以带来潜在产出能力提高时,人们将面临这样一种选择:是主要以增加本产业产出的形式来获得创新的收益,还是把本产业的资金、劳动力等要素转移到其他产业,以增加其他产业产出的形式来获得创新的收益呢?

一般说来,当创新带来的是新产品开发或原有产品改善时,这些产品的需求弹性较大,也许将吸引生产要素流入该部门。因为,这些产品刚引入社会,其产品价格对成本的反应、需求对价格的反应都比较敏感,从而其产量的提高将可能取得较高的收益。当该部门能够获得高于一般产业部门平均水平的收益时,其他部门的生产要素就会向其转移。因而,迅速的创新将倾向于使该产业部门扩张,如 20 世纪 20 年代的汽车工业的发展就是如此。

当创新仅仅是导致了原有产品的生产效率提高时，如果这些产品需求弹性较小，那么这将促使该部门的生产要素向外流出。因为，这些产品已趋于成熟，产品价格对成本的反应、需求对价格的反应已不再特别敏感，从而其产量的大幅度提高将降低该产品的价格，使其收入下降。在这种情况下，迅速的创新经常更倾向于使该产业部门收缩，尤其是减少劳动力，如20世纪50年代至60年代的农业创新就是如此。

可见，不论哪一种方式，创新都将引起生产要素在部门之间的转移，引起不同部门的扩张或收缩，从而促进产业结构的有序发展。

另一类是创新对产业结构的间接影响。创新对产业结构变化的间接影响也有两种方式：第一种方式是，创新通过对生产要素相对收益的影响而间接影响产业结构变化。经济学家希克斯(Hicks)认为，创新会通过改变各种生产要素，尤其是劳动和资本的相对边际生产率，改变其收益率之间的平衡。①这就是说，创新通过对劳动与资本相对收益的影响，改变其在国民收入中的相对份额。当然，一项创新有可能以相同的比例，提高劳动与资本的边际生产率。但是，这种情况是比较罕见的，更经常的是创新对它们的非平衡影响：资本边际生产率的提高比劳动边际生产率的提高更快；或者相反。甚至，创新还可能绝对地降低这一要素或那一要素的边际生产率。在这种情况下，就会刺激生产要素之间的替代：资本对劳动的替代或劳动对资本的替代。前者就是所谓的“节约劳动的创新”，后者就是“节约资本的创新”。显然，这种要素的替代会影响到产业结构。

第二种方式是，创新通过对生活条件和工作条件的改变而间接影响产业结构变化。创新往往会创造新的需求(最终和中间需求)和某些潜在的巨大需求，并且有可能通过连锁反应对需求产生更广泛的影响。这些需求结构的变动无疑会影响产业结构的变化。

4.3　产业间优势地位更迭：高级化的运动状态

产业结构的发展，是各产业变动的综合结果。没有单个产业部门的变动，绝

---

① 参阅 Hicks, John R., 1964, *The Theory of Wages,* New York: St, Martins。

不会有产业结构的演化。因此,我们首先要从单个产业部门的变动入手,分析单个产业部门扩张与收缩的运动状态。

从单个产业部门来看,在决定变量的相互作用下,一般会经历一个"兴起—扩张—减速—收缩"的过程。产业的兴起,往往与新产品的开发或原产品的极大完善相联系。随着新产品的优点逐渐被人们认识,对它的需求日益增大,同时创新又成功地大幅度降低了该产品的成本,该产业迅速扩展,进入一个高速增长阶段。但当这种高速增长达到一定临界点后,便开始出现减速增长趋势。正如库兹涅茨经过大量统计分析后指出的,总生产中大多数部门的增长率过了一段时间后的确下降了,进而它们在全国总产值中所占的份额也下降了。因此,虽然对于总产值和人均产值来说,没有出现增长减速的趋势,这是典型的,但对一国经济中许多细分部分来说,它就不是典型的了。①

那么产业增长为什么会减速呢?通过对大量资料的分析,库兹涅茨归纳出四个导致产业增长减速的技术变化及相应经济变化方面的原因:(1)技术进步速度减慢;(2)增长较慢的产业对其增长的阻尼效应;增长迅速的产业对其竞争压制;(3)随着产业的增长,可利用的产业扩张资金的相对规模下降;(4)受到新兴国家相同产业的竞争性影响。②

其实,在这些原因中,最主要的是创新减缓。那么在一个产业部门发展中为什么会出现创新减缓倾向呢?这是因为,创新使该产业部门产品的成本大幅度下降,从而把这种产品从具有价格敏感性的产品转变为价格低廉因而其需求不再受价格影响的产品。在这种情况下,该产品的进一步创新,不论其在工程技术上是如何革命,也难以使产量增长进一步加速。因为创新对于降低成本的潜力已趋于枯竭,从而难以继续从创新中获得较大的收益了。我们知道,创新的动力来自收益预期。因而,当该部门预期收益下降时,创新的动力就会削弱。

由于创新减缓,再加上其他因素,该产业部门的增长便出现减速,直至部门收缩。库兹涅茨用逻辑曲线和 Gompertz 曲线拟合了几十条不同部门产量和产品价格的长期趋势线,证明了产业增长减速或多或少是有规则的。

库兹涅茨的这一假说,具有重大的意义。因为,他把一个有力的潜在秩序因

---

① 西蒙·库兹涅茨:《各国的经济增长》,商务印书馆 1985 年版,第 325 页。

② 参阅西蒙·库兹涅茨:《生产和价格的长期趋势》(波士顿,1930 年),第 1 章,第 1—58 页。

素引入了生产理论。在此之前，对于不同的部门按不同速度发展的分析，大多数把各部门之间产出增长速度的差异看作是随机的，并认为只要在高的总量水平上，用平均化统计方法就可以做出有意义的分析，有效地检验整个经济。库兹涅茨的假说则揭示了各产业之间增长速度差异性的内在规律，即任何一个与新的生产函数相联系的产业部门的生命，将循着或多或少的规则的衰退道路。这就为我们进一步分析产业结构高级化变动奠定了理论基础和前提条件。

既然任何一个产业部门的发展都与创新相联系，表现出扩张与收缩的规则性，那么一个国家的各产业部门就可以依据其距离创新起源的远近来确定不同的相对地位。库兹涅茨曾对美国1880—1948年38个制造业行业，按不变价格计算的产值的长期数列进行统计分析，研究了创新变动对产出结构的影响，划分了不同增长速度的产业类型。

他以1880年各行业在制造业总产值所占份额、规模和1880—1914年的增长率为标准，把38个行业划归4个大组类。组类A包括橡胶产品、石油炼制、机动车辆、基本化工产品、化肥、针织品、金属建筑材料及原料、电力机器及设备等13个行业，这些行业的产值在1880年的制造业总产值中占0.6%或以下，从1880年至1914年的产值增长至少是6倍。

组类B包括食品、印刷、纸张、钢铁、其他非铁金属产品等7个行业。这些行业的产值在1880年的总产值中占0.6%以上，从1880年至1914年的产值增长至少是6倍。

组类C包括烟草、制糖、服装、金属器具、机械等9个行业。这些行业1880—1914年间的产值增长少于6倍而高于3倍，并不论其1880年的份额大小。

组类D包括牲畜屠宰加工产品、羊毛及毛线制品、地毯和挂毯等、木材产品、皮革产品等9个行业。这些行业1880—1914年间的产值增长是3倍或更低些。

从表4.1中可以看到，组类A是在两段时期中份额都显著上升的唯一组类：组类B的份额在第一段时期迅速上升，但之后则下降；组类C的份额在第一段时期略有上升，而后就下降了；组类D的份额在两段时期连续猛烈下降，从而它在制造业总产值中所占的份额，从1880年的一半以上下降到1948年的仅1/7。

表 4.1 各组类在制造业总产值中所占份额(按 1929 年价格计算) (%)

	1880 年	1914 年	1948 年
组类 A	3.2	13.0	35.6
组类 B	15.3	30.8	26.3
组类 C	24.8	25.9	22.9
组类 D	56.7	30.3	15.2

资料来源:西蒙·库兹涅茨:《各国的经济增长》,商务印书馆 1985 年版,第 337—338 页。

这种变动直接与各组类产业的增长速度相联系,表 4.2 表明,在将近 70 年的时期内,各组类的产值增长倍数的差别是惊人的。组类 A 和 B 都高于总产值增长水平,组类 C 和 D 都低于总产值增长水平。组类 A 与 D 的产值增长倍数的比例是 40∶1。

表 4.2 各组类的增长倍数

	1880—1914 年	1914—1948 年	1880—1948 年
总产值	4.33	3.51	15.17
组类 A	17.59	9.61	168.77
组类 B	8.72	3.00	26.08
组类 C	4.52	3.10	14.01
组类 D	2.29	1.76	4.07

资料来源:同表 4.1。

从这两个表的对比中,我们可以得出一个推论:产业结构的变动是通过产业间优势地位的更迭实现的。在任何一个时点上,总是同时存在三种类型的产业部门:(1)低增长部门;(2)高增长部门;(3)潜在高增长部门。在一个确定的时点上,高增长部门是处于优势地位的部门,在总产值中占有较大份额,并支撑着整个经济的增长。如果从时间系列来分析,这三类部门是一个连续发展的过程:原有老的产业的增长减速,被新的高增长的产业取代,在递次的发展进程中,潜在的高增长产业又将跑到前面,代替原来高增长产业的位置。正是这种产业间优势地位的更迭形成了产业结构演变的连续性与阶段性的统一。

如果要具体地确定各产业部门在结构变动中所处的地位,可以根据其增长率的变动状况来分析它们的性质(见图 4.1)。

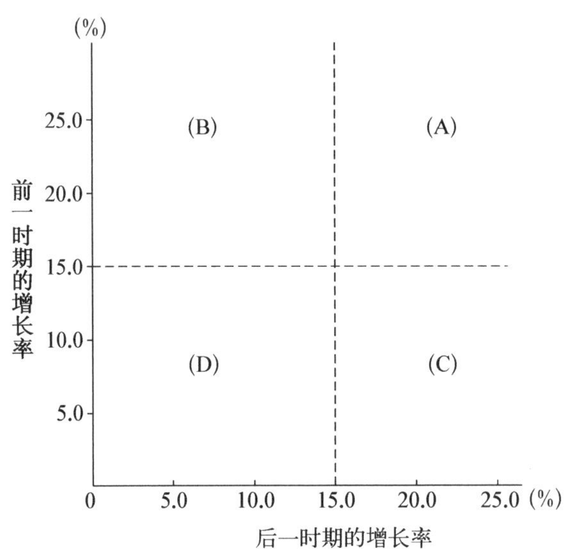

图 4.1　增长率的位置变化所赋予产业的性质

图 4.1 纵轴表示前一时期(如 20 世纪 70 年代)各产业部门的产值年平均增长率,横轴表示后一时期(如 80 年代)各产业部门的产值年平均增长率。图中虚线表示这两个时期的所有部门的年平均增长率。A 组的产业,其增长率在两个时期中都超过了平均增长率,故称为“成长产业”;B 组的产业,在前一时期其增长率高于平均增长率,而在后一时期大体与平均增长率相等,故称为“成熟产业”;C 组的产业,在前一时期也许大体接近平均增长率,而在后一时期相当多地高出平均增长率,故称为“发展产业”;D 组的产业,在两个时期与平均增长率不相上下,或都远低于平均增长率,故称为“衰退产业”。

这种连续性与阶段性的统一,反映了产业结构高级化变动的有序性,而这种有序性的动因就是创新。当然,在产业间优势地位的更迭中,可能会出现人为的“替代”现象,例如政府用强硬手段限制低增长部门的有效需求和供给,迫使资源转向高增长部门,但是在一定的时间内,这种替代的弹性是有限度的。

因为:(1)最终需求的特定结构倾向于稳定。它限制了任何一定时间内能够被引入的种种创新的相对比例,也限制了一项创新一旦出现所能保持的较高相对价值的时间长度。(2)技术等创新的总体水平,是有一定制约的。它有待于与其相关的各方面的不同程度的改进,而这种改进又有赖于一个国家的经济和技术发展的情况。

所以，从总体上讲，与创新相联系的产业间的优势地位的更迭，是产业结构高级化变动的基本形态。

4.4 主导部门演变：高级化的作用机制

前面的分析虽然指出了，高增长部门的更迭使产业结构变动呈现有序性，但还没有明确指出产业结构变动的方向性问题。因为，在特定的周期内，也会出现这样一些高增长部门，它们主要是受利润率的影响，而在某个或几个周期中表现出高增长率来。这种高增长部门的更迭难以揭示产业结构变动的方向性（高级化），因而要进一步分析主导产业部门问题。

主导产业理论是建立在多种有关产业发展假说基础上的，它主要以这些命题为依据：(1)在任何特定的时期，国民经济中不同部门的增长率存在着较大的差异；(2)在特定时期内，总的经济增长率在一定意义上是某些关键部门的迅速增长所产生的直接和间接效果；(3)创新是产业发展的主要动力；(4)产业部门之间存在着关联效果。罗斯托在这些命题的基础上建立了主导产业理论，他把产业结构分析放到了经济分析中前所未有的高度。

可以将国民经济的各个产业部门，根据其对经济增长贡献的不同，划分三类：(1)主导增长部门。这是指由于最迅速、有效地吸收创新成果，满足大幅度增长的需求而获得持续较高的增长率，并对其他部门的增长有广泛的直接和间接影响的部门。(2)辅助增长部门。这是指能适应主导部门的发展，或作为主导部门发展条件的部门。(3)派生增长部门。在这些部门中，主导部门对经济增长的贡献是最大、最重要的。罗斯托认为，不论在任何时期，甚至在一个已经成熟并且继续成长的经济中，前进冲进力之所以能够保持，是由于为数有限的主要成长部门（即主导部门）迅速扩大的结果，而这些部门的扩大又产生了具有重要意义的对其他产业部门的作用。[①]

主导产业与其他产业的区别，在于其固有的特性：(1)引入了创新，获得了与新技术相关联的新的生产函数。(2)具有大大超出国民经济总增长率的持续高

---

① 参阅 W. W.罗斯托：《经济成长的阶段》，商务印书馆 1962 年版，第 63 页。

速增长的部门增长率。(3)其效果超出了该部门本身,对其他部门乃至整个经济的增长有重要的、广泛的影响。这三个方面是一个有机整体,缺少其中一个,就不成其为主导产业。

例如,目前已成传统产业的食品业、纺织业和木材业等,虽然也可能引入新的生产函数,但由于需求等因素的影响,创新对于提高它们的平均增长水平,效果很有限,更谈不上对其他产业部门的带动作用,故不能作为主导产业部门。

又如,在特定的周期内,确有一些高投资率和高增长率的部门,但这些部门的高增长率却不是由于创新引起的,而主要受高利润率的影响。这些部门也不能成为主导部门,因为高利润率在特定周期内可能出现在辅助增长部门或派生增长部门。为此,罗斯托认为有必要区分主导增长部门和主导循环部门。前者是引入新生产函数的真正的主导部门,后者主要受利润率影响。因而,主导增长部门持续的高增长率只有在剔除了周期性因素之后才会显现,它不一定支撑特定周期的繁荣。与此同时,主导循环部门虽能支撑特定周期的繁荣,却不能带动产业结构的高级化。

主导产业除了具有创新与高速增长的特性外,其扩散效果也是一个重要标志。罗斯托认为,扩散效应是主导部门的关键。这种扩散效应是指某些部门在各个历史间歇的增长中,起到了"不合比例增长"(罗斯托语)的作用,具体来说,有三种方式:

(1) 回顾效应。主导部门处在高速增长阶段时,根据其技术特点,会对各种要素产生新的投入要求,从而刺激这些投入品的发展。这些投入要素可能是物质的,如原材料和机器,也可能是人力的,如熟练工人、高级管理人员等,甚至可能是制度方面的,例如铁路的发展刺激了更大规模地从小额储蓄者那里动员长期资本的方式。

(2) 旁侧效应。主导部门的兴起会引起它周围的一系列变化。其中涉及按技术等级制度建立起来的有纪律的劳动力队伍,处理法律问题和市场关系的专业人员,城市先行资本投资,银行和商业制度,以及建筑业和服务业等。因而,新主导部门的出现,常常改变了它所在的整个地区。例如,在历史上,棉纺织业革命改变了曼彻斯特、波士顿,汽车工业改变了底特律,铁路在其所到之处,引起了老都市中心的改造。这种旁侧效应还表现在提高了现代人在总人口中的比例,并且强化了生产过程的现代观念。

(3) 前向效应。主导部门的活动创造了能够引起新的工业活动的基础，为更大范围的经济活动提供了可能性，有时候，甚至为下一个重要的主导部门建立起台阶。其具体方法包括：通过削减其他产业部门的投入成本，吸引企业家们进一步开发新产品和劳务；客观上造成结构失衡，使某些瓶颈问题的解决有利可图，从而吸引发明家和企业家。主导部门不仅在技术上，而且在原材料供给上，都具有前向效应。

罗斯托认为，从经验上证实了经济增长中主导部门概念的合理性的，是这三种来自迅速增长部门的扩散效应的组合。①罗斯托的扩散效应概念，与赫希曼的"产业关联效应"的含义不同。(1)罗斯托的扩散效应，并不局限于产业间的技术性联系(投入产出关系)，而扩展到经济、社会等更为广泛的领域；(2)主导部门的扩散效应是通过主导部门"不成比例地高速增长"导致"结构瓶颈"来实现的，因而，就本质而言，它是不能用投入—产出这类均衡分析工具来讨论的一种非均衡的、动态的部门间关系。

随着经济规模的扩大和分工的深化，单个主导部门带动整个经济发展的情况越来越罕见。更多的是，一组部门的发展带动整个经济。这组部门被称为"主导部门综合体"。例如，由钢铁、机械、电力和化学工业构成的主导部门综合体，由汽车工业体系构成的主导部门综合体，等等。

罗斯托认为，主导部门综合体由主导部门和与主导部门有较强后向关联、旁侧关联的部门组成。因而，在确定作为主导部门综合体的汽车工业体系时，他把上至车用燃料生产，下至汽车零售商全都容纳于主导部门综合体之内。这里，罗斯托虽然突出强调了主导部门综合体形成的内在技术根据，但也在一定程度上混淆了主导部门内部关联效应和主导部门的扩散效应的区别。

那么，如何看待主导部门综合体内部的部门关联和主导部门与其扩散效应的部门的关联呢？看来，这两者的区别在于关联有无时滞。一般来说，主导部门综合体内部的技术联系是无时滞的(不容许其中单个部门独立发展)，综合体内的各部门基本上保持一体化发展；而部门间的关联作用则是允许或要求一定时滞的技术联系(容许单个部门在短期内独立发展)。②

---

① 参阅 W. W.罗斯托编：《从起飞进入持续增长的经济学》，四川人民出版社 1988 年版，第 8 页。

② 参阅曾新群：《产业主导部门分析理论的发展》，《中国工业经济研究》1988 年第 1 期。

主导部门或主导部门综合体的确立，没有统一的模式。它要根据各国的具体情况，根据特定的时期而定。因而，历史再一次充满了复杂多端的情况：有相当多的一系列部门都似乎在经济发展中起过主导部门的作用。例如，在英国早期工业化阶段，纺织业曾是主导部门；在美国、法国、加拿大和俄国的早期工业化阶段，铁路曾经起了决定性的作用；在日本和德国的早期工业化阶段，军用品生产起了主导部门的作用；在瑞典的早期工业化阶段，木材工业和纸浆工业是主导部门；在丹麦，则是肉类和乳制品生产加强了该国经济中制造业部门的发展；在澳大利亚和阿根廷，为替代进口而加速发展的国内制造各种消费品的工业，也起过主导部门的作用。

可见，在某个特定时期，各部门的发展并没有固定的顺序，也没有哪一部门有奇异的魔力。对于后起发展的国家来说，并不一定要重复诸如英国、美国或俄国的结构顺序和形态。虽然，具体确定哪个或哪几个部门为主导部门因情况而异，但形成主导部门的条件则是共同的，不可缺少的，不论对哪个国家，都必须具备四个基本因素：

(1)一种或多种产品的有效需求必须有所扩大，以便为该部门产量迅速增长打下基础。在历史上，曾有以下几种办法：使收入由消费和贮藏转用于生产性投资；资本输入；急剧增加当前新投资的生产力，使消费者用于购买国内产品的实际收入增加；或是上述各种办法兼施并用。(2)必须使这些部门开始具有新的生产函数，并扩大它们的生产设备。(3)社会必须准备初始所需要的资本，以便使关键性的部门开始发动，而这些部门以及在其推动下发展起来的辅助增长部门中掌握生产设备和技术的企业家(私方的或国家的)尤其必须以很大成数的利润重新投资。(4)一个或几个主导部门的扩充和在技术上的改进，必须足以在其他部门引起一连串的对于增加生产设备和从事新的潜在能力的需要，而社会对这种需要事实上是能逐步给予满足的。

除了形成主导部门的条件具有共性之外，各国的主导部门的交替不断上升也是共同趋向。主导部门带动整个经济发展的使命一旦完成，就要发生主导部门的更迭。旧的主导部门的衰落和新的主导部门的形成标志着经济增长的不同阶段。

然而，主导部门的更迭具有技术的、经济的内在逻辑，呈现出有序的方向性。罗斯托指出，纺织工业是“起飞”阶段的古典式的主导部门，钢铁、电力、煤炭、通用机械、化肥工业是成熟阶段的主导部门,汽车制造业是高额群众消费阶段的主导部门,生活质量部门则是追求生活质量阶段的主导部门。他认为,这种主导部门序列不是任意改变的。[①]对于这个问题,日本经济学家的表述更明确。他们认为,主导部门的这种演变反映了产业结构高级化的趋势。所谓产业结构高级化,本质上并不指某些部门比例的上升或下降,而是指技术的集约化,即采用先进技术的部门在数量和比例上的增加。因此,只有引入了新的生产函数,并对其他部门增长有广泛的直接和间接影响的主导部门的更迭,才能提高整个产业的技术集约化程度,使得产业结构向高级化方向演进。这说明,产业结构变动的方向性是由创新在某一产业内迅速、有效地积聚,并通过部门间的技术联系(投入—产出关系)发生扩散效应(前向关联和后向关联效应)来决定的。没有创新和创新的扩散,高增长部门的更迭只是产业结构变动的低水平循环。可见,以创新为核心的主导产业部门的更迭是产业结构高级化的作用机制。

主导部门假说的出现,还丰富了传统的产业结构高级化演变形态的观点,即产业结构高级化演变的形态不仅仅是一个循序渐进的过程,同时也是一个充满非连续性的"飞跃"的过程。

罗斯托把主导部门作用机制与经济起飞联系起来,考察了产业结构发展的运动形态。他尽可能利用了所有数量的和非数量的材料,试图准确地判断主导部门的增长速度和规模在什么时候才能诱导经济出现实质性的进一步扩张,以及它通过回顾和旁侧联系,在什么时候达到能量高峰。他根据对最初的主导部门群在特定经济的工业化过程中的总效应的研究,提出了初步性的起飞时间表。

我们所感兴趣的,与其说是起飞时间表,还不如说是起飞的本质,即结构的飞跃式变动。这种结构的飞跃式变动,首先是与主导部门分不开的。当初始的主导部门(单个或多个)达到一定规模,其能量足以引诱出基本的扩张效应时,就会创造出飞跃。当然,这种飞跃在经济中有时会遭到扼杀。因为,主导部门的扩散效应不是自动发生的。这是一些潜在的效应,它需要社会的成员和机构积极加以发掘。

因而,罗斯托把起飞分两步来定义:(1)一个或多个主导产业部门出现,它们具有高的增长率,不仅能带来新的生产函数,而且能通过后向和旁侧联系对经济

① 参阅罗斯托:《战后二十五年的经济史和国际经济组织的任务》,《经济史杂志》1970年3月号。

规模产生根本的扩散效应。(2)在起飞已经出现的时候,社会经济还必须有能力利用前向联系,这样,在旧的主导部门衰退时,新的主导部门才会诞生。这种能力使主导部门不断从旧的转向新的。①

既然起飞是主导部门出现,并不断发生主导部门交替的过程,那么它与没有带来自我持续增长的流产的工业高潮是不同的,它表明了这样一个阶段,即社会不仅有能力达到加速的工业高潮,而且能在当初的主导部门出现减退作用时吸收和运用新的生产函数,形成新的主导部门。因而,从这个意义上来说,起飞使创新过程不再是杂乱无章的,它或多或少成为这个社会生活中有规则的、制度化的一部分。在起飞阶段,产业结构变动表现为巨大的飞跃。

然而,这种飞跃并不是从天而降的。它只是产业结构有序变动的连续性的中断,但绝不是一个没有历史的过程。这种飞跃式变动是建立在渐进的量变基础上的。对于这种渐进的量变基础,可以从三个方面进行分析。

首先,初始条件。一个社会要吸收新的生产函数并要产生出起飞所依赖的扩散效应,就必须对传统社会进行大量先行的改造。这种社会基础资本的先行建设是起飞的一个必要条件。这个创造条件的过程包括:

一是交通运输的建设,以使国内的各个市场迅速而有效地相互作用,在较低的运输费用上开采国内原料。

二是训练具有新素质的劳动者,即受过现代技术训练和具有现代观念的人。从各国的经验来看,无论是正式的或非正式的、有意识地建立的或偶然产生的教育制度,都代表了一种工业化所需要的基本的原始投资。

三是农业的发展和农产品增加。农业生产率的提高,不仅为整个经济发展奠定了基础,而且可能以下列途径直接地同主导部门的出现相关:(1)农业作为对主导部门的投入。例如,廉价的原棉供给,使英国棉纺织业在18世纪30年代成为起飞中的主导部门。(2)农业对主导部门的间接投入。这是通过农产品出口赚得外汇,通过为取得国外贷款提供基础而实现的。(3)农业革命诱发主导部门产生。例如,美国和俄国为了开发谷物产地的需要发展交通运输,形成了铁路运输业主导部门。(4)以较小规模和较次要方式,通过吸收新的制成品投入,对工业化作出了贡献。例如,德国的化肥工业和美国的农机工业,都得益于农业

① W. W.罗斯托编:《从起飞进入持续增长的经济学》,四川人民出版社1988年版,第10页。

发展。

四是外贸的发展。因为外贸以四种不同的方式同起飞过程相联系:(1)出口的增加可以获得建立社会先行资本所要求的资源。(2)出口的增加可以获得建立和经营第一批工业部门所需的设备和工业原料,从更广泛的意义上说,它保证了一国能够获得工业化所要求的、而现有的工业技术或本国资源不可能直接地、经济地提供的那些资源。(3)出口的增长可以经济地提供足够的食品以养活不断增长的城市人口。(4)需求价格(或收入)弹性较高的商品的出口增长可能为主导部门的增长奠定基础;或者为农业或原材料部门的增长奠定基础,这些部门的发展反过来又有助于推进工业化。

除此之外,还包括城市的扩张、最低限度的动力资源以及其他先行资本等。这种先行的、最低限度的建设规模因各国经济而不同,取决于以前的历史、地理和自然资源等情况。

其次,行为规则变化。这是起飞的充分条件。为了带动起飞的主导部门,并在与主导部门有后向和旁侧联系的部门中作出积极反应,必须有最低限度的一群企业家的出现。这些企业家的根本特点在于,他们乐于并有能力采用新的生产函数,即他们具有管理主导部门以及对潜在的扩散效应作出反应的意愿和能力。

并且,要求政治实体和政治目标发生重大的变化,政府必须在动员社会先行资本、加强社会基础活动中发挥作用。罗斯托认为,虽然在从传统社会到发动阶段的过渡时期,经济本身和社会信念的相对力量,发生了重大变化,但是有决定意义的特征却是在政治方面。①政府行为规则的变化,在起飞准备阶段,具有重大意义。

最后,参数。一般提出三个参数:人口增长率、现有技术水平和已知自然资源的适用规模。(1)人口增长率间接地同起飞的主导部门有关。它主要是通过影响人口—资源平衡、工业劳动力供给,以及有效需求的水平,间接影响增长过程。(2)技术水平直接关系到主导部门以及扩散效应。例如,棉纺织业所需要采用的各种潜在类型的技能比酿造、罐头工业更为广泛。但是,经济史的经验教训表明,社会对使用现代技术的新部门的潜在可能性所做出的反应,可能是一个比技术本身性质更加重要的变量。对于主导部门来说,有关的技术,就其本身而

① 参阅 W. W.罗斯托:《经济成长的阶段》,商务印书馆 1962 年版,第 13 页。

言,并不是决定性的因素。(3)自然资源的适用规模对主导部门以及扩散效应有某种制约作用,但不是主要的。

以上的分析表明,产业结构高级化变动有可能出现飞跃形态,但这种飞跃是以渐进的量变为基础的,这一基础不仅包括经济方面因素,还包括非经济方面因素,因而,产业结构高级化变动是量变与质变的统一,渐进与飞跃的统一。

4.5　以创新推动产业结构高级化

上述的分析已表明,创新是产业结构高级化的主要动因。为此,我们应该以创新来推动产业结构向高级化发展,这包括下面几个基本的含义:

(1) 对于较落后的传统产业、薄弱产业的扶植,不能仅仅采取资助和保护措施。与此同时,更应该采取鼓励创新的措施,帮助其进行研究与开发工作,以提高其劳动生产率。因此,对这些产业的扶植不应该是零碎的、单个生产要素的资助,而应是围绕帮助解决创新问题进行全面的扶植,调动这些产业的内在活力,否则就会掉入保护落后的陷阱。

(2) 对于较先进的新兴产业的发展,不能仅仅从收入需求弹性角度考虑,更不能只靠进口来支撑。应当在提高国内创新水平与创新能力的基础上来发展新兴产业,使整个产业结构的变动具有有序性。目前,中国家电耐用消费品行业领先增长之势主要是靠进口来支撑的,从而是一种脱离创新的无序发展,它不仅无法带动产业结构高级化,而且加深了原有的结构性矛盾。

(3) 对于主导产业的确定,不能只以高增长率为标准,还要考虑这种高增长率是否以新的生产函数的引入为基础。否则,是不利于产业结构发展的。有的学者主张把建筑业作为主导产业。①这种观点是值得商榷的。在产业经济发展史上,建筑业曾是一个高投资率、高增长率的部门,但这种状况是与特殊的历史条件相联系的,建筑业本身只是主导循环部门之一,但它难以带动产业结构的高级化。

(4) 在协调产业结构方面,不仅要调整长线产业与短线产业的关系,而且要

① 参阅王忠民:《我国目前主导产业的目标选择及其实现途径》,《天府新论》1987 年第 6 期。

提高整个产业素质。这就是说,一方面要加强短线产业,另一方面要提高其他产业对短线产业新生产的产品的利用效率。例如,目前中国能源和原材料短缺,解决这一问题,除了压缩长线产品加强短线产品外,还必须提高能源和原材料的利用效率,而这两个方面都离不开创新。

这种以创新为核心的产业政策在其实施过程中,关键是要抓住促进产业创新这一环节。一般来说,创新的速度和规模取决于四组变量:(1)科学和其他技术知识水平。它们决定着创新的水平。(2)预期收益状况。它决定着创新的动力,哪里预期收益越大,哪里的创新刺激就越强。在一般情况下,产业的相对规模和生产要素的稀缺程度对预期收益有很大影响,共同发生变化,从而是促进创新的重要因素。(3)企业家的决策水平。它决定了创新的扩散速度。(4)资金供应量。它在很大程度上制约着创新能力。因此,促进产业创新无非是使这四个变量趋向于最大值。当然,在不同的经济运行机制中,这四组变量的操纵方式是不同的,从而在促进产业创新方面运用的手段也有所差别。

在市场机制主导的经济体制下,市场机制本身的运行就会对创新形成一种促进力。市场主体明显的利益动机,市场竞争压力,以及市场资金流向等,自动刺激和导向着创新。在这种情况下,产业政策对创新的促进,主要表现在:

(1) 预测导向,为创新活动指示长远图景。因为主导部门的发展是在相对长的时期内实现的,它持续的高投资率和增长率只有在剔除了周期性因素之后才会显现出来,而市场机制导向往往受周期性因素干扰,所以产业政策的预测导向弥补了市场机制导向的缺陷,可以更好地促进创新发展。

(2) 缩减创新的时滞。在市场机制中,创新的运用是有条件的。在需求没有增大的情况下,只有当旧设备恶化到这一点,即使用新工艺的全部费用(包括购买新设备费用)比使用旧工艺的可变费用更少时,创新的引入才是经济的。因此,甚至一项潜在的具有经济性的发明被利用的时机也强烈地取决于经济状况,而且经常存在发明与首次利用之间一个相当大的滞后。不仅如此,从初期利用到普遍利用之间也存在滞后。这是因为消费者了解和感受这种创新的优点要花费时间,运用这种创新所需的一系列条件改变要花费时间等等。格里利克斯和曼斯菲尔德认为,新产品和新工艺达到市场均衡的速度是其优越于旧产品和旧工艺的程度以及其购买费用大小的函数。产业政策运用政府购买、资助等手段,可以缩减这种创新的时滞,加速创新发展。

(3) 调整市场结构(企业的平均规模和竞争程度),促进创新。一般来讲,过度垄断不利于创新,因而应创造一个适度竞争的市场环境。但也要作具体分析,当某一创新的采用是高价的,只有大规模开发才能经济时,大企业就有利于这种创新。因此,要根据不同情况采取措施。

(4) 协调产业关联,更好地发挥创新的扩散效应。某些产业,诸如农业、交通运输、能源和原材料工业,由于其自身的特殊性,往往是市场机制难以很好调节的,而这些产业在整个产业结构中又具有较重要的地位,因而为了协调产业关联,使创新的扩散效应较好地发挥,在产业结构政策上就要采取扶植手段发展这些产业。

在缺乏市场机制或市场机制不完善的情况下,从严格意义上来讲,产业政策贯彻促进创新方针是难以真正奏效的,因为它毕竟不是万能的。当然,这也并不是说,产业政策无法贯彻促进创新的方针。中国传统体制下经济发展的事实也证明,即使在那样的体制下,产业政策对促进创新还是有某些方面和某种程度作用的,但必须明确这种作用是很有限的。因此,首要的任务应该是确立有利于创新和促进创新的制度因素和组织因素:

(1)进行企业制度改革,产权明晰化,强化创新的利益动力。(2)完善市场体系,加强市场秩序,矫正扭曲的价格信号,提高市场透明度,使创新的预期收益合理化,为创新提供各种必要的物质来源(包括技术和资金)。(3)培育具有创新精神的企业家集团,发展各种有利于创新的组织机构,例如科技—生产—经济联合体等。

当然,在创建这些制度因素和组织因素的同时,也要发挥产业政策的作用。但由于这是在新旧体制转换条件下发挥产业政策的作用,所以它对于创新的促进,在方式和手段上有其特殊性,主要表现为:

(1)采取各种经济手段,有时甚至是行政手段和法律手段,鼓励企业和产业创新,以弥补市场利益动力机制不足。对于重大的创新,给予优先支持。当然,在鼓励创新中也要考虑创新的经济性问题,考虑创新对产业结构合理化的影响问题。(2)对创新进行直接和间接相结合的引导。除了预测导向外,要通过投资手段直接引导创新,尤其是在制约国民经济的瓶颈产业部门内进行创新。与此同时,对那些超越中国现阶段经济发展水平的产业部门的创新要加以适当控制,例如通过控制其产品需求或生产设备的引进。(3)协调产业部门之间的收益,消除由于价格体系不合理带来的部门收益非正常悬殊对创新活动的盲目导向。对此可以采用税收和补贴手段以及信贷手段来加以协调。

5 产业结构合理化分析

产业结构优化发展，不仅仅是产业结构高级化的问题，它还包括产业结构合理化的内容。因为产业结构发展的总趋势总是表现为有序的发展，结构有序发展必然包含着结构合理化。事实上，产业结构高级化也是要以其合理化为基础的；没有产业结构的合理化，就难以实现产业结构的高级化。因此，产业结构合理化是我们进行产业结构调整的又一目标函数。

产业结构合理化不仅表现为各产业之间的比例关系及这种比例关系特征，而且表现为产业之间的互相影响和促进的关系。这种关联通常要借助于投入产出表来进行分析。关于投入产出表的基本原理以及编制投入产出表的问题，在此不作介绍。这里，我们主要对产业结构进行投入产出分析，以便理解产业结构合理化的本质含义。

5.1 结构特征与比例关系

作为一个系统结构，从静态来说，总是要素之间质与量的联结，产业结构也是如此。

从质的关系联结来说，就是各产业部门在社会再生产过程中的地位和作用关系，或者说各产业部门在互相联系的结构中各自所处的位置。从量的关系联结来说，就是产业之间的比例关系。如果把这两个方面结合起来考察，便是产业之间的联系方式，即产业关联。

不言而喻，以整个国民经济社会再生产的均衡关系为基础设计的投入产出表，是研究产业间结构特征和比例关系的便利工具。

分析各产业部门在社会再生产过程中的地位和作用，可以采用投入产出表中的“中间需求率”和“中间投入率”两个指标。

中间需求率是各产业部门的中间需求和该产业部门总需求之比。这个指标反映了某一产业部门的产品中有多少作为其他产业所需求的原料(中间需求)。因而，中间需求率越高，这一产业部门就越具有原材料产业的性质。例如农业的中间需求率就比较高。反之，中间需求率越低，这一产业部门就越具有提供最终产品的性质，即这一产业更多地提供最终投入消费或投资活动的产品。由于，中间需求率＋最终需求率＝1，所以也可以说，一个产业的最终需求率越低，该部门就越具有原材料产业的性质；一个产业的最终需求率越高，该部门就越具有提供最终产品的性质。

中间投入率是各产业部门的中间投入与其总投入之比。这个指标反映了各产业在其生产活动中，为生产单位产值的产品，需从其他产业购进原料在其中所占的比重。因而，中间投入率越高，该产业的附加价值就越低；反之，中间投入率越低，该产业的附加价值就越高，两者反向变动。由于中间投入率＋附加价值率＝1，附加价值率(附加价值/总产值)是中间投入率的逆指标，所以也可以表示为：中间投入率越高，附加价值率越低，因而高中间投入率产业就是低附加价值部门；反之则情况相反。

如果我们把中间需求率作为横轴，把中间投入率作为纵轴，以此建立一个坐标，并依据投入产出表的数据分别计算各产业的中间需求率和中间投入率，然后把它们归类于坐标中的四个方位中，就可以形成一个产业立体结构(见图 5.1)。

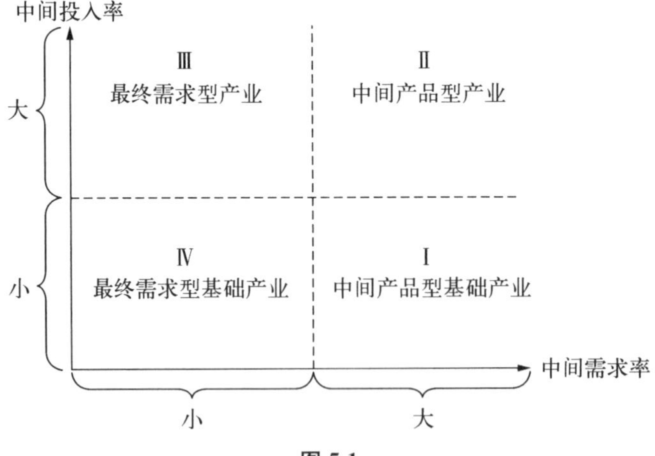

图 5.1

至于产业间的比例关系，依据投入产出表的数据，很容易计算以产值为根据的产业间的比例关系，计算以最终产品或净产值为根据的产业间的比例关系。在此不作详细说明，但要指出一个值得注意的问题，即这种对产业间的比例关系的投入产出计算，有一些重要假设。首先，最重要的假定是投入系数不变：每一单位的额外新产出是由各种投入的结合遵循不变的比例造成的。其次，假定规模的收益不变。这样，投入产出模型就不容许在各种投入之间进行替代的可能性。

在分析了各产业在社会再生产过程中各自地位以及比例关系之后，需要进一步考察产业之间的联系方式。一般来说，产业之间的联系方式有两种类型：(1)单向联结方式。这种联结方式的特点是以产品在各相关产业间不断深加工，最后脱离生产领域进入消费，因而投入产出的联结方向是单一的。例如，棉花种植→纺织工业→服装工业，就属这种联结方式。(2)多向循环联结方式。这种联结方式的特点是各有关产业间的投入产出是互相依赖、互相服务的，从而形成一种循环的联结关系。例如，煤炭→钢铁→矿山机械部件→煤炭。

在现实的产业结构中，这两种联结方式是同时存在的，为了进行综合考察，可以重新排列和整理投入产出表的产业排列顺序。调整排列顺序的方法是，中间投入率作为横轴，并且沿着横轴由左至右其数值由大至小；中间需求率作为纵轴，并且沿着纵轴由下至上其数值由大至小(见图 5.2)。

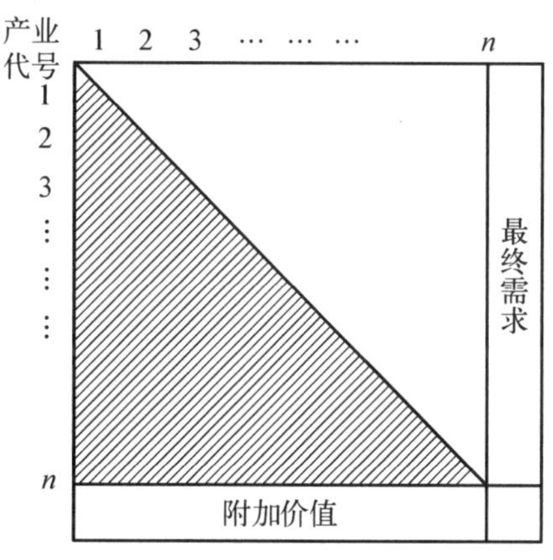

图 5.2 三角形配置投入产出表

如果产业之间的联系方式是单向联结型，那么在这个经过排列顺序调整的投入产出表上，其数字就只出现在画了斜线的三角形内，对角线以上的三角形内就不出现数字。如果在对角线上方出现交易量，那就是由多向循环联结造成的交易量。

因此，从图 5.2 中可以看到，产业 1 没有任何中间需求，全部产品都是最终产品，但同时却要从 2，3，…，n 的所有产业购进原料。产业 2 只有产业 1 对其有中间需求，其他产业对其均无中间需求；同时它要从除了产业 1 之外的所有产业购进投入。产业 3、产业 4 等，以此类推。产业 n 的产品则全部都是中间产品，同时无需从其他产业购进任何原料。

利用投入产出表作三角形产业排列试验，可以判断产业联系方式的两种类型的多寡。有的研究已经证明，许多国家的产业单向联结的性质远远强于多向循环联结。根据对美国、意大利、挪威、日本四国的调查统计，出现在对角线上方的交易量占全部交易量的比重很低：意大利占 4.3%，挪威占 8.8%，日本占 11.6%，美国占 12.7%。①

为了进一步分析哪些类型产业倾向于单向联结方式，哪些类型产业更多的是多向循环联结方式，可以把前面所述的四组产业群按图 5.2 的顺序排列。顺序排列的结果是：(1)中间产品型基础产业Ⅰ和最终需求型产业Ⅲ具有明显的单向联结特性。但两者相比，Ⅲ比Ⅰ在产业排列顺序上更靠前。(2)中间产品产业Ⅱ同Ⅲ在产业排列顺序上是交错在一起的，并且在Ⅱ中包含较多的多向循环联结产业，因为这些中间产品的用途是多种多样的。

另外，利用投入产出表上的产业排列顺序，还可以在产业部门之间划分某些关系密切的产业群。这些产业群同其他产业有联系，但又具有相对独立性。例如：(1)非金属系最终产品；(2)金属系最终产品；(3)金属系中间产品；(4)非金属系中间产品；(5)服务；(6)能源。这些产业群不仅反映了产业之间的联结，而且反映了产业间联结的紧密程度。无疑，这对我们研究产业结构是很有用的。

5.2 产业直接关联效应

在产业结构中，产业之间不仅以一定的方式互相联系，而且以一定的力度发

---

① 杨治：《产业经济学导论》，中国人民大学出版社 1985 年版，第 107 页。

生互相联系。这种以一定方式发生产业联系的力度，就是产业关联程度。产业关联程度反映了产业间互相影响的水平，反映了不同结构的发展水平，因而成为产业结构内部机理必不可少的一部分。在这一节，我们主要论述产业直接关联效应，在下一节，综合论述产业直接和间接关联程度。

在产业结构中，绝大部分产业都是身兼两职的：既是供给者又是需求者。作为生产部门，某一产业部门的生产活动会影响其他产业（通过向其他部门提供产品）；作为需求部门，该产业部门的生产活动受其他产业的影响（通过向其他产业购买生产要素）。因而，各部门的这种投入产出关系可以由中间投入矩阵来反映：

$$
\begin{bmatrix}
X_{11} & X_{12} & X_{13} & \cdots & X_{1n} \\
X_{21} & X_{22} & X_{23} & \cdots & X_{2n} \\
X_{31} & X_{32} & X_{33} & \cdots & X_{3n} \\
\vdots & \vdots & \vdots & \vdots & \\
X_{n1} & X_{n2} & X_{n3} & \cdots & X_{nn}
\end{bmatrix}
$$

该矩阵的行向量（X_{i1}, X_{i2}, X_{i3}, …, X_{in}），即产业部门 i 作为生产部门，对其他产业部门的各种投入量；该矩阵的列向量（X_{j}, X_{2j}, X_{3j}, …, X_{nj}），即产业部门 j 作为需求部门，从其他部门所获得的各种投入量。这样，产业的关联就有两种基本形式：一是通过供给联系与其他产业部门发生的关联；二是通过需求联系与其他产业部门发生的关联。赫希曼把前者称为“前向关联”；把后者称为“后向关联”。①

由于存在这两种形式的产业关联，所以当某一产业的生产活动发生变动时，就会通过“前向关联”和“后向关联”影响其他产业部门，这就是“关联效应”。当然，由于各产业在其结构中所处的地位不同，其“前向和后向的关联效应”也不尽相同，甚至一个产业部门，其“前向关联效应”与“后向关联效应”也不一定是对称的。因此，要测定各个产业部门的关联效应指数。

测算关联效应，有各种计算公式，比较简便的公式是根据投入产出表计算各产业部门的中间投入比率和中间需求比率，但这种办法只能测算直接关联效应，不能测算某一部门供给和需求对其他产业部门的间接影响。

---

① A. O.赫希曼：《经济发展的战略》，1958年，第6章。

直接前向关联效应的测算公式为：

$$L_{F(j)}=\frac{\sum_{n=1}^{n}X_{ij}}{X_j}\qquad (i=1,\ 2,\ \cdots,\ n)$$

其中：$L_{F(j)}$为产业部门前向关联指数；X_j 为产业 j 的总产值；X_{ij} 为产业 i 对产业 j 提供的中间投入。

直接后向关联效应的测算公式为：

$$L_{B(j)}=\frac{\sum_{n=1}^{n}X_{ij}}{X_j}\qquad (j=1,\ 2,\ \cdots,\ n)$$

其中：$L_{B(j)}$为产业部门后向关联指数；X_j 为产业 j 的总产值；X_{ij} 为产业 j 为生产总产值 X_j 而从产业 i 获得的中间投入。

1958 年，钱纳里和渡部经彦运用上述公式，对美国、日本、挪威、意大利四国 1958 年 29×29 个部门的投入产出表进行计算，得出了如表 5.1 所示的数字。

这种产业前向关联效应与后向关联效应的指数测算是有意义的。因为它更明确地揭示了产业关联的程度，揭示了不同产业部门与其他部门联系水平的等级，所以这种指数在产业政策决策中是一种重要的参考工具。但是，这种产业关联程度的指数测算也有其局限性，主要表现为：

(1) 这种指数的数值大小，依存于投入—产出表细分的程度，因而其科学性和精确性受到影响，尤其是在进行不同国家的指数比较时，更要注意这一点。

(2) 由于关联效应指数是用国内生产的投入和产出去测算的，所以这一指数只能说明已经达到的前向或后向关联程度，而不能预测未来可能实现的潜在的关联程度。这对于产业政策决策来说，是一大缺憾。如果要发现未来可能实现的潜在的关联程度，只有借鉴于经济发展程度更高国家的指数。

(3) 这些指数仅仅是一国生产的投入—产出系数的机械相加，其他国家对其借鉴有较大的局限性。因为形成这些不同产业的关联指数，要有很多条件，例如成本、销路、供给等条件，而这些条件是表 5.1 中不曾反映的。因此，在借鉴别国的产业关联指数时，要特别注意各国不同的生产条件，不能简单照搬。

当然，只要我们深刻认识到产业关联指数的局限性，尽量避免这些局限性，产业关联指数仍不失为一种有价值的理论分析工具和决策参考工具。

表 5.1 钱纳里和渡部经彦根据连锁效应对产业部门的分类

	最终需求			中间投入		
	Ⅲ. 最终需求型制造业产品			Ⅱ. 中间投入型制造业产品		
		前向	后向		前向	后向
制造业	3. 服装和日用品	0.12	0.69	13. 钢铁	0.78	0.66
	4. 造船	0.14	0.58	22. 纸及纸制品	0.78	0.57
	8. 皮革及皮革制品	0.37	0.66	28. 石油产品	0.68	0.65
	1. 食品加工	0.15	0.61	19. 有色金属冶炼	0.81	0.61
	2. 粮食加工	0.42	0.89	16. 化学	0.69	0.60
	5. 运输设备	0.20	0.60	23. 煤炭加工	0.67	0.63
	7. 机械	0.28	0.51	11. 橡胶制品	0.48	0.51
	15. 木材及木材制品	0.38	0.61	12. 纺织	0.57	0.69
	14. 非金属矿物制品	0.30	0.47	9. 印刷及出版	0.46	0.49
	10. 其他制造业	0.20	0.43			
	Ⅳ. 最终需求型初级产品			Ⅰ. 中间投入型初级产品		
基础产业	A. 物品			17. 农业、林业	0.72	0.31
	6. 渔业	0.36	0.24	27. 煤炭	0.82	0.23
	B. 劳务			20. 金属采矿	0.93	0.21
	25. 运输	0.26	0.31	29. 石油及天然气	0.97	0.15
	21. 商业	0.17	0.16	18. 非金属采矿	0.52	0.17
	26. 服务业	0.34	0.19	24. 电力	0.59	0.27

注:根据计算结果,可以看到,中间投入型初级产品是前向关联效应大,后向关联效应小;中间投入型制造业产品是前向关联效应大,后向关联效应也大;最终需求型制造业产品是前向关联效应小,而后向关联效应大;最终需求型初级产品是前向关联效应小,后向关联效应也小。

资料来源:钱纳里、渡部经彦:《生产结构的国际比较》,《经济计量学》1958 年 10 月号。

最后,值得指出的是,产业后向关联与产业前向关联存在着差异性:一是前者提供一种必须采取行动的强迫力(需求压力);后者只是一种诱导,是否采取行动取决于当事人的反应。根据赫希曼的看法,前向连锁将永远也不可能以纯粹的方式出现,它必将伴随“需求压力”所造成的后向连锁而发生。换言之,现存或预期的需求,是前向连锁效应发生作用的一个前提。二是前者的作用效果在短期内就明显表现出来;而后者的作用效果有时需要一个较长的时间跨度才得以表现。

赫希曼认为,后向连锁一般比前向连锁更重要。根据这种认识,赫希曼提出了所谓的"有效投资序列",其中心思想是优先发展后向关联效应大的产业部门,从需求方面形成压力,从而带动整个经济发展。

显然,赫希曼有低估前向关联作用的倾向。从历史上看,道路的铺设,交通成本的降低,大宗廉价化学原料和廉价清洁能源(电力等)的出现,都曾对经济增长起过革命性的推动作用。通过铁路或公路来开发一个新区域,更是基础设施通过前向关联来刺激发展的普遍实例。

赫希曼观点的片面性,主要是由两点原因造成的:(1)忽视了供给对有效需求的刺激作用;(2)他的分析集中在相对小的时空尺度上。

5.3 产业关联总波及效应分析

上一节主要考察了产业间投入产出的直接关联程度,然而,事实上,产业间投入产出,除了直接关联,还存在着间接关联。因此,我们要继续分析产业间关联总波及效应。

按照产业直接关联分析,我们只看到各产业的生产直接依赖于哪一种需求,并没有考虑到需求的间接影响。例如,纺织品生产直接依赖于对棉花的需求,而棉花种植又会刺激肥料生产,这种需求的间接影响在直接关联分析中是未加考虑的。然而,产业结构更广泛和更复杂的联系恰在于这种间接联系。

考察这种产业关联总波及效应的工具,是逆阵系数表(表 5.2)。逆阵系数就是当某一产业部门的生产发生一个单位的变化时,计算各个产业部门由此引起的直接和间接地使产出水平发生变化的总和的系数。

表 5.2 逆阵系数表

	1. 农　业	2. 工　业	3. 服务业
1. 农　业	1.62	0.61	0.50
2. 工　业	0.96	2.35	0.99
3. 服务业	0.98	1.04	1.99

资料来源:杨治:《产业经济学导论》,中国人民大学出版社 1985 年版,第 111 页。

表 5.2 是一个简单的根据假设数据的投入产出表及投入系数推导出来的逆阵系数表。它主要反映了产业关联的总波及效果。例如第一纵行(农业)的各数值表示,如果农业的最终需求增长 1 亿元,那么通过产业间直接和间接关联的波及影响,最终将使农业生产增加 1.62 亿元的生产,使工业增加 0.96 亿元的生产,使服务业增加 0.98 亿元的生产。第二纵行(工业)和第三纵行(服务业)依次类推。因而,借助于投入系数逆阵 $X=(I-A)^{-1}F$ 的基本模型,就可以进行产业关联总波及效应的分析。这种分析大致有三种类型:(1)从产业本身进行考察;(2)从产出角度考察;(3)从投入角度考察。

5.3.1 产业的感应度系数与影响力系数

从产业本身来考察产业关联总波及效应,立论于这样一个事实:任何一个产业的生产活动既影响其他产业部门的生产活动,又受其他产业部门生产活动的影响。这种影响其他产业部门的程度,就叫影响力;而受其他产业部门影响的程度,就叫感应度。

由于各产业部门在社会再生产过程中处于不同的地位,所以各个产业的影响力和感应度是不尽相同的。单个产业部门的影响力和感应度也不一定对称。因而,了解和掌握各产业的影响力和感应度特征,有助于我们理解产业关联的总波及效应。

某产业的影响力系数和感应度系数是通过逆阵系数表来求解的。在逆阵系数表上,某一产业的横行上的数值是该产业感应度的系数系列,它反映了其他产业生产活动发生变化时使该产业的生产发生相应变动的程度;而纵列上的数值是该产业的影响力的系数系列,它反映了该产业生产活动发生变化使其他产业的生产发生相应变动的程度,即该产业对其他产业的生产诱发程度有多大的影响力。横向系数的平均值反映了该产业感应度的一般的、平均的趋势;纵向系数的平均值反映了该产业影响力的一般的、平均的趋势。产业的感应度系数和影响力系数的计算公式就是:

$$V_j=\frac{\sum_{i=1}^{n}b_{ij}}{1/n\sum_{i=1}^{n}\sum_{j=1}^{n}b_{ij}}$$

V_j 为 j 产业部门的影响力系数，b_{ij} 代表逆矩阵的要素。该式的分子是 j 列要素的列的和，分母则为全部产业的纵列要素的和的平均值。

$$V_i = \frac{\sum_{j=1}^{n} b_{ij}}{1/n \sum_{i=1}^{n} \sum_{j=1}^{n} b_{ij}}$$

V_i 为 i 产业的感应度系数。该式分子为 i 横行的要素的和，表明各产业的最终需求每增加一单位时，i 产业生产被诱发的产值的合计额，分母则为这种诱发值的全部产业的平均数。

利用这两个公式对表 5.2 的逆阵系数表进行计算，就可以整理出各产业的影响力和感应度系数表(表 5.3)。从表 5.3 中可以看到，农业的感应度系数和影响力系数均在平均水平以下(小于 1)，工业的感应度和影响力系数均居于平均水平之上(大于 1)，服务业的感应度系数大于 1 而影响力系数小于 1(此表的数据是假设的)。

表 5.3　产业影响力和感应度系数表

	横行逆阵系数小计	纵列逆阵系数小计	感应度系数	影响力系数
1. 农　业	2.73	3.56	0.74	0.97
2. 工　业	4.30	4	1.16	1.08
3. 服务业	4.01	3.48	1.09	0.94
总计平均值	3.68	3.68		

从工业化的实际过程来看，一般的倾向是，重工业大都表现为感应度系数较高，轻工业大都表现为影响力系数较高。因而在工业化早期，轻工业的发展对重工业及其他产业的发展起着推动作用，而在工业化晚期，重工业一般发展较快。在制造业部门，机械工业的影响力系数和感应度系数往往都大于 1，因而这是一个敏感的产业，不论经济增长速度上升还是下降，它都有强烈的反映。当然，如作细致的分析将会发现，各产业的感应度系数和影响力系数，在不同的经济发展阶段，在不同的产业结构中，会有不同的表现。

为了分析各产业的性质并加以分类，可以把影响力系数和感应度系数交叉配合起来，建立座标，如图 5.3。

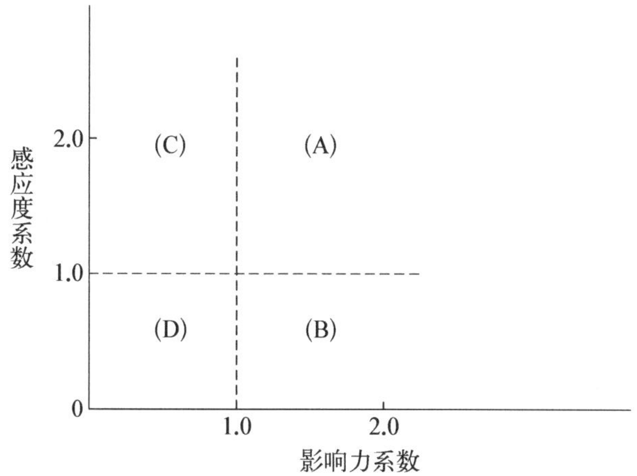

图 5.3 影响力系数和感应度系数的坐标

属于(A)组的产业，具有影响力高、感应度也高的性质，可以说是中间需求性加工型行业；属于(B)组的产业，具有影响力高、感应度低的性质，可以说是最终需求性加工型行业；属于(C)组的产业，则是影响力低、感应度高，可以说是最终需求性一次产业型行业；属于(D)组的产业，则是影响力和感应度都低的产业，可以说是中间需求性一次产业型行业。

5.3.2 生产诱发系数及生产的最终需求依赖度

从产出角度考察产业关联总波及效应，立论于最终需求对生产的诱发作用，或生产对最终需求的依赖程度。一般说，最终需求可分解为消费、投资、出口等项目，因而考察这种诱发作用或依赖程度，就是分析一国各个最终需求项目对诱发各产业部门生产的作用和各产业生产对各个最终需求项目的依赖程度。这种定量分析，则要借助于生产诱发额指标。

首先，利用投入系数逆阵 $X=(I-A)^{-1}F$，求出各个产业的最终需求的各个项目的生产诱发额。具体做法是，用投入产出表上某一产业按项目分类的最终需求(消费、投资、出口等)的列的矢量，分别乘上逆阵系数表上该产业栏下纵向各系数，并求其和，即为该产业的该一项目需求的生产诱发额。

生产诱发系数就是将各产业的最终需求各项目的生产诱发额用相应的最终需求项目的各产业合计去除所得的商，其公式为：

$$\text{某产业的某项需求的生产诱发系数}=\frac{\text{该产业该项需求的生产诱发额}}{\text{该项需求的各产业的总和}}$$

用此方法，便可求出所有产业的各最终需求项目合计的生产诱发系数。这个系数的意义在于，当总的某项需求增加 1 个单位时，某一产业将诱发多少个单位的生产。因此，利用生产诱发系数表，就可以认识某一国各最终需求项目(消费、投资、出口等)对诱发各个产业部门生产的作用的程度。

根据日本 1965 年的生产诱发系数与最终需求分项比较来看，生产诱发系数最高的项目是出口，为 2.27，其次是国内设备总投资，为 2.24，然后是库存净增，为 1.85；私人消费支出为 1.75，家计除外的消费支出为 1.75，政府一般消费为 1.33，最终需求总计为 1.89。拿 1970 年来看，基本顺序仍是如此，出口为 2.23，国内设备总投资为 2.21，库存净增为 2.11，家计除外的消费支出为 1.81，私人消费支出为 1.73，政府消费支出为 1.40，最终需求总计为 1.92。通过 1965 年与 1970 年的比较，可以发现，尽管基本顺序没变，但出口和国内设备总投资逐渐增加；库存净增，私人消费支出、家计除外的消费支出以及政府的消费支出，出现渐增倾向，而且最终需求总计的生产诱发系数，也是渐增倾向。[①]

如果我们从生产依赖于需求的角度考察，那么产业关联的总波及效应就可以用生产的最终需求依赖度来表示。生产的最终需求依赖度不仅包括了需求对各产业生产的直接影响，也包括了需求对各产业生产的间接影响，其计算公式是：

$$\text{某产业的生产对各最终需求项目的依赖度}=\frac{\text{该产业各个最终需求项目的生产诱发额}}{\text{该产业各个最终需求项目生产诱发额的总和}}$$

通过对各产业的计算，就可以形成一个生产的最终需求依赖度的系数表。从这个系数表中可以发现，某些从直接关系上同消费似乎没有关系的产业部门，最终通过间接波及效应竟有相当部分也是依赖于消费的。

最终需求依赖度系数表不仅反映了产业关联的总波及效果，而且也揭示了各个产业部门的生产主要依赖于哪一种最终需求的特征。如果其生产主要依赖于消费，便是“依赖消费型”产业；否则，便是“依赖投资型”产业，或“依赖出口型”产业。

根据日本对 1965 年和 1970 年投入产出表的计算，木材和木制品产业、煤炭制

---

① 参阅[日]中央大学经济研究所编：《战后日本经济》，中国社会科学出版社 1985 年版，第 18 页。

品产业、生铁和粗钢产业、钢铁一次制品产业、金属制品产业、一般机械产业、电气机械产业和运输机械产业等，对国内设备总投资的依赖程度最高(0.45—0.65)；轻工业的各行业对私人消费支出的依赖程度高(0.60—0.89)；生铁和粗钢产业、化学纤维原料产业、钢铁一次制品产业、煤炭制品产业、橡胶制品产业和非铁金属一次制品产业等，对出口的依赖程度比较高(0.28—0.36)。①

5.3.3 综合就业系数和综合资本系数

从投入角度考察产业关联总波及效应，立论于各产业部门生产的增长需要投入劳动力和资本。由于产业间关联的波及效应，某一产业部门的生产增长不仅直接要求劳动力和资本的本部门投入，而且还间接影响其他产业对要素投入的要求。综合就业系数和综合资本系数就是反映这种随着各部门生产的增长而要求最终投入生产要素量的指标。

综合就业系数和综合资本系数是从逆阵系数表推算出来的，其计算公式：

$$综合就业系数=就业系数\times逆阵系数[L(I-A)^{-1}]$$

其中就业系数就是单位产值所需就业人数$\left(某产业就业系数=\dfrac{该产业就业人数}{该产业的总产值}\right)$。

$$综合资本系数=资本系数\times逆阵系数[K(I-A)^{-1}]$$

其中资本系数就是单位产值所需资本$\left(某产业资本系数=\dfrac{该产业资本量}{该产业总产值}\right)$。

综合就业系数表明，某一产业为进行 1 个单位的生产，在本部门和其他部门(直接和间接)总共需要有多少人就业。综合资本系数则表明，某一产业为进行 1 个单位的生产，在本部门和其他部门(直接和间接)需要共投入多少资本。可见，这两个指标从投入方面反映了产业关联的总波及效应。

5.4 产业结构合理化的本质：结构的聚合质量

前面对产业结构内部关联机理的论述，主要目的是为了更好地理解产业结

① 参阅[日]中央大学经济研究所编：《战后日本经济》，中国社会科学出版社 1985 年版，第 28—31 页。

构合理化的客观必要性以及其合理化的本质含义。对于产业结构合理化的客观必要性，人们并没有更多的歧义，但对于产业结构合理化的本质含义，却存在着不同的理解和认识。这种不同的理解和认识，对于产业结构优化，会产生不同的政策观点和对策思路，因而我们有必要对此进行深入探讨。

目前国内理论界在识别和论证产业结构是否合理问题上，主要有以下几个判断的标准：

(1) 反映产业结构一般变动规律的国际标准结构。以大量的历史数据进行统计回归而得出的发展模型的复合图像，确实能够反映产业结构的一般变动规律，从而可以用来作为认识各国产业结构变动的参照系。通过与这种“标准结构”的对比，有助于发现中国产业结构存在的偏差，从而加深对中国产业结构变动的认识。然而，这种“标准结构”的参照系，至多只能给我们提供一种判断产业结构是否合理的粗略线索，而不能成为其判断的根据。因为与“标准结构”的偏差可能有很多的原因，如进入现代经济发展阶段的不同时点，所处的国际环境的变化，以及国内资源天赋程度、需求规模、发展战略等，即使撇开这些因素，较大偏差的存在也不一定反映产业结构不合理。对照钱纳里的人均 300 美元时的“标准结构”和“大国模型”，中国一次产业比重低 3.2 和 3.8 个百分点，制造业比重高 11.1 和 8.9 个百分点，服务业比重低 16.9 和 23.4 个百分点。这当然能反映出一定的问题，但日本、韩国等国家和地区也同样存在与“标准结构”较大的偏差。例如，日本初级产业产值占 GDP 的比重低于“标准结构”10 个百分点，而二次产业却高 2.3 个百分点，韩国的初级产业低 12.3 个百分点，二次产业高 4.8 个百分点，但却很难从中得出它们产业结构不合理的判断。

(2) 供给结构与需求结构的对应程度。一些学者认为，产业结构是否合理取决于产业结构和需求结构是否协调适应，畸形的产业结构意味着它同需求结构严重背离。①笔者认为，以此为判断标准有其片面性。因为，供给结构与需求结构的错位，有两种可能：一是在需求结构正常变动下，供给结构不能随之变动；二是由于需求结构畸变，而供给结构无法适应。显然，只有前者，才能判定为产业结构不合理，但对于后者，就不能作出这样的判断。如果我们深入分析，那么在后一种情况下，有可能出现两种结果：一是供给结构很难随这种畸变的需求结

---

① 参阅张道根：《试论我国产业结构失衡的原因和对策》，《江淮论坛》1987 年第 4 期。

构变动，形成较大的供求结构性矛盾；二是供给结构随之变动，这样供求结构性矛盾似乎不很尖锐，但供给结构内部的矛盾却激化了。因此，很难断言第一种结果是产业结构不合理，而第二种结果是产业结构合理。恰恰相反，后者才是更加不合理。所以，不能用此标准来判断产业结构的合理与否，尤其是在我们目前"消费超前"、需求结构异常和不合理变动的情况下，更是如此。

(3) 各产业间比例的平衡。很多学者都用比例失调来描述所谓"产业结构失衡"，并将此视为不合理现象。当然，在产业结构演化的不同阶段，产业之间，尤其是一、二、三次产业之间，大致上有一个比例关系的区间，超出这一界限便会导致结构恶化。应当指出，结构的经济性特征是不平衡的。从静态来看，产业结构中各个部门的相对地位是不同的，自然所占比例(不管是产值还是就业)也就不同。从动态来看，各产业部门的增长速度是不同的，有的减速增长，有的高增长，有的潜在高增长，从而产业之间的比例关系就会出现不平衡。因此只有那种超越了一定界限的结构失衡才属于真正的结构不合理。

上述种种流行的判断标准实际上反映了对产业结构合理化的不同理解。第一种判断标准是从人均收入水平角度考察产业结构是否合理，从而把产业结构合理化理解为是否符合经济发展阶段。第二种判断标准是从供求结构角度考察产业结构是否合理，从而把它理解为是否适应需求变动的要求。第三种判断标准是从比例关系角度来考察的。笔者认为，产业结构是否合理的关键在于产业之间是否有较高的聚合质量，而这种较高的聚合质量来自产业间的协调。所谓产业结构，就是产业之间内在的有机联系形式。在这种联系形式中，产业之间的相互作用会产生一种不同于各产业能力之和的整体能力，这就是产业结构的聚合质量。产业之间的相互作用关系越是协调，结构的聚合质量就越高，从而产业结构就是合理的；反之，结构关系不协调，聚合质量就低，从而产业结构就是不合理的。

把产业结构的聚合质量视为其结构合理的本质含义，把提高结构聚合质量的结构协调程度作为判断产业结构是否合理的标准，是以产业结构对经济增长和经济效益所起作用的结构效应为根据的，具体来说，有以下几个方面：

(1) 它反映了产业结构的基本特性。从表面上看，产业结构似乎是产业之间在生产规模上的比例关系(量)和产业之间的联系方式(质)的统一。①但这仅

① 参阅刘伟、杨云龙：《中国产业经济分析》，中国国际广播出版社 1987 年版，第 27—28 页。

仅是一种表象，并没有反映产业结构的基本特性。因为，产业结构作为各产业部门按一定方式构成的有机整体，会呈现出各个产业所没有的整体效应或“附加量”。这种不同于各产业功能总和的整体效应，才是产业结构的基本特性。

（2）它反映了产业结构的基本素质。单纯从产业间的联系方式和比例关系方面，很难评价产业结构的素质。因为产业结构素质除了与产业间联系方式和比例关系有关外，还与各产业具备的素质有关，而各产业素质是不均质的，尤其在二元经济社会，产业素质悬殊较大。无疑，这将会对产业结构素质产生影响。因此，我们应从产业结构的整体效应上来估价结构素质。由各产业互相联系和互相作用所产生的整体效应或“附加量”，并不都是积极的，或正的，也可以是消极的，或负的。这是由产业结构中的内耗所致，而形成内耗的原因可能与产业素质、产业间联系方式和比例关系有关。因此，产业结构整体效应的性质基本上反映了产业结构的素质。

（3）它反映了产业结构的功能。产业结构的基本功能就是通过自身的变化对经济的增长和效益产生影响。当然，这里包括两种性质的功能：有利功能和有害功能。产业结构的功能虽然与整个经济环境有关，如需求结构等，但它主要是产业结构内部固有能力的外部体现，归根到底是由产业结构的聚合质量决定的。因为产业结构功能的发挥，一是受产业素质变化的影响，二是受产业间相对地位和作用改变的影响，所以只有结构的聚合质量才能反映产业结构功能。

（4）它反映了产业结构的效率。产业结构在其自身变动中对促进经济增长和提高经济效益是否有效率，并不仅仅取决于收入弹性大、生产率上升高的主导产业的发展。当然，我们并不否定主导产业发展对经济增长和经济效益有重大意义，但它并不体现产业结构的效率。因为在产业结构的相关性中起关键作用的，并不是结构中最强的要素，而是最弱的要素。整体功能发挥的程度（效率），往往是由其中最差的因素决定的。这就犹如，链锁的力量是由其中最薄弱的一环所决定的，其他环节再强也无济于事。

当我们用结构的聚合质量来理解产业结构合理化问题时，就可以解决上述几种判断标准存在的困惑。尽管一些国家产业结构变动与标准结构有较大偏差，但由于其结构的聚合质量高，因而仍然能取得成功。在供给结构与需求结构发生矛盾时，只要产业结构聚合质量较高，它就会适应正常需求的变动，否则就是属于需求结构不合理的问题了。对于产业结构不平衡是否正常，只要与产业结构聚合质量相联系，就可以作出判断：与较高聚合质量相联系的结构不平衡是合理的；反之，就是不合理的。因此，我们应当从产业结构的聚合质量来理解和识别产业结构的合理化与否。

5.5　提高产业结构聚合质量的关键：协调

如果我们把产业结构合理化的本质涵义理解为结构的聚合质量，那么实现产业结构合理化所要做的工作，就不是尽量缩小与“标准结构”的偏差，或使供给结构无条件地服从需求结构的变动，而是强化产业间的协调。只有强化产业间的协调，才能提高其结构的聚合质量，从而才能提高产业结构效果。

协调是指各产业之间有较强的相互转换能力和互补关系的和谐运动。产业结构的协调是整个产业作为整体活动的协调，它涉及产业之间的各种关系的协调，其中包括生产、技术、利益、分配等，我们这里主要从产业间生产和技术关系角度考察协调问题，而暂时假定产业间的利益和分配关系等是合理的。产业结构的协调，可以从静态与动态两个方面进行分析。

5.5.1　就静态分析来说，产业结构的协调主要表现在三个方面

(1) 各产业的素质之间的协调。这并不是说要求各产业的生产技术水平和劳动生产率差不多，事实上这是不可能的。这里是指相关产业之间不存在技术水平的断层，不存在劳动生产率的强烈反差，如果存在这种断层和强烈反差，就会产生较大的摩擦，表现为不协调。尽管产业素质还包括劳动力素质和管理水平等，但我们还是可以用比较劳动生产率指标来大体衡量其协调程度。比较劳动生产率指标是产业部门的国民收入份额与该产业部门的劳动力份额之比，比值越小，说明该产业的比较劳动生产率就低；反之，比较劳动生产率就高。一般来说，各产业的比较劳动生产率数值分布比较集中而又有层次性，说明各产业的素质比较协调，如果各产业的比较劳动生产率数值分布很离散和无序，则说明各产业的素质不协调。例如，中国农业劳动力大体占社会总劳动力的70%，而1986年农业总产值只占社会总产值的21%，农业的比较劳动生产率只有0.3，这就与其他产业形成了相当悬殊的差距，从而反映了产业素质上的不协调。

(2) 产业之间相对地位的协调。在一定的经济发展阶段上,产业结构内各产业因不同的增长速度和不同的作用而处于不同的地位,因而形成产业之间有序的排列组合。在正常情况下,这种排列组合是按主次、轻重来构造的,所以产业结构具有明显的层次性。从纵向来说,有基础产业、支柱产业和带头产业的等级性;从横向来说,在每一同一等级的产业中,又有重点与一般的区分。产业之间相对地位的协调就是产业结构内部具有比较丰富的层次性,产业之间的主次与轻重关系比较明确和适宜。衡量产业之间相对地位的协调较为复杂,也许要采用一组指标,其中比较重要的是产值构成指标。从这一指标来看,目前中国农轻重产值之比基本上是三分天下的局面。另外,中国社会科学院在《技术进步与产业结构问题》的研究报告中指出,根据中国产业结构的现状与资源、技术市场条件,在近期内还难以形成能够带动整个国民经济发展的支柱产业。如果这一判断能够成立的话,那也表明中国产业间还缺乏层次性协调。

(3) 产业之间联系方式的协调。我们知道,产业之间存在着投入—产出的联系。它表明产业间的相互依赖和相互影响关系。产业间的相互依赖可区分为两种类型:一是单向联结关系,二是多向循环联结关系。①产业间的相互影响主要是某一产业的变动对其他产业生产活动和产出水平产生的影响。产业之间的联系方式是以此为基础的互相作用的方式,协调的产业间互相作用方式有两个基本特征:第一,互相服务,即在投入产出联系的基础上互相提供帮助,如农业劳动生产率的提高为工业的发展提供劳动力和资金,工业也反过来为农业的发展提供装备和技术。第二,互相促进,这意味着一个产业的发展不能以其他产业的削弱和退步为代价(指产业自然的增长,减速不包括在内)。如果产业之间能达到互相服务和互相促进,那么这种联系方式就是协调的;反之,则是不协调的。从中国产业结构的联系方式来看,互相服务功能较差,往往都是在"自我服务"中发生联系,同时工业的发展是以农业的相对退步为前提的,因而是不太协调的。

5.5.2 就动态分析来说,产业结构的协调主要表现在两个方面

(1) 产业部门增长速度分布的协调。在产业结构演变过程中,产业部门的增长速度是不均匀的,但也不能差距太大,否则将会造成再生产过程中的结构性

① 参阅杨治:《产业经济学导论》,中国人民大学出版社1985年版,第105页。

滞差。产业部门增长速度分布的协调表现为两个方面：一是高增长部门、减速增长部门和潜在增长部门之间增长速率差距较合理，如果差距过大，则反映“夕阳产业部门”与“朝阳产业部门”之间的连接和交替不协调。二是这三类部门的部门数目比例较合理。如果某一时点上的这三类部门的比例不协调，在发展过程中就会表现出经济增长的较大波动，而大起大伏的经济波动一般反映了结构变动的不协调。中国的传统产业和现代产业的增长速率差距悬殊，而且先进产业往往是个别部门孤军突起，这些在产业结构变动中往往表现为极大的不稳定和不协调。

(2) 产业阶段交替的协调。在产业结构变动中，以某一产业为主的产业阶段是不断交替变化的，从而使产业结构不断从低级向高级演进。一般来说，以“农业—轻工业—基础工业—重加工业—现代服务业”的产业阶段交替，是产业结构向高级化演进的常规方式。在某些特殊条件下，也可以超越某一阶段，如日本在人均国民收入达到 220 美元时，实行了重化工业“倾斜”。问题在于，实行产业阶段的超越交替能否保持协调，如果这种超越交替是协调的，产业结构的变动必定是合理的，甚至是最优的。衡量这种超越交替是否协调的尺度，就是看其是否出现结构的逆转。因为，在正常的结构变动中是不会出现逆转现象的，农业比重一旦被工业超过，将不会再回升，轻工业比重一旦被重工业超过也不再会占主导地位。结构逆转只是表明产业阶段交替过速产生的不协调状况，表现为产业比重变动曲线上下振荡。中国的产业结构变动是在农业基础不稳定的情况下进行的，这不仅超越了以轻工业为重心的阶段，而且也超越了以基础工业为重心的阶段，直接跨入了以重加工业发展为重心的阶段。这种阶段交替过速的不协调，被多次的结构逆转所证实。

如果某个产业结构在上述几个方面都比较协调，那么其结构的聚合质量必定是较高的，从而有较好的结构效果。具体表现在以下几个方面：

第一，结构协调可产生“外部经济”，各个产业能从其他产业的活动和作为整体的产业结构的活动中得到利益，从整个经济来说，这无疑提高了效益。随着产业部门的增多，产业结构越来越复杂，这种结构协调产生的“外部经济”就越大，从而对各产业部门的发展也具有越来越大的意义。

第二，结构协调提高了各产业的内部经济效益。产业之间互相服务和互相促进，彼此为对方创造了较好的环境，从而有利于提高产业内部的经济效益，使资源得到较充分有效的利用。

第三,结构协调促进了技术进步和创新扩散效应。各项技术革新是互为条件,互相结合的,所以结构协调就有利于促进技术革新。不仅如此,在结构协调的情况下,技术革新更容易扩散和渗透,从而使技术进步的意义更为重大。

第四,结构协调有利于经济的稳定增长,从而可以避免因经济大波动而引起的摩擦和损失。产业结构的状况在很大程度上决定了经济增长的变动轨迹。由结构不协调引起的经济增长的大起大落,以及结构逆转,会使我们付出沉重的代价,既大量浪费资源,又耽误了经济发展进程。在世界经济迅速发展的大环境中,这将会带来不可估量的损失。

第五,结构协调有利于适应需求结构的变动。在需求结构正常变动的前提下,产业结构协调使其具有较强的适应性和应变能力,通过自身结构的调整适应新的需求变动,供给结构与需求结构的矛盾得以弱化。

总而言之,只有强化产业间的协调,才能提高产业结构的聚合质量,从而产生较好的结构效果。产业结构合理化的关键,就是产业之间的协调。

5.6 产业结构的非均衡协调

在确立了协调是提高结构聚合质量,从而实现产业结构合理化的关键这一观点后,接下来就是要解决如何进行协调的问题。笔者认为,产业结构协调是一种非均衡协调。

产业结构的非均衡协调有两层意思:一是动态的随机协调;二是非常规协调。

我们知道,产业结构是不断变化发展的。长期的动态运动改变着产业的素质,改变着产业之间的相互关系和技术经济系数,从而使产业结构的组成部分在运动中处于不均衡状态。不仅如此,产业结构的变动还具有随机性,并不是抽象的单一模式,其发展是在不确定条件下由具体情况所决定的。因此,非均衡协调是一种动态的随机协调。在这一协调过程中,它既要考虑如何适应产业结构动态性的非均衡,又要把握产业结构随机性的非均衡,从而在动态和随机的非均衡中来协调产业结构。

即使我们暂时撇开长期因素，从瞬时和短期来看，由于既有的产业结构是以往发展的结果，它完全有可能与“标准结构”有偏差，对于这些偏差的校正和协调只能采取非常规的办法来因势利导，而不可能按照“标准结构”进行常规协调，也就是这种协调并不力求把原有的产业结构偏差的非均衡态校正为无偏差或较小偏差的均衡态。事实上，这是不可能的。

从严格的意义上说，产业结构的协调只能是非均衡协调，这是由产业结构非均衡本质特性所规定的。如果我们假定也存在均衡协调，那么它与非均衡协调的区别就在于：(1)这是一种静态协调，只考虑瞬时和短期的产业结构稳定性，而不注重促进产业结构的变动，甚至有可能以短期的稳定性来抑制产业结构变动性。(2)这是一种常规性协调。这种协调只考虑结构和比例关系，使偏差保持在一定范围或趋近于零。各国的实践表明，在人均收入 300—1000 美元区间，是产业结构变动较为迅速的阶段，中国产业结构正开始进入这一阶段，而且中国产业结构重加工业化的超前发展已形成了异常的偏差，在这种情况下，即使存在均衡协调，也是不适宜采用的。因此，无论从历史发展看，还是从中国的现实情况看，都要求采用非均衡协调方式。

由于非均衡协调是动态的随机协调和非常规协调，所以这种协调在很大程度上是由产业结构的内生力量来实现的。如果产业结构缺乏自适应、自调节和自组织能力，缺乏相当的弹性和适应性，那么单靠外生变量的输入是难以实现非均衡协调的。

因此，首先要改善产业结构性能，增强其自适应、自调节和自组织能力。这里，主要的任务有两个：一是增强产业的能动性，提高产业的素质，这在很大程度上与企业制度改革有关；二是健全产业间要素流动机制，解决资产凝固化和产业关联被割裂的问题。如果这两个任务能顺利完成，产业结构就将具有良好的性能，而这是实施非均衡协调的基本前提。

除了改善产业结构性能外，政府运用一系列政策手段来进行协调活动也是必不可少的。然而，政府在实行非均衡协调时，应根据产业结构的内在联系和构成特点来确定协调重点。一般来说，产业结构的协调应特别注意以下几个方面：

(1) 产业结构虽然是由各个产业有机联系构成的整体，每一产业在这一结构中都有一定的地位和作用，是不可分割的一个组成部分，但在这一组成部分中有一类成分是有决定性意义的，在整个结构中处于支配地位。在任何情况下，产业结构中始终存在着支配和从属关系。这些处于支配地位的产业，就是支柱产业，它往往代表了产业结构的某一产业阶段。政策的协调就要兼顾支配产业与从属产业的关系，以支配产业的发展带动从属产业的发展。

(2) 在产业结构中，从产业的作用方式来看，大体上有两种类型：一是以特殊方式与其他产业形成投入产出关系，从而它只是制约某些产业的发展，如棉花种植业与纺织工业、服装工业形成一种联结关系，棉花种植的状况只制约着纺织工业和服装工业；二是并不以特殊方式与其他产业形成投入产出关系，而是制约着整个产业结构或分支结构(产业群结构)的活动，如以电力为主的能源与各个产业都有关系，它并不仅仅制约个别产业的活动。在政策协调中，要特别重视后者。如果这些制约整个产业结构的产业比较薄弱，就要大力加以扶持。而且，随着产业结构的复杂化，这些产业的作用也越来越大。

(3) 在产业关联的各个环节中，有些环节不太重要，而有些环节则比较重要，但始终存在这样的环节，它在一定条件下的发展可以加速整个产业结构的演进。这样的环节就是我们所说的主导产业。这些产业部门不仅自身引入了新的生产函数，而且对其他部门具有扩散效应，能引起其他产业部门的发展。因此，主导产业部门的发展就可以提高产业结构的聚合质量，促进产业结构的演进，但并不是技术最先进的产业就能成为主导产业，它必须有扩散效应。在进行政策协调时，值得注意的是，不应把那些没有扩散效应的高技术产业也列为主导产业来加以扶植。

(4) 在产业结构中，基础产业的协同作用较大，它在很大程度上决定着其他产业的效率。随着各个产业之间的联系和聚合力的日益增长，基础产业的发展对国民经济及其组成部分的运转和发展具有越来越大的作用。因此，各国的政策协调都把基础产业作为重点。

(5) 产业结构中的瓶颈产业，也是进行政策协调的重点。所谓瓶颈产业，实质上就是某些重要而又发展滞后的产业，形成产业关联中的一个窄口，所以瓶颈产业往往具有较大的发展潜力。此外，瓶颈产业的存在势必会降低产业结构效果，因此，对瓶颈产业的协调就成为提高产业结构聚合质量的重要一环。

在政策协调中，除了要注意协调的重点外，还要研究协调的方式。如果缺乏正确的协调方式，就不能获得较好的协调效果。非均衡协调可以有两种不同的方式：一是拉动协调；二是推进协调。

拉动协调就是注重扶植和发展主导产业部门，通过主导产业的创新扩散效应来带动其他产业部门的发展。在这一过程中，不仅先进产业拉动了落后产业，而且还培育了具有发展潜力的新产业，从而能够使这种拉动协调保持连续性。

推进协调就是注重扶植和发展瓶颈产业和薄弱产业，通过这些产业素质和能力的提高，缓解结构性制约，从而促进结构的整体效应的提高。

在现实经济活动中，可以根据实际情况把这两种方式结合起来，采取连拉带推的混合协调方式，但在这种结合中，必须有主次之分。

6 总趋势中的各种产业结构变动模式

前两章论述的产业结构高级化和合理化问题，主要是以产业结构演进总趋势为依据，从中引申出来的，因而所论及的是一般原理和基本原则。但是，历史的发展呈现出远为复杂和多样化的形态，当我们进一步深入到具体某一个国家的产业结构研究中去时，单纯凭借对产业结构变动一般规律的认识，就远远不够了。因此，我们除了把握产业结构变动总趋势的基本要求外，还要深入了解产业结构变动总趋势支配下的各种产业结构变动模式，分析导致这些产业结构变动模式差异的因素，以便能够较好地识别和处理具体的产业结构问题。

一般认为，影响各国产业结构变动模式的主要因素：一是一国进入现代经济发展进程的时间上的先后；二是一国的国内市场规模与资源赋存状况；三是一国贸易发展战略的选择。这三个主要的状态变量决定了各国产业结构变动在总的发展趋势中所表现出来的各种偏差和特殊形态，使产业结构变动具有丰富的内容。针对中国的实际情况，我们主要从后起国、大国经济的角度论述产业结构变动过程中的基本特点，以便为下一章分析中国产业结构变动状况作理论准备。

6.1 先行国与后起国的产业结构变动差异

在导论中，我们已经提及现代经济增长是一个特殊的经济时代，并日益成为一个世界性的过程。在这样一个世界性的现代经济发展进程中，各国进入的时间是不同的，有先有后。这种进入现代经济增长进程的时间先后，不仅仅是一个自然意义上的时间概念的问题，它实质上隐含着一个历史性的差别，即进入现代经济增长进程的历史背景和历史前提的差异。无疑,这将对一国的产业结构变动有重大影响。J.辛格尔曼(Joachim Singelmann)指出的"必须把工业化的时间当作关键性的因素加以考虑"①,是十分正确的。

根据进入现代经济增长进程的时间先后来划分先行国与后起国,自然与进入现代经济发展的日期有关,但先行国与后起国的划分,不仅仅是一个时间概念,更主要的是一国进入现代经济发展的历史前提与背景的特征,即社会经济发育程度。如果单纯按进入现代经济发展的日期来区分,那么除了英国之外,其余国家都要归入后起国之列,这会模糊我们对先行国与后起国的认识。

后起国的社会经济发展程度比英、美等先行国低得多,传统经济成分的比重大得多,因而它们的成长起点相对低下,这类后起国包括现在已成为发达国家的日本、苏联等国以及大部分发展中国家。日本在 19 世纪 70 年代进入现代经济成长时的人均产值只有 74 美元。

先行国与后起国在社会经济发展程度上的差别,主要表现在:(1)在总量上,先行国都是在人均产值超过 200 美元(按 1965 年价格)时开始进入现代经济成长的,最高约达到 760 美元,而后起国的初始水平,一般人均产值在 200 美元以下,甚至只有 100 美元左右。(2)在经济结构上,后起国具有明显的二元性,即传统经济部门与现代经济部门同时并存。(3)在制度上,后起国在观念、文化、劳动力素质等方面较落后。

虽然,后起国在开始进入现代经济成长阶段之前,社会经济发育程度已达到一定水平,但与先行国相比要低得多,社会内部的经济因素尚未积蓄到足以自发产生工业化的程度。它们之所以提前开始现代成长,在很大程度上是因受到先行国经济扩展的威胁和影响。因而,在先行国用了两百多年时间才完成的发育过程,后起国则要把它压缩在几十年内完成。事实上,后起国并不是在完成了发育任务之后再进入现代经济成长阶段,而是先发动经济成长,然后在发展过程中培养成长因素,同时完成发育任务的。

那么这种"先发动经济成长,后完成发育任务"的情况是否有现实可能性?答案是肯定的。因为在世界性的经济发展过程中,后起发展国家面临的外部环境相对较好,尤其是技术进步发展。这样它就可以跳过某些技术发展阶段,直接

---

① J.辛格尔曼:《从农业转向服务业》,1978 年英文版,第 113 页。

采用新技术。这可以用凡勃伦的“后起者优势”(Advantage of Baokwardness)概念来解释。历史也充分证明了这种“后起者优势”的可能性。例如，比美国后起发展的日本，第一次产业就业比重由50%左右下降到20%左右，只用了50年左右时间，而美国则用了100年。

因此，后起发展国家“先发动经济成长，后完成发育任务”，是有必要的，也是有可能的。但是，我们必须看到，由于后起国在社会经济条件没有完全发育成熟的情况下提前进入现代成长阶段，所以它和先行国进入现代经济成长阶段的初始条件是不同的。这在很大程度上决定了这两种类型国家在经济增长过程中有不同的运行轨迹。一般来说，先行国的增长轨迹较平稳，后起国的增长轨迹较倾斜。

先行国增长轨迹的表述，可以英国和美国为例。英国在1760—1770年开始现代成长时的人均产值大约在220美元(1965年价格)以上，到1970年达到2200美元以上。两百年间，人均产值增长了10倍，平均每10年增长11%—12%。图6.1表明，英国的人均产值增长，如果剔除经济周期波动的影响，其曲线基本沿直线上升，增长率相当平稳，没有反映出明显的加速或减速的阶段性特征。美国的人均产值的长期增长曲线也近似于一条直线，相比之下，比英国的曲线更向上倾斜些。

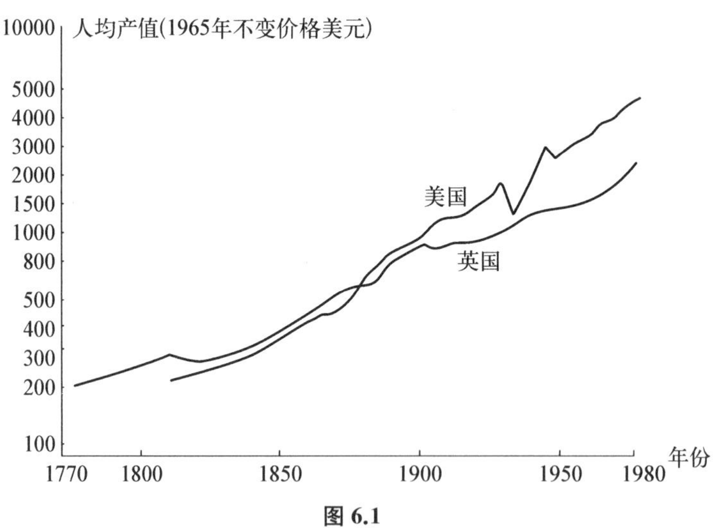

图6.1

资料来源：《英国历史统计摘要》英文版，第367—368页；《美国历史统计，殖民地时代到1957年》英文版，第139页；《国外经济统计资料，1949—1978年》；《国外经济统计资料，1950—1981年》。转引自张晓光：《关于中国经济发展阶段的国际比较研究》，载《经济研究》1987年第5期。

后起国增长轨迹的表述，可以日本与俄国(苏联)为例。俄国从 19 世纪中叶人均产值 150—200 美元之间开始增长，1975 年达到 1900 美元，平均每 10 年增长 21%。但这种高增长率的分布具有明显的阶段性，从 1860 年至 1948 年间平均每 10 年增长 12.6%，而 1948—1975 年间平均每 10 年增长 52.4%。日本从 19 世纪 70 年代的人均 74 美元开始经济成长，1980 年达到 2000 美元以上，平均每 10 年增长 38%。但其分布也具有明显的阶段性，以 1952 年为界，在这之前，人均产值每 10 年平均增长 21.1%；这之后，平均每 10 年增长率高达 83%。

图 6.2 明显表示了后起国增长轨迹中有一个转折点，把经济增长分成两个阶段。在第一个阶段，包含着其发育任务，一旦当各种因素孕育积蓄到某临界水平，便进入第二个加速阶段，这一阶段可以持续几十年，从而把后起国最终带入发达国家行列。因此，对于后起国来说，达到这个转折点是赶超先行国的前提条件。这一转折点大体发生在人均产值 300—500 美元之间，当然各国达到这一转折点的人均产值水平有较大差异。

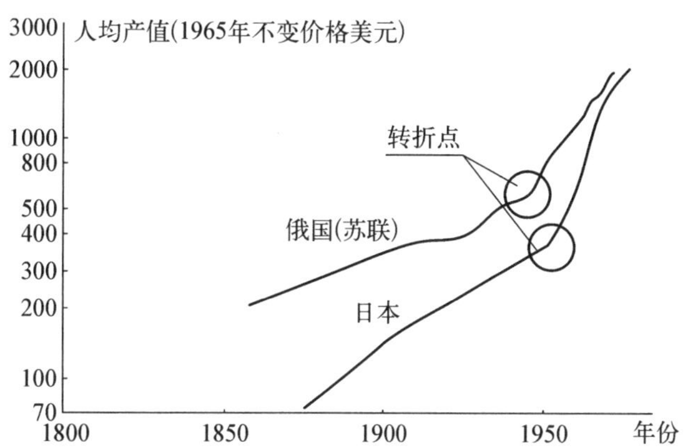

图 6.2　俄国(苏联)和日本的人均产值长期增长曲线(半对数图)

资料来源：库兹涅茨：《各国的经济增长》；美国国会联合经济委员会主编：《苏联经济新剖析》；《国外经济统计资料，1949—1978 年》；《国外经济统计资料，1950—1981 年》。转引自张晓光：《关于中国经济发展阶段的国际比较研究》，《经济研究》1987 年第 5 期。

后起国家不仅在增长轨迹上与先行国不同，而且在产业发展上也具有自身的特点。事实上，这是必然的。因为现代经济增长本质上是结构变动过程，后起国增长轨迹与先行国的差异实际上是后起国产业结构变动特点的反映。归纳起来，先行国与后起国在产业结构变动上的差异，主要表现在以下几个方面。

(1) 产业配置顺序不同。先行国的产业结构演变是一个自然生成的过程，是与人的消费需求顺序(首先是农产品食品，其次是日用工业消费品，然后是耐用消费品)相对应，与市场引导的顺序相一致的。因此，先行国的产业结构是沿着"农业—轻工业—重基础工业—重加工业—现代服务"的顺序发展的，产业结构的转换是自然发展的结果。

后起国的产业结构演变具有超前性。它往往利用先行国的现成技术和设备，凭借国家力量优先发展基础工业和重加工业，以求在较短时期内建立起比较完整的现代工业基础，然后再进一步实现农业改良，并完善和提高消费品工业体系。因此，这种产业配置顺序与人的消费需求顺序不对应，往往要求牺牲消费来加强积累；同时，与市场引导顺序也不一致，往往通过严重的工农产品价格"剪刀差"实行工业积累。

(2) 产业结构转换的态势不同。先行国的产业结构转换是在结构关系比较平衡的基础上进行的，不存在孰重孰轻的现象，从而结构转换的摩擦较小。例如，这些国家的重工业上升到主导地位，是在轻工业得到充分发展，并为重工业发展积累了足够资本的情况下发生的；而第三次产业的突起，则与第一、第二次产业的高度发展相适应的，所以，先行国产业结构的转换升级，结构关系比较协调，主次地位分明，不存在因基础不稳而发生结构逆转的状况。

后起国的产业结构转换格局具有很大的倾斜性，在农业与工业中，工业倾斜发展，在轻工业与重工业中，重工业倾斜发展；在基础工业与加工业中，加工业倾斜发展。这种倾斜的结构转换态势，有利于加速结构转换过程，但却往往是建立在结构关系不平衡基础上的，从而结构转换的摩擦较大。如果不能准确地把握这种结构转换的倾斜度，就可能造成产业结构关系不协调，结构中的主次地位模糊，几大产业不相适应，甚至出现较大的结构逆转的情况。当然，如果能较好地掌握倾斜度，则可加速结构转换，日本和联邦德国在这方面提供了成功的经验。

(3) 产业结构变动的起点不同。先行国产业结构变动的起点较高，产业结构变动曲线普遍后移。先行国在进入现代成长阶段时，农业在总产值中的份额一般在40%左右，在劳动力中的份额在60%以下，而后起国的农业产值份额一般为60%，劳动力份额为80%，分别高20个百分点。由于起点不同，先行国的产业结构变动比较靠后(即在较高的人均产值水平上进行)，后起国的产业结构变动比较靠前(即在较低的人均产值水平上进行)，所以它们产业结构变动曲线的位置有差异。

较早进入现代经济增长的国家,产业结构变动曲线普遍后移,即要在更高的人均产值水平上才能达到任一发展阶段上的国际平均结构。例如,美国约在人均国民生产总值1600美元(1980年不变价格)时,工业的产值份额才超过农业,比国际平均水平滞后约700—1200美元,工业化顶点发生在人均产值7400—7700美元之间(1953—1955年)。相比之下,后起国的产业结构变动曲线普遍前移,即在较低的人均产值水平上达到更高发展阶段上的国际平均结构。例如,日本约在人均国民生产总值1600美元时,工业产值份额早已超过农业。工业份额约为40%,农业则约为20%。工业化顶点则发生在人均产值6000美元之间(见图6.3)。

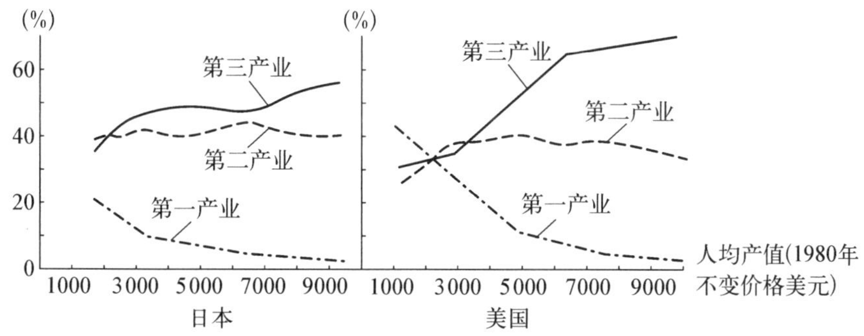

图6.3 美国与日本产业结构变动比较

资料来源:梦虹:《国外产业结构的变动特点》,载《经济研究参考资料》1987年第150期。

(4) 产业结构变动的节奏不同。先行国一般是产业结构随人均产值增加而变动,尽管这种相关程度在各国间有所不同。例如,农业部门产值在社会总产值中的份额的下降是和人均产值的同等的普遍的长期上升同时发生的。然而,在后起国中,尽管按人口平均产值并没有显著上升,可是农业部门产值在社会总产值中的份额下降得相当显著。例如,洪都拉斯、菲律宾、埃及在将近40—60年间,人均产值几乎没有什么变动,农业部门产值份额在洪都拉斯下降了1/3,在菲律宾和埃及下降了2/5或更多。①

这种人均产值停滞与农业部门产值份额显著下降相结合的情况,典型地反映了后起国产业结构变动节奏的特殊性。这种结果并不奇怪,在许多后起国中,

① 西蒙·库兹涅茨:《各国的经济增长》,商务印书馆1985年版,第162页。

人口在增长,某些现代工业和服务业已经出现,而农业部门则陷于停滞(因基础不牢固)。因此,即使人均国民生产总值没有上升,农业部门的产值份额也会降低。当然,这种情况并不一定适于一切后起国家。但产业结构变动幅度大大超过人均产值增长幅度的情况,在后起国却是十分普遍的。

(5) 产业结构变动的质量不同。在先行发达国的成长过程中,产值和劳动力从农业向工业和服务业的转换基本是同步的,即随着农业产值份额的下降,农业劳动力也相应地向工业和服务业转移,两者转移幅度的差异不大,因而在产业结构变动中,各部门间在生产率和收益上趋于均等化。

但在后起国,特别是当代发展中国家中,产值结构转换普遍先于就业结构转换。这种状况反映了农业与非农业部门之间比较劳动生产率的较大差异。一般说来,先行国农业与非农业部门间劳动生产率的比率接近于1;而在后起国,农业与非农业部门间劳动生产率的比率在2以上。统计分析表明,在第二次世界大战后10年间,先行发达国中农业部门与非农业部门间每一工人平均产值的差距显著缩小,而在后起国则不存在这种现象。每一工人产值在两大部门间的不等量对于人均产值的增高,在发达国家有反应,而在欠发达国家则没有反应,因此,后起发展中国家的工业化增长进程在产值份额变动上表现得较显著,而在劳动力份额变动上的表现则是有限的。它使农业部门与非农业部门之间比较劳动生产率已有的差别更扩大了。可想而知,在这种由比较劳动生产率巨大差异引起的单位物质资本收益巨大差异的情况下,资本由低收益场所向高收益场所的流动,必然存在着一些障碍。这就显示出后起国在产业结构转换中与先行国的质量差异。

(6) 产业结构变化率的时间分布不同。先行国的产业结构变化率比较平稳,没有明显的相对停滞和加速的不同阶段。而后起国的产业结构变化率的时间分布则不均匀,这可分为两个明显的阶段。

后起国早期的产业结构变动,如果单纯从产值份额考察,变动也很显著,但由于劳动力份额变动严重滞后,所以从总体上看结构变化率相对较小。这种相对较小的结构变化率,在很大程度上是由二元经济特性决定的。因为后起国在这一阶段必须吸收农业剩余劳动,完成先行国在进入成长起点之前就已经实现的任务。

只有当经济发展到一定程度,初期工业化的任务基本完成,二元经济结构开始趋向良性循环并逐渐消除时，产业结构变动才进入加速阶段。这一阶段的基本任务是实现经济结构的现代化。在这个阶段上，产业结构变动已不再是外力强制推动的结果，而是经济内在潜能的发挥和创新的结果。因此，产业结构转换的进程可在较短时期内完成。

6.2　大国与小国的产业结构变动差异

从一般理解来说，大国与小国的区别总是与一国的疆域大小有关。然而，从研究产业结构变动的角度来说，疆域的大小并不是区分大国经济与小国经济的本质特征。从影响产业结构变动状态的角度来看，大国与小国的划分主要取决于两个状态变量：一是国内市场规模；二是资源赋存状况。前者从需求方面影响着产业结构变动模式；后者从供给方面制约着产业结构变动模式。

一般说来，国内市场规模可分成两种类型：一是实际市场规模（与有支付能力的有效需求相联系）；二是潜在市场规模（与人口数量相联系）。通常，在研究对产业结构变动影响时，往往采用后者。由于潜在市场规模难以计量，所以传统的做法是以人口数量来代替。[①]国内市场规模对产业结构变动模式的影响，主要有以下几个方面：

（1）市场规模大，有利于为发展技术进行大规模流水线生产的产业部门提供条件，并容易获得规模经济效益；而市场规模小，在人均收入水平较低时，就难以进行大规模生产，无法利用规模经济。（2）市场规模大，有可能在更为广泛的范围内进行产业发展的选择，有利于在国内建立起门类齐全的工业体系；而市场规模小，产业发展的选择余地就比较小。（3）国内市场规模大的国家一般是内向型经济，容易实行进口替代；国内市场规模小的国家往往要寻求外向型经济，其国内经济在很大程度上依赖于国际市场，这种情况也会影响产业政策的选择。因为“对外贸易在生产总值中的比重大小，对国内产值结构有重大影响”。[②]

---

① 按照联合国工业发展组织的做法，是以国家在1970年年中的人口为标准，并以2000万人口作为区别大国和小国的分界线。

② 参阅库兹涅茨：《各国经济增长的数量》，载《经济发展与文化动态》卷Ⅻ，第1期，第Ⅱ部分（1964年10月）。

资源赋存状况系指一国自然资源和生产要素的数量和构成。它包括:(1)土地资源的数量和肥沃程度;(2)矿产资源的种类和数量;(3)劳动力的数量和素质;(4)资金的数量以及物质装备的先进程度;(5)技术知识的数量及其所达到的水平,等等。资源赋存状况是一个动态指标。①尽管它难以测定,但以经验为根据的研究表明,它对产业结构变动模式有重大影响,主要表现为两种形式:

(1) 资源赋存状况对产业结构变动的直接影响。不仅资源的多少,而且资源的质量,对产业结构变动都有影响。一般来讲,珍贵的资源(例如某些稀有金属等)也许对产业结构变动模式有重大影响,而普通的资源也许对产业结构影响较小。资源赋存的构成不同,也直接影响产业结构的状况。

(2) 资源赋存状况通过制约产业政策选择间接影响产业结构变动。一般而言,资源丰裕的国家可以对生产重点(初级产品生产或制造业生产)进行明确的选择,政策选择余地较大;资源贫乏的国家对产业重点发展的政策选择的余地相对较小。例如,同样都是国内市场规模较小的小国,拥有自然资源丰富的小国往往倾向于把重点从制造业转到初级产品部门,因为出口初级产品的资源成本较低,而拥有少量资源的小国在其发展进程开始时,几乎除了强调工业外别无选择。因此,前者的制造业增殖价值在国内生产总值中所占比重比后者低。②

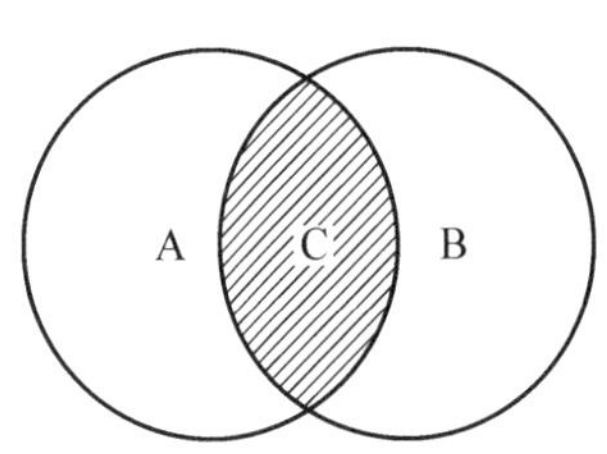

图 6.4　国内产业结构的决定

可见,国内市场规模与资源赋存状况分别从需求与供给两方面制约着产业结构变动模式。如果我们用集合 A 表示国内市场规模决定的国内需求模式,用集合 B 表示由资源赋存状况决定的国内供给模式,则国内产业结构模式就是图 6.4 上的重影部分 C。

根据每一个国家的国内市场规模和资源赋存状况,可以把世界上所有国家分为两大类:大国经济与小国经济。一般来说,疆域辽阔、人口众多的国家,具有较充足的自然资源赋存和较大的国内市场规模,因而带有大国经济特征。面积

---

① 在很大程度上资源赋存是随着科学技术水平的发展而发展的。当一种新的资源被发现和利用,原有资源赋存格局就会发生变动。原先资源赋存程度低的国家,也许会提高;而原先资源赋存程度高的国家,也许会相对下降。例如石油资源的发现和利用就是如此。联合国工业发展组织把 1960—1975 年间人均初级产品平均产值作为衡量天赋资源的一种尺度。

② 联合国工业发展组织:《世界各国工业化概况和趋向》,中国对外翻译出版公司 1980 年版,第 60 页。

较小、人口稀少的国家，更多地与小国经济相联系。由于小国经济的情况较复杂，一般还细分为：拥有少量资源的小国和拥有丰富资源的小国。

从上述的分析来看，大国以丰富的自然资源赋存为基础；不仅可以支持长期发展，建立比较多样化的产业结构，而且也有可能根据世界市场的波动，调整自身对世界经济的依赖程度，降低国际不利因素对本国的影响。同时，巨大的国内市场又为大国经济提供了份额可观的吸纳生产增长的社会需求。在此条件下，大国不仅可以在人均收入水平较低的阶段，建立和发展那些在小国人均收入达到较高水平时才能考虑的重要产业，并比较容易得到这些产业的规模效益，而且能够利用国内市场规模，相对灵活地进行产业发展战略的选择。

与此不同，小国因缺乏充足的自然资源赋存和巨大的国内需求，难以建立多样化的产业结构，对国外市场依赖程度高，偏重于外向循环，独立性则较低，容易受国际市场导向的左右，其经济结构和经济增长率不太稳定。

大国经济与小国经济的本质差异，在对外关系问题上得到了最充分的反映。大国经济通常都具有内向化的特征，即主要以国内市场为依托，在提高本国多种资源综合利用效率的基础上，参与国际分工，促进经济增长。小国经济一般具有外向化特征，即依赖于国际市场，以本国的优势资源参与国际分工，通过国际比较利益，促进经济增长。

这种衡量内向化和外向化程度的指标，就是出口贸易额占国民生产总值的比重(即出口系数)。总的来说，大国的出口系数比小国要低得多。例如，世界上五个大国在1981年的平均出口系数为7.4，其中美国和苏联(高收入国家)的出口系数分别为7.8和6.8；巴西(中等收入国家)的出口系数为8.7；中国和印度(低收入国家)的出口系数分别为7.3和4.4。尽管美国的出口贸易额占世界总出口额的11.7%，而中国只占1.1%，但它们的出口系数却几乎相等。这说明，国民经济对国内市场依赖程度的高低，与国家的大小有密切关系，而与一国经济的发展水平和国际贸易量中所占份额多少没有直接关系。①

那么大国经济与小国经济将会使产业结构变动出现一些什么特点呢？这正是我们要进一步考察的。根据统计分析，大国经济与小国经济在产业结构变动上

① [匈]约瑟夫·努伊拉斯主编：《世界经济现行结构变化的理论问题》，人民出版社1984年版，第28页。

的差异，在人均收入水平较低阶段，相当明显。随着结构转换速度的加快，两者之间的差异也就缩小了。这种产业结构变动的差异主要表现在以下几个方面：

(1) 大国较之小国，可以在收入水平较低时就进入结构变动迅速时期（见图 6.5）。

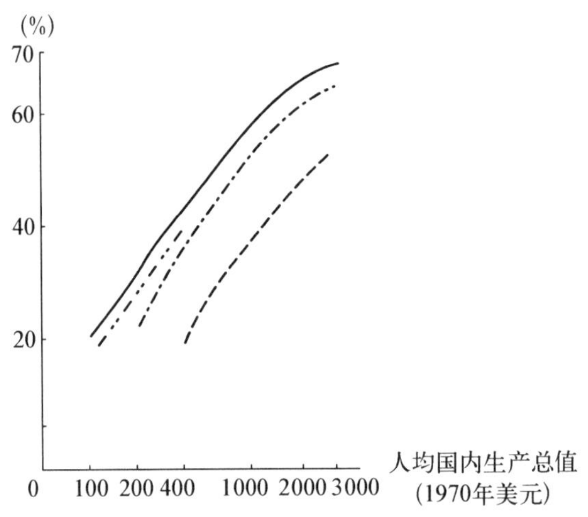

图 6.5 制造业在商品国内生产总值中的份额

注：商品国内生产总值是国内生产总值减去服务业的价值。

——代表大国，-··-代表资源不太多的小国，-·-·-代表有充足资源，面向工业的小国，----代表有充足资源，面向初级产品的小国。

横轴是按大致的比例，曲线是逻辑函数的标绘，人口变数按每个组别的平均值保持不变。由于在较高收入水平上的考察数目不够，所以不能把资源不太多的小国的曲线延长到人均收入 400 美元以外。

资料来源：联合国工业发展组织 1979 年，图Ⅵ，第 47 页，以及附件Ⅰ。

图 6.5 表明，大国的制造业份额在人均产值 100 美元时，就从 20%开始迅速上升；而那些有充足资源、面向工业的小国则在人均产值 200 美元的水平上才开始从 20%份额迅速上升；那些有充足资源、面向初级产品的小国则在人均产值 400 美元水平上才开始从 20%份额迅速上升。

(2) 在人均产值的同一水平上，大国比小国有更大的工业比重，特别是重制造业的比重更为显著。钱纳里通过对上百个国家数据的统计分析，得出了一个“标准结构”（表 6.1）。他又从 16 个半工业化大国（都是人口多、达到中等收入水平和工业化已取得实质性进展的国家）的数据分析中，得到大国的一般结构。然后他把大国结构同“标准结构”加以对照（在人均国民生产总值 400 美元水平上），发现两者产业结构上的差异（见表 6.1）。

表 6.1　钱纳里关于大国结构与“标准结构”的比较

	初级产业比例	整个工业比例				服务业比例
		小计	轻制造业	重制造业	建筑和基础设施	
“标准结构”	20.6	39.5	15.8	8.6	15.1	39.9
大国一般结构	16.4	45.3	16.6	13.0	15.7	38.3
差　　距	−4.2	5.8	0.8	4.4	0.6	−1.6

资料来源：H.钱纳里：《工业化与增长——大国的经验》，世界银行职员研究报告 No.539，第 21 页。

从表 6.1 中可以看出，在人均产值 400 美元时，大国的工业比重比“标准结构”高出近 6 个百分点，其中重制造业就高出 4.4 个百分点。这反映了大国因国内市场规模较大，比较有利于在较低收入水平上实现规模经济，发展多样化的工业化。同时也说明“国内需求量的扩大与重制造业的增长联系更为密切，而且看来是重工业所以起主导作用的主要因素”①。

(3) 在产业结构变动趋向上，大国与小国有差异。库兹涅茨在分析国家大小对产业结构影响时，以 1000 万人口为分界线把国家分为大国（22 个）和小国（35 个），并按照人均国内生产总值的基准点价值对大国与小国的产业结构进行了比较（见表 6.2）。

表 6.2　大国和小国在人均产值各基准点上的生产部门在国内生产总值中的份额（1958 年）

（%）

		人均国内生产总值的基准点价值（美元）					平均数第 1—5 栏
		70	150	300	500	1000	
农业部门	大国	45.8	36.1	26.5	19.4	10.9	27.8
	小国	50.7	37.0	26.7	20.4	14.2	29.8
工业部门	大国	21.0	28.4	36.9	42.5	48.4	35.4
	小国	21.1	26.5	31.4	38.1	48.7	33.2
服务业部门	大国	33.2	35.5	36.6	38.1	40.7	36.8
	小国	28.2	36.5	41.9	41.5	37.1	37.0

资料来源：西蒙·库兹涅茨：《各国的经济增长》，商务印书馆 1985 年版，第 128 页。

① 联合国工业发展组织：《世界各国工业化概况和趋向》，中国对外翻译出版公司 1980 年版，第 82—83 页。

表5.2说明，在按人口平均产值的同样水平上，农业部门的产值份额的趋向，小国比大国要大。尤其在按人口平均产值的两端，其差异特别显著。在70美元基准点上，农业部门的产值份额，小国高于大国近5个百分点；在1000美元基准点上，小国高出大国3.3个百分点。相反，工业部门份额的趋向则是大国比小国大，平均高出2.2个百分点。

(4) 在产业结构变动的节奏上，大国比小国要平稳。在表6.2中，虽然大国和小国的服务部门产值(70—1000美元区间)的平均数大致上是相同的，分别占国内生产总值的36.8%和37%，但当我们沿着人均产值低水平向高水平移动时，变动的型式则不同了。对大国来说，在基准水平的整个变动范围内，其份额相当平稳地从70美元水平的33.2%上升到1000美元水平的40.7%；对小国来说，其份额仅仅在收入变动范围的较低部分上升，从70美元水平的28.2%突然上升到300美元水平的41.9%，然后在较高收入水平上开始下降。这种大国与小国的结构变动节奏的差异，在制造业中表现得更为明显(见表6.3)。

表6.3 大国和小国的制造业各主要行业在制造业产值增加中所占的份额(1953年和1963年两个截面上的份额平均数)

(%)

		人均国内生产总值的基准点价值(1958年美元)					平均数第1—5栏
		91.7	153	306	510	1019	
大国(22国)	1. 食品、饮料及烟草	33.5	29.3	23.3	19.4	14.7	24.0
	2. 纺织品及服装	22.0	21.3	18.7	16.0	13.2	18.2
	3. 木、纸、印刷及皮革	12.3	11.4	11.1	11.7	12.9	11.9
	4. 橡胶、化学及石油产品	11.0	12.5	13.6	13.6	12.7	12.7
	5. 工业原料	8.2	9.5	10.8	11.5	11.4	10.3
	6. 金属加工产品	13.0	16.0	22.5	27.8	35.1	22.9
	7. 份额的转移		29.4[a]		30.6[b]	55.2[c]	
小国(33国)	8. 食品、饮料及烟草	33.9	39.5	37.4	31.5	20.3	32.5
	9. 纺织品及服装	21.4	20.5	19.0	17.0	13.1	18.2
	10. 木、纸、印刷及皮革	11.2	10.4	11.5	13.5	16.9	12.7
	11. 橡胶、化学及石油产品	10.3	9.3	9.1	9.0	8.8	9.3
	12. 工业原料	11.1	9.4	8.7	8.9	9.4	9.5
	13. 金属加工产品	12.1	10.9	14.3	20.1	31.5	17.8
	14. 份额的转移		12.0[a]		46.6[b]	50.2[c]	

注：a第1栏至第3栏，b第3栏至第5栏，c第1栏至第5栏。

资料来源：西蒙·库兹涅茨：《各国的经济增长》，商务印书馆1985年版，第131—132页。

从表6.3中可以看到，尽管与人均产值的基准点价值的同等移动相联系的制造业结构的份额转移总值，对大国和小国来说，相差不大，大国是55.2，小国为50.2，但结构转移的节奏却大不一样。在大国中，制造业结构的转移，在较低收入的组距(92—306美元)和较高收入的组距(306—1019美元)中同样大小——约30个百分点。在小国中，结构转移在较低收入组距内仅为12个百分点，而在较高收入组距内则高达46个百分点，具有明显的跳跃性。

6.3 不同贸易发展战略对产业结构变动的影响

一个国家的贸易发展战略是由其政策的选择和制度环境决定的，同时也受外部事件如战争、自然灾害和世界经济状况的影响。而且，任何一种贸易发展战略，都有可能通过各种各样的政策体制实现。例如，出口导向战略可以通过对市场进行直接数量干预来实现，也可以用价格刺激出口销售来实现。因此，贸易发展战略的分类，应重视既定的政策和体制对其的重要影响。但为一个发展战略的不同政策体制定义出一个"等价物"(无论以何种方法)是困难的，即使是在理论文献中建立简单的模型也是如此。①所以，我们在分析贸易发展战略对产业结构变动模式的影响时，暂时撇开政策体制的因素(此问题将在第10章专门论述)。

贸易发展战略的选择，在大多数情况下，主要有三种类型：

(1) 进口替代战略。这一战略的主要特征是：一是通过关税保护和外汇配给限制进口，对国内工业实行高保护率，以刺激国内工业发展；二是保护一个高估的实际汇率，以加剧反出口刺激偏向；三是较低的外资流入，这主要是由于出口水平低所造成的信誉低的结果。

(2) 出口导向战略。这一战略的主要特征是：一是出口增长大大超过了国民生产总值的增长；二是在经济发展早期就对新的出口部门作出了较好的选择，鼓励出口增长；三是不存在对国内市场和国际市场的歧视，大量外资流入使持续的贸易自由化时期得以存在。这一战略因各国自然资源赋存状况不同和经济发展阶段不同，细分为初级产品出口专业化战略和制造业产品出口战略。前者往

① H.钱纳里等：《工业化和经济增长的比较研究》，上海三联书店1989年版，第230页。

往是以自然资源充足或某些自然资源特殊丰富为背景的，并经常发生在经济发展早期阶段。几乎所有国家开始发展时都在不同程度上根据自身的自然资源赋存状况实行初级产品出口专业化，到了经济发展后期才转向制造业产品和劳务出口。后者往往是以自然资源赋存有限为背景，因而在经济发展早期阶段就以开辟国际市场为着眼点，利用外国的先进技术和本国相对低的工资成本来发展制造业产品出口。

(3) 平衡战略。这种战略是在进口替代和出口导向的两极之间所作的第三种选择，它结合了两者的要素。这一战略的主要特征是：一是通过汇率政策而不是通过关税保护和外汇配给来限制进口需求；二是和进口替代战略相比，其结果是反出口偏好较小，因而出口增加；三是由于消除反出口偏好需要时间，因而为了给扩大进口筹集资金，在早期要较多地从国外借贷，并要减小实际汇率贬值。

上述三种典型的贸易发展战略的各自特征及其比较，可以通过表 6.4 来反映。这三种战略选择对产业结构变动模式的影响是重大的。M.赛尔奎因等人通过对 9 个样本国家产业联系的比较，得出的结论是：在一个国家的产业结构(以及它在各时期的进展)和发展战略选择之间，看来存在着密切的联系。当一个国家和地区采纳内向型的进口替代战略时，其国内和地区内联系增加，但总体联系仍然保持相对低的水平。当一个国家和地区选择高水平进出口的开放发展

表 6.4　典型的贸易战略

要　素	进口替代(IS)	平衡(B)	出口鼓励(EP)
部门倾向	进口减少	进口减少	出口渗透进口自由
主要政策手段	关税/进口限额	实际汇率	实际汇率
贸易偏好	内　向	中　立	外　向
贸易份额	低/下降	不　变	上　升
借贷政策	受低出口限制	保持中立	支持贸易自由
国家和地区的例子(20 世纪 60 年代)	土耳其 墨西哥 菲律宾 阿根廷 巴　西	以色列 泰　国 突尼斯 希　腊	韩　国 中国台湾 新加坡 马来西亚

资料来源：H.钱纳里等：《工业化和经济增长的比较研究》，上海三联书店 1989 年版，第 442 页。

战略时，即使国内和地区内联系没有很大变化，总体联系也会迅速增加。[①]下面我们详细分析不同的贸易发展战略选择对产业结构变动模式的影响。

6.3.1 进口替代战略下的产业结构变动特点

(1) 国内和地区内产业结构发展较为广泛，部门较为齐全，但由于进口缺乏迫使这些国家和地区依赖于国内和地区内生产及国内和地区内技术，这种对国内和地区内技术的依赖反映在产业联系的结构中表现为低水平的产业关联。因此，实行这一战略的国家和地区，不仅总体联系水平较低，而且国内和地区内联系水平也不高，两者的程度区别不大。

(2) 整个结构转换发生在较低人均收入水平上。实行这一战略的国家和地区由于其出口增长不能够获得足够的外汇收入以满足它们日益增长的进口需要，所以工业化就必须在结构转换的早期就开始，以补偿出口的不足。同时，在较低的外贸水平下，生产类型的转换更多地依赖于国内和地区内需求的变化。

(3) 在经济发展早期，现代经济与传统经济并存的二元经济结构现象较为明显。这一战略选择把发展的重点放在工业部门，使资源及生产要素大量地从农业等部门转移到工业制造部门，同时在严格的进口控制中只允许进口必要的中间产品和资本品，从而使制造业生产的增长极为迅速。相比之下，农业等部门的发展较为滞后。这种状况使产业结构转换具有较大的超前性，但结构转换中的摩擦也相对较大。

(4) 产业结构变动的时间差异分布呈现先快后慢的特征。发展早期往往结构变动迅速，农业产值份额急剧下降，工业产值份额较快上升。但发展进入后期阶段，由于支持进口替代的可能性逐步耗尽，工业和国民生产总值的增长率放慢，结构变动相对平稳，因而往往转向发展制造业产品出口。

6.3.2 平衡战略下的产业结构变动特点

(1) 产业结构发展比较平稳。这些实行典型的平衡发展战略的国家和地区，初级产品生产和制造业产品生产的增长比较均衡，关系比较协调。

---

① 参阅 H.钱纳里等:《工业化和经济增长的比较研究》，上海三联书店 1989 年版，第 283 页。

（2）产业结构变动的顺序较正常。初级产品生产较发达，基础比较好，实行这一战略的大多数国家和地区，如泰国、菲律宾、哥斯达黎加等，初级产品出口都维持在一个较高的水平上，并有力地拉动了制造业产品的出口。由于初级产品生产的基础较好，所以在结构转换中比较顺利。

6.3.3 初级产品出口专业化战略下的产业结构变动特点

（1）进入工业化的日期滞后。因为，这一战略决定了只有在收入水平和投资率随着初级产品生产的增长而提高后，工业建设才能开始大发展。当工业化进程开始时，虽然已经提高的工资率会阻碍劳动密集型初级产品的发展，但相对高的投资率却允许制造业出口产品的发展，然而这又需要靠初级产品更大量的出口来支持。因此，在实行这一发展战略的国家和地区，工业生产超过初级品生产，大约要延迟到500美元时才出现（其他类型的国家和地区在200美元左右就达到这种状况）。

（2）结构发展有较明显的倾斜性。初级产品出口专业化国家和地区出口项目相对较少，例如伊朗主要出口石油和矿产品，马来西亚等则以农产品为主要的初级产品出口项目。因此，这些国家和地区的经济增长和发展利益集中在少数部门，例如伊朗的国民生产总值的水平提高得较快，主要依赖于石油出口。在这种情况下，产业结构比较容易发生倾斜，而强制性地调整这种倾斜，近期的代价则是国民生产总值和就业下降。例如，斯里兰卡通过对初级产品出口征税的办法，调整国内结构，结果就减缓了经济增长。因而，这些国家和地区大都借助于外资来发展本国和本地区的基础设施建设及调整国内和地区内结构，但这又往往要付出长期代价，即当初期投资完成后，债务和利润的转移通常导致其资本的净外流。

（3）在人均产值基准点较高的水平上，结构变动明显加速。这些在经济发展初期以初级产品出口支持国民生产总值增长的国家和地区，虽然要在较高水平的人均收入基准点才开始转向工业化发展，但一旦进入工业化发展阶段，其工业增长速度比许多在早期就已经工业化的国家和地区的增长速度还快，工业产量水平也还要高，从而产业结构变动幅度比较大。例如，马来西亚和科特迪瓦这些国家和地区就是这样，发展早期的结构变动与发展后期的结构变动差异较大。

6.3.4　制造业产品出口战略下的产业结构变动特点

（1）制造业优先发展。在经济发展早期，轻工业（尤其是食品加工）增长十分迅速，随后迎来了向重工业转移的时期，继之是一个新的短时期，这时轻工业和重工业都成为结构转变的主导因素。选择这一战略的国家的轻工业之所以成为结构变化的重要因素，其原因是由轻工业引导的出口扩张，并不会受到任何国内和地区内需求扩张减少的抵消作用。

（2）结构变化较大。尤其是在这些国家和地区发展后期，由于资本积累的增加和农村剩余劳动的吸收过程大致完成，工资率上升，从而使这些国家和地区的比较利益结构发生变化。这必然导致它们的出口结构发生变化。为了适应国际市场的要求，变换出口产品结构就成为这一战略能否成功的关键。这种出口结构的迅速变动无疑将引起国内和地区内产业结构的较大变动。

7 中国产业结构变动模式:描述与评价

前几章的分析基本上勾画出了产业结构变动的主要线索,揭示了产业结构优化的主要内容,以及影响产业结构变动模式的主要变量。这些分析为我们实行产业结构调节和实现产业结构优化提供了必要的理论依据。在这一章里,我们将运用这些分析框架来描述和评价新中国成立以来产业结构变动模式。

研究与分析中国产业结构变动模式的目的,是为了对中国产业结构进行更好的调节和优化管理,以促进国民经济持续、稳定、协调地发展。因此,客观地描述中国产业结构变动的历史过程,准确地总结中国产业结构变动模式的特点,正确地评价中国产业结构变动模式的缺陷,是至关重要的,是实行产业结构优化的基本前提。为此,我们采取历史描述与逻辑归纳相结合的方法,从中国经济基本特征出发来考察和评价产业结构变动模式。

7.1 中国产业结构变动的基本历史过程

为了比较清楚地反映中国产业结构变动的历史过程,我们把这一历史过程划分为七个时期,依次描述每一时期产业结构变动的状况及其特点。

7.1.1 国民经济恢复时期(1949—1952 年)

由于当时国民经济所面临的主要问题是社会总需求和总供给的严重失衡,因而全部经济工作的中心是恢复生产、扭转赤字财政、稳定市场、制止通货膨胀。配合这一中心任务,主要是发展和缓解阻碍国民经济恢复的瓶颈部门,即水利、交通和重工业中的能源、原材料等基础工业。因此,在这一时期,从总体上看,旧中国长期以来形成的产业结构的基本格局没有明显的变化,但也有一些局部变化,具有这一时期产业结构的相对特点:

(1) 在工农业迅速恢复和发展过程中,工业比重上升。恢复时期农业发展速度很高,农业总产值年递增 14.1%,远远高于中国以后各个时期农业增长速度。但工业生产获得了比农业更快的恢复和发展,工业总产值年递增 34.8%。因而,在整个工农业总产值中,工业的比重由期初的 30%上升到期末的 40%以上。其中,现代工业的比重由 17%上升为 26.6%。国民经济中农轻重的比重,从 1949 年的 70∶22.1∶7.9,改变为 56.9∶27.8∶15.3。

(2) 第三次产业,特别是交通运输和商业的发展占有突出的位置。这一时期,国家用于交通运输建设的经费占基本建设投资总额的 26.7%,修复、改建和新建了一批重要的铁路、公路和港口。1950 年,原有铁路已基本畅通。到 1952 年底,全国通车里程为 24518 公里,接近新中国成立前最高年份,而铁路货物周转量 1952 年超过新中国成立前最高水平的 50%。公路通车里程已超过新中国成立前最高水平。民用航空从没有航线至 1952 年增加到 13123 公里。在交通运输发展的带动下,商业流通得以极大改观。据统计,全国商品流转额 1952 年比 1950 年增长 62.3%,农副产品采购额比 1950 年增长 62.1%,农业生产资料供应额比 1950 年增长 93.2%。

(3) 轻重工业构成虽有变动,但未根本改观。这一时期,在工业内部,轻工业比重占主导地位,发展也比较快,年均增长 29%,是新中国历史各时期最高的。但重工业增长速度高于轻工业,因而轻重工业的比重从 1949 年的 73.6∶26.4 改变为 1952 年的 64.5∶35.5。然而,据估算,抗战前,轻工业产值与重工业产值的比例约为 1.2∶1,所以 1952 年与 1949 年相比虽改变为 1.8∶1,但与抗战前相比,重工业比重还是相对下降。另外,在工业内部,许多重要的部门仍未建立起来,还没有汽车工业、飞机制造业和重型机器、精密机器制造业。

总之,恢复时期产业结构变动是在原有基本格局下的局部变动,产业结构水平较低,质量较差,但结构性矛盾不是十分突出。

7.1.2 "一五"时期(1953—1957 年)

这一时期的基本任务是集中主要力量进行以苏联帮助中国设计的 156 项建

设工程为中心的工业建设,也就是优先发展钢铁、有色金属、电力、煤炭、石油、机械及重化工等生产资料工业,并在这些重工业的基础上发展国防工业。

重工业的这种优先地位主要体现在投资政策上。五年内,工业部门的投资占总投资额的58.2%,农业投资仅占7.6%。在工业内部,轻重工业投资比例是1∶7.9。在此期间,对运输邮电等基础部门的投资较少,其比重低于“三五”“四五”时期。

这一时期由于实行了优先发展重工业等一系列方针政策,中国的产业结构发生了很大变化,标志着中国产业结构不断向工业化更高阶段演进的一个新历史时期的开始。

(1) 产业结构迅速向工业化发展。“一五”时期,工业生产的年递增速度达到18%。由于工业部门的高速发展,“一五”计划完成后,中国已形成了工业部门开始占优势的新的产业结构基本格局。1957年,工农业总产值中,工业总产值所占的比重由1952年的43.1%提高到56.7%。

(2) 新的工业部门大量建立起来。这一时期,一些新兴工业部门不断出现,其中包括汽车制造业,飞机制造业,大型电机设备制造业,重型和精密机器制造业,冶金和矿山设备制造业,黑色及有色金属冶炼业,高级合金钢、无缝钢管和铝加工业,化学工业等。这些新兴产业部门的建立,使中国的产业结构发生了重大质变。

(3) 重工业,特别是机器制造业比重上升。这一时期,整个工业向重型化方向跨出了一大步。1957年工业总产值中,重工业产值所占比重从1952年的35.5%,上升到45%。同时,高加工化的趋势明显,从采掘工业、原材料工业和机器制造工业的情况看,加工度越高的产业,发展速度越快,三者的年均递增速度依次为21.5%、23.4%、28.6%。

(4) 交通运输基本适应工业部门发展的需要,但已隐伏着后劲不足的危险。在这一时期,铁路货运量的增长速度高于工农业总产值的增长速度而接近工业总产值的增长速度,基本上与产业结构变动相适应。但交通运输方面投资较少,且又大部分是改造旧线的投资。1952年原拟五年内铁路新线建设里程为1万公里,以后改为6000公里,后又改为3000公里。这样,实际上已隐伏了以后交通运输发展滞后的危险。

(5) 原材料工业不适应加工工业的发展。中国原材料工业原有的基础十分薄弱。“一五”期间,原材料增长速度虽然不慢,但在数量和品种上,还是不能适应加工工业迅速发展的需要。原材料供应紧张使进口的压力很大。

(6) 农业对工业制约较大。农业发展不稳定造成轻工业生产开工不足,发展波动很明显。1954 年农业歉收,1955 年全国工业总产值增长速度成为“一五”各年度中最低的,当年上半年,地方工业生产能力利用率受到明显影响,棉纱为 75%,棉布、食油只有 62%,面粉只有 56%,卷烟为 24%。

总之,“一五”时期产业结构发生了质的飞跃,变动极大,但在大幅度倾斜发展过程中,已潜伏了产业结构不合理的因素,显示了重工业的发展同社会需求脱节,同轻工业、农业、基础部门发展脱节的倾向。

7.1.3 “大跃进”时期(1958—1960 年)

在 1958—1960 年间,全国掀起了“以钢为纲”的“大跃进”运动。为了实现这一目标,1958 年的基本建设投资为 269 亿元,比 1957 年增长了 77%。施工的大中型项目,由原计划的 1135 个增加到 1587 个。积累率由 1957 年的 24.9%,猛增到 1958 年的 33.9%。农业为支援大炼钢铁,1958 年比上年减少农村劳力 3818 万人。轻工业为了确保“钢帅升帐”,被迫“停车让路”。例如,分配给轻工业的钢材大为减少;原先签订的轻工业设备供应合同大都撤销;轻工业的原材料、燃料运不进,产品运不出;轻工业的劳力被抽调去大炼钢铁等。因此,在这一时期,中国产业结构发生了最为剧烈的变动。

(1) 工业与农业的构成大变动。工业生产建设的迅速发展,超常规地吸纳农村劳动力,使从事农业生产的劳动力占农村劳动力的比重从 1957 年的 89.3%下跌到 1960 年的 67.4%,三年减少农村劳动力近 4000 万人。在农业劳动生产率没有大幅度提高的基础上,农村劳动力的大量转移,造成农业生产大幅下降。例如,全国年人均粮食产量 1958 年为 606 斤,1960 年下降为 433.5 斤,减少 28.47%。棉花产量 1960 年比 1958 年下降 46%。其他农作物也大幅度下降。1958 年农业总产值仅增长 2.4%,1959 年和 1960 年又分别下降了 13.6%和 12.6%,致使农业与工业的产值构成由 1957 年的 43.3∶56.7 下降为 21.8∶78.2。

(2) 轻重工业结构急剧变化,重工业异军突起,发展过猛、过急,挤占了轻工业生产所需的燃料、动力、钢材、木材及运输能力,造成重工业与轻工业的比例失调。从发展速度看，按当年价格计算，1960 年轻工业总产值比 1957 年增长约 41.3%，同期重工业总产值增长了约 244%。在重工业突前发展的同时，轻工业低速增长，使轻重工业产值比例发生很大变化。按 1957 年不变价格计算，1957 年轻工业为 374 亿元，重工业为 330 亿元，两者之比为 53∶47。1960 年，轻工业 550 亿元，重工业达 1100 亿元，两者之比为33∶67，重工业是轻工业的 2 倍。

(3) 重工业内部结构失衡。这主要表现在两个方面：一是钢铁冶炼工业突前发展，采掘工业滞后，冶炼加工能力同采掘能力比例失调。1958—1960 年，炼钢能力增长 3.46 倍，炼铁能力增长 2.95 倍，煤炭采掘能力只增长 1.13 倍。到 1960 年，铁矿开采能力只能满足炼钢能力的 70%，铜铝等有色金属综合生产能力只能适应炼钢能力的 35.3%，煤炭开采能力只能满足炼钢能力的 70%。二是机械加工能力与原材料生产的矛盾。全国工业企业机床拥有量在这三年中增长了 1 倍，像电站设备、汽车、轴承、电动机等产品的综合生产能力增长 3—9 倍。机械工业的迅速发展，加剧了对原材料的需求，1957 年机械制造用钢材占整个钢材生产消费量的比重为 34.8%，1960 年达 50%，重工业内部产值中采掘工业、原材料工业与制造工业之间的比例，由 1957 年的 1∶2.9∶3.3 变为 1960 年的 1∶2.8∶4.5。

(4) 加工工业内部环节之间比例关系失调。在这一时期，加工工业在生产安排上"重主机、轻配套"，许多配套厂转产主机，使新增生产能力因不配套，不能发挥作用。例如，1960 年全国电力系统新增装机容量中，有三分之一以上的机组缺乏配套设备而不能充分发挥作用。冶金系统大中型项目中，轧机不配套的占 30%，高炉占 50%以上，平炉占 80%以上。其他部门也都存在同样的问题。

(5) 工业与交通运输业发展不相适应。在"大跃进"三年中，生铁产量增加了 3.6 倍，铁矿石产量增加了 4.8 倍，煤产量增加了 2.03 倍，而同期的货运量(包括大量使用的民间运输在内)，仅增加 1.8 倍。在挤了其他货运后，仍有 30%的铁矿石和大量煤炭积压在矿区运不出来。由于运输能力不足，一切交通工具超负荷运载，造成交通工具的损坏，反过来影响了运输能力的增加，加重了工业与交通运输之间的比例失调。

可见，这一时期的产业结构经历了剧烈的震荡。产业结构这种急骤的变化，超越了生产力的发展水平，破坏了社会再生产过程各环节之间的内在联系，从而使产业结构严重恶化。

7.1.4 国民经济调整时期(1961—1965年)

这一时期,在经济工作中贯彻执行了"调整、巩固、充实、提高"的方针,努力改善国民经济各方面的比例关系,扭转"大跃进"造成的产业结构不合理的状况,力争使国民经济在比例协调的基础上发展和提高。因此,产业结构基本上朝着合理化方向变动。

(1) 大力发展农业,加强农业的基础。"大跃进"之后,中国产业结构存在的最为突出的问题,就是因农业大幅度减产而给经济发展和人民生活造成的困难。针对这一问题,政府把农业放在经济工作的首位,要求各行各业以农业为基础,面向农业,支援农业生产。各行各业从各方面挤出一切可能挤出的劳动力去充实农业战线。到1962年,农业劳动力由1960年的1.7亿人提高到2.1亿人。并且,增加了对农业的投入,尤其是1963—1965年农业投资占全部基建投资额的17.7%,与工业投资额之比为1∶2.8,这同"一五""二五"时期分别为1∶5.98和1∶5.3的比例形成鲜明的对比。除此之外,国家还提高了农产品收购价格,加强了工业对农业的支持,以及采取了其他有利于农业发展的措施。经过几年的调整,农业生产水平得到较快的恢复和提高,农业基础得到巩固和充实。1966年粮食、棉花总产量分别比1960年增长49.1%和119.8%。同时,机耕面积扩大90.9%,机电灌溉面积扩大53%,化肥施用量增长293%。这样,农业在工农业总产值中的比重,由1960年的21.8%提高到1966年的35.9%,从而整个农轻重的比例发生重大变化,由1960年的21.8∶26.1∶52.1转变为35.9∶31.4∶32.7。重工业产值构成下降,农业和轻工业产值构成提高。

(2) 在压缩工业规模的同时改善工业内部结构。针对战线太长、效益不高、原材料及动力严重不足的情况,在加强短线产品的同时,对长线产品生产企业实行"关、停、并、转"。到1962年底,全民所有制工业企业共减少4.3万个,相当于1960年底工业企业总数的44.8%。在缩短工业战线的同时,国家将腾出的资源用于充实或加强薄弱部门和薄弱环节。一是加强农业生产资料和以工业品为原料的日用工业品的生产,从而逐步扭转了轻工业发展不足的局面。轻重工业产值构成,从1960年的33.4∶66.6提高到1966年的49∶51。二是加强现有工业生产能力的填平补齐,使之成龙配套。为此,实行"先采掘,后加工"的方针,加速发展采掘工业。到1965年,除非金属矿以外,其他矿山、矿井都先后达到了采掘、采剥关系基本正常，开拓、准备和可采的数量基本达到或超过规定的要求。各种设备也按照矿井的综合生产能力的要求逐步填平补齐。同时，还实行了“先维修、后制造”的方针和“先配套、后主机”的方针。到1964年底，失修的设备大部分修复，一般企业的设备完好率由“大跃进”后的50%—60%，提高到85%—90%。三是从国外进口和引进一些先进设备和技术，填补中国工业生产空白。

(3) 能源和交通运输发展仍然滞后。能源生产总量1966年比1961年少了1.84%。特别是占能源消费量86%以上的煤炭产量，1966年反比1961年减少7.6%。运输能力的增长速度赶不上工农业及货运量的增长速度。1966年与1961年相比，工农业总产值增长63.5%，货运量增加18.9%，而运输线路长度只增加5.8%。

(4) 第三次产业有所发展。特别是1963年以后，全国用于非生产性建设的投资比重由“大跃进”时的13%左右，提高到20%左右。商业、饮食业、服务业的规模在不同程度上得到扩大。到1965年，这三个行业的职工人数占全民所有制企业职工人数的14.7%，比1960年提高了3.5%。

总之，在这一时期，中国产业结构不合理的状况基本上得到了好转，但从总体上来说，当时的经济工作基本上仍是在“大跃进”时期的指导思想下进行的，因此产业结构不可能得到全面改善。

7.1.5 “文化大革命”时期(1967—1976年)

这是一个特殊的政治大动荡时期。在这一时期的大部分时间里，中国实行了以备战为中心的建设方针，并提出了“先生产、后生活”的方针，在工业发展上则突出“以钢为纲”的方针。这些方针政策的贯彻，以及其他的政治因素的影响，产业结构又趋向于不合理。

(1) 农业对国民经济的制约程度有所加重。这一时期的农业生产增长速度比其他各计划期(除“二五”以外)都要低，1968年和1972年还出现负增长。十年中间，棉、油、糖三种农产品的人均年产量分别下降30%、20%、10%。1966年，国民收入中农业所占的比重为43.6%，1976年则降低到41%，工业所占比重则由38.2%上升到43.3%。

(2) 重工业超前程度提高。在工业净产值中，轻工业所占比重由1966年的47.2%下降为1976年的40.4%，重工业所占比重则由52.8%上升为59.6%。

(3) 加工工业与基础工业再次出现比例失调。在重工业内部,原料工业所占的比重由1966年的38.3%下降为1976年的34.9%,而制造业的比重由50.5%上升到52.8%。

(4) 第三次产业发展受到阻碍。1967—1976年中,非生产性建设投资仅占全部投资的17.2%,其中1970年只有11.7%。第三次产业就业人数比重由1965年的10%下降为1975年的9.3%,其中,全民所有制商业、饮食业、服务业的人数比重由1965年的17.4%下降到1975年的12.9%。同时,商业占国民收入的比重,由1966年的10.3%下降为1976年的7%。运输业这个原有的"瓶颈"进一步恶化,其净产值占国民收入的比重,由1966年的4.2%下降为1976年的3.8%。

通过以上的分析可以看出,这一时期产业结构变动的趋势更加不合理。但是,这一变动幅度较小,与以往任何一个时期的结构变动相比,都是比较缓慢的。

7.1.6　1977—1978年

这是"文化大革命"结束后的国民经济的恢复与发展时期。在这两年间,国民经济得到了较快的恢复,但经济工作中长期存在的急于求成的错误没有得到克服,宏观决策出现失误,致使产业结构更加畸形和不协调。

(1) 农轻重关系失调加剧。1978年与1976年相比,工业总产值增长29.69%,农业总产值只增长10.78%,农业总产值在工农业总产值中所占的比重连续下降,1976年为30.4%,1978年为27.8%。粮、棉不能完全自给,仅在1978年就花了21亿美元进口粮食、棉花、糖料,占当年进口总金额的五分之一。从工业总产值的构成看,轻工业的比重下降,由1976年的44.2%下降到1978年的27.8%,消费品供应普遍短缺。

(2) 原材料、能源工业与加工工业矛盾激化。由于发电能力短缺,有20%左右的工业生产能力发挥不出来。机械行业的加工能力超过了可供钢材的3—4倍。能源工业内部的比例更加不协调。全国油田综合递减率1975年为2.5%,1976年为5.1%,1978年为6%。在煤炭工业内部,采掘接替紧张和采掘比例失调的矿井占统配矿总能力的22%。

(3) 交通运输的发展与整个国民经济发展的比例关系也在恶化。1977—1978年间的运输弹性系数(即货运量增长速度与工农业总产值增长速度之间的比值)仅为1.0,而在“一五”“二五”时期分别为2.3和2.1。

(4) 产品结构的矛盾比较突出。伴随经济的快速增长,货不对路的钢材和机电产品大量积压,商品库存中滞销产品增多。1978年末,钢材库存达1550万吨,年增23%,机电产品库存548.6亿元。

7.1.7　“探索经济建设新道路时期”(1979—1985年)

以党的十一届三中全会为标志,中国经济建设进入了探索新道路的时期。国民经济执行“调整、改革、整顿、提高”和“对内搞活、对外开放”的方针,实行以提高经济效益为中心的新的经济发展战略,实行经济体制模式的转变。经济发展的重大转折使产业结构呈现出新的格局和复杂的变化。

(1) 农轻重比例关系失调的状况有了明显的改善。这一期间,农业有了较大发展,粮、棉分别以年均3.2%、9.7%的速度增长,农业劳动生产率以年均6.9%的速度增长。农业的发展成为这个时期国民经济迅速增长的重要推动力量。在优先发展轻工业的方针下,轻工业的发展速度超过了重工业。同时,重工业压缩规模,调整内部结构,转向为农业和轻工业服务。1984年,农业和轻工业在工农业总产值中的比重,分别为34.8%和30.9%。在工农业总产值中,农业、轻工业、重工业大约各占1/3。但是,农业的基础仍然比较薄弱,农业生产不稳定,尤其是农业后劲不足更成问题。

(2) 第三次产业有较快发展。非生产性建设占基本建设投资额的比重大大提高,新兴的广告、信息、旅游等产业应运而生,金融行业的银行、保险、租赁业发展较快。但是,总的来看,第三次产业仍比较落后。

(3) 原材料、能源、交通的短缺对国民经济形成严重制约。在这期间,原材料、能源、交通业的发展速度低于整个经济增长。“六五”计划规定的能源和交通方面的投资占基本建设投资额的比重为38.5%,实际上只达到33.7%。因此,能源弹性系数由1978年前20年的1.66降到0.47;电力超前系数由前20年的2.47降到0.79;运输通信业总产值年均增长9.4%,低于社会总产值年均增长10.3%的速度。

(4) 产品结构的矛盾越来越突出,严重的短缺和积压并存。例如,机床工业是机械工业中的长线产业,生产能力大量闲置,但1985年中国机床进口额为4亿美元,而且普通机床进口数量的比重高达75%(用汇占25%)。

总之,这一时期原有的某些方面的产业结构矛盾(例如农轻重比例关系,第三次产业发展等)有所缓和,而某些方面的矛盾更加尖锐(如能源、原材料和交通运输滞后),同时又出现了一些新的结构矛盾。

综上所述,我们可以看到,中国产业结构变动模式,大致可以分为两个不同的阶段:第一阶段从1953年至1978年,这是传统的变动模式;第二阶段从1978年至今,这是转变中的变动模式。这一区分对于我们进一步分析中国产业结构变动模式的基本特征及其性质,是很重要的。

7.2 中国产业结构变动模式的基本特征

从上一节的论述中,我们已经可以感觉到,中国产业结构变动所留下的是一条超常规的运动轨迹。为了更清楚地揭示中国产业结构变动模式的这种超常规性,我们运用逻辑归纳的方法来分析中国产业结构变动模式的基本特征。这里我们是以"标准的结构转换"为参照物来归纳其基本特征的,只是作客观的分析,至于这些基本特征的"是非"问题在下一节论述。笔者认为,中国产业结构变动模式(尤其是传统的变动模式)的基本特征,主要表现在以下几个方面。

7.2.1 产业配置顺序超前发展,且幅度甚大

前面已经论述过,与人们消费需求顺序相一致的产业配置顺序是一个"农业—轻工业—重基础工业—重加工工业—服务业"的发展过程。与此不同,中国在产业配置顺序上是超前发展的,并且一举超越了三个阶段,即超越了以农业为重心的发展阶段。以轻工业为重心的发展阶段和以基础工业为重心的发展阶段,直接进入了以重加工工业为重心的发展阶段。

(1) 在农业与工业的结构变动中,工业超前发展,这可以从产值构成与劳动力构成的变动中反映出来。

从工农业总产值构成的变动来看，这一结构变动是很显著的，从1952年的56.9%（农业总产值）和43.1%（工业总产值）转变为1987年的25.3%与74.7%（见表7.1）。农业总产值比重的下降率为55.53%，工业总产值比重的上升率为73.31%。①

表7.1 中国工农业总产值构成 （%）

	1952年	"一五"时期	"二五"时期	1963—1965年	"三五"时期	"四五"时期	"五五"时期	"六五"时期	1987年
农业总产值	56.9	49.56	30.9	38.27	37.58	29.66	26.36	29.08	25.3
工业总产值	43.1	50.44	69.1	61.73	62.42	70.34	73.64	70.92	74.7

资料来源：根据《1988年中国统计年鉴》的数据整理，每一时期的数字是该时期的平均数。

如果我们仅仅从工农业总产值构成变动来看，虽可得出工业发展较快的结论，但还不能说这是工业超前发展，因为在一定的发展阶段，一国在工业化进程中，工农业产值构成的显著变动，具有一般规律性。为此，我们还要对照工农业劳动力构成的变动，从中作出判断。

从工农业劳动力构成两者合计为100的变动来看，这一结构变动是比较小的，农业劳动力构成从1952年的91.87%下降到1987年的72.95%，下降率为20.6%；工业（包括建筑业）劳动力构成从1952年的8.13%上升到1987年的27.1%，上升率为233%。

在一般情况下，农业的劳动力比重和其产值比重的下降基本同步，后者的下降速度略超过前者。两者下降的速度比，英国在1801—1961年间为1∶1.01；美国在1839—1965年间为1∶1.06；日本在1872—1965年为1∶1.19；而中国在1952—1987年则高达1∶2.70。这种情况说明，工业的较快发展是在农业劳动生产率持续低水平的基础上进行的。中国平均每一个农业劳动力创造的净产值，1952年为442元，1978年为455元，26年中增长甚微；而平均每一工业劳动者创造的净产值从1952年的709元增长到1978年的2903元，年均增长

① 下降率计算公式为：$下降率=\frac{基期数-期末数}{基期数}\times 100\%$

$$上升率=\frac{期末数-基期数}{基期数}\times 100\%$$

5.6%。因此,这种以农业劳动生产率持续低水平为基础的工业发展是一种超前发展。

(2) 在工业内部的结构变动中,重工业超前发展。这可以用霍夫曼比例(消费资料工业净产值与资本资料工业净产值之比)来分析。这里我们采用盐野谷祐一修改过的霍夫曼比例测量方法,即用总产值代替净产值,但限于中国统计资料的统计口径还是用轻重工业的分类。

从表 7.2 中可以看到,在 20 世纪 50 年代,中国工业结构水平就已处在霍夫曼工业化阶段的第二阶段上,霍夫曼的标准比值为 2.5(±1),即重工业较之于轻工业已经有了较快的发展,但轻工业的总体规模还是大于重工业的总规模。但进入 60 年代以后,重工业的总规模就超过了轻工业(除 1965 年外)。

表 7.2　中国工业结构中的霍夫曼比例值

	1952 年	1957 年	1962 年	1965 年	1970 年	1975 年	1980 年	1985 年	1987 年
霍夫曼比例	1.815	1.220	0.893	1.065	0.855	0.788	0.892	0.903	0.930

资料来源:根据《1988 年中国统计年鉴》第 44 页资料计算编制。

在短短的十年左右时间里,重工业的规模就超过了轻工业的规模,这无疑是重工业超前发展的结果。

(3) 在重工业内部的结构变动中,重加工业(主要是机械工业)超前发展。从表 7.3 中可以看到,在整个工业部门发展中,机械工业产值构成变动迅速,从 1952 年的 11.4%上升为 1965 年的 22.3%,1978 年的 27.3%和 1985 年的 26.9%。原材料、燃料、能源生产部门(包括冶金、电力、煤炭、石油、建材、森林工业)产值构成比重从 1952 年的 19.6%上升为 1965 年的 25.3%,1978 年的 26.2%和 1985 年的 23.9%。两者变动的特征是:基础工业在工业结构中的比重上升,但上升幅度不大(1952—1985 年,比重上升率为 21.9%),机械工业在工业结构中的比重则上升了一倍多(1952—1985 年,比重上升率为 136%)。

机械工业增长幅度加快,基础工业增长幅度相对减慢,这是一般趋势。问题在于,这一转折发生在基础工业尚未得到较充分发展的情况下,从而产生了基础产业不能适应加工工业发展要求的状况。正是从这一意义上,我们得出重加工业超前发展的判断。

表 7.3 中国工业部门产值构成(工业总产值) (%)

	1952 年	1953 年	1965 年	1978 年	1985 年
冶金	5.9	9.3	10.7	8.7	8.0
电力	1.3	1.4	3.1	3.8	3.3
煤炭	2.4	2.3	2.6	2.8	2.3
石油	0.5	0.9	3.2	5.5	4.5
化工	4.8	8.2	12.9	12.4	11.2
机械	11.4	18.2	22.3	27.3	26.9
建材	3.0	3.3	2.8	3.6	4.2
森工	6.5	5.4	2.9	1.8	1.6
食品	24.1	19.6	12.6	11.1	11.5
纺织	27.5	18.2	15.8	12.5	15.3
造纸	2.2	2.3	1.8	1.3	1.3
其他	10.4	10.9	9.3	9.2	9.9

资料来源:李京文、郑友敬主编:《技术进步与产业结构——概论》,经济科学出版社 1988 年版,第 180 页。

7.2.2 产业结构变动振荡性较强,且反反复复

在一般的产业结构变动中,轻工业所创国民收入份额一旦超过农业,农业便再也无力与轻工业抗衡,它们之间的差距将不断拉开,以农业为重心的阶段便宣告结束。以后重工业取代轻工业而占据主导地位的情况,也是如此。

然而,在中国产业结构变动中,主导地位的变更经常伴随着结构"逆转",即已失去主导地位的产业部门再一次兴起,重新占据主导地位,从而产业结构变动表现出强烈的振荡性,大起大落,反反复复。

(1) 虽然我们在较短时间内建立了一个比较完整的工业生产体系,工业产值迅速增长,但农业始终是国民经济重要制约因素,农业问题曾多次迫使我们实行退却,重新调整比例关系,通过产业结构变动的逆转来矫正结构变动超前的累积偏差。

从表 7.4 中可以看到,在"一五"时期农业产值居主导地位,产业顺序为"农轻重",而到"二五"时期,重工业一跃成为第一位,居主导地位(40.22%),但 1963—1965 年立即出现结构逆转,农业产值重新占据主导地位(38.27%),"三五"时期又恢复了"农轻重"的产业顺序,重工业从"二五"时期的 40.22%下降到"三五"时期的 31.02%。这是第一次重大的结构振荡。

表 7.4 中国农、轻、重产值构成变动

	以工农业总产值为 100								
	1952 年	"一五"时期	"二五"时期	1963—1965 年	"三五"时期	"四五"时期	"五五"时期	"六五"时期	1987 年
农业总产值	56.90	49.56	30.90	38.27	37.58	29.66	26.36	29.08	25.30
轻工业总产值	27.80	29.78	28.88	28.97	31.40	30.64	32.72	34.76	36.00
重工业总产值	15.30	20.66	40.22	32.76	31.02	39.70	40.92	36.16	38.70

资料来源:根据《1988 年中国统计年鉴》第 47 页数据整理编制,表中每一时期的数字均为平均数。

从"四五"时期开始,虽然从总体上进入了"重轻农"产业顺序结构,但仍然出现一定程度的结构逆转现象。农业产值在"六五"时期再一次兴起,从"五五"时期的 26.36%上升到 29.08%,与此同时,重工业产值再次进入谷底,从"五五"时期的 40.92%下跌到"六五"时期的 36.16%。这可以看作是第二次较大的结构振荡。

(2) 不仅农业与工业之间的结构变动呈拉锯状,而且轻工业与重工业之间的结构变动也是反反复复。从表 7.2 中国工业结构中的霍夫曼比例值变动中,可以看到这种情况。为了简明起见,我们以表 7.2 的数据描成图 7.1。

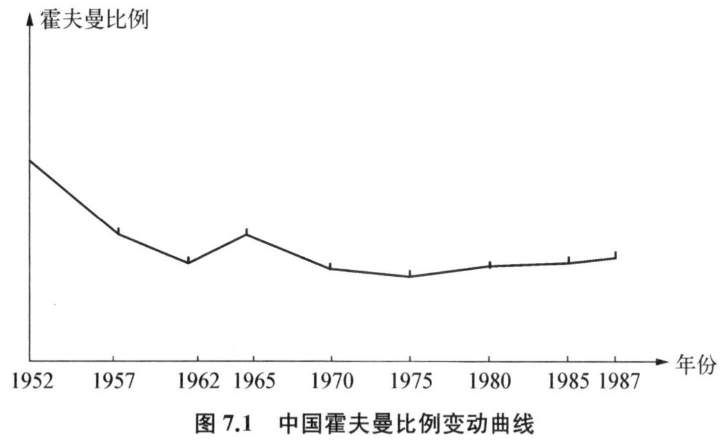

图 7.1 中国霍夫曼比例变动曲线

图 7.1 清晰地表明,1952—1962 年,霍夫曼曲线骤然下降,重工业产值份额骤然超过轻工业,但这一时期国民经济正处于最困难时期,经过三年调整,霍夫曼曲线重新上升,比例值恢复到 1 以上。"三五"和"四五"时期,霍夫曼曲线又逐

渐下降，但“五五”和“六五”时期，霍夫曼曲线又趋于上升，并形成轻、重工业规模大体相当的局面。

7.2.3　第三次产业严重滞后于第一、第二次产业的发展

根据库兹涅茨统计分析，服务业的反应弹性值是最弱的，即人均产值变动对服务业部门产值份额的影响较小，因而在不同的人均收入区间服务业份额只是稳定地上升，即使在低收入水平阶段(70—150 美元)，该部门产值构成也将占31%和 36.9%。

中国第三次产业(主要是服务业)在整个社会就业结构、产值结构中所占比重一直很低，不仅远远低于发达国家第三次产业所占比重，而且也低于世界上典型低收入大国第三次产业比重(见图 7.2 和图 7.3)。中国服务部门占国内生产总值的比例只有 17%，而典型低收入国家和中等收入国家分别为 35%和 40%。

在第三次产业中并不是所有部门都低于国外水平，例如政府机构就业人数所占比重并不低于国外水平，[①]另外医疗卫生服务的比例也比平均数高得多。[②]

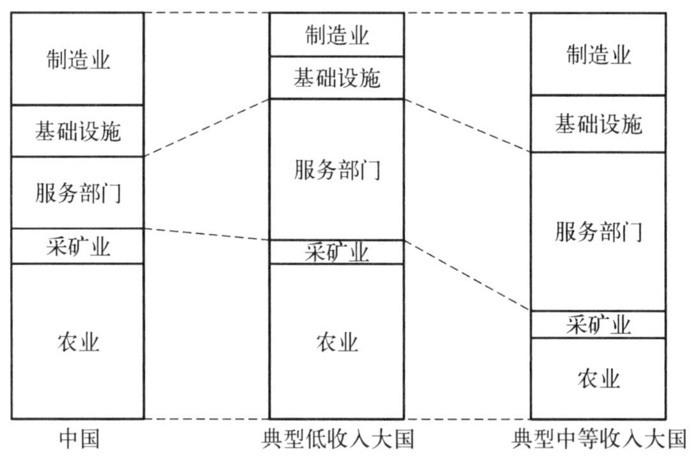

图 7.2　生产结构(国内生产总值中的部门比例)

注：基础设施(包括电力、运输和建筑)；服务部门(包括住房)。

资料来源：世界银行：《中国：长期发展的问题和方案》，中国财政经济出版社 1985 年版，第 35 页。

---

① 参阅刘伟、杨云龙：《中国产业经济分析》，中国国际广播出版社 1987 年版，第 87 页。

② 世界银行认为中国的保健问题已从低收入国家的类型转向高收入国家的类型。参阅世界银行：《中国：长期发展的问题和方案》，中国财政经济出版社 1985 年版，第 28 页。

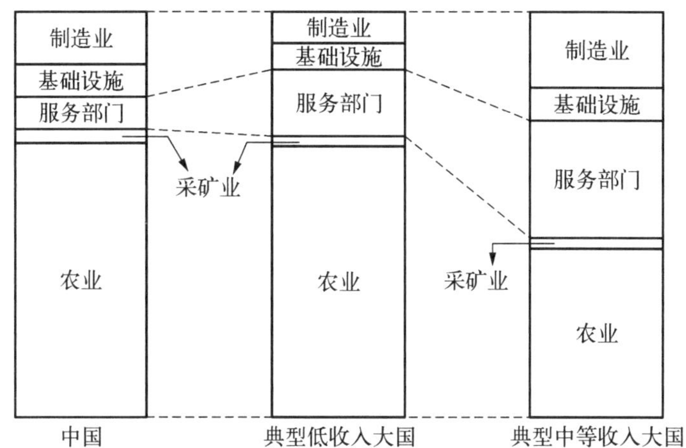

图 7.3　就业结构(总劳动力的部门比例)

资料来源：同图 7.2。

在第三次产业中，远远低于国外水平的是商业服务业(包括饮食业)，财政金融各种为工商业和个人提供服务的行业，教育和交通邮电等部门。正是这些部门的发展规模与第一、第二次产业的要求不相适应，严重影响了工农生产的效益和速度，成为制约整个经济运行的薄弱环节。

7.3　中国产业结构变动模式的基本判断

如果上面对中国产业结构变动模式的描述以及特征归纳大体上是正确的话，那么接下来的问题就是应该对此作出何种判断。首先我们可以确定，中国产业结构变动的历史轨迹是超常规的，与一般的产业结构变动过程有相当大的偏差，从而具有鲜明的特征。一些学者据此认为中国的产业结构变动状况是不正常的，应矫正这种结构变动的偏差。笔者认为，简单地把这种超常规现象作为判断产业结构变动是否正常的依据，是缺乏说服力的。问题不在于这种超常规现象本身，而在于这种超常规现象所具有的性质。因此，我们应对这种超常规现象进行具体分析。

在前一章里，我们已论述了几组影响产业结构变动模式的基本变量，对中国产业结构变动模式的超常规现象的分析自然要运用这些基本变量来验证。从这些变量关系来看，中国的产业结构变动是在一个极其特殊的经济环境中发生的。

这一特殊的经济环境所表现出来的基本特征是：

（1）超后起发展国特征。中国属于后起发展国家，但在程度上超过一般的后起国。1952年国民经济基本恢复后，中国便开始了现代经济发展的历程。但那时人均国民生产总值只有96美元（按1980年美元不变价计算），经济成长起点比一般后起国家更低。全国人口近90%是以传统农业为生，经济结构中的传统成分远比一般后起国家更高，二元经济结构特点极为明显。因此，中国的现代经济发展进程，不仅具有一般后起国家的许多共同点，而且还具有超后起发展国家的特点。这种超后起发展国家的特点主要表现为：一是极度贫困，连最基本的温饱也难以持续保证；二是经济结构原始，传统经济成分甚大，且结构极不协调，结构转换能力低；三是资本积累微薄，长期以来经济增长率低下；四是技术水平落后，传统手工技术占有牢固地位，劳动者文化知识水平低下，等等。因此，中国在现代经济发展过程中，面临着远比一般后起国家更多的困难，肩负着更为艰巨的双重任务：一方面要大力培养经济成长因素，改造和转化传统经济，在较短的时间内完成社会经济发育任务；另一方面要迎接世界新技术革命的挑战，发展现代经济，尽快缩小与发达国家、甚至一些发展中国家和地区的差距。

（2）超大国经济特征。中国地大物博、人口众多，自然属于大国经济类型。但是，中国经济具有远比其他大国更强烈的内向性，这主要归因于它那世界上独一无二的潜在国内市场规模。1981年，美国、苏联、中国、巴西和印度五个大国人口占世界总人口的51.23%，其中仅中国人口就占22.52%。与此同时，五个大国的国民生产总值占世界总额的38.94%，其中中国只占2.38%。由此可见，中国实际上是以不到世界的1/40的产出规模对应将近世界1/4的潜在市场规模。虽然，在低收入状况下，中国实际有效市场规模大大小于潜在市场规模，但随着经济发展和收入水平提高，国内市场对整个国民经济的内引力会进一步增强。因此，中国又具有超大国经济的特征。这种超大国经济的特征主要表现为：一是庞大的国内市场规模，强烈的经济内向性；二是资源品种齐全，分布有序，地区经济差异明显，天然分工显著；三是稳定的经济结构趋向于僵硬。

（3）超重就业压力特征。①劳动就业问题在中国经济发展过程中起着重大影

① 劳动就业问题按理应纳入资源赋有状况作为大国经济特征来分析，但由于中国劳动就业问题十分突出，故作为一个专门的经济特征来论述。

响。中国的劳动就业人口不是一般程度的“丰裕”,而是超水平的“过多”。中国拥有世界上独具规模的劳动大军和高就业水平,劳动年龄人口约占世界总数的30%,劳动就业人口约占国内总人口的46%。据预测,自1985年后的15年每年平均还要净增劳动年龄人口1500多万人,到2000年累计净增2亿多人。这种超重就业压力的特征主要表现在:一是现有企业大量出现冗员,“在职失业”现象严重;二是存在大量农业过剩劳动力急待着向现代经济部门转移;三是为容纳大量就业,形成许多小规模、低效率的生产组织;四是劳动力大量过剩而引起的劳动力价格低廉;五是为吸纳较多劳动力而采取的低水平技术所起的反作用,使简单劳动力占很大比重,劳动力素质较差。无疑,这种超水平的过多劳动就业人口也构成了中国经济发展的环境特征之一。

根据我们前一章的理论分析,那么可以推断出这样一个结论,即在超后起发展国、超大国经济、超重就业压力为特征的环境中,以及与这些特征相适应的进口替代贸易发展战略的影响下,中国产业结构变动必定是超常规的,并且与一般结构变动模式有较大的偏差。因此,问题并不在于中国的产业配置顺序超前、结构变动振荡较大和第三次产业发展滞后等超常规现象本身,这种超常规现象本身在很大程度上是与中国经济发展的历史背景和内外条件相联系的,是一种必然的产物。

为此,在对中国产业结构变动模式进行判断时,首先要从中国经济环境基本特征出发肯定中国产业结构变动的超常规性,即这种超常规现象是正常的。但这一初步判断并没有涉及这种超常规现象的性质问题。我们知道,同一个现象可以具有不同的性质,虽然这种超常规现象是必然要产生的,但其性质也许是正常的,也许是不正常的。笔者认为,中国产业结构变动模式(主要是传统变动模式)就其性质来说,是不正常的(或消极的),这种超常规现象的消极性主要表现为缺乏产业结构的创新和协调,具体分析如下:

(1) 以低效益、低产出基础上的高积累、高投入来推动产业配置顺序超前发展。根据中国经济的基本特征,产业结构变动曲线前移,并通过高积累促进经济粗放型增长,甚至倾斜发展重工业,是当时的客观要求所致。并且,当工业化体系基本建成之后,这一物质基础将会更好地推动经济发展,在多样化社会需求拉动下形成扩大再生产的良性循环,逐步进入经济高速增长的阶段。

但把这种高积累、高投入建立在低效益、低产出基础上,产业配置顺序的超前发展就是不正常的。1952—1981年,中国每年的资金投入增长率为11.6%,劳动力投入增长率为2.6%,综合要素投入增长率为6.3%,但同期附加价值的年增长率只有6%,其结果是综合要素生产率每年平均下降0.3%。[①]对照国际经验,日本在1960—1973年,综合要素投入增长率为6.4%,只比中国高0.1%,但其综合要素生产率平均增长4.5%。在同一期间,韩国的综合要素投入增长率甚至比我们低0.8%,而综合要素生产率每年增长4.1%。显然,在低效益基础上的高投入将使超前发展付出了沉重的代价。

(2) 通过抑制其他产业的发展来推进重加工业的超前发展。在中国,以相应的经济手段和行政手段优先发展重工业,是有其客观理由的,但不能以牺牲其他产业的必要发展为代价。

新中国成立以来,我们从工农产品"剪刀差"中得到的资金总额约在6000亿元以上,相当于20世纪80年代初全国国营企业固定资产原值的总额,这就严重地削弱了农业自身的发展,使农业劳动生产率长期停滞不前。与此同时,轻工业发展尽管有很大潜力,但一直受到严重压抑。由于轻工业发展不足,使它不能更多地提供积累资金以满足资金密集型重工业发展的需要,因而不仅继续迫使农业承担积累主源的重担,而且也使基础产业因资金不足而发展滞后。在资金积累有限的情况下,集中力量优先发展重加工业,使基础产业发展严重滞后。其中矛盾最为突出的是电力生产与需求之间的不相适应。据水利电力部初步测算,目前全国至少缺电600亿—700亿度,缺装机容量1400万千瓦,由于严重缺电致使20%—30%的生产能力得不到发挥。

(3) 以自我服务为特征的重工业超前发展无法促进其他产业的发展。按理说,重工业的超前发展,归根到底,是为其他产业的发展服务的,以便加快经济的现代化进程。然而,中国重工业的倾斜发展则是靠其自我服务或自我循环。一些专家所作的相关分析证明:1987年以前,重工业产值变动同固定资产投资变动之间密切相关(相关系数$r=0.9254$),而与轻工业增长之间的相关关系弱于前者($r=0.6879$)。[②]重工业增长同固定资产投资的密切关系说明了,重工业主要是为投资活动服务,而不是为下游工业(一般指消费品生产工业,即通常所说的

---

① 世界银行:《中国经济结构的变化与增长的可能性和选择方案》,气象出版社1985年版,第98页。

② 这一重工业产值变动与轻工业增长之间的相关系数是指1978年以前的状况,在此之后有了较大变动。参阅《工业增长中的结构性矛盾》,四川人民出版社1988年版,第4页。

轻工业)的生产活动服务的。

根据对北京市机械工业总公司50大类1070种主导产品销售流向的分析,1985年提供给轻工、纺织、科教文卫部门的机械产品只占12.6%,而提供给化工、军工、重工业部门的产品则占31.0%,这还不包括机械工业自我配置的17.7%。①

重工业这一自我服务或自我循环的特征,不仅不能很好地促进其他产业的发展,而且往往导致其生产能力大量过剩。例如,全国重点机械工业企业金属切削机床利用率,1985年只有50.3%,1986年48.4%,1987年49.6%。②

(4) 中国三次产业的劳动力结构和产值结构的变化率之间的无规则联系说明产业结构变动的振荡和无序性。在中国的具体经济条件下,产业结构的变动发生一定程度的振荡是不可避免的。问题是,这种振荡是否具有有序性。然而,第一、第二、第三次产业的劳动力结构和产值结构的变化率之间的无规则联系表明这种产业结构变动的振荡是无序的。

从图7.4中可以清楚地看到,中国第一、第二、第三次产业的劳动力结构和产值结构的变化率之间呈现出杂乱无章的联系。这种联系的无规则性在很大程度上反映了中国就业结构与产值结构的联系具有极强的非经济性。正是由于这种极强的非经济性因素的介入,使产业结构变化的振荡成为无序。

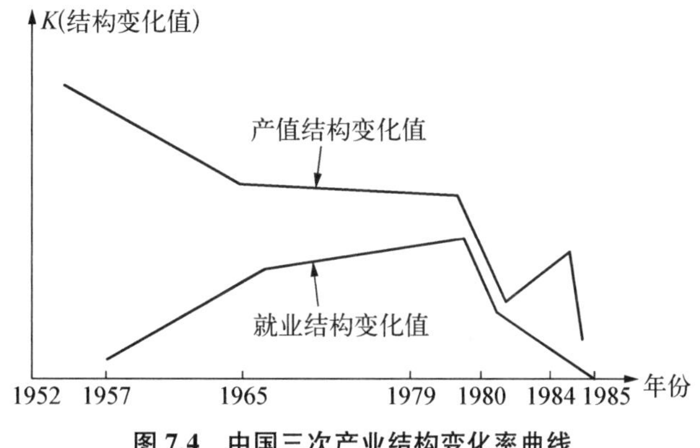

图7.4 中国三次产业结构变化率曲线

资料来源:刘伟、杨云龙:《中国产业经济分析》,中国国际广播出版社1987年版,第47页。

① 参阅中国经济体制改革研究所发展研究室:《工业增长中的结构性矛盾》,四川人民出版社1988年版,第46页。

② 《1988年中国统计年鉴》,中国统计出版社1998年版,第372页。

(5) 部门比较劳动生产率差距不断扩大下的产业结构变动的振荡。在正常的产业结构变动中,部门间的比较劳动生产率差距是不断趋于缩小的,因而不同部门每一劳动者产值的不等量性在人均收入较高水平阶段要比人均收入较低水平阶段小些。在一般情况下,在 300—1000 美元区间,部门间的劳动生产率差距将大幅度缩小。

然而,在中国产业结构的变动中,部门间的比较劳动生产率差距并没有逐渐缩小,尤其是农业与工业部门的比较劳动生产率差距明显偏大(见表 7.5)。

表 7.5 中国三大产业比较劳动生产率结构

年份	第一次产业	第二次产业	第三次产业	第二、三次产业/第一次产业
1952	0.65	3.25	3.87	10.95
1957	0.54	4.80	3.62	15.60
1978	0.45	3.71	1.96	12.56

资料来源:根据刘伟、杨云龙:《中国产业经济分析》,中国国际广播出版社 1987 年版,表 1-15 数据编制。

尽管中国农产品与工业产品之间存在较严重的价格剪刀差,表 7.5 中,第一次产业的比较劳动生产率含有较大的失真程度,但这种失真程度在 1952—1978 年间大体相同,所以我们仍可用以纵向比较(进行国际比较是不妥的)。这种纵向比较明显反映了中国农业劳动生产率增长极慢,与非农产业的差距较大。

即使我们用农业实物劳动生产率(根据谷物产量计算)来衡量,也是如此。1957—1978 年,中国农业实物劳动生产率只提高了 6.7%,且不说与工业发达国家农业劳动生产率提高速度相比(与联邦德国差 52.2 倍),就是与发展中国家的巴西和印度相比,也分别差 6.11 倍和 3.73 倍(在 1960—1979 年,巴西提高了 41%,印度提高了 25%)。然而,中国工业劳动生产率增长速度,如果以 1952 年为 100%, 1978 年则为 266%, 1980 年为 288.7%。其劳动生产率增长速度即使与工业发达国家相比,差距也很小,比发展中国家就更快了。

虽然发展中国家二元结构是不可避免的,但在这种部门比较劳动生产率差距如此悬殊的情况下,产业结构变动的振荡具有不断扩大的发散性。

(6) 与总量增长不相适应的产业结构比例关系。一般说来,在一国国民生产总值增长的同时总是伴随着经济结构的转换,两者有相关性。而且,总量增长越迅速,结构转换率也就越高。日本、巴西、韩国等国家和地区战后经济的高增长率总是伴随着结构的高转换率。

与此不同,中国的经济总量增长往往伴随着结构的超稳定态,结构转换滞后于总量增长,并且这种结构又严重不能适应总量增长。中国社会总产值1952年只有1015亿元,1987年增加到23083亿元;国民收入从1952年的589亿元增加到1987年的9321亿元。①根据世界银行的统计,中国从1980年到1985年国内生产总值的年均增长率为9.8%,与同期世界各国的增长速度相比较,中国的年均增长率最高。然而,这种经济高速增长并没伴随着结构的相应转换,相反,结构性矛盾日益突出,不合理的结构严重制约了国民经济发展。目前,较为突出的瓶颈制约,一是农业,二是基础产业。

全国粮食生产在1984年达到8146亿斤后,曾连续几年减产,其他一些农作物也有所减产。这种情况反映了农业生产的不稳定性,主要是农业劳动生产率低下。更为严重的是农业积累减少,农业生产条件恶化,耕地不断缩减,农业发展缺乏后劲。

为了适应经济发展要求,基础产业应该超前发展。然而,在"六五"期间,基础产业超前系数为负值,②原煤−0.36,原油−0.7,发电量−0.42,成品钢材−0.43,供水−0.02,公路铺设−0.04,铁路铺设−0.05。近几年来,基础产业发展滞后更有恶化趋势。农业和基础产业在整个国民经济中具有强大的制约作用,这两个部门的滞后发展将使整个国民经济不能持续地协调发展。

从上述分析中可以看到,问题并不在于中国产业结构变动的超常规表现,而在于超常规的内容及性质。这种超常规的内容及性质归结起来就是产业结构变动缺乏以创新为基础、以协调为中心。具体地说,主要有以下几点:(1)不仅滞后发展的农业、轻工业和基础产业缺乏创新,而且超前发展的重加工业本身也缺乏创新,在高投入中低效运行。(2)由于缺乏创新的基础,产业结构变动的振荡就比较大,经常出现结构逆转,并且这种产业结构的振荡始终是低水平的振荡。(3)在缺乏创新基础的情况下,重加工业的超前发展过度,并且超前发展产业不能有效带动滞后产业的发展,从而使产业结构极不协调。(4)同时,第一、第二、

---

① 《1988年中国统计年鉴》,第25页。

② 基础产业超前系数$=\left(\dfrac{\text{基础产业产值增长率}}{\text{社会总产值增长率}}-1\right)$,正值为超前,负值为滞后。

第三次产业结构很不协调,以及劳动力结构和产值结构变化率之间无规则联系,使产业结构变动带有较大的无序性。

因此,中国产业结构变动模式的基本缺陷就是:创新不足,协调不够。然而,形成这一基本缺陷的深层原因,则在于导致中国国民经济非均衡运行的作用机制,即传统经济体制模式和传统经济发展战略。

8 中国产业结构变动模式的深层分析

前一章我们指出了中国产业结构变动模式的缺陷，这里我们将进一步分析形成这种缺陷的深层因素。由于产业结构变动是整个国民经济运动中的一个组成部分，并且产业结构变动模式是在整个经济运行状态中逐步生成的，所以分析产业结构变动模式形成的深层因素必须置于一定的宏观经济运行的框架之中。其研究步骤是：首先分析产业结构变动模式是在一种什么样的宏观经济运行状态中生成的；然后进一步分析决定这种宏观经济运行状态的基本因素。无疑，决定宏观经济运行状态的基本因素也就是产业结构变动模式形成的深层因素。

8.1 中国经济运行常态：非均衡

虽然中国经济具有强烈的内向性特征，但为了使国民经济运行状态的分析较全面一些，我们还是引入了贸易变量（对外贸易也是决定产业结构变动的主要变量），作开放条件下的宏观经济运行分析。为此，我们借助于钱纳里和斯特劳斯的“两缺口模式”的分析框架，即$(I-S)=(M-X)$，左端表示投资与储蓄之差，右端表示进口和出口之差，暂时撇开对外经济关系中的资金、技术等因素。为了确定中国宏观经济运行的常态，我们必须首先考察其基本经济变量的状态及其决定，其顺序是：先分别考察国内供求函数和对外供求函数的决定，然后进行综合考察。

8.1.1 $(I-S)$的供求常态

投资与储蓄的关系，实质上是积累资金的供给与需求的关系。积累资金的需求来自投资活动,积累资金的供给来自储蓄。值得注意的是,中国积累率本身就相对高些。在高积累的前提下,投资与储蓄之间仍处于较大缺口。

(1) 中国的投资需求决定,既不同于西方国家,也不完全同于过去东欧社会主义体制国家。按照科尔奈的分析,在传统体制下,企业和各级中间机构患有"投资饥渴症",中央政府是抵制企业和中间机构投资饥渴的力量,从而计划投资需求是企业和中间机构的投资需求与中央控制力量相互作用的共同产物。在中国情况下,不仅企业和中间机构有投资饥渴,而且中央政府本身也具有较强烈的投资扩张冲动。国内理论界通常把这仅仅归因于领导人的主观决策错误。实际上,更深层的原因在于巨大的需求压力和就业压力。这是东欧一些国家政府不曾面临的问题,所以这些国家的中央政府可以成为投资饥渴的抵制力量。而中国的中央政府却不得不倾向于投资扩张,保持较高的增长速度,以便有可能满足不断扩大的市场规模,同时提供更多的就业机会。当然,由体制因素导致的经济结构性矛盾,也制约着政府行为,政府过度抑制投资需求会加剧结构性矛盾,使有效增长越加滞后。因此,中国的三个层次的行为主体都具有投资需求冲动,形成一个缺乏内在抗衡力量的投资膨胀机制。

(2) 中国的储蓄供给决定,在一定时期内则受到生产要素结构性矛盾的严重约束。如果用生产函数来描述资源约束下的国民收入生产水平,那么 $Y=f(K, L)$,其中 K 表示社会资产存量,L 表示社会可使用的劳动力数量。根据科尔奈的观点,在传统体制下,由于缺乏灵活的横向联系机制,使生产要素在组合中经常处于短缺与滞存并存的状态,从而出现等待、寻找以至强制替代,造成生产能力低下。国内一些学者也深刻地指出了,由于资产存量调整不利,使其有效利用率很低,造成设备闲置。无疑,体制因素给供给能力所带来的影响是十分重大的,但在中国特殊条件下,还存在一个对供给水平形成重大约束的因素,即生产要素的结构性矛盾。这主要表现在:大量的社会可使用劳动力占有相当贫乏的社会资产存量,形成低水平的生产要素组合。具体来说,首先,大量的"在职失业"不仅直接降低了劳动生产率,而且严重阻碍了生产要素集约使用和技术进步。其次,大量的劳动力占有较少的资产存量,造成生产能力过度利用,引起每单位新增国民收入所需耗费的资源递增、成本增大。再次,大量技术落后、报废的设备继续得以使用,使资源利用率严重下降,加剧了原材料、能源的短缺。因此,在体制因素和经济因素双重约束下,中国的供给能力相当差,水平比较低。

可见，在$(I-S)$式中，强烈的投资需求与弱小的储蓄供给之间，总是表现为倾斜性的储蓄不足缺口，由于存在着再生机制，还会不断重复产生这种非均衡态。

8.1.2 $(M-X)$的供求常态

在一般宏观经济模型中，进口被视为国民收入的函数，出口被视为汇率的函数。然而，在中国对外贸易经济中，这两个变量的决定也发生了变形，构成了特有的贸易缺口。

(1) 中国的进口始终受国内强烈需求的支配，表现为超越国民收入增长水平的强烈进口冲动。其主要原因：一是为了支撑经济高增长势头；二是为了尽快改变经济落后状态；三是为了缓解经济发展的瓶颈制约。在这种情况下，进口规模与进口需求的收入弹性关系不大，而与整个经济产出水平的动态关系极为密切。统计资料表明，1977—1985 年，中国进口额与社会总产值之间的相关系数为 0.9541。[①]由此，进口就转化成为国民经济总产出水平的函数，即随着国民经济总产出水平的变动而变化。并且，产出水平对进口数量的影响还具有放大效果。因为中国进口商品中大部分是生产资料，这些进口的生产资料是整个国民经济投入组合中的一部分，而在经济运行的动态过程中，存在着产出水平对资产存量变动的加速效应和资产存量变化对产出水平产生的乘数效应，所以国民经济产出增长的一个微小变化将引致进口数量的剧烈波动。由于中国经济总体上保持着高增长势头，所以进口倾向是比较强烈的，外汇需求呈现明显的刚性增长。

(2) 中国的出口则是服从于创汇目的的强行挤压输出，对汇率的变动反应不大。这不仅是由于中国出口商品结构落后，初级产品出口占较大比重，在国际市场缺乏需求收入弹性，价格降低对需求量增大的刺激性不强，更主要的是中国出口商品的供给弹性不大，其主要表现：一是出口需求增长无法通过迅速扩大国内总产出，使国内净储蓄上升来得到满足，缺乏短期性迅速扩大出口供给的能力；二是出口需求增长无法通过调整国内需求来得以满足，国内的投资需求和消费需求都具有刚性；三是缺乏降低出口成本的能力，如果通过汇率调整，使外币

① 陈昭：《纵向产出牵引与外汇需求刚性》，《财贸经济》1987 年第 8 期。

计算的出口商品价格下降，必然造成出口收益减少，甚至亏损。因此，中国的出口规模很难随汇率变动而相应变动。与发达国家不同，中国的出口规模，既受国际市场需求状况左右，又受国内供给水平的制约。由于国际市场需求是无法控制的外生变量，所以直接干预出口量变动的因素就是服从于创汇目标的强制性挤压输出，出口成了外汇储备水平的函数。外汇储备上升，出口量随之下降；外汇储备下降，出口量随之上升。

可见，在$(M-X)$式中，受国内总产出水平支配的进口具有相当高的边际倾向，而受国际市场疲软需求与国内无弹性供给双重制约的出口能力相当薄弱，从而形成进口超出口、进口压出口的贸易逆差缺口。

8.1.3　$(I-S)=(M-X)$的总体供求常态

以上的分析虽然表明了两式各自的非均衡态，但这还不足以证明整个宏观经济必定偏离瓦尔拉斯均衡点运行。因为在$(I-S)=(M-X)$的模型中，任何一个差额都有可能通过调整另一差额来加以变化，只要这两个差额相等，总需求与总供给就能达到均衡。但是必须注意，这种通过差额调节达到宏观经济均衡的模型，是有条件的，主要是：

(1)国内储蓄缺口与国际贸易缺口，只能是短期性的缺口。(2)国内储蓄缺口与国际贸易缺口互相之间要有适应性，具有互补的能力。(3)国内储蓄缺口与国际贸易缺口的互相填补是自动转化的，即这一轮用净进口额填补储蓄不足缺口，下一轮则自动转化为用国内过剩供给的出口额填补贸易逆差缺口。

只有具备以上条件，才能通过差额调节使宏观经济围绕瓦尔拉斯均衡点波动。然而，在中国开放系统宏观经济模型中，并不具备这些条件。首先，国内供给短缺与外汇短缺都具有长期倾向，这已构成了中国经济运行特有的经常性状态。其次，只有外部供给填补国内过度需求的可能，而不具备国内过剩供给填补外部需求的能力。即使存在某些商品的过剩供给，往往在国内就已属于无效供给，自然更不能去满足外部需求了，这不像发达国家可以把国内无效供给转化为国外的有效供给。结果，形成“进大于出”的倾斜格局。最后，由于国内强大的吸纳机制，使外部输入的力量不能有效地转化为向外部输出的力量，即使是国家为增加出口创汇能力而引进的技术、设备及外资项目，多数形不成预期的出口生产能力，缺乏“两缺口”自动转化交替互补的可能性。因此，中国开放系统的宏观经济运行就必然偏离瓦尔拉斯的均衡轨道,表现为非均衡常态下的运动。

8.2 宏观经济非均衡运行的实现过程

中国开放系统宏观经济的非均衡运行,只是表明了不可能达到瓦尔拉斯均衡点。但这并不是说它就没有均衡点,相反,它要实现非瓦尔拉斯的均衡点。因此,我们要进一步考察宏观经济非均衡运行中达到实际均衡的过程。虽然在中国传统经济中,储蓄缺口与贸易缺口的倾斜交织,缺乏互补,共同构成了宏观经济运行的非均衡性,但从历史上看,中国经济是从封闭式走向开放式;从逻辑上看,中国对外经济占整个国民经济比重不大,所以我们可以把储蓄缺口作为考察宏观经济动态过程的起点。

前面的分析已经表明,中国的储蓄缺口是以过度需求倾斜为其基本特征的。在一个开放系统中,这种过度需求可以通过引进外部供给得以缓解,而这种可能性是存在的,即使没有相应的外汇储备,也可以通过外债来扩大外部供给的输入,用净进口额来填补储蓄不足缺口。然而,来自外部的供给是有限的,而国内储蓄不足缺口却是如此之大,以致有限的外部供给是在各部门、各地区和各企业之间的争夺中分配的,强制性地满足了一定程度的国内需求,使宏观经济达到了限制性均衡。在这一阶段中,由于净增了外部供给,扩大了总供给规模,满足了更多的有效需求,从而推动了经济的扩张和增长。

但是,这种依靠外部供给支撑的经济增长是不可能长期存在的。国际储备下降到最低界限,以及外债到期还本付息,构成了它的最后界定。相对而言,贸易逆差缺口比储蓄不足缺口更为重要,限制性更大,因为:(1)对外经济关系的约束硬度是绝对的;(2)对外经济中国际市场的供求是我们无法操纵的外生变量;(3)对外经济中的"马太效应"是很强烈的,越不景气,越是困难重重。所以,靠净进口额来填补储蓄不足缺口到一定时间便会发生转折,开始被迫采取措施来填补贸易逆差缺口,从而宏观经济运行就进入了第二个阶段。

在这一阶段,为了填补贸易逆差缺口,一方面尽力压缩进口,另一方面大力鼓励出口。由于进口商品中大部分是国内紧缺物资和急需的先进技术设备,对国民经济影响极大,难以大规模压缩,所以重点是在于"出口创汇",用国内的供给填补贸易逆差缺口。然而,国际市场的需求结构不断地在向高层次转化,初级产品的需求比重不断下降,其价格呈下降趋势,这又给我们的出口带来了困难,能够满足国际市场需求的又往往是国内的紧缺供给,但为了填补更为重要的贸易逆差缺口,不得不压减国内供给,扩大出口规模,使宏观经济实现限制性的均衡。在这一阶段,由于总供给量的减少,造成经济的收缩和停滞。但强制性压缩的需求,并没有消除储蓄不足缺口,这时它往往会以两种形式表现出来:或者是抑制型通货膨胀下的经济停滞的形式;或者是通货膨胀下的经济增长的形式。也就是说,前一阶段用外部供给来填补的储蓄缺口,现在或者让其强行存在,或者用通货膨胀填补。因此,当贸易状况稍有好转,马上又会转化到填补储蓄缺口上去,开始新一轮的循环。

由于交替地用对外经济失衡来支撑国内经济的平衡,用国内经济失衡来实现对外经济平衡,宏观经济的运行表现为一条"储蓄不足缺口→贸易逆差缺口→储蓄不足缺口→……"的轨迹。这一轨迹的任何一个均衡点,都是通过强制性的供求调整实现的。整个经济就围绕着这些非瓦尔拉斯均衡点波动,交替出现经济扩张和收缩,经济增长波动系数较大(同期内年最高增长率同最低增长率的平均差)。在这一过程中,通过强制性的供求调整所实现的均衡,往往是以强烈的摩擦为代价的。这种摩擦贯穿于整个非均衡运行之中,只不过在经济扩张阶段与经济收缩阶段有不同的表现罢了。

8.2.1 收缩性摩擦

(1) 限制进口的摩擦:第一,牺牲国内经济的正常发展。例如近几年来,进口钢材占国内钢材使用量的三分之一,仅压缩钢材进口一项,就可能使工业增长速度发生5—10个百分点的波动。第二,影响正常的国际贸易往来,造成出口的困难。尤其在当今贸易保护主义抬头的情况下,更易造成贸易摩擦。

(2) 鼓励出口的摩擦:第一,被迫大量出口国内已经相当短缺的资源,例如石油、矿藏等资源,加剧国内的短缺程度。第二,被迫在国际市场初级产品价格下跌的情况下,增加其出口数量。例如近两年,世界石油价格猛烈下跌,而作为中国主要出口产品之一的石油却不得不大幅度增加出口,仅此一项,就造成减少25亿—30亿美元外汇的损失。第三,在国内经济紧运行状态下,增加出口将加剧过度需求。这种过度需求本身并不能形成生产能力,只会引起通货膨胀。这不仅使国内产品成本增大，而且也使出口商品成本增大，削弱了国际竞争能力。因此，这种性质的出口根本不具有带动国内经济增长的外贸乘数效应。

8.2.2 扩张性摩擦

在大量引进外供填补国内储蓄不足缺口的经济扩张过程中，供求的均衡也是在摩擦中实现的，主要表现在：

(1) 用外资和国外的先进技术装备起来的部门，因缺乏与其他经济部门合理的"联系"，无法将引进的刺激效应扩散到国民经济其他部门，反而扩大了与落后部门之间的差距，加深了二元经济结构的矛盾性。

(2) 由于技术差距，引进的先进技术设备难以与国内投入品实行优化组合，例如引进的设备无法吸收国内较多的低质原材料，往往在引进设备的同时必须引进高质原材料，由此引起国内原材料滞存与进口原材料短缺的结构性矛盾，产生消极的"回荡效应"。

(3) 引进生产要素，需要增加其配套费用，例如任何一个使用外债的建设项目，都要有相当数量的人民币配套资金。根据一些国家经验，一个新建项目外债与本币的投入比一般为 1∶3，一个老企业技术改造项目外债与本币的投入比一般为 1∶1.5。所以，大量引进外供虽能使经济扩张，但并不能消除经济紧运行状态，超过某一临界点，反而加剧国内经济短缺。

8.3 宏观经济非均衡运行的作用机制

在宏观经济非均衡运行的实现过程中，不论是收缩性摩擦还是扩张性摩擦，都是由供求差距引起的。抽象地讲，从空间上看，摩擦来自供求之间的多环节的传递；从时间上看，摩擦来自供求关系调整滞后的延长。在中国开放系统的宏观经济运行中，供求差距是由"双重阻隔"造成的。所谓"双重阻隔"：一是国内市场的阻隔；二是国内市场与国际市场之间的阻隔。

国内市场的阻隔，形成农副产品，原材料能源等产品价格偏低而工业加工产品价格偏高；国内市场与国际市场之间的阻隔，却形成初级产品国际售价相对高而制成品国际售价相对低。在这种情况下，企业的反应是：(1)在有条件选择的情况下选择加工品生产，销售目标是国内市场。因为大部分工业制成品的内销价比外销价高；并且国内是“卖方市场”，而国际是“买方市场”，由此造成内销与外销所得的利润差距很大。在不具备选择可能性的情况下，从事初级产品生产的企业，则把产品销售目标偏向国际市场。尽管世界市场初级产品价格下降，但初级产品外销价仍比内销价高。(2)尽可能进口先进设备和技术、资金，加强加工工业生产能力，满足国内需求，获取更多利润，从而导致大量的外部供给流入加工部门。政府部门的反应则是，偏重于增大初级产品出口。因为鼓励制成品出口要给予出口补贴，换汇成本大大增加，外贸部门亏损严重，而初级产品出口换汇成本低，外贸部门可以净盈利。

可见，“双重阻隔”使供求之间存在很大的实际差距，产生较大的摩擦。这种“双重阻隔”的作用机制，就是高度集中的行政机制。由于行政机制游离于供求当事者直接关系之外对供求进行调节，从而使供求双方的直接交流信息成为不可能。

8.4　宏观经济非均衡运行的战略导向

与传统经济体制模式相联系，传统经济发展战略对宏观经济非均衡运行也起了一定的导向作用。在将近30年的实践中，这种传统的经济发展战略主要表现出以下主要的内容及其特点：①

(1) 它是一种以高速度增长为主要目标的赶超发展战略。在这样一个发展模式中，经济增长速度一直处于最重要的中心地位，而且这又是以赶超先进国家而展开的。为了在最短的时间内赶超发达国家，曾经提出：我们要求的建设速度，是成倍地、几倍地以至几十倍地超过旧中国和一切资本主义国家。资本主义国家用一两百年的时间达到的生产水平，我们要在今后一二十年以至更短的时间来达到。在这样一种以高速度增长为主要目标的赶超发展方针的指引下，追求产量、产值的增长成为宏观经济管理的首要任务，并多次掀起了“土跃进”“洋跃进”的高潮。

---

① 参阅董辅礽：《经济发展战略研究》，经济科学出版社1988年版。

(2) 它是一种以超经济的强制力量为手段而实行的倾斜超前发展战略。从战略指导思想来说，我们主张从建立和优先发展重工业入手，用重工业生产的生产资料逐步装备农业、轻工业和其他产业部门，随后逐步建立独立、完整的工业体系和国民经济体系，并逐步改善人民的生活。在这一战略思想引导下，我们一直把重工业，特别是重加工业作为固定的经济建设重点，实行倾斜的超前发展。然而，在一个基本上是闭关自守的经济系统中，这种倾斜的超前发展主要依靠国内积累的建设资金来支撑。由于重工业的优先发展需要大量资金，在资金积累基础薄弱的情况下，国家只有采取超经济的强制力量，包括工农业产品"剪刀差"等手段，保证这种倾斜的超前发展。

(3) 它是一种以高积累、高投入为主要方法的粗放发展战略。为了通过倾斜的超前发展，迅速建立和形成一个独立、完整的工业体系和国民经济体系，经济发展是以外延扩大再生产为基本方式的。

(4) 它是一种封闭式的内向型经济发展战略。虽然过去中国也存在一定的对外经济技术交流关系，但通过出口一部分初级产品和轻工业产品以换回发展重工业所需的生产资料，主要是为了实现经济自给自足的目标，而且这种对外经济关系也被限制在一个极小的范围内。因此，从本质上说，这是一种封闭式的内向型经济发展战略。在这一战略思想支配下，经济的自给自足的程度就成为衡量经济发展程度的重要标志，例如我们曾把钢材和机器设备的自给率和无外债作为这种标志。

这种传统的经济发展战略是一定历史条件下的特定产物，有其深刻的历史背景，与中国"超后起国、超大国经济、超重就业压力"的环境特征有密切联系。作为一种历史的产物，这种经济发展战略曾经起过一定的积极作用，例如顶住了来自外部各方面的封锁、战争威胁等压力，维护了中国在政治上和经济上的独立；建立了独立的比较完整的工业体系和国民经济体系，从而为我们现在进行现代化建设奠定了物质基础；等等。但是，这种传统发展战略以牺牲农业的自身发展为代价，通过工农业产品价格剪刀差向工业提供大量积累，严重影响农业的发展，实际上把8亿农民置于现代化过程之外，却是一个重大失误。同时，在实行工业化过程中，以经济增长速度为中心，片面追求产值、产量目标，忽视产业结构协调和经济效益，也是其固有的缺陷。因此，这种传统经济发展战略对中国宏观经济非均衡运行起着举足轻重的作用。

综上所述,我们可以看到,正是传统经济体制模式和传统经济发展战略的交互作用,使中国的一些基本经济变量发生"变形",具有独特的决定方式,从而使宏观经济运行远离瓦尔拉斯均衡点。在这种宏观经济非均衡运行的强大摩擦状态中生成的产业结构变动模式无疑也具有消极性。因此,深层的分析表明,正是传统经济体制模式和传统经济发展战略把那种由"三超"环境特征决定的中国产业结构变动超常规现象推向了极端,从而使其产生了消极意义。

可见,要想改善或消除中国产业结构变动模式的缺陷,其关键在于传统经济体制的改革与传统经济发展战略的转变。尽管体制改革与战略转变并不能消除中国产业结构变动的超常规轨迹,但却能使这种超常规变动合理化,具有积极意义。

9 产业结构优化的经济发展战略思想

前面的分析已经表明，经济发展战略的选择是影响乃至规定产业结构变动模式的深层因素之一。因此，优化产业结构的首要问题是实现传统经济发展战略的根本转变。自党的十一届三中全会以来，我们开始了向新的经济发展战略的转变，主要表现为：(1)发展目标的转变，即由以单纯赶超发达国家生产力水平为目标转变为以不断改善人民生活，由温饱型向小康型过渡为目标；(2)发展重心的转变，即由追求产值产量的增长转变为注重经济效益；(3)发展策略的转变，即由超前的倾斜发展转变为有重点的协调发展；(4)发展手段的转变，即由以外延扩大再生产为主转变为以内含扩大再生产为主；(5)发展方式的转变，即由波动性增长转变为稳定增长，稳中求进。然而，从近几年的实践来看，传统经济发展战略的影响依然较大，新的发展战略尚未真正确立。造成这一问题的原因之一，就是我们还没有真正从理论和思想上实现根本性的转变。

某一时期的经济发展战略的选择总是受一定的理论和思想支配的，在原有的理论和思想没有根本改变之前，新的发展战略是难以确立和实行的(这会在实践中体现出来)。因此，更为重要的，不是仅仅在口头上提出一个新的发展战略，而是要从思想认识和理论上实行根本的转变。所以，我们打算主要论述经济发展战略思想(或理论)。这种战略思想在很大程度上影响着我们对特定时期经济发展战略的选择，左右着特定时期的经济发展战略选择的基调。我认为，优化产业结构的战略思想应该是经济协调发展的战略思想。

经济协调发展的战略思想是自 20 世纪 70 年代以来针对发展中国家经济发展失调而提出来的。虽然这一战略思想强调经济协调发展原则，但对“协调发展”的含义尚未有统一的认识和比较系统的论述，无疑这将削弱这一战略思想的力量。因此,我们将深入探讨经济协调发展战略思想的本质含义。

9.1　建立在“平衡饮食需要”基础上的发展

笔者提出把发展建立在“平衡饮食需要”的基础上是为了既区别于以纳克斯、罗森斯坦-罗丹为代表的平衡增长战略思想,又区别于以赫希曼为代表的不平衡增长战略思想。

纳克斯提出平衡增长的立论是:发展中国家人均收入水平低,从而资本积累水平低,这导致了发展中国家“贫困的恶性循环”。为了打破这一恶性循环,就要同时在广大范围的各种产业部门进行投资,使市场在总体上扩大,克服由于低收入所造成的国内市场需求不足,以提高投资引诱,实现有效的资本积累。①

与此不同,笔者认为,根据“平衡饮食需要”的原则,主要进补的应该是体内最缺乏而又最需要的食物,给定这一逻辑,整个经济发展的速度和质量就是由其发展速度最慢、质量最差的部门决定的。这些部门就成为发展的关键,具有战略意义。因而投资就应该主要集中在这些战略部门,而不是如纳克斯所主张的分散投向所有部门。笔者认为,这种战略思想在发展中国家,也许更符合实际。

(1) 在发展中国家资本供给有限的情况下,集中投资解决关键性部门问题,发挥“瓶颈缓解效应”,是有较大效益的,而纳克斯的战略思想往往鼓励许多国家不顾自身的资源、优势以及能力盲目实施大规模投资计划,使有限的资本投入分散,从而降低投资效益。

(2) 发展中国家经济与发达国家相比,更多的是存在有效供给不足的障碍,因而集中力量解决瓶颈制约,增加有效供给,有利于缓解供求矛盾。而纳克斯的战略思想却忽视了发展中国家有效供给短缺的基本特征,把战略重心放在刺激有效需求、发挥有效需求拉动作用上,这将更加加剧供求矛盾。

(3) 发展中国家在“先天发育不足”的情况下提前进入现代经济成长过程,具有深刻的二元经济结构特征。这不可避免地将导致非均衡增长。这种非均衡状态是不能在短、中期内改变的,只能加以利用,逐步消除二元经济结构的矛盾。

---

① 参阅纳克斯:《不发达国家的资本形成问题》,商务印书馆1966年版。

为此，现实的选择只能是集中力量解决关键环节，弥补先天发育不足。而纳克斯的战略思想却无视这一现实条件，在非均衡状态中实行平衡的全面投资。这无疑是不科学的，也许会加剧二元经济结构的矛盾。

虽然建立在“平衡饮食需要”基础上的发展并不是纳克斯的平衡增长，而是强调关键部门的重点发展，但这与赫希曼的不平衡增长又有本质的不同。

赫希曼认为，为了扩大投资能力，就要在一定时期内把投资相对集中于某些部门，去造成“瓶颈”或者至少是造成稀缺，从而使这些瓶颈或稀缺部门的改善成为十分必要，诱使政府作出从事该项建设的决策。对这种瓶颈的反应，又会通过连锁作用，在别处造成其他的瓶颈，从而形成一幅连续运动的不平衡图景。为此，他主张从最终需求型制造业的投资为不平衡发展的起点，来促进发展中国家投资能力的开发和提高。

笔者认为，根据“平衡饮食需要”原则实行关键部门的重点发展，其本质意义是促进各部门的协调发展，从而提高经济系统的“整合效应”(即“整体大于个体总和”的效应)因此，虽然形式上也是一种不平衡增长，但实质上与赫希曼的不平衡增长战略思想是不同的，主要有以下几点：

(1) 基本的出发点不同。赫希曼的战略思想的基本出发点是为了扩大投资能力，通过形成瓶颈或稀缺，并以此的连锁反应来推进增长。为此，他认为为了某些部门的发展不惜以牺牲其他部门为代价，并把这种对抗的不平衡增长过程称为“逆风而进”①。我们主张的战略思想的基本出发点则是为提高经济系统的“整合效应”。为此，是集中力量缓解已有的、客观形成的瓶颈，并通过“瓶颈缓解效应”(在出现瓶颈时，与此有直接或间接关联的部门的生产能力将闲置，一旦瓶颈缓解，便产生连锁反应，使这些闲置的生产能力得到利用)来促进增长。

(2) 具体方式不同。赫希曼的不平衡增长主要采取需求拉动方式。为此，他认为后向连锁一般比前向连锁更重要，主张以最终需求型制造业的投资为不平衡发展的起点。根据发展中国家的实际情况，出现瓶颈的部门往往是前向关联较大的部门。因此，我们主张的缓解瓶颈的方式，实质上是供给推动方式。其原因，在前面分析纳克斯战略思想时已作阐述。

(3) 实施的效果不同。赫希曼从最终需求型制造业投资开始的不平衡增

① 参阅杰拉尔德·迈耶等编:《发展经济学的先驱》，经济科学出版社 1988 年版，第 108—110 页。

长,其效果是不佳的。因为从形成瓶颈到瓶颈缓解之间有一个时滞,这将造成原先投资形成的生产能力闲置。并且,随着这种瓶颈反应的更换,将不断移向诸如能源、原材料等中间产品部门。然而,这些部门投资周期长,决非能在短时间内使其瓶颈缓解。这样,势必造成许多与此相关联的部门生产能力的大量浪费。与此不同,我们主张的战略思想是主动、积极地缓解和消除瓶颈,因而并不是等瓶颈完全形成,而且形成必需投资的压力之后,再去解决它。所以,我们是集中力量解决具有战略意义的关键部门的问题,并借助于投入产出关系,不仅获得内部经济,而且获得外部经济。

可见,协调发展战略是从非均衡现实出发,通过倾斜方式满足"平衡饮食需要"的发展。

9.2 以满足人民需要为中心的发展

与高增长战略思想不同,协调发展强调围绕满足人民需要而实施和促进发展。因而,协调发展的衡量标准并不是,或主要不是人均国民生产总值增长数。

当发展程度主要用按人均国民生产总值来衡量时,要提高发展水平就一定要刺激国民生产总值的增长率。按照传统的经济发展理论,经济增长的首要关键被认为是资本积累,它能通过促进投资型式而增加生产。其发展周期为:生产→人均收入→储蓄→投资→生产。其中,最关键的是净储蓄和净投资的水平。正如希金斯所说的,经济增长的问题在很大程度上决定于"越过驼峰"而达到按人口平均收入高到足以进行足够的净储蓄和净投资以保证持续不断的经济扩展。①

然而,这种以高增长为中心的战略思想在实践中被证明是有较大缺陷的。在自由市场经济体制下,其缺陷主要表现为:(1)经历了国民生产总值迅速增长的许多发展中国家已经、而且同时出现了日益增加的失业和就业不足。(2)国民生产总值的迅速增长往往伴之以更不平等的收入分配和社会上许多阶层日益严

① 本杰明·希金斯:《经济发展:问题、原则与政策》,修订版,纽约,W. W.诺顿公司,1968年,第189页。

重的相对贫困化。在计划经济体制下，则有所变形，主要表现为：(1)伴随着高增长是“在职失业”和隐蔽失业增大；(2)强制平均分配下的低效益，从而形成较低的生活水平。

出现这些缺陷是高增长战略的必然结果。因为，为追求高增长，资本密集和劳动力节约型的技术就被强调为增加产量的最有效途径，从而大量资金投向现代工业部门。在这样推动现代工业部门进展的同时，却绕过或忽视了传统的部门，并使农业部门处于从属地位。这样，高增长所创造的就业机会相对较少，在“人口过度”国家，失业问题就显得更为严重。同时，为了保证较高的积累率，或者是过分压低消费，或者通过两极分化刺激投资和储蓄。因为在出现足够的经济成长以前，集中注意分配的结果被认为会阻碍经济高增长。

强调以满足人民需要为中心的协调发展战略思想，把增长视为发展的结果，而不是发展的目的。也就是说，它并不刻意追求高增长，而是追求尽可能地满足人民需要，尤其是基本需要。为此，协调发展并不局限于产业部门产出增长之间的协调，把眼光狭隘地集中在单纯的经济要素上，而是包括经济、社会和政治方面的增长和公平的全面协调。

因为，围绕人民需要这一中心来组织发展，其目的或目标应该是满足一切地方的所有人民的需要，包括粮食、衣着、住宅、医疗、教育和参加决策在内。但这些需要必须从它们同粮食和商品生产、就业安排以及提供教育、保健的整个经济和社会制度之间的关系来加以考虑。

虽然，这种协调发展有着错综复杂的关系，但根据发展中国家的实际情况，笔者认为，核心问题是充分就业。历史上成功的经验表明，对于那些仍以农业为主并且劳动力日增的国家来说，创造就业机会才是最根本、最重要的需要。当然，充分就业不等于充足就业，后者是我们传统体制的产物，它往往包含着在职失业。

以往人们总是泛泛地谈论增长与公平的关系，并把两者截然对立起来，似乎要增长必然牺牲公平；求公平必定牺牲增长。以人为中心的协调发展则以促进充分就业，把增长与公平统一起来。因为充分就业，一方面把宝贵的劳动力资源充分动员和利用起来，有利于促进增长；另一方面它意味着资产(占有和使用)分配较平等，这必然引起收入分配趋向较平等。因而，以充分就业为中介，便可以实行边增长、边分配的政策。

在发展中国家促进充分就业，就必须改变高增长战略下所采取的政策措施，主要有以下几点：

(1) 改变投资方向，把大规模、集中化的制造业投资项目改变为有利于创造就业条件的投资。具体讲，就是重点投资于：一是传统的劳动密集型部门以便直接创造较多的就业机会；二是包括教育在内的基础产业以便通过外部经济效果间接创造就业条件。

(2) 选择适当的技术。高增长战略在“赶超”先进国家的驱动下往往强调进口最现代的技术及其全部资本结构，而不考虑这种技术能否适用于本国的资源条件。结果在劳动力过剩的情况下发展了资本密集型企业，不仅使很大一部分可利用的劳动力浪费，而且还引起一系列社会问题。因此，对采用的技术要进行选择，作适应性调整，使之有利于实现充分就业。

(3) 工农业发展并重。高增长战略强调通过工业部门的扩展来吸收过剩劳动力，实现农业劳动力向工业的转移。我们不仅要通过工业发展来创造就业机会，而且要通过农业发展来吸收劳动力。当然，这种农业发展是通过劳动密集型途径实现的。石川滋教授从日本农业发展成功经验中得出的一个结论是：从事劳动密集程度很高的类型的农业并提高每公顷产量还是有可能的。也就是说，在不降低生产水平的情况下，也可以找到将相当多的人吸引到农业中去的途径。

9.3 形成经济良性循环的发展

协调发展战略思想并不把协调发展停留在表面层次上，也不把协调发展置于短期范围内，而是塑造深层的、具有持久性的良性循环的发展模式。

在发展中国家，其经济发展会遇到一些经常性的障碍。在很大程度上，这些障碍是发展中国家所固有的。它往往形成恶性循环的陷阱。发展经济学家对此曾作过大量分析和描述，其中较为著名的是纳克斯的“贫穷的恶性循环”。纳克斯认为，贫穷的恶性循环包含一组彼此循环地发生作用和反作用的力量，使得一个穷国永远处于贫困状态。①他把实际收入水平低视为发展中国家经济发展的

① 纳克斯：《不发达国家的资本形成问题》，商务印书馆1966年版，第4—5页。

主要障碍，从而在资本形成上存在着一种恶性循环关系。

在供给方面，由于实际收入水平低，使储蓄能力较小，储蓄能力小导致资本缺乏，这又引起生产率低下。生产率低自然影响实际收入，如此循环不已。

在需求方面，由于实际收入水平低，人民的购买力有限，从而使投资引诱减弱，资本数量减少。这势必造成低生产率，进而导致低收入，如此循环不已。

虽然，对于这一情势，理查德·纳尔逊用“低水平均衡陷阱”的分析来表述，而哈维·莱本斯坦则提出“关键性最低努力”的命题，但他们都认为在这些变数中，资本积累水平是最重要的变数。只有大量投资，才能改变恶性循环中的其他变数，跳出低水平均衡陷阱。

然而，实践证明，单纯高资本积累并不能建立起经济的良性循环。尽管高资本积累可以推进高增长，高增长反过来又促进高积累，但整个经济仍然可能处于其他形式的恶性循环之中，导致发展进程缓慢。因为，高积累与高增长的循环只是表现为数量增长，并没有解决增长质量问题。相反，它却会引起高增长与低效益之间的尖锐矛盾。显然，这种状况是不利于经济健康发展的。

协调发展战略思想注重于从根本上消除恶性循环，塑造良性循环的流程。基于这一点，协调发展要求把增长数量与增长质量结合起来，以质量求数量。具体讲，有以下几个方面：

(1) 历史表明，在不发达国家经济发展过程中，外国技术的引进对于促进其技术进步方面起了决定性作用。然而，外国先进技术的引进，不仅要注意其水平和数量，更要注重引进的质量。这表现在两个方面：一是引进的技术要适合本国资源条件，认真考虑其成本方面的因素，按最能赢利的条件把各项因素组合起来；二是不断改进已进口的技术，开发其更大的生产能力的潜力。例如日本引进外国技术建造的一家设计能力为年产 5 万吨的合成橡胶厂，经过技术改进，投产后年产量达到 7 万吨。因而，培养改进已进口技术的能力是关键。否则，即使引进最现代化设备也难免会在几年内变成过时的东西。

(2) 一般说来，发展中国家的劳动力供应比较充足，这是有利于经济增长的(在生产资料供给较充足的情况下)。但劳动力的素质较差，缺乏现代就业所需的那种必要的教育和训练。无疑，这将会对劳动力向现代工业部门转移形成障碍，更为重要的是，它将造成低效益。因此，要把提供充足的劳动力同适当的劳动力素质提高以及以生产性资产的形式不断进行资本积累的过程这三者结合起来。从这三者来看,在大多数发展中国家,劳动力素质较为薄弱。因而,开发人力资源在协调发展中具有重大意义。例如,韩国实行大规模开发人力资源的规划。1964年,韩国居民教育经费水平,相当于按人口平均国民生产总值与其相同水平的国家平均数额的3倍。在人力资源开发的基础上,采取人力资源密集型的工业化和增长战略。这样,工业化所造成的高就业率将提供大量收入,不仅有利于资本积累,而且导致对产品的需求并将在一定程度上保证利益得到普遍分配。当然,在开发人力资源时,考虑到劳动力供给充裕和充分就业,应注重于初等教育和职业教育。

(3) 发展中国家人均收入水平较低,资本积累较为困难,为了获得起码规模的增长刺激,牺牲一部分消费以便为积累资本进行储蓄是必要的。但在扩大投资规模的同时,必须提高投资效果,即提高资本积累的质量,为此,就要解决好以下几个问题:一是投资方向正确,根据产业结构合理化的要求选择投资项目,使新的投资能与原有资本较好地配合起来;二是投资项目尽快形成生产能力,成为资本积累的新的源泉;三是投资所形成的生产能力要尽可能达到规模经济,提高经济效益。

当上述这些生产要素从数量扩展与质量提高两方面结合起来,并以质量求数量时,这些生产要素的组合有可能塑造趋向于良性循环的流程,跳出低水平均衡的陷阱。

9.4 稳中求进、进中求飞的发展

在发展中国家,协调发展的运动轨迹决不是大起大落、急剧波动的经济增长,而是稳妥地,逐步加速的经济增长。

高增长战略追求产值,追求速度。为了达到这一目标,往往采取两种基本手段:一是粗放发展,大量投入人力、物力、财力,扩大再生产规模;二是“短平快”发展,偏重于轻型化加工。当这两方面结合起来时,在一定时期内,经济可能出现高速增长。但这种高速增长难以持续,往往被迫突然减速。其主要原因是:

(1) 发展中国家底子薄,基础差,除了劳动力外,物力与财力均为短缺。尽管依靠国家一些强制手段,可以集中一些物力和财力实行粗放发展,但其程度是有限的。如果通过进口物资和吸收外资来支持国内经济高速发展,也只能是短期的,外汇短缺和外债偿还势必造成经济突然减速。

(2) 制造加工业的大量超前发展将加大对能源、原材料以及其他基础设施的需求,而这些基础产业长期缺乏投资,处于严重滞后状态。在这种畸形产业结构下,基础产业将严重制约制造加工业的发展,使制造加工业大幅度减产,从而导致经济大规模滑坡。

因此,高增长战略形成的经济运动轨迹是"暴涨—滑坡—调整—暴涨",呈现扩散性的振荡。从某一个短期来看,经济增长也许是高速的,但从长时间来看,由于几经折腾、结构强制性逆转调整,其发展速度并不快。这里的关键在于经济高速增长的前提性条件不够或基础薄弱。

国外一些经济学家对这种前提性条件不够重视,甚至予以否定。格辛克隆认为,在考察经济落后国家时,必须注意下面两个事实:(1)一些在先进国家工业化中的前提,在落后国家,或者是根本找不到,或者是在很低的程度上存在。(2)尽管经济落后国家没有这些前提,工业发展的"暴涨"阶段仍会出现。为此,一些已经被肯定了的前提条件,在不同条件的工业化过程中是不必要的,重要的是找出一系列替代这些不存在的"前提"的措施。[①]库特纳更明确地指出,社会先行资本在经济发展中不具有特殊的作用。没有社会先行资本投资高潮,该地区的发展也不是就注定会停滞。[②]

笔者认为,格辛克隆指出的发展中国家的"两个事实"是客观存在的,但问题在于在缺乏有关前提性条件的情况下,工业发展"暴涨"现象能否持久,实践证明是不行的。尽管发展中国家的经济发展与发达国家当时的情况有很大的不同,某些具体的前提性条件可能不一样,但一些基本的前提性条件仍然是共同的,是发展中国家实现经济起飞必不可少的。正如罗斯托指出的,起飞的初始条件要求有最低限度的社会基础资本的先行建设,以便为必不可少的扩散效应准备技术条件。如果在没有相应的前提性的资本准备的情况下开始起飞,结构上的缺陷会导致起飞年代中的严重问题。[③]

协调发展战略思想所强调的是塑造经济的良性循环,因而它注重经济高速

---

① 参阅罗斯托主编:《从起飞进入持续增长的经济学》,四川人民出版社 1988 年版,第 193 页。

② 同上书,第 297—325 页。

③ 同上书,第 17 页。

增长的前提性条件，讲究产业结构合理化以及经济效益。显然，实施这一战略在经济发展初期将不会有较高的增长速度，但实质上是在积聚力量，为经济稳妥发展奠定基础。当有关的前提性条件基本具备，力量积聚到一定程度，经济便会起飞，进入持续高速增长。因此，协调发展必然是稳中求进、进中求飞的发展。

为了实现这种协调发展战略，在经济发展初期，就必须致力于一些前提性条件的创造。这些前提性条件主要是：

(1) 基础产业的超前发展。尽管社会基础设施的建设有耗资多、工程大、工期长的特点，但基础产业的发展是长期行为，它的超前发展将为后来的工业迅速发展解除后顾之忧，增强经济增长的后劲。韩国就坚持基础产业建设先行的原则，1962—1971 年，韩国当局对社会基础设施的投资占其投资总额的 60%。仅公路投资一项，在 1966—1969 年四年间就扩大了 30 倍，他们认为，发展工业不但要发展工业本身，从某种意义上讲更重要的还是要发展"社会间接资本"，没有或忽视后者的先行，前者的起飞乃是一句空话。

(2) 农业的稳定发展。即使在实行劳动密集型农业生产，农业劳动生产率难以大幅度提高的情况下，也要努力提高土地生产率，增加每亩土地的粮食产量。随着农业总产量的提高，从而剩余农产业数量的提高，将改变粮食短缺制约。否则，经济发展过程就有可能因粮食短缺而面临严重困难。

(3) 人力资本积累。发达国家在其经济发展初期阶段，人力资本积累并不是前提性条件，教育对于增长的巨大贡献是以后的事情。但是，对于发展中国家来说，人力资本积累却是经济起飞的前提性条件。因为今天的发展中国家在经济发展中所使用的物质资本所包含的技术水平，和发达国家早期相比，已经很不相同了。如果没有相应的人力资本积累，这些物质资本的使用效果就较差。许多国家引进外资和技术之所以成效甚少，很大程度上与此有关。由于人力资本积累的周期相对较长，所以在投资顺序上应先投资于教育，然后再加紧对工业化的投资。

9.5　要求全面改革的发展

协调发展战略思想与传统发展战略又一重大的区别是，它并不单纯强调经济方面的协调发展，而是主张经济、政治与社会各方面的协调发展。

以高增长为代表的传统发展战略把注意力集中在增长速度上，因而往往是在不从根本上消除发展障碍的情况下，单纯从经济因素（如资本积累等）出发推进经济增长。其结果，经常是经济、政治和社会之间的不平衡，其中最为突出的问题就是高增长并没有给广大人民群众带来富裕，而是助长了两极分化，带来社会动荡。

高增长战略是以这样的假设为基础的：(1)消灭贫困的任务可以留给政府通过把增长的成果进行再分配来加以解决，或者(2)在没有任何政府干预的情况下，国民生产总值的高增长将通过"间接流下"①的一套机制而自动地提高穷人的生活水平。

在第一种情况下，政府对再分配的失败，往往是由于高增长政策建立起一些权力地位，从而在政府行政管理上缺乏有效地执行再分配政策的政治基础，使得很难依靠政府的再分配政策来反对这些不平等。在第二种情况下，间接流下机制实质上是难以发挥作用的。因为一部分人先富起来之后，其利益便开始硬化，难以把其中一部分利益自动流下贫困阶层。事实上，在 20 世纪 60 年代，发展中国家并没有出现这种好处流下的情况。正好相反，特别是在巴西、墨西哥和印度那些所谓的"成功经验"里，虽然在 60 年代经历了国民生产总值的高速增长，正如阿德尔曼所指出的，那里的发展好处非但没有自动地间接流下，发展过程却反而典型地使好处间接流上，受惠的是中产阶层和富人。②

这两种情况都表明，经济增长如果不与政治、社会的发展相协调，它会带来一系列社会弊端和问题。同时，政治与社会问题又会反过来阻碍经济增长。因此，如果发展战略的目的是为了把历史的常数转为变数，那么仅仅改变投资结构和消费结构等通常意义上的资源分配是不够的，还必须考虑建立新机构和改造现有的机构。

协调发展战略是以满足人民的基本需要为中心的，致力于塑造良性经济循环。这就决定了全面改革是其必然逻辑。因为，为了达到协调发展，必须从根本

---

① 西方经济学认为，政府通过大企业及上层社会把资金流回社会，比直接发放福利金或用于公共建设更能刺激经济增长，这一现象称为"间接流下"。

② 伊尔马·阿德尔曼：《发展经济学：对其目标的重新估计》，载《美国经济评论》第 65 期，1975 年 5 月，第 302 页。

上消除各种构成恶性循环的障碍，例如不适当的体制、态度、价值观等。然而，人们发现各种障碍往往同国内经济与政治权力的分布方式有关，决非可以单纯从经济上加以解决。因此，正如保罗·巴伦所说的：经济发展在历史上总是意味着社会上经济、社会和政治结构的一场影响深远的改造。[①]当然，这种改造是一场深刻的革命，对于我们来说，这种改造是社会主义制度的自我完善和发展。

协调发展的实质是全面改革，尤其是体制改革。没有这种改革，决不可能实现协调发展。这种改革在协调发展中的意义，主要表现在：(1)改革的过程可以成为刺激发展的独立变数。例如，一项教育改革能够通过提高劳动力质量来促进发展。(2)改革可以是发展的前提。只有通过改革，消除各种障碍，才能形成协调发展。(3)改革可以为发展战略的有效实施提供保证。应该看到，在协调发展战略中，各项改革是互相联系的，因而伴随着协调发展的是全面改革，而不是零星、个别的改革。

当然，这种全面改革的具体内容和进度应由协调发展的需要来决定。脱离其要求的改革，也许并不利于协调发展。

---

① F.巴伦：《经济成长的政治经济学》，每月评论出版社1957年版，第3页。

10 产业结构优化的调节机制和微观基础

确立正确的经济发展战略思想固然是优化产业结构的重要一环，但为实现产业结构优化的目的而进行的调节活动总是要通过一定的作用机制来实现的，并且这种调节活动要有相应的微观基础。因此，我们要进一步分析实现产业结构优化的调节机制和微观基础。

产业结构调节机制是一种根据现有产业结构状态，输入某种信号和能量，引起结构变动，形成产业结构新状态的作用过程。根据其信号的性质和调节方式的类型，我们可以把产业结构调节机制在理论上划分为市场机制和计划机制两大类型。与这种调节机制相联系的微观基础是指经济主体(企业)对调节信号所作出的反应。在本章中，我们首先讨论两种不同类型的产业结构调节机制，然后探讨适合中国国情的产业结构优化的调节机制，最后分析产业结构优化的微观基础问题。

10.1 两种类型的产业结构调节机制：比较分析

为了对产业结构调节的市场机制和计划机制进行比较分析，以便把握这两种类型调节机制各自的特点及其功效，我们首先从抽象形态上来分析这两种类型的调节机制。

10.1.1 产业结构调节的市场机制

市场机制调节产业结构在很大程度上是一种经济系统的自我调节过程，即经济主体在市场信号的导向下，通过生产资源的重组和在部门间的流动，使产业结构尽可能适应需求结构变动的过程。在这一调节过程中，产业结构变动的信号机制是市场价格，决策机制是无数的经济主体的分散决策，动力机制是经济主体对增加利润或避免损失的追求，实现机制是资源的横向转移。

市场机制调节产业结构的基本过程表现为：随着收入水平的提高和收入分配格局的改变以及技术的不断进步，最终需求结构与中间需求结构相继发生变化。变化了的需求结构破坏了原有的供求格局，使一些产品供过于求，而另一些产品供不应求，从而导致这些产品的价格也发生相应的变动(前一类产品的价格下降；后一类产品的价格上升)。最初的价格变动尚只是影响该部门已有企业的生产，但一旦价格波动幅度大到一定程度，即达到部门间生产资源转移的临界点(转移后收益＝转移成本＋机会成本)，产品价格下降的部门的资源就会转移到产品价格上涨的部门，直到形成供给结构与需求结构之间新的平衡。然后在新的需求结构拉动下，进行下一轮的产业结构调整。

这种市场机制对产业结构的调节，其优点主要表现在：(1)产业结构调整的方向基本上与产业结构变动的一般趋势相吻合，不会出现产业结构调整的重大方向性错误，以致产生较大的结构失衡。因为这种产业结构调整主要是由收入水平和收入分配格局决定的需求结构的变化拉动和导向的，并且是经过了众多经济主体的独立分散决策的选择而确定的，所以产业结构调整的方向比较正确。(2)产业结构调整的节奏比较稳妥和适度，不易产生重大的结构逆转的现象。因为市场机制的调节大都是微调，调整的幅度较小，而调整的弹性较大，属于一种软性调节，所以产业结构调整不会出现大起大落，调节过度等现象。(3)产业结构调整是随时地、不间断地进行的，从而产业结构不适应需求结构变动的现象能及时、不断地给予解决，不易出现产业结构失衡“积重难返”的情况。因为市场机制对于结构失衡的反应是比较灵敏的，不仅价格信号会随着部门供求关系的变化迅速显示结构失衡，而且资源的横向流动也能较快地矫正结构失衡。因此，市场机制在调整产业结构方面的作用，是客观存在的。

但是，市场机制对产业结构的调节存在着局限性，并不能真正实现产业结构的优化。为比较明确说明这一问题，我们首先分析纯粹形态的完全竞争的市场，然后考察现实形态的垄断竞争的市场。

(1) 完全竞争的市场机制的局限性。这种完全竞争的市场机制的前提假定是：首先，对于生产者和消费者来说，价格都是外在的，生产者根据既定的价格决定其生产规模，消费者根据既定的价格决定其消费数量。同时，除了转移成本外，不存在别的非经济障碍影响生产要素在部门间的转移。其次，在成本不变的情况下，导致价格变化的因素主要是供给与需求关系的变化，从而价格真实地反映供求关系的变化。再次，决策主体是所谓的“经济人”，它追求利润最大化原则，具有与此原则相适应的合理行为。

我们暂且不论这些前提假定的真实程度，即使是这样一个非常理想化的市场机制模式对产业结构调节也具有局限性：

第一，在完全竞争的市场机制调节下，从某个部门的产品供不应求或供大于求，到价格变动以及由此引起的资源转移，再到部门结构趋于协调，是一个较长的过程，在这一事后调节的过程中，可能等不到部门结构自行趋于协调，经济活动已经蒙受了较大损失。

第二，由于各种产品的供求关系及其价格的变动是彼此影响的，并且是一个连续的过程，在这种复杂的环境中，部门结构究竟会在何种程度上自行趋于协调，是不确定的。①

第三，价格信号随着供求关系的变动而迅速变化，以及由此而引起的产出的不稳定，会影响企业的技术创新。在缺乏创新的情况下，产业结构是难以达到优化的。

第四，完全竞争的市场机制对产业结构的调节是通过资源在部门间的不断流入和流出实现的，而生产要素从一个部门流向另一个部门要产生相应的转移成本，例如工人重新培训、一些固定资产要报废或低价售出等。这种市场机制调节的“反复试验”的资源流动，无疑具有较大的转移成本，这些成本都是资源的损失。

第五，由于资源条件的约束，完全竞争的市场机制对产业结构的调节也存在着局限性。

(2) 垄断竞争的市场机制的局限性。在现实生活中，市场机制的规定决不会达到上述假定那样严格的程度，垄断程度不会等于零，价格也并不完全反映供求关系，决策者的动机是多元的，其决策总会出现失误。因此，现实形态的市场

---

①　参阅厉以宁：《社会主义政治经济学》，商务印书馆 1986 年版，第 163 页。

机制往往是垄断竞争市场。实践证明，垄断竞争市场机制对产业结构的调节，更会经常出现“失败”或“失效”。这种调节的失败主要表现在两个方面：

第一，在垄断竞争性市场上，商品并不随着需求和供给的变化而自行升降其价格，因而只靠价格信号已无法传递全部经济信息。当与商品供求有关的各方不能及时获得全面有用的信息时，市场机制对产业结构的调节作用就大大削弱了。不仅如此，在价格信号不能传递全部信息的情况下，对于企业来说，在许多场合，商品需求量和需求函数等有关参数，是比价格更重要的信号。然而，处于企业的地位上，要想了解和掌握这些参数的信息，需要付出极大的代价，甚至几乎是不可能的，因为这种收集和整理全面信息的工作将花费大量的人力、物力和财力。当企业不能较全面掌握有关信息时，其决策的失误程度将提高，从而使产业结构的自行调整受到限制。其实，即使存在着健全的经济信息系统，但由于不同的经济主体在利用经济信息方面存在着明显的差异(例如，经济主体的动机不同，或决策者的素质不同)，也会使市场机制对产业结构的调节受到限制。

第二，市场机制在与知识财富相联系的技术开发与运用上经常发生调节失效。首先，由于技术知识具有公共财富的特点，一项新的技术成果的取得往往要付出很大的代价，而学习或掌握别人已开发的新技术成果则比较容易。因此，在市场机制调节下，企业进行技术研究与开发的积极性就会受到影响，从而使社会的技术开发投资停留在过低水平上。其次，技术开发能否成功，或能给开发者带来多大的收益，是无法事先知道的，而且这种风险难以成为民间保险的对象。因此，不能以市场所要求的形式来进行技术开发，往往需要通过政策干预来分担技术开发的风险。最后，技术开发和学习具有规模经济的特点，即技术和产品开发的费用随累积产量的增加而单位生产成本(包括开发成本)递减，产生规模经济效益。这种规模经济效益却使私人收益率与社会收益率发生背离，而市场机制不能很好地调节这种背离。总之，在市场机制调节下，产业结构的创新能力会受到一定程度的影响，尤其是一些投资大、风险强、周期长的高技术产业难以得到顺利发展，从而影响产业结构的转换能力。

10.1.2 产业结构调节的计划机制

计划机制调节产业结构在很大程度上是一种对经济系统的调控过程，即政府机关向经济系统输入某种信号(计划指令)，直接进行资源在产业间的配置，使产业结构变动接近理想状态的过程。在这一调节过程中，产业结构变动的信号机制是计划数量指标，决策机制是单一的政府主体的集中决策，动力机制是政府主体对经济持续、稳定、协调增长的追求，实现机制是资源的纵向配置。

计划机制调节产业结构的基本过程表现为：政府机关根据现有产业结构状况和对产业结构变动的预测，从经济发展的总目标出发，通过纵向等级层次向经济主体（企业）发布计划指令，以调整部门间的供求格局。通常，计划机关发布两种类型的指令：一类是日常生产计划，这是计划机关模拟市场的功能，根据库存的增减，给生产者发出的数量信号，以调整各部门的产出结构；另一类是投资计划，这是根据现有的供求状况及预期的变动趋势，确定各部门的投资结构，通过资产增量在产业间的配置来协调供给结构与需求结构的偏差。当这些计划指令得以贯彻，其结果反馈到计划机关时，便开始了新一轮的产业结构调整。

这种计划机制对产业结构的调节，其优点主要表现为：(1)通过对需求结构变动的预测，以及对产业结构变动规律性的认识，事前调节产业结构，使产业结构变动具有一定程度的超前性，从而为供给结构与需求结构主动协调提供了条件。(2)计划总是相对稳定的，数量信号引导下的产出也相对稳定，这种生产的稳定性为技术创新创造了有利的条件。(3)计划指标所传递的经济信息是经过大量收集和整理工作而得出的比较全面和集中的信息，这种信息（假定其不是失真的，或失真度很小）对于产业结构的优化具有重大意义。(4)真实地反映需求结构变动的计划，不论是日常生产计划还是投资计划，将极大地减少产业结构变动的摩擦，使产业结构变动的资源转移成本降低到最低程度。(5)在计划机制调节下，计划机关在很大程度上承担了技术开发的不确定性的风险，并集中力量进行新技术的开发与运用，充分发挥技术开发与运用的规模经济效应，从而有利于推动技术创新，重点建立与发展高技术产业，提高产业结构的转换能力。不可否认，计划机制对于产业结构调整有重大作用。

然而，计划机制对产业结构的调节作用也存在一定的局限性，单靠计划机制难以实现产业结构优化。为了说明这一问题，我们同样先进行理想的计划机制的分析，然后考察现实的计划机制。

(1) 理想状态的计划机制的局限性。这种理想状态的计划机制是以这些假定为前提的：一是计划是通过充分的预测、科学的分析而制定的，真实地反映了经济生活中的供求关系。二是计划指令具有高度权威性，生产单位和投资单位不仅都能迅速地执行计划决策机关的指令，而且都能不折不扣地按照计划的要求行事。三是决策者与执行者以及各决策层次之间的利益一致性，高层次决策者是整个社会利益的代表，各级决策层次间具有无差别的利益。

即便在这种理想的计划机制下，产业结构调整也难以达到优化。因为，计划总是相对稳定的，计划的制定、实施、反馈、修正都有一定的程序和过程，而需求却总是在变动。所以，即使计划在期初是完全反映需求结构变动要求的，但到了期中，或某个时点，也可能会与实际的需求结构发生偏离。这种计划变动的滞后性决定了即便是最科学的计划（期初制定的）也不能保证供给结构完全符合需求结构，也不能保证产业结构的协调。

（2）现实状态的计划机制的局限性。在实际生活中，上述的一些假定要作修改：首先，现代经济关系是异常复杂的，并存在着许多不确定的因素，人们的认识能力与计算能力在既定时期又是有限的，因而计划出现偏差与失误是不可避免的，它不可能完全真实地反映经济生活中的供求关系的变动。其次，计划在实际贯彻中并不能保证做到彻底的执行，计划指标与实际完成状况总会有某种程度，甚至较大的偏差，因而计划的权威性并不彻底。再次，现实生活中存在着各种利益差别，高层次决策者并不能完全代表整个社会利益，下级决策机关会因自身利益而修正上级机关的计划决策，执行者出于自身利益也会对计划指令作出不同的反应。这种现实状态的计划机制对产业结构的调节，会表现出更明显的局限性：

第一，计划决策的失误往往会造成产业结构调整的方向性的重大错误，从而产生较大的结构失衡。因为计划机制对产业结构的调节主要是供给推动方式，其基本前提是对需求结构变动的正确预测，然而计划并不能完全真实地反映需求的变动，所以这种供给推动式的产业结构调节往往会犯方向性的错误。

第二，计划的实施主要通过下达指令的方法来实现的，属于一种硬性调节，因而它对产业结构变动的调节幅度较大，调整的弹性较小，难以做到比较适度的调节，容易产生调节过度的现象。这样，产业结构变动容易出现波动与反复。

第三，计划机制对产业结构的调节主要是通过纵向等级层次的传递来进行的，因而其调节功能并非很灵敏，比较守成，往往要等到结构失衡达到相当严重的程度才给予大调整。

第四，计划机制下的各种利益差别比较难以协调，从而在计划实施中存在着较大的摩擦，使计划目标发生变形，难以保证部门结构的资源配置效益。

从以上的演绎性分析中，我们可以看到，产业结构调节的市场机制与计划机制都有其各自的优点，又有其各自的局限性。市场机制的调节比较准确、比较稳妥、比较灵敏，但却是事后调节、不确定、不利于创新、转移成本较大；计划机制的调节具有事前主动性、比较确定、有利于创新、调整成本较小，但却有欠准确、短于守成、易于过度、摩擦较大。从总体上讲，市场机制对产业结构的调节作用，比较有利于实现产业结构合理化，而不利于促进产业结构高级化；计划机制对产业结构的调节作用，比较有利于促进产业结构高级化，而不利于实现产业结构合理化。因此，单独使用其中某一种调节机制，都无法实现产业结构的优化。只有把计划机制与市场机制很好地结合起来，才有利于产业结构的优化。

10.2 计划与市场相结合的产业结构调节机制

上一节我们是从抽象状态比较分析了产业结构调节的市场机制与计划机制，旨在说明这两种机制本身所具有的长处与短处。然而在现实经济生活中，不存在单一的市场机制，也不存在单一的计划机制，这两种机制几乎是同时存在的，只不过是这两种机制结合的方式不同罢了。

当这两种调节机制在现实经济生活中结合起来的时候，不论它们是怎么样的结合方式，这种结合后的调节机制都会与上一节抽象形态上描述的市场机制与计划机制不同，即发生“变形”，因此我们不能简单地照搬理论模型的市场机制与计划机制来衡量与判断现实中互相结合的市场机制与计划机制。曾经有一些学者认为，资本主义国家的经济运行机制是市场机制，它们至多有计划（中、长期计划），但不存在计划机制；相反，社会主义国家的经济运行机制是计划机制，它们至多有市场（如商品市场），但不存在市场机制。这种把计划与计划机制、市场与市场机制割裂开来的观点是值得商榷的。前面的分析已经表明，市场机制与计划机制是两种不同类型的调节机制，其信号机制、决策机制、动力机制、实现机制各不相同，其功效是不能互相替代的（当然它们可以互相补充）。因此，任何计划与市场只有通过各自的特有机制才能发挥调节经济和调节产业结构的作用，即计划不可能通过市场机制来发挥其调节作用，同样市场也不可能通过计划机制来发挥其调节作用。这种观点之所以会把具体形式的计划与计划机制割裂开来，把具体形态的市场与市场机制割裂开来，其根源之一就是用理论模型描述的市场机制与计划机制的特性来衡量与判断现实中互相结合的市场机制与计划机制，从而认为资本主义国家存在着基本符合理论模型描述的市场机制，却不存在理论模型所描述的计划机制；而社会主义国家存在着基本符合理论模型描述的计划机制，却不存在理论模型所描述的市场机制，但资本主义国家又确实存在着各种中、长期计划和计划指导等，而社会主义国家也确实存在着商品、货币、价格等市场，所以只好把计划与计划机制、市场与市场机制分开了。这种观点把计划与计划机制、市场与市场机制割裂开来，事实上只承认在现实经济中只存在单一的产业结构调节机制，或者是市场调节机制，或者是计划调节机制。显然，这对于建立产业结构优化的调节机制是不利的，因为任何单一的调节机制都无法实现产业结构的优化。

在充分肯定现实生活中同时存在着市场机制与计划机制的前提下，我们进一步分析这两种调节机制在现实经济中的结合方式。对此首先要提出的一个基本思想是：市场机制与计划机制的结合方式是多种多样的，不同的结合方式对产业结构调节的功效不同。市场机制与计划机制的结合方式实际上是市场调节功效与计划调节功效互相补充的方式，但由于这两种机制本身是完全不同的，在很大程度上是互相排斥的（例如价格信号与数量信号、政府决策与企业决策、政府动力与企业动力、资源横向流动与资源纵向调拨之间的排斥），所以这两者的不同结合方式会影响其各自调节功效的发挥，从而使两者的功效的互相补充产生不同的类型，这些不同的类型将对产业结构变动有不同的影响。

对于市场机制与计划机制的不同结合方式及其不同的功效，不能简单、抽象地作出价值判断，而要结合一国的具体国情和历史阶段，根据产业结构调整的需要进行判断。只要这种结合方式符合实际情况，其特有的功效适合特定时期的产业结构调整的需要，那么它就是适宜的结合方式，否则，就是不理想的结合方式。也就是说，市场机制与计划机制的结合方式是动态的，它是随着环境条件和产业结构调整目标的变动而变化的，不存在一种一成不变的理想的结合方式。

另外，在评估市场机制与计划机制的结合方式时，不能把这两者的结合理想化，即把两者的长处结合起来，完全避免其各自短处的方式。这种所谓的市场机制与计划机制的“最优”结合，实际上是不存在的。由于这两种调节机制是根本不同的,一种调节机制的作用的发挥必然是以另一种调节机制的作用的抑制为条件的,虽然任何一种调节机制的作用都可区分为正向作用(积极作用)和负向作用(消极作用),但一种调节机制的作用的发挥对另一种调节机制的作用的抑制,必然既包括积极作用的抑制,又包括消极作用的抑制,所以任何一种类型的市场机制与计划机制的结合方式都不可能是"最优"的。我们所说的比较理想的两者的结合方式是指一种调节机制的作用的发挥尽可能减少对另一种调节机制的积极作用的抑制,而增大对其消极作用的抑制,也就是,尽可能充分利用市场机制与计划机制的长处,而减少其短处。

以上对市场机制与计划机制的结合方式的理论分析,为我们分析中国以往产业结构调节机制存在的问题,以及探讨新型的计划与市场相结合的产业结构调节机制提供了理论框架。按照这一理论框架进行分析,我们看到,虽然长期以来,计划机制与市场机制在中国都是存在的,但计划与市场一直是"板块"式的结合,并且计划机制一直排斥着市场机制,因而两者非但没有互相配合,相反,是互相制约的。所以,30 年来,中国产业结构的调节机制,基本上是一种排斥市场机制的不完全和不完备的计划体制。

首先,从产业结构变动的信号机制看,引导中国产业结构变动的主要是计划信号,市场信号被限制在很小的范围内,几乎对产业结构变动不起什么作用。国家用投资计划调节资产结构,用年度生产计划调节产值结构,用招工计划调节就业结构。

其次,产业结构变动的动力系统看,决定着产业结构变动方向和速度的主要是政府的动力(中央政府的动力和地方政府的动力),企业几乎没有独立的变动产业结构的动力。中央政府调节产业结构的动机是宏观发展目标(主要是赶超先进国家的目标)以及满足部门间相互平衡的要求;地方政府调节产业结构的动机则是形成一种自给自足"全能"型结构的地方产业格局,以满足自身的各种需要,解决某些产品的短缺造成的被动以及增加本地的财政收入。

最后,从产业结构变动的实现机制看,调整产业结构主要是通过纵向的增减非资本品投入(中间性投入)实现的,几乎没有或很少有企业的破产,几乎没有或很少有劳动力与机器设备的横向转移。

可见,在传统经济体制中,市场机制虽然存在,也起着一定的作用(特别在计划管理的外部),但受到极大的排斥,无法发挥其对产业结构调节的积极作用。

在传统的价格管理体制下，产品价格，特别是生产资料价格，既不真实反映产品的消耗，也不准确反映产品的供求，从而无法有效地引导资源的配置；在传统的资金和劳动力计划体制下，缺乏完善的市场体系，没有资金市场和劳动力市场，没有资金和劳动力的横向运动；在预算约束软化的制度下，不存在企业的破产，广大企业不成其为真正的市场主体；在传统企业制度下，企业成为“小而全”“大而全”的企业，而不是按照市场要求实行大企业的多种经营和小企业的专业化生产。

因此，中国传统的产业结构调节机制存在的主要问题是完全排斥市场机制，从而使中国产业结构变动缺少微调机制。由于缺少微调机制，供给结构不能对需求结构的微小变动作出迅速有效的反应，从而无法将产业结构大的震荡分解为连续不断的小变动，也无法通过资源在部门间的自由流动，使供给结构不断逼近需求结构变动的要求。与此同时，计划机制由于其自身的局限性，未能完全给出科学、准确的配置信号，以及对产业结构进行的表层的（即没有生产能力的存量转移的部门调整）与硬性的调节，导致中国产业结构较严重的失衡和结构调整的较大动荡。

自 1979 年以来，这种状况有所改变，市场信号开始发挥较大的作用，引导资源在部门间的配置；企业开始成为相对独立的经济主体，其自身利益的追求开始影响到产业结构的变动；生产要素的横向流动开始加强，存量调整与重组机制开始形成。这些变化表明，市场机制对产业结构的调节作用得到了强化。这无疑是一大进步，但问题在于计划机制与市场机制尚未得到较好的配合，还没有形成一种较好的结合方式，这两种机制之间的摩擦还比较严重，主要表现为计划信号与市场信号（价格）往往都是扭曲的；政府决策与企业决策往往都带有各自不正常的偏好；纵向资源配置与横向资源流动往往都受到严重阻碍。无疑，这些摩擦对产业结构优化是十分不利的。近几年来中国产业结构出现的过度轻型化、地区产业结构的趋同化等不正常现象，与这种摩擦有极大的关系。因此，我们的任务是要继续寻求计划机制与市场机制较好的结合方式。

从中国社会主义经济建设以及其他社会主义国家的改革经验来看，计划机制与市场机制较好的结合方式是计划机制为主导、市场机制为基础的双向制约、互相配合的方式。在这种结合方式中，计划机制在经济运行中仍处于主导地位，但这种主导地位主要表现为对市场的调控，例如通过控制利率、汇率、信贷总额等来影响市场的供求关系，并通过商业部门（包括物资部门）对某些产品的"吞吐"来调节市场的供求，进而影响价格水平，等等。所以，计划机制的作用依然是很重大的，它对市场的运行起着主导作用，控制着市场的运行方向、状态和格局。然而，计划机制在主导市场运行的同时，也受到市场机制对其的制约，这种反制约主要表现为计划机制对市场的主导作用必须以遵守市场机制的基本要求为前提，如果计划机制严重扭曲了市场信号与市场关系，那么计划机制就无法实现对市场的有效调控。

在这一结合方式中，市场机制的作用将大大加强，企业的日常生产与小规模投资将由其来引导，它通过价格信号反映日常需求的变动，通过市场体系实现资源的横向流动，以此进行供求关系的调节。由于市场机制成为经济运行调节的基础，所以市场价值规律的基本要求对计划机制产生了制约作用。同样，在这一结合方式中，市场机制的作用也不是完全自发、毫无节制的，它会受到计划机制的制约，受到计划机制的调控。这种计划机制对其的调控主要是为了消除市场机制的消极作用和弥补市场机制调节产业结构的不足，当然在这一过程中也不可避免地会抑制某些市场机制的积极作用，尤其当计划机制的调控有所失误时，更是如此。

实行这种计划机制与市场机制的结合方式，需要对传统的产业结构调节机制进行根本的改革。首先要硬化企业与国家的预算关系，使企业真正成为独立自主、自负盈亏的经济实体，从而形成市场主体。与此同时，建立和完善市场体系，形成资源横向流动机制。除少数重要的消费品、劳务及严重短缺的基本生产资料外，大部分产品的价格应放开，在供求的比照关系中决定产出与价格的位置。其次，治理整顿经济环境，建立良好的市场秩序，通过各种法令、规章制度规范市场行为，并建立相应的市场管理机构，有计划地组织市场，保证市场功能的正常发挥。在前一阶段的体制改革中，存在一种单纯放开市场的倾向，使市场的管理严重滞后，从而导致了流通领域的混乱，影响了正常的经济生活。因此，市场体系的建立与市场管理应同步进行。最后，计划机制的主体（政府）要改变其目标追求。从追求总产值的增加转变为追求效益、质量的提高，保证国民经济持续、稳定、协调的发展，避免经济大起大落。与此同时，计划必须从包罗万象的短期指令转变为反映中长期经济变动趋势的指导，以及对重点发展项目的控制与影响市场供求的重要变量的调控。计划机关要不断提高宏观管理的调控能力，提高预测水平和计划信号的准确性，健全和完善调控手段，制定适合中国国情的产业政策，并以产业政策为导向来协调其他各种宏观经济政策。

10.3　产业结构调节的微观基础

产业结构调节，不论是利用计划机制还是利用市场机制，都有一个经济主体的反应的问题。产业结构调节能否有效，在很大程度上取决于微观基础是否作出积极的反应。但是，长期以来，人们往往注重于产业结构调节的宏观方面的问题，例如政府的产业政策、政府的干预程度等，而忽视产业结构调节的微观方面的问题。实践证明，这是片面的、有害的。

我们知道，从历史上来说，日本的产业结构调节是比较成功的。它不仅在较短的时间内消除了“双重经济结构”(传统经济与现代经济并存)，使一些落后的产业实现了现代化，而且还发展了一大批新兴产业。在这一过程中，日本政府所实行的正确的产业发展战略和扶植政策，确实起了很大的作用。但如果以此为理由，把其产业结构调节的成功完全或主要归因于政府的产业政策的干预，则带有片面性。事实上，日本产业结构调节成功的基础在于企业的优良素质。正是这种优良的企业素质避免了因政策干预而经常产生的“腐败、低效率及不负责任”之类的弊病。犹如日本学者指出的：“事实上，在许多发展中国家，现代化政策之所以总是得不到成功，也正是由于实际上存在着上述弊病。”①

日本在20世纪60—70年代高速增长时期，许多新兴产业都是没有得到政府的保护、扶植政策的支持而发展起来的。例如彩色电视机、录音机、音响设备、数控机床、纤维机械、绝缘器材、通信设备等。在第二次世界大战后几乎是从头开始，依靠企业自己的力量发展起来的，其中多数都作为出口产业取得了辉煌的成功。“因此，这些企业的经营者们，对于日本曾经普遍实行了系统而有力的产业政策的说法持有最强烈的反感”，因此，不论是从落后产业的现代化，还是从新兴产业的发展来看，日本产业结构转换的成功，在很大程度上是依靠其产业的优良素质。日本经济学家对此有一个形象的比喻，政府官员尽管很优秀，但他们充

① ［日］饭田经夫等：《现代日本经济史》，中国展望出版社1987年版，第512页。

其量只能是“吹笛者”。重要的问题在于:国民是否随着他们的“笛声”起舞,并以怎样的“舞姿”起舞。事实上,不仅是日本的经验表明了产业结构转换成功的基础在于产业素质,其他许多国家的成功经验也证明了这一点。例如美国就十分强调依靠产业自我调整功能来实现产业结构转换。

即使从理论上来分析,也是如此。对于产业结构转换来说,政策的力量毕竟只是一种外部力量。这种力量的作用是有限的,并要通过产业自身的素质才发挥作用。如果产业素质低劣,缺乏自我调整和自我发展的能力,那么再完美的产业政策也会失效。因为:

(1) 产业结构转换要求产业具有弹性。我们知道,产业结构转换无非是资源在不同产业部门的重新配置,是劳动力、资金等在产业之间的转移。这种转移在理论上可区分为两种类型:一是存量转移;二是增量转移。作为一个巨大变动的产业结构转换,仅有增量转移是不够的,它更大程度上需要存量转移。因为全新产业的出现毕竟是少数,在大多数情况下是由老企业引进新设备、新技术来实现产业结构转换的。显然,这就要求产业具有较好的弹性,能较为顺利和尽快实现资源转移。这里,一个突出的表现就是劳动力的结构转移。产业结构转换引起的质的变化,首先表现在生产设备的变化上。但问题不在于此。除了那些世界上最新开发的先进设备外,一般来说,只要有资金就可以买到新设备、新技术,但是,那些操作新设备、新技术的劳动者,却不能马上就培养出来。因而,在许多国家的产业结构转换过程中都不同程度地出现了公开或隐蔽的结构性失业。这实际上是反映了产业的弹性程度。产业弹性是资金(物力和人力)适应性的综合表现。产业弹性越大,越能适应外部环境的激烈变化。从而越能减少产业结构转换的阻力;反之,则增加产业结构转换的阻力。

(2) 产业结构转换要求产业具有活力。产业结构转换不仅要求开拓新兴产业。而且要求原有产业高级化。在这一过程中,政府的扶植政策只能是重点性的选择,大多数产业和企业必须依靠自身的力量来发展和提高。它们只有积极创新,努力适应产业结构转换而引起的市场条件的动态变化,从而受益于市场的迅速扩大,才能融汇到产业结构转换的大趋势之中,否则,它们将与产业结构转换形成强烈的摩擦。尤其是那些原先比较落后的中小企业,如果不具有自我发展的活力的话,那么在产业结构转换中将加深二元经济结构的矛盾性,使落后产业与现代产业的差距进一步扩大。即使是那些受惠于政府扶植政策的产业,也必须具有活力,寻求自身的发展。否则,它会完全依赖于政府的保护,降低政府扶植政策的效果。再说,政府的扶植政策总是有限度的,一旦失去了政府保护,这些产业便会崩溃。因此,仅靠政府扶植和保护,而不具有自身活力的产业,是很难在产业结构转换中得以真正确立的。总之,缺乏产业活力,对产业结构转换构成了真正的威胁,没有一个国家能在缺乏产业活力的情况下取得产业结构转换的成功的。

(3)产业结构转换要求产业具有承受力。产业结构转换将较大地改变原有产业之间的关联,引起外部环境的激烈变动。在这一过程中,产业遇到不同程度的震荡和压力,是不可避免的。因为:第一,在整个产业部门,技术革新和扩大投资不可能是整齐划一的,它必然会带来发展上的不平衡,造成各产业部门之间经济水平的差距扩大,尤其是在产业结构转换启动阶段,这是不可避免的。第二,各产业部门经济发展不平衡,必然会带来收入水平的差距扩大,从而加剧社会矛盾。第三,由于资金的物质形态的固定性和不易改变性的特点,在结构转换中必然会出现摩擦。第四,原有产业关联的改变,一开始必然会带来某些供求关系和供求渠道的无序状态,需要有一个重新组合的过程。在这种情况下,需要产业有一定的承受能力,经受得住产业结构转换初始阶段的混沌无序的考验。如果产业不具有承受力,产业结构转换就难以走出无序状态,向有序发展。产业结构转换的无序阶段是不可逾越的,只有依靠产业强大的承受力才能渡过这一难关。

总而言之,历史和逻辑的结论都是:产业结构转换能否顺利地进行,并取得成功,在很大程度上取决于产业素质。

产业素质是各企业素质总和性的整体反映。无疑,企业素质是其基础,但它又不是各企业素质简单的加总,它是产业活动质量和水平的综合表现。产业素质的形成是受各方面因素影响的,并且是一个历史的过程。

国际经验表明,产业素质高低与产业关系调整之间有着最大的相关性。在众多的决定因素中,产业关系调整是从根本上影响和决定产业素质的因素。

在传统的西方经济理论中,产业关系往往是指企业中雇主与雇佣者之间的关系。但在现代技术和社会变化影响下,产业组织发生了重大变化。[①]传统的企业组织是数量较多、平均规模偏小的单功能企业。它们虽具有成本优化及供求

---

① 参阅史正富:《产业组织的转换与产权制度的改革》,《经济研究》1987年第10期。

适应性强等明显的静态效率，却与现代生产力的性质相冲突。现代意义上的企业是巨型的、其内部具有生产、销售、供应、设计等多功能的有计划调节的公司。这些公司以其规模有能力承担高于旧式单功能企业的新功能。其中之一，就是所有这些产、供、销之间的联结，过去是分别有众多独立企业承担并通过市场交易来实现的，现在则转化为公司内部的计划协调过程，这些独立的单功能企业则成了公司内部执行一种特殊职能的基层劳动组织。因此，公司不仅要协调不同组织之间的产供销活动，而且还要督导、评估和奖惩所属单位的领导。这样，产业关系已不再是一个孤立的雇主和雇佣者之间关系的问题了，而是一个较广泛的经济、社会和政治综合化的结果。

产业关系包括两个方面的联系和交往：一是不同的公共机构、集团、个人之间的关系；二是同一个机构或集团内的具有程度不同的职位、身份、权力和爱好的实体与个人之间的关系。尽管在不同的社会制度、发展水平、历史因素、文化习俗等背景下，这些关系的方式可能具有不同的特点，但一个核心的问题则是同一的，即产业关系的本质是利益关系。具体地讲，就是产业中的不同实体和个人追求的目标函数是不同的，但它们各自的目标函数只有在互相联系和互相作用下才得以追求，从而形成了一种互为前提、互相冲突的利益关系。因此，产业关系总是伴随着利益冲突和利益协调。

显然，尽管利益的冲突是不可避免的，但严重的、尖锐的利益冲突将极大地损害和削弱产业素质。因而，不断地调整产业关系，协调各方利益，把产业冲突降低到最低限度，或者迅速缓解产业冲突，是十分重要的。

然而，调整产业关系，协调各种利益，其首要前提是弄清利益关系的基本格局。利益关系基本格局包括：利益关系的性质、结构、表现形式等。无疑，形成一定的利益关系基本格局取决于各种因素，但最重要的是产业制度或企业制度。与一定的经济运行机制相适应的产业制度，在很大程度上决定了产业利益关系的基本格局。

(1) 财产约束硬化的产业制度。在此制度下，生产者、经营者、企业法人所有权代表和资产终极或形式所有者之间发生普遍分离，在分离的基础上又循着产权联系建立起利益约束（利益关系）。由这种产业制度决定的利益关系基本格局，有以下一些特性：

一是贯穿于整个产业中的利益关系完全是经济利益关系。生产者追求收入最大化的经济利益，经营者追求资产增值的经济利益，企业法人所有权代表追求企业长期发展的经济利益，资产终极或形式所有者追求资产收益的经济利益。这些各自的经济利益又都按照产权联系互相制约。

二是产业中各方的利益边界是明确的，利益约束是硬化的。因为产权关系明晰化清楚地划分了生产者、经营者、所有者之间的利益范围，而且不允许互相之间的利益侵犯。因而，它们之间的利益约束是硬性的。

三是硬化的利益约束使各方利益有可能形成抗衡，利益抗衡的结果将趋向于利益平衡，因而这种利益结构是有弹性的，它随着利益"平衡—失衡—抗衡—平衡"的矛盾运动而变化。正由于这种利益结构具有弹性，所以在不断的利益抗衡中，它是相对稳定的。

四是由于这种利益结构形成了利益制衡关系，因而每一方在追求自身利益时必须顾及整体利益。只有在有利于整体利益的情况下，它才能获得更多的自身利益。如果它以损害另一方利益来追求自身利益，那将受到强大的制约而难以获得更多的好处。

(2) 财产约束软化的产业制度。在此制度下，所有权与经营权合一、所有者与生产者合一，因而各方面的利益关系似乎互相渗透，形成了一体化，而其间又没有什么互相制约。这种利益关系的基本格局有以下一些特性：

一是利益关系多元化。虽然经济利益仍是重要的利益关系，但其他利益关系也很强烈。企业领导人面对行政隶属关系制约与行政等级诱导，产生出一种行政利益关系。它们所追求的是服从行政命令，提高行政级别。而且，这种行政利益关系在很大程度上支配着经济利益关系，因为许多物资、资金、外汇等分配的优惠往往与企业的行政级别相联系，这无疑会带来较大的经济利益。除此之外，作为财产所有者的国家往往出自政治上的考虑，把政治利益也贯彻在产业活动中。显然，在这些多元的利益关系之间存在着排斥性，因而产业中的经济利益关系被严重削弱。

二是利益边界模糊，利益约束软化。国家、集体、个人之间的利益似乎"你中有我，我中有你"，利益关系尚不明确。由于利益边界模糊，势必形成利益约束的软化。因为利益边界模糊并不意味着各方没有利益追求，它仅仅是把各方的利益追求隐形化了。而在利益边界模糊的情况下，各方的利益追求缺乏约束性，经常相互侵犯。

三是由于利益约束软化，从而难以形成从各方利益的抗衡趋向于利益平衡。在这种情况下，利益结构经常性状态是非平衡，而且这种非平衡的利益结构被硬化。因为取得利益强化的一方不会自动削弱自身的利益，相反是要极力维持这种倾斜的结构，而利益被淡化的一方因利益约束软化则无法增强自身的利益。所以利益约束软化必然导致利益结构硬化和利益失衡。

四是在利益关系失衡的情况下，各方在追求自身利益时往往难以顾及整体利益和他方利益。因为利益边界模糊、利益约束软化，给它提供了可以在不顾及整体利益的情况下获得更多自身利益的条件。所以，在各自利益追求中大量表现出来的是"我得你失"的"零和博弈"的结果。

上述这两种不同的产业利益关系的基本格局，所表现出来的产业冲突也是不同的。前者的利益冲突是分开的、明朗的，便于找出问题症结进行产业关系调整。同时它又是一种对抗性较强的冲突，处理不好，容易引起严重的产业争端；但处理好了，则有积极意义。另外它本身就有利益制衡机制，冲突的调整相对容易一些。后者的利益冲突是隐蔽的，其中最典型的就是怠工，因而比较难以调整。同时这种冲突往往以消极的形式表现出来，虽然不具有很强的对抗性，但摩擦比较持久。另外这种冲突自身调整能力较弱，往往要通过外部力量给予调整，但由于利益结构硬化，外部力量也很难起作用。

至此，我们可以进一步看到，在不同产业制度基础上形成的两种产业利益关系的基本格局以及它们利益冲突的表现形式，将对产业结构调节有重大的影响。这种影响主要表现在两个方面：

一方面，不同的利益关系格局对产业关系调整提出了不同要求，有的调整难度大一些；有的调整难度小一些。显然，调整难度大，就不容易改善产业关系，从而不利于提高产业素质；调整难度小，就容易使产业关系得到改善，从而有利于提高产业素质。而不同的产业素质对同一产业政策会有不同的反应，因而影响产业政策的有效性。

另一方面，不同的利益关系格局本身对产业政策就有直接影响。因为产业政策从本质上讲也是一种产业利益调整政策，不管它的具体内容如何不同、怎样改变，它都涉及产业利益的问题。显然，不同的利益关系的基本格局对产业政策的实施有不同的影响。

由于产业利益关系的基本格局在很大程度是由经济运行机制所设定的，而经济运行机制问题我们在上一节已作了详细论述，并初步设计了新型的产业结构调节机制，因而在此我们可以省略有关产业利益关系的基本格局的选择问题。在既定的产业利益关系的基本格局下，为了有利于产业结构的调节，我们仍然面临着不断调整产业关系，以提高产业素质的任务。因为即使在计划机制与市场机制较好结合的情况下，产业冲突也将继续存在着，只不过是有可能改变了冲突的形式。如果我们不能较好地处理这种产业冲突就会严重损害和削弱产业素质，从而给产业结构调节带来困难。因此，我们应该在确立新型的产业结构调节机制的同时，不断地调整产业关系，把产业冲突降低到最低限度，至少要迅速缓解产业冲突。

产业关系调整的目标主要有三个方面：一是产业安定，即产业各方面利益关系协调；二是产业民主，即上、下沟通，参与决策的一体感；三是产业发展，即赋予产业以强大的生命力。为了实现这些目标，要采取一系列互相配合的措施，主要有以下几项：

(1) 确立产业关系的法律环境，使产业关系法制化。就是说，用立法的形式把产业关系规范化和固定化，使产业中各方面的基本利益受法律保护，为各方面的利益协调建立一般的程序。许多国家，例如美国、联邦德国、法国，都把法律视为影响和调整产业关系最重要的手段，精心构造了调整产业关系的法律框架。由于在西方市场经济中，企业之间契约关系早已受到法律的约束，所以它们调整产业关系的立法重心在于企业内部的雇主协会与工会关系上。与此不同，我们的立法面临着双重任务：一是要强化企业之间关系的法律约束机制，使企业之间市场契约化更加稳固，建立企业之间商品交换的新秩序；二是要确立企业内部管理者与劳动者关系的法律约束机制，使它们的基本权益得到法律保护，同时也使它们的行为受到法律制约。为此，就需要进一步制定各种经济法、企业法、就业法、公司法、劳动关系法、同工同酬法等。

(2) 建立调解、调停、仲裁制度，促进产业纠纷的解决。对于产业纠纷，首先应该尽可能让当事人双方通过一系列对话、谈判等方式自己解决。在当事人自己无法通过协商解决纠纷时，应由代表第三者身份的国家出面给予解决，解决产业纠纷，主要有两种方式：一是敏感地觉察纠纷各方的利益所在，在强调调和的前提下，找出一个双方都可以接受的解决办法。二是要求纠纷双方以公共利益为重，反对分裂和不和，使双方放弃各自利益互相妥协。为了尽快解决产业纠纷，把其危害降低到最低限度，应该把有关的调解、调停、仲裁活动制度化，设立专门的产业纠纷调解机构，处理有关事宜，并制定产业纠纷调解规则，使调解工作尽可能做到公平合理，提高调解活动的效率。

（3）制定收入政策、收入分配政策、人力政策，调节产业关系。在产业关系中，收入水平往往是矛盾的焦点，这不仅表现在产业内部工人要求增加收入的强大压力，而且表现在产业之间收入水平的强烈攀比，收入政策就是要调节这种状况，通常的办法有三种：一是控制工资总额，保证工资增长不超过劳动生产率的增长；二是以税收为基础的工资限制措施，规定一个工资增长界限，没有超过这个界限，给予减免所得税以此奖励，若超过这个限额则加税；三是在非常时期冻结收入，但这只能短期使用。此外，还要实施收入分配政策，主要内容是：一是产品价格和收入决定均等化，排除垄断对价格的影响，提高劳动收入的相对份额。二是收入再分配，对高收入阶层增税，对低收入阶层免税，并向低收入阶层提供社会福利和社会保险。三是收入源泉均等，包括财富分配均等化和机会均等等。产业关系中另一个突出问题是结构性失业，这需要用人力政策来加以调节。其主要内容有：一是进行智力投资，普遍提高劳动者文化素质，对劳动力进行再训练，调节行业、职业间的劳动力供求。二是对各类劳动力进行需求预测，提供就业信息，开展职业介绍和就业指导。三是为劳动力在行业间、地区间的流动提供援助和方便。

（4）大力培育产业关系利益代表组织，形成产业关系的合理结构。产业关系的自我调节机制是产业关系正常化的基础，实现产业关系自我调节需要有相应的组织，最基本的组织就是管理者组织与工人组织（工会）。这些组织机构应真正赋予独立的利益和权力，形成大致均等的力量抗衡。只有这样，它们才有可能对产业关系进行自我调节，从而真正体现工人参与管理的精神，发展产业民主。我们过去虽然也有工会之类的组织，但这并不是真正的利益代表，不存在实际的利益抗衡的合理结构。为此，我们一方面要大力扶植企业家集团，保护企业家的权益，另一方面要改变原先工会的性质和职能，使工会成为工人利益的真正代表。通过这种组织创新，建立产业关系自我调节机制，形成互相协商的管理制度。

除了上述主要措施外，还有其他一些行业管理、社会福利、政治思想工作、企业精神等方面的措施。所有这些措施都是用来调整产业关系，从而提高产业素质的。

11 优化产业结构的主要政策措施

前两章论述的经济发展战略选择与经济调节机制构建，是实现产业结构优化的基本条件（产业结构优化模型明显反映了这一点，参见第 2.3 节）。然而，由于产业结构的直接决定因素是产业技术结构、产业固定资产结构和中间要素投入结构（见第 2.1 节），我们对产业结构的调节是通过影响与操纵这些基本变量的政策措施来实现的，所以在既定的经济发展战略与经济调节机制的前提条件下，还要进一步探讨有关实现产业结构优化的具体政策措施。

由于产业结构优化是为了达到长期的、动态的产业结构合理化和高级化，而不是短期的、静态的结构平衡，因而优化产业结构主要是生产能力的部门调整，而不仅仅是部门产值结构调整。那种没有人力与设备转移以及技术创新的产业结构调整，虽然通过增减中间要素投入的方法硬性调整用产值表示的产业结构，可以在短期内实现结构的大致平衡，但一旦形势好转，要使停下来的生产能力重新开动，此时压缩了的产业又会膨胀，结构缺口会在短暂变小后又再次被拉大，产业结构失衡的状况不会得到根本改变。因此，从根本上改变产业结构失衡状况和促进产业结构高级化，关键是调整生产能力（劳动力与机器设备的转移）与促进创新。与此相适应，我们主要采取技术政策、投资政策与劳动力政策等措施来调节产业结构，实现其优化。

11.1 技术政策调节

在第 4 章中，我们已充分论证了技术创新是产业结构有序演进的主动因，从中可以明显地看到技术进步对于优化产业结构具有重大意义。然而，技术创新在现实生活中会受到各种因素的制约和种种障碍，因此我们要通过有效的技术政策来促进技术创新活动，进而促进产业结构的优化。与产业结构优化有关的技术政策，主要包括两方面的内容：一是技术进步政策；二是技术结构政策。

11.1.1 技术进步政策

技术进步政策是一项提高技术发展能力，促进技术发展速度的政策，其主要内容是：(1)促进新技术的发明与运用，这是该政策的核心问题；(2)实行对传统(或原有)技术的革新与改造；(3)推动技术的传播与扩散，提高技术(尤其是新技术)的普及率。因此，一项完整的技术进步政策应该是新技术创造与传统技术革新的统一；技术开发与技术扩散的统一。

新中国成立以来，技术进步取得了较大的成果，特别是党的十一届三中全会以来，技术进步及其对经济发展和结构优化的促进作用，更是有了明显的进展。然而，从总体上看，中国的技术发展水平还是相对落后的，暂且不论农业与部分服务业中尚存在相当比例的手工技术，即使在技术水平相对较高的工业部门，也存在不少问题：

(1) 生产装备的技术性能较差，设备陈旧老化。中国工业部门拥有的主要装备与世界工业先进国家相比，在技术水平与性能等级上要落后一至二代。并且，技术装备的运行往往消耗较大，从而提高了使用费用。

(2) 产品的技术性能落后、质量较差。中国大多数的工业产品的技术水平是世界上 20 世纪 50—60 年代的水平，达到发达国家 70 年代末、80 年代技术水平的产品的产值和产量还不到工业产品总产值和总产量的 30%。例如，中国大部分机械产品，技术性能落后、结构笨重、效率低、寿命短、可靠性差。

(3) 工业的加工程度较低，初加工与简单加工的比重较大，而深加工和复杂加工的比重较小。例如，在食品工业总产值中，只经过初级加工的食品，其产值份额约占 80%。此外，冶金、化工、森工、煤炭工业等的加工程度也不高。

(4) 工业加工的综合利用能力较差。工业废渣每年约 4 亿吨，所利用的仅 0.8 亿吨，其利用率不足 20%。此外，工业连续生产中物料和能源有效利用和平衡的问题也较多，例如油田气、炼油厂气的焚化，利用余热、余能的能力较差，共生矿资源的废弃比较严重，等等。

显然，这种技术水平与状况对于我们实现产业结构的优化是极为不利的，它将长远地影响中国产业结构的转换能力，使中国产业结构处于低水平阶段。因此，迅速改变这种落后的技术发展水平，将成为中国经济走向新的成长阶段的主要措施之一，将在根本上决定中国现代化建设的进程。尤其是，在世界新技术革命的情况下，这一任务显得更为紧迫和重要，因为世界新技术革命的力量将要求国民经济进行根本性的结构调整。为此，我们为迅速改变技术落后状况而制定的技术进步政策必须置于世界新技术革命的宏大背景下进行考虑。

世界新技术革命对产业结构的影响，主要表现在六个方面：

第一，新的人造原材料的发展将对由自然资源生成的传统原材料提出强烈的竞争与替代。过去，人们只是运用技术对地底下发现或生成出来的原料进行加工。然而，材料科学和能源的新近发展有可能为满足某种需要开发出一种新材料来。这些“新材料”，诸如现在正被日本、西欧和美国开发的超级聚合物、合成物、光学纤维、细陶瓷等，将深刻地影响自然资源的经济价值。这种材料革命将迫使产业政策重新调整其注意力，从传统产业（诸如钢和铜）转向全新产业和工艺的出现上去。

第二，计算机、电信和信息处理技术的加速发展，将在服务提供和技术传递方面形成巨大的规模经济。信息管理领域所发生的变化非常之快，以致它们已经具有了“信息革命”的特征。

电信方面的进步仅仅是这场信息革命的一个组成部分。由于现有的知识能够更容易地传递到研究人员手上，以及模拟和初级人工智能在实验中的运用，应用研究将更快得以发展。由于电信的发展，产品寿命周期正在缩短。通过世界计算机电信网络，产品和工艺技术将迅速传播，与世界市场上潜在的商品和劳务的供给者戏剧性地结合起来。商品供给者就提高了向消费者提供有关指导性服务的能力，使更为紧密和相互作用的生产者与消费者的关系得以建立，从而改变了竞争的内容，使过去销售预先设计好的机器、装备和部件的竞争，转变为提供设计服务、工艺技术、定制设备和部件、重新设计和持续指导服务的竞争。电信的发展极大地降低了地理距离在市场活动中的重要性，戏剧性地缩短了为满足消费者不断变化的需求所作出的反应过程。

第三，产业工艺将朝着自动控制系统的方向发展。它是以多功能，可重新编制程序的设备和系统为基础，与全新的材料加工技术相结合的。生产工艺这种变化将为更灵活的生产，小批量生产，最低限度的存货，迅速的市场反应和产品适应性提供可能。与此同时，还能保持甚至促进厂房、设备使用的规模经济。自动控制的工艺加工，无疑将导致产品寿命周期的缩短，从而竞争将更加依赖于市场反应能力和所提供的相关服务。更多地运用自控工艺加工方法，将导致重大的劳动替代效应，这对于那些以低廉劳动力费用支撑出口竞争力国家的企业是有重大影响的。

第四，运输、尤其是航空技术的改善，将带来生产的集中，使市场之间的联系更为紧密，有利于降低成本。更为轻巧而又坚固的飞机机架和更轻、更高性能的飞机马达，将意味着飞机具有更大的载重能力，更远的飞行距离，更快的降落与起飞性能，因而空中运输竞争的加剧以及它对其他运输方式的影响，使人们更加强调提高市场反应能力的重要性。

第五，生命科学的迅速发展将可能提高人类寿命的能力，改变人口统计学的口径。为了在保持和改善竞争力的过程中，把人力资源基本质量放在更重要地位，为了更加强调教育改革，服务的质量与分配，事实上在每一个国家，服务业就业人数占全部就业人数的比重将可能继续提高。

第六，生物工程的发展也许能为粮食生产(和粮食生产布局)的较大进展，以及为各个领域诸如加工工艺，垃圾管理，存储技术，甚至动物和人类特征的改善开辟道路。目前生物工程的发展，只不过是一个开端。然而，我们已经可以断言，生物工程的发展很可能极大地改变世界粮食生产和分配的性质，因而它对于农业、农业综合企业技术和竞争力有较大影响。

这一世界新技术革命不仅对发达国家的产业结构发生了巨大的影响，而且在 20 世纪 70 年代同样开始影响着发展中国家的产业结构，其基本趋势是：(1)以微电子为核心的信息产业迅速发展；(2)资源加工工业与劳动密集成熟产业的比重下降；(3)推进出口型发展中国家新产业比重的提高速度大于进口替代型发展中大国的提高速度。①显然，世界新技术革命也必然会影响中国的产业结构调整，从而我们的技术进步政策应充分考虑世界新技术革命这种影响与其要求。

---

① 孙尚清、马建堂:《中国产业结构研究》，山西人民出版社和中国社会科学出版社 1988 年版，第 309 页。

虽然技术进步具有一定的跳跃性，尤其是发展中国家可以通过吸收和采用新兴科学技术成果跳跃技术发展的某些阶段，加快技术进步的速度，缩短与发达国家之间的技术差距。世界新技术革命正为我们提供了实现技术发展跳跃的可能性。但是，技术的跳跃性发展是有条件的，其跳跃的程度最终会受到原有技术基础的制约。前面的分析已经表明，中国原有的技术基础是比较差的，因而技术进步的跳跃幅度相对小些，适宜于跳跃发展的技术类型的选择余地也较小。除此之外，中国的产业结构也比较落后，那些在发达国家已变成为"夕阳工业"的钢铁、汽车、造船和建筑等传统部门，在中国却还有较大的发展余地。因此，世界新技术革命在今后一段时期内对中国产业结构的影响不会像发达国家那样表现为传统工业的衰落和新兴工业比重的迅速增加，而是表现为传统工业的改造和新兴工业有重点的发展。无疑，这将对技术进步政策产生深刻影响，成为今后一段时期内技术进步政策的根本方针。在这一根本方针指导下，中国近阶段的技术进步政策的主要内容应包括以下几个方面：

(1) 推进重点发展产业(或项目)的技术装备现代化，努力提高其技术性能水平。在重点发展产业或项目中，往往会遇到一系列重大的，甚至是带方向性的技术问题。因为，重点发展产业(项目)通常关系国计民生，它们的发展或建设，不仅需要具备较高水平的单项技术，而且还需要有较高水平的综合技术，这就要求有多种学科和多种技术的配合，要求有各部门、各专业的密切协作。因此，重点产业或建设项目所采用的技术水平，直接关系到基础技术素质的改善和全国性技术水平的提高，具有长远的影响。为此，重点产业和建设项目要尽量采用适合中国国情的先进技术，努力提高其技术水平。

(2) 加快现有企业的设备更新和技术改造，这是技术进步的重要内容和基本形式。现有企业的设备更新往往不是同一技术设备的简单更换，它应把该设备服役期间所发生的技术进步合并进去；现有企业的技术改造更是着眼于用先进技术来改进和提高原有技术。因此，开展现有企业的设备更新和技术改造，不断提高现有企业，特别是大中型骨干企业的技术进步，就会成为提高全社会技术水平的巨大杠杆。当然，在现有企业设备更新和技术改造中，也要讲究经济效益原则：一是如果采用新技术装备的总生产成本(包括新投入资金的利息和折旧)比现有的营运成本(材料、能源和工资)更低时，旧装备和旧工序原则上说应当予以废弃和替代；二是如果经过改善后所节约的营运成本大于改善投资的资金成本时，对旧工序便应予以改善；三是如果现有设备的营运成本和新设备或改善的设备的预期总成本均超过产品的价格时，新装备和新工序便不宜采用。这些原则可以用来选择技术改造的项目，但它有一个前提条件，即价格、工资和资金使用费均不能扭曲。

(3) 搞好农村的“星火”计划和科技扶贫工作。[①]中国农业技术是相当落后的，农村乡镇企业的技术水平也较低，存在着物质消耗大、质量不稳定、装备和管理不科学等问题。因此，我们要关心和重视广大农村和乡镇企业的技术进步，千方百计地把那些见效快、效益好、便于掌握的技术，源源不断地送到农村和乡镇企业，从科学技术上对农村经济进行具体引导和扶持。“星火”计划的实施将迅速改革中国农村技术落后的面貌，推进和提高全社会的技术进步水平。

(4) 有计划、有重点地开展高技术的研究和运用。高技术是在现代科学技术基础上产生的一种反映科学最新成就的技术活动。在当代国际政治、经济的激烈竞争中，发展高技术具有特殊重要的战略作用，它将成为决定一个国家在未来国际经济发展格局中地位的主要因素和支柱。经过40年的建设，中国在计算机、生物工程、机电一体化和新兴材料等高技术领域已有一定的基础，拥有一定的高技术产品开发能力和一批高技术开发成果，这对于我们进一步开展高技术的研究和运用是有利的。但是，目前的条件还不允许我们全面发展高技术。我们应根据实际情况有计划地发展高技术，逐步建立高技术产业，运用高技术来实行传统产业的改造，以缩短传统工业现代化的历史进程；运用高技术来发展基础设施和基础产业，以改善经济发展的基础条件；运用高技术来带动经济、科技、社会的发展。

当然，这种技术进步政策的顺利实行，并取得较好的效果，要有其他条件的配合，其中最重要的是体制因素。在传统体制下，企业所关心的只是上级下达的产量、产值任务，对如何利用技术进步来提高产品质量、降低成本、开发新产品则缺乏兴趣。即使企业感到有必要进行技术革新改造，也往往因缺乏正常的资金来源、预期收益不大等原因，只好作罢。因此，首先要形成一种自觉实行技术进步的动力，这一动力来自企业对技术进步有强烈需求的作用机制。为此，要深化

---

① 以发展农村经济为宗旨的科技“星火”计划在“七五”期间的具体目标是：(1)每年为乡镇短期培训20万知识青年和基层干部，使每人掌握一至两项适用技术；(2)动员中央和省市研究部门开发100种适用于农村的成套技术装备；(3)帮助建立500个技术示范性的乡镇企业。

经济体制改革，使企业的产品真正经过市场的检验，从而对企业形成一种必须依靠技术进步来提高产品竞争能力的强大压力；同时，使企业具有自我发展的活力，强化企业对技术开发和利用的能力。只有这样，才能提高企业发展科学技术的热情，使其发挥促进技术发展的主动性和积极性，从而使技术进步政策的贯彻落实有坚实的基础。

除了调动企业开展技术进步的积极性外，还要改革科技管理体制，促进科技成果有效使用。传统科技管理体制下的科技经费无偿使用和科技成果无偿转让的做法，往往使科研单位忽视对科技的开发和运用，一些有经济价值的成果也往往因无力推广而被搁置起来，从而不利于加快技术进步。为此，要大力发展技术市场，推进科技成果商品化的进程，促使科研面向经济建设，促进科研机构、设计单位与生产企业之间的多层次、多形式的协作和联合，疏通科研成果流向生产运用的渠道，从而使研究开发中的成果能够尽快在生产应用中见到成效，同时使生产发展中的技术问题也能够及时反馈到研究开发中来。这样，就能够缩短科学—生产的周期，提高科技成果的利用率，加快技术进步速度。在这种新的科技系统运行机制作用下，要采取有效的鼓励和保护措施，不仅要鼓励重大的科技成果，而且更要鼓励连续不断的小的技术革新，因为其对于生产成本和产品质量的累积的影响，往往比前者的影响要大。除此之外，还要提高整个民族的文化教育水平，提高劳动者素质，为技术进步奠定雄厚的基础（此问题将在本章第三节详述）。

11.1.2 技术结构政策

技术结构政策是为调整产业结构，根据具体国情而合理安排各种类型和层次的技术之间的相互关系和数量比例的政策。在既定的技术进步水平下，存在着不同类型和层次的技术，技术结构就是由不同类型和层次的技术所构成的有机整体。技术的类型和层次可以从不同的角度进行划分，但最基本的划分方法有两种：

一种是从生产技术的作用对象和主要功能的角度，划分技术类型：(1)节约劳动消耗，提高劳动生产率的技术；(2)节约原材料和能源消耗，提高其利用效率的技术；(3)提高技术装备性能和效率，改善工艺流程的技术；(4)合成新的优质材料，开发新产品的技术；(5)利用废旧物资和防治环境污染的技术；(6)提高科学管理与改善生产组织的技术，等等。这种技术类型的划分是一种理论分析，在实际生产过程中，一项技术的采用往往具有多种作用对象和多种功能，因而技术进步既是提高资本边际生产率的因素，也是提高劳动边际生产率的因素。英国经济学家希克斯按照发明创新对于资本边际生产率和劳动边际生产率的影响，将技术分成节约资本型技术、节约劳动型技术和中性技术(它使资本边际生产率对劳动边际生产率的比率保持不变)。这种技术类型的划分方法，也被广泛运用。

另一种是从生产技术的效率或效能程度的角度，划分技术层次：(1)尖端技术，这是反映科学最新成就，处于时代最前沿的技术(我们现在也称之为“高技术”)；(2)先进技术，这是处于领先地位，较高水平的技术；(3)中等技术，这是比较普通和一般水平的技术；(4)初级技术，这是最基本的、较为简单的技术。这种技术层次划分的标准具有相对性和动态性的特点，一方面某一层次技术的确定取决于它与其他技术水平的比较；另一方面今天的尖端技术也许到未来某一时点则成了先进技术或中等技术。

如果我们把技术类型的划分看作是技术横向结构，而把技术层次的划分看作是技术纵向结构，那么技术结构就是这两者的有机统一。在横向结构的其中任何一种类型的技术中，都存在着不同的技术水平；同样，在纵向结构的其中任何一个层次的技术中，也都存在着不同的技术类型。因此，技术的类型和层次是不能截然分开的，我们在论及技术结构时总是从这两方面进行考虑的。

从静态来看，技术结构总是表现为各种类型和层次的技术之间的一定比例关系。从动态来看，不同类型和层次的技术之间的比例关系(其相对地位)是变动的，并有其一定的规律性。通常，技术类型的结构变动趋向是从主要追求提高劳动生产率和经济增长的技术逐步向提高产品质量和节约原材料、能源的技术方面发展，然后再向合成新型材料和防治环境污染等方面的技术发展。技术层次的结构变动趋向则是从初级技术占较大比重向中等技术占较大比重，依次向先进技术乃至尖端技术占较大比重的方向发展，从而表现为一个技术发展的历史序列。

技术结构及其变动可以通过多种指标来反映：(1)不同技术所生产的产品在产品总量中所占的比重，以及它们之间的比例关系；(2)不同技术所使用的劳动力人数在劳动力总量中所占的比重，以及它们的比例关系；(3)不同技术所消耗的物质资源在该种物质资源总消耗量中所占的比重，以及它们之间的比例关系，等等。通常，第一种指标被认为是最能够反映技术结构状况的。

技术结构政策对技术结构的调整，其目标并不在于技术结构本身是否“门类齐全”或“比例关系相当”等，而在于调整与完善供给结构。因为，在某些情况下，同一种产品，既可以用先进的技术生产出来，也可以用一般水平的技术生产出来，因而在经济系统中，缺乏某一层次水平的技术是被容许的，只要其他层次水平的技术能生产出同等数量的社会所需要的产品就行了。同样，同一种产品，也许可以用节约劳动的技术来生产，或者可以用节约原材料、能源等其他类型的技术来生产，只要能生产出同等数量的社会所需要的产品，完全可以用某种类型的技术替代另一种类型的技术。当然，在某些条件下，对于同一种产品来说，不同类型和层次的技术并不是完全可以互相替代的。例如，某些高级数控机床只能用尖端技术来生产，而无法用其他层次的技术来替代。但对于相当一部分产品来说，其生产可以有不同类型和层次的技术之间的互相替代。因此，以“技术结构门类齐全”或“比例关系相当”为标准，是难以判断技术结构是否合理的。

技术结构是否合理应该从其与国民经济发展程度和基本格局的关系上加以考察，结合具体国情进行判断，其中最主要的，就是从产业结构调整的要求出发，来衡量技术结构的合理程度，即技术结构的合理性主要取决于它是否适应国民经济主要产品的供求关系的衔接，是否有利于产业结构调整和优化。因此，技术结构政策的目标，并不在于技术结构自身的调整，而在于如何使技术结构适应于产业结构变动趋势。

从技术结构政策的这一目标出发，我们可以看到，中国现有的技术结构是不利于产业结构调整与完善的，具体表现为：

(1) 某些短缺产品的部门的技术过于落后，而长线部门的产品的技术相对先进。显然，这种技术的结构性配置将加剧供求的结构性矛盾，不适应产品的供求关系的衔接。如果短缺部门能利用先进或较先进的技术来生产，那么其产品的供求关系也许会趋于缓和。

(2) 节约原材料和能源的综合利用技术薄弱，而节约劳动的技术装备和工艺技术相对强些。这势必会引起不少矛盾，一方面原材料和能源的大量消耗，更加剧了这些短缺产品的供求关系的紧张程度；另一方面劳动力的大量节省与强大的社会就业压力形成矛盾。

(3) 某些尖端技术并不落后，甚至在国际上处于前列，但这些技术项目在解决中国主要产品的供求关系方面的作用不大，而那些对中国主要产品供求关系有较大影响的一般基础技术则比较落后。同时，这种注重少数尖端技术，忽视一般基础技术的倾向，还加剧了尖端技术与一般技术之间的"割裂"，使先进技术难以带动和改造一般技术。

为了改变这种技术结构不利于产业结构调整的现象，我们要采取相应的政策调整技术结构，其主要内容是：

第一，调整技术发展的重点，使之与重点部门发展相统一。我们要把技术发展的重点移向国民经济中一些非常重要而又属于薄弱环节的部门，加强这些部门的技术发展，尽可能采用先进技术，甚至尖端技术，使这些部门的技术面貌有一个明显的变化，从而大大增强这些部门的生产能力，推动国民经济发展。

第二，强调非原材料和非能源密集型技术的选择。运用现代化先进技术节约原材料和能源的消耗，将是中国技术发展战略中一项很重要的内容，它有利于缓解原材料、能源短缺所造成的瓶颈制约。

第三，加强和提高一般基础技术，注重尖端技术的实际成效。一般基础技术在中国近阶段经济发展中仍居有重要地位，不能对其忽视，而要继续加强和提高。与此同时，也要有计划地发展一些代表中国在科技领域的前沿水平的尖端技术，并要注意推广运用，带动和提高一般技术的发展。在这方面，其中一个重要措施，就是把一部分军工的高级技术向民用工业转移。这不仅能发挥尖端技术的实际效果，而且也促进民用工业技术的发展。因此，我们要打破军工技术与民用生产完全割裂的局面，采取技术转让和援助等措施，加快军工技术向民用转移。

在充分满足产业结构调整要求的前提下，我们要考虑社会就业压力、国民教育状况、企业规模以及生产资源状况对技术结构形成的重大影响，选择适合中国国情的技术结构。我们认为，中国近阶段技术结构的基本框架是：从技术类型来说，应以发展提高资金生产率的技术为重点；从技术层次来说，应形成以尖端技术为先导，先进技术为骨干，中等技术为基础的技术体系。

根据国内资金有限、劳动就业压力巨大的特点，我们应选择用一定资金可以达到最高产量的技术方式，而不是那种资金密集，耗能量大、节约劳动的技术方式。正如基思·马斯顿指出的："在资本稀罕、劳动失业或就业不足的国家(即大多数发展中国家里)，重点应该放在使资本生产率而不是劳动生产率最大化。在生产一定产品有数种方式可供选择的场合，应该（在其他因素不变时）选择那种用一定资本费用可以达到最高产量的方式。"[①]在这一问题上，以前理论上存在着片面性，即把技术进步引起的生产成本的节约，仅仅理解为对劳动成本的节约，而忽视了其对资金成本的节约。由此出发，就容易把技术运用与劳动就业截然对立起来。

在中国技术层次结构中，尖端技术是必要的，但只能作为技术发展的先导，不能广泛运用和占较大的比重。因为，首先大量非熟练劳动和非高技能的劳动者无法适应最新技术。其次，落后的基础设施、配套工业不足、管理知识欠缺等因素使高技术的生产设备不能很好地发挥其能力。再则，目前市场所需求的仍然主要是一般的生产资料和生活资料，而不是高技术产品。因此，目前普遍推广高技术，时机尚未成熟，我们不能片面地、盲目地强调高技术，而只能在重点产业和重点企业逐步采用尖端技术。

在今后相当一个时期内，先进技术将起着重大作用。目前，先进技术主要为中国的大中型骨干企业所拥有，而这些大中型骨干企业在国民经济发展中处于举足轻重的地位。因此，在技术水平结构中，先进技术是主导性的技术。充分发挥先进技术的作用将会使中国的资源得到充分利用，具有较高的经济效益，而且它的推广和运用也有助于提高工人的技术水平，为将来采用尖端技术打下良好基础。然而，从数量比例上来说，先进技术在中国现阶段尚不属多数。

在技术结构的数量比例上占大多数的是中等技术，从中国近阶段的实际情况来看，这种状况是比较适宜的和切合实际的。因为，中等技术所需的投资往往较少，并有助于容纳更多的劳动力。与此同时，它也和中国现阶段的劳动者素质、管理水平比较相适应。因此，中等技术在现阶段是比较经济实用的，具有广泛的基础，应给予充分利用，发挥其优势。在技术层次结构中，初级技术应不断被淘汰，使其比重逐渐缩小。

11.2　投资政策调节

由于产业结构是以一定的固定资产结构为基础的，而固定资产结构的形成

① 基思·马斯顿：《适用于发展中国家的进步技术》，《现代国外经济学论文选》第8辑，第187页。

则是投资积累的结果，所以实现产业结构优化的又一重要政策工具是投资政策。投资政策是关于投资规模与投资结构的形成和调整的政策。这里我们着重论述投资结构问题。

从中长期来看，政府投资结构抉择是由一国经济发展战略相适应的产业结构政策决定的。从理论上说，产业结构政策一经确定，在一定的技术水平和价格水平下，政府就可以运用一定的数学规划技术来确定投资结构。然而，在现实经济生活中，政府对投资结构的抉择会受到其他许多因素的制约，尤其是体制模式的制约。

著名经济学家科尔奈认为在传统社会主义体制下的投资分配过程中，由于投资需求超过可供投资的积累成为一种常态，因而在投资分配过程中就存在着项目筛选问题。他认为，投资项目的筛选尺度有两种：一是按照持久比例进行分配，这是传统社会主义体制下投资分配的出发点；二是部门相对短缺强度，它调节投资分配与持久比例的偏离程度。我们认为，科尔奈提出的传统社会主义体制下投资分配过程中的这两个标准本身是可以确立的，但他对这两个标准的解释是欠妥的，或不完整的。科尔奈把前一标准归结于人的思维惯性和逃避现实过程复杂性的行为方式，①把后一标准的确认归因于参与投资分配过程各方面的相互作用的结果。对此，中国学者提出了不同意见和补充看法。孙尚清、马建堂认为，前一准则主要是由传统经济运行特征所决定的，决定这种投资分配的真正信号是未完工的生产能力或未完工率。②史正富认为，对相对短缺强度的确认还受短缺的社会成本的承受主体和显示方式等因素的影响。③显然，中国学者的意见比科尔奈的解释更有力，更接近于现实。

我们认为，传统经济体制下政府的投资结构抉择，在很大程度上是被动的、消极的，它往往依附于政府对投资规模的调控，是在投资规模调控过程中被动形成的。因为在传统体制下存在着投资扩张和投资饥渴的内在冲动，投资动员超过资源供给的可能性边界是其固有的特征。这种特征决定了社会主义经济发展

---

① 科尔奈认为，持久比例准则的吸引之处主要在于其简单和便利，它包括一种不断重复的习惯性决定，每个机构都试图依靠简单的经验方法来作出这种决定。见亚诺什·科尔奈：《短缺经济学》（上），经济科学出版社 1986 年版，第 224 页。

② 孙尚清、马建堂：《中国产业结构研究》，山西人民出版社和中国社会科学出版社 1988 年版，第 131—134 页。

③ 史正富：《投资结构与产业结构》，《经济研究》1986 年第 3 期。

中投资的周期性过程,政府的投资调控就是针对这种投资的周期性而展开的。这种投资调控体系往往是以现行产业结构为导向的单频道调控体系,①如果绘出这种投资调控的方框控制图,那就如图 11.1。

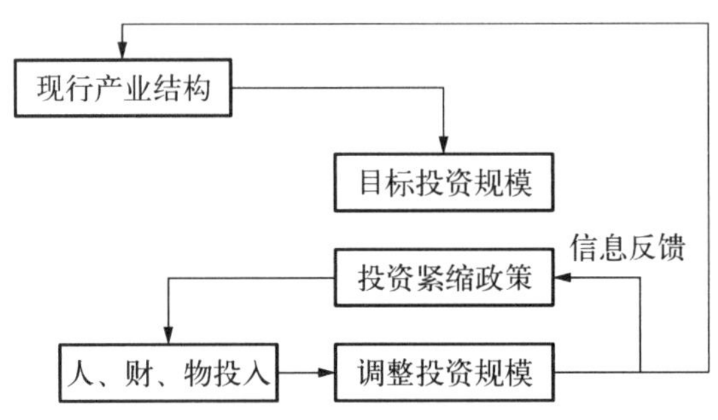

图 11.1　单频道投资调控体系的逻辑顺序

在这种单频道调控体系的逻辑框图中,系统中的导向系统是现行产业结构,被调系统是投资总规模,控制器是投资紧缩政策,人、财、物的输入受约束于现行产业结构和投资政策,而系统的输出则是非控的产业结构变化。由此可以得出这种调控体系的四个主要特点:(1)调控目标主要是投资的总规模而不是投资结构或投资方向。即使在调控投资总规模时适当地考虑了对投资方向的调控作用,但由于没有明确的产业结构控制目标导向,所以其作用是盲目的。(2)调控性质是"宏观规模堵截型",而不是"宏观方向引导型",因而是一种被动的、消极的事后调控。(3)调控方式是刚性的单一型,"一刀切"的紧缩方式。无论是货币投放还是银行信贷,一律紧缩。(4)调控效应是震荡组合型,通过惯性发生强烈摩擦使其减速,无论"软着陆"还是"慢刹车",都很难避免紧缩中的震荡。

我们认为,这种已经采用或正在采用的投资宏观调控系统,其运行结果只能是治标不治本,而且长期下去,还会在很大程度上危害国民经济的正常运行。这是因为:第一,这种调控体系着眼于国民经济发展的现行状态结构,而忽视了国民经济发展的目标状态结构。我们知道,投资的直接目的是为了实现国民经济持久稳定的发展,控制投资规模只是为了减轻现阶段经济发展的震荡。但上述调控系统旨在控制总规模,而不能保证从现行不合理的产业结构过渡到长远的目标产业结构,即实现从现行结构向目标结构的转换,相反,它在一定程度上还

① 关于单频道与双频道投资调控体系的分析是本书作者与刘志彪、张二震的合作成果。

削弱了产业结构的转换能力。须知产业结构的转换能力是一个国家要获得经济持久高速度增长的非常关键的一环。所以,单纯控制投资规模,不是积极进攻型战略,而是消极防御型战略,它实质上取消了计划手段在产业结构改造中的能动作用,因而不能作为长远之计。

第二,这种调控体系不适应经济体制改革的要求,在实际中难以奏效,反而会降低投资效益。在国家一元化投资决策模式下,这种调控体系的作用还比较大,但在多元化投资决策的格局形成以后,投资紧缩政策的实施的有效性损耗就比较大。因为不少企业和地方的投资资金来源并非预算内资金,它们投资的方向是按照市场近期需求信号和盈利标准进行选择的,所以投资都流向需求收入弹性较高的部门和供给的生产率上升率较高的部门。即使国家把宏观投资规模的笼子关紧了,也难以避免投资的结构性膨胀。不仅如此,投资的紧缩政策还会带来负效应。一是会拖延某些必要的中长期投资项目的完成,降低了投资效益。二是刺激投资趋向投资少、风险小、回收快、效益高的产业,使产业结构进一步轻型化。而要扭转这种产业结构轻型化的趋势,我们将不得不付出资源浪费的代价和工业化进程中的时间代价。

第三,这种调控体系不能把严厉的投资限制和投资鼓励政策结合起来,因此很难排除投资的猛烈收缩和国民经济严重衰退的情况发生。至于那些由立足于投资规模控制而派生出来的鼓励政策,也因缺乏目标而不能发挥应有的作用。

毫无疑问,这种单频道的调控体系,由于缺乏目标的导向使投资规模的控制变成了失去目的的东西,这种调控体系不能胜任投资结构性膨胀和投资总规模膨胀的调控。

为了改进投资单频道调控体系的缺陷,提高投资调控的有效性,最根本的一点,就是要进行调控体系中的导向子系统的变换,由目标产业结构导向取代现行产业结构导向,并由此来设计投资调控体系,这种分析和解决问题的思路可以归纳为:投资膨胀→分析和评价现行产业结构→确定目标产业结构→设计投资调控体系→综合运用调控手段→调整投资规模和方向→实现向目标产业结构的过渡。由于投资导向系统的变换是投资调控指导思想的根本转变,因此投资调控体系的逻辑顺序必然会有很大的改变,即由原来的单频道调控体系转变为一种双频道调控体系(见图 11.2)。

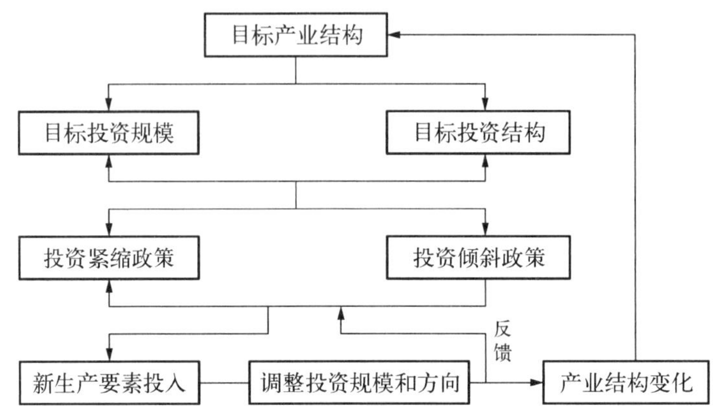

图 11.2 双频道投资调控体系的逻辑顺序

(1) 针对投资规模膨胀的现实,首先对现行产业结构进行系统分析和评价,以便确定投资膨胀的主要性质,然后根据国情国力以及世界科技进步的最新趋向,确定国家工业化的目标产业结构,使其成为进一步明确投资动态目标的导向。科学地确定这个导向系统十分重要,它是整个调控体系的"灵魂"。控制论有一句名言,目标是系统的"主人",而系统则是目标的"奴隶"。这是因为如果一个系统没有明确的目标或目标不正确,那么这个系统就很难存在,即使能够存在也很难避免混乱状态,系统的一切活动都是为了实现它的目标。所以上述调控体系把确立目标产业结构作为其运行过程的第一步,是可取的。

关于目标产业结构的选择的确定,是一个需要另行讨论的问题。总的来说,必须从实现四个现代化的高度,选择骨干产业群、主导产业群和优势产业群为目标产业结构。应该指出,目标产业结构是一个长远规划。必须具体划为五年或更短时期的分阶段目标,以便用滚动式计划的方法使投资总规模和投资方向的选择符合目标产业结构,并和其保持技术上的衔接。

(2) 这种以目标产业结构为导向的调控系统,投资的动态目标有两个内容:一是目标投资规模;二是目标投资结构。所以投资的调控是规模和方向并举。在以投资结构性膨胀为主的情况下,投资规模的控制应在投资方向的选择之后,也就是说,投资紧缩政策和投资倾斜政策,应以后者为主导政策。很明显,这是一种双频道的控制器,它克服了单频道控制"顾此失彼"的单打一的弊病。可见,这种投资调控体系的运行能胜任调控投资总规模和投资结构的双重任务。

(3) 以双重的投资政策控制新的生产要素的投入,以调整投资规模和投资方向，最终引起产业结构按预定目标变化，也就是推动现行产业结构向目标产业结构的过渡，所以系统的输出是可控的产业结构。

由此可见，这种投资调控体系有如下特点：(1)调控目标是明确的，即以目标产业结构为导向，既控制投资规模，更注意调控投资结构，这就保证了整个调控系统运行的自觉性；(2)调控性质是“宏观方向引导型”而不是“宏观规模堵截型”，因而是一种主动的、积极的、有意识的调控；(3)调控方式是具有弹性的多元型，轻重缓急分明，松紧配合得当，行政手段和经济杠杆配套运用；(4)调控效应是稳妥渐进型的顺其原有惯性的转向。

我们认为，双频道投资调控体系是一种比较理想的投资控制方式，它将在很大程度上促进国民经济的健康发展。这是因为：第一，这种调控体系以目标产业结构为导向，投资的调控有利于加强产业结构的转换能力，具有长远有效性。因为这种调控系统能保证从现行不合理的产业结构过渡到长远的目标产业结构，并实现控制总规模的目的。这是一种积极进攻型战略，有利于充分发挥计划行政手段和计划经济手段在产业结构中的能动作用。第二，这种调控体系符合经济管理体制改革的要求，和整个宏观经济的间接控制具有一致性，在多元化投资决策的格局下，能收到较大的效果。因为这种调控系统，着眼于资金流向的疏导，在充分考虑各方面利益的基础上，采用适当的行政和经济手段，把资金引向国民经济中最需发展的薄弱环节。可见，这种调控不会带来负效应或负效应较小。第三，这种调控系统能减少乃至避免经济生活的剧烈震荡而引起的衰退，从而能保持经济的稳定持续发展。

总之，这种双频道的调控体系，由于具有明确的目标产业结构导向而使投资宏观调控成为一个有序的系统。很清楚，它能胜任控制投资总规模和投资结构性转换的双重任务。

以上，我们暂时撇开了中国现行的经济体制和经济运行机制，对双频道的投资调控体系进行了规范性研究。但是，投资理论的规范性研究还要与中国经济运行的实际情况联系起来，才能将理论构想付于实施。也就是说，建立双频道的投资调控体系，必须联系中国经济体制改革和现有投资格局的实际，进行实证性的考察，才能找到实施这种调控体系的机制和途径。

首先，随着投资体制的初步改革，投资决策权逐步下放，形成了投资决策多元化的格局。在这种情况下，双频道调控系统发生作用的运行机制，主要是市场机制。很清楚，在投资决策处于分权的多元化条件下，对投资的调控很难通过纵向的行政手段来实现，而只能依赖市场机制，让有计划的市场机制这个可控的“自动调节器”，通过协调各方面的利益关系来实现投资的宏观调控。自不待言，必要的直接行政手段干预是绝对必要的；但最主要的，调控的目标是通过各种经济杠杆的间接控制手段来达到的。

其次，根据中国的实际情况和现行政策，在今后一个相当长的时期内，固定资产投资仍将实行国家预算内和预算外两条轨道的投资方式。尽管这两条轨道的投资方式各自的投资比重及其方向可能会有所变化（比如国家预算内投资方向主要是国民经济基础结构等非盈利或微利产业，而预算外投资则主要投向于盈利性产业），但是，这两种投资方式在短期内决不可能消失。

第三，预算内投资与预算外投资，由于资金在来源、所有权方面的差异，它们在运动中都各有其特点。预算内投资的资金来源主要是财政预算，其投资决策权集中于国家，投资的方向一般是国民经济的主导产业，投资的动力是整个社会的偏好结构，故其具有资金来源上的单一性、投资决策的统一计划性、投资方向的单一目标性和投资目的的社会偏好性等特点。而预算外投资则恰好相反，它具有投资资金来源上的多渠性（个人、企业、银行、地方财政、外资等都是资金来源）、投资决策的分散性、投资方向的市场选择性和投资动力的盈利性等特点。

基于以上分析，为了有效地控制投资规模，引导投资方向，提高投资效益，就必须建立起以资金流向为基本线索的预算内投资和预算外投资的双轨调控体系，以实现“双频道投资调控”的目的。

(1) 预算内投资的调控。预算内投资亦称为政府投资。在传统的计划体制下，政府投资居主导地位，经济改革虽然使这种投资格局发生了重大变化，但是它仍占有举足轻重的地位，政府投资的结构性选择对投资结构仍发生着重大影响。由于政府投资直接受宏观计划决策的支配而较少受市场近期信号的刺激，因此，从理论上讲，只要国民经济的目标产业结构和投资政策已定，可动用的投资品约束已知，那么，全部投资计划工作似乎只是求解一个大型的数学规划问题了。然而，事实证明，预算内投资的分配计划，并不是如此简单的，政府的投资分配计划要受到许多非经济的社会因素的制约。因此，对预算内的投资也要实行规模和方向的调控，对政府的投资分配行为进行政策调整。这就要求：

第一，改变原来的按各部门过去的投资分配比例计划新时期投资分配比例的僵化做法，代之以以目标产业结构政策为导向的投资分配的新措施，使与目标产业结构相悖的产业逐步得到抑制以至淘汰。这样，就能达到逐步调整投资结构和产业结构的目的。很明显，这里的关键又在于正确确立目标产业结构。

第二，规范中观层次的地方政府以及中间管理部门的投资行为。这就要求地方政府部门的权限和职能部门管理职能相应地作出改变。中观层次管理机构的职能主要应放在为企业投资进行“协调、服务、监督”上面，放在运用经济杠杆和经济参数对企业行为实行间接调控上，而不应该成为一个争投资、争项目、争物资的部门。

第三，划分政府投资与企业投资的界限。政府投资必须收缩战线，放弃部分盈利性投资领域，增加政府用于基础结构部门的投资比重。实践证明，对产业结构中的长期短线部门即国民经济发展的“瓶颈”，应由最高层次的战略性决策来解决，把扭转中国基础结构部门长期落后的任务交由政府预算内投资承担，是适宜的。

(2) 预算外投资的调控。预算外投资的主体主要是企业投资。预算内投资的收缩，政府逐步退出生产性的盈利投资领域，其实质一是为了减少政府行为对微观经济的直接干预，二是为了让企业承担起投资责任和投资风险，从根本上抑制企业的投资需求冲动，并引导投资方向符合宏观经济的意图。从这个意义上来看，政府投资的收缩与经济管理体制改革的目标模式是一致的。

但是，政府投资收缩的前提在于能否有效地规范分散决策的企业行为，否则，将很可能诱发投资总量的膨胀和投资结构的不合理。因此，预算外投资调控的关键在于：

第一，在预算外投资逐步放开、投资决策权掌握在企业手里的情况下，国家要把投资的风险后果一并转给企业，让企业承担起投资的责任，逐步完善企业投资的自我约束机制，这是双轨调控体系正常运行的基础和前提。这就要求进一步切断企业与国家之间的“父子关系”，确立企业作为自主经营、自负盈亏的商品生产者和经营者的地位。要进一步硬化企业的资金约束，推进企业制度改革。同时，要建立和健全各种经济法规，完善投资经济责任制，使投资者对投资效果负经济责任以至法律责任。

第二，在双轨投资调控体系中，银行应成为一个特殊的企业。它首先应是一个企业，与其他企业是平等的商品交换关系。银行应独立地行使信贷职能，在利率浮动、贷款发放上有自己的决定权。其次,银行又间接地行使国家职能,在银行法及国家政策的范围内进行以预算外投资为主要对象的业务活动。这就是说,银行既要在其活动中体现国家的金融政策和预算外资金的投资政策,又要担任监督企业在预算外资金的开户、结算等方面的业务,并以经济手段,必要时辅之以行政手段,以影响企业的投资行为。总之,目前银行特别是建设银行充当财政出纳的形象必须彻底改变,要把建设银行办成真正的投资银行,让它负担起全部预算外资金投资的管理任务。为此,必须确立银行作为一个企业的权力,让其承担贷款风险,真正独立核算、自负盈亏。

第三,在双轨投资调控体系中,要使预算外资金的流向符合国家的目标产业结构的宏观意图,促使产业结构的自动最优趋向,关键还在于建立一个生产要素能够充分自由流动的经济运行环境。因此,必须大力推进社会主义市场体系的完善,实行社会主义市场的全方位开放。在这同时,要理顺各种经济参数,特别是完善价格体系和利率机制,以此来推进产业之间的利润平均化,给企业的投资提供正确的指南,以改变因价格扭曲造成的产业部门之间利润率的悬殊差别而形成的投资引诱。要进一步完善经济信息系统,减少信息传递的损失和误差,加强市场的透明度,把投资决策失误减少到最低限度。

11.3 劳动力政策调节

如果说投资政策是调整固定资产结构,从而调节产业结构的政策工具,那么劳动力政策则是调整劳动力结构,使其与固定资产结构相适应的政策工具。在产业结构变动过程中,劳动力结构调整往往是伴随着投资结构变动而发生的一个必不可少的最终发展环节,若无此环节,是难以实现产业结构优化的。因此,关于劳动力在产业部门之间合理配置的劳动力政策是实现产业结构优化的又一重要政策措施。

11.3.1 劳动力转移政策

过去,在分析产业关联时往往局限于商品生产部门(见第 5.2 节),这对于我们实现产业结构优化是有片面性的。因为这种产业关联分析忽视了物质资源系统与人力资源系统的平衡，忽视了物质资源结构与劳动力结构的配合，从而无法为制定有关人力和经济发展综合计划的一整套有意义的政策提供基础。所以，要把劳动力政策作为实现产业结构优化的政策措施，必须重建新的分析框架，把商品生产与人力生产统一起来考察。

印度学者穆克霍帕德海对此进行了尝试，①他扩展了原有的投入产出表，构造了一个商品和人力部门结合的综合投入产出矩阵，用以清楚地表示经济系统中的不同商品生产部门是怎样与各种类型的人力部门发生关系的，并说明不同商品生产和人力部门中的一定的、基本的技术联系(见图 11.3)。

	投入来源 \ 分配去向		商品部门	劳动力部门	
			1 2 3……n	L_i L_p L_m L_h	
第一象限(商品→商品)→	商品部门	1	x_{11} x_{12} x_{13}……x_{1n}	x_1L_i x_1L_p x_1L_m x_1L_h	←第二象限(商品→劳动力)
		2	x_{21} x_{22} x_{23}…… x_{2n}	x_2L_i x_2L_p x_2L_m x_2L_h	
		3			
		⋮			
		n	x_{n1} x_{n2} x_{n3}…… x_{nn}	x_nL_i x_nL_p x_nL_m x_nL_h	
第三象限(劳动力→商品)→	劳动力部门	L_i	L_ix_1 L_ix_2 L_ix_3… L_ix_n	L_{ii} L_{ip} L_{im} L_{ih}	←第四象限(劳动力→劳动力)
		L_p	L_px_1 L_px_2 L_px_3… L_px_n	L_{pi} L_{pp} L_{pm} L_{ph}	
		L_m	L_mx_1 L_mx_2 L_mx_3… L_mx_n	L_{mi} L_{mp} L_{mm} L_{mh}	
		L_h	L_hx_1 L_hx_2 L_hx_3… L_hx_n	L_{hi} L_{hp} L_{hm} L_{hh}	

图 11.3 商品和人力部门结合的综合投入产出矩阵

这一综合的投入产出矩阵假定有四个商品生产部门和四个与四种教育水平[文盲(i)，初等教育(p)，中等教育(m)，高等教育(h)]相对应的劳动力部门。显然，这个矩阵提出的仅是就业的那一部分劳动力，因此有四类部门之间的交换。图 11.3 分为四个象限。第一象限表示商品部门与商品部门间自身的交换，这是投入产出分析约定俗成的主题。第二象限表示商品生产部门的产出流入劳动力生产部门，例如为学校所需的建筑材料，纸张，实验仪器和教学设备等。第三象限表示从不同水平的人力部门的产出流入商品生产部门。第四象限包含人力在部门内的流动，它反映了人力资本生产的再投资率。显然，矩阵中的

① 参阅 S. K.穆克霍帕德海：《人力和经济发展的综合计划：对印度研究提出的一个框架和程序》，此文为 1986 年 7 月 28 日至 8 月 2 日在日本札幌召开的第八届国际投入产出技术大会上的发言稿。

某些方格可以完全为零，例如在人力部门的 L_i 这一列里，L_{pi}、L_{mi} 和 L_{hi} 等就是如此。

无疑，这种综合投入产出矩阵为我们考察劳动力资源结构是否与技术结构和固定资本结构相适应提供了有力的分析工具，从而也为我们制定有利于产业结构优化的劳动力政策提供了条件。当然，这种综合投入产出矩阵的分析框架仅仅是把经济中的物质资源与人力资源作为一个整体来考察，并且是在同一时点上考察它的不同部分，基本上是属于宏观静态性质的。因此，要制定有效的劳动力政策，就有必要了解人力生产和商品生产矩阵结构的变化，找出保持两者结构协调的主要变量。笔者认为，保持劳动力结构与固定资产结构和技术结构相适应的主要变量（仅从劳动力方面来说）有两个：一是劳动力部门转移的方向、规模与速度；二是劳动力资源的开发程度。劳动力政策的基本内容之一（还有一个基本内容是劳动就业）就是调控这两个主要变量，使劳动力的部门配置有利于实现产业结构的优化。

对于像中国这样的发展中国家来说，劳动力的部门转移最集中地表现在农业过剩劳动力向现代非农部门转移。因为发展中国家的经济发展不可能重复发达国家的道路，它们只有通过建立和扩大以现代工业为主体的现代部门，将传统经济内部处于隐蔽失业状态的劳动力人口转移到现代部门中去，使他们和土地等非再生性资源脱离，而与现代部门中的再生性资源相结合。这样，当现代部门的扩张将整个经济内的过剩劳动力吸收干净的时候，收益递增就会取代收益递减成为整个经济的一般趋势，而整个经济也就从低水平均衡的陷阱中摆脱出来，转变为一个稳定增长的经济。

按照刘易斯的二元经济结构的模型，传统经济部门劳动力向现代部门转移的机制是：当工业部门以不低于制度工资水平①支付来自农业部门的劳动力人口的报酬时，农业部门对工业部门的劳动供给将是无限的；工业部门对农业劳动力的需求，取决于工业部门的劳动边际生产率曲线和农业部门劳动供给曲线的交点，在这一点上，从农业部门流入工业部门就业的劳动力的边际生产率正好等于制度工资。首先，我们来看农业部门劳动力供给的决定（图 11.4）。

① 制度工资是指按平均主义原则分配的劳动收入，其水平等于最低生存费用水平。

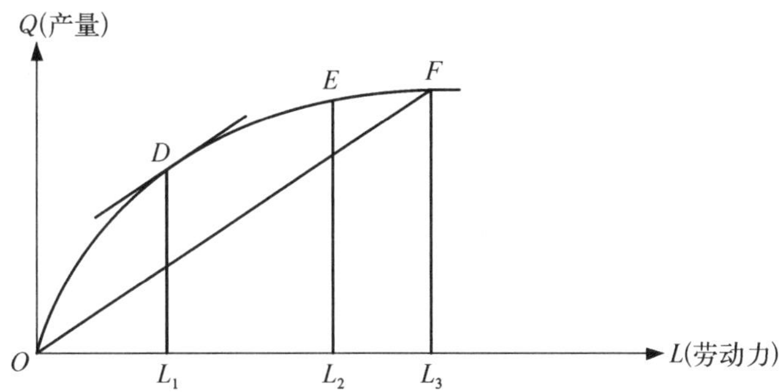

图 11.4　农业部门劳动力供给决定

资料来源:转引自万晓光:《发展经济学》,中国展望出版社 1987 年版,第 78、79、81 页。

从图 11.4 上可以看到,在传统农业部门,生产一定量的农产品 L_1D 所需劳动力为 OL_1。但实际上存在一部分过剩劳动力 L_1L_3,他们的边际生产率为零,而收入分配也包括这部分人,因此分配到每一成员手中的收入是一种制度工资。它等于农业总产值 L_3F 除以劳动力人口 OL_3,即 L_3F/OL_3。

在这种情况下,如果新的就业机会能提供不低于制度工资的报酬,农业劳动力人口就会被吸引过去,并且在制度工资水平上,这种劳动力的供给是近似无限的(在农业部门在业人口减少到 L_1 以前和农业劳动边际生产率提高到制度工资水平上之前)。因此,这种刘易斯称为"劳动力无限供给"的曲线,是一条与横轴平行的直线,具有较高的供给弹性(见图 11.5)。现在的问题是现代部门对这些劳动力是怎样吸收的,为此我们来看工业部门劳动力需求的决定。

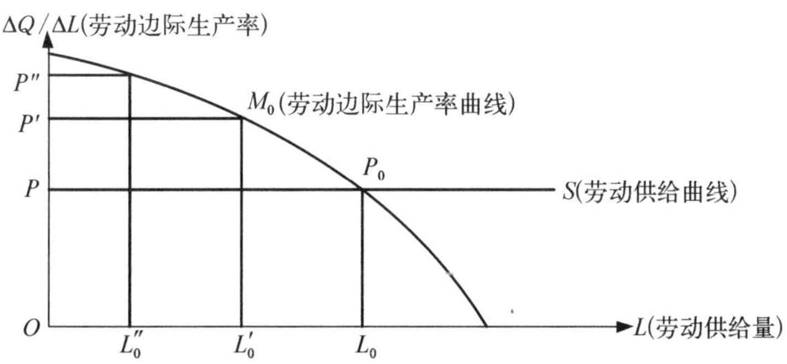

图 11.5　工业部门劳动力需求的决定

资料来源:同图 11.4。

由于收益递减规律作用，当劳动供给量 L 增加时，劳动的边际生产率 $\Delta Q/\Delta L$ 会下降，因而形成一条劳动边际生产率曲线 M_0。工业部门的劳动力需求就是由这条边际生产率曲线决定的。工业部门如果必须按较高的边际生产率 OP' 支付工资的话，那么只能吸收 OL'_0 部分劳动力就业；但如果它按制度工资 OP 支付时，工业部门的劳动需求就为 OL_0。因此，工业部门对农业劳动力的需求，决定于 M_0 与劳动供给曲线 PS 的交点 P_0。

由于二元经济结构中，存在大量隐蔽的过剩劳动力，所以制度工资水平是相对稳定的。在这种情况下，二元经济结构的转变，在很大程度上，就取决于工业部门劳动边际生产率曲线的位置移动状态，即往右移的幅度。

从图 11.6 中可以看到，当工业部门劳动边际生产率曲线由 M_0 转换为 M_1 时，劳动力的供求均衡点从 P_0 转向 P_1，从而工业部门的劳动需求也就由 OL_0 扩大到 OL_1。

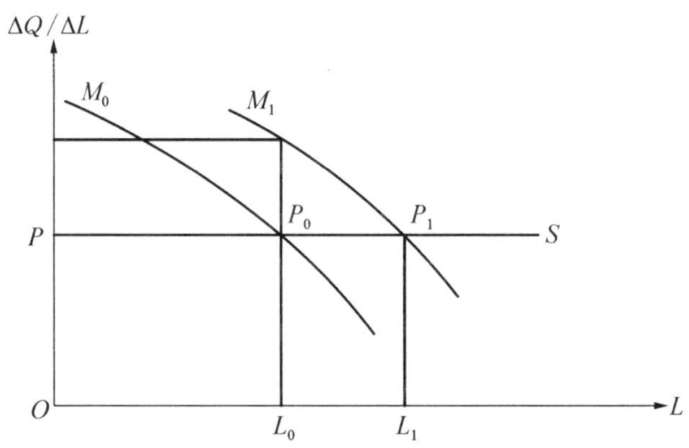

图 11.6　工业部门劳动需求的扩大

资料来源：同图 11.4。

因此，实现二元经济结构转变的关键，在于工业部门劳动边际生产率的提高，而工业部门劳动边际生产率曲线位置的移动及其变化幅度，则取决于资本积累和技术进步状况。所以，只要把超额利润连续用于再投资，不断进行创新，便可以持续到使全部剩余劳动吸收完毕，达到“刘易斯转折点”，从二元经济走向现代同质经济，开始向现代经济发展。

如果我们扬弃刘易斯模型中的缺陷（如忽视农业劳动生产率提高等），那么其模型的合理内核之一就是强调了劳动力部门转移的速度与规模主要取决于经济发展水平和人均国民收入水平。可见,劳动力政策就是要根据经济发展水平确定劳动力转移的适当规模和速度,减少劳动力转移的波动,消除劳动力部门转移的逆转。从中国劳动力部门转移情况来看,劳动力的转移速度、规模发生过几次较大的波动,并且其波动有一定的周期性(见表11.1)。中国劳动力部门转移周期的一个明显特点是:在每一周期中,一般经历了第一次产业的劳动力增长速度由低逐渐增高,然后逐渐降低;而第二、第三次产业的劳动力增长速度的变化则与之正好相反。这种劳动力部门转移的周期性波动的形成原因是相当复杂的,但其中一个重要原因就是劳动力政策的失误,即没有很好把握住劳动力部门转移的适度速度与适度规模,致使农业劳动力的转移过度,在农业相当脆弱的情况下,农业劳动力的大规模转移不得不放慢或中止,甚至逆转。

因此,劳动力政策要对劳动力部门转移的规模和速度作出大致明确、长远的设想,尤其是对农业劳动力的转移确定临界点。原则上,农业劳动力转移的最高速度应以不影响农业的增长为最高限。具体来说,就是农业劳动力中所能转移的部分是边际产量等于零的劳动力,否则就会直接减少农业产量。此外,农业劳动力转移还要有一个约束条件,即农产品的供给不能低于对农产品的需求。当农产品供不应求时,即使农业中有一部分劳动力的边际产量等于零,但它却使农产品总量增加,所以这部分农业劳动力还不能转移。否则,将减少农产品总量,加剧农产品供求矛盾。

劳动力政策除了有效控制农业劳动力向非农部门转移的规模和速度外,还要正确选择农业劳动力转移的方向及其模式。按照传统的观点,农业劳动力主要向第二次产业转移,然后第二次产业的劳动力再向第三次产业转移。这种劳动力梯度转移模式在历史上确实是存在的,英国就是这种劳动力梯度转移模式的典型代表(见表11.2)。这种劳动力梯度转移模式的形成有其特殊的历史背景:(1)先行国早期的工业技术水平较低,吸收劳动力较多;(2)早期广阔的世界市场对其制造业的发展提供了极大的余地;(3)早期的工业技术对工人素质要求不高,因此社会上不需要大量的教育、科研机构。当时工人的收入水平也较低,从而不利于需求弹性较高的各种商业、服务业的发展。

表 11.1 劳动力增长速度(以上年为基期) (%)

年份	第一产业	第二产业	第三产业	职工
1953	2.48	12	1.1	15.78
1954	2.28	9.7	−5.4	7.87
1955	2.43	1.5	1.3	8
1956	−0.001	29	10	37.7
1957	4.12	−13	15.65	4.16
1958	−20	230	73.88	67.5
1959	5.1	−24	11.55	1.56
1960	4.58	−23	5.6	13.16
1961	16	−31	−37	−13.4
1962	7.74	−28	−14	−16.4
1963	3.24	−1.1	2.37	1.18
1964	3.8	7.1	4.4	5.24
1965	2.6	10.3	4.14	7.91
1966	3.85	7.97	1.46	4.7
1967	3.57	2.34	2.75	2
1968	3.46	3.1	4	3.75
1969	4.04	10.46	1	3.81
1970	2.56	16.1	0.8	8.78
1971	2.1	13.4	4.2	9.19
1972	−0.04	7.67	1.9	5.1
1973	2.03	5.05	0.2	2.85
1974	1.25	4.9	4.1	4.28
1975	0.8	9.34	3.5	7.15
1976	0	8.91	6.2	5.8
1977	−0.3	3.92	11.27	5
1978	−0.3	19.5	14.33	4.2
1979	1.12	3.89	5.86	4.93
1980	1.7	6.8	6.9	4.79
1981	2.24	3.8	7.57	4.75
1982	2.24	4.28	2.48	3.12
1983	3.62	4	8.58	2.07
1984	−0.9	10.5	17.4	3.26
1985	0.8	8.27	8.1	3.94
1986	0.4	8	5.47	3.65
1987	1.3	4.54	6.7	3.16
平均每年递增速度	1.744	6	4.67	6.2

资料来源:根据1988年《中国统计年鉴》计算。转引自李振宇:《我国劳动力转移周期问题研究》,《经济研究参考资料》1989年4月27日。

表 11.2 英国劳动力就业构成 (%)

年 份	第一产业	第二产业	第三产业
1801	35.0		75.0
1851	22.0	48.3	29.7
1871	15.3	47.1	37.6
1901	9.1	51.2	39.8
1921	7.1	47.5	45.4
1951	5.1	49.2	45.7
1971	2.9	37.9	59.2

资料来源:转引自任晓鹰:《人口——经济结构转变模式:国际比较研究》,《世界经济》1987 年第 5 期。

但后起发展国家的历史条件发生了变化:(1)已经发展起来的工业技术使生产日益变成资本集约型,而不是劳动密集型,从而限制了第二次产业吸收劳动力的能力,使第三次产业一开始就成了吸收劳动力的主要部门之一;(2)越来越多的国家的制造业产品进入世界市场,使世界市场的需求对本国制造业产品生产的拉力减弱;(3)较高的生产技术要求科技、教育事业的发展,同时具有较高技术水平的工人的收入提高,也刺激了第三次产业的发展。因此,后起发展国家往往实行了劳动力跨梯度转移模式,例如日本(见表 11.3),劳动力一开始就分别向第二、第三次产业转移,且越来越以第三次产业为主。这说明在新的工业技术发展阶段,第二次产业吸收劳动力的能力已大大下降。在世界新技术革命的背景下,科学技术迅速发展对第三次产业的依赖,使世界各国,无论发展程度如何,其第三次产业的就业都超过第二次产业(见表 11.4)。

表 11.3 日本劳动力就业构成 (%)

年 份	第一产业	第二产业	第三产业
1878—1882	82.3	5.6	12.1
1920	53.6	20.7	23.8
1950	48.3	21.9	29.7
1960	32.3	29.5	38.2
1976	12.0	35.1	52.9
1980	10.9	33.5	55.4

资料来源:同表 11.2。

表 11.4 劳动力就业结构国际比较 （%）

	第一产业		第二产业		第三产业	
	1960	1980	1960	1980	1960	1980
低收入发展中国家	77	72	9	13	14	15
中等收入发展中国家	62	46	15	21	23	24
上中等收入发展中国家	49	30	20	28	31	42
高收入石油出口国	62	46	13	19	25	35
市场经济工业国	18	6	38	38	44	56

资料来源：世界银行：《1984 年世界发展报告》表 21。

因此，我们在安排农业过剩劳动力转移时，不能仅仅让工业部门来吸收，而要充分考虑第三次产业吸收劳动力的巨大潜力。过去我们把农业过剩劳动力转移片面定向于工业部门，实际上是强调劳动力梯度转移模式。实践证明，这种劳动力转移模式在中国是有严重缺陷的。它一方面导致相当数量的农业过剩劳动力滞留在农业，无法实现其转移（因工业部门吸收劳动力能力有限），据测算，目前农村劳动力约有 30%是多余的，有的乡、村达到 40%—50%。另一方面导致第三次产业发展严重滞后，不能适应国民经济发展的需要。因此，在制定新的劳动力政策时，应考虑中国的后起国等特征，根据实际需要选择劳动力跨梯度转移模式，使农业过剩劳动力适度地向第三次产业转移。但也不能“一哄而上”，各行各业都办第三次产业。

在劳动力转移过程中，尤其是农业过剩劳动力的转移，其方向、规模、速度的宏观控制是必要的，但不能单纯使用行政手段控制劳动力转移。长期以来，我们用行政手段如户籍管理制度、企事业单位用工计划、工资总额计划、工资等级与升级计划及凭票供应等等，割裂了劳动力部门间的自然转移。国家可以用行政手段造成大规模的劳动力流动，把劳动力招来挥去。新中国成立以来就出现过农民迅速进城、迅速进入第二、第三次产业，迅速出城、迅速返回农业；知识青年上山下乡，知识青年返城，严禁乡村发展第二、第三次产业，大力鼓励乡村发展第二、第三次产业但要“离土不离乡”等情况。无疑，这种机械的、人为的劳动力转移不仅容易导致劳动力在三大产业间的配置出现畸轻畸重的现象，而且使劳动力的转移发生剧烈的波动。

因此，在劳动力转移过程中，我们必须采用新的手段（把行政手段与经济手段结合起来),对劳动力转移的规模与速度实行有效的控制,这种新的调控手段实施的前提条件是建立工资与利益导向的劳动力转移机制,否则,新的调控手段是无法实施的。这种工资与利益导向的劳动力转移机制的建立必须具备若干条件,其中最基本的是:(1)商品市场有较高的发育程度;(2)劳动力较充分的自由流动;(3)工资水平要反映劳动力费用成本和劳动力供求状况,具有相对落差。只有具备了这些基本条件,才能发挥这一转移机制的作用,其具体过程是:商品价格的变动引致投资方向的转移,这不仅引起了不同产业部门产值比重的变动,而且伴随着不同产业部门劳动者工资的升降,由此引起劳动力的部门转移。这种劳动力转移机制不仅有利于促进劳动力由边际生产率较低的部门向较高的部门转移,可以提高社会生产的总收益水平,而且有利于减少劳动力转移的波动,节约劳动力资源。为了建立这种劳动力转移机制,我们要改革原有的劳动制度。

第一,改革劳动力包分统分制度,打破条块所有、城乡分割的局面,促进劳动力的合理流动。其主要措施是采取择优录用与自由择业相结合的办法。一方面要扩大各单位的用人权,使其根据需要进行招聘、招考,根据考核实行晋升和降级;另一方面要给予劳动者个人以一定范围的自由择业权,允许根据个人的特长和爱好选择工作,变动职业,以便做到优才优用和人尽其才。

第二,大力推行劳动合同制度,逐步建立和完善以劳动服务公司为依托的劳动力"蓄水池"和有控制的劳动力市场,以促进劳动力的合理配置。与此相联系,要建立失业保险、失业救济等社会保障制度,以便与劳动合同制等相适应。

第三,改革劳动收入分配制度,贯彻按劳分配原则,使劳动收入能反映劳动者的能力和劳动贡献。并且,使劳动收入也能反映劳动力部门供求关系。为此,不仅要解决诸如脑体收入倒挂等不正常现象,而且要解决劳动收入平均主义的倾向。

在这种工资与利益导向的劳动力转移机制的基础上,我们实行劳动力转移的宏观调控,除了采用一些经济手段影响工资与利益导向信号外,也要采用一些必要的行政手段干预劳动力转移的方向、规模与速度。尤其是在近阶段,新的劳动力转移机制尚未健全和完善,同时又存在超重就业压力的情况下,强有力的行政手段更是必不可少的。

11.3.2 劳动力资源开发政策

事实上，即使存在一个健全的工资与利益导向的劳动力转移机制，仍然存在着种种因素阻碍着劳动力在部门间的转移，尤其是农业部门向工业部门的转移。例如，农业以家庭单位为主，城市产业以企业形式为主，两者的行为原理根本不同；[①]劳动力转移费用承担；劳动力转移的“门槛费”等。其中最主要的障碍因素之一，是劳动技能的转换，人们从某一行业转至另一行业，往往需要通过重新学习，掌握新的劳动技能才能适应新的工作。然而，在生产技术不断进步的过程中，在各部门和企业中工作的非熟练工人所占的比重不断下降，甚至非熟练工人的绝对数也不断减少；一定的工作岗位对工作者的技术工种和技术水平的要求越来越严格，不同技术工种的工作者越来越难以互相替代，技术水平较低的工作者也越来越不能适应要求有较高技术水平的工作者担任的工作。前面关于劳动力跨梯度转移模式的分析中已经提到，农业过剩劳动力将超前向第三次产业转移，尤其要求向具有较高技术水平的信息业转移，即使有一部分向第二次产业转移，现阶段的工业技术要求也是较高的。因此，劳动者的素质及技能水平就日益成为产业结构转换中的一个关键问题，不少国家所出现的失业与职位空缺并存的技术结构性失业就是一个有力的佐证。

从这一角度出发考虑，那么劳动力政策中又一重要内容就是劳动力资源开发，它是增强产业结构转换能力，实现产业结构优化的重要保证。中国劳动力的总体状况是其质量较低，且两极分化严重。目前全国还有 2 亿多文盲、半文盲，占全国人口的 1/5，占世界文盲总数的 1/4；大学生在每万人中的比例，在世界上也是属于较低水平的；科技人员的数量(包括绝对量和相对量)比印度等大国都要少。在所有部门的劳动力中，农业劳动力的素质更差。显然，这种劳动力质量状况将严重阻碍劳动力部门转移，尤其是传统农业劳动力向现代非农部门的转移，从而使劳动力转移与社会需求构成变化之间的矛盾尖锐化。因此，在劳动力部门转移过程中，我们要特别注重劳动力资源的开发，使其适应于产业结构转换的要求。

劳动力资源开发作为劳动力政策的一项重要内容，其主要方面有：

---

① 参阅沈金虎：《论城乡之间劳动力的转移》，《经济研究》1988 年第 2 期。

第一，提高劳动力素质，这是劳动力资源开发的基础，其主要手段：(1)通过各种不同类型的教育，例如学校体系的正规教育、有系统的校外教学体系的非正规教育，在观察与实践中学习的非正式教育(如学徒制)以及自学等。并且，始终强调不拘一格成才和终身教育。(2)通过加强营养和卫生的保健活动，提高劳动者身体素质，以增强其工作能力。

第二，发挥劳动力群体能量，这是劳动力资源开发的关键。劳动力群体能量开发的核心问题是从整体上合理安排各种不同类型、不同水平的劳动力的比例，使劳动力的技术水平结构与社会、经济、科技发展相适应。因此，发挥劳动力群体能量，首先要求对劳动力资源的整体状况进行预测和规划，根据产业结构优化的要求对劳动力技术水平结构进行调整。

为了有效地开发劳动力资源，消除劳动力部门转移中的“技能转换”障碍，使劳动力的部门配置合理化，我们在制定有关劳动力政策时要特别注意以下几个方面：

(1) 劳动力资源开发的层次性。由于现代经济所需要的劳动力的技能及其水平，并不限于单一类型和等级水平，它不仅需要有高水平的科学家、技术专家和工程师；而且也需要一般水平的技术员和维修人员，以及从事简单操作的工人等。因此，劳动力资源开发应适应社会生产的需要，按照生产的技术水平和产业结构变动的具体情况，规划不同类型、不同层次劳动力的开发比例，形成一个适应产业结构变动的人才结构。

(2) 劳动力资源开发的超前性。由于劳动者的学习培养有一个过程，并且越是高层次人才的培养，其时间越长，所以劳动力资源开发应有所超前。这样，劳动力转移更能较好地适应需求结构的变动和促进经济发展。为此，必须对科技发展和产业结构变动的前景进行科学的预测，充分了解未来的经济发展将采取何种技术，这些技术将要求什么类型的劳动力资源以及这些技术与其所要求的劳动力资源之间的相互作用。只有这样，才能做到有针对性地超前开发劳动力资源。

(3) 劳动力资源开发的持续性。由于劳动力资源开发是一个连续不断的过程，需要进行长期的工作，所以劳动力资源开发既要有长远规划，进行统筹安排，又要持之以恒，进行不断开发，尤其在世界新技术革命迅速发展的情况下，从普通工人到高级工程师、专家都要接受终身教育。

（4）劳动力资源开发的阶段性。虽然劳动力资源开发是一个长期的过程，但它同时也是一个渐进的过程。因此，我们要根据产业结构变动的客观需要，选择不同阶段的劳动力资源开发的重点，确定不同时期的开发策略。一般而言，劳动力资源开发总是以从普及初级教育为主的低级阶段向以开发高级科技人员为主的高级阶段发展的；总是从提高劳动力素质的基础开发向发挥劳动力群体能量的整体开发发展的，但不同的国家有自身的特殊情况，可以有其独特的劳动力资源开发阶段和每一阶段的不同重点。

（5）劳动力资源开发的效益性。由于劳动力资源开发与其他物质资源开发一样是要花费成本的，所以在其开发过程中应讲究经济效益，力求以最小的成本获得劳动力资源开发的最大收益。另外，还要处理好短期效益与长期效益的关系，不能仅追求短期效益而否定长期效益；同时也要处理好局部效益与全局效益的关系，局部效益应服从于全局效益。提高劳动力资源开发效益的核心问题，是注重其开发的科学性，减少盲目性，避免不必要的损失和浪费（包括时间、资金、资源）。

从中国的实际情况来看，首先要实现战略思想的转变，真正把劳动力资源开发视为经济发展的关键问题，把发展教育事业摆在经济发展战略的首要地位，加强劳动力资源开发工作，以劳动力资源的开发来带动和提高对物质资源开发的效率和效益。在此前提下，要从中国人口众多、文化落后、技术人才少的国情特点出发，确立劳动力资源开发的基本方针，即普遍提高全民族的科学文化水平，有计划、有重点地培养和造就各种类型、各种层次的建设人才，以满足社会主义现代化建设的需要和促进人的全面发展，为了实现这一方针，我们必须积极采取以下措施：

第一，根据经济、科技、社会发展的需要，科学地规划劳动力资源开发的规模、结构和布局。人才规划是为了有计划地实行劳动力资源开发，以避免人才的短缺和过剩，或造成教育资源浪费，以及受过教育的人失业、学非所用、人才外流等现象。实现科学的人才规划，其关键是人才需求的预测。我们可以利用穆克霍帕德海的综合投入产出框架来估计商品生产部门和人力部门对每一类型和层次的人力的需求。若以：

L_i＝文盲劳动力就业总数

L_p＝具有初等教育水平劳动力的就业总数

L_m=具有中等教育水平劳动力的就业总数

L_h=具有高等教育水平劳动力的就业总数

我们有：

(1) $L_i(l-l_{ii})=[l_{i1}x_1+l_{i2}x_2+\cdots+l_{in}x_n]+[l_{ip}L_p+l_{im}L_m+l_{ih}L_h]$

(2) $L_p(l-l_{pp})=[l_{p1}x_1+l_{p2}x_2+\cdots+l_{pn}x_n]+[l_{pi}L_i+l_{pm}L_m+l_{ph}L_h]$

(3) $L_m(l-l_{mm})=[l_{m1}x_1+l_{m2}x_2+\cdots+l_{mn}x_n]+[l_{mi}L_i+l_{mp}L_p+l_{mh}L_h]$

(4) $L_h(l-l_{hh})=[l_{h1}x_1+l_{h2}x_2+\cdots+l_{hn}x_n]+[l_{hi}L_i+l_{hp}L_p+l_{hm}L_h]$

解答这些方程可以得出经济系统对不同层次劳动力需求的估计。同样，也可以用此来估计经济系统对不同类型的熟练劳动力的需要。若把高等、中等水平的教育分成五个专业：农业(A)、工程(E)、医学(M)、社会科学(S)和基础科学(B)，同时假定在专业化的教育中，同一教育部门只给经过专门训练的人提供职业，不使用其他的人。这样，我们可以对下列五个方程求解：

(i) $L_A(l-l_{AA})=l_{A1}x_1+l_{A2}x_2+\cdots+l_{An}x_n$

(ii) $L_E(l-l_{EE})=l_{E1}x_1+l_{E2}x_2+\cdots+l_{En}x_n$

(iii) $L_M(l-l_{MM})=l_{M1}x_1+l_{M2}x_2+\cdots+l_{Mn}x_n$

(iv) $L_S(l-l_{SS})=l_{S1}x_1+l_{S2}x_2+\cdots+l_{Sn}x_n$

(v) $L_B(l-l_{BB})=l_{B1}x_1+l_{B2}x_2+\cdots+l_{Bn}x_n$

解这些方程所得到的资料，将会对经济中与不同类型的熟练劳动力需要相关的问题提供答案。然而，这种预测方法也有缺陷，其主要困难在于，这些投入系数(包括劳动力系数)往往是不稳定和无法预测的。除了劳动生产率受到许多因素的影响，并常常发生意料不到的变化，以及各种职业因内外部因素发生变化等情况以外，即使在教育与职业之间也不存在着唯一的联系，例如从事任何工作所需的知识可以通过多种途径去获得；大多数教育方案中所学的东西，只有一小部分适用于某一种职业，大部分可以适用于许多职业。因此，在进行人才需求预测中，要有各种方法的配合，以便使人才规划较为准确。

第二，明确劳动力资源开发目标，提高其实际效果。劳动力资源开发必须与经济建设相结合，为经济发展服务。在这一目标指引下，职业技术教育要密切与本地经济和社会发展相结合；成人教育要以岗位培训为重点，实行干什么学什么，缺什么补什么的原则，更好地为提高劳动生产率和工作质量服务；高等教育也必须坚持学以致用的原则，为适应国家现代化建设的需要，培养各种合格人才。

与此同时，培养目标要有远见，尤其在高级人才培养上更要适应今后经济发展的需要。目前在人员的培养上，往往是根据现行机构的特定需要，培养对应的具体类型的人员。按照这种目标培养的人才，在实际需要中很快就会达到饱和，难以产生深远的影响。

劳动力资源的开发不仅仅是一个教育和培养的问题，而且也是劳动力专长的合理安排和使用的问题。目前国内对各种类型和层次的劳动力缺乏合理配备。据统计，全国机械工业企业中的工程师与技术员人数之比为3∶1，而据一些发达国家的经验，一名工程师配备 3—5 名技术员和 10—15 名技工才是比较合理的配置。显然，这种工程师与技术员比例倒挂的配备，会造成高层次人才的浪费。此外，还存在相当严重的专业不对口，学非所用，人才短缺与过剩并存等现象。因此，必须采取有效措施改变这种不正常状况，协调人才结构，合理安排和使用各种专业人才。其中，比较重要的一项措施是解决个人收入分配问题。长期以来，人们只注重人才的培养，认为只要增加人才的供给，就可以解决人才不足的问题，而忽视了不同职业的个人收入差异对于人才供求的调节作用。例如，社会上某些职业的人才过多而另一些职业的人才过少。这固然可以从人才供给方面加以调整（如培养专业调整等），但这并不能完全解决问题，因为不同职业的个人收入差异使人们对职业有所选择。因此，除了在人才供给方面进行调整之外，还要从人才需求方面进行适当引导。这不仅要解决中国目前严重存在的复杂劳动和简单劳动工资收入倒挂的问题，提高知识分子劳动报酬和生活待遇，适当扩大接受不同教育程度的人员的收入差别，而且要解决不同职业的个人收入平均主义倾向，根据职业的供求状况，适当扩大不同职业的个人收入差异。

第三，切实增加劳动力资源开发的投资，发挥各方面对劳动力资源开发的积极性。劳动力资源开发是一个重大的投资项目，不能只是思想上重视，行动上无落实。在今后一定时期内，中央和地方政府的教育拨款的增长要高于财政经常性收入的增长，并使按在校学生人数平均的教育经费逐步增长。同时，继续采取鼓励政策，动员社会各方面力量集资办教育，鼓励企业开展职业教育和培训，支持各种形式的个人自我开发的投资（如大学自费生、各种自学生）。

在劳动力资源开发投资有限的情况下，要注意选择投资重点，提高投资效益。根据中国现阶段经济发展的要求,以及中国劳动力资源开发的状况,其开发投资的重点应放在普及教育、提高整体人口文化素质方面。当然面临世界新技术革命的挑战,为适应现代化建设的需要,高等教育经费的比重也要相应增加。

在劳动力资源开发的投资使用方面,要合理兼顾物质方面的投资与开发主体方面的投资。长期以来,人们往往注重于对教育的物质方面的投资,例如增建教学大楼和学生宿舍、添置教学设备和图书资料,而忽视对开发主体的投资,例如怎样设法把最优秀的人才吸引到教育部门中来,并通过改善教师的物质生活待遇和提高其社会地位来鼓励教师的积极性,以及提供更多的进修机会和时间来不断提高教师队伍的质量等等。这种忽视对开发主体的投资的倾向使承担着教育工作的教师队伍出现了不少问题,例如大量优秀人才从教育部门流失;教师积极性不高;教师队伍质量下降,等等。无疑,这将严重影响教育质量,并使教育设施方面的大量投资变成一种浪费。因此,在开发投资使用方面,要注重对开发主体的投资,使其与开发设施方面的投资相适应,从而提高教育投资效果。

12 开放经济下的产业结构优化

在第 4 章中，我们曾提及对外贸易是决定产业结构变动的一个重要变量，但在以后的论述中为了分析的便利，暂时撇开了这一因素，基本上是在封闭经济条件下分析产业结构优化问题的。在这一章里，我们将着重分析开放经济条件下的产业结构优化问题。

12.1 中国对外经济的基本属性以及战略选择

按系统论观点来看，对外经济无非是国内经济系统与国际经济环境之间物质、能量和信息交流的总称。它的具体内容包括商品贸易、资金流动、技术交流、人力移动等。

对外经济联系是现代商品经济发展的必然产物。世界经济发展史表明，现代商品经济自身的发展，不断产生出突破国家界限，寻求内外分工协作和内外交叉渗透的强烈要求。这种要求明显地表现在：(1)战后国际贸易发展速度要比世界工业生产的增长速度快得多；(2)世界出口总值占各国国民生产总值的比重急剧提高，从 20 世纪 50 年代的平均 5%增加到 1980 年的 17%；(3)技术贸易迅速发展，其增长速度远远超过世界工业生产；1964—1970 年间年平均达 16.5%；(4)服务贸易不断扩大，据世界货币基金组织公布的数字，1984 年服务出口总额达 3750 亿美元，相当于机械出口总额的五分之一。1970—1982 年间平均年增长率 14.7%。因此，今日世界已决定性地从国家经济转向了世界经济，任何希望繁荣起来的国家都必须把国家的经济发展与世界经济的发展结合起来，并不断调整自己的政策，以适应世界经济的发展趋势。

面对当今世界经济发展的潮流，我们唯有采取积极的态度实行对外开放，适应和利用经济发展的外部环境，使国内经济逐步与世界经济联成一体。然而，对于我们处于社会主义初级阶段的国家来说，发展对外经济与其说是为了获取国际分工基础上的贸易利益，不如说是为了借助外力推动经济发展。通过发展对外经济来引发国内经济尽快发展，是中国现阶段经济发展的一个基本特点。这可以从以下两个方面给予说明。

一方面，中国的对外经济是以内需为中心而展开的。国际经验表明，同样的对外经济活动，可能存在着性质上的差别：一种是以外需为中心的对外经济；另一种则是以内需为中心的对外经济。前一种类型的特点是：(1)国内市场总体上以买方为主，过剩供给通过对外输出寻找出路；(2)对外经济主要服从于国际市场供求规律运动，在其调节下具有良好的输入与输出弹性；(3)对外经济不仅积极适应国际市场供求关系，而且积极影响国际市场供求关系。后一种类型的特点是：(1)国内市场总体上以卖方为主，过度需求要通过对外关系来得以缓解；(2)对外经济首先服从于国内市场供求关系的要求，当其与国际市场供求规律要求发生冲突时，宁可牺牲国际比较利益；(3)对外经济处于被动地位，疲于应付国际市场供求的变化。

中国的对外经济基本上属于“以内需为中心”的类型，这在很大程度上是由中国的基本国情决定的。中国作为一个人口众多、地域辽阔的发展中大国，一方面生产力水平低，产出规模小；另一方面人口多，潜在市场规模大，由此形成了供求之间的尖锐矛盾。中国按人口计算的潜在市场规模将近是世界的 1/4，而中国的产出规模还不到世界的 1/40。尽管低收入导致了实际的有效市场规模小于按人口计算的潜在市场规模，但巨大的潜在市场规模仍不失为需求膨胀的现实基础。据有关人士估计，即使是达到 2000 年末人均国民生产总值翻两番的目标，中国的国内产出也只能满足按目前世界平均收入水平计算的国内市场规模的一半。

因此，在相当长的时期内，中国的国内市场对整个国民经济具有强大的内引力，从而不可避免地在对外经济关系打上“以内需为中心”的烙印，整个对外经济表现为“进大于出”的向内倾斜。正是因为进口需求大，出口能力小，出口增长慢于进口增长，中国的贸易状况经常同贸易额增长速度呈反向联系，即贸易额增长越快，贸易逆差越大。

另一方面，中国的国内经济发展要以外供为启动点。现代经济发展史表明，当一个国家经济水平达到一定程度（大约在人均国民生产总值300—1000美元区间），由于消费需求结构和供给环境的重大变化，将导致结构的高变化率和经济高发展。单纯从这一点来看，中国的经济发展正在接近这个重要的临界点。但是，这并不意味着经济发展达到这一临界点就能自动“起飞”。长期以来经济增长与结构超稳定的矛盾所积累下来的旧问题，同经济增长与高消费的矛盾所产生的新问题交织在一起，严重阻碍着中国经济的顺利发展。然而，要想解决这些问题，单靠国内的力量，恐怕是不行的。因为国内的力量太薄弱了，具体来说：

第一，资金缺口。据国务院经济技术社会发展研究中心预测，要实现2000年国民生产总值翻两番的目标，今后15年间中国投资总规模不能低于45000亿元，同期间国内可创造积累资金约40000亿元，还缺5000亿元。第二，技术缺口。国内技术总体水平与世界先进水平相距20—30年，目前世界上有一百几十万项新技术，并每年还在以15%的幅度递增。在资金有限的情况下，经济发展目标要求中国科技进步对经济增长的贡献必须从目前的20%—25%，提高到50%以上，然而中国现有40多万个工业企业，大部分设备陈旧，工艺落后，技术改造的任务十分繁重。第三，人均占有资源贫乏。中国人均占有耕地只有世界平均水平的1/3，人均占有煤炭储量只有世界平均水平的一半左右，人均木材的蓄积量是世界平均水平的1/9，人均水资源的占有量处于更低的水平。第四，劳动力大量过剩，并且劳动力素质不高。据1982年人口普查，中国文盲和半文盲占全部人口的23.7%，小学程度的占35%，中学程度的占24.4%，大学以上只占0.6%。①

按照通常的国际经验，大国经济在发展中内向性较大，主要在于它们克服自身障碍的能力较强。但是，中国的众多人口和稀缺资金所带来的一系列发展中的困难，是难以在封闭系统中靠自身力量能迅速克服的。因此，中国的经济起飞，必须借助于外部力量来启动。只有在启动之后，才有可能依靠新增长的经济实力来逐步克服其障碍，把国内经济纳入良性发展轨道。所以，对外开放就成为中国经济发展的轮子之一，成为中国经济的一个基本特征。

---

①《中国经济年鉴：1988年》，中国经济年鉴出版社1988年版，第1023页。

正由于中国的对外经济具有这种属性，所以它在实际运行中表现出特殊的性状。概括来说，就是“倾斜常态”，即对外经济关系中“输入大于输出”的冲动性倾斜失衡是一种正常状态。按理，在对外经济关系中，各种要素的内外交流应该是对等的，保持一种平衡关系。但在消极性对外经济中，对外部输入的需求大于内部输出的供给，表现为“向内倾斜”的失衡。这种常态失衡就是我们对外经济运行的基本性状。它表现在对外经济的各个领域，例如利用外资大于海外投资，引进技术大于技术出口，服务输入大于服务输出等等。即使在商品贸易领域，也充分表现出这种倾斜常态，即受国内经济发展过度需求支配的进口具有相当高的边际倾向，而受国际市场需求与国内供给弹性双重制约的出口则能力薄弱（见第 8.1 节）。因此，中国现阶段的对外经济，从本质上讲，与国内经济一样，是一种短缺经济。

与这种对外经济关系的倾斜常态相适应，我们缺乏向外输出的乘数效应。当扩大向外输出所增加的收入中，有一部分用于购买国内产品，就会对国民收入的增加和就业起连续的推动作用，发挥乘数效应。其公式：$K_F=\dfrac{1}{s+m}$。s 是边际储蓄倾向（$s=\Delta S/\Delta Y$），m 是边际进口倾向（$m=\Delta M/\Delta Y$）。它表示每增加一个单位的出口所增加的国民收入（Y）。只要扩大出口所增加的收入中有一部分用于购买本国商品进行消费，$(s+m)<1$，从而 $K_F>1$。假定外贸乘数等于 3，那么一个国家如果出口增加 100 万元，其国民收入就应该增加 300 万元，即 $300(\Delta Y)=3(K_F)\times 100(\Delta x)$。因此，有人把对外经济称之为“增长的发动机”。

然而，在社会主义初级阶段，这种向外输出的乘数效应表现并不明显，其关键在于缺乏产生这种乘数效应的基础。第一，持续增加出口难以实现。这不仅由于出口商品供给缺乏弹性，而且其出口商品也缺乏国际竞争力。我们往往不得不通过外延性的资本投资来实现扩大出口，由于缺乏持续的革新，出口增长力的源泉相当快地枯竭。第二，即使扩大了出口，由于对外经济的向内倾斜，边际进口倾向较高，当出口收入有所增加时，首先是满足进口需要，从而扩大出口所增加的有效需求绝大部分通过大量进口“漏出”了，无法带动国内经济增长。第三，国内的短缺经济已经使有效需求过度，再继续增加出口，无疑将进一步加剧短缺，使经济发生混乱。

面对这样一个现实，我们应该如何选择对外经济发展战略呢？目前，对此问题，主要存在两种不同的看法。一种看法认为，我们应把立足点放在积极参与世界经济上，以扩大向外输出来带动国内经济发展，实行外向型战略。另一种看法则认为，应在立足于国内经济的基础上，充分利用对外经济关系来发展国内经济，实行内向型战略。根据中国现阶段对外经济的特有属性和对外经济发展的基本特点，这两种对外经济战略都难以实行。

实行外向型战略的难点在于：(1)中国较低的经济发展水平以及由此决定的落后的产业结构，使我们缺乏打开国际市场，跻身于世界经济的能力，不可能把发达国家经济增长过程中进口的扩大作为生长点，使自己的产业和出口结构适应这些发达国家市场的变化，以扩大其出口产品在这些国家市场中的比重，来带动自己产业的发展。(2)中国经济发展中巨大的国内市场需求，也不允许供给首先满足国际市场的需要。一般来讲，经济发展只有在国内遇到市场制约时，才开始导向对外输出。在国内尚处于“卖方市场”时，缺乏把国内产品挤向国际市场的压力。那种不顾国内需求，把资源转向开放部门的做法，不仅会引起收益递减，而且将导致国内建设资源的匮乏，结果，反而使经济增长速度减慢。(3)中国经济结构严重的矛盾性，不适于把经济增长偏向于外向性产业。这不仅因为优先发展技术性产业无助于国内大量农村剩余劳力的转移，而且由于先进的出口部门和国民经济其他部门缺乏联系，不可能使出口产业带动产业结构、技术结构的优化。

实行内向型战略的难点在于：(1)中国国内经济较快发展引起较大的进口倾向，需要大量出口来支撑，不改善出口结构，难以从根本摆脱贸易条件恶化的状况。出口创汇能力的大小，在很大程度上决定着中国对外开放的程度和范围，影响着国内经济建设的规模和进程。因此，不允许消极地等待机会，而要主动创造条件利用对外经济关系。(2)中国经济发展面临的资金短缺、技术落后、效益低下的严重困难，不是通过一般的、小规模的利用外资、引进技术就可以解决的。它需要借助于强大的外部经济力量，使中国经济发展的资源在更大运筹范围内得到合理配置，享受更多的国际经济交往的比较利益。(3)实行内向型战略目标往往采取保护政策、集中管理、统一平衡等手段，这将使国内企业丧失大量的试探输出和寻找优势的机会，较少地参与国际竞争，缺乏国际竞争的压力，不利于推进国内经济改革与发展。

由此看来，这两种对外经济发展战略不是很符合现阶段中国对外经济的实际情况及其特点，不是很适应中国对外经济发展的客观要求。从中国现阶段对外经济所处的特殊地位和其运行的特点来看，笔者倾向于选择“以国内结构调整为轴心的开放型”战略。这种战略的基本出发点在于调整国内结构，而不在于总量增长，即不是用对外经济关系来支撑高速增长。因此它不是单纯地发展资金密集型、技术密集型产业作为外向性部门，扩大先进产业部门与落后产业部门之间的差距。这种战略的重点在于改善出口结构，改变输出要素的需求弹性，以出口支持进口，而不是以进口压出口，消极地利用对外经济关系。概括而言，就是根据国际市场机会偏重于发展有利于国内结构调整、而又有较高比较利益的出口产业和出口项目，以此带动产业结构和技术结构的优化。

这种“以国内产业结构调整为轴心的开放型”战略强调以进口(包括商品、资金、技术)来调整产业结构；以调整产业结构促进出口，实质上是针对中国长期以来产业结构与出口商品结构之间尖锐矛盾(这一矛盾也间接反映了进口与产业结构合理调整之间的脱节)提出来的。中国的产业结构与出口商品结构之间的尖锐矛盾，主要表现在三个方面：

第一，相对较高水平的产业结构与相对较低水平的出口商品结构之间的不协调状况。国际经验表明，产业结构与出口商品结构的正常对应关系应当是：在工业化发展的每一个阶段上，两者大体上是相对称和相适应的，即较低级的产业结构对应于较低级的出口商品结构；反之，则对应于较高级的出口商品结构。但中国的情况则不然，1985 年中国工业和制造业在国民生产总值中的比重分别为 42.3%和 29.7%，而 1985 年出口商品总额中工业制成品占 45.8%，其中机械及运输设备占 8.5%。与此相比，日本在 1982 年工业和制造业占国民生产总值的比重分别为 42%和 30%，但其出口商品结构中工业制成品占 97%，其中机械及运输设备占 56%。中国与日本在出口商品结构上的较大差别，只能说明日本的产业结构与出口商品结构是较相对称的，而中国的产业结构与出口商品结构是不协调的。

第二，封闭型产业结构对出口生产形成制约，反过来不合理的出口商品结构对产业结构调整产生不利影响。长期以来，中国产业结构与出口商品结构之间存在着相互脱节、相互束缚的恶性循环。以自给自足为主导的封闭型产业结构模式使出口生产得不到较好发展，导致出口商品结构恶化；低水平的出口商品结构由于其创汇能力低，反过来，又不能较好地引进产业结构调整所需的各种设备、资金和技术。

第三，产业结构中过度扩张的工业产品与主要出口商品之间的严重错位，即过度扩张的部门的产品与出口贸易的关联性不大。近几年来，中国机电工业、纺织工业以及耐用家电工业等迅速发展，一些产品已超出了中长期国内市场的容量，但除了纺织、石油等个别行业外，这些过度扩张的工业部门的产品出口量并不大，主要出口商品基本上不是来自这些扩张部门。因此产业结构中扩张部门的产品与主要出口商品的重合部分很小，产业结构变动与出口商品结构处于严重错位。

显然，产业结构与出口商品结构之间的尖锐矛盾是不利于开放条件下产业结构优化的。为了缓解这一矛盾，我们要把产业结构调整与对外经济活动有机地结合起来，以产业结构调整为轴心形成两者之间的良性循环。

12.2 对外经济:为产业结构调整服务

按照我们所选择的对外经济发展战略的要求，对外经济活动必须首先为产业结构调整服务，而不是单纯地支撑国内经济不稳定的高速增长。因此中国近阶段对外开放的基本方针应该是:以调整国内产业结构为中心，积极有效地引进各种技术、设备、资金、人才、信息，形成向纵深逐步推进的开放格局。

前一阶段，我们在引进外资、设备、技术等方面，缺乏明确的战略目标，侧重于高档消费品的生产，并以此来支撑经济高速增长。事实上，这种做法不但难以支撑国内经济持续高速增长(因最终将受到外汇短缺的制约)，造成较大的经济波动，而且容易恶化国内产业结构，由此形成对外经济收益失散机制。因此，这种做法对国内经济和对外经济都将产生不利的影响。

众所周知，引进外资、技术、设备等，无疑会产生重大收益，推动经济发展，这种对外经济收益主要表现在三个方面：

第一，进口生产要素投入立体生产结构的不同阶段替代原来国内投入品，必定使各种商品(包括最终产品和中间产品)的成本大不相同。

第二，进口生产要素的投入会引起各种生产要素组合比例的变化(即改变某些产业的生产函数性质)，从而带动其他产业部门的发展，一方面它通过增加某些产业部门的有效供给，来推动相关产业部门的扩大再生产；另一方面它通过新技术产品的传递、新生产技术示范以及管理方面的先进经验给其他部门带来利益。

第三，进口生产要素的投入将缓解产业结构中的瓶颈制约，使相关部门大量非自愿滞存资源得以利用，从而使总产出量水平大幅度提高。

然而，这种对外经济收益的大小，取决于相应的传导机制。良好的传递机制将使对外经济对国民经济增长产生伸展性的影响。否则，大部分对外经济收益将会失散。在中国，由于经济结构和技术结构的非平衡性，往往缺乏这种良好的传导机制，而使对外经济收益大为减少。

首先，各经济部门之间缺乏合理的"联系"，差别很大，致使用进口生产要素装备起来的产业部门无法将其刺激效应扩散到国民经济的其他部门。不仅如此，它还可能进一步扩大先进部门与落后部门之间的差距，加深"二元经济结构"的矛盾性，产生消极的"回荡效应"。

其次，各种生产要素之间缺乏合理的"联系"，致使进口的生产要素难以与国内投入品实行优化组合。例如引进的先进"软件"技术因缺乏相应的设备与人员而难以消化、吸收，引进的高级设备因缺乏高质量原材料而无法形成生产能力。

最后，缺乏配套条件，致使进口的生产要素不能充分发挥它的效用，取得预期的经济效益。例如任何一个使用外债的建设项目，都需要有相应数量的人民币配套资金。根据一些国家经验，一个新建项目外债与本币的投入比一般为1∶3；一个老企业技术改造项目外债与本币的投入比一般为1∶1.5。如果国内资金紧张，缺乏人民币配套资金，吸收的外债就不能很好地消化。

因此，在中国现阶段，引进国外资金、技术、生产资料等必须立足于为国内产业结构调整服务，这样不仅有利于国民经济持续稳定协调地发展，而且有利于提高引进的收益。为此，我们应该努力争取做到：

(1) 立足于中国现有生产力水平和技术水平的基础上，针对解决生产技术薄弱环节或关键设备，有步骤地引进项目。引进的先进技术和关键设备意在于调整结构，减少二元经济的结构性矛盾，使国内经济运行正常化，而不在于单纯地装备资金和技术密集型产业，促使经济增长。凡是适宜于国内生产的重大设备和其他产品，要立足于国内，加快国产化进程，反对盲目引进，重复引进。

(2) 要注重发挥各种引进项目的效益，使之有效地传递刺激效应，推动国民经济增长。引进技术要经过消化、吸收、发展并使之中国化。引进外资要和国内资金、物资配套，并对相关产业部门的发展有较大的刺激强度，提高外资使用的综合经济效益。

(3) 要不断提高对外开放的水平，创造良好的开放环境，推进开放向纵深发展。利用优惠政策协调开放是必要的，但优惠政策潜力有限，过多强调特殊政策，势必造成物资、资金缺口，使全国市场变得极不完整，所以必须在开放环境的改善上下工夫。为了深化开放，要提高利用外贸、外资、外经的能力，改变主要依靠廉价劳动力和原材料吸引外国投资者的局面，使外国企业家能够按照国际惯例在中国经营企业，以吸引更多的外资。

由于在引进的外部资源中，技术对产业结构调整的影响和作用较大，所以在此着重论述一下有利于国内产业结构调整的技术引进问题。

技术引进是促进技术进步和技术结构调整的一项重要措施。在当今世界经济技术发展的情况下，为了弥补国内某些技术的不足，加快技术进步的速度，从国外引进一些技术是必要的，有利于经济建设的发展。这不仅仅对于发展中国家是十分重要的，可以使其实现技术跳跃发展，赶超世界先进水平，而且对于发达国家也是如此，它们在技术发展中也是互相引进技术的。因此，技术引进可以看作是技术发展的一个重要组成部分。

技术引进通常包括两种形态：一种是物化形态的技术，如先进的设备，专家，教师，技术人员和管理人员等；另一种是非物化形态的技术，如专利、商标、外形设计等产权技术，以及图纸、设计方案、技术说明书、技术示范和具体指导等专有技术。一般来说，当一个国家科学技术水平和工业制造能力较低时，物化形态的技术在引进技术中占较大比重；而当该国科学技术水平和工业制造能力提高时，非物化的技术所占比重就会相应提高。

对于发展中国家来说，技术引进大致上有三种途径：

(1) 通过援助途径引进技术，也就是接受技术援助。这种技术引进一般包括：接受外国专家、教师和技术人员来本国帮助发展教育和培训各类专业人才；接受国际援助机构和外国用于本国开发援助（建设工厂、铁路、学校等）的低息或无息贷款，或捐赠款。

(2) 通过贸易途径引进技术，也称“技术贸易”，包括项目、成套设备、关键设备等硬件技术的贸易，和产权技术、专有技术等许可证贸易或软件技术贸易。

(3) 通过投资途径引进技术，主要是让外商来本国投资建厂（即直接投资），使其提供资金，同时提供技术、管理、市场推销等，由此引进的技术往往与本国有关人员的技术培训结合在一起的。

在上述几种途径中，技术贸易是技术引进的主要途径。不过，在实际过程中，技术引进往往通过上述几种途径同时进行。尤其是发展中国家，更需要把这些技术引进的途径有机地结合起来。

在技术引进过程中，要有明确的战略目标，立足于本国的实际情况，讲究经济效益，不能单纯为引进而引进，或盲目引进，或片面追求所谓“最先进技术”的引进。我们引进技术的目的是为了促进技术进步和优化技术结构，从而推动经济发展。因此，在技术引进中要有选择，注重技术引进的适用性，这是技术引进的一个基本原则。

发达国家的技术尽管是现代科学的一般原理应用于生产实践的结果，但它仍然是根据发达国家具体情况来解决其所特有的问题的产物。因而，发达国家的技术及其发展与其本身的经济变化是相适应的，它和收入的增长、资金的积累、市场的扩大、需求结构的演变、国际经济关系的发展等因素的变化过程是同步发生的，并彼此适应、交互作用，形成了一个完整的、稳定增长的体系。

尽快地消化和改造所引进的外国技术，使之适合于本国的情况，是技术引进工作中的重要环节。因为引进技术是为了提高自己的技术水平和创新能力，如果只引进技术，不积极地对其进行消化，它就不能在本国生根和发展，就无法变成适用技术，从而需要不断地重复引进。因此，引进技术要把工作重点放在消化吸收和改造提高上，走一条“引进模仿—消化吸收—改进提高—独立创新”的道路。日本在技术引进中之所以获得成功，就在于它狠抓消化吸收和改进提高的工作，做到第一台设备引进，第二台设备制造，第三台设备出口。过去，我们偏重于技术的引进模仿，对消化吸收、改进提高、独立创新工作重视不够，影响了中国的技术发展。今后在引进技术的同时，应组织力量对其进行消化吸收和改进提高，充分发挥技术引进的作用，提高其经济效益。

对引进技术进行消化吸收和改进提高，其实质就是要把本国的研究和创造与外国技术的引进结合起来，而不是单纯地依靠外国技术。

如果我们把这种与发达国家经济状况相适应的技术全盘引入发展中国家来，往往会与客观条件不相适应，其根源就在于发展中国家的现有条件与发达国家很不相同。这种不同就是发展中国家引进技术中所面临的内部障碍。这一障碍主要有以下几个方面：

(1)需求障碍。发展中国家的人均收入水平低，商品经济不发达，从而市场往往狭小而分散，这种情况决定了在高度商品化条件下为大工厂设计的大规模生产技术，难以应用于发展中国家的生产。(2)资金障碍。发展中国家人均收入水平低决定了储蓄水平低，因而从资金积累的能力上来说，难以运用资金相对充裕的发达国家所设计的资金密集的先进技术。(3)技术障碍。发展中国家缺乏大量的熟练劳动者、经营管理人才和技术人员，另外也缺少相应的配套技术，因而难以很快适应发达国家的先进技术。(4)资源障碍。使用发达国家的技术所必需的各种投入物品，在发展中国家往往因当地缺乏或难以达到所要求的标准，不得不从发达国家进口。这种不仅进口技术装备，而且必须进口原材料的进口物品密集型技术，对于外汇短缺的发展中国家来说，显然也是不合适的。(5)基础设施障碍。发达国家的技术在使用上所必需的较大规模且较集中的动力、道路、港口、仓库、电信等基础设施，在发展中国家往往是比较薄弱的，即使在大城市也是如此。无疑，这对发展中国家吸收发达国家先进技术来说，也是一种障碍。(6)就业障碍。发达国家的劳动力供给相对短缺，为此而设计的节约劳动的资金密集型技术，对于拥有巨大过剩劳动力的发展中国家来说，必然会遇到就业方面的压力。

因此，在引进发达国家的技术时，应考虑本国客观条件所决定的上述种种障碍，对引进技术进行选择和改造工作。盲目地追求先进技术，试图在短期内与发达国家在技术上“并驾齐驱”，不仅不会产生较好的经济效益，而且将会给经济发展带来严重后果。

为了提高技术引进的效益，同时尽量避免技术引进与国内一系列障碍发生过多的冲突所引起的种种难以应付的经济问题和社会问题，我们在技术引进中要加强选择，采用“适用技术”。

所谓“适用技术”是指那些更适合发展中国家客观条件，从而具有较大经济效益和有利于经济发展的技术。对于发展中国家来说，适用技术往往被认为是指简单的、劳动密集型技术，是中等水平的技术。其实，它并不排斥各种先进的、来自发达国家的现代技术，因为这些技术对于发展中国家的某些部门来说也许是适用的。它仅仅强调，对于发展中国家现有的资源状况而言是适用的、便于吸收和掌握的技术。除了经济效益和收入增长之外，其他社会目标(如就业等)也包括在适用技术这一概念之中。由于每个国家对这些要素的重视程度不同，所以各国的适用技术的具体含义也许不一样，有的强调适合本国资源的技术，有的强调适合本国就业的技术，等等。

在技术引进中，对适用技术的选择活动，既包括对同一类产品生产上可行的各种技术方案的选择，也包括政府采取各种有利于适用技术开发的各种政策。因为技术引进中的适用技术选择，不仅仅是一个技术性问题，也不仅仅是个别生产单位的事情，而必须由政府采取措施，在发展战略、价格政策等方面有利于促进适用技术的采用。从下面一些经常影响发展中国家采取适用技术的因素中，我们可以看到这一点。

(1)生产要素和产品的价格不合理(如过低的利率，较高的工资率等)，往往在技术引进中使技术选择偏向于资金密集型技术。(2)在技术引进中缺少有关可用技术的信息或信息不完整，从而难以选择适用技术。(3)对外商的过分依赖，而外商所提供的往往是为发达国家使用而设计的设备。(4)某些外商在发展中国家的经营方针，坚持采用发达国家的先进技术。(5)技术的选择只按工程设计来取舍，而不是从经济发展的角度来考虑。(6)存在着认为“最新的技术就是最好的技术”这样一种倾向，追求徒有其表的项目和最新技术，而盲目地轻视小规模的、劳动密集型的技术，或根据仓促作出的决策进行投资。(7)忽视基本发展目标，盲目追求高速增长。(8)某些援助项目的政策，例如对援助附加某些不利于采取适用技术的条件。

上述这些影响采取适用技术的因素中，有些属于生产单位的微观问题，有些则属于宏观问题，因此技术引进中的适用技术的选择要从微观和宏观的结合上来进行。从宏观上，政府要采取各种措施，创造有利于适用技术选择的条件。从微观上，引进技术的生产单位要通过各种技术方案的比较来确定一种生产方法，使之与本国的资源赋存背景相吻合。

在技术引进中，适用技术的选择是一个重要方面，但仅此而已是不够的，另一个重要方面是对引进技术的消化和适应性改造，这也许更为重要和艰巨。

事实证明，引进技术固然是技术发展的一条捷径，但它毕竟代替不了我们自己的独立研究和创新。只有具有强大的技术研究与开发能力的国家(和企业)，才能对进口技术作更有效的利用，才能利用进口的技术来加强自己的研究与开发能力，并通过自己的研究与开发来改造外国技术，赶超外国技术。

一般而言,技术的消化吸收、改进提高和创新,需要有三种能力:生产能力、投资能力和革新能力。开发技术能力的普通顺序,首先是开发生产能力,然后开发投资能力,最终开发革新能力。因此,在技术引进中应采取以下相应措施:第一,要考虑引进技术与现有生产能力的配套,使引进技术能够较快地发挥效率。同时,尽可能提高生产能力以便更好地消化吸收引进技术。第二,要合理安排引进技术资金和消化吸收资金的比例,使引进技术与投资能力相协调,从而促进引进技术的有效利用。第三,把引进技术的消化吸收与改进提高结合起来,开发出更适合本国需要的技术,创造出更高水平的新技术。

12.3 产业结构调整:促进出口生产

前一节论述了各种资源的引进应为国内产业结构调整服务,但反过来,国内产业结构调整也要有利于促进对外贸易等发展,这样才能在国内经济和对外经济之间建立良性循环,逐步改变中国对外经济的倾斜常态。

20 世纪 80 年代以来,由于对外开放的不断扩大,中国进出口贸易总额增长较快,进出口贸易总额占工农业总产值的比重也有所提高。但是随着对外贸易的不断扩大,中国贸易状况与贸易额的增长速度却呈现出反向关联(见表 12.1)。

表 12.1 1979—1986 年中国进出口贸易总额增长速度及差额对照表

年份	进出口总额(亿美元)	进出口总额增长速度(%)	出口总额(亿美元)	出口总额增长速度(%)	进口总额(亿美元)	进口总额增长速度(%)	进出口差额(+出超 −入超)(亿美元)
1979	293.3	42.1	136.6	40.1	156.7	43.9	−20.1
1980	378.2	29.0	182.7	33.8	195.5	24.8	−12.8
1981	440.2	16.4	220.1	20.5	220.1	12.6	0
1982	416.0	−5.5	223.2	1.4	192.8	−12.4	+30.4
1983	436.2	4.9	222.3	−0.4	213.9	10.9	+8.4
1984	535.5	22.8	261.4	17.6	274.1	28.1	−12.7
1985	696.0	30.0	273.5	4.6	422.5	54.1	−149.0
1986	738.5	6.1	309.4	13.1	429.1	1.56	−119.7

资料来源:根据《中国统计年鉴(1987)》计算,增长速度均以上年为 100。

根据表12.1可以看到，1982年中国进出口额增长为－5.5%，即比1981年下降5.5%，而这一年的贸易出超是近几年来最大的一年，出超30.4亿美元。1985年进出口额增长速度为30%，是增长速度较快的一年，这一年却是贸易入超最大的一年，入超149.0亿美元。另外，1979—1982年进出口总额增长速度呈逐年下降的趋势，国际收支状况却呈逐年好转的局面；1983—1985年进出口总额增长速度逐年上升，国际收支状况却逐年恶化。总之，近年来进出口贸易总额增长越快，贸易逆差越大，增长越慢，甚至下降，反而顺差越大。这种反向关联现象的直接原因是出口总额增长速度慢于进口总额增长速度。1979—1982年中国进出口总额增长速度呈逐年下降的趋势，其中，进口总额增长速度不仅呈下降趋势，而且在总体上要慢于出口总额同期的增长速度。1983—1985年进出口总额增长速度呈上升趋势，其中，进口总额增长速度不仅呈上升趋势，而且均快于出口总额同期的增长速度，即进口总额增长速度要快于出口总额增长速度。由此可见，中国近几年来对外贸易的出口生产并未取得实质性的进展，贸易状况不佳。

然而，形成这种贸易状况与贸易增长速度反向关联现象的深层原因，则是中国低水平的出口商品结构和国际贸易条件的变化。由于生产力水平以及历史上各方面的原因，长期以来，中国出口产品构成主要是初级产品。1953年初级产品出口额占79.4%，1957年占63.6%。“六五”期间，这种状况有了一定改善，但初级产品出口所占的比重仍然较高(见表12.2)。

表12.2 1979—1986年中国出口商品构成

年份	出口总额(亿美元)	初级产品		工业制成品	
		金额(亿美元)	占总额(%)	金额(亿美元)	占总额(%)
1979	136.58	73.15	53.6	63.43	46.4
1980	182.72	97.62	53.4	85.10	46.6
1981	208.93	103.60	49.6	105.33	50.4
1982	218.19	104.63	48.0	113.56	52.0
1983	221.97	102.65	46.2	119.32	53.8
1984	244.16	121.79	49.9	122.37	50.1
1985	259.15	140.30	54.2	118.81	45.8
1986	270.14	117.92	43.7	152.22	56.3

资料来源:《中国对外经济贸易年鉴(1987)》,中国展望出版社1987年版。

这种状况不仅与中国工业化水平很不相称，而且与国际市场上初级产品的贸易走势相悖。据统计，目前世界贸易中制成品的比重为62%，初级产品的比重为38%。发达国家初级产品的比重更低，1984年美国初级产品出口为27.7%，联邦德国为11%，日本为2%，而中国却高达49.9%，甚至高于印度的41%。据世界银行报告预测，在未来十年中，世界制成品贸易平均年增长率为7.5%—9.7%之间，初级产品贸易则为2.1%—3.4%。也就是说初级产品贸易呈下降趋势，制成品贸易呈上升趋势。

与这种国际贸易的趋势相适应，是初级产品的世界市场价格下跌。历史的考察表明，尽管国际市场的初级产品和制成品的价格是长期波动，此起彼落的，但从总趋势来看，初级产品价格呈下降状态。据世界银行统计资料，从1948年到1983年，发展中国家出口初级产品与进口工业品比价，除石油增加两倍，木材增加一倍外，一般下降20%，其中农产品下降30%。初级产品价格下降趋势的主要原因：一是初级产品的收入需求弹性较之制成品来得小，随着世界性收入不断增加，初级产品的世界性需求相对减弱，其价格便会下降。二是科技革命使产业结构向知识、技术密集型转换，减少了对初级产品的需求，同时原料节约和替代技术的发展又直接减少了对初级产品的需求，从而在过去20年中初级产品在世界总出口中所占的比重已由30%下降到17%。因此，中国出口构成中初级产品比重居高不下，甚至随着外贸总额的较快增长而上升，面对的却是国际市场初级产品价格剧烈下跌，例如1985年中国大米出口平均价格仅为1975年售价的66%，1986年中国原油出口售价比上年下降50%左右。与此同时，中国进口商品构成中，制成品始终占有很大的比例。1950年至1984年的35年间，进口商品中生产资料平均占76.35%。按国际贸易标准分类划分，1980—1984年进口商品中工业制成品分别占64.6%、59.6%、58.1%、70.7%、77.6%。这种进口构成中制成品比重的不断增加，面对的却是国际市场制成品价格的持续上涨。

显然，这一局面如果继续发展下去，不仅会使我们的出口生产面临困扰，而且将会影响中国国民经济的稳定增长。第一，由于用低价的初级产品(出口)去换取高价的高技术制成品(进口)，使中国的贸易条件日益恶化，在国际贸易中失去了比较利益，而处于非常不利的地位。第二，由于初级产品在出口产品中的比重居高不下，而国际市场上初级产品的价格不断下跌，使中国的出口收汇额受到直接影响，国际收支出现困难，以致以出口能力为基础的进口受到限制，影响了中国对外开放和技术引进的进程。第三，由于大量出口的初级产品中有许多是国内供给并不充裕的原材料，长期下去，会使出口生产与国内生产争能源、争原料的矛盾日益加重，从而影响国内经济的稳定和发展。

生产的发展是对外贸易发展的物质基础，产业结构优化是促进出口商品结构优化的先决条件。长期以来，中国出口商品结构中初级产品出口份额居高不下，从而导致贸易条件恶化，其主要原因是中国封闭型的不合理产业结构。

在自给自足方针的指导下，中国经济的发展首先考虑的是不受或少受外界因素的干扰，保证自我循环，很少考虑如何积极地参加国际分工和国际交换，并利用它来发展中国经济，人为地割断了中国经济与世界经济的自然联系。与此相对应的是，中国的产业结构也呈现出一种封闭式的、自我循环的模式。在这种封闭型产业结构模式中，工业制成品的生产不能适应国际市场的需求，其产品技术性能差、质量低、式样陈旧、品种少，在国际市场上的竞争能力是很低的(见表 12.3)。这直接决定了我们不得不大量出口初级产品，而无法迅速改善出口商品结构。

表 12.3　中国若干主要制成品出口的竞争系数

商　品　类　别	竞争系数
服装及衣着用品	0.101
非金属矿产制品	0.0031
摄影器材、光学物品及仪表	0.00061
医药品	0.008
制成化肥	−0.061
运输设备	−0.051
船舶	−0.002
汽车	−0.032
机械	−0.156
电信器材、收音录音、重放装置设备	−0.284

注：出口竞争系数 $=\dfrac{\text{某年某商品出口额}}{\text{出口总额}}-\dfrac{\text{该商品进口额}}{\text{进口总额}}$。

资料来源：根据《1986 年中国统计年鉴》计算。

在比重较小的工业制成品出口中，相对来说，轻纺工业产品出口势头比重化工业产品出口势头要好一些，前者的竞争系数也比后者相对高些。按理，轻纺工业产品的出口应有较大发展，但在传统的重“重(工业)”、轻“轻(工业)”的不合理产业结构下,轻工业的发展受到抑制,轻工业在中国产业结构变动中从未占据过主导地位,从而轻纺工业产品出口的发展也受到影响。相反,得到重点发展的重化工业,其产品的出口能力极为有限。据统计,中国重化工业产品在出口总额中的比重,1953年为8.3%,1979年为10.9%,1986年为20.4%(见表12.4)。因此,不合理的产业结构变动也在一定程度上影响了中国出口商品结构中制成品比重的提高,降低了出口能力。

表12.4 中国工业制成品出口构成(按《国际贸易标准分类》划分)

年份	工业制成品		1. 重化工业产品		(1) 化学品及有关产品		(2) 按原料分类的制成品		(3) 机械及运输设备		2. 轻纺工业产品	
	金额(亿美元)	占总额(%)	金额(亿美元)	占总额(%)	金额(亿美元)	占总额(%)	金额(亿美元)	占总额(%)	金额(亿美元)	占总额(%)	金额(亿美元)	占总额(%)
1953	2.11	20.6	0.85	8.3	0.07	0.7	0.78	7.6	—	—	1.26	12.3
1957	5.82	36.7	1.61	10.1	0.21	1.3	1.39	8.7	0.01	0.1	4.21	26.3
1965	10.87	48.8	3.96	17.8	0.53	2.4	1.77	7.9	1.66	7.5	6.91	31.0
1979	63.43	46.4	14.97	10.9	4.24	3.1	6.09	4.4	4.64	3.4	48.46	35.5
1980	85.10	46.6	23.57	12.9	6.30	3.4	8.76	4.8	8.51	4.7	61.53	33.7
1981	105.33	50.4	37.98	18.2	6.99	3.4	13.22	6.3	17.77	8.5	67.35	32.2
1982	113.56	52.0	49.11	22.5	6.24	2.8	11.53	5.3	31.34	14.4	64.45	29.5
1983	119.32	53.8	48.71	22.0	6.53	3.0	9.08	4.1	33.10	14.9	70.61	31.8
1984	122.37	50.1	46.99	19.2	7.72	3.2	8.15	3.3	31.12	12.7	75.38	30.9
1985	118.81	45.8	36.05	13.9	5.95	2.3	8.16	3.1	21.94	8.5	82.76	31.9
1986	152.22	56.3	55.29	20.4	8.28	3.0	10.80	4.0	36.21	13.4	96.93	35.9

资料来源:《中国对外经济贸易年鉴(1987)》,中国展望出版社1987年版。

可见,要改善中国出口商品结构,从而改善中国贸易条件,就必须合理调整产业结构,使产业结构成为具有开放型的,有利于促进出口生产发展的模式。因此,产业结构调整及其优化,不能仅局限于国内经济的范围,不能仅面对国内经济发展的问题。产业结构调整应从开放经济的角度出发,以世界产业关联为背景,追求有利于出口生产的产业目标。同时,产业结构的调整以及重点产业的选择都必须以提高国内产业在国际市场的竞争能力为目标。这样,产业结构调整必须伴随着技术创新和技术进步,以便提高产品的国际竞争力,同时又要根据中国的优势使产业结构调整有利于实现贸易出口结构的升级换代,尽快发展以劳动密集型制成品为主的出口生产，以替代原料、农副产品为主的出口生产。

当前，世界上发达国家出口产业正在向精加工产业推移，我们可以利用这一机会扩大本国劳动密集型制成品的国际市场份额。这不仅可改变贸易条件恶化的状况，而且有利于发挥劳动力充足优势，有助于大量农村剩余劳力的产业转移。如果现在不抓紧时机利用其现有的劳动力资源优势，那么随着科技革命的发展，这种人力资源优势很可能会丧失殆尽。从这一点出发，我们在产业结构调整中，要适当发展轻工业。自 1965 年以来，中国轻工业品出口额在外贸出口总额中的比重一直在 30%以上，而在世界轻工业品出口总额中只占 1%，这预示着中国轻工业有着巨大潜力。同时，中国发展轻纺工业还具有以下优势：劳动力充足，工资相对较低；国土辽阔，轻工原材料资源较丰富；历史悠久，有宝贵的文化工艺遗产和传统技艺；有一定的轻工业技术基础，初步形成了以沿海省市为主的轻工产品出口基地。今后，要想提高出口创汇能力，必须在产品质量、花色品种、包装设计、技术档次等方面下工夫，以优化出口产品结构，增强产品在国际市场上的竞争能力。

除此之外，我们还要主动寻找机会，多方位地开拓国际市场，积极发展对外输出。我们不仅要争取商品出口贸易较快持续的增长，而且要积极推动劳务出口和技术出口，发展海外投资，努力增加非贸易外汇收入。在这些方面，我们过去重视不够，起步较晚，但其潜力较大，中国高级技术出口发展的步伐相当快，一些诸如卫星发射等尖端技术颇有市场。在海外投资开办合资经营企业虽然刚刚起步，但对外影响已越来越大，现在许多国家的公司、商人纷纷表示愿意与中国合资经营。据初步统计，到 1985 年底，提出探讨和商谈的项目近 300 个，分布在六七十个国家和地区，欠发达国家约占 90%，这说明中国海外投资的前景是非常广阔的。中国对外承包工程和劳务合作 1978 年才开始，至今已有较大的进展。1981 年以前中国开展承包工程和劳务合作的国家和地区有 21 个，到 1985 年底发展到 88 个国家和地区。从最初只对外提供劳务或分包外国公司项目发展到自己承包工程。“六五”期间有 17 家公司在国际招标中获得了 79 个大中型项目，合同额共 26.1 亿美元，占中国对外成交全部合同额的 51%。劳务输出也向多样化发展，并开始对外派遣一些高级劳务，向知识和技术密集型劳务输出迈出了步子。在对外经济输出的过程中，要扩大多元化的国际市场，使中国现有的经济实力在对外关系中得到充分发挥。我们应该在继续发展同发达国家贸易往来的同时,利用中国制成品价格低廉的优势,努力开拓发展中国家市场,为现有生产力水平下生产出来的中低档制成品找到外销出路。

当然,这一些都要以传统经济体制的改革为前提。传统体制严重制约着中国对外经济的发展,不深化改革,对外开放就难以迈出大步子,所以必须改革价格体系和税收体系,改革外汇管理制度,改革企业制度,转变政府经济管理职能,改善决策机制。不能把眼光局限在外贸体制改革上,外贸体制改革固然有助于推进对外经济发展,但这仅仅是国内市场与国际市场的连接点,外贸体制改革受制于整个经济体制改革的步伐,最关键的是建立适应世界经济要求的有计划商品经济的体制。

下　编

产业政策的经济理论系统分析

本编原为周振华著《产业政策的经济理论系统分析》，中国人民大学出版社 1991 年版。

13 引　言

13.1

自 80 年代以来，各国政府和经济学界对产业政策问题十分重视。产业政策正作为一种新的宏观经济调控方式跻身于经济政策体系之中，并在经济政策体系中居于重要地位，起着政策导向的作用。

产业政策在世界范围内日益受到人们的青睐，绝不是偶然的，而是有着深刻的历史背景的。因为，现代经济增长过程本质上是一个结构问题。(1)现代经济增长比以往任何时候更具有生产专业化的特点，从而使结构效益上升到最重要的地位，成为现代经济增长的基本支持点。(2)现代经济增长总是伴随着科学技术的大量运用，然而技术创新不可能在所有现存的生产部门之间平均分布。它总是首先在某些特定部门出现，然后通过结构关联效应实现对经济增长的推动。(3)现代经济增长加快了产业结构变动的频率，自觉调整这种迅速变动的产业结构，促进其优化，已成为当务之急。只有这样，才能实现国民经济持续、稳定、协调增长。

既然现代经济增长过程本质上是结构问题，那么在世界性的现代经济增长进程中，结构效益和结构转换能力的高低优劣就决定着一国经济的兴衰，决定着各国之间经济实力对比关系的变化。英国的衰退与日本的崛起给人们以极大的启迪和深刻的教育。在这种情况下，产业政策应运而生，并成为人们关注的“热点”问题之一，此乃情理之中的事。

现代经济增长客观上提出了实行产业政策的迫切要求，但产业政策能否取得成效则取决于各国政府对产业政策的设计与运用。因此,产业政策分析就成为一项重要的工作。

13.2

目前,产业政策分析已成为经济政策分析中的一个重点。进入70年代后期以来,曾出版了许多有关产业政策(尤其是战后日本产业政策)的论著,其中不乏富有洞察力之作。但分析的重点主要是从历史发展的角度对产业政策的政策意图、主要的政策手段、作为政策对象的产业以及政策实施的效果进行分析和评价。正如日本著名产业经济学家小宫隆太郎指出的,外国研究人员对产业政策进行研究的中心内容,主要是从政治学的角度进行分析,或者是从历史发展过程进行叙述,几乎没有人真正从经济学的角度对此进行深入的分析研究。①

从历史的角度展开对产业政策的分析是必要的,尤其在研究刚刚开始时,更是如此。如果不对产业政策进行认真的历史回顾和经验总结,积累有关产业政策实践的历史资料,产业政策的分析就无从深入。并且,作为一种历史的借鉴,它对政府设计与运用产业政策也有帮助。但是,这种以叙述历史发展过程为中心的产业政策分析,毕竟是浅层次的,其视野往往十分狭窄,具有较大的片面性和表面性。不仅如此,这种政策分析对于政策实践缺乏理论性的指导作用。

因此,把产业政策分析推向深入,上升到经济理论分析的高度,是我们经济工作者义不容辞的职责。我认为,从经济理论角度对产业政策的实际状况、效果和意义进行分析,同时建立起用经济学分析产业政策的理论框架,具有重大意义。因为,产业政策的历史分析已经表明,产业政策既有成功的先例,也有失败的教训,就事论事将无法正确认识产业政策的效果和意义,只有对产业政策进行经济理论性的研究和"标准"的分析,才能建立起评价产业政策效果和意义的参考标准,从而才能对产业政策效果作出较为准确的评价。其次,产业政策比其他经济政策更明显地反映该国的经济发展、地理环境、政治、历史、文化和传统等特点。"由于各国经济发展阶段、自然与历史条件,国际环境以及政治经济形势不

① 参阅小宫隆太郎等编:《日本的产业政策》,国际文化出版公司1988年版,日文版序言。

同，产业政策的概念、内容以及形式是不同的，在不同的地区、国家之间有相当大的差别。"[①]因此，我们不能简单地照搬别国的产业政策。别国成功或失败的产业政策，只有经过上升到经济理论高度的分析，才对我们制定与实施产业政策有借鉴和指导意义。

本书的题目《产业政策的经济理论系统分析》，已明确反映了本书的侧重点在于产业政策的经济理论分析，并且是全面系统的分析。正如小宫隆太郎指出的，到目前为止，从经济学角度对在产业政策方面采取的各种措施的效果以及在国民经济中的意义进行分析的著作和论文，尚属凤毛麟角。因此，可以说，本书的研究可算是一种开创性的工作。

13.3

虽然小宫隆太郎等日本学者率先提出了要从经济学角度开展对产业政策的研究，并做了一些有关的工作，但他们还没有对产业政策进行全面系统的经济理论研究。他们只是把日本战后作为产业政策推进的各种政策加以归类，从理论上探讨这些政策在国民经济中的意义，提出战后日本的具体政策的参考标准。[②]显然，这仅仅是产业政策经济理论分析中的一部分内容。

本书试图对产业政策展开全面系统的理论研究，以建立起产业政策的完整理论基础。为此，我采取了系统工程的研究方法，不仅考察产业政策设计与实施的外部环境条件，而且深入分析产业政策过程的内部结构及其功能。在此基础上，对产业政策的具体内容作了系统分析。本书的基本框架如下：

（1）分析产业政策的形成是否具有必然逻辑，其形成的逻辑基点是什么，从理论上回答产业政策产生和发展的历史客观性。同时，分析产业政策的性质，确定其在整个经济政策体系中的地位及其作用。

（2）分析产业政策的一系列前提性条件，即规定和影响产业政策类型及其变动的基本变量，以此构建产业政策的总体模型，阐述产业政策的设计与实施将

① 查默斯·约翰逊编:《产业政策争论》,英文版,第 6 页。
② 参阅小宫隆太郎等编:《日本的产业政策》,国际文化出版公司 1988 年版。

受到哪些外部因素的制约。

(3) 进一步研究产业政策过程中的内部结构,分析这些前提性条件是如何具体影响和支配产业政策的指导思想、政策模式选择、政策目标设计和手段运用、政策调节方式、组织机构类型以及政策效应的,并揭示政策过程中各方面的内在关系。

(4) 对产业政策的具体内容展开系统的理论分析,揭示产业结构政策、产业组织政策、产业关系政策之间的内在关联和整体效应,并对各具体政策进行深入的理论分析,指出其政策要点的理论依据。

这样,通过纵向(政策过程)与横向(政策内容)相结合的全面分析,通过产业政策系统的结构—功能分析,我们大致上可以完成对产业政策的经济理论系统分析。当然,限于作者的水平,还难以达到较完善的境地。本书只想起到抛砖引玉的作用,别无他求。

13.4

本研究在对产业政策的经济理论系统分析中,尽可能从各国产业政策实践的经验教训出发,结合中国的具体情况,从具体的事例中抽象出产业政策的一般理论框架,力图使这种政策分析建立在深沉的历史感和强烈的现实感的基础上。

然而,各国产业政策实践的历史是如此短暂,加之大多数都是探索性的政策实践,这在客观上给我们进行产业政策的理论分析带来了困难。对于我们的研究工作来说,这种客观条件的不成熟,不能不说是一种缺憾。好在理论之树也是常青的,随着各国产业政策实践的发展,这一政策的理论分析也将日益完善。

通过产业政策的经济理论系统分析,以便更好地指导中国产业政策的制定与实施,保证取得预期的政策效果,是本研究的宗旨。为此,在进行有关的政策分析中,作者立足于中国的具体国情,在基本理论的指导下提出一些政策主张。但中国目前正处在双重体制并存的历史转折关头,新体制的基本框架尚未建立,甚至还有争议,这不能不给我们的研究带来不便。因为产业政策是与经济体制、经济运行机制紧密联系在一起的,具体的产业政策总是在一定的体制框架下和运行机制的基础上实施的。在双重体制交织的不确定框架下,提出中国产业政策制定与实施的具体对策，确实是很困难的。本研究虽然在这方面（突出现实性）作了努力，例如在提出未来理想模式和方法的同时，根据现阶段的情况提出一些过渡性模式和方法，并对中国经济发展新阶段的产业政策作了原则性的构想等，但总的来说，还不尽如人意。

因此，本研究仅仅是一种尝试，研究成果尚有许多不足和缺陷，望经济界同仁、实际部门工作者，以及广大读者给予批评指正。

14 产业政策形成的基本逻辑：争辩中的思考

研究产业政策，首先将遇到一个必须给予明确回答的问题，即产业政策形成的基本逻辑问题。这是分析产业政策，建立产业政策理论体系的首要前提。

正因为如此，在国际学术论坛上，围绕这一问题展开了激烈的争论，并成为产业政策研究的主要热点。这一问题的国际性大论战，主要涉及两个方面：(1)产业政策是否有其形成的必然性？(2)如果有其形成的必然性，那么其逻辑基点是什么？我将针对这一争论提出自己关于产业政策形成的基本逻辑的新思考。

14.1 产业政策形成的逻辑必然性

国外学者对产业政策形成逻辑的争论，实质上是围绕着“政府有没有必要干预产业活动”而展开的。由于产业政策的干预往往比其他宏观经济政策的干预更直接、更深刻，所以有相当一部分学者仅仅赞同政府运用货币政策和财政政策干预经济过程，而反对政府运用产业政策干预产业活动。在他们看来，产业政策是与扭曲、抑制、不公平相联系的，因为产业政策是以牺牲某一部门为代价来促进或限制另一部门的发展的。

美国学者托马斯·E.彼特里等人对一些国家实行产业政策的结果进行了考察。他们认为，联邦德国战后的经济奇迹由于政府对其市场经济的干预而消失了；英国经济几乎被大量的保护措施、补助、产业国有化和对无效率企业的贷款所窒息。至于日本的经济成功，这不是来自政府所采取的产业政策，而是由于它是一个自由的企业家的经济。因此,产业政策对一个国家来说将是灾难。①

虽然这些学者也认识到,在一般竞争活动中,政府也扮演着一个角色。但他们认为,重要的问题是,政府官员在银行或产业政策局的工作实际上是否能比自然的动态市场创造更好的所谓"不同类型的共生产业之间的联系"。其答案是:如果政府这样做了,它们的成功完全取决于好的运气。因为在目前条件下不存在决定哪一种值得鼓励的产业动态组合,或如何实行这种动态组合的检验知识和分析工具。②

另一些学者则是由政府实行宏观经济政策的现状,引起对产业政策有效性的怀疑,正如美国《纽约时报》指出的:"真正的问题是如何最好地解决经济中的结构问题。然而,产业政策不能弥补现行的货币政策和财政政策的混乱(令人惊异的预算赤字所引起的过高的利率)。显然,这些政策是由政府负责实施的,那么有什么理由使人能够相信它在实行'产业政策'中会做得更好呢?"③

不管从哪个角度、用哪种方法否定产业政策形成的必然性,其最基本的论点都是:政府不能有效地实行产业政策;或相对于市场机制来说,政府对产业活动的干预不会有更好的效果,只会损害市场机制的正常运行,从而给产业发展带来消极作用。因此,他们认为,真正的产业政策是被偶然地界定在一个特殊经济环境和特殊时期的产业经济的特殊问题上的。④换言之,在一般情况下,产业政策不存在其形成的理由,否则,便是主观逻辑强加的政策。

另一些学者则对产业政策形成的必然性持肯定态度。他们强调产业政策在经济生活中的必要性,并视产业政策为具有普遍意义的政策。例如,日本经济学家植草益认为,宏观经济政策是有关需求方面的政策,产业政策是有关供给方面的政策。这就把产业政策看作与其他经济政策一样,是经济活动所需要的政策。在这方面,经济学家雅克·莱苏涅的论证较全面。他从多个视角分析了产业政策存在的理由。⑤其要点是:

---

① 参阅托马斯·E.彼特里等编:《国家产业政策》。

② 尤金·巴戴奇:《产业政策贯彻》,载查默斯·约翰逊编:《产业政策争论》,美国当代研究所1984年版,第96页。

③ 参阅《纽约时报》,1984年1月23日。

④ 查默斯·约翰逊编:《产业政策争论》,美国当代研究所1984年版,第240页。

⑤ 雅克·莱苏涅:《欧洲产业》,载亚历克西斯·杰奎明主编:《欧洲产业:公共政策和共同战略》,克拉林顿出版社1984年版,第28—33页。

首先，在封闭经济中。(1)从政治角度考察。政府在政治上通常追求两个目标：一是公众的广泛支持；二是实现政府偏好的社会模式。从第一个目的出发，政府会对衰退产业实行补助，以维持就业。从第二个目的出发，政府会很重视诸如经济效率、平等、自由、参与等标准，而且要求对产业活动进行干预，以便按其标准改善社会行为。因此，产业政策通常也包括创新部门的发展等长期性的内容。(2)从经济角度考察。产业政策存在的理由：第一，市场机制也许导致个人收入分配的不合理，或引起不公平的个人支付转移的调整费用。为了改善这种状况，从经济效率的观点出发，较好的办法是支付失业救济和组织培训，而不是对就业实行补助。第二，由于市场上存在垄断、外部不经济、限制性交易扩大等问题。政府从其立场出发，会认为市场风险是没有效率的，它使企业忽视了有利于社会的外部经济，因而需要政府干预。

其次，在开放经济中。(1)从政治(包括国际事务)角度来看。政府在政治上的一项工作是保证其国家的生存，因而它们的注意力集中在维护国家的独立自主上。世界经济政治未来局势的演变越不确定，政治领导人对某些现代产业的缺乏就越敏感。(2)从经济角度考察。即使国际经济局势是正常的，也不能保证所有国家都能从自由贸易中获得利益。而在国内或国际经济不完善时，自由贸易的影响就更不确定了。在这种情况下，产业政策的目标之一，就是通过国内有关措施来消除"不完善"的国际经济对国内经济的不利影响。

雅克·莱苏涅的论述是比较全面的，大致上概括了各种论证产业政策必要性的理由。然而，他的论证实际上暗含着一个前提，即政府是能够有效地运用产业政策的。但这一前提却是需要进一步验证的。从前面的论述中可以看出，否定论者的主要立论就是对这一前提的怀疑与否定，因此这是关于产业政策有无必要的争论的关键。雅克·莱苏涅对这一问题没有进行进一步的论证，看来是一个缺陷。

我认为，论证产业政策的形成有无必然性，应从两个方面展开：一方面要论证产业政策有没有必要；另一方面要论证取得产业政策的成功有没有可能。"肯定论者"着重论证了产业政策的必要性；而"否定论者"则着重论证了产业政策成功没有可能性(无效性或低效性)。从逻辑上讲，有"必要"而没有"可能"，当然不具有必然性，因此如果否定论者的立论可以成立的话，那么否定论者对产业政策形成逻辑的看法是正确的。但问题在于，否定论者的立论是难以成立的。而在这一点上,肯定论者却没有给予有力的反驳。

我认为,产业政策的实施效果既可能是积极的,也可能是消极的。这要看实施产业政策的条件如何。这种条件不仅限于政府的能力和行为,还包括诸如市场状况、企业状况、组织类型等经济环境因素,甚至还应包括历史、文化、传统、发展阶段等社会环境因素。因此,否定论者仅从政府角度来判断实施产业政策有无可能是片面的。即使仅从政府的角度讲,也难以得出政府不可能有效实施产业政策的推断。因为,政府有能力实行产业政策的国家,并不仅仅是一个日本,而是出现了一批,如韩国等。

但另一方面,否定论者对产业政策有效性的怀疑,也并非毫无道理。从产业政策本身来讲,它比货币政策与财政政策对经济活动有更直接、更具体、更深刻的影响,因而对其也更难以正确地把握和有效地实施。从政府能力与行为来讲,有效实行产业政策的难度较大。因此,对于不同素质、面临不同条件的政府来讲,同一个内容的产业政策可能会产生截然相反的政策效应。正是在这个问题上,肯定论者的论证是不充分的,他们往往把尚待验证的问题,作为既定前提来论证产业政策的必然性。这就容易给人一种误解,似乎产业政策总是积极的、没有缺陷的,是包医百病的灵丹妙药。事实上,产业政策的作用也是有限度的,并经常出现失效情况。这种失效往往比市场失败有更大的危害。清醒地认识到这一点,并不是否定产业政策,而是要慎重地运用产业政策,以尽量减少实施产业政策的成本和负效应。

总之,我认为,产业政策不仅是必要的,也是有可能的。但这种可能性是有条件的。在不具备一定条件时,实施产业政策的后果很可能是消极的。因此,产业政策有其必然的逻辑,但绝不是万能的,也不是可以随意运用的。

14.2 产业政策形成的逻辑基点

对产业政策持肯定态度的学者们对其形成的逻辑基点看法也不尽相同。一派学者把产业政策形成的逻辑基点放在经济发展的需要上,简称“经济发展论”;另一派学者把产业政策形成的逻辑基点放在弥补市场不足的需要上,简称“市场不足论”。这两派观点之间的争论是很激烈的。

经济发展论者认为，产业政策来自增强经济实力、提高国际竞争力、促进产业结构高级化的需要。例如，美国学者查默斯·约翰逊认为，从积极的、明确的意义上看，产业政策是指导和协调那些对提高整个经济以及特定产业部门的生产率和竞争力具有杠杆作用的政府活动。首先，产业政策意味着把具有明确目标的和战略性的思想融合于经济政策之中。此乃政府在超越市场体系中货币财政政策上的一种尝试。

这种观点最初是以“赶超论”的形式出现的。它主张，当后起的发展国家在其产业尚未具备国际竞争力、不能以平等地位与先进国家自由竞争时，由国家对产业实行保护与扶持，使之能迎头赶上先进国家。在历史上，这种政策思想可追溯到德国为对抗英国自由贸易政策所采取的保护主义政策。这一政策理论在F.李斯特的《政治经济学的国民体系》(1981年)一书中得到详细论证。

战后的日本产业政策就是以赶超为中心思想，以欧美先进国家产业结构为其榜样，以积极培育战略性产业为其出发点的。可想而知，为了实现这种产业政策，势必强调政府对经济的直接干预，采取贸易保护主义措施，援助和培育个别产业发展。正因为如此，这一政策思想常常遭到强烈的批评，被认为是经济国家主义与诡计多端的组合。例如，1982年12月，盖德斯议员在美国众议院的演讲中说：“日本的产业政策是一种以本国利益为优先的经济性国家主义，也是修正主义和国家资本主义，完全是一种企图在外国做经济性侵略的武士经济，也可以说是一种掠夺贸易。”①虽然这一批评不尽客观，但却指出了赶超的政策思想是与经济国家主义紧紧相联系的。

由于“赶超”的逻辑基点是后起的发展国，所以一些学者认为这过于褊狭。对于先进国家来说，在一个迅速变化的世界经济中，其领先地位也经常受到威胁，为继续保持其领先地位，同样需要积极推行产业政策。其主要原因是：(1)从50—70年代，世界贸易迅速扩大，结果在先进国家中外部需求比国内需求更迅速地增长，引起了增长过程的不确定性。在此过程中，某些宏观经济政策(货币财政政策)的效力减弱，因而一些国家的政府倾向于把注意力转向国内经济的供给方面。(2)一些先进国家的产业结构变动正处于第二产业向第三产业转移的过程之中。这比第一产业向第二产业转移的结构变动更困难。它往往导致资源

① 转引自牧野升、志村幸雄：《美日科技争霸战》，中译本，台湾牛顿出版社1985年版，第246页。

(包括劳动力)供求关系的“错配”,即当结构发生变动时,劳动力和其他资源不能随即从衰退部门转向新的具有成长潜力的部门,造成结构性的短缺与过剩并存。(3)前一阶段制造业发展异常迅猛,导致其价格猛烈下跌,受价格波动影响,制造业大大收缩。这被视为严重的危险倾向,需采取措施使其重新恢复。

因此,一些学者把保持先进国家领先地位作为产业政策形成的逻辑基点。例如,美国参议院议员钟加斯说:“在与日本产业的竞争中,美国产业渐趋败退。这种现象并非偶然,是由于日本多年来在全盘的计划下,将重工业视为国家战略的一环来全力推展,扩充消费品产业,并投下许多心血培育其高科技产业所造成的结果。为有效地对抗日本的挑战,美国的确有必要采取某些相应的产业政策。”①

这样,在“经济发展论”的大前提下,形成了“赶超论”与“领先论”两个分支。从本质上讲,它们之间没有根本的分歧,只不过各自的侧重点不同,反映了后起的发展国与先进国经济发展的不同重心。

与此不同,“市场不足论”的学者,则把产业政策形成原因解释为补充市场不足的需要。他们首先肯定市场机制是有效的,但同时也指出市场机制有其缺陷,并会出现失败。为了弥补市场缺陷或纠正市场失败,就有必要采取产业政策。

这些学者认为,产业政策作为政府对市场机制配置资源过程的干预,其必要性仅以市场失败情况为限。除非有明确的理由证明市场失败,并且有纠正市场失败的合理有效的对策,否则政府不应对产业进行多余的干预,产业发展取向宜由企业自由活动来决定。

罗伯特斯·奥赞基说:“产业政策的基本前提是私人市场不能单独地实现国家福利与利益的最佳化。”②日本学者小宫隆太郎则说得更加明确:“由于在某种状况或局势下,市场在合理配置资源方面会失败。因此,产业政策的基本作用,就是针对这种现实的失败或可能出现的失败,弥补市场机制的缺陷。”③这种观点与“经济发展论”是完全对立的。在日本,以小宫隆太郎为首的经济学家对主张为了赶上先进工业国,或为了加强本国产业的国际竞争能力而制定产业政策的“前史时代派”(有泽广已、中山伊知郎和筱原三代平为首)进行了批评。他们

---

① 转引自牧野升、志村幸雄:《美日科技争霸战》,中译本,台湾牛顿出版社1985年版,第261页。

② 罗伯特斯·奥赞基:《日本产业政策是怎样起作用的》,载查默斯·约翰逊主编:《产业政策争论》,第48页。

③ 小宫隆太郎等编:《日本的产业政策》,中译本,国际文化出版公司1988年版,第6页。

认为,从经济理论的观点来看,在工业化方面的后进地位和处于战后复兴过程等问题本身,并不意味着市场的失败(请联想一下战后联邦德国的情况)。因此,上述列举的条件本身,并不能成为对产业进行政策干预的根据。①然而,反对派则提出反驳。他们认为,自由化不值得欢迎,自由化使日本重返国际社会付出了不得已的代价,使日本经济面临着考验。

且不论"市场不足论"与"经济发展论"之间的争论。在"市场不足论"内部,也仍存在着分歧。争论的焦点是对市场失败程度的不同判断。

一些学者认为,市场机制运行基本上很正常,市场失败的情况是偶尔发生的。因此,在一般情况下,不需要政府的政策干预。"产业政策似乎限于起一个修整经济边缘的帮助作用,而不是提供某种集中推动力来改变和改善产业与整个经济的行为。"②这种观点通常是以接近完全竞争的情况为其基本理论框架。因而,这种产业政策是一种尽可能采取"不干涉主义"的政策。这种产业政策类型可以用沃尔特·欧根的基本观点作典型的表达:国家必须明智地建立一个使经济发挥职能的体系、组织结构和秩序;它必须为一个具有职能和人类尊严的经济的秩序形成创造条件;但它不应指导经济过程本身,政府对结构进行计划安排——可行,政府对经济进程进行计划指导——不可行。

与此不同,另一些学者认为,市场机制本身有较多的病理,市场失败的情况是经常发生的。因此,在一般情况下,政府也有必要对产业(部门)间的资源分配或产业(部门)内的产业组织进行政策性干预,以纠正市场失败。在他们看来,产业政策是政府为改变产业间的资源分配和各种产业中私营企业的某种经济活动而采取的政策。这种观点比较倾向于以垄断竞争情况为其基本理论框架,并利用竞争理论、公共财产理论、学习效果及内部组织等经济学的新方法和概念作为评价市场失败的分析工具。他们先确定产业发展过程中的各种失败情况,并加以严密的理论分析,然后阐明应付各种失败情况的产业政策之必要性。持有这种观点的学者不同意那种"修整经济边缘"的政策思想。他们认为,由竞争价格机制实现资源最优分配,严格来说,只能在科技水平不变,没有时间性,企业既不再投资、也不进行研究开发活动的静态模型下才能证明。然而,事实上,科技日

---

① 小宫隆太郎等编:《日本的产业政策》,中译本,国际文化出版公司1988年版,第6—7页。

② 彼·莫特希德:《产业政策》,载佛·布莱卡伯编:《英国经济政策:1960—1974年》,剑桥大学出版社1978年版,第483页。

新月异，新产品与劳务不断涌现，产品结构和产业结构均发生变化。企业并不是在产品种类、技术水平、需求函数不变的静态结构内互相竞争，而是尽最大的努力提高生产率，开发新产品，采用新技术，开拓新市场，并在这些方面展开激烈竞争。因而，价格机制并不能实现资源最优配置，需要进行产业政策干预。

上述关于产业政策形成的逻辑基点的争论，从直观上看，似乎只是不同角度之争。但我认为，这两种政策分析都是片面的，不足以完整地揭示产业政策形成的基本逻辑。

因为，从政策分析来看，发展战略与运行机制是不可分的，发展战略要通过运行机制得以贯彻。如果假定运行机制是可以保证发展战略的实现的，那么我们的确可以只从发展战略的需要来考察产业政策形成的逻辑基点。但事实上，市场机制固有的缺陷恰恰在于难以理想地进行具有长远意义、结构性的资源配置，从而不能充分保证发展战略的顺利实现。所以，在考虑发展战略的同时，必须考虑市场机制的缺陷问题。同样，单纯从运行机制角度考察产业政策形成的逻辑基点也不行。因为，如果仅仅是为了弥补市场不足，产业政策也许会蜕变为类似于货币政策和财政政策那样的短期调节政策。然而，产业政策的一个特殊属性则是要发挥长期政策效应，尤其是促进产业结构高级化。因此，产业政策如果要弥补市场短期行为，它必然要与某种发展战略联系起来。我主张，应从经济发展战略的需要和运行机制缺陷这两个角度的结合中论证产业政策形成的逻辑基点。按照这一逻辑基点，产业政策就是为弥补经济运行机制的不足，实现一定的经济发展战略，而在不同程度上调节产业活动的方针和措施。

14.3　产业政策：现代经济增长过程的产物

上述不同观点（包括前一个问题的肯定论与否定论）的争论，实质上不过是从不同角度、用不同的分析方法论证或界定政府干预的性质、效果，以及干预的程度、范围和方式，从而确定产业政策的效力与范围。我认为，这种争论对于解决产业政策形成的基本逻辑的问题，没有什么实际意义。因为，产业政策具有明显的历史性。在不同的经济发展阶段或不同的经济环境下，产业政策的效力与范围是不同的。在某种情况下，需要干预程度较大的硬性产业政策；而在另一种情况下，则需要有干预程度较小的软性产业政策。因此，在这一问题上纠缠不休，将使产业政策形成基本逻辑的讨论陷入“黑洞”。从严格意义上来讲，这一问题并不构成产业政策存在逻辑的论证，而是涉及不同产业政策类型的选择与运用问题。

上述争论之所以未能较好地解决产业政策形成逻辑的问题，关键在于视野太狭窄，往往只从某一个方面、某种角度来论述其形成的逻辑，这不免带有片面性和局限性。我主张，要开阔视野，从更加深宏的历史背景中来看待产业政策形成的基本逻辑。这一背景就是世界性的现代经济增长过程，产业政策形成的基本逻辑就是深深根植于这一现代经济增长过程之中的。

现代经济增长是从传统经济向现代经济、从不发达状态向发达状态转变过程中的经济增长。它始于18世纪后期的少数国家，继而成为一个世界性的进程。现代经济增长区别于以往经济增长的显著特征在于：(1)经济高增长率和产业结构高变动率；(2)不断加速的新技术革命带来的大量的创新群集；(3)世界经济趋于一体化使各国经济的相互依存性大大增强。在这样一个现代经济增长进程中，无论是发达国家，还是发展中国家，都将面临一个共同的任务，即如何在世界经济一体化的背景下，利用新技术革命的契机，调整和优化产业结构，加速经济增长。如果不能较好地完成这一任务，那么原先处于领先地位的发达国家将迅速衰退，被“后来居上”的新兴发达国家所替代，而原先已落后的国家将不断拉大与先进国家之间的差距，有被开除“球籍”的危险。因此，置身于这一世界性的现代经济增长过程中的每一个国家，都应正视和认真对待这一严酷的现实。

然而，要较好地完成现代经济增长所赋予的任务，单靠一般的经济政策(如宏观总量政策)是难以胜任的。因为现代经济增长过程本质上是一个结构问题：(1)现代经济增长比以往任何时候更具有生产专业化的特点，从而使结构效益上升到最重要的地位，成为现代经济增长的基本支持点。(2)现代经济增长总是伴随着科学技术的大量运用，然而技术创新不可能在所有现存的生产部门之间平均分布。它总是首先在某些特定部门出现，然后通过结构关联效应实现对经济增长的推动。(3)现代经济增长加快了产业结构变动的频率，自觉调整这种迅速变动的产业结构，促进其优化，已成为当务之急。只有这样，才能实现国民经济持续、稳定、协调增长。所以，要适应现代经济增长的要求，必须采取新的促进结构优化与成长的经济政策，即产业政策。

这一新政策的出现是与经济发展战略的转变相联系的。在一个国家经济发展初期,所选择的经济发展战略往往是数量型战略,但一旦这一国家进入现代经济增长的过程中,这种发展战略就不再适宜了。因为现代经济增长过程本质上是结构问题,它要求采用效益型的发展战略,而这种效益更多地来自产业结构的调整和优化。因此,当经济发展战略从数量型转向效益型时,从结构优化中求效益、求速度,也就成为经济工作的基本方针和指导思想。为了贯彻落实这种新的发展战略,就必须采用相应的产业政策。

由于效益型的经济发展战略的核心内容是结构调整与优化,而这种结构调整与优化的实现,单靠市场机制是难以胜任的,所以还需要通过政府实施产业政策来弥补市场机制的不足。尽管市场机制对于结构调整有一定的功效,甚至在某些方面比行政机制具有不可替代的优越性,如资产存量的转移对结构调整的作用,但它在新产业的开发等具有战略意义的结构调整方面存在着先天性的缺陷。因此,要实现经济发展战略的转变,必须对经济运行机制作相应调整,这种调整就表现为产业政策对市场机制不足的补充。值得注意的是,产业政策对市场不足的补充实际上是以现代经济增长为背景的,这是我与西方学者在认识上的差异。如果不以现代经济增长为其背景,那么用总量政策也可弥补市场不足,实现总供给与总需求的均衡。这样,就会把产业政策形成逻辑与一般经济政策混为一谈,不足以揭示产业政策形成的独特逻辑。

总之,我认为,产业政策形成的基本逻辑要从现代经济增长过程的深宏背景中引申出来。这样才能说明,产业政策作为一种新的经济调控方式跻身于经济政策体系之中,并在全世界范围内日益受到人们的关注,绝不是偶然的,而是历史的必然。

15 产业政策的导向作用

从产业政策形成的基本逻辑来看，它通过一定的调节方式作用于产业经济活动，将对产业结构变动乃至整个经济发展产生重大的影响。然而，值得指出的是，这种重大影响并不是产业政策孤立运用的结果。产业政策作为整个经济政策体系中的一员，虽然其基本的政策特性决定了它在经济政策体系中处于特别重要的地位，但它的导向作用的发挥，却有赖于宏观经济政策之间的协调。

15.1 产业政策神化：一种危险倾向

自从日本运用产业政策取得了惊人的成功之后，产业政策便日益为世人所注目，随之而来，产业政策研究也就成为一种新的潮流。无疑，这将极大地推动产业政策的发展。但在这一过程中，出现了从一个极端走向另一个极端的倾向，即从否定产业政策转向把产业政策神化。这种倾向有一定代表性，在国际论坛和国内理论界都有所表现。

把产业政策神化，实质上是没有把产业政策放在经济政策体系中的适当位置加以考察，过分夸大了产业政策的作用，比较典型的有以下几种看法：(1)把产业政策看作是摆脱政策困境，取得经济发展成功的灵丹妙药，尤其在以需求管理理论为基础的宏观经济政策失灵的情况下，更是如此。(2)把产业政策看作是经济发展的最高政策，是凌驾于各项经济政策之上的首要政策，把其他各项经济政策统统隶属于产业政策之下。这种倾向在后起的发展国家赶超先进国家、实现工业化的过程中，尤为明显。(3)把产业政策看成是各种政策的综合化，是协调价格、税收、金融、财政、外资、外汇以及计划等调控手段的综合政策体系。

这种把产业政策神化的观点是有害无益的。它不仅容易引起人们思想上的混乱，而且容易使政策实践“走火入魔”，其具体危害如下：(1)由于对产业政策寄予过高的期望，一旦产业政策因某些制约因素而不能显示其政策效果，便容易走向相反的极端，对产业政策大失所望，进而予以全盘否定。(2)由于把产业政策凌驾于各项经济政策之上，在制定和实施产业政策时，容易把产业政策从总体的经济政策中分离出来，破坏了经济政策的整体性。这样，也许有害于我们对最终的社会经济目标的贯彻。例如，匈牙利在40—50年代(通常称这一时期为强制实行工业化时期)，整个经济政策隶属于产业发展，在一定程度上，这给许多方面带来了严重的不利后果，由此也引起了人们对产业政策的反感。(3)由于把产业政策的边界过度扩大，把财政、金融、价格、外汇等政策作为产业政策手段，容易混淆不同经济政策的功能与作用范围，忽视乃至否定其他经济政策不同于产业政策的独立的、特殊的政策功能与调控目标。(4)由于过分渲染产业政策的意义与作用，产业政策在实践中往往难以名副其实，而且也容易使人们忽视产业政策所带来的利益调整的强烈摩擦和冲突。

总之，对产业政策的神化是十分有害的。对这种有害性我们也许在目前还体会不深，可能要到实践之后的反思才会有切肤之感。当然，这种神化的产生是有其复杂原因的，例如摆脱政策困境的探索与尝试，寻找实现工业化捷径的迫切心情，对变化不定的世界经济局势的担忧等，这些都可能促生对产业政策的神化。但不管怎样，这种神化的产生反映了一个事实，即产业政策理论是不成熟的，存在较多的盲目性。因此，我们有必要从政策理论上给予澄清。

首先，产业政策并不能凌驾于各项经济政策之上。为了说明这一问题，我们分别从目标与手段两个方面来考察产业政策与一般经济政策的关系。

我们知道，经济政策的总目标一般是由充分就业、物价稳定、经济增长、收入公平分配、国际收支平衡等构成的。产业政策目标与经济政策总目标的关系，主要表现在三个方面：(1)产业政策目标主要是从经济政策目标体系中引申出来的，是经济政策总目标的具体化。例如，日本产业政策的目标就是：发展产业，即在谋求产业数量增长的同时，促进产业结构高级化等质的改善；防止产业的衰退，并对衰退产业进行调整；改善产业组织；改善国际关系；改善公共关系。[①](2)产业政策目标主要集中于经济效率,讲究资源配置的效率,从而在一定程度上,目标范围比总目标狭窄。产业政策目标的追求,往往会产生与公平相冲突的现象。(3)当产业政策目标与经济政策总目标有矛盾时,产业政策目标要服从于总目标。例如,日本在推行倾斜生产方式的过程中,价格补助金引起了财政规模的扩大,由于复兴金融公库贷款的财源是依靠日本银行所认购的复兴金融公库的债券,通货膨胀因此而加剧了。在这种状况下,政策的中心又转向控制通货膨胀。“可以说,产业政策也是由宏观经济条件决定的,在它与宏观政策的目标相冲突的情况下,便只好退出历史舞台。”[②]

目前,国内外学术界有一种倾向,即把产业政策目标“升格”,大有取代经济政策总目标之势。这是不合适的,有牵强附会之意。

一般来说,产业政策手段有:(1)财政手段,诸如税收刺激,补助;(2)金融手段,诸如低利贷款、政府保证贷款、信贷配给等;(3)直接统制,诸如对特定商品、资本、技术的进出口限制,外汇集中管理,对生产数量和投资的限制等;(4)制度的创设与废止,诸如各种许可认可权制度,各种特定产业的临时措施法等;(5)行政指导,通常采取指示、劝告、助言、指导等形式。

可见,产业政策手段有些是其政策特有的,有些是借用其他政策的,尤其是财政手段和金融手段,而且这两个手段又是产业政策目标得以实现的主要手段。但不能由此误认为应把财政政策与金融政策隶属于产业政策之下。

充当产业政策手段的财政手段与金融手段,只是财政政策与金融政策的一个组成部分,而且大部分属于财政政策与金融政策微观化的方面。财政政策与金融政策作为经济调控手段,其主要的功能并不在此,它主要是进行宏观的总量调控。因此,从总体上来讲,产业政策是无法包容和协调财政政策与货币政策的。也就是说,产业政策与它们是两种不同功能的政策,有其不同的政策目标,只不过存在着部分的交叉。即使产业政策能对它们进行协调,也只限于其交叉的部分。

其次,产业政策并不能综合其他政策的内容。产业政策是有其自身内容的。尽管产业政策的内容比较复杂,不像其他政策那样单一、明确,但我们还是可以按照不同层次进行分析的。

---

① 冈泽宏:《产业政策概论》上卷,启文社1984年版,第136页。

② 小宫隆太郎等编:《日本的产业政策》,中译本,国际文化出版公司1988年版,第37页。

(1) 在宏观层次，产业政策主要是改善一般的产业环境，例如加强社会基础设施建设，加强教育和培训，提高劳动福利，发展科学技术，提供资金与信贷等，以便促进产业自我调整过程。例如，美国在这方面主要采取的手段有：限制垄断、消除阻碍竞争的因素；消除生产要素流动的障碍；维持正常的市场秩序。

(2) 在产业(部门)层次，产业政策主要是协调产业结构，例如扶植战略产业，调整援助衰退产业，培育具有潜在生命力的新兴产业等。主要的手段方式是区别对待，即对某些产业(部门)采取优惠措施。例如，日本实行"倾斜减税""倾斜金融"和"重点财政投资"等，给予战略产业以种种优惠，扶植其发展。

(3) 在微观层次上，产业政策主要是通过各种形式的活动，调整产业组织，指导专门的公司或企业集团。因为不同规模的企业，对同一市场的强制约束，有不同的反应，所以产业政策必须考虑这种对市场反应的不等质性(差别)。例如，日本政府十分重视企业的合并、改组在规模经济和增强国际竞争力方面的作用，并对中小企业采取了特定政策，诸如建立中小企业"信用保证制度"，制定《中小企业安定法》、向中小企业提供增资资金的《中小企业投资育成公司法》，以及《中小企业现代化促进法》等。

从产业政策的内容来看，虽然涉及三个层次，但主要是集中在部门与微观层次，而且其内容也不是包罗万象的，主要集中于产业的结构调整与组织的合理化，因此它与宏观经济政策还是有比较明显的政策差别的，难以综合其他经济政策内容的。

再则，产业政策的功效是有限的。确实，产业政策在促进国民经济持续、稳定、协调发展方面，具有其他政策所没有的政策功效。但其政策功效往往被一些拥护者估计过高。事实上，产业政策并不是包医百病的灵丹妙药，它的功效及其发挥是有限度的，其原因如下：

(1) 产业政策与其他经济政策一样，总是处于许多制约因素之下，所以它绝不是万能的。例如，日本在50年代推行产业合理化过程中，是以维持日元汇率为前提的，因而推进产业合理化计划，仅限于在因有特需收入而外汇储备比较宽裕的时期。也就是说，产业政策并不是可以脱离宏观控制而自由进行的，当时的产业合理化政策只有在国际收入盈余所允许的范围内才得以实施。

(2) 产业政策必须有其他经济政策的配合，方能有效地发挥其功效。因为，产业是与经济的其他方面相互联系的，这种如此复杂的联系使其发展问题不可能孤立地加以解决。雅克·莱苏涅曾指出，许多不属于产业政策的其他政府政策也许比产业政策本身对产业更重要。[①]威恩格林也指出，产业活动的方式与水平，受政府一般经济政策的影响经常比受产业政策的影响来得更深刻。例如，汇率、税收、货币供应、利率和公共支出方面的决策，经常比产业政策有更深远的影响。[②]因此，即使是最好的设计与实施的产业政策也不能抵消一项不利于产业的经济政策的影响。[③]产业政策只有在其他经济政策的配合下方能发挥其功效；如果其他经济政策与其相抵触，它就不可能有效。

(3) 产业政策并不是无所不能的。且不论这一政策的意图如何，从贯彻这种政策的结果来看，既有成功的，但也有失败的。例如，法国在60年代实行的广泛的结构改革促进了产业结构的转换，形成了以设备产品部门为重心的"倾斜式"的均衡增长局面。然而，在70年代下半期实行的产业结构调整，除了在能源部门有较明显的进展外，其他领域取得的效果十分有限，反而加剧了结构性危机。法国官方公开承认，为此大约落后了十年。

(4) 产业政策由于受历史性的限制，往往只能选择"次优"，而无法达到"最优"。并且，尽管在目前看来是完全正确的政策选择，也可能会有各种不良的后遗症。例如，一旦采取对某些产业部门的保护和培育，以后往往难以及时废除，容易产生一种消极的惰性。

从上述分析中，我们可以看到，产业政策既不是什么"最高政策"，也不是什么"政策综合体"，更不是"灵丹妙药"。产业政策只是经济政策体系中的一个子系统，并与其他经济政策处于相互作用的关系之中。既有交织和互相渗透，又相对独立；既有兼容的方面，又有排斥的方面。因此，产业政策的功效存在于它与其他经济政策的协同作用之中。

15.2　产业政策在政策体系中的导向作用

上述对产业政策的分析，并不是要贬低产业政策的作用，而是要给予它恰当

---

① 雅克·莱苏涅：《欧洲产业》，载亚历克西斯·杰奎明主编：《欧洲产业：公共政策和共同战略》，克拉林顿出版社1984年版，第35页。

② 温·格兰特：《产业政策的政治经济学》，巴脱瓦斯出版社1982年版，第2页。

③ 同上书，第125页。

的评价。我们并不否认产业政策在政策体系中的重要地位，但这一地位不应是形而上学的主观界定，而应是它与其他经济政策的相互作用下的客观界定。

产业政策作为一种经济政策，首先是整个经济政策体系中的一个组成部分。对于产业政策的分析，不能脱离这个体系框架。那么在经济政策体系中，产业政策处于什么样的地位呢？这取决于产业政策本身的特殊属性，以及它与其他经济政策的关系。

产业政策的特殊属性大致可以归纳为以下四点：

（1）它最直接地体现了经济发展的战略意图。产业政策之所以举世瞩目，原因就在于它是和经济发展战略紧密结合在一起的。从某种意义上说，产业政策是根据一定阶段的经济发展战略制定的，是经济发展战略的具体化。因此，与其他经济政策相比，产业政策更具有中长期政策的含义，从而具有相对的稳定性。

（2）它主要是解决资源配置的宏观效益问题。如果说货币政策与财政政策主要是解决总量平衡问题，那么产业政策则主要是解决结构问题，涉及资源配量的宏观效益问题。在某种意义上，由人们需求变化而引起的结构矛盾比社会供求总量的矛盾更难解决，对经济长期稳定发展的影响更大。

（3）它对经济的干预比较强烈。虽然产业政策对经济的干预是有弹性的，即根据不同的情况，可以采取软性政策或硬性政策。但从总体上来说，它对经济的干预程度是比较深刻的。例如，它对于成长产业的保护和培育，对衰退产业的援助与调整，对中小企业的特殊待遇，都是直接的、具体的政策干预。因此，它具有相当强的政策力。

（4）它具有浓厚的本国特色。产业政策比其他经济政策更明显地反映一国的经济发展、地理环境、政治、历史、文化和传统等特点。正如日本产业政策理论家广谷上野所说的，与传统的财政政策和货币政策不同，产业政策没有表明其目标与实现这些目标的手段之间的明确关系。由于各国的经济发展阶段、自然与历史条件、国际环境以及政治经济形势不同，产业政策的内容和实现形式也不相同，甚至会有相当大的差别。①

产业政策的这些固有属性，决定了它在经济政策体系中处于核心地位，对各项经济政策具有导向的意义。这具体表现在以下几个方面：

---

① 转引自查默斯·约翰逊编：《产业政策争论》，美国当代研究所 1984 年版，第 6 页。

第一,产业政策以其相对稳定的长期政策效应引导随机性政策的短期效应。在一个迅速变化和不确定的经济中,短期政策的随机调节是必不可少的,而且是重要的。但随机政策调节必须有导向目标,这样才能比较正确地选择时机和确定调节程度,避免短期调节的副作用。

在整个经济政策体系中,唯有产业政策直接体现了经济发展战略的意图,其政策目标具有相对的长期性,因此它可以给随机政策调节起导向作用。例如,在中国目前治理经济环境中,加强宏观控制要以产业政策为导向。这样,在总量紧缩中就会有区别对待,压缩和控制长线产品的生产和建设,增加和扩大短线产品的生产和建设。同时,在调整中"紧缩"出来的资金,也会有较合理的投向,使"瓶颈"产业有可能获得相对较多的投资。因此,以产业政策为导向的短期政策调整,是一种自觉的、积极的政策调整,具有较好的政策效果。

第二,产业政策以其动态均衡的政策效应引导着其他经济政策的静态均衡政策效应。一般来说,宏观经济政策往往以"反周期"方式来调节经济波动,取得静态均衡政策效应。然而,静态均衡只是在现期强制地缓和了总量矛盾,这就必然会为下一轮的经济波动留下隐患,并使走不多远的经济又遭失衡。所以,单纯的静态均衡的政策调整,必然导致经济失衡的程度日益加大,失衡的频率越来越快;相反,政策调整的力度则越来越弱,政策调整的余地越来越小。

因此,静态均衡的经济政策调整要以动态均衡为背景。产业政策作为一种结构调整政策,寻求的是动态均衡。它通过结构调整,打下一个较好的结构基础,从而当经济再一次扩张时,所遇到的矛盾就比较少,扩张期和高涨期的持续时间相对长些。所以,产业政策可以通过动态均衡的政策效应引导其他经济政策的静态均衡。

第三,产业政策以其供给管理引导其他经济政策的需求管理。以需求管理为主导的宏观经济政策调节,在短期内是有较大政策效应的。但从根本上来说,它不足以引导有效供给的增加。假如在需求膨胀的情况下,不管是压缩最终需求还是压缩中间需求,其本身也许只能实现低水平、低质量的总量平衡。假如在有效需求不足的情况下,刺激需求仅仅是满足已有供给能力的要求,其本身也并不能提高有效供给的质量(结构)和数量。

从完整的意义上说,产业政策既是供给管理,又是需求管理,但它的主要功能是供给管理。确立以供给管理为主导的宏观经济管理,就是以产业政策的供给管理引导需求管理。供给管理既可以解决生产可能性边界问题，又不悖于社会福利最大化的根本宗旨。它从扩大供给出发，借助于中介要素来引导需求，实现结构调整。

第四，产业政策以其内容和形式的特殊性引导其他经济政策的一般性功能。宏观经济政策，不管实行这种政策的国家的经济条件有何差异，都具有一般性功能，如税收、控制货币发行量、关税等。问题在于，这些政策的一般功能只有融于各国经济调整的特殊内容之中，才能取得较好的政策效果。

在整个经济政策体系中，产业政策最具有本国特色，最集中地反映了一国经济在特定阶段和环境中的特殊性。因此，以产业政策为导向，就可以使其他经济政策的一般性功能具体化和差别化。例如，为实现产业政策目标，对重点发展产业实行差别利率、差别税收、差别关税等。宏观经济政策的微观化，在很大程度上，就是产业政策的特殊性引导其一般性的表现。

15.3 产业政策发挥导向作用的前提条件

产业政策的固有属性决定了它在经济政策体系中的特殊地位。然而，这种特殊的政策地位只是提供了产业政策对其他经济政策起导向作用的可能性。在政策实践中，这种导向作用的可能性是否能转化为现实性，就要看是否具备一系列前提条件了。

产业政策发挥导向作用的前提条件是比较多的，也是比较复杂的，但最主要的无非是以下三个条件：

首先，产业政策必须是明确的、积极的。明确的产业政策意味着把经济发展的战略思想和目标融合于政策之中，把那些“隐含”的选择公开化和明朗化。这也就是说，产业政策是以一种明确的方式实施的，它明确地规定了产业发展的序列，以及怎样处理重点产业与一般产业的关系等等。

如果产业政策是以“隐含”的方式实施的，那么尽管这种“隐含”的产业政策也以某种方式影响着产业发展，但它往往是以随机的方式实现的。这样，由于对经济长期增长的潜力缺乏足够重视，资源配置可能变得很不正常。例如，赋税优惠、投资税减免、折旧提成等措施，也许有利于短期金融投资，却可能干扰对工厂与设备的实际长期投资。因此，这种不预测未来可能出现的情况，不寻找理想的产业结构以及产业发展道路的非规划方式的产业政策，本身就是被动的，无法发挥其政策导向的作用。

产业政策不仅应当是明确的，还必须是积极的(即起积极的作用)。无疑，这里包含着一个基本前提：产业政策的目标设定和手段选择是正确的。只有正确的产业政策，才具有积极的作用。而具有积极作用的产业政策，才能承担为各项经济政策提供导向的重任。

人们往往过分强调产业政策的积极意义，而忽视产业政策的消极作用。产业政策的消极作用，主要是由决策错误引起的，但也有政策本身所固有的负效应。例如，尽管当初选择对某些产业进行扶植是正确的，但以后往往难以及时废除，也容易产生获得很大利益的特权集团，而且在这种保护形态下成长起来的产业以后也很难适应迅速变化的环境。产业政策的消极作用，将导致产业行为的畸变、对产业发展的抑制以及不公平。因此，消极的产业政策也是不能起导向作用的。

其次，产业政策必须通过合适的实现机制发挥其政策效应。即使是决策正确、非常明确的产业政策，如果缺乏合适的实现机制，那也只能是文件上的产业政策。如果实现机制缺乏效率，没有明显的政策效应，那么产业政策也难以为各项经济政策提供导向。

产业政策的实现机制，从较窄的含义来说，是指政策贯彻实施的方式和途径。一般有两种实现机制：一是行政机制；二是市场机制。前者主要是按照行政隶属关系进行逐级管理，后者主要是按照各种利益关系进行广泛协商与合作。这两种实现机制的选择，取决于经济体制模式。从广义讲，这种实现机制还包括产业政策实施的微观基础，例如企业活力、国民精神、社会创新能力等。

我们现在面临的最大问题是缺乏有效的产业政策实现机制。传统的行政管理机制已经逐渐失效，而新体制下的市场机制又尚未形成。在这种情况下，贯彻和实施产业政策是相当困难的。当然，我们也许能选择一个过渡性的实现机制，例如行政机制与市场机制混合的实现机制，但其效果可能不佳。所以，根本的出路，仍然是深化经济体制改革，尽快建立起适应社会主义有计划商品经济要求的政策实现机制。

最后，产业政策必须与其他经济政策相配合。产业政策的导向作用只有在与其他经济政策的相互作用中才能发挥出来，因而它的前提条件是必须保持经济政策体系的完整性和一体化。

众所周知，产业活动与其他经济是相互联系的，这种联系是如此之复杂，以致产业发展问题是不可能与其分开加以独立解决的。这就意味着，产业政策并不是可以脱离宏观控制而自由进行的。因为，即使是设计与实施最好的产业政策也不能抵消一项不利于产业的经济政策的影响。把产业政策与其他政策分割开来，其结果是：一则它不会取得成功；二则它不可能为其他经济政策提供导向。

然而，在政策实践中，由于经济活动的复杂性，要求对其各个方面的目标与手段作特殊处理，所以在一定程度上总是要按某一方式划分不同的政策机构。这种政策机构的划分就容易割裂各经济政策的内在联系。因此，要使产业政策与其他经济政策相配合，特别要注意各政策机构的协调。

15.4 产业政策与其他经济政策的协调

在上述的三个前提条件中，第一、第二个前提条件我们将在以后章节给予详细论述，这里主要论述第三个前提条件，即产业政策与其他经济政策的协调运用。

从国际经验和中国实际情况来看，产业政策与其他经济政策的协调，是为了尽可能减少它们之间的摩擦，从而提高政策的有效性。这种政策协调主要有以下几方面：

第一，产业政策目标与各项经济政策措施的协调。产业政策目标应该成为各项经济政策的导向目标，各项政策措施要配合和支持产业政策目标。例如，国民收入分配政策应制定适合产业政策要求的积累与消费的比例；国际贸易政策应安排有利于产业政策实现的进出口商品结构；税收政策应符合产业发展序列的要求。

在我们过去的政策实践中，上述政策协调做得还很不够。例如，高消费政策对产业政策目标的冲击。消费结构与消费水平过快的变动，不仅加深了消费结构与产业结构之间的矛盾，而且也加深了产业结构内部基础产业与加工产业的矛盾，使基础产业的瓶颈制约日趋强化，原来就已扭曲的产业结构更加恶化。

相比之下，日本和韩国在这个问题上处理得比较成功。它们在实行产业结构合理化过程中，都严格控制了消费水平和消费结构的变动，从而较好地配合了产业政策的实现。因此，我们必须重新审视各项经济政策。对于违背产业政策目标的经济政策，必须加以调整。

第二，产业政策的长期效应与短期政策效应的协调。这个问题实际上是要求产业结构调整和搞好宏观经济环境同步进行，互相配合。因为长期政策效应是谋求结构调整，排除阻挠经济长期增长的障碍。短期政策效应则是谋求经济环境稳定，解决需紧急处理的通货膨胀、外汇储备减少、经常账户出现巨额赤字等短期问题。把这两种政策效应协调起来，就是要在治理经济环境中实行结构调整。

在这一问题上，曾经出现过一种倾向，即认为结构调整不需要有稳定的宏观经济环境，甚至认为通货膨胀有利于结构调整。国际经验表明，稳定的宏观经济环境是成功进行结构调整的先决条件。因为，只有在一个稳定的宏观经济环境中，生产者和生产要素才会对产业政策的鼓励措施作出正确的反应。日本由于在50年代后期实行了稳定经济的宏观政策，60年代的产业结构高级化政策便顺利实现了。相反，匈牙利的不平衡总量政策则带来了产业结构的长期失衡。因此，世界银行指出，在发展中国家，宏观经济环境必须为增长中的中期调整提供稳定的基础。

当然，我们也要防止以经济稳定化而否定结构调整的倾向。这种倾向是很容易产生并强化的。因为在经济形势严峻时期，对稳定化具有很大迫切性，而对结构调整的紧迫性则缺乏深刻认识。其次，实现稳定化一般只依靠中央银行和财政部，而产业政策的实行则需要得到更广范围的政策主体的支持。再则，结构调整使少数人的利益受到明显的损害，而给许多人带来的好处又不那么明显。由于这些原因，结构调整比经济稳定化更困难，也容易被忽视。

第三，产业政策中的重点发展产业与一般发展产业的协调。这一协调的关键有两点：

(1) 重点发展产业要符合整体产业发展的要求，而不是相背离。例如，在中国现阶段，对原材料、能源、交通运输等基础设施的重点发展，是符合整体产业发展要求的。因为它已经对整体产业发展形成了严重的制约。对这些产业部门的重点发展，有利于推动整体产业的发展。韩国在这一方面取得了相当大的成功，在 1962—1971 年,政府对社会基础设施投资占其投资总额的 60%,这些部门的优先发展,为整体产业的发展奠定了良好的基础。

(2) 重点发展的程度要适宜,不能以牺牲其他部门为代价。一般来说,对个别部门的重点发展势必影响其他部门的发展,这是正常的,但要注意把握分寸,不能严重损害其他部门的发展,导致产业结构畸形。在这一问题上,我们是有深刻教训的。中国重加工业的超前发展,是以超经济手段强制约束其他产业发展为前提的,它远远超出了其他产业所能承受的程度,从而导致了其他产业的萎缩和滞后。例如,农业自身发展的物质基础被削弱,农业劳动生产率长期停滞不前等。因此,要注意重点产业发展的适度性。

为了使上述几方面的协调得以实现,尽量减少产业政策与其他经济政策的摩擦,更好地发挥产业政策的导向作用,应采取以下一些措施:(1)深化经济体制改革,逐步确立新体制的基本框架。没有一个明确的体制框架,政策就比较混乱。在目前这种体制性条件尚不具备的情况下,政策的制定要充分考虑新旧体制转换的现实,寻找摩擦最小的结合点。(2)尽可能创造一个比较稳定和有秩序的宏观经济环境,为政策协调提供较好的条件。环境越是紧张,政策之间的摩擦就越大,反之亦然。(3)政策制定者必须克服行为短期化倾向。否则势必造成政策多变,并且变化无常,从而形成政策自相矛盾。(4)加强政策管理,实行政策立法,建立政策的新秩序。当前政策混乱,政策无力的现象,极不利于各项政策的协调,必须采取有力措施加以纠正。

16 产业政策分析的基本框架:几组变量

我们已经从经济政策体系的角度考察了产业政策的地位、作用以及它与其他经济政策的关系,从而对产业政策有了整体性的把握。但这对于产业政策的制定与实施来说,是远远不够的。为此,我们需要进行更深层次的产业政策分析,即把产业政策本身作为一个系统进行结构性分析。

众所周知,一项具体的产业政策的制定与实施是由各种复杂因素决定的。如果采取"就事论事"的方法,那么我们就无法把握和探索产业政策的一般原理和基本规则。因此,我们必须在占有大量材料(国内和国外的产业政策实践)的基础上,进行科学的理论抽象,确定几组影响产业政策制定与实施的基本变量,构建一个基本的分析框架,进而展开不断趋于"具体"的逻辑分析。

笔者认为,影响产业政策制定与实施的因素固然众多,但最基本的因素有以下几组:(1)经济发展战略;(2)经济体制模式;(3)一国的经济环境;(4)产业发展状态。这几组基本变量决定了产业政策的制定与实施,从而也决定了产业政策的主要内容和方式。

16.1 经济发展战略:产业政策的灵魂

在分析产业政策的形成和导向作用时,我们都已从不同的角度指出了经济发展战略与产业政策有着密切的关系。这里我们将较为全面地分析经济发展战略对产业政策的决定性影响。

一国经济发展战略是该国对其经济发展所作的带有全局性和方向性的长期

规则和行动纲领。它是根据一定发展阶段的具体国情、国际环境和前期战略执行情况来制定的,由战略目标、战略重点、战略措施和战略步骤等构成。

经济发展战略的选择对产业政策有着决定性的影响,它在很大程度上规定了某一时期产业政策的指导思想、基本内容、政策重点和政策方式。这是因为:(1)经济发展战略是一个时间跨度相当长的经济发展规划,产业政策的制定要以其为依据。虽然产业政策与货币财政等总量政策相比,其时间跨度是较长的,但比经济发展战略要短。因此,产业政策必须体现经济发展战略思想。(2)经济发展战略是一个具有方向性的行动纲领,相比之下,产业政策仅仅是作为实现这一发展战略的措施提出来的,因而产业政策在很大程度上受经济发展战略的支配和规定,是为经济发展战略服务的。(3)经济发展战略是一种具有广泛内容的经济发展总方针,而产业政策主要涉及产业发展问题。从一定意义上来说,产业政策是在某一方面对经济发展战略的具体化。

因此,经济发展战略的选择对产业政策有着决定性的影响。经济发展战略正确与否,直接关系到产业政策的命运。可以说,经济发展战略是产业政策的灵魂。

在这一问题上,国内外学术界的认识并不十分明确。尽管不少学者也注意到了经济发展战略与产业政策的密切关系,但从经济发展战略角度分析和比较产业政策的文献尚不多见。即使从这一角度展开分析,对经济发展战略给予产业政策影响的估计和判断也是不够准确的。例如,一些国外学者认为,大多数国家产业政策目标表明具有很大的相似性。生产增长、就业、劳动者生活质量、区域发展、劳动生产率提高、效率、竞争、结构调整——这些是全部产业政策的目标。优先和辅助目标也许会不同,这有赖于不同发展战略是如何贯彻于这些国家的全面经济政策之中的。①

我认为,把经济发展战略对产业政策的影响仅仅限于产业政策优先目标和辅助目标的差异上,是不够的。这实际上是低估了不同经济发展战略对产业政策的决定性影响。国际经验表明,不同的经济发展战略直接影响到产业政策的基本内容、性质和调节方式,而不仅仅是产业政策目标的重点问题。

通常,外延型经济发展战略要求产业政策主要进行增量调整,这种政策调整

---

① 佐尔坦·罗曼编:《产业发展和产业政策》,阿·卡德梅埃·卡尔多出版社 1979 年版,第 25 页。

更多地采取计划调节方式，而内涵型经济发展战略则要求产业政策主要进行存量调整，其政策调整更倾向于市场调节方式。又如，进攻型经济发展战略（即追求增长能力的战略）要求产业政策把注意力放在新兴高增长部门的扶植和发展上，而保守型经济发展战略（即利用增长能力的战略）则要求产业政策偏重于充实社会基础设施、提高教育等方面。

16.2　经济体制模式：产业政策的骨架

产业政策作为一种调节与促进产业发展的政策，是通过一定的政策机制来实现的。这种政策实现机制与经济体制模式有密切关系，并且是由一定的经济体制模式决定的。换言之，产业政策的实现机制必然存在于一定的经济体制模式之中；有什么样的经济体制模式，就有什么样的产业政策实现机制。这是因为：

（1）产业政策的设计是建立在收集和整理大量信息的基础上的。而在不同的经济体制模式中，信息的类别（例如实物量信息或价值量信息）、信息来源、信息渠道、信息失真度等，都会有所不同。

（2）产业政策目标的选择除了受经济发展战略支配外，也是各社会集团利益冲突和力量抗衡的结果（将在第20章作具体阐述）。然而，这种社会集团之间的利益冲突和力量抗衡总是在一定经济体制模式下进行的。显然，在不同经济体制模式下发生的社会集团的利益冲突和力量抗衡会有不同的方式和结果，这些无疑对产业政策目标选择会产生影响。

（3）为实现产业政策目标而采取的政策手段总是存在于现有的经济体制模式之中的，超越既定经济体制模式界定范围的政策手段在现实生活中是无法运用的，或者是无效的。因此，产业政策手段必须与既定的经济运行机制相适应。

（4）产业政策的制定总要通过一定的决策程序，然而在不同的经济管理体制下，由于其组织机构的性质与设置不同，产业政策的决策程序也是不同的，甚至连决策的规则也不同。

（5）产业政策的实施总是要通过一定途径来进行的，这种政策实施途径也存在于经济体制模式之中，不同的经济管理体制与经济运行机制决定了产业政策的实施途径也不相同。同样，产业政策实施的方法（强制性的或协商性的）与经济体制模式也有较大的关系。这主要涉及政策制定者与政策执行者之间存在什么性质的关系。如果两者之间是行政隶属关系，产业政策的实施很可能是强制性的；如果两者之间不是隶属关系，很可能采取协商的方法。

可见，经济体制模式对产业政策也具有决定性影响。在不同的经济体制模式中，产业政策的制定与实施方式会有明显的差别。

16.3　一国的经济环境对产业政策的影响

产业政策有效性的基本前提是符合本国的实际。我们在前文分析产业政策特性时已经指出，产业政策比其他宏观经济政策更明显地反映一国经济发展、地理环境、政治、历史、文化和传统等特点。由于各国的情况不同，产业政策的内容和实现形式是有相当大的差别的。因此，一国经济发展的历史背景和内外条件的基本特点对产业政策的制定和实施也有重大影响。从某种意义上说，它构成了产业政策可供选择的可能性范围。

为了分析的便利，我们在这里主要论述影响产业政策选择的经济环境，而把政治、文化和传统等因素暂时撇开。事实上，这些因素对产业政策的影响也是很大的。例如，日本产业政策中渗透着该国独特的文化和传统，以致一些外国学者认为，要理解日本当代的产业政策，必须了解日本的历史、文化和传统。①

这里所要论述的影响产业政策选择的经济环境，主要从时间和空间两个角度考察，即一国进入现代经济增长进程的时间先后和由资源、人口等因素构成的一国经济的客观条件。

16.3.1　一国进入现代经济增长进程的时间先后对产业政策的影响

现代经济增长是一个世界性的历史过程。在这样一个过程中，各国进入的时间有先有后。先进入这一过程的国家称为“先行国”；后进入这一过程的国家称为“后起国”。现代经济史表明，进入这一世界性经济发展过程的先后次序，将

① 查默斯·约翰逊编：《产业政策争论》，美国当代研究所 1984 年版，第 50 页。

会给经济发展留下不同的历史轨迹，影响一国产业结构变动的状态，从而影响产业政策的选择。正如辛格尔曼(Singelmann)指出的，“必须把工业化的时间当作关键性的因素加以考虑。”①

先行国与后起国的划分，自然与进入现代经济发展的日期有关，但它不仅仅是一个时间概念，更主要的是进入现代经济发展的特征，即社会经济发育程度。如果单纯按进入现代经济发展的日期来区分，那么除了英国之外，其余国家都要归入后起国之列。这会模糊我们对先行国与后起国的认识。

后起国的社会经济发展程度比英、美等先行国低得多，传统经济成分的比重大得多，因而它们的成长起点相对低下。这类后起国包括现在已成为发达国家的日本、苏联等国以及大部分发展中国家。日本在19世纪70年代进入现代经济成长时的人均产值只有74美元。

先行国与后起国在社会经济发展程度上的差别，主要表现在：(1)在总量上，先行国都是在人均产值超过200美元(按1965年价格)时开始进入现代经济成长的，最高约达到760美元；而后起国的初始水平，一般是在人均产值200美元以下，甚至只有100美元左右。(2)在经济结构上，后起国具有明显的二元性，即传统经济部门与现代经济部门并存。(3)在制度上，后起国在观念、文化、劳动力素质等方面较落后。

虽然，后起国在开始进入现代经济成长阶段之前，社会经济发育程度已达到一定水平，但与先行国相比要低得多，社会内部的经济因素尚未积蓄到足以自发产生工业化的程度。它们之所以提前开始现代成长，在很大程度上是因受到先行国经济扩展的威胁和影响。因而，在先行国用了200多年时间才完成的发育过程，后起国则要把它压缩在几十年内完成。事实上，后起国并不是在完成了发育任务之后再进入现代经济成长阶段，而是先发动经济成长，然后在发展过程中培养成长因素，同时完成发育任务的。

那么这种“先发动经济成长，后完成发育任务”的情况是否有现实可能性？答案是肯定的。因为在世界性的经济发展过程中，后起发展国家面临的外部环境相对较好，尤其是技术进步发展。这样它就可以跳过某些技术发展阶段，直接采用新技术，这可以用凡勃伦的“后起者优势”(advantage of backwardness)概念

① 丁·辛格尔曼：《从农业转向服务业》，1978年英文版，第113页。

来解释。历史也充分证明了这种“后起者优势”的可能性。例如，比美国后起发展的日本，第一次产业就业比重由50%左右下降到20%左右，只用了50年左右时间，而美国则用了100年。

因此，后起发展国家“先发动经济成长，后完成发育任务”，不仅是必要的，而且也是可能的。但是，我们必须看到，由于后起国是在社会经济条件没有完全发育成熟的情况下提前进入现代成长阶段的，所以它和先行国进入现代经济成长阶段的初始条件显然不同。这在很大程度上决定了这两种类型国家在经济增长过程中有不同的运行轨迹。一般来说，先行国的增长轨迹较平稳，后起国的增长轨迹较倾斜。这种差异的背后则是产业结构变动的差异，因此这也会影响到产业政策的选择。

通常，后起国的产业政策目标是加快结构转换，赶超先进国家，其政策措施往往是硬性的，政府干预程度较大，而先行国的产业政策目标则是发展新兴产业，保持领先地位，其政策措施往往是软性的，政府干预程度较小。

16.3.2　一国的市场规模和天赋资源及就业压力对产业政策的影响

1. 国内市场规模对产业政策的影响

一般说来，国内市场规模可区分两种类型：一是实际市场规模（与有支付能力的有效需求相联系）；二是潜在市场规模（与人口数量相联系），市场规模对产业政策的影响通常是指后者。由于潜在市场规模难于计量，所以传统的做法是以人口数量来代替。按照联合国工业发展组织的做法，是以国家在1970年年中的人口为标准，并以2000万人口作为区别大国和小国的分界线。

国内市场规模的大小影响产业政策选择的具体表现，主要有以下几个方面：

(1) 市场规模大，有利于为发展技术进行大规模流水线生产的产业部门提供条件，并容易获得规模经济效益；而市场规模小，在人均收入水平较低时，就难以进行大规模生产，无法利用规模经济。

(2) 市场规模大，有可能在更为广泛的范围内进行产业发展的选择，有利于在国内建立起门类齐全的工业体系；而市场规模小，产业发展的选择余地就比较小。

(3) 国内市场规模大的国家一般是内向型经济，容易实行进口替代；国内市场规模小的国家往往要寻求外向型经济，其国内经济在很大程度上依赖于国际市场。这种情况也会影响产业政策的选择。因为“对外贸易在生产总值中的比重大小,对国内产值结构有重大影响”。①

2. 天赋资源

天赋资源的多寡是一个动态指标。在很大程度上它是随着科学技术水平的发展而发展的。当一种新的资源被发现和利用,原有资源禀赋格局就会发生变动。原先资源禀赋程度低的国家,也许会提高;而原先资源禀赋程度高的国家,也许会相对下降。例如石油资源的发现和利用就是如此。联合国工业发展组织把1960—1975年间人均初级产品平均产值作为衡量天赋资源的一种尺度。尽管它难以测定,但以经验为根据的研究表明,它对产业政策选择有重大影响。这种影响也许表现为:

(1) 资源禀赋条件对一国产业政策选择范围的制约。自然资源丰富的国家可以对生产重点(初级产品生产或制造业)进行明确的选择,政策选择余地较大;自然资源贫乏的国家对产业重点发展的政策选择的余地相对较小。

(2) 资源禀赋条件对一国产业政策选择倾向的影响。例如,同样都是小国,自然资源丰富的小国往往倾向于把重点从制造业转到初级产品部门,因为出口初级产品的资源成本较低,而拥有少量资源的小国在其发展进程开始时,几乎除了强调工业化外别无选择。因此,前者制造业增殖价值在国内生产总值中所占比重比后者低。

(3) 资源禀赋条件通过对产业结构变动的影响间接支配一国产业政策的选择。资源禀赋条件对产业结构的影响,不仅在于资源的多少,而且依赖于自然资源的性质。一般来讲,珍贵的资源(例如某些稀有金属)也许对产业结构有重大影响,而普通的资源也许对产业结构影响较小。这种由资源禀赋条件引起的产业结构变动对产业政策选择具有支配力量。

上述的市场规模和资源禀赋通常被认为是影响产业政策选择的一般因素,这无疑是正确的。但从中国的具体国情来看,超重就业压力这一构成中国特定经济环境的因素,对产业政策的选择也有重大影响。为此,我们特地补充这一内容如下。

---

① 参阅库兹涅茨:《各国经济增长的数量》,载《经济发展与文化动态》卷XIII,第1期,第II部分,1964年10月。

3. 就业压力

在劳动就业超重压力下,有两种基本选择:一是为了效率的原则造成大量失业,引起社会不稳定;二是为了稳定的原则尽量充分安排就业,承担效率低下的恶果。在大多数情况下,政府都是选择后者,把充分就业置于首位。如果是这样的话,那么劳动就业的超重压力将对产业结构变动产生什么影响呢?我认为,大致有以下几个方面的影响:

(1) 超重的劳动就业压力促使经济粗放型增长。有的学者认为,在正常情况下,国民生产总值上升 1.5%—2%,才可能使劳动力增加 1%。如果 1981—1985 年劳动力的年增长率为 5.2%左右,那么为吸收这些劳动力,到 1985 年为止,每年的经济增长必须保持在 8%—10%的水平上。并且,这种经济高增长主要是属于粗放型增长。如果按照 50 年代通行的计算追加就业所需资金量的简便方法,国营企业职工人均固定资产装备额约在 1 万元,按同样水平的装备率,年约就业 1000 万人,就需要 1000 亿元的基本建设投资。

然而,这种粗放型的高速增长将对产业结构产生三方面的重要影响:一是使经济发展严重向工业倾斜,农业相对萎缩;二是迅速出现许多新的产业部门,产业分支增多;三是产业结构变动相对提前,在较低的人均收入水平上提前发动或加速工业化进程。

(2) 超重的劳动就业压力将迫使选择劳动密集型经济,在相同投资水平上,通过降低资金对劳动的比率来扩大就业。据统计,就国营企业而言,每 100 万元固定资金所能吸收的劳动力,在重工业部门仅为 94 人,而在轻工业部门则可能达到 257 人,在商业、服务业等部门则有更大的吸收能力。①因此,过多的劳动就业人口将塑造较为稳固的劳动密集型经济。虽然,在经济发展过程中,劳动密集型、资金密集型、技术密集型经济之间存在一个历史发展顺序,但不同的劳动就业人口状态对这一历史顺序演变的时点有不同的选择。在超重劳动就业压力下,劳动密集型经济将持续更长的时间。

重点发展技术简单、投资较少又能为社会提供较多就业机会的劳动密集型行业,将对产业结构变动产生两方面的影响:一是由于劳动密集型行业主要是轻、纺工业,所以将导致工业结构"轻型化";二是无论在哪个国家,在同一产业

① 冯兰瑞、赵履宽:《当前我国城镇工人的就业问题》,《中国社会科学》1981 年第 6 期。

内，都是生产能力规模越小，资金对劳动力的比率就越低。因此，这将引起中小企业的较快发展，使产业组织结构发生重大变化。

(3) 超重的劳动就业压力将会放慢劳动生产率提高的速度。当现有的生产资料过多地吸收了劳动力时，将出现“在职失业”的现象。企业中大量的冗员，必然阻碍技术进步和劳动生产率的提高。据统计，中国现有就业队伍当中冗员现象非常严重。仅在农业中，由于农村家庭联产承包责任制的实行，从农业中游离出来的劳动力已达1亿人，在工业企业中，工人一般只发挥了60%—70%的劳动生产能力，至少有30%的劳动生产能力未能发挥。这里当然有就业体制的问题，但也不可忽视超重劳动就业压力在这当中所起的作用。

由于“在职失业”严重，极大地降低了生产效率，阻碍了劳动生产率的大幅度提高，从而在很大程度上阻碍了技术创新的开展和扩散。这将对产业结构和产业组织产生重大影响，进而影响到产业政策的选择。因为产业政策的一个基本指导思想就是促进产业创新，在产业创新面临就业压力困扰的情况下，产业政策就要采取某些特殊措施。

16.4　产业发展状况与产业政策

产业政策的调节对象是产业，产业政策调节的目的是促进产业发展，因而产业发展状态是产业政策调节的起始点，也是终结点，即产业政策调节要从产业初始状态出发，并以形成产业新状态而告终。

然而，我们不能单纯地把产业部门(企业)看作受产业政策调节的消极对象，产业发展状态本身对产业政策也有积极影响。产业政策的有效性程度，在很大程度上取决于其微观基础(调节对象)能否作出积极反应。否则，即使是科学的产业政策设计，也难以取得成效，或者不能取得应有的成效。

但是，长期以来，人们往往注重于从宏观管理角度对产业政策提出各种问题，例如怎样确实重点发展产业，如何援助衰退产业，可以采取哪些政策措施等，而忽视产业政策的微观基础的研究，忽视微观基础对产业政策有效性的制约。这种倾向的出现，绝非偶然，实质上在这种倾向后面，是一种偏见在起作用。这种偏见认为，实现产业结构转换主要是依靠政府干预的力量，因而似乎只要政府干预是正确的,就势必能够实现产业结构的顺利转换。其实,这是一种对产业政策的严重误解。

日本产业结构转换是比较成功的,不仅消除了“双重经济结构”,使一些落后产业现代化,而且还发展了一大批新兴产业。在这过程中,政府正确的产业发展战略和扶植政策确实起了很大的作用。但如果以此为根据,把产业结构转换的成功归因于主要依靠政府的产业政策干预,则带有片面性。事实上,日本产业结构转换成功的基础在于优良的产业素质,从而避免了经常由此而产生的“腐败、低效率及不负责任”之类的弊病。“事实上,在许多发展中国家,现代化政策之所以总是得不到成功,也正是由于实际上存在着上述弊病。”①

日本在60—70年代高速增长时期,许多新兴产业都并未得到政府的保护、扶植政策的支持而发展起来的。例如彩色电视机、录音机、音响设备、数控机床、纤维机械、绝缘器材、通信设备等。在第二次大战后几乎是从头开始,依靠企业自己的力量发展起来的,其中多数都作为出口产业取得了辉煌的成功。“因此,这些企业的经营者们,对于日本曾经普遍实行了系统而有力的产业政策的说法持有最强烈的反感”,不论是从落后产业的现代化,还是从新兴产业的发展来看,日本产业结构转换的成功,在很大程度上是依靠其产业的优良素质。日本经济学家对此有一个形象的比喻,政府官员尽管很优秀,但他们充其量只能是“吹笛者”。重要的问题在于,国民是否随着他们的“笛声”起舞,并以怎样的“舞姿”起舞。事实上,不仅是日本的经验表明了产业结构转换成功的基础在于产业素质,其他许多国家的成功经验也证明了这一点。例如美国就十分强调依靠产业自我调整功能来实现产业结构转换。

从产业发展的角度来看,产业政策毕竟只是一种外部力量,这种力量的作用是有限的。即使是正确的产业政策,它也要通过产业自身的努力才能获得实际效果。如果产业自身素质低劣,缺乏自我调整和自我发展的能力,那么再完美的产业政策设计也会失效。正是从这一意义上,日本学者三轮芳朗正确地指出,即便是那些被称为“目标政策”对象的产业,政府也不是主角。②因此,在产业政策分析中,必须十分重视其政策客体对象的状态及其对产业政策的反应。这也是

① 饭田经夫等著:《现代日本经济史》,中国展望出版社1987年版,第512页。

② 《日本教授三轮芳朗谈日本产业政策的含义及其现状》,《经济学动态》1990年第7期。

影响产业政策的一个重要变量。

16.5 产业政策分析的基本框架和逻辑顺序

上面我们分别论述了经济发展战略、经济体制模式、经济环境、产业发展状态与产业政策的关系，现在我们要把它们作为一个整体进行分析，构造一个产业政策分析的基本框架。由于理论分析应反映客观事物的内在关系，所以整体的分析就是要揭示这些影响产业政策的基本因素之间的关系，以及它们在影响产业政策过程中各自的方位。

（1）产业发展状态。产业部门（企业）是产业政策的调节对象。由于产业政策调节是一个过程，有起点和终点，所以产业发展状态应分为：产业初始状态和产业新状态。前者是产业政策调节的原因（出发点），后者是产业政策调节的结果（终结点）。当然，现实的产业政策调节是一个连续的动态过程，从而这种起点和终点只具有相对意义，是互相转化的。

从动态观点来看，产业初始状态是上期产业政策调节（假定上期存在产业政策）和经济环境影响的结果，而从某一横截面来看，产业初始状态主要受经济环境的影响。产业初始状态对其他因素的影响主要有两个方面：其一，它是产业新状态的基础，在一定程度上规定了产业新状态变化的幅度，尽管这种变化幅度是有弹性的。其二，它是产业政策的出发点，也是经济发展战略选择的出发点，故它直接影响产业政策的设计，或通过影响发展战略的选择间接影响产业政策。

产业新状态是产业政策调节和经济环境影响的结果，产业初始状态对其也作了一定的规定。从动态观点来看，它又是下期产业政策调节的起点。

（2）经济环境。它是影响面最广泛的一个因素，对其他因素都有影响。首先，它既影响产业初始状态，又影响产业新状态。其次，它既影响经济发展战略的选择，又影响经济体制模式的转换。最后，它既直接影响产业政策的调节，又通过影响发展战略和体制模式间接影响产业政策的选择。

如果说经济发展战略、经济体制模式以及产业政策还有一定的选择主动性的话，那么经济环境则是无法选择的客观现实。因此，制定和实施产业政策一定要进行经济环境分析，深刻把握经济环境的特征。

(3) 经济发展战略。它的制定主要取决于对经济环境和产业初始状态的认识,经济环境和产业初始状态在很大程度上限定了经济发展战略的选择。经济发展战略对产业政策的影响,有两种途径:一是发展战略直接规定了产业政策的选择,产业政策是经济发展战略实现的措施;二是发展战略通过对经济体制模式的选择间接影响产业政策。

(4) 经济体制模式。它是产业政策的实现机制。经济体制模式的选择是根据经济环境的实际情况,按照经济发展战略的要求进行的。不同的经济发展战略,要求有相应的经济体制模式来保证。经济体制模式对产业政策有重大影响。

根据上面分析的各因素之间的关系,我们可以构造一个产业政策分析的总体模型(见图 16.1)。

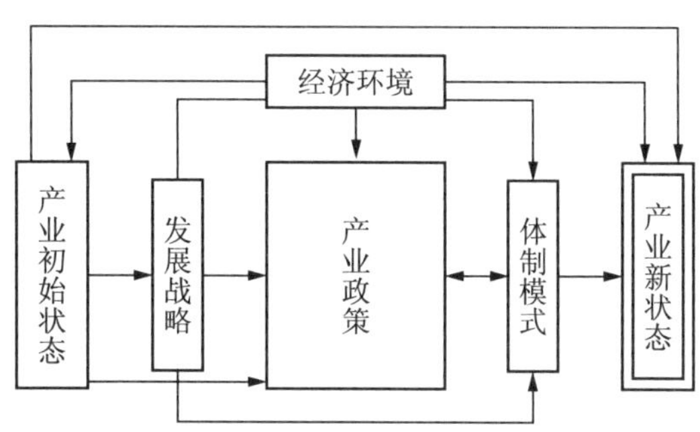

图 16.1　产业政策总体模型

产业政策分析的总体模型向我们表明:产业政策的主要功能是把不甚理想的产业初始状态调节到比较理想的产业新状态,而产业政策的功能发挥以及所能取得的功效则受到发展战略和体制模式的制约与规定。因此,我们把发展战略和体制模式,以及与此有关的经济环境看作是产业政策设计与运用的前提性条件。

然而,产业政策分析仅仅停留在表层的外部因素影响上是远远不够的。我们还要深入到产业政策过程的内部结构中去,具体分析这些前提性条件是如何影响和支配产业政策的指导思想、基本模式选择、目标设计、手段运用、调节方式,以及组织机构和政策效应的。因此,我们要把产业政策总体模型扩展为产业政策过程的结构—功能模型(见图 16.2)。

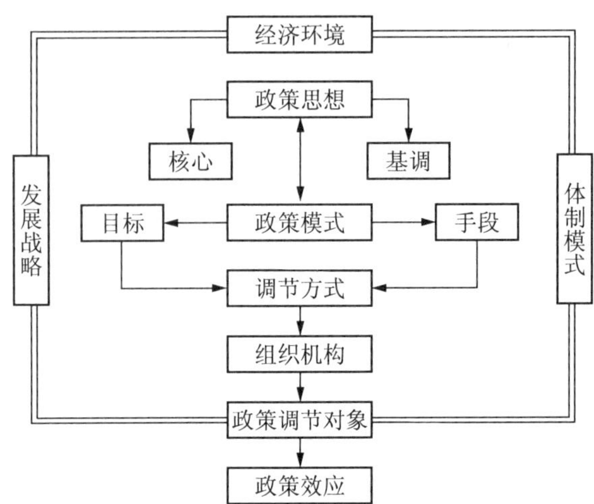

图 16.2　产业政策过程的结构—功能模型

本研究对产业政策的系统分析将按照其结构—功能模型的逻辑顺序而展开。首先,分析产业政策的指导思想,指出其政策核心和政策基调。其次,分析受经济体制模式制约的产业政策模式,阐述在不同政策模式下的政策目标选择和政策手段运用,以及政策调节方式。再则,研究产业政策制定与实施的组织机构,进行不同类型的组织机构的比较分析。最后,分析产业政策效应,区分两种不同性质的政策效应偏差,揭示产业政策效应偏差的深层原因。

在对产业政策过程的一般原理进行分析的基础上,我们将全面分析产业政策的内容。首先,把产业结构政策、产业组织政策和产业关系政策作为一个完整的政策体系加以分析,阐述其内在的关联和系统功能。然后,分别对各项产业政策进行理论分析,指出其政策要点。最后,结合中国经济发展新阶段的特点,提出一些新产业政策的原则性构想。

17 产业政策的核心:促进创新

按照产业政策的分析框架,我们首先考察发展战略对产业政策指导思想的一般规定和要求。从发展战略的高度来看,产业政策的基本任务:一是产业发展高级化;二是产业发展合理化。这些都是带有战略性的问题。那么如何来促进产业发展高级化和合理化呢?这是产业政策所要确立的指导思想问题。我认为,产业政策指导思想有两个基本点:一是促进创新;二是加强协调。这一章论述促进创新的问题,下一章论述加强协调的问题。

产业发展是指产业的技术水平、生产能力和种类适应社会需求的变动及其要求从低级向高级、从小到大、从少到多的演变过程。在这一发展过程中,关键在于创新。我认为,产业政策的核心就是促进创新。从这一指导思想出发,产业政策设计的基本内容之一就是如何配合运用各种政策手段变量,创造有利于产业创新的条件,刺激产业创新,扩大创新的波及效应,从而促进产业发展。

当然,产业发展总是表现为产业结构、组织、素质的整体变化,从而促进创新是贯穿于这三方面的。但为了论述的便利,我们将主要从产业结构高级化的角度来阐述促进创新的政策指导思想。

17.1 产业结构变动的决定因素

一般认为,在封闭经济条件下,产业结构的变化是需求结构变动和相对成本变动相互作用的结果。在开放经济条件下,再加上一个国际贸易因素。这三个因素是决定产业结构变动的基本因素。我们首先分别对这三个因素进行分析。

17.1.1　需求结构的变动

我们知道,人的需要是多种多样的。这种无限多样的需要按人们所赋予它的重要程度,可以划分为各个不同的层次。按照恩格斯的划分,人的需要有三个层次,即生存需要、享受需要和发展需要。每一层次又包含了对同属一个需要层次的不同商品的需要。因此,需求结构就是按照人们需要等级的先后次序排列的有机构成。

我们这里所说的需求是指有支付能力的需求,因而它总是与可支配收入之间存在着某种函数关系。这种函数关系简称为消费函数,可写成:$C=C(Ya)$。其中,Ya 是可支配收入,C 是消费支出。显然,当收入有限而不能满足所有层次需要时,人们自然倾向于首先把有限的收入用于购买满足生存需要的商品。随着收入的增长,人们也自然倾向于在满足最基本需要后,把增加的收入用来购买满足更高层次需要的商品。因此,需求结构的一个基本特征是对各类商品供给的丰富水平具有不同的反应。随着人均收入水平的不断提高,需求的重点会逐步向更高的层次转移。

由于需求具有引导生产的作用,所以需求结构的变动会导致产业结构的变动。大量的统计分析表明,需求结构的变化与产业结构的变化是相对应的。

在人均产值为 300 美元以下的低收入阶段上,恩格尔系数较大①,人们的消费需求主要集中在满足温饱的商品上。在这一阶段,人们对农业和轻纺工业产品的需求占主导地位。与此相适应,产业结构中农业和轻纺工业占有相当大的比重。

在人均产值为 300 美元以上,温饱问题已基本解决的阶段上,需求结构的重点从必需品转向非必需品,特别是耐用消费品。这种变化拉动产业结构发生相应的变化,即以农业和轻工业为中心的生产转向使用工业原料的以设备、耐用消费品制造为中心的基础工业和重加工业的生产。同时,在这一阶段,农业、轻工业的充分发展和劳动生产率的大幅度提高,提供了超过它们自身需要的剩余资金和劳动力,从而使资源向非必需品生产的转移成为可能。

在人均收入高水平阶段,物质产品已相当丰富,人们的消费选择余地大为扩

① 恩格尔系数=食物支出金额÷总支出金额。

展，人们对精神生活、生活质量和生活环境的要求大大提高。由于人们的需求更具有多样性和多变性，少品种、大批量的大规模生产方式已不再适应迅速变化的市场需要，于是便让位于多品种、小批量的生产方式，并加强了产前产后的服务。同时，随着高加工度的提高，国民经济和社会组织结构日益复杂化，并对劳动力素质提出了越来越高的要求，这就促进了以信息咨询业等高科技产业为中心的现代服务业的大发展，使产业结构迅速走向服务化。

17.1.2　相对成本

相对成本是一个从供给方面对产业结构变动产生决定性影响的因素。相对成本的高低反映了产品生产的资源耗费水平。相对成本较低的产业，就有可能在相对国民收入上占有优势，从而吸引资源向该部门流动，使该产业部门得以迅速扩大。因此，相对成本的变动会从供给方面推动产业结构的变化。

相对成本是各种生产要素组合的综合比较利益的指标，影响相对成本的因素很多，其中主要有技术水平、规模经济程度、工资水平、自然资源赋存等因素。但最重要的因素，是技术进步。技术进步提供了新的生产工具和生产方法，提高了人力资源和物资资源投入的质量，从而劳动生产率大幅度提高，使生产成本显著降低。如果撇开垄断价格因素，那么技术进步速度较快的产业，其生产成本的下降速度也较快。

由于各产业部门技术进步的速度是不同的，因而在产业部门间出现了“生产率上升率不均等增长”的现象。正是这种生产率上升率的差异，推动了产业结构的变动及其高级化。大量的经验材料表明，工业比农业，重工业比轻工业，加工业比原材料工业，在生产率上升率方面有较大的优势，从而这就成为产业结构高级化演进的重要根据。

17.1.3　国际贸易

国际贸易是在开放经济条件下来自外部的影响产业结构变动的因素。它对产业结构的影响，主要是通过国际比较利益机制实现的。一般说来，各国间产品生产的相对优势的变动，会引起进出口结构的变动，从而带动国内产业结构的变动。

当然，国际贸易这一因素具有双重性。在违反国际比较利益原则的情况下进行国际贸易，它虽然也会影响国内产业结构的变动，但并不能促进产业结构有序发展，而往往造成国内产业结构的畸形。只有在符合国际比较利益的情况下，国际贸易才能成为促进产业结构有序发展，不断向高级化转化的基本因素。

因此，国际贸易对一国的产业结构会发生什么性质的影响，以及产生何种程度的影响，关键在于国际比较利益。国际比较利益是建立在各国生产要素禀赋差异的基础上的。这种差异引起生产要素价格的差异，一国密集地使用它天赋的比别国丰富、价格便宜的生产要素所生产的商品，其成本相对便宜，所以在国际贸易中，它就能取得比较利益。

无疑，建立在生产要素禀赋差异基础上的国际贸易，将对国内产业结构发生重大的影响。因为，这种生产要素禀赋的比较优势，一方面将引导该国在产业结构选择上倾向于某种类型的要素组合方式（劳动密集型，或者资金密集型等类型）；另一方面，这种相对成本较低的专业化生产，在国际贸易中将处于较有利的地位，从而反过来又有利于进行国内产业结构的调整。

当然，这是一种静态的比较利益。在一些后起的国家，某些具有潜在要素禀赋优势的产业，在发展初期，由于某些原因，其产品成本较高。但一旦借助于某种力量（如政府扶植等）克服了这一障碍，就会拥有比较利益。这就是所谓的“动态比较利益”。

比较利益在各国的分布并不是一成不变的。这是因为：(1)相关国家资源禀赋状况发生了变化；(2)市场状况发生了变化；(3)生产本身的技术状况发生了变化；(4)其他一些无法从物理方面测定的生产要素的变动，如企业家精神、管理效率等。所有这些都会改变国际比较利益优势的格局，进而通过进出口结构的变动影响国内产业结构。

国际贸易通过比较利益机制促进国内产业结构变动的方式，因各国情况而异，但大致可归纳为如下两种：

(1) 以某一产品的进口为起端，借助于这一进口产品来开拓国内市场，引发该产业在国内的发展。当该产业发展到一定程度，规模经济得到充分利用，生产成本显著下降时，再利用本国某些生产要素禀赋比较优势，出口该产品，并通过国际市场的开拓，进一步促进该产业的发展。这种方式经常被后起国家所采用。因为这种方式有利于这些国家发挥“后起国优势”：第一，利用进口开拓国内市场，发展新兴产业；同时又可避免技术开发风险，减少投入成本。第二，利用后起发展国家的劳动力价格相对便宜的优势，把该产品打到国际市场上去，以取得比较利益;同时又扩展了国内的产业。所以,发展中国家通常运用这一方式来促进本国产业结构的发展。

(2) 首先在国内开发新产品,形成国内市场,以此促进该产业的发展。而当国内市场趋于饱和时,便开拓国外市场,实行产品出口。随着国外市场的形成,进一步出口有关技术和输出资本。当国外生产能力形成之后,再把这种产品以更低价格打回本国市场,以此促使国内这一产业的收缩,乃至转向其他新产品的开发。通过这样一个周而复始的过程,该国的产业结构便不断发生变动。这种方式大多被发达国家所采用。它们借助于先进的生产能力,在国际贸易中处于有利地位,以此来促进国内产业结构的迅速演进。

17.2 创新:产业结构有序发展的主动因

上述三个基本变量对产业结构变动的影响是互相联系的,其中一个因素会通过一种链式关系引出另两个因素。一般而言,只有在三者的互相作用趋于一致时,才可能促进产业结构的有序发展。然而,在这当中起着核心作用的是创新。经济学家特利克耶杰(Terleckyj)认为,在需求模式和相对成本变化中,创新无疑起着主要作用。①

按照熊彼特的观点,创新是引入一种新的生产函数,从而提高社会潜在产出能力。这具体表现在两个方面:一是带来新商品和劳务的创造;二是在既定的劳动力和资金的情况下,提高原有商品和劳务的产出数量。因此,创新不仅可以提高生产商品和劳务的能力,而且可以增加品种。除此之外,创新还具有一种扩散效应,促进经济发展的加速与飞跃。下面我们具体分析创新在这三个基本变量变化中的作用。

17.2.1 创新的作用

1. 创新对相对成本变化的作用

从概念的从属关系来讲,创新只是决定相对成本的因素之一。因此,在没有

① 参阅赖斯特·E.特利克耶杰的《决定生产力进步的因素》,1957 年版,第 300—309 页。

发生创新的情况下，相对成本也会因规模经济、资源比较优势以及劳动力价格下降而变动，从而影响产业结构的变动。但历史经验表明，这种结构转变的意义并不大，不足以使产业结构发生质变。只有在发生创新的情况下，相对成本的巨大变动才能对产业结构的发展产生本质意义的影响。其具体的作用过程，我们将在下面专门论述。

2. 创新对需求结构变动的作用

这主要表现在两个方面：第一，创新会使新产品或新工艺不断涌现，伴随而来的常常是人均收入水平的提高和生活条件的改善。它的影响是随着经济增长的进程一层层地添加在原有的需求结构上的。无论是为了适应改变了的生活条件作出反应，还是为了对新产品作出反应，它都会造成新的需求压力。当然，需求的变化也将反过来刺激创新，但在现代经济增长中，创新始终居于突出地位。第二，更为重要的是，需求结构拉动产业结构有序发展的前提条件，就是需求结构的变动要与创新相联系，以创新为基础。需求结构变动的拉动影响按其性质可分两类：一类是有利于产业结构正常转变的积极影响；另一类是不利于产业结构正常转变的消极影响。这种积极影响一般与适应经济发展水平要求的需求模式相联系。这种需求结构的变动是以人均收入的提高为前提的，因而它拉动产业结构的合理变动。从深入的分析中可以看出，这种需求模式的积极影响作用是与创新相联系的，并以创新为基础，因为人均收入水平的提高主要来自创新的贡献。

需求模式对产业结构变动的消极作用，往往是由于需求模式的跨层次、超前性所致。这种超越经济发展阶段的需求模式，在很大程度上是受外部发达国家"消费示范效应"的影响，并通过国际贸易实现的。它对于产业结构变动的导向，具有消极影响，具体表现为：

(1) 与经济发展水平相矛盾，使产业结构变动付出高昂的代价。工业化国家的经济发展史表明，在经济发展的不同阶段，各个产业的相对地位是不同的。产业部门相对地位的变动与更替，与经济发展阶段有很大的相关性。这反映了生产力发展和产业结构演进的内在规律。然而，被不合理的需求模式拉动的某些产业部门的超前发展，由于超出了特定发展阶段的经济实力，事实上是很难支撑的，强行的支撑必然要以其他方面的牺牲为代价。例如，以进口来支撑，就会导致贸易逆差，为弥补贸易缺口，就要强行出口初级产品，尽管国际市场上初级产品价格大幅度下跌。

(2) 加剧了产业结构的矛盾,削弱了产业关联效果。在不同的发展阶段,产业关联程度是不同的。一般来说,在低收入水平阶段,产业关联比较薄弱。在这种情况下,如果不合理的需求模式拉动产业结构变动,就更会削弱产业关联效果,超前发展的产业往往依赖于发达的国外产业条件,从而难以把国内产业联为一体,发挥整体效应。

(3) 容易引起产业结构逆转的严重后果。不合理的需求模式对产业结构的拉动,必然破坏产业结构变动的正常秩序。某些产业的超前发展,势必抑制另一些本应该扩张的产业。当这种强制替代发展到一定程度时,便会发生结构逆转,无疑,这种结构逆转是要付出沉重代价的。

(4) 吞蚀了必要的积累,阻滞了产业结构的转换。这种跨层次、超前性的需求模式,往往会把居民用于储蓄部分的消费基金吞食掉,从而减少了消费基金通过储蓄等途径转化为积累基金的数量。在缺乏足够积累的情况下,产业结构正常的更新换代,或重点发展"瓶颈"产业和战略产业等,都会受到阻滞。

3. 创新对国际贸易变化的作用

虽然自然资源禀赋优势也能在国际贸易中取得比较利益,但在现代经济增长中,比较优势的重点日益转向技术、管理、组织等方面,从而它也就越来越紧密地依赖于创新能力。国际经验表明,国际贸易的相对优势的迅速改变,有赖于创新能力的增强。日本从一个不具有自然资源比较优势的国家迅速成为具有技术比较优势的国家,是与其强大的创新能力分不开的。

因此,我认为,一个国家的创新活动和创新能力是产业结构有序发展的核心动因。唯有创新,才能从根本上提高产业结构的转换能力。唯有创新,才能使需求结构和国际贸易的变动对产业结构产生积极的影响。

17.2.2 创新推动产业结构有序发展

那么,创新是怎样有力地推动产业结构有序发展的呢? 这可以从静态与动态两个方面进行分析。

1. 静态分析

静态分析是从一个横截面的角度来考察创新对产业结构变动的影响。这种影响又可以细分为直接影响和间接影响两类。

(1) 创新对产业结构的直接影响。假定在一个具有资源再分配自由的社会里，当创新可以带来潜在产出能力的提高时，人们将面临这样一种选择：是主要以增加本产业产出的形式来获得创新的利益，还是把本产业的资金、劳动力等要素转移到其他产业，以增加其他产业产出的形式来获得创新的利益呢？

一般说来，当创新带来的是新产品的开发或原有产品的改善时，由于这些产品的需求弹性较大，也许将吸引生产要素向该部门流入。因为，这些产品刚引入社会，其产品价格对成本的反应、需求对价格的反应都比较敏感，从而其产量的提高将可能取得较高的收益。当该部门能够获得高于一般产业部门平均水平的收益时，其他部门的生产要素就会向其转移。因而，迅速的创新将倾向于该产业部门扩张，如20世纪20年代的汽车工业的发展就是如此。

当创新仅仅是导致了原有产品的生产效率提高时，如果这些产品需求弹性较小，那么这将促使该部门的生产要素向外流出。因为，这些产品已趋于成熟，产品价格对成本的反应、需求对价格的反应已不再特别敏感，从而其产量的大幅度提高将降低该产品的价格，使其收入下降。在这种情况下，迅速的创新经常更倾向于使该产业部门收缩，尤其是减少劳动力，如20世纪50—60年代的农业创新就是如此。

可见，不论哪一种方式，创新都将引起生产要素在部门之间的转移，引起不同部门的扩张或收缩，从而促进产业结构的有序发展。

(2) 创新对产业结构变化的间接影响。创新对产业结构变化的间接影响也有两种方式。第一种方式是，创新通过对生产要素相对收益的影响而间接影响产业结构变化。经济学家希克斯(Hicks)认为，创新会通过改变各种生产要素，尤其是劳动和资本的相对边际生产率，改变其收益率之间的平衡。①这就是说，创新通过对劳动与资本相对收益的影响，改变其在国民收入中的相对份额。当然，一项创新有可能以相同的比例，提高劳动与资本的边际生产率。但是，这种情况是比较罕见的，更经常的是创新对它们的非平衡影响：资本边际生产率的提高比劳动边际生产率的提高更快；或者相反。甚至，创新还可能绝对地降低这一要素或那一要素的边际生产率。在这种情况下，就会刺激生产要素之间的替代：资本对劳动的替代，或劳动对资本的替代。前者就是所谓的“节约劳动的创新”，

① 参阅约翰·希克斯：《工资理论》，纽约，圣·玛丁斯出版社1964年版。

后者就是“节约资本的创新”。显然，这种要素的替代就会影响到产业结构。

第二种方式是，创新通过对生活条件和工作条件的改变而间接影响产业结构变化。创新往往会创造新的需求（最终需求和中间需求）和某些潜在的巨大需求，并且有可能通过连锁反应对需求产生更广泛的影响。这些需求结构的变动无疑会影响产业结构的变化。

2. 动态分析

动态分析是从一个发展过程来考察创新对产业结构的影响，我们从三个层次渐进地展开分析。

（1）创新决定着单个产业部门扩张与收缩的运动状态。从单个产业部门来看，其产生与发展的过程往往是与创新的兴衰相联系的。重大的新产品的开发会带来一个新兴产业的出现，进一步的创新又会大幅度降低该产业部门产品的成本，使该产业部门进入一个高速增长的阶段。库兹涅茨认为这种高速增长达到一定点之后，便出现减速增长趋势。他综合了技术的、经济的和统计的分析，归纳出一组导致部门减速增长的变量：技术进步减缓；增长较慢产业对其所产生的阻碍作用；其达到大规模经营时面临的资金限制（无论资金来自其产业内部还是产业外部）；受到新兴国家相同部门的竞争性影响。①

在这些影响产业部门减速增长的变量中，最主要的是创新的减缓。那么，在一个产业部门的发展中为什么会出现创新减缓倾向呢？这是因为，当创新使该部门产品的成本大幅度下降，从而把这种产品从具有价格敏感性的高档品转变为价格低廉因而其需求不再受价格影响的必需品时，该产品的进一步创新，不论其在工程技术上是如何革命，基本上也不会引起产量增长的进一步加速。这种倾向使创新对于降低成本的潜力趋于枯竭，从而难以继续从创新中获得较大收益。由于创新的动力来自预期的收益，所以在该部门预期收益下降时，就会减弱创新的动力，而把创新更多地引向更有希望的产业部门中去。

由于创新减缓，再加上其他因素，该部门的产出相对就会下降，然后被后来进入高增长阶段的产业所超过。由此可见，创新速度的变动在很大程度上决定了单个产业部门扩张与收缩的运动状态。库兹涅茨用逻辑曲线和 Gompertz 曲线拟合了几十条不同部门产量和产品价格的长期趋势线，证明了产业减速增长

---

① 参阅 S.库兹涅茨：《生产和价格的长期趋势》，波士顿，1930 年，第 1 章，第 1—58 页。

或多或少是有规则的。我认为,这种规则性正是创新变量的规则变动所致。

(2) 创新决定着优势产业更迭的有序演变。如果任何一个产业部门的发展都是与创新相联系的,那么它们都将循着规则性的扩张和收缩的道路。这样,一个国家的各产业部门就可以根据其距离创新起源的远近来确定它们的相对地位。据此大致可以分为三类:一是低增长部门;二是高增长部门;三是潜在高增长部门。在这三类部门中,高增长部门的地位是最重要的,它对一国经济增长的影响极大,起着支撑作用。霍夫曼把其称为"优势产业",并用这种优势产业的变化来区分工业化的不同阶段。

这三类部门是一个连续发展的过程:原有的产业增长减速,被新的高增长产业取代,在递次的发展阶段中,潜在的高增长产业又将跑到前面代替原来高增长产业的位置。这种优势产业的更迭就形成了产业结构演变的阶段性。

不仅如此,创新还决定了这种优势产业更迭的有序性。固然,政府可以利用强硬手段,限制低增长部门的有效需求和供给,迫使资源转向高增长的优势部门,但这种结构改变的弹性是有限度的。库兹涅茨认为,其基本的理由有两点:一是最终需求的特定结构倾向于稳定,它限制了任何一定时间内能够被引入的种种革新的相对比例,也限制了一种革新一旦在采用后所能保持的较高相对价值的时间长度。二是技术的总体水平,有待于各方面的不同程度的改进,而这种改进则有赖于一个国家的经济和技术发展的情况。①其实,库兹涅茨是从创新水平和创新能力的角度,指出了产业结构变动的客观有序性,而绝不是可以随意实行优势产业更迭的。

(3) 创新决定了产业结构变动的方向。高增长部门的更迭虽然使产业结构变动呈现有序性,但并不一定能反映产业结构变动的方向。因为在特定的周期内,也会出现一些高增长部门,这些部门主要是受利润率影响,在某个或几个周期中表现出高增长率。这种高增长部门的更迭就不能决定产业结构变动的方向。为此,罗斯托区分了主导增长部门和主导循环部门。主导增长部门是引入了创新(新的生产函数)的真正的主导部门,而主导循环部门是没有引入新的生产函数,仅受高利润率影响的辅助增长部门或派生增长部门。只有前者的更迭,才能带动产业结构向高级化发展,后者只能支撑特定周期的繁荣,却不能带动产

---

① 西蒙·库兹涅茨:《各国的经济增长》,商务印书馆1985年版,第365页。

业结构的高级化。

因为，产业结构高级化本质上并不是指某些部门比例的升降，而是指技术的集约化，即采用先进技术的部门在数量上和比例上的增加。因此，只有引入了新的生产函数，并对其他部门增长有广泛的直接和间接影响的主导部门的更迭，才能提高整个产业的技术集约化程度，促使产业结构向高级化方向演进。这说明，产业结构变动的方向性是由创新在某一产业内迅速、有效地积聚，并通过部门间的技术联系（投入—产出关系）产生扩散效果（前向关联和后向关联效果）来决定的。没有创新和创新的扩散，高增长部门的更迭只是产业结构变动的低水平循环。

17.3　创新的政策思想含义

上述的分析已表明，创新是产业结构变动的基本动因，是最重要的变量。因此，产业政策的设计就应立足于这一变量的优化，并把它贯穿于全部政策内容之中。然而，在这一问题上，我们过去并不是很明确的，在政策中也没有充分体现出来。为此，应当强调，产业政策的核心是创新问题，即以创新推动产业结构的调整与发展。这包括下面几个基本的含义：

（1）对于较落后的传统产业、薄弱产业的扶植，不能仅仅采取资助和保护措施。与此同时，更应该采取鼓励创新的措施，帮助其进行研究与开发工作，以提高其劳动生产率。因此，对这些产业的扶植不应该是零碎的、单个生产要素的资助，而应是围绕帮助解决创新问题进行全面扶植，增强这些产业的内在活力，否则就会掉入保护落后的陷阱。

（2）对于较先进的新兴产业的发展，不能仅仅从收入需求弹性角度考虑，更不能只靠进口来支撑。应当在提高国内创新水平与创新能力的基础上来发展新兴产业，使整个产业结构的变动具有有序性。目前，国内家用电器耐用消费品行业领先增长之势主要是靠进口来支撑的，从而是一种脱离创新的无序发展，它不仅无法带动产业结构高级化，而且加深了原有的结构性矛盾。

（3）对于主导产业的确定，不能只以高增长率为标准，还要考虑这种高增长率是否以新的生产函数的引入为基础。否则，是不利于产业结构发展的。有的学者主张把建筑业作为主导产业，[①]这种观点是值得商榷的。在产业经济发展史上，建筑业曾是一个高投资率、高增长率的部门，但这种状况是与特殊的历史条件相联系的，建筑业本身只是主导循环部门之一，但它难以带动产业结构的高级化。

(4) 在协调产业结构方面，不仅要调整长线产业与短线产业的关系，而且要提高整个产业的素质。这就是说，一方面要加强短线产业，另一方面要提高其他产业对短线产业新生产的产品的利用效率。例如，目前中国能源和原材料短缺，解决这一问题，除了压缩长线产品加强短线产品外，还必须提高能源和原材料的利用效率，而这两个方面都离不开创新。

这种以创新为核心的产业政策在其实施过程中，关键是要抓住促进产业创新这一环节。一般来说，创新的速度和规模取决于四组变量：(1)科学和其他技术知识水平。它们决定着创新的水平。(2)预期收益状况。它决定着创新的动力，哪里预期收益大，哪里的创新刺激就越强。在一般情况下，产业的相对规模和生产要素的稀缺程度对预期收益有很大影响，它们共同发生变化从而成为促进创新的重要因素。(3)企业家的决策水平。它决定了创新的扩散速度。(4)资金供应量。它在很大程度上制约着创新能力。因此，促进产业创新无非是使这四个变量都趋向于最大值。

---

① 参阅王忠民：《我国目前主导产业的目标选择及其实现途径》，《天府新论》1987年第6期。

18 产业政策基调:协调

产业政策指导思想的另一个基本点是加强协调,即产业的协调发展。产业协调发展既包括产业结构的协调、产业组织的协调(如大企业与小企业之间的协调)、产业素质的协调,又包括产业结构、组织、素质之间的协调。为了论述的便利,我们仍像前一章那样,主要从产业结构合理化的角度来阐述加强协调问题。我认为,产业结构合理化的本质在于提高产业结构的聚合质量,而提高产业结构聚合质量的关键是协调。因此,产业政策的基调就是协调。

18.1 产业结构合理化的本质:结构的聚合质量

既然产业政策要解决产业结构合理化问题,那么首先就要识别和界定"产业结构合理化"这一命题的含义。对这一命题的不同理解,会导致不同的政策观点和对策思路。

目前国内理论界在识别和论证产业结构是否合理的问题上,主要有以下几个判断的标识:

(1) 反映产业结构一般变动规律的国际标准结构。以大量的历史数据进行统计回归而得出的发展模型的复合图像,确实能够反映产业结构的一般变动规律,从而可以用来作为认识各国产业结构变动的参照系。通过与这种"标准结构"的对比,有助于发现中国产业结构存在的偏差,从而加深对中国产业结构变动的认识。然而,这种"标准结构"的参照系,至多只能给我们提供一种判断产业结构是否合理的粗略线索,而不能成为其判断的根据。因为与"标准结构"发生偏差可能有很多的原因，如进入现代经济发展阶段的不同时点，所处的国际环境的变化，以及国内资源天赋程度、需求规模、发展战略等。即使撇开这些因素，较大偏差的存在也不一定反映产业结构不合理。对照钱纳里的人均300美元时的“标准结构”和“大国模型”，中国一次产业比重分别低3.2和3.8个百分点，制造业比重分别高11.1和8.9个百分点，服务业分别低16.9和23.4个百分点。这当然能反映出一定的问题，但日本、韩国等国也同样存在与“标准结构”较大的偏差。例如，日本初级产业产值占GDP的比重低于“标准结构”10个百分点，而二次产业却高2.3个百分点，韩国的初级产业低12.3个百分点，二次产业高4.8个百分点。但却很难从中得出它们产业结构不合理的判断。

(2) 供给结构与需求结构的对应程度。一些学者认为，产业结构是否合理取决于产业结构和需求结构是否协调适应。畸形的产业结构意味着它同需求结构严重背离。我们认为，以此为判断标准有其片面性。因为，供给结构与需求结构的错位，有两种可能：一是在需求结构正常变动的情况下，供给结构不能随之变动；二是由于需求结构畸变，而供给结构无法适应。显然，只有前者，才能判定为产业结构不合理，但对于后者，就不能作出这样的判断。如果我们进一步分析，那么在后一种情况下，有可能出现两种结果：一是供给结构很难随这种畸变的需求结构变动，形成较大的供求结构性矛盾；二是供给结构随之变动，这样供求结构性矛盾似乎不很尖锐，但供给结构内部的矛盾却激化了。因此，很难断言第一种结果是产业结构不合理，而第二种结果是产业结构合理。恰恰相反，后者才是更加不合理。所以，不能用此标准来判断产业结构的合理与否，尤其是在我们目前“消费超前”、需求结构异常和不合理变动的情况下，更是如此。

(3) 各产业间比例的平衡。很多学者都用比例失调来描述所谓“产业结构失衡”，并把此视为不合理现象，当然，在产业结构演化的不同阶段，产业之间，尤其是一、二、三次产业之间，大致上有一个比例关系的区间，超出这一界限便会导致结构恶化。应当指出，结构的经常性特征是不平衡的。从静态来看，产业结构中各个部门的相对地位是不同的，自然所占比例（不管是产值还是就业）也就不同。从动态来看，各产业部门的增长速度是不同的，有的减速增长，有的高增长，有的潜在高增长，从而产业之间的比例关系就会出现不平衡。因此只有那种超越了一定界限的结构失衡才属于真正的结构不合理。

上述种种流行的判断标准实际上反映了对产业结构合理化的不同理解。第一种判断标准是从人均收入水平角度考察产业结构是否合理，从而把产业结构合理化理解为是否符合经济发展阶段。第二种判断标准是从供求结构角度考察产业结构是否合理，从而把它理解为是否适应需求变动的要求。第三种判断标准是从比例关系角度来考察的。我认为，产业结构是否合理关键在于产业之间是否有较高的聚合质量，而这种较高的聚合质量来自产业间的协调。所谓产业结构，就是产业之间内在的有机联系形式。在这种联系形式中，产业之间的相互作用会产生一种不同于各产业能力之和的整体能力，这就是产业结构的聚合质量。如果产业之间的相互作用关系越是协调，结构的聚合质量就越高，从而产业结构就是合理的；反之，结构关系不协调，聚合质量就低，从而产业结构就是不合理的。

把产业结构的聚合质量视为其结构合理的本质含义，把提高结构聚合质量的结构协调程度作为判断产业结构是否合理的标准，是以产业结构对经济增长和经济效益所起作用的结构效应为根据的，具体地说，有以下几个方面：

(1) 它反映了产业结构的基本特性。从表面上看，产业结构似乎是产业之间在生产规模上的比例关系(量)和产业之间的联系方式(质)的统一。[①]但这仅仅是一种表象，并没有反映产业结构的基本特性。因为，产业结构作为各产业部门按一定方式构成的有机整体，会呈现出各个产业所没有的整体效应，或“附加量”。这种不同于各产业功能总和的整体效应，才是产业结构的基本特性。

(2) 它反映了产业结构的基本素质。单纯以产业间的联系方式和比例关系方面，很难评价产业结构的素质。因为产业结构素质除了与产业间联系方式和比例关系有关外，还与各产业具备的素质有关，而各产业素质是不均质的，尤其在二元经济社会，产业素质悬殊较大。无疑，这将会对产业结构素质产生影响。因此，我们应从产业结构的整体效应上来估价结构素质。由各产业互相联系和互相作用所产生的整体效应或“附加量”，并不都是积极的(或正的)，也可能是消极的(或负的)。这是由于产业结构中的内耗所致，而形成内耗的原因可能与产业素质、产业间联系方式和比例关系有关。因此，产业结构整体效应的性质基本上反映了产业结构的素质。

---

① 参阅刘伟、杨云龙：《中国产业经济分析》，第27—28页。

(3) 它反映了产业结构的功能。产业结构的基本功能就是通过自身的变化对经济的增长和效益产生影响。当然,这里包括两种性质的功能:有利功能和有害功能。产业结构的功能虽然与整个经济环境有关,如需求结构等,但它主要是产业结构内部固有能力的外部体现,归根到底是由产业结构的聚合质量决定的。因为产业结构功能的发挥,一是受产业素质变化的影响,二是受产业间相对地位和作用改变的影响,所以只有结构的聚合质量才能反映产业结构功能。

(4) 它反映了产业结构的效率。产业结构在其自身变动中对促进经济增长和提高经济效益是否有效率,并不仅仅取决于收入弹性大、生产率上升高的主导产业的发展。当然,我们并不否定主导产业发展对经济增长和经济效益有重大意义。但它并不体现产业结构的效率。因为在产业结构的相关性中起关键作用的,并不是结构中最强的要素,而是最弱的要素。整体功能发挥的程度(效率),往往是由其中最差的因素决定的,犹如链锁的力量是由其中最薄弱的一环所决定的,其他环节再强也无济于事。

当我们用结构的聚合质量来理解产业结构合理化问题时,就可以解决上述几种判断标准存在的困惑。尽管一些国家产业结构变动与标准结构有较大偏差,但由于其结构的聚合质量高,因而仍然能取得成功。在供给结构与需求结构发生矛盾时,只要产业结构聚合质量较高,它就会适应正常需求的变动,否则就是属于需求结构不合理的问题了。产业结构不平衡是否正常,只要与产业结构聚合质量相联系,就可以作出判断:与较高聚合质量相联系的结构不平衡是合理的,反之则反是。因此,我们应当从产业结构的聚合质量来理解和识别产业结构的合理化与否。

18.2　提高产业结构聚合质量的关键:协调

如果我们把产业结构合理化的本质含义理解为结构的聚合质量,那么实现产业结构合理化所要做的工作,就不是尽量缩小与“标准结构”的偏差,或使供给结构无条件地服从需求结构的变动,而是强化产业间的协调。只有强化产业间的协调,才能提高其结构的聚合质量,从而才能提高产业结构效果。

协调是指各产业之间有较强的相互转换能力和互补关系的和谐运动。产业结构的协调是整个产业作为整体活动的协调,它涉及产业之间的各种关系的协调,其中包括生产、技术、利益、分配等,我们这里主要从产业间生产和技术关系角度考察协调问题,而暂时假定产业间的利益和分配关系等是合理的。产业结构的协调,可以从静态与动态两个方面进行分析。

首先,就静态分析来说,产业结构的协调主要表现在三个方面:

(1) 各产业的素质之间的协调。这并不是说要求各产业的生产技术水平和劳动生产率差不多,事实上这是不可能的。这里是指相关产业之间不存在技术水平的断层,不存在劳动生产率的强烈反差。如果存在这种断层和强烈反差,就会产生较大的摩擦,表现为不协调。尽管产业素质还包括劳动力素质和管理水平等,但我们还是可以用比较劳动生产率指标来大体衡量其协调程度。比较劳动生产率指标是产业部门的国民收入份额与该产业部门的劳动力份额之比。比值越小,说明该产业的比较劳动生产率就低;反之亦然。一般来说,各产业的比较劳动生产率数值分布比较集中而又有层次性,说明各产业的素质比较协调。如果各产业的比较劳动生产率数值分布很离散且无序,则说明各产业的素质不协调。例如,中国农业劳动力大体占社会总劳动力的70%,而1986年农业总产值只占社会总产值的21%,农业的比较劳动生产率只有0.3,这就与其他产业形成了悬殊的差距,从而反映了产业素质上的不协调。

(2) 产业之间相对地位的协调。在一定的经济发展阶段上,产业结构内各产业因不同的增长速度和不同的作用而处于不同的地位,因而形成产业之间有序的排列组合。在正常情况下,这种排列组合是按主次、轻重来构造的,所以产业结构具有明显的层次性。从纵向来说,有基础产业、支柱产业和带头产业的等级性;从横向来说,在每一同一等级的产业中,又有重点与一般的区分。产业之间相对地位的协调就是产业结构内部具有比较丰富的层次性,产业之间的主次与轻重关系比较明确、适宜。衡量产业之间相对地位的协调较为复杂,也许要采用一组指标,其中比较重要的是产值构成指标。从这一指标来看,目前中国农轻重产值之比基本上是三分天下的局面。另外,中国社会科学院在《技术进步与产业结构问题》的研究报告中指出,根据中国产业结构的现状与资源、技术市场条件,在近期内还难以形成能够带动整个国民经济发展的支柱产业。如果这一判断能够成立的话,那也表明中国产业间还缺乏层次性协调。

(3) 产业之间联系方式的协调。我们知道,产业之间存在着投入—产出的联系。它表明产业间的相互依赖和相互影响关系。产业间的相互依赖可区分为两种类型:一是单向联结关系;二是多向循环联结关系。①产业间的相互影响主要是某一产业的变动对其他产业生产活动和产出水平发生的影响。产业之间的联系方式是以此为基础的互相作用的方式。协调的产业间互相作用方式有两个基本特征:第一,互相服务,即在投入产出联系的基础上互相提供帮助,如农业劳动生产率的提高为工业的发展提供劳动力和资金,工业也反过来为农业的发展提供装备和技术。第二,互相促进,这意味着一个产业的发展不能以其他产业的削弱和退步为代价(产业自然的增长减速不包括在内)。如果产业之间能达到互相服务和互相促进,那么这种联系方式就是协调的;反之亦然。从中国产业结构的联系方式来看,互相服务功能较差,往往都是在"自我服务"中发生联系,同时工业的发展是以农业的相对退步为前提的,因而是不太协调的。

其次,就动态分析来说,产业结构的协调主要表现在两个方面:

(1) 产业部门增长速度分布的协调。在产业结构演变过程中,产业部门的增长速度是不均匀的,但也不能差距太大,否则将会造成再生产过程中的结构性滞差。产业部门增长速度分布的协调表现为两个方面:一是高增长部门、减速增长部门和潜在增长部门之间增长速率差距较合理。如果差距过大,则反映"夕阳产业部门"与"朝阳产业部门"之间的连接和交替不协调。二是这三类部门的部门数目比例较合理。如果某一时点上的这三类部门的比例不协调,在发展过程中就会表现出经济增长的较大波动,而大起大伏的经济波动则反映了结构变动的不协调。中国的传统产业和现代产业的增长速率差距是悬殊的,而且先进产业往往是个别部门孤军突起,这些在产业结构变动中往往表现为极大的不稳定和不协调。

(2) 产业阶段交替的协调。在产业结构变动中,以某一产业为主的产业阶段是不断交替变化的,从而使产业结构不断从低级向高级演进。一般来说,农业—轻工业—基础工业—重加工业—现代服务业的产业阶段交替,是产业结构向高级化演进的常规方式。在某些特殊条件下,也可以超越某一阶段,如日本在人均国民收入达到220美元时,实行了重化工业"倾斜"。问题在于,实行产业阶段的超越交替能否保持协调。如果这种超越交替是协调的,产业结构的变动必

---

① 参阅杨治:《产业经济学导论》,中国人民大学出版社1985年版,第105页。

定是合理的，甚至是最优的。衡量这种超越交替是否协调的尺度，就是看其是否出现结构的逆转。因为，在正常的结构变动中是不会出现逆转现象的，农业比重一旦被工业超过，将不会再回升；轻工业比重一旦被重工业超过也不再会占主导地位。结构逆转只是表明产业阶段交替过速产生的不协调状况，表现为产业比重变动曲线上下振荡。中国的产业结构变动是在农业基础不稳定的情况下进行的，这不仅超越了以轻工业为重心的阶段，而且也超越了以基础工业为重心的阶段，直接跨入了以重加工业发展为重心的阶段。这种阶段交替过速的不协调，被多次的结构逆转所证实。

如果某个产业结构在上述几个方面都比较协调，那么其结构的聚合质量必定较高，从而有较好的结构效果。具体表现在以下几个方面：

(1) 结构协调可产生“外部经济”。各个产业能以其他产业的活动和作为整体的产业结构的活动来取得利益。从整个经济来说，这无疑提高了效益。随着产业部门的增多，产业结构越来越复杂，这种结构协调产生的“外部经济”越来越大，从而对各产业部门的发展也具有越来越大的意义。

(2) 结构协调提高了各产业的内部经济效益。产业之间互相服务和互相促进，彼此为对方创造了较好的环境，从而有利于提高产业内部的经济效益，使资源得到较充分有效的利用。

(3) 结构协调促进了技术进步和创新扩散效应。由于各项技术革新是互为条件，互相结合的，所以结构协调就有利于促进技术革新。不仅如此，在结构协调的情况下，技术革新更容易扩散和渗透，从而使技术进步的意义更为重大。

(4) 结构协调有利于经济的稳定增长，从而可以避免因经济大波动而引起的摩擦和损失。产业结构的状况在很大程度上决定了经济增长的变动轨迹。由结构不协调引起的经济增长的大起大落，以及结构逆转，会使我们付出沉重的代价，既浪费了大量资源，又延缓了经济发展的进程。在世界经济迅速发展的大环境中，这将会带来不可估量的损失。

(5) 结构协调有利于适应需求结构的变动。在需求结构正常变动的前提下，产业结构协调使其具有较强的适应性和应变能力，通过自身结构的调整适应新的需求变动，因而使供给结构与需求结构的矛盾弱化。

总而言之，只有强化产业间的协调，才能提高产业结构的聚合质量，从而产生较好的结构效果。产业结构合理化的关键，就是产业之间的协调。

18.3　非均衡协调的政策思想

在确立了协调是提高结构聚合质量，从而实现产业结构合理化的关键这一观点后，接下来就是要解决如何进行协调的问题。我认为，产业结构协调是一种非均衡协调。

产业结构的非均衡协调有两层含意：一是动态的随机协调；二是非常规协调。

我们知道，产业结构是不断变化发展的，长期的动态运动改变着产业的素质，改变着产业之间的相互关系和技术经济系数，从而使产业结构的组成部分在运动中处于不均衡状态。不仅如此，产业结构的变动还具有随机性，并不是抽象的单一模式，其发展是在不确定条件下并由具体情况所决定的。因此，非均衡协调是一种动态的随机协调。在这一协调过程中，它既要考虑如何适应产业结构动态性的非均衡，又要把握产业结构随机性的非均衡，从而在动态和随机的非均衡中来协调产业结构。

即使我们暂时撇开长期因素，从瞬时和短期来看，由于既有的产业结构是以往发展的结果，它完全有可能与"标准结构"有偏差，对于这些偏差的校正和协调只能采取非常规的办法来因势利导，而不可能按照"标准结构"进行常规协调。也就是，这种协调并不力求把原有的产业结构偏差的非均衡态校正为无偏差或较小偏差的均衡态，事实上这也是不可能的。

从严格的意义上说，产业结构的协调只能是非均衡协调，这是由产业结构非均衡本质特性所决定的。如果我们假定也存在均衡协调，那么它与非均衡协调的区别就在于：(1)这是一种静态协调，只考虑瞬时和短期的产业结构稳定性，而不注重促进产业结构的变动，甚至有可能以短期的稳定性来抑制产业结构的变动性。(2)这是一种常规性协调。这种协调只考虑结构和比例关系，使偏差保持在一定范围或趋近于零。各国的实践表明，在人均收入为300—1000美元区间的阶段上，产业结构的变动较为迅速，中国产业结构正开始进入这一阶段。而且中国产业结构重加工业化的超前发展已形成了异常的偏差，在这种情况下，即使存在均衡协调，也是不适宜采用的。因此，无论从历史发展看，还是从中国的现实情况看,都要求采用非均衡协调方式。

由于非均衡协调是动态的随机协调和非常规协调,所以这种协调在很大程度上是由产业结构的内生力量来实现的。如果产业结构缺乏自适应、自调节和自组织能力,缺乏相当的弹性和适应性,那么单靠外生变量的输入是难以实现非均衡协调的。

因此,首先要改善产业结构性能,增强其自适应、自调节和自组织能力。这里,主要的任务有两个:一是增强产业的能动性,提高产业的素质,这在很大程度上与企业制度改革有关;二是健全产业间要素流动机制,解决资产凝固化和产业关联被割裂的问题。如果这两个任务能顺利完成,产业结构就将具有良好的性能,而这是实施非均衡协调的基本前提。

除了改善产业结构性能外,政府运用一系列政策手段来进行协调活动也是必不可少的。然而,政府在实行非均衡协调时,应根据产业结构的内在联系和构成特点来确定协调重点。一般来说,产业结构的协调应特别注意以下几个方面:

(1) 产业结构虽然是由各个产业有机联系构成的整体,每一产业在这一结构中都有一定的地位和作用,是不可分割的一个组成部分,但在这一组成部分中有一类成分是有决定性意义的,在整个结构中处于支配地位。在任何情况下,产业结构中始终存在着支柱和从属关系。这些处于支柱地位的产业,就是支柱产业,它往往代表了产业结构的某一产业阶段。政策的协调就要兼顾支柱产业与从属产业的关系,以支柱产业的发展来带动从属产业的发展。

(2) 在产业结构中,从产业的作用方式来看,大体上有两种类型:一是以特殊方式与其他产业形成投入产出关系,从而它只是制约某些产业的发展。如棉花种植业与纺织工业、服装工业形成一种联结关系,棉花种植的状况只是制约着纺织工业和服装工业。二是并不以特殊方式与其他产业形成投入产出关系,而是制约着整个产业结构或分支结构(产业群结构)的活动。如以电力为主的能源与其他各个产业都有关系,它并不仅仅制约个别产业的活动。在政策协调中,要特别重视后者。如果这些制约整个产业结构的产业比较薄弱,就要大力加以扶持。而且,随着产业结构的复杂化,这些产业的作用也越来越大。

(3) 在产业关联的各个环节中,有些环节不太重要,而有些环节则比较重要,但始终存在着这样的环节,它在一定条件下的发展可以加速整个产业结构的演进。这样的环节就是我们所说的主导产业。这些产业部门不仅自身引入了新的生产函数，而且对其他部门具有扩散效应，能引起其他产业部门的发展。因此，主导产业部门的发展就可以提高产业结构的聚合质量，促进产业结构的演进。但并不是技术最先进的产业就能成为主导产业，它必须有扩散效果。在进行政策协调时，值得注意的是，不应把那些没有扩散效应的高技术产业列为主导产业来加以扶植。

(4) 在产业结构中，基础产业的协同作用较大，它在很大程度上决定着其他产业的效率。随着各个产业之间的联系和聚合力的日益增强，基础产业的发展对国民经济及其组成部分的运转和发展具有越来越大的作用。因此，各国的政策协调都把基础产业作为重点。

(5) 产业结构中的瓶颈产业，也是进行政策协调的重点。所谓瓶颈产业，实质上就是某些重要而又发展滞后的产业，形成产业关联中的一个窄口，所以瓶颈产业往往具有较大的发展潜力。此外，瓶颈产业的存在势必会降低结构效果，因此，对瓶颈产业的协调就成为提高产业结构聚合质量的重要一环。

在政策协调中，除了要注意协调的重点外，还要研究协调的方式。如果缺乏正确的协调方式，就不能获得较好的协调效果。非均衡协调可以有两种不同的方式：一是拉动协调；二是推进协调。拉动协调就是注重扶植和发展主导产业部门，通过主导产业的创新扩散效应来带动其他产业部门的发展。在这一过程中，不仅先进产业拉动了落后产业，而且还培育了具有发展潜力的新产业，从而能够使这种拉动协调保持连续性。推进协调就是注重扶植和发展瓶颈产业和薄弱产业，通过这些产业素质和能力的提高，缓解结构性制约，从而促进结构的整体效应的提高。在现实经济活动中，可以根据实际情况把这两种方式结合起来，采取连拉带推的混合协调方式。但在这种结合中，必须有主次之分。

19 产业政策模式的分析与评价

如果说产业政策的指导思想和基本原则主要是受经济发展战略的支配，那么产业政策的目标设定和手段运用则是由经济体制模式决定的。在不同经济体制模式下形成的产业政策模式，具有不同的结构和功效，从而具有不同的政策设计与操作方式。因此，在具体分析产业政策目标选择和手段运用之前，首先要阐述产业政策模式。

19.1 两种不同类型的产业政策模式

尽管在现实中存在着多种产业政策模式，但为了便于理论分析，我们可以抽象出两种具有典型意义的产业政策模式：管理型产业政策模式和协调型产业政策模式。下面我们分析这两种类型产业政策模式各自的特点。

19.1.1 管理型产业政策模式

管理型产业政策模式是一种以管理与被管理关系为轴心而展开的产业政策制定和实施过程的模式。在这一模式中，整个政策处理方式都贯穿着领导与执行的关系，即由管理者设定政策目标、选择政策手段，并公布实施；被管理者只是执行任务。具体地说，这种产业政策模式有以下特点：

(1) 政策主体是单一的(或狭义的)。在这一产业政策模式中，政策主体只有一个，即政府，甚至是严格意义上的政府，不包括兼有本部门利益的政府主管部门。政府作为唯一的政策主体，自然也就成为管理者。因而，产业政策目标的设定，政策手段的选择，以及政策实施等，都是它的职责与权力。当然，政府在履行其职责与权力时，也会广泛征集各方面意见，对各种利益进行协调，并依靠各种力量予以实施，但这都是在政府作为产业政策唯一主体的前提下进行的。其他集团也有可能通过各种途径影响政府对产业政策的决策，但决策者只能是独一无二的政府。

(2) 政策目标是一元化的。政府作为唯一的政策主体，产业政策目标也就是政府所要实现的目标。它往往是政府整个经济政策总目标的具体化或是其中重要的组成部分。因此，政府对经济政策总目标的偏好，也往往决定了产业政策目标的选择。例如，如果政府具有追求经济增长的偏好，那么产业政策目标的选择往往是加快结构超前变动，而不是结构合理化。可见，产业政策目标的设定是由政府的抱负和客观限制因素决定的。当然，由于各政策目标变量之间存在着交替关系，政府仍然需要运用价值判断来进行选择，以安排各目标之间的主次和优先关系，但这只是在政府这一平面层次上进行的，不涉及不同层次目标之间的渗透问题。

(3) 政策手段的运用是纵向的，即自上而下的。政府作为唯一政策主体，政策手段变量必然仅限于政府所掌握的、只有政府才能操纵的政策手段。显然，政府所能操纵的政策手段，其实施方向必然是自上而下的。政策手段运用的纵向性意味着，只有政府才能影响企业、个人的行为，左右其活动的方向和程度，而不是相反。所以，在这一类型产业政策中，政府拥有最大的权力和自由度。当然，这不是说，政府行为可以完全不受约束。事实上，它仍然会受到客观限制等因素的约束。

(4) 政策实施是一个监督执行的过程。在这一过程中，政府处于积极主动的地位，而执行者往往处于被动地位，有的甚至持消极态度。因为这种产业政策的贯彻，可能伤害其利益，或者与其利益关系不大，也可能没有看清其利益关系所在。因此，这种政策实施往往带有较明显的强制性，需要加强监督检查，采取有力的措施保证产业政策的实施。对于这种类型的产业政策来说，贯彻实施是最关键而又最困难的一个环节。

19.1.2　协调型产业政策模式

协调型产业政策模式是一种以多元政策主体之间协调关系为轴心而展开的产业政策制定与实施过程的模式。在这一模式中，整个产业政策问题的处理都贯穿着对共同利益认识的思想，即各政策主体通过交流、协商，在共同认识一致利益的基础上设定政策目标，运用政策手段，共同实施产业政策。这种协调型产业政策模式有如下特点：

(1) 政策主体是多重的或广义的。在这种类型的产业政策中，政策主体是由政府(负责全面协调的政府机构)、主管部门、企业和劳动者构成的。在日本，产业政策主体还要复杂些。它不包括劳动者，但增加了以不同行业或整个产业界企业利益的直接代表身份出现的民间各行业团体，介于政府与民间之间的具有中性的(形式上隶属于政府)各种审议会，以及给产业提供资金的银行。

在这些政策主体中，虽然政府和主管部门是主要的，但企业和劳动者在政策制定与实施上也扮演了极其重要的角色。因此，它们之间基本上处于平等的地位，对政策的制定与实施具有相同的发言权。例如，在日本产业政策决策过程中，“一般说来，在上述各种力量中，很少有哪一种力量是具有支配性影响的。因此，这种决定产业政策的‘竞赛’，是通过‘选手’之间的相互说服、协调，有时甚至是胁迫来进行的。”①

(2) 政策目标是多元目标互相冲突和协调的产物。由于政策主体多重，所以必然存在多元目标：政府目标、部门目标、企业目标和劳动者个人目标。政府目标主要是从经济政策的目标体系中引申出来的。部门目标主要是追求该部门的扩大与发展。企业目标一般是利润最大化。劳动者个人目标一般是收入最大化。当然，在不同的条件下，这些政策主体的目标是有其特殊性的。但这并不妨碍我们得出一个结论：这些政策主体的目标之间，有些部分是互补的，但相当部分是冲突的。

由于各政策主体的目标在产业政策目标形成中，都是必要的，而且是有重大作用的，所以这些目标之间的相互冲突是自然的、正常的、合乎规律的。产业政策目标正是这种多元目标相互冲突，最终达成妥协的产物。因此，在某种程度上，产业政策目标就是这些多元目标妥协的集中反映(见图 19.1)。

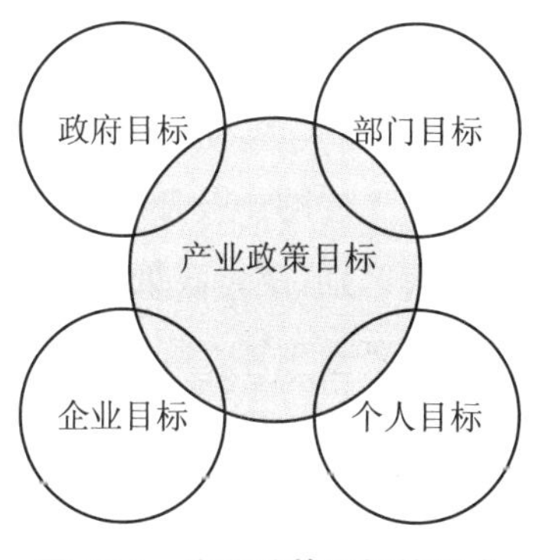

图 19.1　产业政策目标的形成

① 小宫隆太郎等编：《日本的产业政策》，国际文化出版公司 1988 年版，第 19 页。

(3) 政策手段运用是双向的。由于企业和劳动者也列入政策主体范围，所以它们在产业政策的制定与实施中所采取的手段，也应该被看作政策手段。它们拥有的比较典型的手段是信息处理和行为调整。企业和个人对信息手段的有效使用，例如投资项目评估、经济效益估价，对未来风险预期等，事实上是在为产业政策的制定和实施作准备。企业和个人的行为调整，对于产业政策的形成和实施所起的作用更大。显然，与政府操纵的政策手段不同，这些政策手段的运用方向是自下而上的，从而形成了政策手段的双向运用。

政策手段的双向运用意味着，不仅政府和主管部门能影响和左右企业与个人的行动，而且企业与个人通过这些手段的运用也能持久地影响政府和主管部门。因此，在它们之间就形成了一种内在的制衡机制。企业对政府行为的约束不仅发生在政策制定之前，而且也发生在政策实施之中。

(4) 政策实施是一个自觉执行的过程。由于政策主体的多元目标都已不同程度地融合在产业政策中，而且，在多次磋商中，它们都是政策决策者，所以它们都将主动地实施这一政策。这样，在政策实施过程中，所遇到的阻力较小。对于这种类型的产业政策来说，政策实施不是最困难的，最困难的是产业政策的制定过程。为了达到利益的妥协，求得利益的共同点，政策制定往往要经历复杂而漫长的过程。然而，经过这样一个过程，最后形成的政策已具有较大的实施可能性，所以政策的实施就相对容易一些。

19.2　不同类型产业政策模式的决定和功效

从上述的比较分析中，我们可以直观地感觉到，这两种类型的政策模式的一个重大区别，就是政策主体不同。管理型产业政策是单一主体，而协调型产业政策则是多重主体。正是政策主体的不同，才导致了政策目标的设定和政策手段的运用以及政策实施方面的差别。无疑，这是区分两种不同产业政策模式的一个基本尺度。

然而，为什么会出现这种政策主体不同的现象呢？这种政策主体的不同到底是由哪些因素决定的？这就需要进行更深入的研究，探讨不同类型产业政策模式的形成机制。

19.2.1 体制因素决定产业政策模式

在产业政策形成和实施的过程中，单一政策主体与多重政策主体的出现，绝不是一个人为选择的问题，或理论指导差别的问题，而是由体制因素决定的。

1. 产业经营体制

在一个经济系统中，产业经营体制直接决定了经济活动主体（参与者）的性质、地位以及活动方式，从而也决定了这些经济活动主体是否具有能成为产业政策主体的可能性。

在财产约束软化的产业经营体制下，企业往往只是执行国家计划的生产单位，它不可能成为一个自主经营、自负盈亏的经济实体。它的全部行为都是政府设定的，其行为总目标就是追求政府下达指标的完成。它们完全处于一种隶属关系下的被领导和被管理的地位。在这种情况下，这些经济主体自然不可能成为产业政策主体，而只能成为产业政策的执行者。

在财产约束硬化的产业经营体制下，企业具有明确的法人资格，从而它们就能够成为自主经营的经济主体，并产生了自身特有的利益追求和自身的预算线制约，其行为开始由市场来设定。在这种情况下，它们已成为具有自身利益目标和行为方式的独立力量，与政府之间形成了一种互相制约的关系。因此，它们对产业政策的制定与实施产生了重大的实际影响。没有它们的认可，产业政策就不能生效。显然，它们已具备成为产业政策主体的可能性。

当然，在现实经济生活中，也有可能存在一种介于上述两者之间的过渡性经营体制。在这种体制下，经济主体的性质是不明确的，行为方式是不确定的，行为目标是多元的杂乱的。因此，虽然它对于产业政策的形成和实施有影响，但由于其行为紊乱，并不具有成为政策主体的可能性。

2. 宏观管理体制

在一般情况下，宏观管理体制与产业制度是相对应的。因此，行政性宏观管理体制下的直接、硬性调节不允许企业成为政策主体，与财产约束软化的产业制度不可能使企业成为政策主体，是统一的。然而，这并不是绝对的，在特殊情况下，可能出现与运行机制非对应的产业政策调节方式。这就是说，尽管企业也许是自主经营的经济实体，但要成为产业政策主体，还要看宏观调节方式。

如果宏观管理实行一种与市场机制非对应的直接的、硬性的调节方式，那么自主经营的经济主体仍然不能进入产业政策主体的范围。因为在这种情况下，产业政策形成与实施过程中的利益协调方式，往往是行政主导型协调，企业与个人本身并没有直接参与这种利益协调。例如，日本在战后经济复兴时期，“倾斜式发展”的产业政策就是在几个政府主管部门之间利益协调的基础上形成的。

出现这种经营体制与宏观调节方式不相对应的原因，一般是由于：(1)市场机制不健全或不完善，以致间接、软性调节没有什么效果；(2)企业发展不够成熟，还没有形成较大的规模和能力；(3)为了在较短时间内实现“赶超”目标，需要进行行政干预。

可见，只有在采取间接的、软性的宏观调节方式的情况下，自主经营的经济实体才可能成为产业政策主体。因此，如果说自主经营的经济实体是实现产业政策主体多重化的必要条件，那么间接和软性的宏观调节方式则是实现产业政策主体多重化的充分条件。

19.2.2　协调型产业政策模式的优越性

国际的比较研究表明，这两种不同类型的产业政策模式各有千秋，但从总体上看，协调型产业政策模式比管理型产业政策模式具有更多的优越性。

1. 协调型产业政策模式有较大的活力

由于这一模式容纳了多重政策主体，所以在产业政策制定中，各方面的利益都可得到兼顾和协调。即使当企业利益与国家利益发生冲突时，它也坚持一个协调原则，即坚持国家利益以不损害企业活力、不增加社会经济损失为原则。

在这种产业政策的形成与实施过程中，对于政府来说，企业利益优先是一个重要原则。政府尊重企业的经济自主权，允许企业追求合法经营与获利目标，根据其创新和规划进行自主活动。因此，政府所提出的每一项产业政策，无不是经过企业界大多数的认可，充分反映了企业的意见和愿望之后形成的。对于企业来说，在追求自身的利益目标时，则把国家利益置于重要地位，不时地按照国家利益指示的方向调整自己的活动。只有这样，它才能得到政府的承认和其他组织的合作。

由于各方面的利益得到了协调，找到了利益的结合点，因而各方面的积极性都被调动起来，并形成一种合力，所以这种产业政策充满了活力。相比之下，管理型产业政策往往是以牺牲企业活力为代价的，从而必然减弱政策的活力。

2. 协调型产业政策模式具有较高的科学性

由于这种产业政策模式是建立在各政策主体寻求利益协调结合点基础上的，所以在形成共同利益的过程中，各政策主体是互相制约的，而且也有相当的自我约束力。这样，所提出的产业政策比较符合客观实际，失误较少，具有较大的现实可行性。

这种产业政策模式的基本特征之一，就是不论是产业界还是政府，如无相互间的协商，任何一方都不能擅自决定政策。各政策主体只有通过持续的对话、协商，不断寻求共同利益所在，才能最后共同决定政策。在这种反复协商的过程中，大量的信息得到交流，各种判断得到纠正或充实，从而为政策目标的设定提供了良好基础。

同时，在利益的协调中，一些政策方案不断地被修正和补充，日趋完善；另一些政策方案则可能因不合理而被否定，各政策主体的利益相互制约，客观上提高了政策的科学性和质量。而且，在寻求共同利益时，各政策主体也都很慎重。因为，对政府来说，政策性的失败意味着自己政治利益的损失，可能会丧失部分权威。对企业来说，这种失败则意味着自己经济利益的损失，可能会减少市场占有份额等。这种担心失败和损失的压力，形成了各政策主体行为的自我约束。无疑，这也是保证产业政策科学性的一个重要条件。

相比之下，管理型产业政策的形成就不具备这些条件。唯一的政策主体往往是在缺乏充分信息交流，缺乏相互约束与自我约束的情况下制定产业政策的，因而产业政策中带有较大的政府偏好和主观判断，使政策的科学性受到损害，往往造成较大的政策失误。

3. 协调型产业政策模式具有较强的动员力量

这种产业政策的形成是各政策主体通过充分交流和讨论，对经济发展中的问题、策略方向以及应采取的措施达成一致理解的结果。这种对产业政策的一致理解，本身就是一种强大的动员力量。不仅如此，人们对该政策的一致理解和对自身利益的追求又会演绎出更丰富的政策内容，并会在以后的政策实施中体现出来。因此，这种产业政策的动员力量不是停留在文件或文字上的，而是蕴藏在各政策主体对其深刻理解之中的。

由于利益协调产生于政策形成过程，而不是发生在政策实施过程中，所以一旦在共同利益基础上形成产业政策，政策的实施就比较自觉。而且，这种政策实施是由群体压力来作保证的，是一种全面而广泛的监督。

相比之下，管理型产业政策的动员力量就比较弱，往往只是由政府来进行动员，而且主要在政策实施中进行动员，政策贯彻执行比较困难，经常要打折扣。

4. 协调型产业政策模式具有政策稳定性和连续性

由于这种产业政策是经过各政策主体多次协商产生的，而且具有较高的科学性，所以政策比较稳定，并具有连续性。在一般情况下，政策的形成都有一定的程序，并给予明确的法律规定。政策的废除也同样要经过协商和一定的程序，不是随意可以改变的。因此，这样的政策有助于经济稳定，发挥政策的导向作用。

相比之下，管理型产业政策由于失误较多，变动较大，而且由于缺乏政策主体之间的相互制约，政策变动的随意性也较大。这种政策的多变动性，会增加企业经营环境的不确定性，从而降低政策功效。

当然，协调型产业政策也有自身的弱点，例如复杂而漫长的政策制定过程往往难以适应迅速的经济变动，因而丧失及时进行政策调整的时机。又如，这种产业政策也不太适合于“倾斜发展”的结构调整和实行“赶超”战略。

19.3　中国产业政策模式的转换

有人认为中国过去没有产业政策，现在才刚刚开始在研究和制定产业政策。这种看法似乎不太准确。从50年代起，我们对产业部门发展一直采取与实施着某些政策，例如“以钢为纲”的重点发展，建立独立完整的工业生产体系等，但这是一种管理型的产业政策。因此，如果要说中国过去没有产业政策，那只能特指没有协调型产业政策。

众所周知，管理型产业政策是由传统经济体制派生出来，与传统的经济体制和经济运行机制相适应的。不可否认，它在当时曾起过一定的积极作用，当然也包含着重大的政策失误和不良的政策惯性后果。直到今天，我们仍然能够感受到这种产业政策的效力。然而，随着经济体制改革的展开与深化，这种管理型产业政策也开始逐步失去其生存的机制性条件。与经济体制改革的目标模式相适应，应产生协调型产业政策模式。

有一种观点认为，在中国，产业政策的制定和贯彻应当是三级递阶主体：中央、地方政府和中心城市政府。三级主体，应当有明确的功能范围。这种产业政策模式虽然扩充了政策主体，把地方政府和中心城市政府也包括进来，但本质上仍然是管理型产业政策模式，因为它没有摆脱原有的框架：产业政策的操作主体是政府，作用对象是企业。所以在整个政策过程中仍然贯穿着管理与被管理的关系。

管理型产业政策模式向协调型产业政策模式的转变，绝不是在单纯的政策本身调整的范围内（如指导思想调整、决策方法完善等）可以实施的，也决不仅是在宏观层次上可以解决的。问题的关键，在于把企业真正列入产业政策主体之内。这就决定了这一政策模式的转变只有伴随着整个经济体制改革才能完成。具体地说，它必须具备以下的条件：

(1) 企业制度改革，加强财产约束。如果没有经营者对财产所承担的明确的责任，就难以使企业成为自主经营的经济实体，而企业一旦缺乏自身明确的利益目标与追求利益目标的权力，那么连成为政策主体的起码条件都不具备。在协调型产业政策中，企业自主是必要条件，政府干预只是充分条件。可见，确立企业的自主地位是最根本的问题。

(2) 市场体系完善，富有竞争性选择能力。由于企业的利益是通过市场机制实现的，所以当寻求企业利益与国家利益的结合点时，其基本前提是市场机制要比较完善（当然，这并不排除市场机制的固有缺陷）。也只有在这个前提下，政府才尊重市场选择。如果市场体系不完善、市场规则紊乱、市场机制功能不正常，企业的利益就会发生扭曲，从而无法寻求与国家利益的结合点。同时，政府也不可能尊重市场选择。协调型产业政策是以市场机制为支撑点的计划导向与市场选择相结合的政策，若缺乏一个功能正常的市场机制，它也就失去了支撑点。

(3) 政府宏观调控方式改变，政府工作人员素质提高。协调型产业政策要求政府的宏观调控，既要达到产业政策的目标，又要不损害市场原则。因此，政府必须一方面谨慎地选择干预的领域和时机，避免损害企业活力和经济效率；另一方面又要运用有力的措施保证政策目标的实现。显然，这种产业政策对政府行为方式提出了更高的要求，再像过去那样发布命令和下达指示的简单处理方式是行不通了。政府除了组织较大力量收集信息，研究问题，判断形势外，还要进行大量协商工作，善于协调各方面利益，善于诱导企业以国家利益为重。因此，政府工作人员的高知识水平、清廉和勤勉等优秀素质是必须具备的。

(4) 发展横向经济联系，建立中间组织。在协调型产业政策模式中，企业利益与国家利益的协调是需要有中介体的。因为企业的利益是独立的，活动是自主的，众多的企业只有以共同的利益的形式才能与国家利益进行协调，而代表不同企业共同利益的团体就是中间形态的组织。这种中间组织包括经营性和非经营性两类。前者如企业集团、大公司组织，后者如各种行业协会。这些中间组织是企业利益与国家利益协调的主要组织者。它们是企业间横向联系、企业与政府间纵向联系的结合部。它们通过沟通信息、促进对话和协调利益，来推动产业政策的形成与实施。

显而易见，向协调型产业政策模式转变不是一朝一夕的事，而是一个较长的过程。目前中国尚不具备实行协调型产业政策的条件，但现实的结构性矛盾又十分突出，迫切需要采用合适的产业政策去加以调节。在这种情况下，唯一的选择就是过渡性的产业政策模式。

这种过渡性的产业政策模式是新旧体制交替时期的特定产物。随着新旧体制的转换，其模式也发生变动，不具有固定的形态，因而很难对它下一个确定的定义，我们只能对其作大致的描述。我倾向于把这种过渡性的产业政策模式描述为“官员主导的协调型模式”。

在这一模式中，政策主体基本上还是单一的政府，仍具有较强烈的政府控制的色彩，但由于企业、个人的利益越来越明晰化和独立化，它们对产业政策的形成与实施的影响力也日益增大，因而在管理与被管理的基本框架中不得不增加了各方利益协调的内容。然而，这种利益协调与协调型产业政策模式存在着根本区别，其主要之点是：企业及个人的利益目标并不是直接，或通过中间组织渗透到产业政策之中去的，而是通过行政组织（部门和地区）对产业政策产生影响的。当行政组织不能及时、正确地反映企业、个人利益目标时，企业与个人就会采取消极态度使政府制定的产业政策目标变形，迫使有关的行政部门反映其利益要求。

形成这种过渡性产业政策模式的背景是新旧体制交替。在这一交替过程中，政府和企业之间的关系具有某种特点，即“强大的政府和软弱的企业”。原有高度集中体制下塑造的政府管理机构虽然在体制改革的浪潮中首先受到冲击，但其组织力量还是相当强大的。这不仅有其自身惯性的作用，而且也是目前客观形势（如市场不完善等）的需要。企业虽然在体制改革中改变了过去仅仅是一个“生产单位”的性质，开始确立其自身的自主性，但其力量还是十分软弱的，其成长有一个过程。值得注意的是，由于原有高度集中体制的“松动”，强大的政府已从权力集中转向权力分散，即行政性分权，因而部门与地方政府的权力增大。这样，在这一时期，政府和企业的关系特点实际上是“强大、分散的政府和软弱、分散的企业”。这一关系特点决定了产业政策模式是官员主导的协调型模式，其政策目标的协调实质上是通过政府部门、地方政府之间的利益协调实现的。

在新旧体制交替的过程中，这种过渡性的产业政策模式有其产生和存在的必然性。然而，更应该看到它的历史过渡性，不能将此模式凝固化。这一模式虽然容纳了各种目标的协调，但其协调是在部门、地区之间进行的。由于部门、地区的行政权力的强化，这种协调实质上是在平级权力的碰撞和对抗中进行的，所以很难取得目标或利益协调的实际效果，地区封锁、部门分割，以及三角债拖欠等就是明证。因此，对于这种过渡性的产业政策模式，一方面要尽可能减少其负效应，另一方面要加快其过渡进程，以早日完成其历史使命。

20 产业政策目标:选择的有效性

在一定的产业政策基本思想指导下,选择一定时期内的产业政策目标是产业政策的一个重要内容。产业政策目标是政策基本思想在特定时期内的具体体现,也是今后一段时期内产业政策的行动指南,是调整和促进产业发展的重要依据。因此,产业政策目标的选择,关键在于是否具有现实有效性。

从产业政策目标选择模型中(图 20.1)可以看到,产业政策目标选择的有效性取决于两个主要环节:一是政策目标的正确设计;二是对政策目标的共同认识。只有在根据实际情况进行科学设计,并得到各参与者认同的情况下,产业政策目标的选择才具有较大的有效性。而目标选择的有效性正是顺利贯彻产业政策,取得较好政策效果的基本前提。

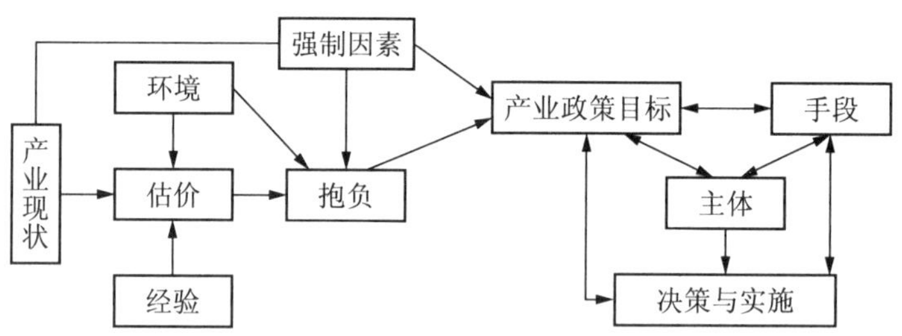

图 20.1 产业政策目标选择模型

因此,在论述产业政策目标这一问题时,我不打算把笔墨主要放在产业政策目标的具体内容上。事实上,产业政策的目标不是固定不变的,而是随着不同时期的情况发生变化的。问题不在于一般地掌握产业政策目标的具体内容,而是如何正确地确定不同时期的产业政策目标的不同内容。所以,我将着重论述产业政策目标选择的有效性问题。

20.1 产业政策目标的设计

产业政策目标是政策制定者为实现产业发展,根据不同时期产业状况而设定的一组经济变量指标。产业政策目标的设计,实际上就是寻找和确定这些经济变量值,并对这些变量值进行适当排列的过程。从产业政策目标选择模型(图 20.1)来看,在这一过程中,至少有三个主要方面的因素对政策目标的设计起着决定性作用。它们是产业现状、抱负和政策手段。

20.1.1 产业现状的制约因素

对于产业政策目标来说,产业现状的制约因素构成对其选择的可能性空间。产业政策的目标设计,只能在产业现状这一制约因素限定的范围内进行。超越了这些限制条件规定的边界,政策目标设计便失去了科学价值。因此,在产业政策目标设计中,对产业现状这一制约因素展开全面深入的分析,是十分必要的。产业现状的制约因素大致可分成以下几类:

(1) 产业结构状况。一定的产业结构是与一国不同阶段的经济发展水平相对应的,因而产业结构的状况(尤其是一、二、三次产业结构的状况)在很大程度上反映了经济发展水平的阶段性。这种阶段性往往是不可"逾越"的。显然,它对政策目标的设计形成强大的制约。例如,目前国内第一次产业仍占有相当大的比重,在这种产业结构状态下,制定产业政策首先要考虑的问题仍然是农业。

(2) 产业资源状况。产业资源包括资金、设备、劳动力以及自然资源,它是产业发展的物质基础。一般来说,资源总是相对稀缺的,但有程度上的差别。较强的资源短缺就成为一种产业发展的制约因素,从而对产业政策的目标设计有重大影响。例如,日本缺乏自然资源禀赋,这在很大程度上决定了它在产业政策目标上的独特设计,而与具有较丰裕的自然资源禀赋的国家不同。

(3) 产业素质状况。产业素质主要表现在技术水平、劳动者质量以及管理水平上。在既定的产业资源条件下,产业素质的高低对产业发展具有决定性意义。例如,劳动者素质差,在产业向高级化结构转化的过程中,就会形成严重的障碍,出现"结构性就职缺位"。在这种情况下,它就会对产业政策目标设计形成限定。

(4) 产业关联状况。产业作为一个系统,存在着复杂的相互关联。这种关联程度如何,直接关系到整个产业系统的运行效率。在产业政策目标设计中,必须考虑这种产业关联的状况。例如,在二元经济结构条件下,产业关联的断裂比较严重,传统农业部门与现代工业部门的摩擦较大,因而在设计产业政策目标时就要充分考虑二元经济结构的转化问题。

(5) 产业组织状况。产业活动总是通过相应的组织实现的,产业组织的类型和规模对产业发展有重大影响。产业组织合理化本身就是产业政策的一项基本内容,因而在产业政策目标设计中,产业组织状况自然就成为其考虑的对象。同时,在产业组织的类型和规模既定的情况下,它也对产业政策目标设计形成制约因素。

上述几个方面的制约因素规定了产业政策目标设计的可能性空间,因而所设计的产业政策的目标水平是不能超越这种产业现状所规定的边界的。这是产业政策目标设计的一个基本原则。

20.1.2　以客观估价为基础的抱负

从产业政策目标本身来讲,它也是一种来自客观规定的主观意向(抱负),因而它总是一种与实际变量值有不同程度偏离的理想变量值。所以,在产业政策目标设计中,主观意向也是一个重要的影响因素。

从前文图示中,我们可以看到,抱负与产业现状的制约因素是有关系的,后者限定了前者。这种关系主要表明了抱负的活动范围,即主观意向可以自由选择的可能性空间。因而,抱负的自由度是有限定的。

在客观限定的自由度内,主观意向的选择就是选择者的偏好次序排列。偏好的不同,就决定了在许可的范围内选择这一目标,而不选择另一目标,或者优先选择这一目标,而后选择另一目标。不可否认,偏好在产业政策目标设计中具有重要地位。偏好是客观存在的,不偏不倚的政策目标选择是不可能的。问题不在于这种主观偏好本身,而在于这种主观偏好是否符合客观实际。

前文的图示明显地告诉我们,主观意向是以客观的估价和分析为基础,受环境因素制约的。因此,主观偏好是否符合实际,完全取决于对产业内外环境的估价和对国内外环境的认识。对产业现状和经济环境的分析和估价,是形成主观意向的前提。一般来说,我们总是凭借以往的经验,对产业现状和经济环境作出总体估价的。

不言而喻,产业现状是我们设计产业政策目标的出发点。产业现状的估价就是对实际变量值的识别与确定。如果对实际变量值无法识别(因缺乏数据资料)或不能正确识别,那么主观意向显然就失去了客观依据。

产业的外部环境包括国内环境和国际环境。在正常经济秩序下,产业总是在其经济合理性的目的驱使下谋求与外部环境的适应,外部环境条件对产业发展有重大影响,对产业政策目标设计也有重大影响。"宽松"的经济环境给政策目标设计留出较大的余地,而"紧张"的经济环境给产业政策目标设计带来较大的困难。当然,这种环境因素首先对主观意向形成制约。例如在通货膨胀的压力下,政策制定者对产业政策目标不会寄予过高的期望。

以往的经验也会对估价发生重要作用。在对产业现状和经济环境作出总体估价时,以往积累的经验往往是一把内在的尺度。借助于这一经验尺度,主观意向的高低就可以被大致确定。

总之,以客观估价为基础,在限定范围内进行自由选择的主观意向,对产业政策目标设计有着直接的影响。

20.1.3　政策手段变量

产业政策目标是要通过相应的政策手段来实现的。虽然产业政策目标决定其手段的运用,但其手段状态也反过来限定了可以实现的产业政策目标。在很大程度上,产业政策的难点,不在于目标的选择上,而在于可运用的政策手段。因为,"在经济政策问题中,目的是既定的,而手段是未知的,或至少部分是未知的"。①

手段变量对产业政策目标的制约表现在三个方面:

(1) 手段变量短缺制约。丁伯根认为,在固定目标法中,手段变量的数目不得少于目标变量的数目,这是经济政策得以实现的必要条件即所谓的"丁伯根法则"。因此,在一定条件下所能使用的手段变量数目,就构成了对所能确定的目标数目的最终界限,超越这一界限的目标变量是无法实现的。

与一般宏观经济政策目标不同,产业政策目标旨在产业发展的合理化与高

---

① J.丁伯根:《经济政策:原理与设计》,商务印书馆1988年版,第33页。

级化，这一目标的实现需要更多的政策手段。根据国际经验，实现产业政策目标往往需要一套完整的、互相配合的政策手段，其中包括货币政策手段、财政政策手段、收入分配政策手段等等。产业政策目标的这一特点，决定了手段变量短缺制约是比较大的。

(2) 手段变量有效性制约。即使具备了足够数量的手段变量，但也不一定能满足实现产业政策目标的要求。因为产业政策要解决的是资源配置的宏观效益问题，显然这是一个难度较大的问题。与此相联系的是手段变量的有效性问题，即只有采用有效的手段才能解决这一难题。

手段变量的有效程度取决于两个方面：一是手段变量自身的作用能量，包括作用范围、影响力度等；二是所采用的手段变量与目标变量之间的相关程度，包括相容程度、作用级差程度、传导链等。由于受各种因素的影响，手段变量的有效程度是不确定的。当手段变量有效程度不足时，便会对产业政策目标的实现形成制约。

(3) 手段变量成本制约。所有政策手段在其使用过程中都要花费一定的成本。这种政策手段成本有两类：一是使用成本，如资源的消耗或表现为摩擦和冲突的各种代价；二是管理成本，它类似于单个企业规模超过一定点之后收益递减的成本。

在这种情况下，对政策手段的运用，就有一个成本—收益评价问题。因此，手段变量的使用与管理成本，将为政策手段所使用的数量确定一个界限，以此形成对目标变量数目的制约。

既然产业政策目标受制于上述三个因素，那么我们在产业政策目标设计中就要自觉地考虑这些因素，使政策目标设计具有科学性，符合客观实际。为此，在政策目标设计中应坚持以下原则：

第一，产业政策目标设计必须在可能选择的空间内进行，不能脱离本国经济发展阶段、产业发展水平和资源条件。对于中国来说，就是要立足于80%的劳动力分布于一次产业的现实，立足于二元经济结构的现实，以及立足于产业素质较差的现实。

第二，产业政策目标设计要建立在对产业现状和经济环境的客观分析的基础上，适当地借助于以往经验加以判断。这就需要进行大量的调查研究，进行去伪存真、由表及里的分析，找出产业发展中存在的问题，明确经济环境对产业发展的有利条件和不利因素,进而作出产业发展现状与最理想状态之间偏离程度的估价。

第三,产业政策目标偏好应趋于接近产业发展过程的真实偏好函数,不能过分强调选择偏好,从而导致产业政策目标总效用的降低。因此,政策制定者要不断地调整和修正自身的偏好,使其尽量符合业已变化的产业发展情况。

20.2 产业政策目标的认同

在管理型产业政策模式中,产业政策目标设计是政府的事情,政策目标的实施则要求有广大的企业和劳动者参加。因此,产业政策目标在实施过程中,有一个执行者认同的问题。

在协调型产业政策模式中,企业也作为政策主体之一参与产业政策目标的设计,提出自己的政策主张。最终政策目标的设定是政府与企业共同协商的结果,因而对产业政策目标的认同已包含在政策目标设计之中。

可见,不管在上述哪种模式中,都有一个政策目标的认同问题,只不过前者发生在实施过程中,而后者发生在设计过程中。对于产业政策目标选择的有效性来说,目标的认同也和目标设计一样,是一个重要的环节。

在产业政策目标的形成和实施的全过程中,总是存在着各种行动者,并且是由它们来完成的。它们当中有政策目标的制定者(政府)和执行者(主管部门、企业、劳动者个人)。由于这些行动者各自所处的地位和利益追求不同,因而它们的目标取向也不相同。

显然,这些行动者的不同利益目标对产业政策目标的选择是有重大影响的。首先应当肯定的一点是,每个行动者的利益追求对产业政策目标的选择都有影响。因为在产业政策目标选择的全过程中,这些行动者都是必不可少的。取消或否定任何一个行动者的利益追求,产业政策目标的选择就不能顺利进行。例如,取消或否定企业利益追求,尽管政府可以建立产业政策目标,但政府却无法顺利地实施其目标,因为企业在执行任务时会以各种方式进行对抗。

既然这些行动者都是产业政策目标选择所不可缺少的,那么对它们各自的利益追求就要给予承认。显然,它们各自的利益追求,有一些是互补关系,有一些则是相互冲突的。因此,在产业政策目标的选择上,各政策主体必须通过利益的妥协来取得一致的意见。这也就是说,应通过寻找它们共同利益的结合点来确定产业政策目标。从这个意义上说,它们各自的利益追求的互相冲突是产业政策目标认同的唯一自然的(正常的、合乎规律的)途径。因为它们在追求自身利益的同时,在很大程度上也确立了产业政策目标本身。

因此,产业政策目标的选择是否有效,取决于这些行动者的认同程度。这种产业政策目标的认同,主要表现在如下两个方面。

20.2.1 政府的产业政策目标的变形

所谓产业政策目标变形是指政府设计的政策目标在贯彻中被执行者修正所产生的实际的、附加的或替代的目标。导致这种产业政策目标变形的主要原因,是执行者(主管部门、地方政府、企业)方面的利益渗透。从中国目前的情况来看,产业政策目标变形的状况大致如表 20.1 所示。

表 20.1 产业政策目标的变形

经济政策目标	产业政策目标	实际的、附加的或替代的目标
提高生活水平	贯彻“经济增长”“较高的经济效益”“生产方式现代化”经济政策目标	相同
充分就业		地区产业发展,就业人数和工资的增加
经济增长	增加来自各产业的国民收入	提高营业额、总产值
	发展支柱产业部门	发展所有产业部门
较高的经济效益	提高劳动生产率	适度
	提高资金盈利率	同左
	产业结构合理化	同左
		投入更多的资源用以发展
生产方式现代化	发展新兴产业部门	同左
	淘汰衰退产业部门	仅仅是罕见的
国家预算平衡	提高企业所作的贡献	适度
	减少财政资助	更多的资助
外贸收支平衡	增加出口创汇	动力不大
	减少进口	大量进口

从表 20.1 中可以看到,企业、部门和地区的利益追求主要表现在这几个方面:

(1) 它们往往以牺牲其他目标(经济效益、生产方式现代化等)为代价,在自己范围内力求提高生活水平和实行充分就业。例如,地方政府追求地区产业发展,这样既可以增加就业,又可以提高本地区生活水平;企业追求增加工资,提高本企业职工生活水平。

(2) 它们都有获得更多的产品开发与投资资源的许可、资助的强烈愿望,都有自身扩张的冲动。例如,不管是支柱产业还是一般产业,都要求给予重点发展的优惠,都要求投入更多的资源。

(3) 它们强烈地反对对自身经济的任何削减。对衰退的产业要求给予保护,而不能实行淘汰或限制。对成长产业则希望给予更多的资助。没有一个产业部门愿意自动收缩,也没有哪一个地区愿意自动紧缩。

只要存在有上述利益追求,产业政策目标就必然变形。目标变形虽然是不可避免的,但过度变形则是不合理的。政策目标变形这一事实,只是告诉我们,产业政策目标应重视政策执行者的利益追求,把各方面的利益协调起来,而不是证明任何政策目标变形都是合理的。事实上,各利益主体对共同利益的认同,只会形成产业政策目标的适度变形,而绝不会导致过度变形。因此,当我们把政策目标变形看作是产业政策目标认同的一种表现时,那仅限于适度变形的意义。

20.2.2 对产业政策目标重要性程度的不同确认

对产业政策目标的认同,除了会引起附加目标或替代目标的目标变形外,即使对同一目标,各行动主体所赋予的重要性也会有所不同。这也就是,对于同一目标,在不同行动主体的心目中,其所处地位也许是不同的。因为它们都是用自身的利益追求标准来衡量这一政策目标的重要程度的,从而它们各自确认的产业政策目标的重要程度就会不同(见表 20.2)。

在表 20.2 中,列举了 13 个产业政策目标,每一目标分别由四个行为主体估计其重要性程度。这里,假定所作的估计是每一行为主体的典型态度。通过广泛的询问调查,是可以确定每一行为主体典型态度的。我们这里主要是为了对目标认同进行理论分析,所以只对行为主体的典型态度作大约估计,不一定很准确。每一个目标的重要程度被分为四个等级:显著、高、中、低,分别由权数 5、4、3、2 代表;0 代表不具有重要性。

表 20.2　不同行为主体所确认的产业政策目标的重要程度

产业政策目标	中央	部门	地区	企业
产业发展				
1. 在被选择的产业	5	4	4	0
2. 在既定产业、地区、企业	2	5	5	5
产业效益				
3. 劳动生产率的提高	5	4	8	2
4. 资金盈利率的提高	4	4	5	5
5. 资源配置效率的提高	5	4	4	4
6. 更多的资源投入	2	5	5	5
产业结构调整				
7. 新产品开发与投资	5	5	5	5
8. 收缩和淘汰				
(1) 产品的限制与淘汰	5	4	3	3
(2) 产业部门和企业的收缩	4	3	2	0
产业援助				
9. 减少援助	4	3	2	2
10. 更多的许可和援助	2	3	4	5
产业国际竞争力				
11. 更多的净外汇收益	5	4	4	2
12. 更大的出口规模	5	5	5	4
13. 减少进口	4	3	2	2

通过表 20.2，我们在理论分析上大致可以确定三点：(1)不同行为主体对同一目标赋予不同的重要程度。这种重要程度的差别性是客观存在的，是各行为主体利益偏好差异的反映，但这种差异不能太大，否则就表明制度上存在缺陷。(2)不同的目标被确认的重要程度的总权数是有差别的，有些目标(如新产品开发与投资、资源配置效率提高等)被各行为主体都认为是很重要的；有些目标则被一致认为不太重要。但不管被认为是重要还是不重要，这种情况说明这些目标被行为主体认同较一致，因而在这些目标上利益冲突较小。(3)在有些目标上，各行为主体所赋予的重要程度的差异较大。这反映了在这些目标上利益冲突比较尖锐，因而对产业政策目标的认同主要集中在这些目标上。

综上所述，产业政策目标的有效选择，不仅有赖于政策目标的正确设计，而且有赖于不同行为主体对政策目标的认同。政策目标的认同,一方面要协调政策目标变形,对实际的、附加的或替代的目标加以适当考虑;另一方面要协调不同行为主体对政策目标重要性确认的较大差异,实行相互妥协。只有这样,产业政策目标的选择才具有有效性。然而,人们通常只注重对政策目标的正确设计,而忽视对政策目标的认同。事实上,对于政策目标有效性来说,最重要而又难度最大的,在于后者。

20.3　产业政策目标的有效选择

产业政策目标的有效选择,在于科学的目标设计与自觉的目标认同的有机统一。

科学的目标设计是顺利实现目标认同的条件。如果在政策目标设计过程中,能够对产业发展现状和经济环境作出客观的分析,对产业发展的趋向及面临的困难作出较正确的估价,那么这种政策目标的设计就可能比较符合客观实际,从而也比较容易得到大多数利益集团的认同。一般说来,政策目标设计越是科学,越是符合大多数人的利益,目标认同的实现也就越是顺利;反之则反是。

自觉的目标认同则是促进目标设计科学化的重要因素。由于经济关系的复杂性和经济形势变动的不确定性,政策目标设计经常会出现某些偏差,这是不足为奇的。如果我们自觉地实行目标认同,则可对目标设计中出现的偏差及时给予纠正,而不必等到政策实施过程中强制纠偏。

因此,科学的目标设计与自觉的目标认同是保证产业政策目标选择有效性的两个不可分割的重要方面。只有把这两方面有机地统一起来,我们才有可能使产业政策目标更符合客观实际,从而更趋向于顺利实现。然而,在中国以往的政策实践中,在目标设计与目标认同这两方面都存在着各自的问题,没有能够把它们较好地结合起来,从而在很大程度上影响到产业政策目标选择的有效性。对中国传统体制下管理型产业政策模式的政策目标选择进行反思,可以得出如下的经验教训。

首先,产业政策目标设计缺乏科学性,具有较大的任意性和盲目性,主要表现在下列三个方面:(1)政策目标设计中偏好选择过度。在传统经济发展战略指导下，政策制定者的目标偏好比较强烈。在过去很长一段时期内，我们对重加工业似乎有着特殊的偏好，在产业发展目标中，其一直处于优先的地位，而农业却得不到应有的发展，出现严重滞后。这种目标选择偏好与产业系统的真实偏好距离相差很大，往往超出了目标偏好选择的适度范围。显然，在过度的目标偏好影响下，政策目标设计就带有较大主观性。这不仅加深了各目标变量之间的矛盾，而且也会因偏好目标替代的成本递增而导致目标变量总效用递减。①(2)政策目标设计中经验估价过分。受经验主义倾向影响，政策目标设计往往是凭领导人的经验来完成的，缺乏严谨的科学论证和理论指导。由于过分地强调经验决策的作用，尤其是依赖少数领导人的经验，所以政策目标设计带有较大的盲目性。(3)政策目标设计缺乏相应的决策程序。在长官意志的支配下，政策目标选择似乎只是少数领导人的事情，直接由他们决定。这样，就造成了政策目标设计不受约束的局面，随意确定政策目标和随意修正政策目标的现象屡见不鲜。这种政策目标设计中的随意性，不仅严重影响政策目标选择的严肃性，而且大大降低了产业政策目标选择的有效性。

除此之外，在政策目标设计中，还存在其他一些问题，例如产业政策目标选择往往是从抽象的经济理论中直接推导出来的，脱离本国的实际情况；忽视了政策手段变量对政策目标设计的制约，从而导致政策目标数量过度与要求过高等。

其次，在产业政策目标的认同上，存在着否定政策执行者利益追求的倾向，具体表现在以下几个方面：(1)政府是产业政策的唯一政策主体，产业政策目标的设定是其职责和权力，其他行为主体是被排斥在决策之外的。(2)产业政策目标仅仅是政府的目标，是政府经济总目标的具体化。因此，产业政策目标中只贯穿着政府偏好，而其他行为主体的偏好则是被排斥在外的。(3)产业政策目标，对于政府来说，是积极主动的；而对于其他行为主体来说，则是消极被动的。在实施产业政策目标中，政府是积极的推进者，其他行为主体则是被动的执行者。两者是管理者与被管理者的命令和服从关系。

由于存在否定其他行为主体利益追求的倾向，所以产业政策目标的认同是以强制与对抗的形式实现的。这就是说，政府通过行政手段强制其他行为主体认同具有政府偏好的产业政策目标，而其他行为主体则在贯彻产业政策目标时

① 参见拙文：《经济政策目标的适度选择》，《经济研究》1989年第1期。

以各种形式对抗政府偏好,渗透自身的利益。因此,这种政策目标的认同具有严重的内耗,并且这种内耗还不易察觉。

上述产业政策目标选择中存在的问题,有其复杂的形成原因,但主要在于传统的管理型产业政策模式。这一模式把政府置于无以制衡的管理者地位,而把其他行为主体则限定为单纯的被管理者。这势必会造成如下弊端:(1)使产业政策目标选择权高度集中于少数领导者手中,从而使产业政策目标的选择更多地依赖于少数人的主观意志。(2)使政府体现在产业政策目标上的利益追求失去了制衡机制,从而对产业政策目标选择的无理性决策缺乏有力的制约。(3)使产业政策目标选择的有效性降低,从而增加政策成本。

因此,要克服和改观中国产业政策目标选择上存在的问题,关键在于实行产业政策模式的转换。当然,这并不意味着在协调型产业政策模式中就不存在政策目标选择有效性问题了。恰恰相反,在协调型产业政策模式下仍然存在着政策目标科学设计和政策目标自觉认同的问题,需要认真加以研究和解决。但有一个比较明显的事实,那就是协调型产业政策模式比管理型产业政策模式更有利于政策目标的科学设计和自觉认同。

由于中国目前的状况尚未具备实行协调型产业政策模式的条件,不得不采取其过渡性模式,因而现实的行动只能是在过渡性模式下提高产业政策目标选择的有效性,其主要措施如下:(1)实行经济发展战略的转变,即由"追求速度"的过度目标偏好,转向"追求效益"的目标偏好,缩小目标偏好与产业发展真实偏好之间的距离。(2)加强决策的理性指导,把经验评估与理性分析结合起来,减少政策目标选择的盲目性。为此,要对政策目标进行大量而广泛的可行性研究和论证,尽可能把政策目标选择置于科学基础之上。(3)建立和完善政策目标选择的决策程序,尽量避免决策的随意性和长官意志,加强政策目标选择的纪律性,提高其决策的严肃性。(4)广泛听取和吸收各方面的意见,尊重其利益目标,并积极开展宣传教育工作,向各方面讲清经济发展形势,对有关产业进行劝说和诱导,尽可能使各方面对产业政策目标形成共识。

上述这些措施虽然只是一种治标的办法,但只要运用得当,也是能够在过渡性政策模式下改善政策目标选择有效性的。

21 产业政策手段的选择与配合

产业政策目标的正确选择固然重要,但产业政策目标的实现则要通过有效的政策手段,否则,再好的政策目标也会落空。过去,经常出现"政策目标明确,政策措施不力,从而政策效果不佳"的现象。历史的经验表明,产业政策的最大难点就在于政策手段的选择与配合,它比确立产业政策目标更复杂。因此,要想取得较好的产业政策效果,必须根据产业政策目标的要求,适当地选择和组合各种产业政策手段变量。

在不同的产业政策模式中,产业政策手段的含义是不同的,从而手段变量的种类和运用方式也不相同。因此,我们首先要对传统的产业政策手段进行重新认识,然后深入考察产业政策手段选择的特点以及政策手段的配合问题。

21.1 产业政策手段的重新认识

通常,我们是把产业政策手段视为实现产业政策目标的方法或措施,即次级目标。也就是说,产业政策手段是为实现产业政策目标服务的变量或措施。这是一种目标与手段等级制度特有属性的反映。

那么我们为什么还要对产业政策手段进行重新认识呢?因为,在我们传统观念中,产业政策手段仅仅是政策制定者(中央政府)和政策贯彻者(主管部门)所掌握的工具或措施。显然,这种狭义的产业政策手段的实施方向,都是"自上而下"的。

对于这种产业政策手段的理解有必要进行反思。在我们看来,这种传统的认识暗含着一个基本假定，即产业政策的政策主体是唯一的政府，因而只有政府才拥有产业政策手段。这一基本假定的背景则是传统的管理型产业政策模式，而这种政策模式又是与传统经济体制密切联系在一起的。

随着经济体制改革的开展与深化，企业和劳动者个人的利益机制得到了强化，不同行为主体的利益追求对产业政策的形成和实施产生了重大影响，从而产业政策模式也随之而发生转变，趋向于协调型政策模式。在这种新的政策模式中，政策主体成为多元化，企业和劳动者个人（通过其代表组织）也都参与了产业政策的决策，政策目标的选择是通过各行为主体反复协商取得认同的前提下决定的，政策的实施是在各行为主体寻求共同利益结合点的基础上进行的。

如果我们承认多元政策主体有其各自的利益目标，并肯定这些利益目标的协调是产业政策形成与实施的基础，那么产业政策手段就不仅仅由政府所操纵。因为每一个行为主体在追求自身利益目标时，都要借助于一定的手段或工具，企业和劳动者个人都是如此。在新的产业政策模式中，这些行为主体都将成为政策主体，其利益通过协调渗透在产业政策目标之中。这也就是说，它们在追求自身利益目标同时，实现共同利益目标（产业政策目标）。这样，我们就必须考虑产业政策每一“主体”所拥有的实现其共同目标和自身利益目标的手段。因此，从完整的意义上来说，产业政策手段是所有政策主体为实现产业政策目标而采取的措施。它不仅包括政府操纵的手段，而且也包括其他政策主体（企业等）所拥有的手段。

政府（包括主管部门）所能操纵的产业政策手段，通常有四大类：

一是间接诱导手段。这是政府启动经济杠杆进行间接经济管理的手段，主要有：(1)财政手段。运用财政手段来实现产业政策主要包括政府投资、财政补助金、减免税或增税，特别折旧等。(2)金融手段。运用金融手段来实现产业政策主要包括贷款差别利率、贷款不同期限、贷款政府保证等。(3)外贸手段。为限制进口实行保护关税（高关税、阶梯式关税），而对急需进口商品则实行减税，为鼓励出口实行出口退税或减税等。(4)政府订购。政府通过对商品和劳务的订购，刺激新兴产业发展和推动较落后产业或地区的发展。

二是直接限制手段。这是政府按照法律运用行政权力实行直接经济管理的手段，主要有：(1)配额制。这包括外汇配额（进口配额），利用外资的统一归口管理、信贷配额、物资配给制等。(2)许可制。这包括进口许可、外商投资许可、限制参加经营、技术利用许可、产品生产许可(如不允许生产就指定为淘汰产品)等。(3)对工资与价格的直接控制。

三是信息指导手段。这是政府利用所掌握的信息进行政策引导的手段,主要有:(1)指示性或展望性计划,向企业传播国民经济发展趋势的信息,引导产业调整。(2)劝告,向经济主体传递正确的信息。(3)提供交换信息场所,传递市场信息,减少市场的不确定性。

四是制度变革。这是适用于长期政策目标的政策手段,是产业政策的一个重要手段,主要有:(1)有关流通、分配领域的体制改革,例如预算制度、税收制度、金融制度等方面的改革。(2)有关所有制形式、生产组织形式的改革,例如土地制度改革、产权制度改革、企业组织形式变革(企业集团、大公司等)。(3)有关劳动力方面的制度改革,例如就业制度、失业保障制度、职业培训制度等变革。

企业和劳动者个人所拥有的手段,主要有四种:

(1) 信息获取与反馈。企业和劳动者个人在预先掌握的一切可以利用的信息的基础上,经过周密思考之后作出一种预期,根据这种预期,它们从自身的利益出发,作出合理的明智的反应,而这些明智的反应有一种意料不到的共同效果。因此,这种合理预期将对产业政策目标的决策有重大影响。从这个意义上说,信息同样也是企业和劳动者个人拥有的手段。

(2) 行为调整。企业和劳动者个人的经济行为是实行产业政策的微观基础,没有这些参与者相应的经济行为的配合,产业政策是不可能成功的。这里所指的行为调整,不是随机性的行为调整,而是具有相对稳定性的机制性行为调整。这种行为调整是在一定运行机制或体制条件下对某种来自外部的刺激所作出的相应的有规则的反应。企业和劳动者个人通过这种行为调整来调节政府的产业政策意图。

(3) 生产组织形式。它既是政策当局的政策手段,也是企业的政策手段。因为生产组织形式的改变,企业也具有主动权,在一定情况下,企业的权力更大。企业通过生产组织形式的变动对产业政策产生影响,无疑是其拥有的一种手段。

(4) 接受国家公务员就职。这是某些国家的企业所拥有的手段。在这些国家,政府官员不是终身制的或实行较早退休制,因而就存在一个政府官员离开国家机关到企业就职的问题,企业就拥有接受其就职的权力。这种权力是对政府官员的一种制约,从而也就成为企业影响产业政策决策的一个手段。

因此,完整意义上的产业政策手段,是所有政策主体为实现产业政策目标而使用的工具,这些政策手段实施的方向是双向性的,既有“自上而下”的,又有“自下而上”的。某些由不同政策主体共同拥有的手段(如信息、生产组织形式),具有最明显的双向流动性(具体情况见图 21.1)。

手段	中央	主管部门	企业	劳动者
1. 间接诱导	○……○	→		→
2. 直接限制	○→	→		→
3. 制度变革	○→	↔		↔
4. 信息	↔	↔		↔
5. 组织形式	↔	↔		
6. 行为调整	←	←		←○
7. 接受就职		←○		

图 21.1 产业政策行为主体的手段及其实施方向

在上图中,我们列出了 4 个行为主体和 7 类手段,并显示了这些手段的实施方向,空心圆点代表出发点,箭头代表方向,1—3 的手段单纯是“自上而下”的(从左至右),6—7 的手段单纯是“自下而上”的,4—5 的手段是两个方向的混合,不存在手段运用的起始点。

那么,我们为什么要对产业政策手段作这样一种完整意义上的认识和理解呢? 这种重新认识有何意义呢? 主要原因在于:

(1) 这种重新认识有利于我们确立新的产业政策模式,改变我们对产业政策片面的、僵化的观念。在人们头脑中,产业政策往往是与行政干预相联系的,实行产业政策似乎就意味着政府直接干预的强化。通过对产业政策手段的完整认识,有助于我们冲破传统产业政策模式的禁锢,寻求多元化政策主体格局的协调型产业政策模式。

(2) 这种重新认识有利于我们更全面地把握产业政策手段的含义和范围。事实上,企业和劳动者个人的行为调整、信息的有效使用、组织形式变革对政府的产业政策的实施具有深刻而持久的影响,是实现产业政策的有力手段。例如,在扶植和培育新兴产业时,政策当局采取适当的方式方法固然是重要的,但被保护者的态度与方法也同样重要。面对着可以就近取利的诱惑,企业是否忽视自身应有的努力,直接关系到产业政策的成败。日本的企业由于在此面前没有失去最低限度的自制力,所以产业政策成功了;而英国的企业则依赖于政府的保护,所以产业政策失败了。可见,只有调动完整意义上的政策手段,才能取得产业政策的成功。

(3) 这种重新认识有利于我们对产业政策手段作出较正确的选择与配合。因为这种新的认识告诉我们,各政策主体都有其实现政策目标的手段,这些手段是互相影响的。这种互相影响,有些属于互补性质,有些则是交替性质(手段效应互相抵消)。为此,在选择政策手段时,就要特别注意不同政策主体行为手段的相互关系,使其较好地配合起来,以减少摩擦。

21.2 产业政策手段选择的随机性特点

如果我们把产业政策与宏观经济政策(财政政策和货币政策)作一个比较分析,就可以发现产业政策和宏观经济政策有所不同。其中重要的一点就是,产业政策的目标与手段之间的关系是不明确的。对同一目标,所采取的政策手段也许是各式各样的。

产业政策的这一特点只是表明了它具有更大的特殊性,即更依存于具体的环境条件。正如奥赞基教授指出的,没有什么比另一个国家试图竭力仿效日本产业政策有更大的潜在危险了。决定产业政策有效与合理的是特殊环境条件。在另一种环境下,最好的产业政策也将毫无结果。①

由于这一原因,产业政策手段的选择具有较大的随机性。即使是实现同一政策目标,它也要依据具体环境条件选择不同的政策手段,因而政策目标与手段之间的关系就不是那么固定和明确。一般来说,产业政策手段的选择主要依据以下三个因素。

21.2.1 产业政策目标

与一般经济政策相同,产业政策手段是为其目标服务的,因而它必须服从政

① 参阅罗伯特·S.奥扎基:《日本产业政策怎样操作》,载查默斯·约翰逊编《产业政策争论》,美国当代研究所 1984 年版,第 68 页。

策目标的要求，即从产业政策目标出发选择相应的政策手段。

产业政策目标最基本的分类是：重点产业发展与整体产业发展。前者是有选择地发展某些产业；后者是全面促进所有产业的发展。重点发展目标就要求采取"有差别手段"，如差别贷款利率、差别信贷配额、差别税率、不同的财政投资、特别折旧、差别关税、特殊许可等。选择"有差别手段"，对某些特定产业或产业内特定企业（企业集团）给予优惠待遇，促进其更快地发展，便能较好地实现重点发展目标。

与此不同，整体发展目标则要求采取"无差别手段"，如诱导性计划、职业培训、技术普及提高、新产品研究开发、统一利率、加强社会基础设施等。这些"无差别手段"影响所有产业和企业的发展，也被称为"中性手段"。

如果我们进一步对重点发展目标进行细分，那么可以区分为：扶植新兴产业与调整衰退产业。为了扶植新兴产业，就要采取保护和培育手段，使其在幼稚阶段免遭外部力量的冲击，以较短的时间赶超外国先进生产结构，增强国际竞争力。保护手段主要有：(1)以分配外汇方法对进口实行限制；(2)保护关税；(3)有利于国产品的差别货物税制；(4)限制外国人投资；(5)政府特殊购买；(6)排他性的营销组织机构。培育手段主要有：(1)特定行业的融资与低息信贷；(2)补助金；(3)优惠税制；(4)许可引进所需的科技；(5)生产设备进口免征关税；(6)政府特别采购及行政指导；(7)其他的特殊政策。

然而，为了调整衰退产业，则要采取援助手段，例如排除生产要素流动障碍，开发人力资源，发放补助金以维持就业和生产，促进设备更新，失业者救济，劳工转业补助，企业改组与合并等。

21.2.2　经济运行机制

产业政策调节是为了弥补经济运行机制和市场的不足。产业政策调节作为一种外生变量输入经济系统，要较好发挥其作用，就必须与经济运行机制相适应。因此，产业政策手段的选择要以经济运行机制的状态为依据。

值得注意的是，产业政策手段与经济运行机制的相适应是反向变化的。因为产业政策是对市场运行机制的补充，市场运行机制越完善，这一补充的要求就越小。一般来说，产业政策手段与市场运行机制的反向变化，主要表现在两个方面：

(1) 市场运行机制越薄弱，产业政策手段使用越多，包括手段数量和手段使用程度(是否经常使用)；相反，市场运行机制越有效，产业政策手段的使用就越少。通过美国与其他国家政府对目标产业援助的比较，我们可以看到这种产业政策手段使用上的差别(见表 21.1)。

表 21.1 表明，美国对目标产业的援助比其他国家更少使用相应的政策手段，其中 9 种政策手段根本不使用，其余 6 种政策手段也不经常使用。当然，造成这种差别的原因是很复杂的，但最主要的一点就是美国的市场运行机制比较完善。

表 21.1 不同国家产业政策手段使用的差别

	其他国家*	美国
(一) 金融与财政措施		
1. 直接资助	+	—
2. 优惠信贷、贷款保证	+	○
3. 税收和其他财政措施	+	○
(二) 政府所有权和供应差别对待		
4. 国有企业、官方资本参与	+	—
5. 物资技术供应差别对待	+	○
(三) 技术开发与转让		
6. 技术援助、培训与教育或产业研究开发计划	+	○
7. 对商业性研究开发的政府援助	+	—
8. 根据外商进入国内市场的状况强行分享其技术	+	—
(四) 对外政策		
9. 外商投资规定(合资生产要求、出口限额等)	+	—
10. 外贸措施(进口限制，出口补贴等)	+	○
(五) 产业、工人和团体调整计划		
11. 产业调整或合理援助	+**	—
12. 工人培训、转业补助等	+***	○
13. 企业集团调整援助	○	—
(六) 行政措施		
14. 政府、产业、劳动者之间的协调和合作活动	+	—
15. 产业组织改组(卡特尔措施等)	+	—

注：+表示经常使用，—表示不使用，○表示很少使用。

* 其他国家包括法国、联邦德国、日本、巴西和韩国。

** 农业除外。

*** 发达国家首要的措施。

资料来源：《国际贸易、产业政策和美国产业的未来》，劳联产联国际贸易出版社 1983 年版，第 11 页。

(2) 市场运行机制越不完善,产业政策手段越是具有直接干预性(硬性);相反,市场运行机制越完善,产业政策手段越是软性。日本产业政策手段的变化比较典型地表明了这一点。

日本产业政策手段的变化有三个明显的阶段:第一阶段是第二次世界大战以后的统制经济时期。在这一时期,市场机制不占主导地位。因而,为了经济复兴,实现"倾斜生产"。[①]政府采取了一系列直接控制的政策手段,如物资的配给制、价格控制、复兴金融公库贷款、进出口物资分配等。

第二阶段是50—60年代。这一时期市场机制开始占据主导地位。因而,为实现产业合理化目标、振兴产业目标、新产业体制目标所采取的政策手段,与采用倾斜方式的手段明显不同。这些手段的运用都是以正常的企业核算为前提的。但由于这一时期市场机制尚不完善,仍采取了较多的财政、税收、金融方面的优惠措施,设置了关税与非关税壁垒(限制数量等),并限制进口和外国对日直接投资。

第三阶段是70年代以后。这一时期市场机制运行趋于完善,因而优惠政策手段明显减少,保护性通商政策显著削弱。同时,建立在政府与企业之间协调关系基础上的行政指导日益成为强有力的政策手段。向民间企业提供信息,诱导企业行动方向的经济展望(诱导性计划)的重要性明显提高。

21.2.3 经济发展阶段

产业政策手段的选择与经济发展阶段也有密切关系。经济发展阶段对产业政策手段选择的影响,主要有以下两点:

(1) 经济起飞的先行条件。经济发展是一个进化与飞跃相统一的过程,因而在经济起飞之前,有一个先行条件准备阶段,如农业的发展、交通运输的扩大、教育投资,以及其他社会基础设施建设。罗斯托认为,在没有相应的前提性的资本准备的情况下开始起飞的国家,它们在结构上的缺陷会导致起飞年代出现严重问题。

显然,在经济起飞阶段与其准备阶段,产业政策手段的选择是不同的。在起飞准备阶段,需要政府出面组织大规模的社会基础设施建设,因而大量的重点发

---

① 日本当时的所谓倾斜生产就是以煤炭和钢铁这两个部门为轴心,双方互相促进以扩大生产规模,从而达到提高工矿业生产水平的目的。

展手段和直接干预手段将被采用。而在起飞阶段，这些政策手段将明显减少。

(2) 后起发展的赶超。现代经济发展是一个世界性的过程，各国进入这一过程的时间有先有后。先行发展国家与后起的发展国家在经济发展过程中存在明显的差别。先行国的经济发展基本上是一个由内在因素自然生成的过程，而后起国则是在社会经济条件尚未发育成熟时提前进入现代成长阶段。因此，前者的经济增长轨迹较平稳，后者的经济增长轨迹较倾斜。

对于后起的发展国家来说，赶超是必然的行动。为了实现赶超目标，则要采取不同寻常的保护政策手段和重点扶植手段。这种后起国的赶超给产业政策手段的选择打下了深刻烙印。

上述三个主要因素的组合，构成了产业政策手段选择的基本依据。这种组合的变化也就成为产业政策手段选择的随机性特点的根据。对于产业政策手段选择来说，不存在一个固定的模式，也不存在与政策目标的确定关系。产业政策手段选择的这一特点表明，产业政策手段具有较大的灵活性和变动性，从而对其选择具有较大难度。

21.3 产业政策手段的最佳选择

由于产业政策手段的选择有其客观依据，所以在对不同类型的产业政策采取有效的政策手段时，可以选择的范围实际上必定受到很多限制。尽管如此，产业政策手段选择总还是存在一定的自由度，即有一定的选择余地，因而就有一个最佳选择的问题。这也就是说，采用何种政策手段最适当，或对政策目标更有效。在这一问题上，有两个方面比较重要，值得注意。

21.3.1 产业政策手段的成本收益分析

对于同一个产业政策目标，可能有多种政策手段可供选择。那么，选择的标准是什么呢？一般来说，选择的标准是用某种手段实现既定的政策目标的边际效率达到最大化。①

---

① 参阅杨德明编著:《当代西方经济学》,山西人民出版社 1987 年版,第 661 页。

设既定的政策目标为 X，政策手段为 Z_1、$Z_2 \cdots Z_i \cdots Z_n$，则政策手段的边际效率用 $\frac{\partial X}{\partial Z_n}$ 表示。若 $\frac{\partial X}{\partial Z_1} < \frac{\partial X}{\partial Z_2} < \cdots \frac{\partial X}{\partial Z_i} > \cdots > \frac{\partial X}{\partial Z_n}$，对于目标 X 的实现来说，Z_i 为最佳手段。推而广之，如果有 m 个政策目标即 X_1、$X_2 \cdots X_i$，n 个手段即 Z_1、$Z_2 \cdots Z_i \cdots Z_n$，则有 mn 个目标与手段的组合。对于目标 X_i 来说，若有 $\frac{\partial X_1}{\partial Z_1} < \frac{\partial X_2}{\partial Z_2} < \cdots \frac{\partial X_i}{\partial Z_i} > \cdots > \frac{\partial X_m}{\partial Z_n}$，则 Z_i 为实现目标 X_i 的最佳手段。

为了确定所运用手段的效率标准，我们必须进行政策手段的成本收益分析。因为，产业政策手段的运用意味着一定的代价，即要花费一定的成本。政策手段的效率无非是收益与成本比较而已。

产业政策手段成本可分为两类：一类是经济成本，即为实现既定产业政策目标在人力、财力、自然资源方面所作的一切牺牲，这是物质性代价；另一类是非经济成本，即为实现既定产业政策目标在政治、社会、意识形态方面所作出的牺牲，这是非物质性代价。这两种成本都是很重要的，尤其不能忽视非物质代价。因为非物质代价也会转化为物质的代价。例如，因政策手段的运用引起社会动乱而造成的经济损失，因保护政策手段的运用引起的依赖思想会带来劳动生产率低下等。因此，著名经济学家丁伯根认为，对于福利来说，运用哪些经济政策手段，并不是无关紧要的。在任何情况下代价都包含在政策制定者的福利函数之中，或者至少应当这样。①

那么，怎样才能使产业政策手段的成本最小呢？一般说来，应抓住以下四个关键环节。

(1) 避免政策手段与既定目标的不相容性。这种不相容性有两种类型：一是性质上不相容，即一组手段不能实现所设想的目的。例如，一组整体上无差别的手段与优先发展某些特定产业目标之间就是性质上不相容的。二是数量上不相容，即一组手段在效力上如此有限以至于不能达到既定的目标。例如，虽然也采取了差别政策手段，但这些手段力量不足，仍无法实现优先发展某些特定产业的目的。这种数量上的不相容，也许是由于所考虑的手段不足，但也可能是因为所设定的目标过度。

① J.丁伯根：《经济政策：原理与设计》，商务印书馆 1988 年版，第 48—49 页。

不论是哪一种类型的不相容，都将带来巨大的成本。性质上不相容显然是政策手段成本的浪费，数量上不相容则会造成边际成本过大。因此，这两种情况都应该避免。

(2) 避免政策手段的不必要的运用。政策手段的运用并不是多多益善，不必要的运用意味着浪费。所谓不必要的手段的运用是指实现政策目标的多余手段。这种多余的政策手段在政策实践中是很难判断的，因为各种政策手段是结合在一起使用的，很难区分哪些是多余的手段。但从理论分析的角度来说，这种政策手段不必要运用的情况，是客观存在的。

政策手段的不必要的运用，不仅增大了手段本身的成本，而且，也增加了政策手段的管理成本。弗莱明·杰·马库斯认为，后一种成本类似于单个企业规模超过一定点之后收益递减的成本。[①]因此，政策手段运用过度将增大成本，并使成本递增。

(3) 不同政策手段类型的合理选择。当几个不同的政策手段都能实现某一既定目的时，就要对这些政策手段进行成本比较。因为政策手段成本随手段类型的不同而不同。但这种成本比较应该是全面的，即不仅要分析短期成本，而且要考虑长期成本；不仅要考虑经济成本，也要考虑非经济成本。

有些政策手段，尤其是硬性政策手段，其长期成本可能比短期成本更大。例如，物资、资金配额制对市场机制的正常运行有较长的不利影响。又如，对衰退产业进行调整，采取限制其生产的收缩措施，由大量失业带来的非经济成本(政治、社会压力)就可能比经济成本要大。因此，只有进行全面的成本比较，才能有较好的选择。

(4) 把握政策手段运用的限度。同一政策手段，过度运用比适度运用所产生的成本，相对来说可能更大。因为政策手段的运用是有一定限度的，一旦超出其“边界条件”，手段的运用就会使成本大于收益。

例如，对目标产业实行保护和培育手段。如果保护过度，不仅会强化该产业的依赖性，使其丧失活力和竞争能力，而且对其部门也会产生不利的影响，并增加国家负担。但如果对这一手段加以适当运用，如给予适当的优惠待遇，并规定实行保护的期限，则可以减少许多不利影响。因为在这种情况下，企业必须设法

---

① 参阅费莱明·J.马科斯:《经济政策文集》，哥伦比亚大学出版社1978年版。

在规定期限内使自身尽快发展起来，以便在失去保护之后能具有相当的竞争能力。

21.3.2 产业政策手段的合理组合

在一般情况下，一个政策目标与一个政策手段相对应，但在某些情况下，存在着多种政策手段对应着一个目标或数个目标的现象，产业政策更是如此。这种同一目标利用多种政策手段的情形称为政策配合。

产业政策手段的合理组合是政策手段最佳选择的一个重要内容。产业政策手段的合理组合是政策手段有效性的关键。因为产业政策手段的合理组合的效力大于各个手段效力之和，它体现了政策手段整体性的效力。从产业政策手段总成本来说，其合理组合是最低的成本。因此，产业政策的成功在很大程度上依赖于手段配置及其效应的适当考虑。在这方面，往往存在着以下一些问题：(1)对一系列政策手段的不当处理。(2)孤立地分析不同政策手段的效应，把其看作是可以独立于其他手段来发挥效应的。(3)对产业政策行为主体的可能反应缺乏适当的考虑。(4)忽视政策手段对其他目标发生的"负效应"。(5)没有注意到政策手段的实际效应。

产生这些问题的原因是较复杂的，有些是因为对不同手段运用的方法缺乏适当考虑；有些是由于对政策手段效应的错误估计；有些是因为未曾预料到政策手段还有其他效应。因此，我们在进行产业政策手段配置时，要特别注意这些问题，尽量避免处理不当所造成的损失。

产业政策手段的合理组合是一个复杂的系统工程，包含着丰富的内容，涉及较广的范围，这里着重指出以下几个方面：

(1) 不同行为主体的政策手段的协调运用。不仅政府运用的政策手段，而且其他行为主体拥有的手段，都具有双重效应。例如，企业和劳动者行为的调整，有可能是"正效应"，但也可能是"负效应"。因此，不同行为主体的政策手段就要协调运用。

这种协调运用主要是克服政策手段的负效应，使之能互相配合，如果企业和劳动者的行为调整与政府采取的政策手段是相抵触的，那么政策手段的效力就会减弱或消失。目前，我们经济生活中经常出现的"上有政策、下有对策"的现象，就是各行为主体手段不协调运用的典型事例。这种状况是极不利于政策目标实现的。

这种对不同行为主体政策手段不协调运用的纠正，不是要简单地取消其他行为主体的手段，不许有“对策”，而应由各行为主体自我纠正和互相纠正。因为政府采取的政策手段也可能有“负效应”，也需要加以纠正。所以，只有通过这种互相纠正的办法，才能使它们的政策手段协调起来，发挥巨大的政策手段效应。

（2）不同类型的政策手段的配合。尽管在不同时期，根据产业政策目标，要采取不同类型的政策手段。但实际上，在任何时期，不同类型的政策手段都是同时存在的，只不过是某一种类型的政策手段占主导地位罢了。

不可否认，不同类型的政策手段之间，例如差别手段与无差别手段，硬性手段与软性手段等，都存在着一定的矛盾，这种矛盾必然会影响政策手段的整体效应，过分的矛盾与冲突将使它们的政策手段效应互相抵消。因此，要适当地进行不同类型产业政策手段的配合，使其冲突减少到最低限度。目前，我们主要是采取差别手段和硬性手段，集中力量发展农业、能源、交通和原材料等基础产业，但同时也要注意无差别手段和软性手段的适当配合，妥善处理好重点产业与一般产业协调发展的关系，处理好生产要素存量调整与增量配置的关系，处理好产业总体配置与发挥地区优势的关系。

不同类型的政策手段的适当配合，其关键在于全面考虑它们之间效应的依赖性和互补性。事实上，不同类型的政策手段效应是互相依赖的，并且有一部分效应是互相补充的。我们只要准确地抓住它们之间的依赖性和互补性，减少其矛盾与冲突，就能发挥不同类型政策手段的配合效应。

（3）不同政策手段的比较优势。根据曼德尔的政策手段比较优势原理，对于某一既定的政策目标来说，在同一类型的政策手段组合中必有一种政策手段是边际效率最高的最佳手段。①

假定某一政策目标 X_i，两种政策手段 Z_i 和 Z_j，若$\frac{\partial X_i}{\partial Z_i}>\frac{\partial X_j}{\partial Z_j}$，则对于目标 X_i 来说，手段 Z_i 相对于 Z_j 具有比较优势。因此，就应实行以 Z_i 为主要手段、Z_j 为辅助手段的政策配合。

除了注意对不同类型的政策手段的适当配合外，我们还要根据比较优势的

① 参阅杨德明编著：《当代西方经济学》，山西人民出版社 1987 年版，第 662 页。

原理，对同一类型中的不同政策手段进行最佳配合，以取得政策手段的最高边际效率。例如，目前我们集中力量发展基础产业，可以采取“倾斜金融政策”“倾斜税收政策”“倾斜投资政策”“倾斜的物资和运力的分配”等一系列优惠政策手段，但这些手段的成本与效应的大小是不同的。这就要求我们根据实际情况，区分主次手段，实行有机配合。我认为，以“倾斜投资政策”为主，其他倾斜手段为辅的政策配合，可能是目前实现发展基础产业政策目标的最佳政策配合。

22 产业政策调节方式

前两章我们从一般意义上分析了产业政策目标与手段的选择，阐述了政策目标与手段选择的基本原理和原则。然而，在政策实践中，产业政策的目标和手段总是具体的，即在不同的时期，面对不同的情况和问题，采取不同内容的产业政策，选择不同的政策目标和手段。因此，当我们进一步考察具体的产业政策时，政策目标与政策手段的结合总是表现为一定的产业政策调节方式；不同内容的政策目标与手段的结合则表现为不同的政策调节方式。

正确的产业政策目标和手段的设计固然是保证产业政策取得成效的一个重要方面，但正如日本学者上野裕也教授所指出的，产业政策不管设定多么周密的政策系统，其成就及效果，因实施方式及接受态度之不同而大不相同。①因此，还应继续深入分析产业政策的调节方式。

尽管在具体的政策实践中也许存在着各种不同的调节方式，但总是有某一种调节方式占主导地位，表现为一定时期产业政策的基本调节方式。由此，我们可以从理论上抽象出两种典型和基本的产业政策调节方式：计划调节方式和市场调节方式。

22.1 产业政策的计划调节方式

产业政策的计划调节方式是在对产业经济活动进行总体观察、分析和预测

---

① 上野裕也：《策略性产业之政策发展与评估》，载台湾经济研究所编译《产业政策与产业结构》，台湾经济研究杂志社出版，第35页。

的基础上，通过产业规划及其相应措施，积极干预产业活动，促进产业有序发展的一种事前的政策调节方式。

产业政策的计划调节方式在不同的产业政策模式中，具有不同的性质和表现形式。在行政运行机制及行政管理体制下，这种政策调节直接贯彻到产业生产过程之中，即通过生产要素的直接分配来规定不同产业部门的生产规模和速度；而在市场运行机制及其管理体制下，这种政策调节主要是通过对产业生产的供销环节进行管理，从而影响不同部门的生产规模和速度来实现的。当然，这并不排除在特殊情况下，在个别场合，后者也有可能采取直接限制的手段。对于前一种产业政策的计划调节方式，人们是比较熟悉的，这里不再赘述。我们主要分析后一种产业政策的计划调节方式。

在商品经济条件下，采取这种产业政策的计划调节方式，其理论依据之一是“信息传递理论”。按照这一理论，在理想的完全竞争市场中通过价格可以传递全部经济信息。然而，在现实经济中，大多数市场都是寡头垄断或垄断竞争性市场。因而只靠价格信号已无法传递全部信息。在这种情况下，对于企业来说，在许多场合，商品需求量和需求函数等有关参数，是比价格更重要的信号。然而，处于企业的地位，要想了解和掌握有关这些参数的信息，需要付出较大的代价，因为这种收集和整理全面信息的工作将花费大量的人力、物力和财力。正是由于这种信息的不全面性和所付代价较大，所以，政府通过计划方式向经济主体传递正确的信息，排除市场的不确定性，并以计划的实施（如向某些产业优惠贷款等）向企业和民间金融机构提供具有“引导作用”的信息，就显得十分必要和重要了。

然而，政府仅仅发挥信息传递者的作用，还是不够的。因为，市场在某些方面的调节往往是软弱无力的，即市场失败。其中，最为典型的例子，就是在与知识财富相联系的技术开发和运用上经常发生的市场失败。这种市场调节的失败具体表现为：(1)技术知识具有公共财富的特点。一项新的技术成果的取得往往要付出很大的代价，而掌握或学习别人已开发的新技术成果则比较容易，因而就会影响企业进行技术研究与开发的积极性，使社会的技术开发投资停留在过低水平上。因此，在这方面，需要政府直接进行技术开发，或对特殊技术开发给予援助。(2)技术开发能否成功，或能给开发者带来多大收益，是事先无法知道的，而且这种风险难以成为民间保险的对象。因此，不能以市场所要求的形式来进行技术开发，往往需要通过政策干预来分担技术开发的风险。(3)技术开发和学习具有规模经济的特点，即技术和产品开发的费用随累积产量的增加而单位生产成本(包括开发成本)递减，产生规模经济效益。这种规模经济效益使私人收益率和社会收益率相背离。因此，面对这种市场的经常性失败，就要用政策的计划调节方式来给予弥补，进行有差别的和直接的干预。

可见，这种政策调节方式是以弥补市场缺陷和市场失败为背景的。但是，它不是一种事后处理的消极方式，而是以积极的姿态排除市场的不确定性，弥补市场的失败，并通过信息指导、间接诱导和直接限制等手段，主动引导资源合理配置。因而，这是一种事前处理的方式。

这种政策方式有以下一些特点：(1)在全面分析和预测的基础上提出发展战略目标和发展前景，目标比较明确，从而指导和诱导作用较大。(2)针对市场的失败，采取相应的事前预防措施，政策重点相对突出，如重点发展投资大、周期长、风险性强的基础产业和高技术产业。(3)政策措施比较有力，干预程度相对较大，可在一定程度上影响产业发展的环境。因此，这种政策方式对于促进产业结构的转换，具有较大的作用。

正由于这种产业政策的调节方式具有上述特点，所以一些国家在推行产业政策中采纳了此种调节方式，并在实践中取得了一定的成效。通常，法国和韩国被认为是此方面的典型代表。

世界银行在《1987年世界发展报告》中指出，法国在第二次世界大战后的10年或20年中，指示性计划使主要工业部门的现代化取得了一些成就。①战后，法国政府连续制定和实施了9个国民经济中期发展计划。每个计划不仅规定了国家总体发展战略，确定了经济增长目标(第九个计划除外)，而且明确规定了产业结构和产业组织的转变方向和目标。在战后至50年代末，选择能源、原材料、交通运输等六个基础部门为优先发展产业，60年代把产业发展重心转向设备制造业，70—80年代则转向高技术部门。为了实现计划规定的目标，政府通过相应的经济手段诱导各个部门和企业，将其活动纳入国家预定的结构变革的轨道。

韩国在实行这种政策的计划调节方式时，采取了更为有力的政策手段。为了通过以大企业为特征的产业组织形式来推动产业结构变革，不到5%的大企

---

① 世界银行：《1987年世界发展报告》，中国财政经济出版社，第71页。

业获得贷款额的70%以上。商业银行信贷的三分之一是以优惠利率形式发放的，优惠的程度一般为10%左右，而商业银行的标准贷款利率都高达26%，市场利率更是高达40%。

由于这种政策调节方式具有明确、系统的战略意图，并且采用比较强有力的措施加以实施，因此政策效果往往是：(1)产业倾斜发展，例如韩国就是实行"先工业，后农业"的倾斜发展。(2)产业发展速度较快，政策效果明显。(3)容易加强大企业在产业组织中的地位，发挥规模经济效益。

但这种政策方式同时也具有较大的风险，一旦决策失误或措施不当，将付出较大的代价。例如，法国1981年社会党执政初期的经济政策失误，给国民经济造成了严重后果，致使在尖端产业领域与美国、日本的差距更加扩大了。

对于这种产业政策调节方式，在西方持否定意见者较多。主要的批评意见是，这种政策方式有损于市场效率。正如斯科特(Bruce Scott)指出的，这些政策的本质是促进要素的流动，而不是替代政府对商业经营者"赢家与输家"的选择。①

因此，运用这一政策调节方式要特别讲究科学性，避免损害市场效率。从一些国家的经验教训来看，这种政策调节方式的有效运用必须满足如下三方面的要求：

(1) 政策制定者必须掌握必要的信息量，包括环境信息和市场信息。只有在获得充分、准确的信息的基础上，才有可能对产业发展形势作出正确判断，制定出切实可行的指导性计划，并积极发挥信息传递者的作用。为此，政府要花费较大的成本，组织收集、处理和传递信息。

(2) 政策干预必须获得更大的收获。企业利润最大化目标意味着经济资源创造速度的最大化。对于整个产业来说，这种倾向与长期的经济增长和就业的最大化是相联系的。因此，产业政策制定者不应该有意地干预企业管理的市场过程，以牺牲长期利益的代价来纠正企业的目标。只有在以下情况下才有干预的必要：第一，在至少取得相同利润的前提下，存在着可以进一步改善其他有关的社会或政治方面的可能性的情况下，才有必要进行干预。第二，在至少获得相

---

① 布鲁斯·斯考特：《美国的竞争力：问题、原因和意义》，波士顿哈佛商学院75周年文库，1984年版，第45页。

同的长期企业发展的前提下,存在着有利于生产要素分配或增殖等其他方面得以改善的机会时,才加以政策调节。例如目前投入的成本(由劳动的重新分配引起的较高失业)也许在将来能获得一个较大的产出收益和失业的缓解。

(3) 当形成的政策发出信号时,经济主体要有反应,从而使经济得以调整。这就是说,在企业经营和行动方向上,“政府”居最高指导地位;对于产业计划,企业间的协调,“政府”扮演决策者的角色。例如,面对国际市场竞争,政府出面在各厂商之间进行协调,作出计划型分配,维持良好的产业秩序。这就要求:一是加强对经济的组织管理职能,把残缺不全的经济管理机构协调为一个权力较大的机构组织,作为组织整个经济活动的中枢。二是采取必要的行政手段,例如指定新产品开发项目,配给政策性资金,确定企业整顿对象,责令限期整顿,并作出关停并转的处理等。三是企业要有自身活力和自我发展能力,对这一政策的计划调节作出积极反应。尤其是,对于政府所采取的援助和保护措施,企业要正确对待,不能因此而放松自身的努力,依赖于政府的援助和保护,而丧失其自身的竞争能力。如果企业对此只是消极反应,那么这一政策的计划调节方式是很难奏效的。

22.2 产业政策的市场调节方式

产业政策的市场调节方式是一种通过改善企业经营环境,或者创造正当竞争的环境(自由贸易、反托拉斯等),或者通过建立良好的社会基础设施等来推进产业发展的政策方式。

首先需要说明的是,这里所说的“市场调节方式”不是一般意义上的市场机制调节经济的方式,而是指产业政策所采取的一种“完善市场机制,以便使市场机制更好地促进产业发展”的调节方式。

这种政策方式的理论依据是:在产业有序发展中,市场选择是最基本的方式;正常的市场选择将促进产业健康成长;因而产业政策调节应服从并服务于市场选择。

通常,产业政策被人们视为用以调整产业结构的一种方式。这是正确的,但问题在于,不合理的结构问题又是如何产生和形成的呢?无疑,在商品经济条件下，它在很大程度上根源于具有病态功能的价格体系，正是由于价格信号的错误导向才逐步形成了结构不合理的问题。因此，用以调整产业结构的产业政策是与纠正扭曲的价格体系问题有密切关系的。既然市场选择并不限于一个短期范围，而是对产业结构以及经济长期增长也有很大的影响，那么产业政策的调节行动自然应成为市场选择范围的一个重要方面。反过来，产业政策的调节行动就应该放在纠正导致结构不合理的价格体系上，这样，才是真正解决产业结构问题的治本方法。

因此，这种政策调节方式的重点在于创造一个良好的经济环境，完善市场机制和价格体系，从而加强产业的自我调整功能，促进产业有序发展。它不事前选择"赢家"与"输家"，而是促进市场进行自然选择。它也不采取特殊手段支持某些产业部门发展或限制某些部门发展，而是采取一视同仁的政策。总之，这种政策调节方式的作用是完善产业的自我调整功能，并为调整创造良好的市场环境。

由于这一政策调节方式旨在创造产业有序发展的良好外部条件，所以它所采用的调节手段通常是"无差别对待"的政策手段。这种无差别对待的调节手段主要集中在以下几个方面：(1)整顿市场秩序，提高市场透明度，维护正当竞争，纠正价格体系的扭曲，使市场信号能够比较及时和准确地反映供求关系，从而引导产业进行自我调整和自我发展。(2)为整个经济提供低成本的基础服务，如发展交通运输、通信邮电、教育、保健等社会基础设施，以便给产业发展创造一个较好的环境条件。(3)帮助减少或消除产业间的生产要素流动的障碍，降低市场机制实现生产要素转移的成本，例如开发人力资源，提高劳动者的素质和技能水平，促进劳动力的部门转移，从而增强产业自我调整和发展的能力。

实行这一政策调节方式通常要具备三个基本条件：(1)市场发育程度较高，市场体系比较完善，市场配置资源的功能较强。价格体系虽然有扭曲的病态，但还没有发展到严重扭曲的地步，更没有什么"扭曲刚性"的特征。只有这样，才有可能实行这一政策方式。(2)与前一点相联系，由价格病态引起的产业结构和产业组织问题虽然存在，但没有恶化到十分严重的程度，并且产业本身具有相当强的自我调整的能力，结构和组织变动富有弹性，其发展状态基本正常。(3)产业素质较好，企业具有较强的活力，能对市场价格信号作出灵敏的反应。如果不具备上述基本条件，这一政策调节方式是难以实行的。即使实行，政策效果也不会太好。因此，它也就不能成为一种主导的政策调节方式，充其量也只能是一种辅助的政策调节方式。

实行这一政策调节方式的典型代表是美国和丹麦。美国实行的是一种以非产业规划为特征的产业政策,注重于完善产业环境,或引导经济发展的方向,以此来协调产业结构。总的来看,这一政策方法在实现产业现代化和高级化过程中还是相当有效的。

这种政策调节方式的主要优点是:(1)产业调节相对稳定,有助于经济主体形成比较确定的正常的经济行为,形成良好的经济秩序。斯齐克斯赞曾指出,过度的产业调节会使经济行为变得不确定。如果说这是一种产业调节弊病的话,那么这种政策方式则可避免这一弊病。(2)调节措施比较温和,不易产生较大的调节性摩擦,政策的副作用较小,政策成本相对较少。(3)这种调节方式的主观决策失误的机会相对小些,从而可以避免因决策失误造成的严重损失。同时,无差别对待的政策措施副作用也较小,不会严重影响或损害企业的活力。(4)这种调节方式不是着眼于头疼医头、脚痛治脚,而是注重于增强经济系统的自我调整功能,为产业发展创造良好环境,所以它具有较长远的政策效应,有助于提高产业素质,使产业发展具有较大的后劲。

当然,这种产业政策的市场调节方式也有其自身的局限性和弱点,主要表现为:(1)作为一种优化产业发展外部环境的政策措施,其政策调节的力度往往较浅。这样,就容易失去利用强有力政策手段加快产业结构合理化和高级化的机会。(2)在短期内,这种调节方式的政策效果不明显,见效慢,难以解决一些迫在眉睫的产业发展问题,如某些重大的结构调整等。(3)这种无差别对待的政策措施,忽视产业政策调节的特殊性,因而无法根据各产业的生产特性、生产优势和产品、技术方面的成熟程度的差异,采取不同的调节政策,协调产业间的发展,促使衰退产业实行调整收缩,帮助潜在增长产业加速发展,以便增强产业结构转换能力。

22.3　产业政策两种调节方式的有机配合

前面的分析表明,产业政策的计划调节方式与市场调节方式各有其优点和缺陷。因此,问题不在于选择哪一种调节方式,舍弃哪一种调节方式,而在于如何将两者有机地结合起来。为了实行这两种调节方式的有机结合,我们必须弄清其配合的共同基础及其矛盾方面。

产业政策的计划调节方式与市场调节方式之所以有可能实行配合,就在于两者有其共存的基础和互补性。没有这一前提条件,两者的配合是无法想象的。产业政策的计划调节方式与市场调节方式得以共存的基础,主要表现在以下几个方面:

(1) 两者都以促进产业发展为其基本任务。这两种政策调节方式虽然内容有异,但却各自从不同的角度来促进产业发展,异曲同工。因此,促进产业发展是其共同的任务。

(2) 两者都以市场机制为其作用机制。产业政策的计划调节方式虽有两种性质不同的类型,但我们前面论述的计划调节方式却是以市场机制为基础的,因而它与市场调节方式一样,是通过市场机制对产业发展发生作用的。如果是以行政机制为基础的计划调节方式,那么由于作用机制不同,这种类型的计划调节方式是难以与市场调节方式融合的。

(3) 两者都是通过完善市场机制来促进产业发展的。这两种调节方式虽然所采用的措施不同,但其措施都是围绕改善市场机制而展开的。计划调节方式采取的措施是从反面来弥补市场的不足或失败,市场调节方式采取的措施则是从正面来提高市场的效率,因而完善市场机制是其促进产业发展的共同方法。

基于上述共同点,产业政策的计划调节方式和市场调节方式有着某种互补性。这种互补性不仅使两者的有机配合成为可能,而且也十分必要。这两种政策调节方式的互补性主要表现为:

(1) 规划与非规划的互补。计划调节方式是通过产业规划及其相应措施来促进产业发展的,因而目标比较明确,措施比较有力。显然,这种政策调节方式对产业发展的指导和诱导作用,相当显著。在世界经济竞争日益激烈的情况下,全面的产业规划及其措施是必不可少的。但是,面临世界经济发展的不确定性,即使是在全面分析和预测的基础上作出的产业发展规划,也难以应付形势的变化。从某种程度上讲,越是明确、详细的产业规划,其适应性越差,从而其精确度也越低。所以,产业规划只能是带有方向性的、粗线条的产业发展框架。为了增强政策调节的适应性,以非规划为特征的市场调节方式是不可缺少的。它以模糊目标来适应复杂的形势变化,并通过提供产业发展的良好环境促进产业的自组织演化。这样,在不确定的变化中,它反而具有较大的适应性和较高的精确度。当然,单纯采用非规划的市场调节方式也不行。因为它难以应付激烈的世界竞争,容易丧失产业"跳跃"发展的机会。它的这一缺陷,只能由以规划为特征的计划调节方式来弥补。

(2) 差别手段与无差别手段的互补。产业政策的计划调节方式所采用的是差别手段,如差别利率、差别税收等。这种差别手段对于重点产业的发展是十分有效的,而重点产业的发展对整个产业体系的发展具有举足轻重的作用。因此,任何一个国家采用产业政策都离不开对重点产业的特殊援助和扶植。然而,产业发展是一种系统性的演进,产业之间复杂的投入—产出关系使重点产业发展不可能脱离整个产业体系的发展。当重点产业发展与一般产业发展相脱离时,重点产业发展就无法带动和促进一般产业的发展,从而使整个产业体系的演进陷于停滞。所以,在采取差别手段促进重点产业发展的同时,也要采取无差别手段促进一般产业的发展。事实上,市场调节方式所采取的无差别手段不仅有利于一般产业的发展,而且也有利于重点产业的发展。但是,单纯采用无差别手段则无法加快重点产业的发展,也难以发挥重点产业发展在整个产业体系演进中的作用。

(3) 硬性措施与软性措施的互补。产业政策的计划调节方式所采取的大多为硬性措施,其干预性较强,政策效果比较明显。因此,这一政策的调节方式对于解决产业发展中的障碍(如结构瓶颈制约、行业进入壁垒等),有较好的成效。然而,这一调节方式所采取的硬性措施也可能影响企业的积极性,损害市场效率,尤其当硬性措施不当时,更是如此。因此,在促进产业发展中,也需要市场调节方式所采取的软性措施,如展望性的计划、劝告等。这些软性措施具有较大的弹性,有利于市场的选择,发挥企业的积极性。但这些软性措施对产业发展的调节力度较弱,有其固有的缺陷。

(4) 短期政策效应与长远政策效应的互补。产业政策的计划调节方式针对性强,措施有力,因而能在短期内表现出明显的政策效应。这对于解决产业发展中迫在眉睫的问题,是大为有利的。然而,这种短期政策效应很难保证产业长期的健康发展。产业政策的市场调节方式则注重于增强经济系统的功能,具有较长远的政策效应,从而为产业发展提供较大的潜在力量。但这一调节方式在短期内则见效不明显。因此,这两种调节方式的政策效应是可以互补的。

虽然产业政策的这两种调节方式具有互相配合的可能性和必要性，但我们必须看到，这两种政策调节方式在某些方面存在着矛盾和摩擦。实行这两种调节方式的有机配合，并不是否定两者之间的矛盾，相反却是要正视两者间的矛盾，从而把两者之间的摩擦减少到最低程度。因此，正确处理这两种调节方式之间的矛盾，是实行其有机配合的关键。根据国际经验，这两种调节方式的主要矛盾表现为：(1)产业(个别)保护与产业(一般)竞争之间的矛盾。对个别产业实行优惠政策，势必会改变产业间竞争的条件，这就有可能形成不公平竞争，或减少竞争活力。(2)计划选择与市场选择之间的矛盾。计划选择是一个主观能动的过程，而市场选择则是一个客观自发的过程，两者可能不完全一致，甚至会出现较大的偏差。(3)产业近期发展与产业长远发展的矛盾。促进产业近期发展的政策措施可能对其今后的长远发展有负效应，在某种程度上会给产业长远发展带来麻烦。

上述种种矛盾的存在是客观的，是由这两种政策调节方式的差异所决定的。我们面临的任务，是如何处理好这些矛盾。在现实经济中，由于情况的复杂和多变，处理这些矛盾要根据具体情况而定，即根据不同时期，不同条件的产业发展的要求，进行全面权衡，实行这两种政策调节方式的有机配合。但为了协调好这两种政策调节方式，一些基本原则看来是具有普遍意义的。

第一，在大多数情况下，实行这两种政策调节方式必须以其中某一种方式为主。以一种政策调节方式为主，另一种方式为辅，在一定程度上可以减少两者之间的摩擦。但到底以哪一种政策调节方式为主，则要视具体情况而定。通常，在经济发展初期、市场机制不很完善的情况下，产业政策的计划调节方式所占比重较大，随着经济发展进入高速持续增长阶段，市场机制日趋完善，市场调节方式所占比重逐渐增大，并居于主导地位。

第二，产业政策的立足点应放在促进产业竞争上。对个别产业的扶植、保护主要应增强其竞争活力，促使其参加公平竞争，因而对产业的保护方式及其保护期限，都要有适当的规定。

第三，不论采取哪一种政策调节方式，都要讲究科学性和实际效果。一般来说，越是合理地运用这两种调节方式，两者间的摩擦越小。同样，这两种调节方式的实际效果越显著，其所付出的代价相对越小。为此，在运用这两种政策调节方式时，都要扬其长、避其短，充分发挥它们各自的优点，减少其副作用。

23 产业政策的组织机构：类型比较及评价

产业政策是政府用来对产业的各种经济活动进行调控的措施，这种调控势必要由相应的组织机构来实施。这种组织机构的性质、构成方式和工作效率直接关系到产业政策的实施成效。然而，这种组织机构的性质及构成方式，在很大程度上与一国的经济体制、政治体制、产业政策模式和政策重点等有关，从而形成不同类型的组织机构。

在传统经济体制下，中国的产业调节机构是一种管理型产业政策模式下的高度集中的行政性机构。显然，在新的经济体制下，这种组织机构已不再与其相适应。因此，为了有效地实施产业政策，必须进行组织机构的创新。为了建立新的组织机构，我们不仅要深入了解自己的国情，而且也要借鉴别国的经验，从中吸取一些有益的东西。从国外的产业政策组织机构来看，美国与日本是两种比较具有典型意义的不同类型，我们将通过这两种不同类型的组织机构的比较，对其进行全面评价。在此基础上，我们试图构想中国产业政策组织机构的基本轮廓。

23.1 美、日产业政策机构形成的历史背景

产业政策机构的类型差异取决于各种因素，其中在很大程度上与一国的经济体制、政治结构以及产业政策思想等有关。因此，要比较分析产业政策机构的类型差异，首先要了解其形成、发展的历史背景。

美国是一个具有浓厚的自由主义经济色彩的国家。它不仅在一般产业实行

私有化,而且提供公共服务的产业也是被私人所有和经营的。与此不同,在其他资本主义国家,提供这种公共服务的产业相当部分是政府所有和经营的。此外,美国的产业政策思想是“无为而治”,即在市场竞争制度中,产业结构具有自我调整的能力,政府的作用是完善这一自我调整功能,并为调整过程创造良好的经济环境,最后达到改善产业结构之目的。但市场自我调节机制发挥作用是有条件的——产业对价格变化反应的灵敏度和企业进出市场的自由度,而在现实经济中并不是所有产业和企业都具备这些条件的。一些基础性产业和公共服务产业由于自身发展的特殊规律,往往不受市场价格变动的调节。而这些产业又经常是对国民经济有重大影响且自身薄弱的产业。因此,美国政府为了克服经济薄弱环节,协调产业结构,对个别产业进行直接管理。所以,美国的产业调节的概念是狭义的,它被限定在对从事运输、通信、电力、煤气和其他公共服务的私人企业所提供的劳务和定价实行的控制。这也就决定了产业调节机构的调节对象和任务。

最初,美国对产业的调节是打算通过被写入法令、条例和特许中的条款来实施的。但不久这种控制办法被证明是笨拙和无效的。于是,产业调节的实施就从立法转向了机构创建。这些行政机构称为调节委员会,专门负责进行产业调节。第一个这种调节机构是在 19 世纪为调节铁路运输由州建立的。第一个联邦调节机构是州际商业委员会(ICC)。它创立于 1887 年,也被授权对铁路运输进行调节。在 1914 年,立法机构进一步确认了 ICC 既有控制州内又有控制州际铁路运输的权力。至此,该机构就处于铁路调节的主导地位,而州的调节委员会则被降低为一个次要角色。与此同时,随着电力、通信和其他公共服务业的发展,及其在国民经济中的地位的提高,州的调节委员会被授予在这些产业实行调节的权限,从而从铁路运输调节委员会转变为公共服务的调节机构。如今,这样的机构几乎在每一个州都建立起来了。

在 20 世纪 30 年代,美国联邦政府又成立了三个调节委员会:一是联邦动力委员会(FPC),它负责对水力发电和州际电力与天然气输送的调节;二是联邦通信委员会(FCC),它负责对州际和国际电话与电报服务进行调节,三是民用航空局(CAB),它具有调节国内民航的权限。当然,这些机构还具有某些非同一般调节方式的特殊职责。FPC 不仅具有通过州际管道输送天然气的价格确定权,而且具有油田所产天然气的定价权。而 FCC 则被要求进行广播波道的分配工作,对广播的内容实行某些控制,但却不调节由广播公司确定的广告费价格。另外,还有一些联邦委员会,由于其主要功能不在于对劳务和价格的调节,故不属于产业调节机构范围之内。例如,证券交易委员会和联邦交易委员会,它们所关心的是预防交易活动中的欺诈,而不是控制劳务和价格。

日本产业政策机构形成和发展的历史条件则与美国不同。战后日本经济是在继承战时统制经济的基础上开始发展的。因而在当初,政府与企业关系的特点是"强大的政府和软弱的企业"。并且,当时经济政策的总任务是经济复兴,采取"倾斜生产方式"的政策措施。再加上,从上而下广泛地继承了战时和战前浓厚的统制经济思想。所以,最初的产业政策是在官员主导并具有浓厚的政府干预的色彩下加以实施的。虽然,以后的情况有较大的变化,企业的力量大大加强,政府的干预明显减弱,但最初的历史条件在产业政策机构设置和运转上打下的深刻烙印,却有着长远的影响。

日本最初的产业复兴政策(1946—1948 年)是由经济安定本部和商工省负责实施的。为了保证"倾斜生产",这些政策机构大量采用了直接控制手段,实行了原材料分配、进口物资的控制以及价格控制等措施。随着以后产业合理化政策(50 年代前期)、产业振兴政策(50 年代后期)的实施,主管制造业的通产省逐渐成为产业政策的核心机构。

进入 60 年代,日本经济处于高速增长阶段,政府开始实施《国民收入倍增计划》,采用了以企业的自主选择为原则的经济体制。与此相适应,产业政策机构的组织方式也发生了重大变化,其中最重要的一个变化是审议会方式被固定下来了。这样,所有的重要产业政策都要经过审议会审议之后再向主管大臣提出答询。60 年代,起先制定产业政策是以产业结构调查会为主,以后则以产业结构审议会为主。除产业结构审议会外,还有电子工业审议会、纤维工业审议会等等。由于审议会中吸收了许多民间企业人士,所以它在政府主管部门对产业活动进行干预时发挥着制动器的作用。可以说,审议会的出现标志着日本形成了自己独特的产业政策机构类型。

23.2 美、日产业政策机构组织方式的各自特点

由于历史条件不同,美、日产业政策组织机构形成了各自不同的特色,不论

在机构设置方面,还是机构工作方式上,都有较大的差别。

美国以产业调节委员会来专门负责对个别产业(公共服务行业)的私人企业所提供的劳务及其定价进行控制,构成了它本身机构设置和运转方式的特点,归纳起来,大致有以下几个方面:

(1) 代表性。这个机构的成员是由行政当局任命的,按奇数组成,但它实行代表制,以保证有各个主要政党的代表性。

(2) 专业性。该机构的成员必须是有关方面的经济专家,而不是行政官员。他们熟悉有关的业务,具有独立判断和决策的能力。

(3) 连续性。该机构的成员有较长的任期,并且他们的任期是交叠的,即他们同样年限的任期是部分一致的。这样,尽管有离任和就任的,但总有一部分人联结着新旧成员的交替,从而从组织上保持了人员的连续性与流动性的统一。

(4) 独立性。该机构的成员虽然是由行政当局任命的,但一旦被任命,其职位就受法律保护,而不受制于行政当局,即行政当局无权撤其职。就是说,行政当局只有任命权,而没有免职权。同样,他们的决策也不受行政干预,行政当局无权否决他们所作出的决策。当然,司法机构可以审查他们的决策,但只要其决策符合有关立法精神,司法机构也不能予以否决。

该机构的专业性和独立性是被用来保证把调节的职责置于专家们手中,允许非正规程序的使用,从而加快决策。它的代表性和任期交迭是试图用来保证其对问题判断的正确和政策的连续。它的代表性和免受政治压力的独立性又是被用来保证调节工作的公正无私和实事求是。总之,这些特性的组合使该机构具有良好的素质和行为规范,从而从组织制度上为有效的产业调节创造了条件。

由于上述这些特殊的性质,调节委员会有时候不能清楚地归类于立法、行政或司法机构之中,而是作为政府的第四个部门存在。因为,该机构既不同于立法、行政、司法的组织机构,但又与立法、行政、司法有紧密的联系。(1)与立法机构的关系。为了行使立法机构给予它的职权,调节委员会要对被法律规定的总政策加以具体化。(2)与行政机构的关系。调节委员会的设置是属于行政系统的。作为执行部门,它要受到一般行政规章制度的约束。(3)与司法机构的关系。该机构在一般原则基础上,对有争议的问题进行裁决,实质上,是像法庭一样在工作。因此,调节委员会的职责、权力、业务在某些方面与立法、行政和司法都有交叉，但又有自己的特殊性。

日本的产业政策组织机构面临的任务是对大部分产业的全面调节，因而它的机构设置和组织方式与美国截然不同，具体表现如下：

(1) 组织机构具有较大的权威。日本负责产业政策的机构在政府部门内有较大的权力和较高的地位。例如，通产省可以越过主管禁止垄断政策的公正交易委员会，建议缩短开工时间，并在经济安定本部(后来的经济审议厅即现在的经济企划厅)中占有次官等握有实权的职位，因而能在全面经济政策中反映产业政策的要求。

(2) 机构齐全，覆盖全部产业。日本的产业政策调节机构并不是在少数行业设置，每个产业都有各自的"主管部门"，即对某特定产业直接负有监督指导责任的政府机关。例如，通产省主管制造业(并不是全部制造行业)；农林省主管农业、林业、水产业以及各种食品加工业；厚生省主管医药工业；运输省主管造船业等；大藏省主管银行业、证券业、保险业等。这种全面的机构设置，在其他西方发达国家几乎没有先例。

(3) 机构分工细致明确。在主管省下面分为若干主管局，在主管局下面再细分出若干主管课，分别掌管有关的行业。例如，在1970年，通产省下面有五个主管局，即重工业局、化学工业局、纤维杂货局、煤炭矿山局和公益事业局。而在重工业局里，又分别设有掌管钢铁、工业机械、电子工业、汽车工业等产业的主管课。这些不同等级的主管机构有明确的分工，各自负责自己主管的产业。

(4) 网络结构的机构设计。日本的产业政策组织机构，不仅有纵向的主管机构，而且还有横向的协调机构。例如通产省除了下属五个主管局以外，还有四个横向局，即通商局、贸易振兴局、企业局和公害安全局。这些横向协调机构在决策过程中发挥着领导作用，同时还起着在通产省内部进行协调和在主管局之间进行仲裁的作用。主管机构与协调机构的结合形成了网络结构的机构系统。

(5) 官方机构与民间机构的结合。日本的产业政策组织机构的又一显著特点，是把民间机构(审议会)纳入产业政策组织机构体系中来。审议会是由民间人士组成的，但它是主管部门下设的一个非官方机构。其委员由主管部门领导任命，其中，大多数是行业的领导人、财界人员和退职官员，另外还包括少数学者和新闻界人士。审议会负责研究产业政策，阐述行业或行业中各企业的利益，回答官方机构的咨询。与官方机构一样,审议会也有专业分工,形成等级制度。例如,通产省在1970年有27个审议会和调查会,它们分别就各个问题回答通产大臣的咨询。其中,在产业结构审议会下面设有机械工业、钢铁工业、煤炭矿业、石油开采业、飞机工业等领域的政策审议会和调查会,负责各自领域的产业信息的收集、交换和传播。

这种具有很大权威性和全面系统的"官民"复合机构体系,在当今世界上是独一无二的,它是日本特殊经济环境和体制模式,以及政治结构、传统文化下的产物。这种产业政策组织机构在贯彻产业政策过程中起着重大作用,在很大程度上保证了产业政策的成功。

23.3　美、日产业政策组织机构的评价

美、日产业政策组织机构虽然有较大的差别,但很难判定两者谁优谁劣,因为它们各自适合于本国实施产业政策的需要,各有其优点,也各有其缺陷。从借鉴的角度来说,我们只需对其优点和不足作出客观评价。

我认为,美国的产业政策组织机构的优点,主要有以下两方面:

首先,美国调节机构的组织设计是比较科学的。它既受制于立法、行政和司法,又具有相当大的独立性。其中,最大的特点是摆脱了行政的单一制约,而更多地受制于法律。这就为减少行政的人为干预创造了条件,保证了调节机构按照法律进行经济控制的独立性,同时也限定了调节机构不能随意干涉企业的经济活动,保证了企业的独立性。这种互相制约,而又各司其职的机构设置是值得我们借鉴的。另外,美国调节机构的代表性、专业性和连续性也是比较好的,为提高调节机构的工作效率和保证其合理行为奠定了基础。

其次,美国的产业调节具有一种良好的秩序。不论是调节的内容,还是调节的方式,都有一定的规范。其中最突出的,是有严格的法律规范。尽管调节机构有决策的独立性,但它也不是可以随心所欲地进行产业调节的,它在管辖范围、权力、任命的批准和拨款方面是依赖于立法机构的,它所作出的决策可以被司法机构检查,乃至否决。因而,产业调节活动是在法律规范下进行的。当然,调节机构的活动还要遵守一般的行政规章制度,从而也受到行政规范的制约。由于

有相对稳定、明确的强制性和高度权威性的规范，所以产业调节就能保持良好的秩序，从而提高调节活动的有效性。

但是，美国的产业政策组织机构也有其自身的弱点，主要表现在：

第一，缺乏对产业调节活动强有力和持续的支持。尽管美国调节机构的组织设计是比较科学的，但要使调节机构有效地工作，还必须从各方面给予支持。因为调节委员会在成员任命、预算要求和政治上支持等方面有赖于行政当局，在管理范围、权力、任命的批准和拨款方面有赖于立法机构，在决策实施方面有赖于司法机构。所以这些机构能否给予支持，对其工作有重大影响。当调节委员会建立之初，立法、行政等机构给予它较大的支持，从而调节工作比较有起色。以后，这方面的支持逐渐减弱了，行政当局对调节机构成员的任命不讲究质量，也不再为其提供政治后盾了，立法机构也否决了调节委员会一些应有的管辖范围、权力和拨款。这就大大削弱了调节机构的力量，使调节工作效率下降。这说明，产业调节活动并不仅仅是调节机构的事情，它需要有各方面的支持，否则，再科学的调节机构的组织设计也是无济于事的。

第二，缺乏某些必要的调节权限和手段。美国产业调节组织的权限是比较狭窄的。这种调节模式存在着某些固有的局限性，它并不会由于权力加强、成员素质提高和拨款增加而得到改变。这种调节本身就限定了不能对质量、效率、创新提出要求和给予刺激。因此，它既没有对好的行为提供奖励，也没有对坏的行为实施处罚。

第三，缺乏明确的调节意向。调节的最初意图是为了防止企业的垄断定价和获得垄断利润，但它并没有打算通过确定合理收益的最低水平价格使消费收益最大化。当立法、行政等机构对其支持减弱时，调节机构便转向求助于被调节产业的支持。并且，天天与产业的管理者打交道，他们的思想感情也逐渐地浸沉于产业问题之中，站到产业利益一边来了，不再考虑消费者的利益。这样，调节机构便倾向于为产业考虑，使这些产业免遭低价和收益减少之苦。

第四，调节机构的职责在实践中发生变异。由于调节意向模糊，侧重点转向企业，调节机构便开始追求对产业更广泛的管辖范围和较紧的控制，把主要精力从外部问题的解决转到了对内部纠纷的裁决上，从而使其职责发生了变异。调节机构更多地对企业管理者的决策进行检查，只有在它认为是明智时，才允许这些决策实施，否则便行使否决权。一旦出了问题，它对其损失又不负责任。在它如此干预的情况下,企业管理者也往往把损失归罪于调节者而逃避责任。

第五,调节过程的科学性还不够。这些调节机构大部分不是在深入调查研究和科学预测的基础上,预先采取措施来改变现状,或提出各种政策来指导控制,而是等待问题来到它们面前,使政策出现在调整过程中,调节完全成为事后进行的事情。例如,作为主要调节内容的定价,必要的价格水平是通过用过去的需求乘以单位价格计算出来的。既没有把需求弹性考虑进去,又没有重视需求的增加或技术创新等因素,从而这种定价不可能是科学的。

第六,调节的工作效率欠高。尽管调节机构被允许通过非正规程序来加速决策,但在实际工作中,这一点并没有真正做到。在大多数情况下,调节机构仍然按照麻烦的程序进行工作:调查、通告、听取意见、研究资料、得出结论、发布指令、听取反应等。其结果是,往往拖延决策和贻误行动。

第七,缺乏一个高层的和独立的调节机构。美国的调节机构都是行业性的,它们根据各自的不同目的,对企业进行干预,彼此缺乏协调,甚至相互矛盾。这种状况显然不利于经济的总体发展,不利于产业结构的调整和转换。

那么,我们又如何看待日本的产业政策组织机构呢?我认为,日本产业政策组织机构的优点主要表现在以下几个方面:

(1) 这种组织机构系统具有较大信息量。它不仅是在政府机构中主管部门和协调部门之间进行产业经济信息的交流,而且在政府机构与民间机构之间进行更大容量的信息交流。例如,各省厅在确定有关政策方面的重要事项时,主要是向审议会提出咨询,然后根据咨询报告决定政策。各主管部门提出有关政策事项后,再交给协调部门进行处理。因此,这种组织机构比较有利于产业政策的正确设计和制定。

(2) 这种组织机构具有较强的协调性。一般是由各个主管局、课提出政策方案,先在各省厅之间进行研究、协调,然后交大藏省所属的主税局、关税局和国际金融局分别在政府内部全面负责进行协调,然后再由内阁法制局的专家从法律角度进行协调。因此,这种组织机构有利于推行全面协调的产业政策,减少政策之间的冲突和摩擦。

(3) 这种组织机构具有较强的政策贯彻力。由于组织机构的网络结构,所以当确定了产业调节的目标和意向后,各种政策手段就比较容易配合使用。另外,它具有较大的权威性,政策的实施比较有力。因此,这种组织机构有利于政策效率的提高。

当然,日本产业政策组织机构也有自身的弱点,在实际运转中也会出现一些问题,主要是:

(1) 在各主管部门中都存在着希望自己所主管的民间产业保持"长幼秩序"的强烈倾向,不希望出现引起产业界混乱的"过度竞争"。主管部门从自身利益出发,把产业内各企业之间的地位顺序(如销售额、利润、规模等)固定不变,并把它们的市场占有率也保持基本不动的状态视为最理想状态。为了保持这种理想状态,它们往往压制竞争和采取各种保护措施。

(2) 在管辖审议会的省厅方面,存在着企图任意操纵审议会的倾向。在任命审议会的委员时,大体上是选用那些被官方机构认为合适的人物。这在一定程度上,削弱了审议会在产业政策形成中协调有关方面利害冲突的作用,从而也削弱了这种"官民"复合机构体系的功效。

(3) 在这种组织机构中,政策决策程度比较复杂,环节比较繁多,难以根据形势的变化作出及时、迅速的政策决策。在以主管部门为中心的组织结构中,众多的以发展特定产业为重点的产业政策容易发生冲突,因为各特定主管部门(局或课)提出的政策设想往往拘泥于自身的利益。

综上所述,这种组织机构虽然具有不少优点,但仍然需要不断地进行完善,尤其是当形势发生变化时,更要调整原有的组织机构,使其适应新的情况。70 年代以后,日本的产业政策组织机构进行了改革,协调机构的作用得到加强,以主管部门为中心的组织结构向以协调部门为中心的组织结构转变。主管部门的职能也有所改变,从只着眼于特定产业转向抓全面的产业政策,在这方面,通产省表现得尤为突出。

从上面两种不同类型的产业政策组织机构的分析中,我们可以看到:(1)组织机构是特定背景下实施特定内容产业政策的产物,其设置没有统一的模式。(2)组织机构的效率与机构设置的科学设计有关,也与工作人员的素质有关。(3)组织机构设置并不是固定不变的,随着形势的变化需要进行不断的机构改革。(4)组织机构设置因国而异,并都各有自身的优点和弱点,虽然不可照抄照搬,但在某些方面却可以互相借鉴、取长补短。

23.4 中国产业政策组织机构的重建:初步设想

进行外国产业政策组织机构的比较分析,其目的是为了从中得到一些有益的启示,以便为我所用。因此,在这一节里,我们将探讨中国产业政策组织机构重建的初步设想。

在传统经济体制下,中国产业政策组织机构是一种高度集中、等级制的行政性机构。这种组织机构具有很大的权威性和统一性,因而在产业政策贯彻中往往有较快的政策效应,但这种行政性的组织机构完全受制于行政当局的意志,其决策具有较大的随意性,同时等级之间复杂的程序使其也难以适应有效的产业政策调节。因此,随着产业活动的日益复杂化及向效益目标的转变,这种组织机构的效率不断降低,难以对产业活动实行有效的政策调节。

自经济体制改革以来,高度集中的权力分散化了,部门、地方政府的行政权力被强化,因而这一组织机构也发生了相应的变化,成为一种“多条多块多极”的行政性机构。目前的这一组织机构形式有可能增大政策调节的信息量,扩大政策调节的弹性,但却大大削弱了政策调节的统一性和协调性。各部门、各地区各自为政,从自身的利益出发实行产业政策调节,从而严重扭曲了现阶段的产业政策。从中国目前的产业发展现状来看,产业政策的重点是大力发展农业、原材料、能源、交通运输等基础产业,放慢加工工业的发展,尤其是要抑制耗能大、产品过时的产业发展,以缓解瓶颈制约,促进产品更新换代。但在这种“多条多块多极”的行政性组织机构下,这一产业政策难以得到有效贯彻。预算内资金的减少使中央政府无法集中财力投资于基础产业,预算外资金的增大却往往被投资于利润大、见效快的加工工业。更为严重的是,部门、地区的保护主义和行政性封锁使产品更新换代步履艰难,衰退产业得以继续生存。因此,现行的产业政策组织机构系统并不是理想的,需要加以根本性的改造。管理机构重建、管理职能转变,是目前中国有效实施产业政策的一项重要任务。没有这种组织机构的创新,就难以保证产业政策的有效性。

中国产业政策组织机构的重建,关键在于改变其机构的行政性质,使其成为一个受制于法律进行产业活动调节的机构。在这一点上,我们可以借鉴美国的产业调节委员会的经验,使其成为既不同于立法、行政和司法机构,但又与它们有密切关系的政府的第四个部门。产业政策组织机构与行政机构的分离,不仅能保证该机构的专业性,而且也保证了该机构按照法律进行产业活动调节的独立性。尽管该机构的设置仍属于行政系统,其工作也要受到一般行政规章制度的约束,但其按照法律精神所作的决策则不受行政干预。

这种性质的产业政策组织机构应在大多数行业全面设置,负责分管各产业的监督和指导。在这一机构设置上,我们不能像美国那样只在少数行业设置主管机构,而要更多地像日本那样覆盖全部产业。至少在现阶段,这样的机构设置更适合中国的具体国情,有利于全面推行产业政策。在这方面,我们有丰富的组织资源,原有经济体制下的各纵向主管机构是相当齐全的,完全可以加以利用。不过,必须对此进行改造,使其成为既受制于立法、行政和司法,又具有相当大独立性的行业主管机构。

在这些行业主管机构之上,必须设置一个进行全面协调的综合机构。这一高层的综合协调机构负责产业政策的全面规划和各纵向机构之间的协调工作。为了保证这一综合机构的权威性,应给予其相应的财权、物权。在中国原有的机构中,可以把计委改造成这样的综合机构。除了这一综合机构,还可以建立若干进行横向协调的辅助综合机构。

除了这些官方机构之外,还应借鉴日本审议会的做法,把民间机构也纳入产业政策组织机构系统中来。这种民间机构起着沟通官方机构与企业之间联系的作用,向官方机构提出各种政策建议和答询,充分反映产业的要求和愿望,同时也向企业宣传产业政策的精神。从中国现有的组织资源来看,可以把行业协会、企业家俱乐部改造成类似的民间机构。特别要注意的是,这类民间机构必须吸收少数学者和新闻界人士参加,以便能较好地研究和宣传产业政策。

总之,产业政策组织机构的重建,必须有利于产业政策的有效贯彻,保证产业政策的实际效果,在其重建过程中,要注意挖掘和利用原有的组织资源,对旧有机构进行改造,转换其职能,提高机构工作人员的素质。

24 产业政策效应分析

既定实施的产业政策设计，其所取得的实际效果，就是所谓的产业政策效应问题。如果产业政策实施的实际值与政策设计的预期值是一致的，那么对产业政策效应就无须作更多的分析了。问题在于，实际生活中，产业政策的实际效果往往与其预期效果是不一致的，即出现产业政策效应偏差。在某种场合下，也许会出现政策效果大于原有期望值的现象，但在更多的场合，则是实际效果小于期望值，甚至还会出现与期望值背道而驰的负效应现象。因此，我们必须深入分析产业政策效应问题，以提高其政策的有效性。

24.1 产业政策效应偏差：正常与非正常的定义

产业政策效应偏差是一个复杂的政策现象。我们既不能笼统地把它看作是一种产业政策实施中必然发生的现象，也不能武断地把它判定为是一种非正常的政策现象。我认为，对于这一政策现象要作具体分析，区分出哪些属于政策实施中发生的自然偏差，哪些属于政策实施中发生的人为偏差。只有这样，我们才能对实际生活中发生的产业政策效应偏差作出正确的判断，并有助于我们找出产生其效应偏差的具体原因。

24.1.1 产业政策效应的自然偏差

产业政策效应的自然偏差是指其政策在实施过程中必然发生的政策预期值与实际值的背离，这种背离在很大程度上是由其政策过程本身的属性所决定的。

我们知道,产业政策效应是其政策过程的结果,而政策过程总是在一定的时空结构中展开的,所以分析产业政策效应的自然偏差可以从时间与空间两个角度分别进行。

1. 政策效应的时间结构性偏差

任何一项产业政策的实施总有一个时间过程,我把这一过程划分为四个阶段:(1)政策出台(试行)阶段;(2)政策完善阶段;(3)政策成熟阶段;(4)政策蜕化阶段。一般来说,某一具体产业政策的实施要经历这四个不同的阶段。显然,在这些不同的阶段,产业政策的实际效果是不同的。通常,在政策出台阶段和政策蜕化阶段,政策效果差一些;而在政策完善阶段和政策成熟阶段,政策效果要好一些。这样,在产业政策实施过程中就出现了阶段性的政策效应偏差。我把这种阶段性的政策效应偏差定义为政策效应的时间结构性偏差(见图 24.1)。

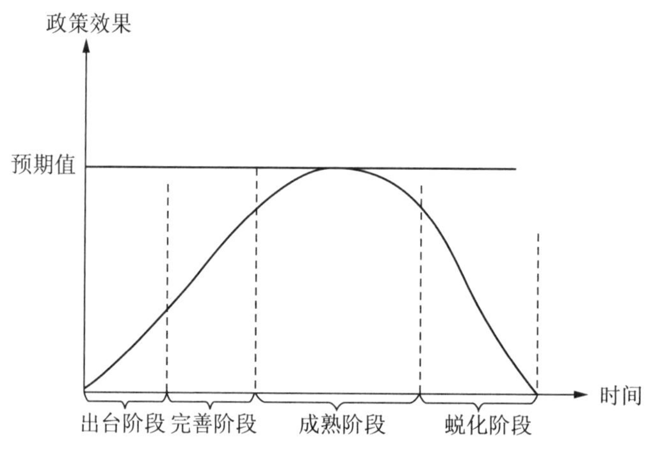

图 24.1　政策效应的时间结构性偏差

在政策出台阶段发生较大的政策效应偏差是必然的现象,它可能由下列诸因素所引起:(1)新出台的政策本身尚不够完善;(2)旧政策的历史惯性的干扰;(3)人们对新政策还没有足够的认识和理解;(4)新政策的作用机制尚未有效运转;(5)其他经济政策与新政策还没有取得协调。因此,在此阶段,新出台的产业政策需要与各种相关因素进行耦合,政策效应的偏差也就在所难免。随着政策本身的修正和补充,旧有政策潜在影响的弱化,人们对新政策理解和认识的深化,新政策作用机制的健全,以及与其他经济政策的不断协调,该政策的实施不断完善化,政策效应的偏差将逐步缩小。当政策实施进入成熟阶段,其实际效果趋于和接近政策设计的预期值,甚至有可能超出预期值。这一情况持续一段时间后,由于该政策效力的递减,以及出现新的事件或新的事态发展(用丁伯根经济政策模型的语言来说,就是几乎在任何方程式中都可能出现自主项),政策实施便进入了蜕化阶段。在此阶段中,政策效应偏差将明显加大。无疑,这是政策老化的必然结果。

可见,这种政策实施过程中出现的阶段性政策效应偏差是一种自然的政策现象,基本上是属于正常的。除非出现一种"政策同步振荡"的情况,即政策完善相当缓慢,而政策成熟期极其短暂,刚刚成熟,便进入蜕化阶段(见图 24.2)。这种阶段性政策效应偏差是有一定问题的,属于非正常类型。

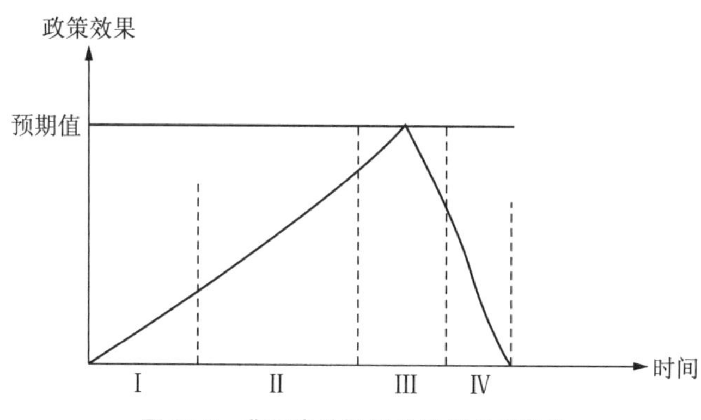

图 24.2 非正常的阶段性政策效应偏差

2. 政策效应的空间结构性偏差

任何一项全国性的产业政策的实施总是在不平衡的空间中进行的。这种区域发展的不平衡主要表现为生产力布局的差异,经济社会环境的差异,物质技术基础水平不一,等等。这些方面都会造成对产业政策设计的接受与适应程度的不同,从而各地所产生的政策效应亦各不相同,有的政策效应偏差较大,有的偏差较小,有的则达到政策预期效果。我把这种同一产业政策设计在其实施过程中所收到的非匀称政策效应(即局部性政策效应偏差)定义为政策效应的空间结构性偏差(见图 24.3)。

政策效应的空间结构性偏差也是一种自然的政策现象。因为一项全国性的产业政策的制定,所依据的是一定时期全部产业发展的一般状态,它所要解决的是带有共性的问题,因而中央在制定产业政策时仅仅是提出解决产业发展问题

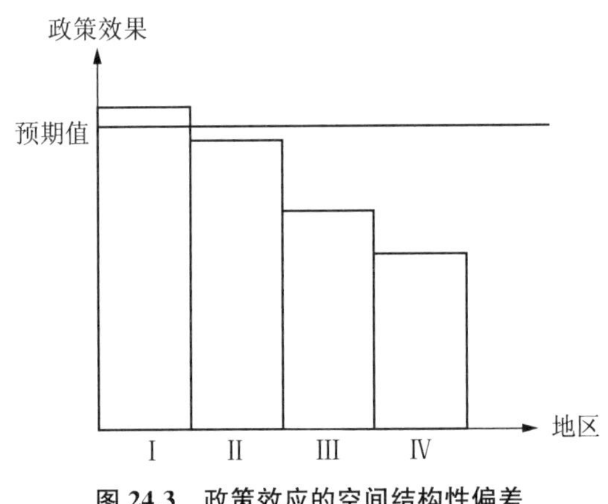

图 24.3 政策效应的空间结构性偏差

的一般措施和目标,它只是与带有普遍意义的政策问题相对应。同样,政策制定者对政策效应的考虑,也只是着眼于其一般影响、一般后果。然而,由于区域发展的不平衡性,从全局范围内所认定的政策问题,在局部地区并不一定都存在,或者其问题的程度有差别。而且,即使是同一政策问题,从全局或局部来看也许是不同的形成因素。因此,一项带有全局性的产业政策在其实施过程中,就会有不同的反应,形成政策实际效果的地区落差。

这种政策的共性与个性不对应所产生的政策效应的空间结构性偏差,是政策过程中不可避免的现象。从这一角度说,它也是基本上属于正常的。当然,这里完全排斥了人为因素。如果是因为执行者的素质差、行动不力等引起的局部性政策效应偏差,那又另当别论了,不能看作是正常现象。

在上面关于产业政策效应自然偏差的论述中,实质上暗含着三个前提条件:(1)产业政策设计基本正确;(2)政策执行主体行为端正;(3)政策客观对象具有较好的素质,能够"闻笛起舞"。只有在这些条件的严格限定下,我们才有可能建立产业政策效应自然偏差的理论模型。现在我们要在上述理论模型的基础上,引入这些限定条件来分析产业政策效应人为偏差。

24.1.2 产业政策效应的人为偏差

顾名思义,产业政策效应的人为偏差就是指政策实施过程中因人为因素导致的政策预期值与实际效果的背离。这种背离在很大程度上是由政策主体与客体的行为所决定的。与产业政策效应的自然偏差不同,它主要不表现为结构性偏差,而表现为整体性偏差,即在整个改革过程中出现全面性的政策效应偏差。下面我们仍然从时间与空间两个角度进行分析。

1. 政策效应的时间整体性偏差

在实际生活中,很有可能发生这种情况,即一项产业政策在其实施的整个过程中所取得的实际效果始终偏离政策预期值,甚至就根本没有什么实际效果,我们把这种情况定义为政策效应的时间整体性偏差。这种整体性偏差的发生,其原因是多方面的;不同的起因,将使其偏差表现为不同的图形。

(1) 政策设计脱离实际,政策预期值过高。这种情况具体表现为两个方面:一是与客体对象的心理承受能力发生偏差,缺乏政策适用性;二是没有强有力的措施,缺乏政策的可操作性。如果只是这种人为因素在起作用,那么政策效应的时间整体性偏差一般表现为政策预期值曲线上移,政策实际效果曲线在整体上偏离预期值的情况下仍呈现一定的政策阶段性(见图 24.4)。

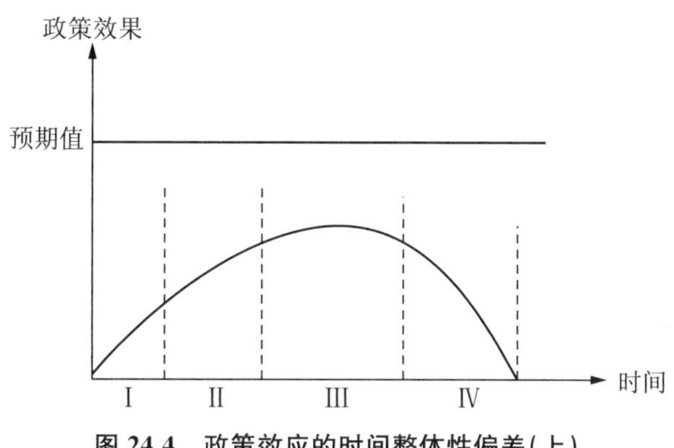

图 24.4 政策效应的时间整体性偏差(上)

(2) 政策执行主体行为偏差,政策实施受阻。在权力分散,且又无有效的防范机制的情况下,政策执行主体的行为有可能发生偏差,从而导致"上有政策,下有对策"的政策走样现象。如果我们假定产业政策设计基本正确,那么这一人为因素的作用将使政策效应整体性偏差表现为:政策实际效果曲线无明显阶段性地偏离政策预期值曲线(见图 24.5)。因为政策实施的中介环节受阻,使出台的政策无法自我完善,从而也无法使其进入政策成熟阶段。这样,政策过程的阶段性就模糊化了。

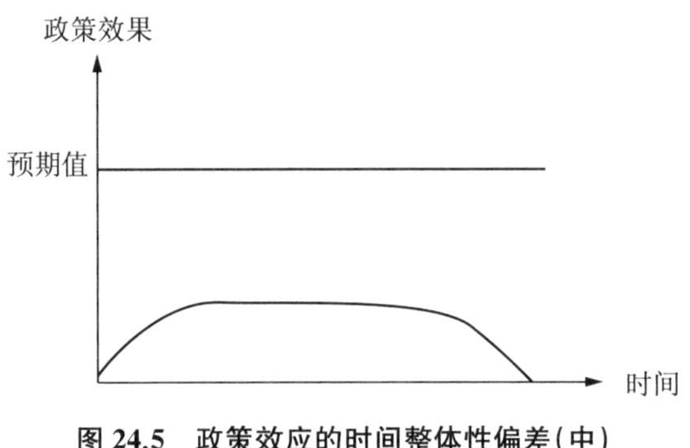

图 24.5　政策效应的时间整体性偏差(中)

(3) 政策客观对象缺乏应有的素质,政策效应滑落。即使有关的产业政策是有利于客观主体利益的,但在其缺乏良好素质的情况下,它只是被动地、消极地接受政策,从而对政策实施形成一种潜在的抗阻,影响政策效应。例如,那些受产业政策扶植和援助的产业或企业,只是一味地依赖于政策保护,而不是借助于这种政策优惠积极地增强自我发展的能力,结果大大削弱了产业扶植和援助政策的实际效果。这一人为因素造成的政策效应的时间整体性偏差表现为:政策实际效果曲线在偏离政策预期值曲线的情况下呈不规则的振荡(见图 24.6)。因为政策客观对象对其政策的被动反应使政策的实际效果在很大程度上取决于随机因素,从而政策效果具有较大的不确定性。

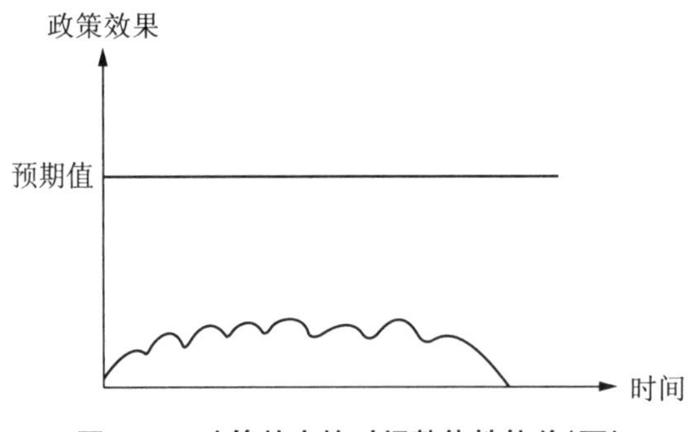

图 24.6　政策效应的时间整体性偏差(下)

2. 政策效应的空间整体性偏差

如果一项产业政策的实施在所有发展不平衡的地区都没有取得与政策预期效果相一致的实际效果,那么这种政策效应偏差就是空间整体性偏差。形成这种效应偏差的原因,也可以从政策设计、政策执行主体和政策客观对象三方面进行分析。从空间角度看,政策设计是同一的,而政策执行主体和政策客体对象总具有地区的差异性。所以不论是哪一种人为因素导致的政策效应的空间整体性偏差,尽管从整体上讲是政策实际效果偏离其预期值,但各地区的偏离程度则是不同的,有的政策效应偏差大些,有的偏差小些。当然,在这种空间整体性偏差的情况下,一般来说,政策效应偏差较大的地区所占比重大,效应偏差较小的地区所占比重小。也就是,大多数地区的政策效应偏差是较大的(见图 24.7)。

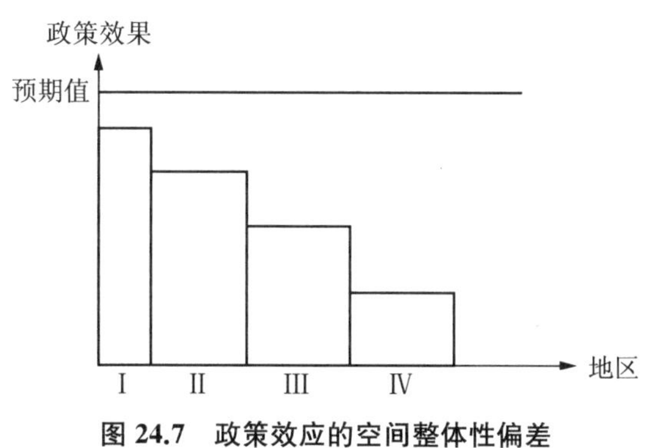

图 24.7 政策效应的空间整体性偏差

显然,由人为因素引起的政策效应的整体性偏差是一种非正常的政策现象。这种政策效应偏差严重阻碍了我们对产业结构和组织的有效调整,对产业的健康发展危害极大。因此,我们所要正视的客观现实是由政策过程本身属性决定的政策效应的结构性偏差,而所要反对和克服的(也是可以避免的)是由人为因素引起的政策效应的整体性偏差。当然,在现实中,这两种类型的政策效应偏差往往是交叉在一起的。这就需要我们进行仔细的研究和分析,从中作出符合实际的判断,针对不同类型的政策效应偏差,采取截然不同的措施。

24.2 中国产业政策效应偏差实证分析

上面关于产业政策效应偏差正常与非正常的定义及其分类,为我们具体考察政策效应偏差现象提供了一个理论框架。下面我们将运用这一理论框架,对中国产业政策效应偏差进行实证分析。

24.2.1　中国产业政策效应的整体性偏差

总的来说，中国产业政策效应偏差是比较严重的，政策的实际效果不明显，与政策预期值有较大的差距，甚至有的背离政策预期效果，使政策完全失效。目前反映比较突出的有以下几个方面：

其一，基础产业发展严重滞后的局面迟迟难以改变。在“六五”计划和“七五”计划中，我们都反复强调了要把发展农业、能源、原材料、交通运输和教育放在重要地位，给予优先发展，以缓解国民经济的瓶颈制约。但到目前为止，基础产业的发展并没有取得实质性的进展，其发展滞后对国民经济发展的制约仍然很强大。虽然经过治理整顿，基础产业与加工产业的结构性矛盾有所缓和，但这主要是由于紧缩政策强制压缩加工产业生产的结果，而不是基础产业的生产能力有了根本改观。因此，弱小的基础产业的生产能力实际上还是不对称地对应着强大的加工产业潜在的生产能力。一旦紧缩政策有所松动，基础产业与加工产业的结构性矛盾立刻就会激化。所以，基础产业优先发展的政策并没有取得理想的效果。

其二，产业结构地区合理化倒行逆施。长期以来，我们一直强调发挥区域优势，实现产业结构合理的地区布局。然而，各个地区未能将生产活动相对集中在个别具有比较优势的部门中。地区非专业化倾向使有限的资源被分散、低效率地使用。近几年来，这一倾向更为严重，导致地区产业结构趋同。资源省不注重利用自身优势发展基础工业，却倾向于从以资源、原材料为中心的工业结构过渡到以加工工业为中心的工业结构。加工省不利用其经济技术上的优势重点致力于传统产业的技术改造和新兴产业的开发，却倾向于从重型加工业为主的结构转向以轻型加工业为主的结构。这样，它们从不同的起点出发，使产业结构走向趋同化，从根本上否定了产业结构地区合理化的政策。

其三，第三产业发展步履艰难。70年代末，针对中国第三产业长期落后的局面提出了发展第三产业的政策。在1978—1982年间，第三产业曾有较大发展。但以后年间，第三产业的发展并不理想。尽管在这期间，农业中有大量剩余劳动力向外转移，但主要并不是被第三产业吸收，而是进入了工业部门。1985年在农村非农产业就业总数中，商贸等服务业只占7.6%，工业所占比例高达68.3%。虽然城市劳动力较以前稍多地转入了第三产业，但由于直接从农村中转移出来的劳动力大量进入工业，所以第三产业发展滞后的局面没有根本改变。1987年，中国第一、第二、第三产业占国民生产总值的比重分别为29%、46%和26%。根据国际经验，无论是大国还是小国，在高收入或低收入水平上，只要工业份额超过40%，服务业份额至少是农业份额的2倍。显然，中国农业与服务业的份额比率要高于这一水平，反映出服务业发展的相对落后。

其四，产业组织的规模经济难以实现。尽管我们一再强调发展横向经济联系，开展专业化分工协作，提高规模经济效益，但并没有取得什么实际效果。不仅原有的规模不经济的产业组织没有得到根本改造，而且还不断地繁衍出新的规模不经济的生产企业。且不说近几年来大量涌现出来的以传统技术和生产方式为基础的乡镇企业缺乏规模经济效益，就连依靠引进国外先进技术和生产线而建立起来的电视机、洗衣机、电冰箱等生产企业，其生产批量也远远低于规模经济的要求。尽管这些企业的潜在生产能力也许可以实施大批量生产，但由于该产品生产企业的集中度低，在市场容量既定的情况下，其只能使生产能力闲置起来，无法进行符合规模经济要求的大批量生产。

其五，技术进步以及技术结构调整无明显起色。产业结构高级化的一个重要内容是技术集约化程度的提高，产业结构合理化的一个重要方面是技术结构的调整。虽然我们长期以来一直强调技术进步以及技术结构调整，但它对产业结构调整和完善的作用并不显著。其中一个突出的表现就是，引进的先进技术与国内原有技术无法融合，从而使移入结构形成自我循环的封闭状态，割裂了产业关联。另外，比较先进的技术和尖端技术大部分聚集在属于长线的加工产业内，而属于短线的基础产业的技术水平相对落后。这种技术结构的部门分布迟迟得不到解决，严重阻碍了产业结构的有效调整。

其六，发展高技术产业中途夭折。面对迅速兴起的世界新技术革命，我们曾一度提出了迎接世界新技术革命挑战，发展高技术产业的政策主张。但热了一阵之后，便开始冷却了，甚至不怎么提了。现在，则把注意力集中在世界产业结构调整所提供的产业国别转移的机遇上，准备迎接另一种挑战。

上述这些产业政策效应偏差基本上是属于整体性偏差。从时间过程来看，这些政策的实施都已有相当长的时间，有的甚至是长期强调的。按理经过这样的时间段，其政策应不断完善，趋于成熟，从而使政策效应偏差收敛。但从上述的实证分析中，似乎看不到这种迹象。相反，有的政策效应偏差甚至趋于扩大。

因此,可以断定这些产业政策效应偏差主要不是政策过程中的阶段性偏差,而是整体性偏差。从空间结构来看,这些政策的实施几乎在所有地区都没有达到预期效果。基础产业发展滞后,地区结构趋同,小批量分散生产状况没有改观,技术进步缓慢等,这些都是带有普遍性的问题,而不是局部地区的问题。当然,这些问题在不同地区可能有程度上的差别,但却普遍地存在。因此,可以断定这些产业政策效应偏差基本上属于空间整体性偏差。

24.2.2　中国产业政策效应偏差的因素分析

既然这些产业政策效应偏差表现为整体性偏差,那么它在很大程度上是由人为因素引起的。为了纠正和克服这种政策效应偏差,提高政策的有效性,我们应认真分析这些因素,找出问题的症结所在。根据上面的理论框架的提示,我们将从三个层面展开分析。

1. 政策设计误差

不可否认,在上面所列举的产业政策效应偏差情况中,有些确实是由政策设计误差所引起的。其具体表现是:

(1) 对产业现状及环境条件缺乏深入的调查研究和全面分析,致使政策主张与客观存在的经济社会条件发生偏差。例如在发展高技术产业问题上,就有脱离实际、操之过急的倾向,超出了现阶段中国经济、技术条件的承受能力,因而这一政策主张在实践中很难推行,不久便偃旗息鼓了。当然,这并不是说完全不要发展高技术产业。适当发展一些有比较优势的高技术产业,还是符合实际要求的。

(2) 注重于政策目标选择和方向性的大思路,缺乏强有力的政策措施,目标变量与手段变量不对称。例如,优先发展基础产业,目标很明确,也符合实际要求,但具体贯彻落实的措施少,手段乏力。尽管年年在喊,要优先发展基础产业,但由于措施不到位,成效不大。

(3) 政策设计缺乏系统性,致使一些经济政策形成对产业政策的冲击,使其无法有效实施。例如,发展短线,压缩长线,控制工业增长速度,但下达的财政收入增长计划指标却很高。这样,就只好增加固定资产投资,用工业的高速度来保证财政收入增长计划的完成。结果,产业结构调整也就“名存实亡”了。其他一些追求产值速度的经济政策也在很大程度上“架空”了产业政策的实施。

(4) 决策存在随机性，政策多变，缺乏稳定性和连续性。例如，发展第三产业一哄而上，全民经商，大办宾馆，一旦出现流通领域秩序混乱，便大砍公司，停建宾馆。应该讲，前者与后者都是不正常的，其主要原因在于政策设计上的失误。这种政策失误严重影响了第三产业的健康发展。

2. 政策执行走样

自经济体制改革以来，产业政策在其执行过程中出现“走样”的现象日益突出，“上有政策，下有对策”已成为普遍现象。这对政策效应偏差有重大影响，其主要表现为：

(1) 政策象征性执行。政策在实施过程中只是被宣传一通，象征性地搞一点，走“过场”。例如，发展基础产业，虽然中央三令五申，但地方却没有投资的积极性。1986 年，用于重点产业的投资所占比重，中央为 62.4%，地方仅为 19.2%。地方的大量投资则倾斜于加工工业。

(2) 政策选择性执行。在产业政策执行过程中，选择对其有利的执行，对其不利的，则置若罔闻，从而使政策内容残缺不全。例如，产业结构的地区合理分布，对于本地区有利的布局，坚决执行，大干快上；而对于本地区不利的，则加以抵制。在这一方面，最为突出的是烟、酒生产。尽管布局明显不合理，需要调整，但一些地方政府还是千方百计保护本地区的烟、酒生产。

(3) 政策替换性执行。当有关产业政策可能损害区域利益时，便在“灵活变通”的幌子下，制定一些表面上与原政策一致，而事实上背离原政策精神的“对策”。

(4) 政策附加性执行。在产业政策实施过程中添加超出原政策要求的其他内容，从而使政策的调控对象、范围、力度、目标扩大化。例如，为了促进技术进步和技术结构调整，需要引进和消化国外先进技术。这些引进的先进技术重点应放在有利于短线的基础产业发展上，并且要以软件为主，以关键部件为主。但这一政策在执行中被放大了，引进的技术大量集中在高档耐用消费品生产上，而且大量引进了整套设备、零部件及原材料。

3. 政策对象抗阻

政策对象对产业政策所持的态度也是影响政策效应偏差的一个重要因素。在中国现阶段，政策对象对产业政策所持的态度，总体上反映出来不是很积极的，而是被动的，其主要表现是：

(1) 反应迟钝。客体对象对有关产业政策的实施无动于衷,缺乏热情,似乎是事不关己、不感兴趣的样子。尽管这项政策对其是有利的,也没有什么积极的反应。这种充耳不闻、闻之无动的冷漠态度,使产业政策无法有效地贯彻落实。例如,产业技术进步政策搞了多年,相当部分企业对此并不积极,大量落后的传统技术并没有得到很好的改造。

(2) 墨守成规。在政策客体对象中,这种保守的惰性是相当强大的。一旦原有政策融于客体对象的血液中,就形成其僵化的行为,从而对新政策就产生不自觉的抵触情绪。只有经过相当长的时间,才能淡化和消除这种抵触情绪,适应新的政策。

(3) 承受力差。中国的政策客体对象对其政策的承受能力是十分脆弱的。长期在行政权力的保护下,客体对象形成了极大的依赖性,因而其对外部环境的应变能力是较差的。自然,它们对产业政策引起的利益结构的调整往往是难以承受的。

(4) 缺乏进取精神。没有优惠政策,要政策;有了优惠政策,就躺在这种政策上睡觉。政策客体对象缺乏自我进取的精神,致使一些产业扶植和保护政策往往很难取得预期的效果。

上面我们从三个层面进行了实证分析,总的来说,这三方面的因素共同导致了中国产业政策效应的整体偏差。但比较而言,主导的因素也许是政策执行走样。在中国现阶段,政策执行走样的现象已十分普遍和严重,在中国产业政策效应发生整体性偏差中扮演了一个重要角色。

24.3 产业政策效应偏差的深层原因及其对策

上面关于产业政策效应偏差的实证分析只是指出了政策设计主体、政策执行主体和政策调控对象各自的行为偏差如何导致了产业政策效应的整体性偏差,显然这仅仅是一种表层分析。这种分析对于我们辨别和判断产业政策效应偏差的性质和类型,是十分重要的。但如果想要纠正和克服政策效应的偏差,仅停留在这一层次的分析上是远远不够的。为此,我们还必须进行深层分析,研究导致政策设计主体、政策执行主体和政策客体对象行为偏差的原因。

24.3.1　产业政策效应偏差的深层原因分析

我认为，导致行为偏差的原因一般有三个方面：(1)行为者自身素质差；(2)行为规范机制失效；(3)利益格局混乱。这三个方面从不同的角度引起了政策设计主体、政策执行主体和政策客体对象的行为偏差。人们的行为是直接受利益关系驱动的，利益格局混乱必然导致人们行为紊乱；受利益驱动的行为是要受到约束的，行为规范机制失效必然导致行为越轨；在利益驱动与规范约束之间，人们的行为是需要有自我控制的，较差的素质往往会导致行为失控。从中国现阶段的情况来看，这三方面的问题都不同程度地存在着。

1. 利益格局混乱导致行为偏差

中国目前利益格局的混乱主要表现在两个方面：(1)各方面的利益关系模糊不清，国家利益、地方利益、企业利益、个人利益没有明确的界定，往往是各方利益捆绑在一起，缺乏各自明确的利益目标。(2)利益关系错位，甚至“倒位”，地方政府也和中央政府一样有宏观调节的功能，制定经济规则，企业代政府搞住宅建设、医疗等社会保障福利事业，而企业应该进行的生产经营决策却由政府进行。

在这种利益格局下，政策设计主体、政策执行主体和政策客体对象的行为都在不同程度上发生了畸变。政策设计主体变得患得患失，优柔寡断，既迫于压力要进行产业结构调整，又要保证财政收入追求产值速度，从而政策设计经常自相矛盾，互相冲突，产业政策无法与其他经济政策很好地衔接和配合，也无法始终如一地得到贯彻落实，政策的不稳定和断裂自然也就不可避免。政策执行主体变得急功近利，各自为政，为了扩大自己的区域利益，竞相攀比扩大投资规模，在低水平上铺摊子，将区域优势演变为与外地竞争的特权，封关设卡，实行市场割据，对地方企业实行保护主义，从而在执行产业政策过程中出现严重的政策走样现象。政策客体对象则变得消极被动，得过且过，以收入最大化取代利润目标，用扩大职工福利挤压企业长远发展，眼睛向上，在与上级部门的讨价还价上下功夫，从而对产业政策所要求的产品更新、技术革新、质量提高、能源和原材料节约等不感兴趣，甚至产生抵触。

2. 行为规范机制失效导致行为偏差

中国目前处于大改革之际，传统的行为规范机制已经不再适用，而新的行为规范机制又没有及时建立起来，行为规范化出现了真空，这主要表现在两个方面:(1)缺乏法制规范机制,没有对各当事人的权利和责任作出明确的法律规定,从而无法判定各当事人的行为是否合法,也无法约束其行为。(2)缺乏价值判断准则,无法对当事人活动本身及其后果作出是非善恶的评价,并进而说明哪些行为是“应该的”,哪些行为是“不应该”的。由于不能对当事人的行为方式作出肯定或否定的价值判断,故无法形成由理性观念内化为信念和习惯的道德行为规范。

在行为规范机制失效的情况下,政策设计主体、政策执行主体和政策客体对象都有了使其行为“随心所欲”的较大余地,并都能为其“随心所欲”的行为找到“正当”的理由。政策设计主体可以随意决策,任意更改政策主张,并可以不为其决策负责,其理由是“实行随机性调控”。政策执行主体可以对中央的政策以自己的利益损益值作为对策参数,有选择地实施,其理由是“灵活变通”。政策客体对象可以变换花样,我行我素,钻政策的“空子”,寻求抵触对策,其理由是“要区别对待”。

3. 较差的素质导致行为偏差

在长期的高度集中的行政领导体制下受熏陶的政策设计主体、政策执行主体和政策客体对象,面对目前适应商品经济要求的集中与分散相结合的管理体制和方式,在短期内还难以适应,从而表现出较差的素质,其主要方面是:(1)不熟悉商品经济本身的运行规律和基本规则,不能适应商品经济的客观要求;(2)思维方式、工作方式、管理方式等行为能力与商品经济所要求的管理方式有较大差距。

这种不能适应新管理体制要求的较差的自身素质在一定程度上会引起政策设计主体、政策执行主体和政策客体对象对其自身行为调整的失控,从而导致行为偏差。政策设计主体习惯于行政手段和命令方式,而不善于运用经济手段和法律手段,所以在产业政策设计中往往缺乏有力的政策措施,最后不得不依赖于权力的下放和上收。在此过程中,中央常常对已经下放的各种经济权力作出暂时冻结、控制或上收,自觉或不自觉地发生权益上的“侵权”行为。例如,中央非规范地频繁抽调地方资金等。政策执行主体则缺乏系统性、协调性和选择性的素质,在政策执行上容易走极端。例如,在前一阶段要求农村积极发展多种经营时,便出现忽视粮食生产的倾向,退粮还林、还果、还渔,造成粮食生产骤落,其他各业不稳的现象。目前则又出现砍蕉毁蔗复种粮食的复归局面。政策客体对象对新政策的心理承受能力扭曲，即对于那些适应商品经济要求的新政策存在一种变态心理，产生一种本能的抵触。

24.3.2 产业政策效应偏差的纠正和克服

从上述分析中可以得出一个结论：就其行为本身来说，在目前的客观条件下，是不可妄加非议和指责的。因为自我利益意识的苏醒和对其利益的追求，是商品经济发展的起码要求，这应该看作是经济改革的一大成就，不能把它视为导致行为偏差，进而引起政策效应偏差的根源。问题的根子在于利益格局混乱和行为规范机制失效，从而其对自身利益的追求必然导致行为偏差，较差的素质则又助长了这种行为偏差。因此，纠正和克服产业政策效应偏差，其方向不是抑制政策执行主体和政策客体对象对自身利益的追求，而是矫正利益格局，强化行为规范机制，提高各方素质，使其在相应行为规范下追求自身正当利益的过程中，提出政策、执行政策和接受政策。

1. 矫正利益格局

目前中国混乱的利益格局是中国经济发展模式和经济体制模式双重转换时期的特定产物。具体讲，就是目前现行的财政包干制、企业承包制、价格双轨制、专业银行企业化和地方化，以及国家优惠政策梯度等，既冲击了传统体制下利益“倒位”的超稳态格局，但又形成了利益关系模糊和错位的新格局。因此，矫正目前混乱的利益格局关键在于深化改革，即在改革中明确和调整各方面的利益目标和范围，建立起符合新经济体制要求的利益格局。

当然，这种理顺利益关系的格局调整是十分困难的。既定利益的刚性已构成改革进一步深化的严重障碍，我们已无法退回到原有出发点来重新安排利益格局。唯一的选择是，逐步调整扭曲的利益关系。在利益错位一时难以纠正的情况下，对某些模糊的利益关系先作出较明确的界定，以便建立相应的行为规范，但对这种利益界定不能凝固化。然后针对不同的利益主体强化其某些方面的利益，淡化其另一些方面的利益，矫正错位的利益格局。这样，至少在近期内可以相应减少一些政策效应偏差，尽管它还不能根本改变这种政策效应偏差的性质。这也就意味着近期内不可能指望产业政策能取得较大的实际效果。产业政策的极大成功取决于利益格局的合理化，这也许是一个较长的过程。

2. 强化行为规范机制

从本质上讲,行为规范是从一定的利益格局为基础的,在利益格局尚未合理化之时,行为很难规范化。然而,行为规范机制却可以在一定程度上约束人们的行为,减少行为偏差。因此,在利益格局尚未得到合理调整之时,强化行为规范机制还是很有必要的,并且是目前减少政策效应偏差的主要办法。

强化行为规范机制主要有三方面内容:(1)加强立法建设,健全经济法规,界定各方面利益主体的权限和职责(哪怕是暂时性的和短期的),形成对其行为的法律约束。同时,考虑到随着经济改革深化而带来的利益格局的调整,及时清理和修改原有法规,使其适应变化的需要。(2)加强政治监控功能,改变政策行为的弱监现象。这种监控应该是全面的,不仅要将政策的实施过程作为监察的重要内容,而且也要把政策的设计过程列入监察的重要内容。监察机构应对此进行随时监督,及时发现政策设计和执行过程中的违法违纪行为(如不按法定程序的任意决策和有意使政策走样的不法行为),并及时予以制止,对违法违纪行为进行警告和处分。为此,要加强监控权力,扩大监控途径,建立各种监察机构,严肃政纪。(3)加强道德规范,形成自我约束机制。这主要是通过大量有效宣传,从舆论上确立行为价值判断标准,强化人们自我约束意识,形成个人的内心信念自我评价系统,对自我行为作出肯定或否定的判断,从而自觉地遵守政策行为规范。

3. 提高政策行为的素质

在目前的政策行为偏差中,其素质问题虽然不是主要问题,但在利益格局一时难以理顺的情况下,提高政策行为的素质也是减少政策效应偏差的一个重要措施。并且,从长远来看,提高政策行为的素质也是实现政策有效性的基本保证。

对于政策设计主体来说,主要是提高其科学预测和预见能力,对经济手段、法律手段、行政手段进行合理搭配和提高综合运用的能力,从而使政策主体能审时度势,针对产业发展中出现的新情况,提出切实可行的新思路和目标。这就要求政策设计主体具备:(1)现代化思维方式,具有创造性,不在原有的政策上形成思维定式;(2)要有预见性思考,善于作出超前性调研决策;(3)全方位的系统性观念,注意各项政策的协同和前后政策的衔接;(4)精通各种政策手段,并能熟练地加以优化组合;(5)善于逆向思维,确定合理适度的政策损益值。

对于政策执行主体来说，主要是提高其执行政策的系统性、协调性和选择性的能力，从而使其在坚持政策设计思想的前提下，因地制宜地进行政策的整体协调，明确价值取向的主次缓急以及在其相互发生矛盾时的取舍权衡，扬长避短，发挥自身优势。

对于政策客体对象来说，主要是提高其对商品经济以及建立在此基础上的新政策的适应能力，消除其逆反心理，增强心理承受力，并提高其执行政策的热情和兴趣，使其能对实施的政策作出积极反应。

25 产业政策体系概述

产业政策是政府根据国民经济发展的客观要求，调整和改善产业活动，促进产业发展，从而提高有效供给的政策。由于产业发展是一个涉及其结构、组织、素质等多方面的综合发展，所以产业政策是包括若干子政策（结构政策、组织政策、关系政策）的完整体系。

目前，国内外理论界对各子政策分别作了较深入的研究，但却缺乏对这些具体政策的综合研究，即没有把各项具体政策纳入产业政策体系框架中来，从而割裂了产业结构政策、产业组织政策等之间的内在关联，使其无法实行有机的配套运用。因此，在论述各项具体的产业政策之前，我们首先要分析产业政策体系问题。

25.1 产业政策体系的立论依据

产业政策之所以是一个完整的体系，就在于它是关于产业发展的政策。所谓产业发展是指产业的技术水平、生产能力和种类适应社会需求的变动和要求，从低级向高级、从小到大、从少到多的演变过程。在这一演变过程中，不仅其结构，而且其组织和本身的素质也都将发生相关的变化。事实上，只有这些方面的协调变动，才能实现产业发展。因此，作为促进产业发展的产业政策也必须是一个有机的整体。

产业结构、产业组织和产业素质是构成产业全面发展的三个重要层面。产业结构是产业之间的相互联系及比例关系；产业组织是生产同一产品的生产者在同一市场上形成的关系，即同一产业内不同类型企业间的相互关系；产业素质是企业内各生产要素结合所反映出来的综合能力。由于这种综合能力在很大程度上取决于企业内具有不同职位、身份、权力和利益的集团、个人之间的关系，因而产业素质可以看作为企业内各集团、个人之间相互关系的反映。显然，反映产业之间相互关系的产业结构是最高层面，反映产业内企业之间相互关系的产业组织是中间层面，而反映企业内各集团、个人之间相互关系的产业素质是基础层面。这三个层面构成了一个完整的产业发展(见图 25.1)。

这三个层面之所以构成一个完整的产业发展，就在于这些层面之间存在着内在关联：一方面较高层次的发展要以较低层次的状况为基础；另一方面较低层次的发展又要以较高层次的变动为前提。下面我们作具体分析。

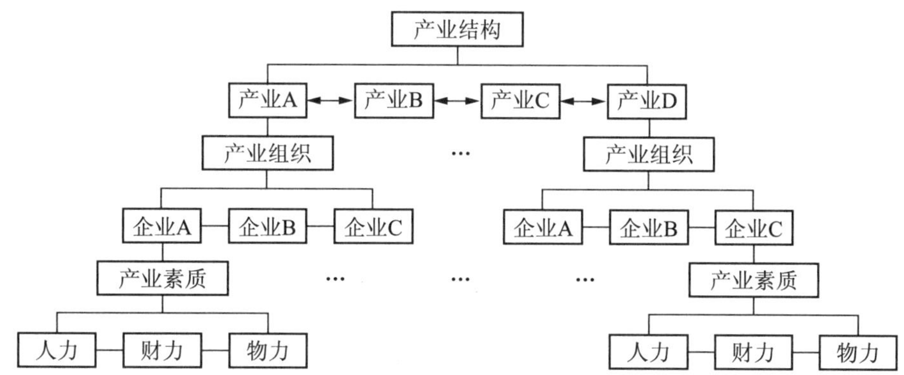

图 25.1 产业发展的三个层面

25.1.1 产业结构成长与产业组织调整的关系

1. 产业结构成长要以产业组织合理为基础

产业结构成长主要取决于结构转换能力，而结构转换能力的大小往往受制于产业组织的状况，具体表现在以下几个方面：

第一，产业结构成长的一个重要方面是具有潜在高增长能力的新兴产业的崛起和发展，而新兴产业的发展要求较快地形成大批量生产体系，并使其接近于最佳规模。如果产业组织不合理，规模不经济，那么新兴产业的发展就会受到影响，致使其“婴儿期”延长，一般说来，某一产业或产品生产要经历“婴儿期”、成长期、成熟期和衰退期四个阶段。即使到了成长期，其产量增长曲线也较平缓。无疑，这将削弱产业结构转换能力。

第二，产业结构成长的另一重要方面是衰退产业的收缩，而衰退产业的有序收缩要通过产业组织的有效竞争。在竞争不足或过度竞争的情况下，衰退产业就难以实现有序的收缩。竞争不足会使过剩资源滞留在衰退产业内，过度竞争会造成资源转移的无序状态，这两种状况都会给产业结构转换带来强烈的摩擦。

第三，产业结构成长要以产业结构合理化为前提，而产业组织的规模不经济却容易恶化产业结构矛盾。例如，中国的原材料基础工业和相当部分的加工产业的规模经济都不甚理想，其结果，一方面导致加工产业对原材料的利用效率低，加重了原材料工业的负担，另一方面原材料工业尽管年年花费巨额投资，但其生产仍然增长缓慢。这样，就形成了基础产业与加工产业的结构性矛盾。这种结构性矛盾是不利于产业结构成长的。

2. 产业组织调整要以产业结构成长为导向

产业组织调整虽然是在同一产业内进行的，但其调整的方向及其内容重点却往往受到产业结构变动的影响。这种影响主要表现为：

第一，对于产业结构变动中不同类型的产业，其组织调整的方向是不同的。新兴产业由于其产量正处于不断扩张之中，因而产业组织调整方向是建立大批量生产体系，促进规模经济，追求最佳企业规模。相反，衰退产业的产量正处于不断收缩之中，但由于这些产业往往已达到了生产高度集中的地步，垄断因素较强，从而阻碍其资源有秩序地向外转移。因此，这类产业的组织调整方向则是抑制垄断，开展有效竞争，促使其资源向外转移。

第二，产业组织调整的重点内容是由产业结构变动的特定阶段决定的。产业结构变动的不同阶段，对产业组织的形态有不同的要求。例如，以轻纺工业为主和以重化学工业为主的两个工业化的不同阶段，后者在大规模生产方面占有极大的经济优势，因而比前者要求有更大规模的生产组织。如果产业结构的演变进入以信息业为主的阶段，也许产业组织又会向分散、小型的方向发展。所以，产业组织调整的重点内容是与产业结构成长阶段分不开的。

25.1.2　产业结构成长与产业素质提高的关系

1. 产业结构成长要以良好的产业素质为基础

第一，在产业结构转换中，政府的产业政策只是对个别行业和企业进行有选择的扶植，大多数企业必须依靠自身的力量来适应产业结构转换所引起的市场条件的动态变化，以受益于市场的迅速扩大，从而融汇到产业结构转换的大趋势之中。这就要求企业具有强大的活力，积极参与产业结构的转换。即使是那些少数受惠于政府扶植政策的企业，也必须有活力，寻求自身的发展。否则，它不仅会降低政府扶植政策的效果，而且一旦失去了保护，这些企业便会崩溃，难以充当产业结构转换中的重要角色。总之，企业缺乏活力对产业结构成长构成了真正的威胁。没有一个国家能在企业缺乏活力的情况下，真正具备产业结构转换的强大能力的。

第二，产业结构转换将改变原有的产业关联格局，引起企业外部环境的较大变动，在此过程中，企业将不可避免地面临不同程度的振荡和压力。例如，因原有产业关联的变动而带来某些供求关系和供求渠道的暂时无序状态（需要有一个重新组合过程）。因此，企业要具备一定的承受力，方能经受住产业结构转换初始阶段混沌无序的考验。否则，产业结构转换就难以从无序走向有序。

第三，产业结构转换是资源在不同产业间的重新配置。它不仅要求生产要素在部门间的转移，而且要求原有产业的技术改造和产品更新。如果企业缺乏发展后劲，技术薄弱，积累微薄，那么它就无法适应产业结构转换的要求。

2. 产业素质提高有赖于产业结构变动状况

第一，不合理的产业结构将严重危害产业素质，尤其当原材料、能源等基础产业发展滞后时，许多加工企业的生产能力会受到损害，出现待工待料、强行替代等现象，使相当一部分生产要素处于非自愿滞存状态。经验证明，产业结构合理与否，同产业素质的提高或下降有很大的相关性。

第二，产业结构水平从总体上规定了产业技术水平。我们知道，决定产业素质的一个重要方面是技术进步。然而，产业结构从低级向高级的演进实质上就是不断提高技术集约性的过程。因此，产业的技术水平总是与一定发展水平的产业结构相适应的。产业结构越是高级化，先进技术的运用也就越普遍（包括对传统产业的技术改造），与此相适应，产业素质提高越快。

25.2.3 产业组织调整与产业素质提高的关系

1. 产业组织调整要以良好的产业素质为前提

产业组织调整主要是协调规模经济与竞争活力之间的关系，实现有效竞争。它受产业素质状况的制约主要表现在以下几个方面：

第一,规模经济的形成要求企业具有自我发展的能力。从理论上讲,企业的最佳规模是长期平均成本费用达到最低点的规模。所以,企业在追求规模经济过程中,不仅要调整短期费用,而且更要扩大生产能力,使长期费用曲线向下倾斜。如果企业不具备自我发展的能力,就难以形成规模经济。

第二,实行有效竞争,除了建立正常的竞争秩序外,参与竞争的企业具备良好的竞争意识和竞争能力也是十分重要的。如果企业不具备这些方面的条件,有效竞争是无法开展的。

第三,产业组织调整在很大程度上是分工协作发展的要求。它一方面趋向于生产集中,另一方面又趋向于专业化生产所引起的分散,其结果是要形成数目众多的专业化中小企业按生产技术协作关系聚集在大企业周围的组织结构。在这一过程中,企业要适应社会分工协作的要求,寻求自身的发展道路。就装配型行业而言,一些有条件的企业应向大型专业化整机企业发展,大量企业则应向小而专的零部件企业发展。如果企业缺乏这方面的适应能力,就会阻碍产业组织的合理化。

2. 产业素质提高有赖于合理的产业组织条件

产业素质的提高虽然主要依靠企业自身努力,但产业组织这一外部条件对其影响很大,这主要表现在以下几个方面:

第一,缺乏高度专业化分工协作的产业组织形式,往往导致大而全、小而全的企业生产。这种生产方式使企业平均成本提高,生产效率低下,产品质量差劣。与此相反,在高度专业化分工协作的产业组织中,即使对于小企业,也能使其参加大批量生产。这样,就有利于企业降低成本,提高生产效率,改善产品质量。

第二,企业在缺乏适度竞争秩序的产业组织关系中,其发展能力必然被削弱。在竞争不足的情况下,垄断企业会由于缺乏竞争压力而故步自封,满足现状,停滞不前。在过度竞争的情况下,企业会大量破产,导致资源浪费。因此,这都不利于企业自身素质的提高。

总之,产业结构、产业组织、产业素质三者之间是互相影响、互相制约的。它们之间的互相作用和互相促进,构成了产业发展。也就是说,产业发展不是某一方面的单一发展,而是其结构、组织、素质的全面有机发展。这就是产业政策体系的立论依据。

25.2 产业政策体系的统一性

产业政策体系是由产业结构政策、产业组织政策和产业关系政策构成的。这三个子政策虽然各有其自身的内容和作用对象，但它们之间有着高度的统一性，形成了一个完整的产业政策体系。

产业结构政策是根据产业结构变动趋势，为促进产业结构接近理想状态而实施的政策措施。产业结构的理想状态就是适合一国经济发展水平的合理化基础上的产业结构高级化。这种状态将带来国民经济持续、稳定、协调的发展。因此，从推动产业结构的合理演进中，求经济发展的速度和效益的思想，就成为产业结构政策的精髓。

产业组织政策是政府为解决产业活动中规模经济与竞争活力这一矛盾，实现有效竞争所实行的政策措施。产业组织中的有效竞争，既能保证产业享有规模经济，同时又能使其保持竞争活力。因此，从促进有效竞争中实现资源的合理配置和有效利用的思想，就成为产业组织政策的精髓。

产业关系政策是政府为调解企业内部各利益集团关系，以提高产业素质的政策措施。企业内各种利益关系的协调是提高产业素质的根本保证。因而，从促进利益关系协调中提高产业素质，保证经济效益的思想，就成为产业关系政策的精髓。

这三大产业政策虽然运用于产业发展的三个不同层次，有各自的内容和政策目标，但其基本要求和指导思想有着高度统一性。

25.2.1 基本要求的统一性

产业结构政策的主要目标，一是实现产业结构合理化，二是促进产业结构高级化。这两者是互相渗透、交互作用的。一方面，促进产业结构高级化要以结构合理化为基础，而且产业结构发展阶段的水平越高，其合理化的要求就越严(因产业间的技术经济联系日益复杂，结构一体化的整体性要求更高)。另一方面，要实现产业结构合理化，则必须在其高级化的动态过程中进行(例如，用先进技术来装备和发展瓶颈产业)。然而，不论是实现产业结构合理化，还是促进其高级化,其基本任务都是为了提高宏观资源配置效益,以适应社会需求变动的要求。

产业组织政策的主要目标,一是充分享有规模经济,二是保持竞争活力。这两者有一定的冲突。在市场规模有限的情况下,企业追求规模经济势必造成生产集中,形成垄断因素,从而抑制竞争活力。反过来,抑制垄断在某种程度上也会影响规模经济,使生产不能在费用最低的最佳规模下进行。因此,这两个目标之间要进行协调,以便实现有效竞争,搞活产业经济,提高经济效益,增加有效供给。

产业关系政策的主要目标,一是产业安定,二是产业民主,三是产业发展。这些目标的贯彻,最终将提高产业素质,从而为提高产品质量,加速产品更新换代,提高经济效益提供重要的保证。

上述各产业政策的目标虽然有异,但其基本任务则是同一的,无非是两个方面的内容:(1)资源合理配置。产业结构政策是为了促进资源的结构性配置,产业组织政策是为了促进资源的规模性配置,产业关系政策是为了促进资源的要素性配置。这三大政策的具体目标在促进资源合理配置的基本任务上统一起来了。(2)适应和满足社会需求变动的要求。产业结构政策是为了促进供给结构适应需求结构的变动,产业组织政策是根据某一产品的市场需求规模,促进其增加有效供给,产业关系政策是为了增强企业对市场需求变动的应变能力。

25.2.2 指导思想的统一性

产业结构政策、产业组织政策、产业关系政策虽然其内容不同,但政策指导思想则是统一的,即都贯穿着创新与协调的思想。产业结构政策的指导思想在前面章节里已作了详细论述,这里我们只是对产业组织政策和产业关系政策所贯穿的创新与协调的思想,加以论述。

首先,产业组织政策的指导思想。产业组织政策的一个重要内容是促使产业充分享有规模经济,而实现规模经济主要依靠两个方面的努力:一是实现生产和管理过程中的标准化、专业化和单一化,发挥分工协作的效益;二是不断进行技术改造和设备更新,使生产规模不断接近最低费用的规模。如果不伴随技术、工艺水平的提高,不伴随分工、协作及标准化、专业化、单一化的进展,单有生产批量的增加,规模经济是难以达到的。从长期来看,规模经济是因技术进步而形成和发展的，反过来，也只有技术和组织上的创新，才能顺利实现规模经济。当然，规模经济也有利于促进创新，提高企业的技术进出率(技术售出/技术改进)，增加技术研究费用和研究人员，以及加快设备更新。所以，产业组织政策也始终贯穿着促进创新的指导思想。

产业组织政策的另一个重要内容是保持产业的竞争活力。为了达到这一目标，一方面要反对垄断，促进竞争；另一方面要抑制过度竞争，保持合理竞争。对于前者，通常采取两项主要措施：第一，控制市场结构，例如降低企业的生产集中度或制止其集中度上升，降低行业进入壁垒或制止其上升，降低产品差别化的程度等等，以抑制垄断因素。第二，控制市场行为，例如干预企业确定价格的方式，干预产品非价格竞争，反对压制竞争对手的行为等。对于后者，通常也是采取两项主要措施：一是建立以专业化分工协作为基础的竞争关系，例如促进企业合并或联合，组建企业集团，实行行业管理等，以形成多层次的适度竞争关系。二是整顿竞争秩序，例如通过价格补贴及其他援助方式稳定某些行业的生产，通过政府购买来调剂市场供求关系、稳定市场与价格，干预那些过度的非价格竞争等。可见，不管是反对垄断，还是抑制过度竞争，其政策措施都是围绕着协调产业竞争关系而展开的。只有协调好这种产业竞争关系，才能实现产业组织合理化。因此，协调也是产业组织政策所始终贯彻的政策思想。

其次，产业关系政策的指导思想。产业关系政策的主要目标之一是促进企业发展，而企业发展的物质基础则是技术进步。如果一个企业缺乏技术创新的能力，那么该企业在竞争环境中是难以生存和发展的。通常，一个企业的创新能力越强，其发展的潜力越大。在技术进步加速度的世界新技术革命浪潮下，尤其如此。因此，促进产业发展，关键是提高其创新能力。

产业关系政策的另两个目标是产业安定和产业民主。为了实现这些目标，就要通过各种立法(例如企业法、就业法、劳动关系法等)保障企业内各集团的基本权益，建立调解、调停、仲裁制度以处理产业纠纷(或者在强调调和的前提下，找出一个使纠纷双方都可以接受的解决办法，或者要求纠纷双方以公共利益为重，放弃各自利益实行互相妥协)，大力培育集团利益代表组织(例如工会、企业家协会等)，建立产业关系的自我调节机制，形成互相协商、共同参与决策的管理制度等。所有这些措施都是为了协调企业内各利益集团的关系，从而充分发挥各方面的积极性和主动性。

可见,三大产业政策的指导思想是统一的,都贯穿着创新和协调的基本主线(见图 25.2)。

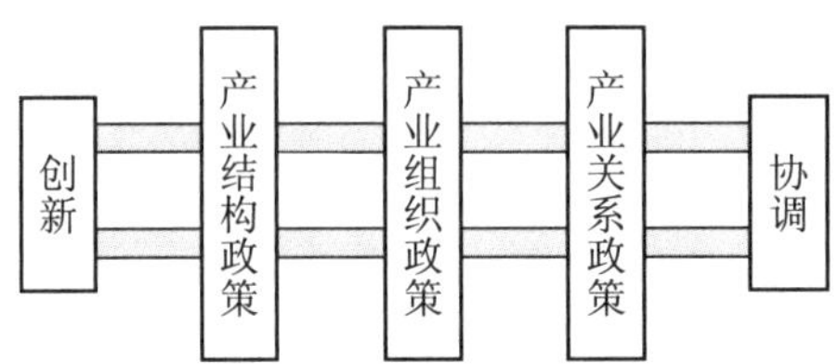

图 25.2 三大产业政策指导思想的统一性

25.3 不同层次产业政策的配套运用

既然产业结构政策、产业组织政策、产业关系政策之间具有内在的统一性,从而构成一个完整的产业政策体系,那么在政策实践中就要统筹兼顾、配套运用,以取得有效的政策效果。

从各国产业政策实施的经验教训来看,强调不同层次产业政策的配套运用,具有重大的现实意义。在这方面,比较成功的典型首推日本。日本在 50 年代后期与 60 年代初进入了经济高速增长阶段,为了适应由轻纺工业为主的工业化阶段向重化学工业为主的工业化阶段的转变,改变当时落后的产业结构,扶植一批在国际贸易中占有和将能占有较大比重的“战略产业”,打入国际经济,日本政府选择了机械工业等战略产业,颁布了诸如著名的“机械工业振兴临时措施法”(简称“机振法”)。但日本政府并不限于这种战略产业选择的产业结构政策,而是把产业组织政策与之紧密地结合起来。为了振兴战略产业,日本政府当时所采取的产业组织政策偏重于限制竞争,促进资本迅速集中,通过推进“合理化卡特尔”的形成,组织建立大批量生产体制。例如以重化学工业为中心重新集结成的三菱、住友、三井等企业集团,以及日立制作所、新日铁、松下电器公司、日产汽车公司等金字塔结构的机能型企业集团。为了建立大规模生产体制,日本政府还采取了一系列扶植中、小企业的政策,提高中小企业素质,同时促使这些中、小企业围绕大企业按生产技术协作关系实行专业化生产。这些产业政策的配套运用使日本以低成本的竞争优势,在机械、钢铁、汽车、家用电器等行业迅速扩大国际市场份额，打入国际经济，并由此带动国内工业持续高速增长。因此，产业结构政策、产业组织政策、产业关系政策的综合配套运用，成为战后日本经济迅速发展，以至能够跻身于经济大国之列的重要秘诀之一。

长期以来，我们虽然没有明确提出产业结构政策，但在实际工作中还是有发展重点的，主要是发展重化工业。且不论这种发展重点的选择是否适宜，在重化工业的发展过程中，我们缺乏产业组织政策和产业关系政策与之相配套（还有其他体制等因素），迟迟未能建立大规模、大批量生产体制，专业化分工水平低，规模不经济的小企业大量存在，企业素质差，技术进步缓慢，从而大大延缓了产业结构高级化进程，减弱了产业结构转换能力，并使工业经济效益长期处于低下水平。例如，中国的钢铁工业和汽车工业的发展由于未能充分利用规模经济且自身素质低下，其发展的"婴儿期"大大延长，而且即使到了成长期，产量增长曲线也较平缓。中国钢产量达到 1200 万吨以后，便出现缓慢增长，用了 15 年时间只将产量提高到 2500 万吨（日本用相同的时间却将产量从 1200 万吨提高到 10700 万吨）。中国汽车产量达到 11 万辆以后，用了 15 年时间，只将产量增加了 26 万辆（日本用相同的时间，在相同的基数上将产量提高了 582 万辆，实现了汽车工业起飞）。最近一段时期，我们明确地提出了产业发展序列，加强基础产业发展，以缓解国民经济瓶颈制约。这无疑是一大政策进步，但没有明确提出不同层次产业政策配套运用的问题，乃为政策的缺陷。

不同层次产业政策配套运用的提出，来源于产业政策实践的需要，具有强烈的现实针对性。在产业政策实践过程中，经常会出现一些不理想的政策效果。这些不理想的政策效果的产生，往往与不同层次产业政策缺乏配套运用有关。这种缺乏政策配套运用，从而带来政策失效的情况，仔细分析起来，有两种类型：

第一种类型是不同层次产业政策内在矛盾性引起的政策失效。前面我们充分论证了不同层次产业政策之间的内在统一性，没有分析其矛盾性的一面。实际上，不同层次产业政策之间也存在着客观矛盾性。因为，产业结构政策、产业组织政策、产业关系政策各自的具体政策目标、具体政策内容，以及政策实施方式，毕竟是不同的。这种政策本身的差异，客观上也是一种矛盾的表现，尽管这一矛盾本质上并不是对抗性矛盾，但如不进行协调，也会产生一定的政策摩擦。从这一意义上说，不同层次产业政策之间的配套运用是其内在矛盾性的客观要求。

第二种类型是不同层次产业政策搭配不当引起的政策失效。这种情况在很大程度上属于政策失误，其具体表现是：(1)产业政策残缺不全，有了产业结构政策，却没有产业组织政策；有了产业组织政策，却缺乏产业关系政策，或缺乏产业结构政策。(2)不同层次产业政策在一定时点上，其政策重点不协调，从而政策力量互相牵制，甚至互相抵消。(3)不同层次产业政策实施的力度不均衡，有的贯彻有力，有的落实不够，难以形成整体政策效应。在实际工作中，这些现象是经常发生的。强调不同层次产业政策的配套运用，主要是针对这种情况提出来的。

在充分肯定不同层次产业政策配套运用的重大意义的基础上，我们还应进一步分析如何实现不同层次产业政策的配套运用。尽管这是一个十分复杂的问题，涉及决策者的政策水平、政策组织机构、政策对象的接受程度等一系列体制因素，但我们还是可以提出一些不同层次的产业政策合理配套运用的基本原则：(1)共生性原则。产业结构政策、产业组织政策、产业关系政策必须同时产生，一起运用贯彻，不能单独运用其中某一政策。为此，在制定政策时，要全面考虑不同层次的产业政策，把其作为一个完整的政策体系来加以实际运用。(2)同向性原则。在某一特定时点，不同层次产业政策的目标必须具有同向性，政策侧重点一致。例如，当产业结构向重化工业为主的重型化转变时，产业组织政策应偏向于抑制竞争，加速生产集中，追求规模经济，而不应偏向于反垄断，发展过度竞争。(3)同步性原则。在政策目标同向性前提下，不同层次产业政策的运用要同步进行，有机配合，以形成整体效应。其中任一政策的滞后运用，都将削弱其他政策的政策力量。(4)调和性原则。不同层次产业政策之间的内在矛盾要加以调和，使宏观、中观、微观的关系趋于协调。在一般情况下，这种政策调和以低级层次服从高级层次为准则。

上述基本原则对于产业政策的配套运用是很重要的。不论在什么情况下，贯彻这些基本原则，都将有利于发挥产业政策体系的作用，从而提高产业政策的实际效果。为了在实际工作中贯彻这些基本原则，我们必须在产业政策制定与实施过程中处理好不同层次产业政策的关系。

(1) 以产业结构政策为产业政策体系的核心，围绕这一核心展开产业政策的配套运用。产业结构政策是产业政策体系中最高层次的政策。这一政策所要推进的产业结构高级化是一个带根本性的战略问题。因此，规划产业结构的前景和目标就成为制定经济发展战略的核心问题之一。显然,在产业政策体系配套运用中,产业组织政策和产业关系政策的目标与侧重点应趋同于产业结构政策的目标与重点;产业组织政策和产业关系政策的具体内容应服从于产业结构政策的要求;产业组织政策和产业关系政策的实施应配合产业结构政策的贯彻。

(2) 以产业关系政策为产业政策体系的基础,在此基础上有效实施产业结构政策和产业组织政策。产业关系政策的直接调节客体是企业,而企业是国民经济的细胞,是生产力的载体,企业状况如何直接影响产业结构调整和产业组织调整。从这一意义上说,增强企业活力,提高企业素质是顺利调整产业结构和产业组织的基础。因此,采取有效的产业关系政策,促进企业发展,才能奠定产业结构政策和产业组织政策有效实施的微观基础,从而发挥产业政策的作用。否则,再好的产业结构政策和产业组织政策,也将在实施中变形,难以取得应有的政策效果。

(3) 以产业组织政策为中介,联结产业结构政策与产业关系政策的配套运用。产业组织政策既可以促进良好的竞争环境,有利于企业的发展和规模经济的利用,又可以引导社会资源的投入方向,通过促进企业间的兼并与联合实现资源的重新组合,推动产业结构向高级化转换,因此以产业组织政策为中介是实现产业政策体系配套运用的有力杠杆。以产业组织政策为中介,把产业结构政策与产业关系政策有机地联系起来,其实质是通过合理的政策结构,发挥不同层次产业政策的整体效应。如果不以产业组织政策为其中介,不同层次的产业政策就很难达到有机的配合。

当然,在不同的经济发展阶段、不同的经济运行机制、不同的历史背景下,不同层次产业政策的运用也许会有不同的重点,这要根据一国的产业结构、产业组织、产业关系的具体状况来确定,但上述的不同层次产业政策之间的关系也许是普遍适用的,是实现产业政策体系配套运用的基本保证。

26 产业结构政策(上):选择基准新假说

产业结构政策是根据一定时期内一国产业结构的变化趋势而制定的为促使实现这种结构变化应采取的政策措施。采取这一政策措施,首先要确定其重心,即政府重点扶植哪种类型的产业以促进整个产业结构的转换。从中自然就会引申出确定所需扶植产业的选择基准问题。

目前国内理论界对产业结构政策的选择基准,主要是参照日本经济学家的一些观点,加以补充而确立的。这种选择基准由于不符合后起国家的实际,不仅具有严重的局限性,而且在政策实践上是失效的。为此,我试图从实际出发,提出一个新的选择基准假说。

26.1 历史的启示:选择基准在政策实践中失效

在产业经济理论史上,日本经济学家筱原三代平曾提出"收入弹性基准"和"生产率上升基准"。按照这两个基准,就是要选择那些收入弹性较大、有巨大社会需求量,而生产率上升快、技术水平高的产业作为政府重点扶植产业。此外,发展经济学家赫奇曼也曾经提出"产业关联基准"①。按照这一基准,就要通过投入产出分析,对各产业的前向连锁度和后向连锁度进行比较,选择那些连锁度大的产业作为政府重点扶植产业。以后,日本经济学家又提出了"创造就业机会

① 参阅赫奇曼:《经济发展策略》,台湾银行1974年版。

基准”“过密环境基准”“工作内容基准”等。[①]然而,这些选择基准,在以往的政策实践中普遍失效。下面以日本和联邦德国为例来说明。

日本60年代经济高速增长时期,政府在政策实践中并没有用财政援助和税收优惠来扶植符合“收入弹性基准”和“生产率上升基准”的大多数新兴产业。60年代初的缝纫机、照相机、摩托车、半导体等产业,以至60年代后半期的彩电、录音机、台式电子计算机、机床、纤维机械、通信机械等产业,都是在没有政府扶植的情况下,依靠自己的力量发展起来的。与此相反,那些显然不符合“收入弹性”和“生产率上升”等基准的传统产业和薄弱产业,则得到政府的大力扶植和保护。其中,对农业给予了极为优厚的补助和保护,对已失去竞争能力的煤炭工业发放了大量补助金,甚至对苦于结构性萧条的纤维工业和海运业也采取了保护和资助措施。据统计,1955—1982年,日本政府财政向农林水产业发放的补助金额一直占80%以上,在非农部门发放的补助金中,发给纤维和酿酒等竞争力弱的产业和中小企业的也一直占一半左右。同期,向开发尖端技术项目提供的资助经费,即使在数量最多的1974年也不到4%,而在80年代初则下降到1%强。[②]正如美国学者特莱齐斯指出的,在日本,相对于总投资要求而言相当大数量的公共基金并没有投入具有高增长潜力的私人产业或经济部门。不仅财政拨款,而且大量被控制用于政府投资的储蓄,绝大部分被用来扶植那些病态的但政治上重要的产业,或大多数国家都给予适当考虑的公共部门。[③]

联邦德国政府在1970年曾经把发展新兴产业部门确立为产业结构政策的首要任务,但在实际工作中,这一方针并没有被很好地贯彻。据有的学者讲,早在1970年联邦德国的2/3的联邦资助和税收补贴被用于帮助衰退产业。[④]1977年联邦政府便明确地改变了原有的方针,指出:“应该着重消除社会障碍,促进产业结构适应过程。”[⑤]政府对产业部门资助的重点从而明确地转向了形成“社会

① 参阅小宫隆太郎等编:《日本的产业政策》,国际文化出版公司1988年版,第10页。

② 参阅《现代日本经济事典》,中国社会科学出版社1982年版,第301—302页。

③ 参阅菲律普·H.特芝塞:《日本的产业政策》,载玛格丽特·F.德瓦尔编:《产业生命力:国家产业政策》,皮加蒙出版社1982年版,第189页。

④ 乔治·H.库斯特:《德国》,载雷蒙·维龙编:《商业和国家:西欧的变化中的关系》,哈佛大学出版社1974年版,第74页。

⑤ 转引自西柏林经济研究所:《1980年度结构报告》,第218页。见周叔莲、杨沐编:《国外产业政策研究》,经济管理出版社1988年版。

障碍”的产业。直至目前，联邦德国的财政补贴和税收优惠主要集中在采矿业、农业、原材料和能源工业、造船业、交通运输业、航天工业，仅农业和采矿业两项，1982 年财政补贴就占 66.6%。

除此之外，在美国、英国以及众多的发展中国家，产业结构政策的重心也都转向对传统产业和薄弱产业的扶植。由此看来，选择基准在政策实践中的失效不是个别的、偶然的现象，这就不能不引起我们对这种失效现象的反思，重新认识这些选择基准的正确性和适应性。

26.2 选择基准失效的原因分析

对于这种选择基准失效现象，日本经济学家小宫隆太郎的解释是，这些标准在经济学上的意义不明确。例如创造就业机会标准。当用关联产业分析将某种产业的成本分解为第一次生产要素时，是否更应该优待那些劳动密集度高的产业呢？另外，当某产业只是达到了其中某些标准，而不是所有标准时，该产业能否成为“产业结构”政策的优待对象呢？[①]应当肯定，小宫隆太郎的分析是有道理的。当选择基准本身含义尚不明确或在逻辑上存在矛盾时，它自然无法在政策实践中运用。尤其在这种选择基准不是单一的标准，而是由诸多标准构成的一个体系时，更应该把这些选择基准之间的关系弄清楚，使其具有统一性。否则，这些互相冲突的选择基准就会使政策制定者无所适从。但这种缺陷不是选择基准本质上的错误，而是一种不完善的表现，它完全可以通过进一步的改进，从而在政策实践中发挥效用。然而，许多国家产业政策的实践并没有提出这种要求，更没有创造出这种“奇迹”。看来，事情要复杂得多，并不仅仅是因为选择基准不够明确才导致其在政策实践中失效。即使从严格意义上说，“收入弹性基准”和“生产率上升基准”应该是明确的。而且这两个基准之间也并不冲突，前者主要考虑需求的变化，后者主要考虑供给的变化。两者的结合从理论上来说是比较合理和全面的，但为什么它在政策实践中仍然失效？这也许是小宫隆太郎的分析所解释不了的，因此小宫隆太郎的分析并没有指出其真正的要害。

---

① 见小宫隆太郎等编:《日本的产业政策》,国际文化出版公司 1988 年版,第 9 页。

美国一些经济学家对选择基准失效现象另有看法。他们认为,尽管政府援助困难产业很少有成功的机会。但政府还是要扶植困难产业的。否则,将会形成强大的政治压力,政治家和政府官员是不会长期忽视这种要求解决困难产业的压力的。①这一分析正确地指出了纯经济分析与政策实践的区别和矛盾。上述这些选择基准都是建立在纯经济分析基础上的,但在政策实践中则还要考虑其他非经济因素,这就不可避免地会使选择基准与政策实践发生冲突。美国经济学家的这一分析隐含着一个基本前提,即选择基准是正确的,失效主要是由于非经济因素的政治压力。对于这一解释,我感到说服力还不够。因为,如果选择基准是正确的,它只会在政策实践中发生变形,而不可能完全失效。进一步说,作为产业结构政策的选择基准,也不能只具有经济分析的纯理论意义,还应该兼顾一些非经济因素。更为重要的是,如果政府不援助困难产业会受到政治压力的话,不扶植新兴产业发展也同样会有强大的政治压力。美国极力想保住世界经济"第一把交椅"的地位,就是一种强大的政治压力。而在那些执行"赶超"战略的发展中国家,要求扶植新兴产业的政治压力也许会更大,为什么当年的日本和联邦德国政府却没有屈从这种政治压力呢?看来,这种分析也没有切中要害。

因此,我认为,上述选择基准在政策实践中失效,既不在于选择基准本身的不完善,也不在于外部的政治压力,根本原因在于其本身严重的缺陷所导致的本质错误。

日本经济学家提出的上述一系列选择基准,如果作为一个内在统一的体系,应把"创造就业机会基准"除外,因为这一基准与"生产率上升基准"等是有矛盾的,劳动密集型产业与技术密集型产业分别属于产业发展的不同阶段。上述小宫隆太郎的质问是有道理的。因此,下面对选择基准的分析判断是撇开"创造就业机会基准"的,主要针对"收入弹性基准""生产率上升基准"和"产业关联基准"。

按照"收入弹性基准""生产率上升基准"和"产业关联基准"来选择政府予以扶植的产业,无疑大部分是具有高增长潜力的新兴产业。这里首先就遇到一个疑问:这些具有强大生命力的产业为什么还要政府给予优惠待遇呢?小宫隆太

① 参阅玛格丽特·E.德瓦尔编:《产业生命力:国家产业政策》,皮加蒙出版社1982年版,第13—15页。

郎说得对:“如果某种产业对其产品的需求收入灵活性很高,并且它的劳动生产率上升幅度也很大,那么,一般这种产业就能够独立发展下去。仅从这点来看,就不存在必须从政策上对这些产业提供优惠的理由。”①显然,运用这些选择基准来确定政府扶植的产业,并不限于仅仅让这些产业能够生存和发展,其用意在于使这些产业来带动所有产业的发展。这就不难明白为什么还要政府给予这些具有强大生命力的产业以优惠了。

因此,在这些选择基准背后,实质上贯彻着一种“以先进产业带动整个产业发展”的战略方针。尽管战略方针有其立论基础,似乎是顺应了产业结构演化的趋势,但要实行这种战略方针则需要具备充分的条件,主要有:

第一,产业基础相当完善(这里指的产业基础是广义的,包括交通运输设施、能源和原材料),不存在严重的“瓶颈”制约。否则,先进产业不仅不能带动整个产业的发展,而且连自身的发展也将受到制约。日本的产业发展历史证明了这一点。1955年以后,日本出现了经济的持续高速增长,但产业基础薄弱成为经济增长的障碍。60年代后期,在产业基础不足的制约下,公害问题、城市问题、人口过密问题等已被作为高速增长带来的弊病提了出来,政策也被迫逐渐向多样化发展。

第二,产业结构应具有同质结构性质,不存在二元经济的结构性矛盾。否则,先进产业的加快发展,将激化现代产业与传统产业的结构性矛盾。因为在现代产业与传统产业之间缺乏“天然”联系,先进产业的波及效应无法传递给传统产业,从而不仅不能带动传统产业的发展,相反,它还会加深和扩大传统产业与现代产业之间的“断裂层”。

第三,产业素质较好,具有较强的自我调整能力。这就是说,被带动的产业对先进产业的波及效应有良好的反应,能及时调整自身的行为。

第四,产业间的要素流动比较通畅,不存在严重的阻隔。因为先进产业带动整个产业的发展,必然伴随着各个产业不同程度的扩张或收缩,这种扩张或收缩能否顺利地实现,在很大程度上取决于生产要素在产业部门之间的转移能力。

从上述条件来看,这种战略方针也许只适合于高度发展的现代化经济。即使像处于“起飞”时期的日本和联邦德国也是难以实现的。因此,以这一框架为

① 小宫隆太郎等编:《日本的产业政策》,国际文化出版公司1988年版,第9页。

背景的选择基准,不仅不能成为超越阶段性的普遍适用的"公理",而且在产业结构高级化进程的一定阶段是具有本质错误的。这就是它在政策实践中失效的根本原因。

26.3 选择基准对中国的影响:理论困惑与政策缺陷

不幸的是,这些在政策实践中已失效的选择基准却对中国有着很大的影响。在不少经济学文献中,都把"技术进步率高,社会需求量大,部门带动性强"作为选择基准。①当然,其中也考虑了中国的具体国情,对这些选择基准进行了挑选和补充。例如,有的论著指出,在中国当前的经济水平和价格体系下,可以选择收入弹性和产业的前后连锁度作为我们选择主导产业的参考基准。并注意中国的特殊性。②又如,杨云龙在充分肯定"生产率上升基准"和"收入弹性基准"的基础上(他称之为世界各国工业化进程中具有普遍性的主导产业选择标准),又补充了两个选择依据:一是在中国现有产业结构已经达到的高度上进一步演进的趋势,以及顺应这种趋势的多种结构变化要求;二是为了改变中国现有产业结构的主要弊端而要求主导产业所必须具备的结构性功能。③

这些具有针对性的挑选和补充无疑是正确的,但由于他们都把那些在政策实践中已失效的选择基准作为"公理"置于前提之中,就难免会在理论上产生困惑。

困惑之一:理论模型自身的逻辑矛盾。因为这种理论模型的建造是以两种不同性质的基点来支撑的:一是以"先进产业带动整个产业"的战略方针为背景的选择依据;二是以中国产业结构合理化的客观要求为背景的选择依据。这两个基点是互相矛盾的。按照前者,政府扶植的重点应是所谓能"带动整个产业结构高度化转换"的新兴产业;按照后者,政府扶植的重点应是能缓解和消除结构性矛盾的传统产业。这种多重点的选择基准,实质上是理论模型自身逻辑矛盾的结果。

---

① 许京:《试论我国重点工业部门的选择》,《中国工业经济学报》1986 年第 4 期。

② 周叔莲等编:《产业政策问题探索》,经济管理出版社 1988 年版,第 54—58 页。

③ 杨云龙:《论我国经济的结构发展模型》,《经济研究》1988 年第 3 期。

困惑之二:理论模型与现实的矛盾。在中国现阶段的经济发展中,最大的问题是结构性的"瓶颈"制约,是产业结构的不合理和不协调。因此,实现经济发展战略从数量增长型向效益型的转变,关键就在于调整结构,提高宏观经济效益。然而,这种理论模型并没有与现实相吻合。

困惑之三:理论与实践的矛盾。在实践中,"收入弹性基准"的运用受到了"短缺经济"的制约,"生产率上升基准"的运用受到庞大就业人口压力的制约,"产业关联基准"的运用受到了二元经济所导致的产业关联"断裂"和"阻隔"的制约。面对这种状况,难怪一些学者认为:在近期内还难以形成能够带动整个国民经济发展的支柱产业。①

这种理论困惑反映了我们对产业结构政策选择基准的认识还较肤浅。之所以如此,关键在于对"引进"的选择基准没有进行严格的科学论证,就把它作为"公理"来构造我们的理论模型。这就在一定程度上影响到中国现行的产业结构政策,致使我们没有很明确的扶植重点,传统产业的改造与发展和高技术新兴产业的振兴往往"平分秋色"。当然,在实际的政策实践中,更多的是偏重于后者而忽视前者。我们暂且不论这一点,仅就政策思想来说,这种"两全其美"的政策选择尽管从形式上看似乎既完整又精致,但实质上是有缺陷的。它不仅在实施中会遇到很大困难,而且会带来一系列政策弊端。

(1) 由于缺乏政策重心,因而政策目标变量数目过大。在政府资助力量有限的情况下,目标过多,战线太长,势必造成力量分散。值得提出的是,在国内财力和物力比较紧张的情况下,力量分散就无法保证传统产业改造与发展所需的最低限度的财力和物力,从而就不可能使其有根本的改观。不仅如此,这些投放于传统产业的资助由于很难达到规模经济的临界点,其收益势必会相对递减。

(2) 在力量平均分配的情况下,由于新兴产业与传统产业各自的发展能力是不同的,从而在发展过程中两者的结构性矛盾就会加剧。即使在初始阶段两者的水平相差不大,在同等的扶植下,两者都能较快地发展,但新兴产业由于需求弹性大,技术水平高,有较强的发展能力,它的发展显然会超过传统产业的发展。更何况在传统产业发展已经滞后的情况下,"平分秋色"的扶植自然会更加

---

① 中国社会科学院数量经济与技术经济研究所、国家经济信息中心信息部《技术进步与产业结构》课题组就持有这种观点,参阅《经济工作者学习资料》1988 年第 11 期。

激化结构性矛盾。

(3) 这种政策的实施不仅不能达到“两全其美”的效果,而且会使运输、邮电、能源、原材料和农业等部门严重滞后,产生众多的弊病,诸如就业压力增大、通货膨胀、产业关系紧张,以及停工待料所引起的劳动生产率低下等。

由此可见,这种“平分秋色”的政策选择是有较多弊端的。近几年的实践证明,中国的“瓶颈”制约不但没有消除,反而更加严重,结构性矛盾更为尖锐。因此,我们必须摒弃原有的选择基准,解决理论上的困惑,调整政策重心,重新确立产业结构政策的选择基准。

26.4 新的选择基准的提出

新的选择基准的构造是以“结构矛盾的缓解来推进整个产业发展”的战略方针为基本框架的,其主要立论是:(1)发展中国家更多的是有效供给不足,而不是有效需求不足。(2)发展中国家的经济面临的主要问题是结构性矛盾,而不是总量矛盾。(3)发展中国家经济发展的关键是“瓶颈”制约,而不是笼统的资源制约。据此确立新的选择基准的理论模型应包括以下基本点:

(1) 发展中国家实行产业结构高级化也必须具备相应的前提性条件,这些前提性条件包括农业劳动生产率的提高、社会基础设施建设、国民收入用于积累的份额、人力资源开发等。尽管这些前提性条件在发展中国家不很成熟,或者只在很低程度上存在,甚至还缺乏这些前提,发展中国家仍出现了某种产业结构高级化的转换,但这并不能否定这些前提条件的客观必然性。中国产业结构非常规的变动也证明了这一点。在外部压力下,借助于某种行政力量,可以提前发动产业结构高级化的转换,并可能产生结构超速转换,但由于受到前提性条件不足的约束,往往出现强制性的结构逆转。因此,这些前提性条件是必不可少的。当然,这些前提性条件的形成在新的历史条件下会有不同的形式和途径,可以在更高的起点上或新的的基础上确立。

(2) 要考虑经济的长期、稳定的增长,而不能只顾短期的经济高速增长。因此,应把着眼点放在经济发展的后劲上,克服那种追求眼前利益、行为短期化的倾向。

(3) 把结构协调作为经济政策的首要目标之一。当结构协调与经济增长目标之间发生冲突时,后者应服从前者;当结构协调与新兴产业发展目标之间发生冲突时,也应以结构协调为重。结构协调的关键是缓解和消除"瓶颈"制约,弱化产业关联中摩擦的传递和扩散效应,使振荡幅度减弱。

(4) 先进技术的发展方向是克服薄弱环节,推动落后产业的发展,改造和发展落后的传统产业,而不仅仅是将它与新兴产业的开发相联系。对先进技术的引进与开发,要有选择,使其符合所使用的目标。

在遵循上述前提的条件下,笔者提出新的选择基准的假说,具体内容有以下三个方面:

(1) 增长后劲基准。从供给的角度来说,不应只从单个产业的生产率上升幅度,而应从整个产业的持续发展来考虑选择基准。由于各个产业在整个产业体系中处于不同的地位,它们各自的发展对产业体系整体发展的影响权数是不同的。有的产业发展对产业体系发展的影响小;有的则影响较深刻,较长远。增长后劲就是指一个产业的发展能够为产业体系整体发展提供深刻和长远影响的力度。以增长后劲作为基准,就是要重点扶植那些对产业体系整体的持续发展有重大意义的产业。也许这些产业的生产率上升幅度并不大,但它们所创造的供给具有支撑整个经济持续增长的功效。因此,加快发展那些增长后劲大的产业就能保持整个经济持续稳定的增长。

(2) 短缺替代弹性基准。从需求的角度来说,不能只考虑单个产业产品收入弹性的大小,而应考虑短缺情况下的需求替代弹性,也就是在短缺情况下需求替代的灵活程度。我们要考虑的不是替代弹性大的需求,而是没有替代弹性的需求,即无法强制替代的需求。以短缺替代弹性作为基准,就是要重点扶植那些具有无法替代的短缺性的产业,以满足社会最迫切而又必不可少的需求。无疑,这些产业的加快发展,对于经济的稳定是具有重大意义的。

(3) 瓶颈效应基准。从产业之间投入产出的关系来说,不能只考虑前向的推动效应或后向的拉动效应,而更应考虑产业关联中瓶颈制约的摩擦效应。瓶颈制约越严重,摩擦的强度就越大,从而摩擦的传递和扩散就越广。以瓶颈效应作为基准,就要重点扶植那些瓶颈效应大的产业,减少瓶颈制约所造成的其他产业生产能力的非正常滞存。

按照这些新的选择基准,中国现阶段应该把农业、基础工业和基础设施、以电力为中心的能源工业、原材料工业和运输邮电业列为政府重点扶植产业。当然,随着产业结构的变化和科技革命的发展,按照这些选择基准所确定的重点扶植的具体产业部门会有所变化。无疑,这些新的选择基准在政策实践中也会遇到困难和阻力。最大的困难也许是在短期内对这些产业的扶植所付出的机会成本较大,而最大的阻力在于政府和公众的短期行为。但一旦克服了阻力和困难,这种新的选择基准在政策实践中将是十分有效的。

27 产业结构政策(中):战略产业的扶植培育

战略产业扶植培育政策是一项着眼于未来产业发展,促进产业结构高级化的政策。它通过对未来产业发展趋势的科学预测,选择对未来产业发展有重大意义的产业加以扶植培育,促进这些战略产业的成长,以争取未来产业发展的优势。这一政策曾在一些国家起过重要作用,尤其在日本取得了较大的成功,引起人们极大的关注。在当今面临世界新技术革命和竞争日益激烈的情况下,这一政策显得尤为重要。

27.1 政策依据:主导产业理论

战略产业首先是一种新兴产业,但并不是所有的新兴产业都可以成为战略产业,只有那种能成为未来主导产业的新兴产业才是战略产业。因此,战略产业扶植培育政策的理论依据是主导产业理论。

主导产业理论是建立在多种有关产业发展假说基础上的,它主要是以这些命题为依据:(1)在任何特定的时期,国民经济中不同部门的增长率存在着较大的差异;(2)在特定时期内,总的经济增长率在一定意义上是某些关键部门的迅速增长所产生的直接或间接效果;(3)创新是产业发展的主要动力;(4)产业部门之间存在着关联效果。罗斯托在这些命题的基础上建立了主导产业理论,他把产业结构分析提到了经济分析中前所未有的高度。

国民经济的各个产业部门,可以根据其对经济增长贡献的不同,划分三类:

(1)主导增长部门。这是指由于最迅速、有效地吸收创新成果、满足大幅度增长的需求而获得持续较高的增长率,并对其他部门的增长有广泛的直接和间接影响的部门。(2)辅助增长部门。这是指能适应主导部门的发展,或作为主导部门发展条件的部门。(3)派生增长部门。在这些部门中,主导部门对经济增长的贡献是最大的、最重要的。罗斯托认为,不论在任何时期,甚至在一个已经成熟并且继续成长的经济中,前进冲击力之所以能够保持,是由于为数有限的主要成长部门(即主导部门)迅速扩大的结果,而这些部门的扩大又产生了具有重要意义的对其他产业部门的作用。①

主导产业与其他产业的区别,在于其固有的特性:(1)引入了创新,获得了与新技术相关联的新的生产函数;(2)具有大大超出国民经济总增长率的持续高速增长的部门增长率;(3)其效果超出了该部门本身,对其他部门乃至整个经济的增长有重要的、广泛的影响。这三个方面是一个有机整体,缺少其中一个,就不成其为主导产业。

例如,目前已成传统产业的食品业、纺织业和木材业等,虽然也可能引入新的生产函数,但由于需求等因素的影响,创新对于提高它们的平均增长水平,效果很有限,更谈不上对其他产业部门的带动作用,故不能作为主导产业部门。

又如,在特定的周期内,确有一些高投资率和高增长率的部门,但这些部门的高增长率却不是由于创新引起的,而主要受高利润率的影响。这些部门也不能成为主导部门,因为高利润率在特定周期内可能出现在辅助增长部门或派生增长部门。为此,罗斯托认为有必要区分主导增长部门和主导循环部门。前者是引入新生产函数的真正的主导部门;后者主要受利润率影响。因而,主导增长部门持续的高增长率只有在剔除了周期性因素之后才会显现,它不一定支撑特定周期的繁荣。与此同时,主导循环部门虽能支撑特定周期的繁荣,却不能带动产业结构的高级化。

主导产业除了具有创新与高速增长的特性外,其扩散效果也是一个重要标志。罗斯托认为,扩散效应是主导部门的关键。这种扩散效应是指某些部门在各个历史间歇的增长中,起到了"不合比例增长"(罗斯托语)的作用。具体来说,有三种方式:

---

① 参阅罗斯托:《经济成长的阶段》,商务印书馆1962年版,第63页。

(1) 回顾效应。主导部门处在高速增长阶段时,根据其技术特点,会对各种要素产生新的投入要求,从而刺激这些投入品的发展。这些投入要素可能是物质的,如原材料和机器,也可能是人力,如熟练工人、高级管理人员等,甚至可能是制度方面的,例如铁路的发展刺激了更大规模地从小额储蓄者那里动员长期资本的方式。

(2) 旁侧效应。主导部门的兴起会引起它周围的一系列变化。其中涉及按技术等级制度建立起来的有纪律的劳动力队伍,处理法律问题和市场关系的专业人员,城市先行资本投资,银行和商业制度,以及建筑业和服务业等。因而,新主导部门的出现,常常改变了它所在的整个地区。例如,在历史上,棉纺织业革命改变了曼彻斯特、波士顿,汽车工业改变了底特律,铁路在其所到之处,引起了老都市中心的改造。这种旁侧效应还表现为提高了现代人在总人口中的比例,并且强化了生产过程的现代观念。

(3) 前向效应。主导部门的活动创造了能够引起新的工业活动的基础,为更大范围的经济活动提供了可能性,有时候,甚至为下一个重要的主导部门建立起台阶。其具体方式一是通过削减其他产业部门的投入成本,从而吸引企业家们进一步开发新产品和劳务;二是客观上造成结构失衡,使某些瓶颈问题的解决有利可图,从而吸引发明家和企业家。主导部门不仅在技术上,而且在原材料供给上,都具有前向效应。

罗斯托认为,从经验上证实了经济增长中主导部门概念的合理性的,是这三种来自迅速增长部门的扩散效应的组合。①罗斯托的扩散效应概念,是与赫希曼的"产业关联效果"的含义不同的。首先,罗斯托的扩散效果,并不局限于产业间的技术性联系(投入产出关系),而扩展到经济、社会等更为广泛的领域;其次,主导部门的扩散效果是通过主导部门"不成比例地高速增长"导致"结构瓶颈"来实现的,因而,就本质而言,它是不能用投入—产出这类均衡分析工具来讨论的一种非均衡的、动态的部门间关系。

随着经济规模的扩大和分工的深化,单个主导部门带动整个经济发展的情况越来越罕见。更多的是,一组部门的发展带动整个经济。这组部门被称为"主导部门综合体"。例如,由钢铁、机械、电力和化学工业构成的主导部门综合体,

---

① 参阅罗斯托编:《从起飞进入持续增长的经济学》,四川人民出版社1988年版,第8页。

由汽车工业体系构成的主导部门综合体,等等。

罗斯托认为,主导部门综合体由主导部门和与主导部门有较强后向关联、旁侧关联的部门组成。因而,在确定作为主导部门综合体的汽车工业体系时,他把上至车用燃料生产,下至汽车零售商全都容纳于主导部门综合体之内。这里,罗斯托虽然突出强调了主导部门综合体形成的内在技术根据,但也在一定程度上混淆了主导部门和主导部门的扩散效果的区别。

那么,如何看待主导部门综合体内部的部门关联和主导部门与其扩散效果的部门的关联呢?看来,这两者的区别在于关联有无时滞。一般来说,主导部门综合体内部的技术联系是无时滞的(不容许其中单个部门独立发展),综合体内的各部门基本上保持一体化发展;而部门间的关联作用则是允许或要求一定时滞的技术联系(容许单个部门在短期内独立发展)。①

27.2 政策思想:争取动态比较优势

既然主导部门在产业结构高级化演进中起着如此重大的作用,那么就应该采取积极的政策措施促使生产要素向该部门转移。由于主导产业部门是动态概念,是不断变化的,所以产业政策的着眼点就不能仅仅停留在目前主导产业部门上,而更需要把着眼点放在未来的主导产业上。从封闭经济系统的角度来看,这是为了促进产业结构高级化;从开放经济系统的角度来看,则是为了争取动态比较优势。在世界经济日益一体化、竞争日益激烈的今天,争取动态比较优势越来越成为战略产业扶植培育政策的基本思想。

古典的比较优势概念是根据经济地理差别和经济中各种天然禀赋而提出国际劳动分工的要求,这是一种静态的比较优势理论。动态比较优势学说则用人力创造力、深谋远虑能力、组织技能、选择能力、运用能力等要素取代了古典比较优势的标准。这就意味着,比较优势是可以用政策措施来加以改变的,是动态演化的结果。由此可以得出的结论是:(1)政府必须在产业发展中扮演一个重要角色,采用积极的措施;(2)政府的政策取向应该是未来具有比较优势的领域(未来

① 参阅曾新群:《产业主导部门分析理论的发展》,《中国工业经济研究》1988年第1期。

主导产业部门)。

因此,战略产业扶植培育政策的基本思想,就是争取动态的比较优势。正因为如此,这一政策被看作是一种先发制人的政策。①对于后起的发展国家来说,这是一种"迎头赶上"或"后来居上"的政策。

这种扶植培育政策已被广泛运用,并取得较大的成效,其中最为典型的例子是日本汽车制造业的扶植培育政策。在50年代前期,一般轻工业产品的国际价格较低,而重化学工业品的国际价格却很高。在这种情况下,以静态比较优势基准来判断,日本专门输出纺织品等为中心的轻工业产品,输入汽车等重化工业产品比较有利。当时日本的汽车年产量仅28700辆,生产成本比美国要高,国际竞争毫无希望,并且盈余率也很低,不足以吸引投资,但日本政府却对汽车业实行积极扶植与培育政策。1979年以后,日本的汽车产量一直占世界第一位,在国内制造业中所占比重方面,其附加价值所占比重从1955年的3.1%提高到1980年的7.4%。在商品出口额中所占的比重也从几乎为零增加到17.9%,超过了钢铁和造船工业。因此,这种政策具有较大的魅力,受到人们的青睐。

正如特里泽斯(Philp H. Trezise)指出的:如果产业政策有更吸引人们注意的东西,那就是它意味着政府慎重地把资本和劳动的资源优先转移到最有前途的经济部门中去。②自80年代以来,在世界新技术革命浪潮冲击下,这种政策方式更加盛行。尤其在先进工业国,政策制定者都不同程度地主张给予新技术产业以扶植与培育。

例如,日本通产省从1981年10月以来,资助生物技术等五个新技术工业部门的直接补贴达1040亿日元,其中800亿日元是接受补贴的企业无需偿还的。正在实施的《特定机械情报产业振兴临时措施法》中明确规定:对计算机以及软件产业、光通信产业、激光加工技术业、节省技术产业等实行扶助政策,在资金、税收等方面给这些产业以特殊待遇。又如,英国政府也正在积极推行高技术产业政策,在电子工业、电信、核能和航天工业方面投入了大量财力,支持高风险的研究开发项目。美国、法国等也是如此。

---

① S.维克斯:《自由国家和党派竞争:不列颠》,载K.迪逊、S.维克斯编《工业危机:国家和工业的比较研究》,马丁·罗伯特逊出版社1983年版,第129页。

② 参阅菲律普H.特芝塞:《日本的产业政策》,载托马斯·E.彼特里编《国家产业政策》,韦斯特尤出版社1984年版,第53页。

目前,一些国家积极推行这一政策的理由,主要是:(1)以微电子技术等为特征的科技革命将很快冲击现有的工业结构,新兴产业最终会代替传统产业而成为制造业的主导产业。(2)相对于传统产业来说,新兴产业有更高的生产率,因而有利于经济增长。(3)只有发展新兴产业,传统产业才能得到技术改造,从而提高这些产业的竞争力。因此,在他们看来,产业政策应面向未来,而不是补救过去。

27.3 政策措施选择

由于战略产业的扶植培育政策的基本指导思想是争取动态比较优势,而这种比较优势的形成是以世界经济为背景的,所以其政策措施的选择也应以开放系统为前提。

在开放条件下,由于边际社会成本和边际私人成本之间的差别,自由贸易并不能使一个国家真正的比较利益得以形成和发挥。因为战略产业在刚刚发展初期,其成本是相当高的,无法进行竞争,所以自由贸易很容易使这些具有潜在动态比较利益的新兴产业在发展初期就被扼杀在摇篮里,或迟迟难以发育。因此,对于这些战略产业,在最初的高成本期间应暂时实行贸易保护,使其健康地成长起来,并能在国内和世界市场上与外国生产者以相同的条件进行竞争。这种战略产业的贸易保护所产生的社会福利,可以由图 27.1 来描绘。

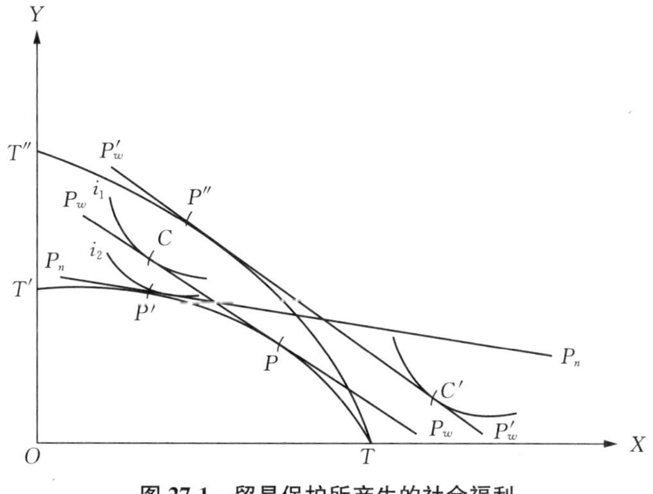

图 27.1 贸易保护所产生的社会福利

图 27.1 中，Y 和 X 分别代表两种产品。在自由贸易制度下，该国的生产位于变换曲线 TT' 上的点 P，消费位于点 C，给定的贸易条件是 P_w—P_w。工业关税将以国内价 P_n—P_n 把生产移到 P'。由于 P' 与位于 i_1 的 C 相比处于较低的无差异曲线(即 i_2)，所以社会福利下降。但保护贸易制度能增加 Y 产品的产出，并把变换曲线向上朝 TT'' 移动。如果该国在这里再次进行自由贸易，贸易条件 P'_w—P'_w 与以前的保护贸易制度相同，那么它将在点 P'' 进行生产，在点 C' 消费。这比 T 更接近帕累托最优条件，从而比以前的保护贸易制度有更高水平的福利。

可见，对战略产业的初期发展实行贸易保护虽然会引起社会福利的下降，但这种有限的起始时期付出的代价却能换取将来的更大利益。社会为扶植战略产业成熟起来而承担的代价之所以合理，不仅在于战略产业通过“边干边学”来降低生产成本从而弥补其初期的补贴费用，而且更主要的是整个社会可以从这种战略产业的发展而产生的扩散效应中获益。

上面只是运用了保护贸易制度的作用来说明战略产业扶植和培育的政策效用，在实际政策实施中，关税并不是其最佳的政策工具。因为通过关税在生产中获得的收益是对消费的损失。按照帕累托福利最大化原理的要求，最优福利是 $FRT=DRS=DRT$(其中，FRT 表示固定的世界价格比率的价格线斜率；DRS 表示“社会”无差异曲线的斜率；DRT 表示两种货物之间的国内生产变换函数的斜率)。关税将使 $FRT=DRT$，但 $\neq DRS$。对于战略产业的扶植培育来说，最佳政策是税收和对资本的供给进行补贴的政策，这种政策才能使 $FRT=DRS=DRT$。图 27.2 表明了这一点。

在这一局部均衡分析的图 27.2 中，DD' 是国内需求曲线。SS' 是进口产品的国内供给曲线。在自由贸易制度下，进口水平为 $QQ_1=OQ_1-OQ$。当存在外部经济效果时，由于其代表社会收益，从社会的观点出发，它们的价值应从成本中扣除，所以我们有了 KK' 曲线(当存在外部经济负效果时，KK' 线将位于 SS' 线之上)。如果我们对战略产业的每单位产品给予补贴 P_tP，则国内生产增加到 OQ_2，进口下降 QQ_2，价格仍为 OP。被替换的进口的价值($QBCQ_2$)减去社会成本($QDCQ_2$)，就是社会收益(BCD)。当然，补贴率过高或过低都是不利的，高于 P_tP/OP 的补贴率因价格将低于其社会成本而减少收益；低于 P_tP/OP 的补贴率不利于规模经济的充分利用。

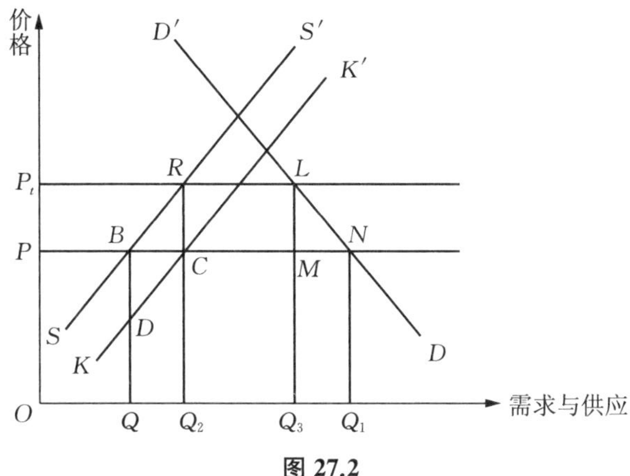

图 27.2

如果我们采用关税政策,虽然相同比例(即 P_tP/OP)的关税也能够增加相同数量的国内生产(即 QQ_2),但却会减少消费 Q_1Q_3,消费者剩余的损失为 LMN。从福利的角度来看,最终收益不仅取决于生产收益,而且也取决于消费损失的相对规模,所以为获得帕累托最佳福利,补贴政策措施对战略产业的扶植培育将优于关税政策。当然,补贴政策措施在实际运用中能否取得预期效果,不仅取决于正确的补贴率和补贴期限,而且取决于各种体制性因素。

27.4 政策难点及其解决办法

虽然战略产业扶植培育政策具有极大的魅力,但要取得政策的成功是有很大难度的,其中最大的政策难点是:

首先,政府能否对战略产业作出正确的决策。战略产业是未来的主导产业,它具有某种不确定性,难以作出正确的选择。这主要是因为新技术革命使新技术的领域日益扩大,技术更替的节奏加快,技术联系不断加强,从而使新兴产业大量涌现,使产业关联更加复杂,使产业结构变动剧烈。因此,正确地选择战略产业,要求有更高水平的预测技术和非凡的预见能力。

尽管对于后起的发展国家来说,它们可以把发达国家经历的主导产业部门的更替过程作为自己选择战略产业的参照系,但主导部门或主导部门综合体的确立并没有一个统一的模式,而应根据各国的具体情况而定。例如,在英国工业化早期阶段，纺织业是主导部门；在美国、法国、加拿大和俄国的工业化早期阶段，铁路曾起了决定性作用；在日本和德国则是军用品生产起了主导部门作用；在瑞典，木材工业和纸浆工业则是主导部门。因此，即使对于后起的发展国家来说，战略产业的选择也是相当困难的。

其次，战略产业开发的成本—收益状况如何。战略产业作为一种新兴产业，其开发无疑是要花费昂贵成本的，即要投入大量资金、人力和物力。也正由于这样，需要对它进行扶植培育。但问题在于：(1)这种成本投入是否符合经济性原则？投入多大成本才是合理的？(2)这种投入能否带来收益(短期和长期)？多大收益？这些问题是难以测定的，或"测不准"的。国际经验表明，并不是投入的成本越多，收益就会越大。

再则，战略产业的扶植培育是否具有社会承受力。在资金力量有限的情况下，愈是把注意力转向战略产业，用于衰退或困难产业援助调整的费用就愈减少，何况用于战略产业开发的单位费用是较大的。然而，衰退产业如得不到应有的援助，将会产生许多社会问题(如失业等)。因此，正如经验告诉我们的那样：从政治上来说，政府总是优先照顾衰退产业。可见，实行这一政策必须具备一定的社会承受能力，否则是难以实行的。

由于上述政策难点的存在，给实行这一产业政策带来了较大的困难，并容易诱发一些政策失误，这主要表现在以下几个方面：(1)在战略产业选择上，经常出现判断失误，从而使这一政策归于失败。例如，法国政府在70年代后期，面对世界经济形势的新变化，没有及时作出准确的判断，未将工业发展重心转向高技术部门，致使在高技术领域拉大了与美国、日本等国的差距。(2)在扶植培育战略产业时，或者受未来发展宏伟蓝图的影响，或者出于政治抱负的考虑，往往不考虑经济标准和现实可行性，投入巨大的力量，造成巨大的浪费。(3)在扶植培育战略产业的过程中，不注意或不强调战略产业开发的配套条件，致使战略产业孤军突起，割裂了与其他产业部门的关联，加剧了产业之间的结构性矛盾。(4)扶植培育战略产业的方法不当，往往造成效率低下等不良后果。尤其是采取反对外部竞争的保护措施，由于缺乏科学的方法，容易使人们把注意力从国际市场转移开来，因而竞争能力缺乏。

我们提出这一政策的难点和一些政策失误的目的，是为了更好地解决这些问题，尽量减少政策失误。根据一些国家的成功经验，实行战略产业扶植培育政

策,应做好以下几个方面的工作:

第一,把握主导产业更迭的基本方向,提高科学预测水平和预见能力。舒尔特兹(Charles L. Schultze)认为,我们实际上很难把握有关"优胜"产业结构的识别。这是因为,不管是静态比较优势,还是动态比较优势,都不存在能使人们预言一个国家将取得成功的产业的一般标准。[①]舒尔特兹的观点过于绝对化了,完全否定了正确选择战略产业的可能性。我们认为,虽然在经济发展过程中有许多的不确定因素,难以确立一般的选择标准,但人们还是有可能把握主导产业更迭变动的基本趋向的。因为主导产业的更迭具有技术的、经济的内在逻辑,会呈现出有序性。日本经济学家认为,主导部门的有序演变反映了产业结构高级化的趋势。所谓产业结构高级化,并不是指某些部门的比重的上升或下降,而是指整个产业技术水平的提高。即采用先进技术的部门在数量和比例上的增加。因此,我们可以从技术水平变化上来把握战略产业的选择的基本方向。

但仅仅把握基本方向是不够的,还要结合本国的实际情况,进行科学预测和选择,以确定适合本国经济发展需要的战略产业。这就要加强科学预测,提高预见能力。

第二,战略产业扶植培育要讲究效益。傅高义(E.F. Vogel)认为,日本产业开发成功的关键原因是它没有把大量的人力和其他资源投放到非商业性的国防和空间技术研究开发工作中去,日本几乎所有产业的研究开发支出都必须经过市场的检验。[②]这一点对于开发战略产业是有启发的。虽然战略产业作为有希望的幼稚产业不可能完全在市场竞争中自发成长,需要进行扶植培育,但这种扶植培育也不能完全脱离市场的经济标准,否则扶植培育出来的战略产业将会丧失竞争能力。

因此,战略产业的扶植培育要有科学方法,注意扶植培育的方式,尽可能与市场检验结合起来。同时,要限定扶植培育的期限,不能采取长期的保护。

第三,创造有利于战略产业成长的外部条件。战略产业的扶植培育并不是孤立的事情。因为战略产业作为未来的主导产业,需要有一系列条件。这些条件无论对哪个国家而言,都是战略产业形成或成长所必须具备的。

---

① 查尔斯·L.舒尔茨:《产业政策:一种不同意见》,载托马斯·E.彼特里编《国家产业政策》,韦斯特尤出版社1984年版,第15页。

② 傅高义:《日本第一——美国的教训》,哈佛大学出版社1979年版。

(1) 战略产业产品的有效需求必须有扩大的趋势,以便为该产业部门产量的迅速增长奠定基础。如果战略产业产品的有效需求不能逐步扩大,势必遏制该产业部门的发展。因此,应采取措施适当地刺激战略产业的有效需求。在历史上,曾有以下几种办法:使收入由消费和贮藏适当转化为生产性投资,间接扩大需求;政府购买;增加消费者用于购买国内产品的实际收入;资本输入等。上述各种办法可以兼施并用。

(2) 社会必须准备初始所需资金,以便使战略产业部门能开始起动。没有比较充足的资金、相应的技术和人力资源,战略产业的成长是困难的。因此:要保证有一定程度的积累率;要有相应技术的研究开发;要加强对劳动者的培训。

(3) 战略产业的成长必须足以在其他部门引起一系列的增加生产设备和发挥新的潜在能力的需要,而社会对这种需要事实上是能逐步给予满足的。其中,社会基础设施是满足这些需要较重要的保证条件。

28 产业结构政策(下):衰退产业的援助和调整

优化产业结构,不仅需要扶植培育战略产业和新兴产业,而且需要对衰退产业进行援助和调整。目前,在世界范围内,援助和调整衰退产业已成为一项重要政策。其原因是:(1)随着产业的发展,产业之间的相互依存关系日益紧密,从而由产业萧条和衰落所产生的影响也越来越大;(2)由于新技术革命的出现,生产方法的不断革新,产业结构变动速度加快,从而传统产业的衰落更加严重;(3)世界贸易越是扩大,某一产业的衰退对国家间和地区间的关系所造成的影响也就越加深刻。因此,迫切需要研究和实行针对衰退产业的援助和调整政策。

然而,从各国实施产业政策的经验教训来看,衰退产业问题往往与社会、政治问题有紧密联系,从而政策性较强,实行起来也更为复杂和困难。

28.1 衰退产业:结构有序变动的产物

衰退产业是指那些增长出现有规则减速的产业部门。产业增长减速现象被称为“产业老化”,这一现象曾经引起经济学界的热烈讨论,后来经过大量的统计和经济的分析,被证明是具有规律性的。

著名经济学家库兹涅茨用逻辑曲线和 Gompertz 曲线拟合了几十条不同部门的产量和产品价格的长期趋势线,证明了产业增长减速或多或少是有规则的。亚瑟·伯恩斯把这一规律性现象表述为:“每个产业的增长百分率随着产业年龄的增加而趋于下降。"[①]范·杜因对此作了更为详尽的考察，他研究了1873—1973年一百年间的各种增长模式，发现"一个产业在达到成熟阶段以前有个S形增长模式，但其后则各种模式都有可能"。[②]

这些对产业增长减速的统计与经济分析，具有重要的意义。因为它把一个有力的潜在秩序因素引入了生产理论。在这之前，对于不同部门按不同速度发展的分析，大多数都把各部门之间产出增长速度的差异看作是随机的。如果以这种"随机"理论为基础，那么对衰退产业的援助与调整就不能成为产业政策的一个必不可少的内容，而且整个政策指导思想、标准与方式方法都会改变。库兹涅茨等人的分析则揭示了各产业之间增长速度差异性的内在规律，即任何一个与新的生产函数相联系的产业部门的生命，将循着有规则的衰退道路。这就为产业政策对衰退产业的援助与调整奠定了理论基础，也决定了这一政策的基本内容以及实施基调。

在一般情况下，衰退产业的确定，是依据其增长率的变动状况来判断的（见图28.1）。图中的纵轴表示前一时期（如70年代）各产业部门的年平均产值增长率，横轴表示后一时期（如80年代）各产业部门的年平均产值增长率。图中虚线表示这两个时期的所有部门的年平均增长率。

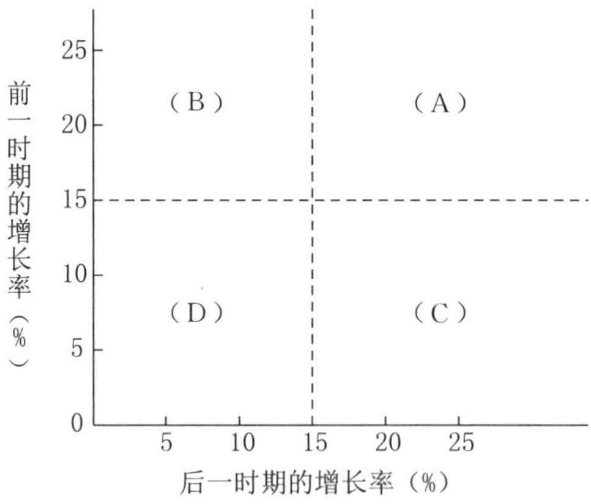

图28.1　增长率的位置变动所赋予产业的性质

图28.1显示了四种增长率变动状态，A组的产业部门，其增长率在两个时期中都超过了平均增长率，故称为"成长产业"；B组的产业，在前一时期其增长

①② R.诺顿：《产业政策与美国的复兴》，美国《经济影响》季刊1986年第4期。

率高于平均增长率,而在后一时期大体与平均增长率相等,故称为“成熟产业”;C组的产业,在前一时期也许大体接近平均增长率,而在后一时期相当多地高出平均增长率,故称为“发展产业”;D组的产业,在两个时期中都与平均增长率不相上下,或都远低于平均增长率,故称为“衰退产业”。

在任何某一时点上,总是同时存在这四种类型的产业部门。而从时间序列来考察,这几类部门是一个连续发展的过程:原有老的产业增长减速,被新的高增长的产业所取代,在递次的发展进程中,潜在的高增长产业又将跑到前面,代替了原来高增长的产业。正是这种产业间优势地位的更迭,形成了产业结构的有序演变。因此,从这一意义上说,衰退产业的出现正是产业结构有序变动的结果。

某些产业部门增长的减速,最主要的原因是创新能力衰减。因为,当创新给该产业部门带来新的生产函数时,该部门产品的成本将大幅度下降,从而把这种产品从具有价格敏感性的产品转变为价格低廉因而其需求不再受价格影响的产品。在这种情况下,该产品的进一步创新,不论其在工程技术上是如何革命,也难以使产量增加进一步加速。其原因是,创新对于降低成本的潜力已趋于枯竭,人们已难以继续从创新中获得较大收益了。众所周知,创新的动力来自收益预期。当该部门的预期收益下降时,创新的动力便被削弱了。因此,衰退部门的出现是一种必然现象。

由于各产业部门的性质不同,其增长减速的表现也不尽相同。但一般来说,衰退产业总是表现为:(1)生产的产品是传统产品;(2)生产率相对较低,技术落后;(3)市场份额缩小,销售额下降;(4)产值在全部附加价值中占很小的比重;(5)难以吸引人力资本的投入,有经验和有技术的工人极其稀缺。

当然,具有某些上述特征的产业并不一定就是衰退产业,尤其在市场机制扭曲或被行政机制替代时,更是如此。强制性低价、人为干预与限制等,也会导致一些产业衰退,出现上述特征。但这些产业的衰退并不是结构有序变动的象征,因而从本质上讲,不属于衰退产业。在考察和识别中国的衰退产业时,特别要注意这种情况,不能单纯地用产业部门增长率变动来判断衰退产业。在传统经济体制下,一些产业部门增长率减速,往往是体制因素所致,表现为强制性增长减速,而不是自然的增长减速。

区别这两种不同性质的产业增长减速,是极其重要的。因为,对这两种类型的产业增长减速,将采取完全不同的政策措施。对强制性增长减速的产业的援助与调整，其政策含义是促进该产业发展，使潜在的增长能力得以发挥；对自然的增长减速的产业的援助与调整，其政策含义是帮助该产业有秩序地收缩，把资源转向高增长产业部门。

在此，我们主要分析对自然增长减速产业的援助与调整政策。因为这种产业政策具有一般意义，而对强制性增长减速产业的援助和调整政策则视为特殊类型，需要专门加以研究。

28.2　援助和调整政策的目标与指导思想

既然衰退产业是结构有序变动的产物，是一个自然的发展过程，那么为什么还要对其采取援助与调整政策呢？

日本学者矢岛认为，诚然，改变产业结构应该由企业独立、自助地来进行。然而这也不是说可以完全放任不管。应该肯定那些使日本经济发展到今天的企业的功劳。结构萧条也是有规律的，所以政府有必要给予一定的援助。即使是无望重生的"瘫痪企业"，为了让它"死得痛快"，也应该提供资金援助。[①]确实，衰退产业的收缩应由企业独立、自助地来进行，即企业根据市场价格以及利润率高低，把资本从衰退产业部门转移出来投向发展产业或成长产业部门。但由于：(1)资本与劳动力短期内难以在部门之间流动。这一方面是因为一些实物形态的资本难以流动，另一方面是因为即使能够流动，其流动也需要一定的费用和时间。(2)生产要素价格，尤其是工资存在着刚性，因而难以进行理想的资源流动。所以，企业在产业调整中面临着资源流动不充分的困难。

问题还不在于这种困难本身，而是市场机制往往不能顺利、合理地解决这一困难。因此，在不能顺利地达到预想的目的以及社会贴现率与私人贴现率相背离等情况下，就需要政府进行干预。解决这一问题，比较可行的就是实行援助与调整政策，以此来干预动态性调整，并促进生产要素的再分配。

这种对衰退产业实行援助与调整的政策，在世界各国已普遍采用。在美国，对困难产业的援助已有较长的历史，政府根据"通商改革法"，规定了对企业、工

① 《外国经济结构文集》，中国社会科学出版社1980年版，第127页。

人、社区的援助。西欧各国早在罗马条约(1957 年)中就规定要对企业进行调整和援助,并为援助工人就业、改行设立了欧洲社会基金。日本则具有更为系统和连续性的产业调整和援助政策,如著名的"特定萧条产业安定临时措施法"(简称"特安法"),就是旨在使指定的工业部门停产或报废设备;"特定萧条行业离职者临时措施法"[简称"特离法"(行业)],就是旨在对调整企业的失业者的再就业进行援助。

从各国的这一政策实践来看,该政策目标通常是帮助衰退产业有秩序地收缩,使资源顺利地转向其他高增长产业部门,以实现结构的优化。因此,政策指导思想应该是减轻衰退产业对社会和人民的震动,以便在向新产业部门转移中承受较小的疼痛;而不是维持衰退部门的生存,延长其寿命,减慢产业结构变化的过程。

然而,在政策实践中,人们往往自觉或不自觉地把注意力集中在对衰退产业现状的维持上,极力阻止其增长减速,尽力使其保持原有的生产规模。中国在这个问题上也有偏差,大量的援助被用来保护衰退部门的生存,而不是促使其顺利转移。一个典型的表现就是产业结构的调整完全依赖于资产增量,存量调整少得可怜。这主要是由于体制中缺乏存量调整机制,但在政策指导思想上也确实有维持存量的倾向。

这种保护衰退产业的政策指导思想,在中国有着深刻的社会和历史原因:(1)传统体制下,很多产业部门都是由政府建立和发展起来的,经历了一个艰苦奋斗的创业历程,现在要对其进行收缩,难免有不忍割爱之情。(2)与传统体制相联系,行政权力是与产业规模的大小直接挂钩的,扩大行政权力就要扩大产业部门的规模,而不是因势利导的收缩。(3)强大的劳动就业压力在很大程度上也迫使减缓衰退部门的收缩,尤其是当这些衰退部门属于劳动密集型产业时,更是如此。

但不管什么原因,这种保护衰退产业的政策指导思想是与产业调整和援助政策目标格格不入的,它将导致结构变动缓慢和结构恶化。为此,普里斯认为,必须抛弃那种旨在减慢结构变化过程或维持衰退部门生存的"消极"产业政策。[①]莱

① 参阅维克多里亚・库尔思昂・普莱思:《欧洲共同体中的产业政策》,贸易政策研究中心,麦克米伦出版公司 1981 年版,第 120 页。

苏涅也认为，政策应该确定积极的调整政策，避免试图挽救衰退部门。①日本学者佐贯利雄更明确地表示，既然产业的淘汰和改变是不可避免的，那么政府与其救济继续倒闭的企业，莫如援助开辟未知领域的技术研究。不这样，摩擦现象就永远也不会消除。②确实，这种保护落后的政策指导思想应当予以纠正，其主要理由是：

(1)它容易给某些行业以额外的保护，助长衰退行业对补贴和援助的依赖性。这些行业或企业也不再把注意力集中在努力提高效率和创造条件向其他行业转移上，而是把精力放在如何争取更多的补助上，结果丧失了自身的活力。(2)它允许衰退部门延长痛苦挣扎的时间，实际上这并不比快速外科手术更容易忍受。而且，这对其他产业部门有严重危害。因为对这些衰退产业的保护，将打击其他产业部门的积极性。(3)它也许能解决衰退产业的部分困难，使其恢复健康，但这要花费很大的成本。例如，瑞典的产业援助计划的代价是极其昂贵的，在70年代早期，它的补助是工业国中最低比例的国家之一，但到1982年补助占制造业全部附加价值的比重上升到16%。埃拉桑认为，这是瑞典自1973年以来制造业产出增长完全下降的主要原因。③(4)它会给长期的结构调整造成更大的困难。因为在财力和物力既定的情况下，增加对衰退产业部门的援助，势必减少对新兴产业的援助，从而影响未来产业的扩展，阻碍产业结构的高级化。

保护衰退产业的政策指导思想固然是错误的，但对衰退产业放任不管或实行“快刀斩乱麻”的措施，也不妥当。因为，这同样会带来较大的震动和摩擦，增大调整费用。我们所主张的“帮助衰退产业实行有秩序的收缩”的思想，包含着两层意思：一是适度地把资源向其他产业部门转移，尽量减少转移中的摩擦，降低调整费用，其关键是消除生产要素转移和再分配的障碍。二是促进其技术设备更新，增强自身活力和竞争力。这一点必须给予强调，因为尽管新技术革命会给产业结构的变化带来很大影响，但迄今某些传统产业仍然是国民经济的重要支柱。无论是经济的增长和衰退，还是就业率的高低，都随着传统工业发展状况

---

① J.莱苏涅：《产业政策的变化着的内容：外在和内在的发展》，载亚历克西斯·杰奎明编《欧洲产业：公共政策和共同战略》，克莱林顿出版社1984年版。

② 《外国经济结构文集》，中国社会科学出版社1980年版，第125页。

③ 甘纳尔·艾里尔逊：《产业政策的微观基础》，载亚历克西斯·杰奎明编《欧洲产业：公共政策和共同战略》，克莱林顿出版社1984年版，第315页。

而变化。并且,传统工业是新兴服务业以及高技术工业的基础,是其主要市场。只有保持传统工业的发展,新兴工业才能进一步发展。

28.3 援助和调整政策的原则与标准

国际经验表明,调整和援助政策要取得较好的效果是比较困难的,很多国家(如英国、联邦德国等)在对衰退产业的调整与援助方面并未取得成功。这除了政策指导思想上存在问题外,也与这一政策的决策与实施方式不当有关。

与其他内容的产业政策(如扶植新兴产业政策)不同,调整和援助政策在决策与实施过程中面临着更大的困难,受到更多的干扰。这主要表现在:

(1) 衰退产业的识别与鉴定的困难。虽然根据产业结构演进的一般趋势,并参照别国产业发展序列的变动,可以把握衰退产业的一般特征,但各国的经济发展阶段不同,具体经济条件不同,每一时期的衰退产业部门也不相同。例如,在发达工业国被视为“夕阳产业”的部门,在中国也许正是“朝阳产业”部门。更为困难的是,在市场机制不完善的情况下,简直无法正确识别哪些是属于自然减速增长的产业。

(2) 强大的利益刚性。没有一个产业是乐于自行收缩的,当它陷入困境时,便会要求政府给予援助。因而,政府对衰退产业实行调整往往受到强大的利益刚性的对抗,结果有可能使调整和援助政策蜕变为保护衰退产业的政策。

(3) 强大的政治社会压力。衰退产业的调整虽然有利于增加企业利润,有利于资金向高增长率部门转移,但不一定对工人也有利。因为它直接涉及工人失业和再就业问题。由这些问题形成的政治社会压力对政策制定者无疑是一种牵制。

(4) 衰退产业中企业的状况不同。在大多数衰退产业中,有一部分企业或公司是健康的。这就会提出一个问题:为什么该产业的其他企业或公司会陷入困境呢? 这个问题往往使决策者对调整衰退产业犹豫不决。

因此,为了更好地执行调整和援助政策,必须遵循以下一些基本原则:

(1) 调整和援助政策的制定要建立在对问题有深入了解的基础上。政府决策不能仅仅依靠某个产业部门对它自己的困难所作的评价,而要有决策者独立的分析。进行产业分析除应考虑经济因素外,还应考虑文化、风俗习惯、政治等因素。产业分析应与政策分析一道进行,以便充分估计到该项政策的直接影响和间接影响。政策制定者还应该分析政策实施中可能会遇到的问题,并据此制定一个能增加成功机会的方案。

(2) 调整和援助政策应有全面长远的考虑。对衰退产业的调整和援助不是权宜之计,不仅仅是为了减轻某一时期的政治和社会压力,因此在制定这一政策时要有全面和长远的考虑,以便真正帮助衰退产业实行有秩序的收缩。

(3) 对衰退产业的援助要讲究效益,避免浪费更多的财力。为此,要有适当的援助方式,如不应片面资助某个生产要素,援助要有终止日期,等等。

(4) 对衰退产业的援助不能增加其他产业的成本,不能以损害其他产业为代价。例如,要求或规定其他产业使用本国衰退产业的产品,这虽然帮助了衰退产业部门,但却损害了其他产业部门。

根据这些基本原则来制定与实施调整和援助政策,就可以较好地处理这一政策面临的一系列问题,但还需要进一步具体化,尤其在调整与援助衰退产业的决策上,需要确立较为具体的选择标准,即用什么标准来确定对特定产业进行调整和援助。目前,确定对衰退产业是否援助,有两条标准:一是劳动的社会机会成本;二是企业产出的社会价值。①

首先,劳动的社会机会成本。采取这一标准的理论依据是,当某一行业产出的社会机会成本持续高于消费者准备为其支付的价格时,该行业(企业)就将关闭,但这样一来,该行业的工人就要经历一段较长时间的失业,并形成对其他经济部门投入的冲击。为了减少失业对整个经济和社会的冲击,有必要通过放慢该产业收缩的步伐将其工人留在原来工作岗位上。因此,这种比其最终成本要低的劳动社会机会成本就被用来作为选择标准。

劳动的社会机会成本是用劳动影子价格来计算的。假如某一行业若干企业面临着破产,而全国或地区劳动力市场无法在短期内全部吸纳这些即将失业的工人,最初只有30%被重新安排就业,10年之后才能提高到100%。那么,用劳动影子价格计算的成本,第一年是0.3,10年后提高到1.0。其他经济部门的相关影子价格,第一年是0.5,5年之后提高到1.0。如果采用这种方法判断是否对

① 参阅亚历克西斯·杰奎明编:《欧洲产业:公共政策和共同战略》,克莱林顿出版社1984年版。

衰退产业进行援助,那么它比使用会计方法显然要更多地承担对衰退产业的援助。

其次,企业产出的社会价值。企业产出的社会效益(不是财政收益)如何,是决定是否实行援助的又一标准。从产出社会收益的受益方面来讲,其基本特征是消费者剩余。一个企业既创造利润,也创造消费者剩余。当其产出是中间产品,就被其他企业购买;当其产出是最终产品,就被消费者购买。当这些购买者准备支付的数额超过它们实际支付的数额时便形成消费者剩余。因此,根据这一理由,援助应集中于消费者剩余与利润的比例最大化上。决定这一比例的关键因素是企业产品的需求弹性。该产品的需求弹性越小,消费者剩余与利润的比例就越大,从而援助的社会收益也越大。

影响产品需求弹性的,有两个重要因素。第一,最终产品需求比中间产品需求更趋于有弹性,因为中间产品只是在最终产品成本中占适当比例。第二,新产品的需求比有弹性的老产品趋于相对缺乏弹性。按照这一标准,那么越是生产中间产品的产业、越是具有规模经济与联合生产经济的企业、越是需要有较高研究开发的产业(因为这种支出将产生新产品),就越是应该首先得到援助。对这些衰退产业的援助,将有较大的社会效益。因此,相对于同属于衰退产业的纺织、服装、鞋类、钢铁、机器制造业(在发达的工业化国家)来说,按照这一标准,就应选择钢铁和机器制造业为援助对象。

当然,这两条标准尤其是第一条标准,不是没有缺陷的。例如它允许无效率的企业继续存在,有滥用劳动力分配的不良后果等。但总的说来,这两条标准对于正确选择被援助的衰退产业还是有用的。

28.4 援助和调整政策的措施及其配合方式

既然调整和援助政策的目标是对衰退产业进行有秩序的收缩,那么政策措施也就相应地包括两个方面的内容:一是有关消除生产要素流动障碍的措施;二是有关生产要素适度转移的措施。由于调整和援助政策的调节对象是生产要素,所以各种政策措施可归类为资金的调整和援助以及劳动力的调整和援助。整个调整和援助政策措施就是这两方面的内容与形式的统一(见表 28.1)。

表 28.1　调整援助政策措施分类

	消除生产要素流动障碍	生产要素适度转移
资金援助	(A) 促进设备折旧,提供转产贷款,抽回资本的重新安排的补贴	(B) 发放生活补贴,市场保护等
劳动力援助	(C) 职业培训、就业介绍等	(D) 工资补贴,维持就业等

根据表 28.1 中的政策措施分类,我们具体地讨论每一类政策的措施:

A 类:消除资金流动障碍的政策措施。(1)加速设备折旧。为了实现这一目的,可以采取法律或政令的形式,规定有关衰退行业设备的报废量和报废时间,同时对由于设备报废而产生的借款提供信用保证。日本的"特安法"就是采取这一措施。此外,也可以采取促进折旧税制。(2)促进转产。这可以通过有关立法指定某些部门停产,或限制与停止某些产品生产,并提供转产贷款、提高信用保险限额、减免税和发放转产补贴等手段,以促进资金转移。

B 类:资金适度转移的政策措施。(1)干预产品的价格。这可以通过政府购买,价格补贴等手段,来缓和有关衰退部门产品价格的变化。(2)市场保护。严格控制影响国内传统工业发展的产品进口,实行优先购买本国产品的政策。因为进口的急剧增加妨碍生产调整,导致市场混乱和经营困难,给转产等资产转移带来困难。(3)发放生产补助,促进技术进步,提高效率,增加产出。

C 类:消除劳动力流动障碍的政策措施。(1)为劳动力的部门转移提供有关信息,包括各行业劳动力的需求情况、就业指导和职业介绍等。(2)进行职工培训、技能训练,提高劳动者的素质和适应多项工作的能力,使其能够顺利地进入其他行业,并能在较短时间内适应和胜任新的工作。(3)对录用指定行业失业者的企业发放补贴,刺激这些企业积极吸收那些从衰退产业部门转移过来的工人,并运用其得到的补贴对新录用的工人进行岗位培训。

D 类:劳动力适度转移的政策措施。(1)维持就业的工资补贴,或闲暇补助(缩短工作时间的补助)。(2)失业救济金以及就业保险金支付期限的延长。(3)失业前因调整而进行的援助,如企业对劳动者实行失业前培训,政府对这期间的工资给以部分补贴。

上述这些政策手段都是实现同一政策目标服务的,因而在政策实践中要使它们有适当的配合。这种政策手段的配合,主要是围绕着资金与劳动力协调流动而进行的。我们知道,衰退产业在有秩序的收缩中,既要实现资金的转移,又要实现劳动力的转移,这两者的转移不一定同步,但必须协调,否则就会出现混乱。因此,政策手段的配合就是要保证资金与劳动力转移的协调。

政策手段的配合没有固定的模式,必须依据具体情况而定,随着条件的变化而变化。这些条件主要有:

(1) 生产要素本身的状态,即流动的弹性程度。资金因其物质形态的特殊难以转产或设备报废而具有转移刚性;但也许容易转产而具有流动性。同样,劳动力也会因职业技能片面或工资刚性难以流动;反之,则比较而容易流动。如果劳动力在短期内难以流动,而资金则易于流动,那么就会导致衰退部门的资金大量流出,就业人员进一步减少和失业增多的结果。在这种情况下,最佳的政策手段配合是消除劳动力流动的障碍(包括对工资率的调整)。但如果这种政策手段效应不足,为了使劳动力流动能适应资金转移的需要,那就要配合以放慢资金再分配的政策手段。其他情况下的政策手段配合,依此类推。

(2) 产品的性质,即产品的需求弹性。不同产品(中间产品与最终产品、一般消费品与耐用消费品、普通产品与专用产品等)具有不同的需求弹性。不同需求弹性的产品,对调整和援助政策有不同的反应。因此,要根据这种不同的反应,采取适当的政策手段的配合。如果是对产品价格需求弹性较大的部门实行资金适度转移政策措施,如生产补贴或价格补贴,这就会降低该产品的成本和价格,由此扩大产品需求,进而扩大就业,那么这种资金援助政策对就业就有一种规模效应。但按照上述的企业产出社会收益标准,选择所援助的衰退产业往往是产品需求弹性较小的,因而资金援助的规模效应较小,为此就要配合工资补贴、维持就业等政策手段。

(3) 生产中资金与劳动替代程度。在不同产业中,资金与劳动的互相替代程度是不同的,有的替代性强些,有的替代性弱些。这种不同的替代程度对政策援助有不同的反应。如果根据其他条件需要对某一行业实行适度转移政策措施时,而该生产中的资金与劳动力替代程度较高,那么对资金的援助将会使资金价格相对低于劳动力价格,从而产生资金对劳动力的替代效应,促使劳动力向外流动。假如其他经济部门有吸纳这些劳动力的潜力,就需要以消除劳动力流动障碍的政策手段相配合,帮助这些劳动力顺利转移。假如其他经济部门在短期内不能吸纳这些劳动力,则需要以劳动力适度转移的政策手段来配合。在其他情况下,也同样依次类推。

(4) 产业之间的转移弹性。一些产业属于劳动密集型产业,一些属于资金密集型产业,另一些可属于技术密集型产业。由于产业部门的不同类型,所以生产要素在产业间转移的难易程度也不同。如果对某一劳动密集型的衰退产业实行调整和援助,而生产要素流动的主要取向是资金密集型产业,那么显然资金流动较容易,而劳动力流动则较困难。假定还有其他就业门路,可以吸收过剩劳动力,那就要采取 A 与 C 配合的政策手段。但假如其他部门缺乏这种吸收过剩劳动力的能力,那就要采取 B 与 D 配合的政策措施。

如果对某一资金密集型的衰退产业实行调整和援助,而生产要素流动的主要取向是技术密集型产业,那么劳动力的流动会比前一种情况更困难些。因为前一种劳动力流动的困难主要是就业机会少,而现在劳动力流动的困难主要不是就业机会少,而是劳动力素质不能适应,出现"结构错位"的摩擦性失业。在这种情况下,往往需要采取 B 与 C 的政策手段搭配,在实行资金适度转移时,应加快消除劳动力流动的障碍。

以上只是单项条件下的政策手段配合分析,如果把各种条件综合起来加以考虑,政策手段的配合就更为复杂了,但在政策实践中往往需要如此。

29 产业组织政策:两难的选择

所谓产业组织是指生产同类商品的生产者在同一市场上形成的相互关系,也就是产业内企业间的相互关系结构。我们知道,现代化生产是社会化的大生产,企业间存在着相互依存、不可分割的联系,这种企业间的相互关系结构对产业内的资源配置状态有重大影响,以致产业"组织"被认为是诸生产要素之一。

企业间的相互关系结构涉及两个方面问题:一是规模经济;二是竞争活力,这两个方面具有内在的矛盾,但又都是很重要的,损害其中任何一个方面,都将不利于产业内资源的有效配置。所以,在发挥竞争活力的同时,充分享有规模经济,就成为产业组织政策所要解决的一个核心问题。如果我们能够较好地调整企业间相互关系结构,实现产业组织合理化,那么我们就可以实现产业内的最佳资源分配状态,从而增加有效供给。

29.1 产业组织的基本要求:规模经济

规模经济是指因生产规模的变动而引起的生产单位成本的变动,从而也引起生产单位收益的变动。这种企业规模变动与企业成本变动之间的一定联系,就是规模经济问题。通常,这两者之间的联系有三种表现形态:一是规模收益递增,即随着生产规模的扩大,生产单位成本下降,从而引起收益的增加,且收益增加的幅度大于规模扩大的幅度;二是规模收益不变,即规模增加幅度与收益增加幅度相等;三是规模收益递减,即收益增加的幅度小于规模扩大的幅度。

规模经济存在的原因,从根本上说,一是由于生产活动的"不可任意分割性",即任何生产设备和生产活动只有在加工对象达到相当数量时才有可能合理、经济地进行;二是由于生产活动的"附加利益效应",即任何设备和生产活动在合理批量情况下会产生协同作用的优势。规模经济形成的具体原因,大致有以下几个方面:(1)企业规模扩大后,分工可以更加精细,有利于实行标准化、专业化和简单化生产。这不但有助于提高劳动生产率和降低成本,而且也可以降低管理人员在企业职工中的比重,并使工人的劳动熟练程度迅速提高。(2)企业规模扩大后,有可能采用更先进的工艺,使用更大型、高效和专用的设备,并充分利用其设备。这不仅会大大降低生产成本,而且会降低单位产品的投资量。(3)企业规模扩大后,有可能充分利用副产品和节约原材料,或增加产品品种、增加产值,从而可以使单位产品的成本降低。(4)企业规模扩大后,有可能享受采购与推销方面的便利,节约单位产品的购销费用,并可以使企业的经营活动具有更大的灵活性和应变能力。

当然,我们也要看到事物的另一个方面,即企业规模的扩大也可能引起生产成本上升,从而引起收益的减少,其具体表现为:(1)企业规模扩大后,有可能给有效的管理增加难度,使管理效率下降。(2)企业规模扩大后,企业内部的通信联系费用将增加。(3)企业规模扩大后,有可能要增设购销机构,从而增大流通费用。(4)企业规模扩大后,有可能使人际关系复杂化,增大人与人之间的隔阂和摩擦,从而降低工作效率。

可见,企业规模变动引起企业成本变动,存在两种不同的可能性,这两种可能性是同时存在的。因此,问题的关键是,这两种可能性哪一种占上风。如果企业因规模变动而引起的收益大于损失,那么这表明企业规模的变动是合理的,因为这种变动引起单位产品成本的下降。反之,如果企业因规模变动而引起的损失大于收益,那么这表明企业规模的变动是不合理的,因为这种变动引起单位产品成本的上升。

由此可以得出一个结论:规模扩大带来的收益不是无限的,规模达到一定的程度之后会产生"不经济",因此要确定适度规模。从理论上讲,适度规模就是平均成本费用达到最低点的企业规模。我们可以用(图 29.1)长期平均费用曲线来表示。

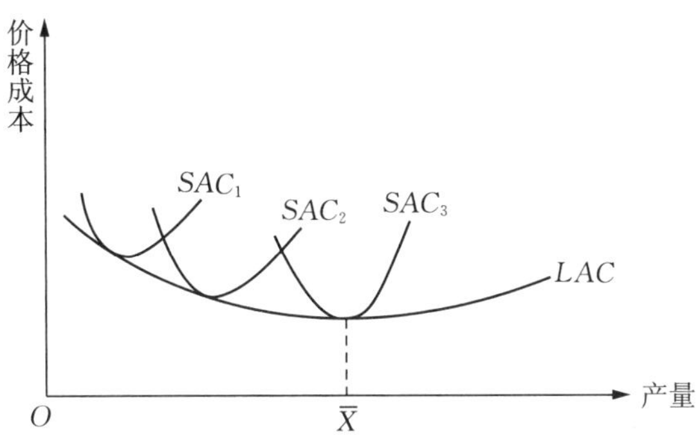

图 29.1 长期平均费用曲线示意图

图 29.1 中,LAC 为长期平均费用(单位成本)曲线,即在生产能力扩大过程中单位成本随着产量变化而变化的曲线;SAC 为短期平均费用曲线,即生产能力一定时单位成本随着产量变化而变化的曲线;X 为最小最佳规模。长期平均费用曲线向下倾斜表明规模经济,但其下降不是无限的,超过一定点 X 之后,它开始上升,因此在长期平均费用曲线上最接近纵坐标轴的最低点就是适度规模。如果企业的规模小于适度规模,表明规模的继续扩大仍然可以使平均成本下降,因此继续扩大规模仍然会得到好处。如果企业的规模大于适度规模,则表明企业的现有规模已不利于企业了,唯有缩小其规模,才能使平均成本下降。

由于不同产业的生产工艺特征和技术水平是不同的,从而不同产业的企业适度规模的大小也是不同的,所以企业规模的大小不能一概而论,只能根据不同的产业作具体分析。通常,估计企业适度规模的方法有三种:

第一种方法是直接利用各种公司规模、平均成本和利润率的资料来找出最佳规模。遗憾的是,这些资料的选取范围、计算方法争议颇多,从而难以找出最佳规模。

第二种方法是“适者生存法”。该方法的核心是,倘若某种规模的公司保持了下来,就意味着它是有效率的,并且倘若某种规模的公司数目增长得最快,也就意味着其规模是最佳的。其具体计算方法是,在两个时点计算某产业中各个规模层的附加价值在该产业全部附加价值中的比重,然后计算该产业中各规模层的增长指数:$\%VA_{ij}t_1/\%VA_{ij}t_0$,其中$\%VA$ 是附加价值的比重,i 为规模层,j 为产业,t 为时点。某一产业中增长指数最高的规模层就反映出该产业的最佳企业规模。

第三种方法是由美国经济学家贝恩提出来的,这种方法是对许多行业中的公司管理当局进行采访调查,然后将各种资料进行比较分析,寻找出不同行业的最佳规模,从而看出各行业的集中情况。在他研究的20种工业行业中,大部分工厂的最佳规模与整个行业规模相比是十分微小的,而在少数行业(如石油提炼、制鞋、水泥等)中,集中程度大大超过了技术效率所要求的程度。

无疑,规模经济是增加有效供给的重要因素,它将使投入的生产要素的效益大为不同,尤其当一国的工业化进入由传统轻纺工业向重化工业转变的时期,规模经济显得更为重要,因为重化工业在大规模生产方面占有极大的经济优势。国际经验表明,充分享有规模经济收益,是促使这一时期工业高速增长的最重要的因素之一。例如日本进入以重化工业为主的工业化时期,通过调整产业组织,形成了一些较大规模的企业集团,并在这些大企业周围聚集了一大批中小型专业化生产企业,从而为建立大批量生产体制奠定了基础。由于充分享有规模经济,日本以低成本的竞争优势迅速扩大了国际市场份额,并由此带动了国内经济的持续高速增长。

从中国经济发展的进程来看,由于种种原因,规模经济没有得到充分利用,其主要表现为:

(1) 缺乏高水平的专业化协作,全能企业居多数。中国虽有大企业,但大都是全能厂而不是专业厂,从而其生产批量并不大,无法充分享有规模经济。根据中国1985年1789个大中型机电工业企业的普查资料,机电产品外购零部件价值只占工业总产值的41.8%,其中还包括电子计算机、家用电器等行业的进口散件组装,如果扣除这一因素,其比例更低,例如金属加工制造业为15.3%,工业专用设备制造业为16.2%。这说明,许多机械厂的机器零件大部分是本厂生产的,专业化协作程度较低。不仅大中型企业如此,就连小企业也总是求全发展,完全专业化生产的小企业为数甚少。

(2) 小批量分散生产的格局。在中国企业规模结构中,达到规模经济的大型企业不多,而规模不经济的中小企业大量存在。即使在那些规模经济显著的钢铁工业和汽车工业,也是如此。中国年产钢100万吨以上的企业只有12个,年产钢20万—100万吨的企业有22个,年产钢20万吨以下的中小钢铁企业却有数千家,而国外钢铁企业年产量通常在几百万吨至几千万吨。另外,世界统计数据表明,一个国家内汽车的生产集中度是很高的(集中度表示一国最大的一个或几个厂生产的汽车产量占其全国汽车总产量的比重),一般情况下,一个厂的集中度达45%—50%,两个厂为75%—80%,三个厂为85%—90%,四个厂已高达95%,而中国最大的三个汽车厂集中度只达59.7%。1984年中国共有80多家商用汽车厂,超过美、日、德、法、英、意六国商用汽车厂的总和,该年汽车年产量31.6万辆,却不及日本丰田汽车公司下属的一个工厂。

(3) 生产设备小型化。中国企业规模偏小,在一定程度上是与所使用的生产设备小型化相联系的。生产设备小型化在国内是严重而普遍的问题。例如,在钢铁工业,国外转炉容量,70年代新建的大多为200—300吨,最大为400吨。1983年中国有氧气顶吹转炉115座,炉容在50吨以上的只有19座,10吨以下的却有50座。在电力行业,全国大多数发电设备仍以10万至30万千瓦为主,100万千瓦以上的大电厂只有一座(110万千瓦),英国发电量虽低于中国,却有11座200万千瓦以上的大电厂。在日用玻璃行业,先进工业国熔炉平均容量为150—300吨/日,中国目前20吨/日以下的熔炉占54.8%, 50—100吨/日的熔炉占6.3%, 100吨/日以上的只有3座。

这种规模不经济对中国经济发展产生了不利影响,成为制约中国工业化的严重障碍。它不仅使经济效益长期处于低下水平,从而大大延续了工业化进程,而且导致资源利用效率低,加重原材料基础工业的负担,使原材料的瓶颈制约更加严重,恶化了产业结构的矛盾。因此,解决规模不经济问题已成为实现中国国民经济持续、稳定、协调发展的重要保证。

然而,解决问题的前提是找出其症结所在,这样才能做到“对症下药”。尽管,形成中国企业规模不经济的原因是很复杂的,有政策性因素、体制性因素,还有生产力发展水平本身的问题,但对中国规模经济产生主要影响的因素,大致可归纳为以下几个方面:

第一,行政分级管理体制对企业规模的不合理选择。在传统的行政分级管理体制中,存在着许多限额管理,国家对各级政府的经济管理权限作了严格规定,例如在投资限额管理中,县、市、省、中央各级政府各有其相应的按投资额大小区分的审批权限。这种审批权限的划分是依据行政权力的大小,而不是依据各行各业技术经济的客观要求。于是,各级政府在兴办各类企业时,就严格地将其规模限制在自己所能审批的权限之内,以避免上级的行政干预,提高企业创办的成功率。这样,即使某一级政府原来有能力创办一个符合规模经济要求的企业,但由于这种分级管理权限的限制,也往往将其化大为小,办成数个规模远低于适度规模标准的企业。无疑,这样创办起来的企业必然是规模不经济的。长期以来,这种授予各级政府在一个狭小范围内进行企业规模选择的分级管理体制不断地衍生出大量规模不经济的新办企业,这成为中国企业规模不经济的主要原因。

第二,单一的资金集聚方式和能力对企业规模经济的不利影响。在传统经济体制下,我们过分依赖财政渠道来实现资金集中,固定资产投资主要来源于财政。在“一五”至“六五”的六个五年计划期间,财政投资占基建投资比重分别为89.48%、78.82%、89.7%、82.48%、73.62%、45.16%。虽然通过运用财政手段具有很强的资金集聚能力,但由于行政分级管理体制对企业规模的不合理选择,这种资金的高度集中并没能避免企业规模不经济现象。当改革了财政体制,较大程度地调整了中央、地方、企业、个人的分配关系之后,出现了资金分散化的格局,仅靠财政渠道已无法将分散的资金再集中起来,但此时却没能建立起依靠信用制度推动资金再集聚的渠道,把这些分散的资金集中起来合理使用。因此,形成了资金分散投资的局面,产生了大批规模效益极差的小项目。可见,问题不在于资金积累社会化本身,而在于单一的财政集聚资金的方式难以适应资金积累社会化的要求,从而限制了追求企业规模经济的可能性。

第三,生产要素的组织方式僵化使现有企业无法追求规模经济。传统的计划财政体制不仅剥夺了企业作为推动生产要素运动的主体的地位,使其缺乏积累能力和投资自主权,从而无法追求规模效益;同时又为理应被淘汰或兼并的企业提供了保护伞,使大量规模不经济的企业高枕无忧,继续生存下去。这种既缺乏内在动力,又缺乏外部压力的生产要素的组织方式,使生产集中难以实现。因此,即使一个企业的创办,依据当时的经济技术社会环境,也许达到合理规模的标准,但随着外部环境的变化发展,它也难以朝着经济合理的方向进行调整和变化。何况那些当初创办时就没有达到规模经济要求的企业,更无法调整其规模。其实,它也不必调整其规模,在减税或补贴的庇护下,它照样可以获得发展机会,长期维持下去。可见,传统产业组织缺乏一种自身的力量,去推动生产要素向更优的生产组织集中。

第四,市场的行政性分割对规模经济的严重限制。由于区域封锁和地方割据,产品市场和中间产品市场被行政力量强制分割为较小的单元,人为地缩小了市场容量,结果从需求方面限制了生产批量的扩大。按理,中国巨大的国内市场需求为充分发挥规模经济效益提供了优越的条件,但在各地区强烈的自我配套的倾向支配下,地区之间的行政边界把这一大市场割裂成一个个小市场。这样,就从原料来源和产品销售两方面限制了企业的适度规模,在这种情况下,符合适度规模要求的企业反而因原料不足或产品积压,成为效益低下的企业;相反,不符合适度规模要求的企业却因地区保护,得以较好地生存。

第五,政府和企业的短期行为助长了规模不经济现象。经济政策的不稳定,需求变动不规则,以及价格不合理等因素,导致较为普遍的行为短期化倾向。这种倾向助长了投资规模小型化,而忽视企业规模经济。因为在经济波动较大的情况下,兴建投资周期短、见效快的小型项目和小型企业,成为各级政府和企业的明智选择。这样往往在抵销了规模不经济所带来的影响之后,仍然有利可图。相反,那些建设周期长、见效慢的大项目,则往往会因经济突然收缩或需求急剧变动,而遭受巨大的沉没成本的损失。因此,在经济不稳定、缺乏良好的经济秩序的基础上形成的行为短期化,会助长规模不经济倾向。

因此,解决中国规模不经济问题,就要从以上几个方面入手,具体的解决措施将在第三节论述。

29.2 产业组织的活力:有效竞争

从理论上讲,在市场竞争机制作用下,任何企业在竞争的压力之下,都想把自己的企业规模扩展到单位产品成本达到最低水平(即适度规模),就是说,每个企业都在追求规模经济,以便取得竞争的优势。然而,每个产业的市场规模是有限的。在有限的市场规模中,众多企业对规模经济的追求,最终因淘汰机制作用会导致企业数目的减少,造成生产的集中。这种企业规模膨胀而形成的生产集中,是导致市场垄断的主要因素之一。它不仅对新企业形成行业进入壁垒,以压制潜在的竞争对手;而且操纵和支配着市场行为,使市场结构趋向垄断。因为,在少数企业控制了某一产业中大部分生产的寡头垄断市场上,虽然这些少数企业之间仍处于竞争之中,但它们所具有的雄厚实力使其能够通过相互间的合谋、默契、领导价格等形式和手段来左右一个产业的产品价格,达到占有垄断利润的目的，从而就形成了扼杀竞争的垄断价格。

这种垄断会带来一系列的弊端，主要表现在两个方面：一是破坏了价格机制在资源合理分配上所发挥的作用。由于垄断企业的短期平均成本曲线较为平稳，调整价格的外部成本较高，以及折断的需求曲线使它不管是提价还是降价都没有十分吸引人的前景，因而价格刚性就成为垄断的正常的价格战略。这样，它就会造成一些不利的方面：(1)垄断价格阻碍了资源随供求关系的状况而转移，从而也阻碍了资源向高效率的企业的流动。(2)在垄断情况下，价格与边际成本之间存在着一个较大的差距，垄断者的成本要大于最低平均成本，而所得的收益则大于正常利润。当价格高于边际成本时，消费者不得不支付超过其成本的价格，并且还得不到最大满足的产品数量，消费者剩余的损失大于垄断者的收益。(3)当凭借垄断地位而获得较为安全和较高的利润时，竞争的压力会大大减少，从而削弱了改善经营管理和推动技术革新的动力，容易助长低效率。(4)为维护垄断价格而限制产量，使各企业的开工率下降，设备、资金、人力都得不到充分利用，从而形成对资源有效配置的边际条件的一种偏离。这不仅容易造成产品的结构性矛盾，而且还会带来社会经济福利的损失。

二是在垄断企业的组织内部存在着资源分配的非效率性，即"X 非效率"。由于现代企业的内部组织是由多个复杂的群体构成的，例如实业家、管理人员、工人等集团，而不是由一个单纯的群体构成的，所以在不同的外部环境条件下，其内部群体的关系是不同的。处在竞争压力下的企业，为了争得生存的条件，其内部组织的诸集团往往会团结一致去提高效率。但在垄断条件下，由于企业的长期生存并不受到很大的外部威胁，从而企业内部各集团就会追求其各自的利益，偏离获得最大限度的利润这一企业的目标，结果导致企业效率下降。这种效率的损失主要来自三个方面：(1)在采用股份公司组织形式的大企业中，企业的实际管理权往往在企业经理阶层手中。企业经理阶层的利益追求与股东不同(股东最关心的是公司利润和股息)，除了企业的利润外，他们还关心企业的发展，例如企业规模的扩大、公司内组织机构的增设：企业的社会形象的树立等等。因为经理们的报酬往往不取决于利润，而与企业的发展(尤其是销售额)有密切关系。这样，在企业经理阶层的自身利益追求中就会发生企业和整个产业的非效率现象。(2)在享有垄断利润的大型企业中，企业的经济效益同每个工人的工作效率的关系往往模糊化了，两者不是那么紧密地挂钩了。因此，需要在提高工人的工作效率上下功夫,但不论是加强劳动管理,还是运用物质刺激,都要增加很大的费用。(3)随着企业规模的扩大,其内部必然要增加管理层次,增大信息交换和下达的指令,从而给有效的管理增加了难度,在管理中容易产生更多的摩擦和矛盾。

针对垄断所带来的一系列弊端,产业组织理论提出了一个既不损害规模经济的利用,又能保持竞争活力的概念,即"有效竞争"的概念。事实上,有效竞争是针对两个方面的问题提出来的,一方面是针对完全垄断的弊病提出来的,另一方面是针对低水平的过度竞争的弊病提出来的。因此,有效竞争实际上就是一种垄断与竞争相结合的垄断竞争。如果我们从市场效果来判断其竞争是否有效,那么有效竞争的基本标准大致有以下内容:(1)市场上存在着促使企业不断改善经营管理和技术革新的动力;(2)在成本下降到一定程度时,价格将能够向下调整,具有相应的弹性;(3)生产集中在不大不小的最有效率的规模单位下进行,但未处于最佳规模状态;(4)生产能力和实际产量是协调的,即不存在长期的设备等生产要素的过剩;(5)可以避免销售活动中的资源浪费。如果市场竞争能够达到上述标准的市场效果,那么它就是有效竞争。有效竞争是我们制定和实施产业组织政策的一个基本出发点。

以上所分析的由生产集中形成的垄断是建立在市场机制的基础上的,而中国的实际情况未必如此,所以要作具体分析。虽然,在中国经济生活中也存在着垄断现象,甚至垄断的力量还十分强大。但必须注意,这种垄断是一种特殊性质的垄断,决不能把它与市场机制基础上的垄断混为一谈。这种特殊性质的垄断是建立在行政机制基础上的行政性垄断:(1)它不是在生产高度集中的过程中自然形成的,而是在行政管理权高度集中的过程中人为塑造的,以分级管理的审批权为基础的。因此,它不但与生产集中没有必然的联系,而且往往与缺乏分工协作的生产分散化相联系,即与企业规模不经济相联系。(2)它不是通过竞争机制的淘汰、兼并等方式生成的,而是在抑制竞争和缺乏竞争的情况下,通过行政保护和援助的方式生成的,因此这种垄断保留着大批效率低下的企业。(3)它不是表现为经济组织的垄断,而是表现为政企合一的垄断,因此这种垄断对市场的分割和占有,其程度更为严重。可见,这种行政性垄断具有明显的超经济强制性、强烈的排斥竞争性、浓厚的封建割据性。

这种行政性垄断是传统经济体制的产物,它严重阻遏着市场竞争,造成有效竞争不足的局面。那些经营管理较好、技术进步较快、产品质量较高、经济效益较好的企业，并不能够将处于劣势的企业淘汰或兼并掉，甚至不能对其造成实质性的压力和推动，自己反而会被上级主管部门“鞭打快牛”，不断提高生产指标，压减资金，增加各种社会摊派等。相反，那些经营管理差、技术进步慢、产品陈旧落后、经济效益低、长期亏损的企业，却能够得到上级部门的保护，获得亏损补贴、减税减利减息等“行政输血”。结果，不论先进企业还是落后企业，都能获得发展机会，“和平共处”。即使企业之间存在一定的竞争，那多半也是非经济竞争，即通过各自上级主管部门，在其行政权力庇护下进行的竞争。因此，在传统体制下，存在着严重的竞争不足。

这种竞争不足的现象与我们前面分析的中国规模不经济现象，是有内在关联的，中国的规模不经济正是这种行政性垄断下的竞争不足所致，而真正的根源则在于传统体制。在西方市场经济国家，垄断是与规模经济相联系的，从而竞争活力与规模经济之间形成一种交替关系，即一方的取得以另一方的损失为代价的关系。而在中国传统体制下，垄断是与规模不经济相联系的，从而竞争活力与规模经济之间形成一种互补关系，垄断越强，规模不经济越严重；反之，垄断越弱，规模经济效益越高。

从这一根本区别出发，我们所要实行的“有效竞争”，其基本含义是打破行政性垄断，发展市场竞争，而不仅仅是抑制垄断，增强竞争活力。因为，这种行政性垄断是不可能与市场竞争互相兼容和互相渗透的，从而无法在两者之间找到结合点和均衡点。所以，要实现有效竞争，就必须彻底打破这种垄断。只有打破这种垄断，才能展开市场竞争，并通过竞争机制形成规模经济，然后在规模经济与竞争活力之间寻求有效竞争。

中国的经济体制改革正是对这种行政性垄断的强烈冲击。经过十年改革，这种行政性垄断的强度已有所减弱，但其垄断的性质和地位仍没有得到根本改变。与此同时，由于市场机制在一定程度上已开始发挥作用，所以出现了一些与传统体制下不同的新情况。这种新情况就是一定范围内的低水平过度竞争。

这种低水平的过度竞争在很大程度上与农村的工业化浪潮有关，但还涉及其他许多因素。随着农村联产责任承包制的推行以及由此引起的农业劳动生产率的逐步提高，农业中的过剩劳动力开始向第二、第三产业大量转移。同时，由于投资主体的分散化和技术条件的限制，小型的乡镇企业迅速发展。在这些小企业中,加工工业型的小企业占多数,其中又是以工业产品为原料的加工工业占多数,以农产品为原料的加工工业还不到三分之一。因此,这些乡镇小企业虽然吸收了大量的农村过剩劳动力,但其生产所需的原材料及其产品都是与相当一部分大中型企业相矛盾的。同时,由于许多大中型企业本身缺乏自我改造、自我发展的能力,产品仍停留在原有水平上,并且大中型企业也缺乏兼并或联合小企业的内外部条件,从而形成了大中型企业与小企业,以及大中型企业之间、小企业之间争原料、争产品市场的过度竞争。

这种企业间的过度竞争往往是低水平的,其主要表现是:(1)竞争目标不是长期的,而是短期的,只图眼前利益。(2)竞争手段不是运用技术进步,改进产品质量,提高效率等,而是通过“走后门”、回扣、请客送礼,甚至行贿等不法行为,以争得原材料和推销劣质产品。(3)竞争不是在平等基础上展开的,而往往是非公平竞争,是在行政干预和保护下进行的。(4)竞争的结果不是优胜劣汰,而是以资源大量被浪费为前提的优劣并存,甚至“优败劣胜”。因而,这种低水平的过度竞争是一种无秩序、无规则的破坏性竞争,具有消极的作用。

第一,它并没有促进规模经济,反而降低了规模经济效益。有效的竞争通过其淘汰和兼并机制,会促进规模经济,但这种低水平过度竞争非但没有淘汰规模不经济企业,反而因这些企业争原料、争市场导致大中型企业的实际规模经济效益下降(假定这些大中型企业原来存在着规模经济效益,实际上并不如此)。这样,不仅促使边际成本提高,而且造成资源的低效利用。

第二,在原材料等资源比较稀缺的情况下,它不能保证这些稀缺资源优先被具有较高生产效率的企业所利用,从而造成资源的大量浪费,不利于资源的有效利用,同时这些稀缺资源的分散使用,难以保证重点项目的发展,不利于产业结构的调整。

第三,它容易使价格产生较为剧烈的波动,这不仅给企业的生产和投资带来较大的不稳定性,导致企业短期行为,而且也给消费者带来较大的心理压力,引起社会需求的震荡。实际上,这种低水平过度竞争产生的价格剧烈波动并不一定意味着市场有走向均衡的一般趋势,因为价格的剧烈波动将严重影响对未来的合理预期,从而使供求关系变得更为反常。

第四,它不仅没有促使企业的生产成本下降,反而大大增加了流通成本。由于这种低水平过度竞争的焦点集中在流通领域,而不是生产领域,所以对促进技术进步,提高产品质量的作用不大。只有能争得原材料,争得市场(并不是以正当的竞争手段),生产劣质产品的企业照样可以生存和发展,因此企业的注意力集中在流通领域。这样,流通领域越来越混乱,流通环节人为增加,流通费用大幅度上升。

第五,它不仅造成了大量稀缺资源的浪费,而且还严重损害了消费者的利益。在这种低水平过度竞争中,许多小企业所使用的机器设备和工艺技术有相当一部分是被淘汰的,这不仅造成资源浪费,生产成本提高,而且生产出大量劣质产品,再加上流通费用的增加,结果使消费者得到的是价高质劣的产品,消费者的利益受到严重损害。

因此,虽然改革使市场机制开始发挥作用,冲击了行政性垄断,促进了竞争,其基本方向是正确的,但在这过程中出现的低水平过度竞争则是有害的,需要加以纠正。当然,我们不能因反对这种低水平过度竞争而否定对行政性垄断的冲击,要求加强行政性垄断,同样,我们也不能因要打破行政性垄断而肯定低水平过度竞争。前面的分析已经表明,行政性垄断与低水平过度竞争都是偏离有效竞争的,既不利于促进规模经济,也不利于增强竞争活力。事实上,行政性垄断与低水平过度竞争是有内在联系的,正由于行政性垄断至今尚未得到根本消除,它筑起的市场壁垒和设置的进入障碍,遏制着那些正在形成但还不充分的市场机制的作用,引起流通领域秩序混乱,导致竞争的不规范,所以低水平过度竞争正是这种行政性垄断下的市场机制作用的产物。因此,在目前情况下,我们必须同时解决这两个问题,而不能把两者截然分开。单纯解决行政性垄断或单纯解决低水平过度竞争,都无法达到有效竞争的目的。

29.3 中国近阶段产业组织政策重点

产业组织政策是政府为解决产业中规模经济与竞争活力这一矛盾,实现有效竞争所实行的政策的总和。通常,这一政策分成两种类型:一类是反垄断政策;另一类是抑制过度竞争政策。由于各国的经济发展阶段不同,以及其他政治和经济方面的因素,产业组织政策的内容及侧重点也不尽相同。例如美国的产业组织政策以反垄断、促进竞争为主,而日本在50年代中期之后的产业组织政策则以限制过度竞争、促进规模经济为主,这两种不同侧重点的产业组织政策在实践中都取得了较好的效果。因此,产业组织政策的制定与实施要根据本国的具体情况,而不能生搬硬套。

反垄断的产业组织政策通常是在经济发展水平较高、企业规模较大的背景下采用的。这一政策的主要措施:一是控制市场结构;二是控制市场行为。

政府控制市场结构的相应办法是:(1)降低企业的生产集中度或制止其集中度上升;(2)降低行业进入壁垒或制止其壁垒增高;(3)降低产品差别化的程度。这样,就有可能抑制垄断因素,开展企业间的积极竞争。政府对市场结构实行控制的具体步骤大致是这样的:首先,当形成垄断性市场的潜在可能性出现时(尽管在现实的市场结构中并没有出现明显的垄断),应该采取改善市场结构,使其更趋于竞争性的措施,例如降低进入壁垒等措施。其次,当不适当的高集中度的苗头出现时,应采取阻止企业通过合并或联合的方式提高集中度的措施,以防止垄断价格和垄断利润的形成。最后,当垄断结构已比较明显出现时,应该采取分割已有垄断企业的措施,或者采取强制垄断企业放出一些股票和出让一部分工厂的措施,以降低企业的集中度。

政府控制市场行为的主要内容有:(1)干预企业确定价格的方式;(2)干预产品非价格竞争的程度;(3)反对压制竞争对手的行为。其具体措施有:禁止限制交易的契约、结合与合谋;禁止对不同销售对象实行差别价格;禁止签订排他性的交易协定;禁止采取降价倾销的办法争夺市场,压制竞争对手;禁止采取不公正的竞争方法以至欺骗性行为而垄断市场;禁止企图垄断的联合,等等。

限制过度竞争的产业组织政策通常是在经济发展程度较低、企业规模较小的背景下运用和实施的。这一政策的主要措施:一是推进企业的合并与集中,组织大批量生产体系;二是建立合理和适度的竞争秩序。

政府组织大批量生产体系主要是根据各产业不同的生产技术特征,通过立法,以及财政、税制的支持,帮助建立专业化协作体系。在装置型企业,如钢铁、有色金属、化工、电力等行业,由于其规模经济主要靠设备大型化来实现的,所以政府主要采取促进企业合并的措施,以建立大企业、大工厂为主,以便采用大型设备。在装配型行业,如汽车、机器制造、家用电器等行业,由于其规模经济的实现——在整机及组装企业中主要靠生产线的自动化和连续化,在零配件行业中主要依靠生产高度专业化——所以政府主要采取促进企业联合的措施,形成大型整机厂和小而专的零配件工厂密切结合的“企业系列”。在这种企业系列下，尽管许多中小企业的规模不大，但由于产品简单，品种不多，仍然可以形成大批量生产。同时，以大型整机厂为其核心的中小企业可以在信息、资金、技术等方面依赖大企业，从而弥补企业规模小的不足。

政府帮助建立合理和适度的竞争秩序主要有两方面的内容：(1)建立价格竞争的正常秩序；(2)建立非价格竞争的正常秩序。在衰退产业中，由于生产资源的长期过剩，往往容易触发破坏性的价格竞争，例如竞相降价、大量倾销等，从而使这些产业中的企业变得十分脆弱，使整个产业的技术进步和设备更新停滞，或者造成小企业大量破产。显然，这种不适当的价格竞争会损害社会生产的经济效益，造成资源浪费，因此政府要采取有力的措施。例如价格补贴、援助等，整顿其竞争秩序，帮助这些产业部门的资源有组织、有步骤地转移出去，或者促进其技术进步，以改变“不景气”的面貌。同样，产品过度改型、换新以及过多推销宣传的非价格竞争，也会造成资源的极大浪费，因此政府也要对此进行干预。

根据前面的分析，中国产业组织的基本状况是规模不经济，且行政性垄断与低水平过度竞争并存，所以，相对而言，我们更适合于采取抑制过度竞争的产业组织政策，发展规模经济。然而，中国目前低水平过度竞争实质上是市场部分开放条件下的行政性垄断的派生物，因此单纯采取抑制过度竞争的产业组织政策是无法促进规模经济的。对于我们来说，首要的任务是反行政性垄断，改革传统的产业组织，而不是政策性因素的调整，也就是，建立起企业自身追求规模经济效益的动力机制以及使这种追求得以实现的市场机制，是解决中国目前产业组织问题的根本所在。

中国传统产业组织的改造，其关键是破除经济生活中的行政性垄断，扩大企业的积累能力和自我发展的权利，并建立企业破产制度，推进企业的兼并与联合。为此，在保证经济稳定发展的前提下，要逐步实现各级政府部门的职能转变，主要是通过行政职能与经济职能的分离，把原来的行政组织逐步转化为新的经济组织，并促使政企分开，企业所有权与经营权分离，培育和发展市场主体。

在产业组织改造的同时，相应调整有关政策，其中最主要的是投资政策，要改革投资限额管理办法，投资审批权的下放不能一刀切，而是按行业来划分标准，从而使各级地方政府不是能有审批所有行业投资项目的权力，而只有审批在限额内能够达到标准规模(由权威部门制定)的行业投资的权力。这样,在限额管理中,各级政府要么没有权力审批有关项目,要么有权审批符合规模经济要求的项目。此外,在税收、价格、金融政策上,限制规模不经济企业,促使这些企业向适度规模发展。

不论是产业组织本身的改造,还是产业组织政策的调整,其目的都是为了促进企业间的有效竞争,鼓励高效率企业在竞争中兼并和联合低效率企业,改造大而全、小而全的生产方式,建立大批量生产体系,充分享有规模经济。这不仅对于工业化进程是很重要的,而且在中国经济发展战略由以外延扩大再生产为主向内涵扩大再生产为主的转变中,意义更为重大。

实现规模经济主要有两条途径:一是通过增加投资兴建新的设备和工厂来扩大规模;二是通过现有企业之间的合并与联合来扩大规模。前者我们称之为"投资型规模经济",属于外延扩大再生产;后者我们称之为"联合型规模经济",属于内涵扩大再生产。

为什么联合规模经济也是一种内涵型的扩大再生产呢?我们知道,所谓内涵扩大再生产,是指在不追加投资的基础上,通过生产要素的使用效率的不断提高,从而引起整个生产成果扩大的再生产类型。联合规模经济显然属于这种扩大再生产类型。当原有的企业尚未达到规模水平时,不论是生产同类产品的若干企业的横向联合,还是处于生产工艺过程的不同阶段的若干企业的垂直兼并,都会形成经营规模的扩张,从而做到在不追加投资的基础上,提高原有生产要素的使用效率,实现生产规模的扩大。这是因为,联合规模经济所形成的"协作生产力",首先能够通过开展经济技术协作增加人力、物力、财力的实际投入量。在规模"不经济"的条件下,各个经济单位都有相对闲置的人力、物力和财力。发展联合规模经济,就可以使这些名义上已经投入运用、但实际上处于闲置状态的生产要素被挖掘出来,真正投入运用。其次,联合规模经济所形成的协作生产力,能通过开展经济技术协作大大提高社会生产效率。因为通过联合,能促进专业化的分工协作关系的发展,有利于实现标准化、专业化和简单化的大量生产方式,并能有效地促进先进适用科学技术和经营管理方法的转移、扩散,迅速地降低各种物质产品的投资—产量边际增加率,所达到的实际效果就是降低资本系数、加快经济增长速度。显然,联合规模经济实现的,是内涵型的扩大再生产。

然而,传统的内涵扩大再生产理论只强调企业内部的挖潜、革新、改造,而把联合规模经济排斥在外。这固然有其深刻的历史根源(传统体制下的行政隶属关系完全割断了企业之间发展横向经济联系的可能性),但在理论上是片面的。如果我们深入考察一下"挖、革、改"和联合规模经济之间的关系,我们不难发现,二者都是内含扩大再生产的途径,而且可以说是内涵扩大再生产不可分割的两个方面。同时,联合规模经济又不能不是内涵扩大再生产的主导途径。其理由如下:

第一,联合规模经济是企业内部挖潜、革新、改造的方向引导。所谓"挖、革、改",就是企业通过技术革新和技术改造,以达到挖掘企业生产潜力的目的。但是,长期以来,在企业"挖、革、改"的方向上,是着眼于发展专业化协作的方向,还是向"大而全、小而全"的封闭生产体系的自我完善方向发展,在认识上是模糊的,实践上也往往是注重后者、忽视前者。这正是我们过去实行企业内部"挖、革、改"的最大缺陷。因为企业在"大而全、小而全"的封闭生产体系中进行"挖、革、改",其意义只能是进一步强化和完善这种封闭的生产体系。如果企业不顾规模经济的界限,其作用可能是负向的。因为规模的过度和规模不足一样,会导致收益的相对以至绝对递减。而如果把企业内部的"挖、革、改"放在规模经济的格局下进行,那企业就必然要大力发展横向联系,在提高专业化协作水平的基础上进行技术革新和技术革命,而这种以利用规模经济为目的的技术革新实现的内涵扩大再生产,对生产力发展的推动作用将是巨大的。因此,在联合规模经济的前提下进行企业的"挖、革、改",是实现内涵扩大再生产的必然趋势。

第二,联合规模经济为企业内部的"挖、革、改"创造了有利的条件。我们过去在企业内部"挖、革、改"过程中经常碰到困难,例如资金缺乏、技术缺乏、人才缺乏等等。而有些企业的技术、人才优势却不能得到很好的发挥。如果走联合之路,则不仅可以充分利用规模经济的好处,而且可以使联合各方避短扬长,使各自的优势得到叠加发挥,为企业的"挖、革、改"提供更为广阔的天地。如果仅局限于企业内部的"挖、革、改",往往由于企业内部短处的不可避免性而导致收效甚微。例如,城市的大中型企业一般技术力量较雄厚、设备较先进,但往往生产的空间受到限制。而乡镇企业和城市部分中小企业虽然技术力量较薄弱,但可提供回旋余地较大的生产空间。这些都是企业内部的"挖、革、改"无能为力的。而通过横向经济联合,使企业各自的优势得到发挥,企业的劣势得到抑制,从而产生整体综合效益的极大化。同时,由于联合,用于"挖、革、改"的资金、技术、设备能相对得到较优的利用,比如可以对生产过程中的薄弱环节进行重点技术改造,获得联合攻关的效益等等。这种联合规模经济的功能是企业内部的"挖、革、改"所不具备的。

第三,联合规模经济可以开拓企业内部"挖、革、改"的深度和广度。企业内部的"挖、革、改",从根本上说,就是通过企业自身的革新、改造和挖潜,以实现可能的生产力。因此,它具有不断向广度和深度发展的趋势。单单依靠企业自身的力量,则这种趋势的发展就会因限于人力、物力、财力和技术力量而受到遏制。而联合规模经济所给予企业的向生产的深度和广度进军的推动力,将是无限的。从广度上看,联合规模经济能办成单个企业想办而办不成的事。比如,如果一个企业要搞的"挖、革、改"项目有四五个,但限于财力和技术力量,可能只能搞一两个项目,这就使"挖、革、改"的范围受到了限制。走联合之路,发展专业化协作,就可大大发挥综合优势,只要做好统筹规划工作,就可能促使"挖、革、改"在更广的范围上进行。从深度上看,发展联合规模经济能促使联合体各企业尽量节约物化劳动和活劳动消耗,不断促进产品产量、品种和质量的提高,并不断提高产品设计、制造以及更新换代的能力,提高技术研究和开发研究的能力。

第四,联合规模经济比企业内部"挖、革、改"具有更大的市场优越性。在传统体制下,由于不存在市场风险,企业内部"挖、革、改"的主要目的是增加产值、扩大产量,而不管产品是否符合市场要求。现在企业管理要实行转轨变型,企业生产要面向市场。毫无疑问,企业内部的"挖、革、改"也要服从这一根本的转变,在增加产品品种、提高质量上下功夫,以增强市场竞争能力。但是,市场复杂多变,单纯依靠企业内部的"挖、革、改"难以适应市场的需要,而且,单个企业之间的过度竞争,也容易产生消极作用。发展横向经济联合,组织多角化经营,就可以分散风险,避免跌入行业结构不景气的陷阱。因为通过联合达到的经济规模扩张在市场中具有稳定经营、灵活便利的优越性。当然,也要防止出现垄断倾向。

总之,在商品经济条件下,内涵扩大再生产的主导途径已从企业内部的"挖、革、改",转变为联合规模经济的充分发展。我们的分析已经证明,联合规模经济并不排斥企业内部的"挖、革、改",二者实际上是互相联系、互相促进的。但是,随着经济体制改革的深入和经济发展战略的转变,联合规模经济作为内涵扩大再生产的主导途径,显得更为迫切和重要。

因此,中国近阶段产业组织政策的重点就是促进联合规模经济。通过合并与联合发展规模经济的组织形式通常是企业集团,这种企业集团大致有三种类型:(1)协作型企业集团。这类集团的企业在经营活动中原来就存在一定的业务联系,现在通过集团形式稳固其协作关系,包括原材料供应、技术协作、产品配套等。(2)服务型企业集团。这类集团将各企业原先分散重叠管理的产品销售、物资供应、运输等产前产后的服务工作集中起来,统一管理,以获得经营上的规模经济。(3)重组型企业集团。这类集团通过调整各企业的生产方向和生产工艺,在场地、技术、设备和人员等方面重新组合,实行专业化分工协作生产,促使生产规模迅速扩大。无疑,这些不同类型的企业集团对于促进规模经济,都是十分有益的,从而都应该加以扶植和发展。然而,针对中国传统产业组织下形成的大而全、小而全的生产格局,重组型企业集团对于实现规模经济意义较大,因为这类集团的兴起将彻底改变专业化分工协作程度低下的落后局面,建立起大规模、大批量的生产体系。正由于这样,重组型企业集团与传统产业组织的矛盾最尖锐,其发展所受到的束缚和阻力也最大,因而目前这类企业集团只是凤毛麟角,较多的是协作型和服务型企业集团。

从这一现实出发,产业组织政策应重点扶植与培育重组型企业集团,特别在装配型行业(因为大而全、小而全的企业主要集中在这一行业),其政策目标是形成大型整机厂与中小型专业化零部件厂密切结合的分工协作体系。由于大而全企业的改造与小而全企业的改造是相互制约的关系,即大而全的整机企业要改造成大型专业化整机企业,必须以小而专的零部件企业的存在为前提,而小而全的企业要改造成小而专的企业,又必须以大型整机厂放弃大而全生产方式为条件,所以产业组织政策要有相应的措施来指导和协调两者的改造。从实际情况来看,靠它们各自自行改造是难以奏效的,比较可取的方式是通过大企业承包小企业,首先改造小企业,然后使大企业摆脱大而全的生产方式。因为大企业可以凭借自己雄厚的经济实力,在对小企业承包中,按其需要,将小企业改造成为其服务的小而专的零部件企业,然后使其自己转变为专业化整机厂。在此过程中,企业间也许会出现一些利益分配问题,产业组织政策就要针对这些问题进行协调,促进大企业对小企业的承包,最终使大企业和小企业都因专业化生产而大大扩大生产批量,并由此获得较大的经济利益。

对于装置型行业,产业组织政策主要帮助解决资金集中方式问题,促进专业银行与企业的联合,发展财团性质的企业集团,同时对原有的小型企业采取合并与兼并的方式,发展重组型企业集团。

产业组织政策在促进企业集团发展的同时,不仅要抑制低水平过度竞争,建立适度的竞争秩序,而且也要注意防止由企业集团形成的新的市场垄断,避免产生新的抑制竞争活力的条件,以保证有效竞争。

30 产业关系政策:一个被忽视的内容

几乎在所有国内外的产业政策研究中,都忽视了产业关系调整这一重要内容,没有把它纳入产业政策体系中去。这不能不说是研究产业政策问题中的一个缺陷和不足。事实上,从第 25 章的论述中我们可以看到,产业关系调整是产业发展不可缺少的一个组成部分,产业关系政策是产业政策体系中的基础。因此,我们要开创这方面的理论研究,完善产业政策体系,使产业政策更好地促进产业发展。

30.1 产业关系的本质:利益关系

在传统的西方经济理论中,产业关系往往是特指雇主与雇佣者之间的关系。但在现代技术和社会变化的影响下,产业关系的内涵和外延都发生了相应的变化,它已不再是一个孤立的雇主和雇佣者关系的问题了,而是一个较广泛的经济、社会和政治综合化的结果。

目前,产业关系包括两个方面的联系和交往:(1)不同的产业组织机构、集团、个人之间的关系;(2)同一产业组织机构内具不同程度的职位、身份、权力和爱好的群体或个人之间的关系。这种关系具有较广泛的内容,是经济关系、社会关系和政治关系的统一。显然,这种产业关系不是抽象的,也不可能有统一的模式。它具有明显的历史性,在不同的社会制度、经济发展阶段、传统因素、文化习俗等背景下呈现出不同的特点。

然而,产业关系的本质则是同一的,即利益关系,不论在何种特殊背景下形成的产业关系,本质上都是一种利益关系。具体地讲,就是产业中的不同实体和个人所追求的目标函数是不同的(这是由其各自的利益所决定的),但它们各自的目标函数只有在互相联系和互相作用下才能得以追求和实现,因而在它们之间就形成一种互为前提、互相冲突的利益关系。所以,在任何背景条件下形成的产业关系,总是伴随着利益冲突和利益互动的必然现象。下面我们分层次详细论述。

首先,不同部门的产业关系。社会再生产的投入—产出关系内在规定了各产业部门必须保持相应的联系和交往,但这种联系和交往始终渗透着利益关系。因为每个产业部门都想从自身的扩展中获得更大的利益,而可用资源总是相对稀缺的,这样各部门对自身利益的追求就要受到资源分配的约束。如果某些部门为追求自身利益过多地占有了可利用资源,那么资源配置就会脱离社会再生产的客观要求,出现资源配置扭曲现象。其结果,就会影响社会再生产的顺利进行。由于各部门都置身于社会再生产的结构体系中,任何一个部门的生产都将受到投入与产出(销售其产品)两方面的制约,所以社会再生产过程受阻必定会通过产业关联效应影响各部门的利益,因此,在不同部门的产业关系中,各部门为追求自身利益所形成的利益冲突和为保证社会再生产顺利进行的客观制约所要求的利益互动,是同时存在的,并构成其部门联系和交往中最基本的关系。

其次,所有者与经营者的关系。现代企业的发展形成了所有权与经营权的分离,从而构造了具有独立人格的所有者与经营者之间的新型关系。作为具有独立人格的所有者与经营者,它们有各自的利益追求。在现代股份公司的形式下,掌握股权的所有者追求的是更多的股息与红利,而掌握实际生产资料使用权的经营者追求的是更高的薪金和地位。显然,这种目标函数的差别必然会形成利益冲突。但经营者与所有者之间又是互相制约的,所有者的利益追求不可能在完全抑制经营者利益的情况下实现,经营者的利益追求也不可能在撇开所有者利益的情况下获得。因此,所有者与经营者之间也存在着利益冲突和利益互动的关系。

再次,管理人员、技术人员和工人的关系。在一个现代企业中,管理人员、技术人员和工人是最基本的三个组成部分。由于其职位、身份不同,它们有各自的利益追求。管理者追求与其收入相联系的企业利润、市场占有率等政绩,技术人员追求与其收入相联系的研究成果和技术运用,工人则追求与其收入相联系的工作量，在这些各自的利益追求中，势必会产生一些矛盾。然而，现代生产是一个综合性生产，三者都是这一生产中不可缺少的部分，因而其利益追求是互相制约的，必须在利益互补的基础上才能实现其自身的特殊利益。

最后，第一线工人与二、三线工人的关系。在现代生产中，除了某一产品的直接生产活动外，还有一些相应的配套生产活动和服务工作，从而形成了一线工人与二、三线工人的关系。由于具体工种性质不同，他们之间也会产生利益差别，进而发生一些摩擦和矛盾，然而，他们也像其他层次的产业关系一样，只有在实现总体利益的过程中才能实现自己的特殊利益。

由此可见，不论何种层次和内容的产业关系，其最基本和本质的关系就是利益关系。尽管产业关系是一个动态发展的过程，随着现代工业和现代社会的发展，其内容更加广泛和复杂化，但其本质属性并没有因此而发生变化。不论是传统企业体制中的雇主与雇员的关系，还是现代企业体制中的所有者、经营者、生产者之间的关系，其本质都是利益关系。

当然，产业关系的本质属性的表现方式是有所不同的，大致上有两种类型：一是明朗化的方式；二是隐蔽化的方式。

产业关系中的利益明朗化是指其本质属性得到充分反映的表现方式。这一表现方式有如下特点：(1)产业关系中的各行为主体的利益边界明确，从而在产业关系中形成明显的多元利益层次。(2)产业关系中各种特殊利益主要是通过有其清楚的边缘，并具有正式内部结构的利益集团来明确表达的。(3)各种特殊利益的矛盾和冲突是公开的，并且是以集中的方式(组织的形式)表现出来的。

产业关系中的利益隐蔽化是指其本质属性得不到充分反映的表现方式。这一表现方式的特点则是：(1)产业关系中的各行为主体的利益边界模糊，多种特殊利益往往被统合到某一利益关系中去了，从而使内容丰富的多元利益关系得不到明显反映。(2)产业关系中各种特殊利益的表达是通过非组织形式实现的，因而其特殊利益往往是通过一系列偶然事件表现出来的。(3)各种特殊利益的矛盾和冲突是在暗中进行的，并且是分散化的。

产业关系本质属性的不同表现方式在很大程度上是由产业管理体制决定的。高度集中的产业管理体制往往强调利益服从，把各种行为主体的特殊利益统合到整体利益的范围中去。这样，它往往淡化各种特殊利益，模糊各行为主体的利益边界，进而软化各种特殊利益的冲突，以实现集中统一管理的目的。与此不同,分散化的产业管理体制往往强调利益调动,把产业关系中的各种特殊利益分化出来。这样,它必须明确各行为主体的利益边界,并在其基础上形成能够有效整合某一特定利益、协调成员行为的利益集团,通过利益集团的组织化的利益冲突和利益互动来满足各种特殊利益的要求,实现分散管理的目的。当然,其他一些因素(如传统习俗、文化、政治制度等)也影响产业关系本质属性的表现方式,使其明朗化或隐蔽化,但最主要的还是产业管理体制,产业体制从根本上构造了利益关系表现方式的制度框架。

30.2 产业关系调整的前提:利益关系明朗化

既然产业关系的本质是利益关系,那么产业关系调整自然就是利益关系调整。问题在于,利益关系的表现方式存在两种截然不同的类型,哪一种类型有利于产业关系调整呢? 这正是我们首先要回答的问题。

我认为,产业关系调整的前提就是利益关系明朗化,否则,产业关系是无法有效调整的。需要指出的是,我们现在所要进行的产业关系调整是现代产业关系。现代产业关系与传统产业关系的重大区别之一,就是原先较单纯的利益关系随着现代工业和现代社会的发展不断分化和繁衍出更为复杂的内容,出现了利益主体和利益关系多重化的新格局。利益关系明朗化则使这种利益新格局得到了充分反映,并促进其健康发展,因而是顺应现代产业关系发展要求的。与此相反,利益关系隐蔽化则掩盖和抹杀了现代产业关系中新型的利益关系,阻碍了利益关系的分化和整合,因而是与现代产业关系发展的历史要求相违背的。从这一意义上讲,利益关系明朗化是由我们所要进行调整的客观对象的历史发展要求规定的。

不仅如此,更为重要的是,利益关系明朗化有利于产业关系的政策调整,从而有利于增强产业素质。相反,利益关系隐蔽化则使产业关系调整难以进行,并会遗留和积累起许多消极因素,从而大大削弱产业素质。

首先,从产业关系调整的具体目标来看。产业关系调整是要改变不合理的产业关系,理顺其利益关系。那么,这就需要首先对产业关系现状作出基本判断:合理或不合理。在进行这一判断时,必然要有一个准则或尺度,即各行为主体应该有什么样的特殊利益以及它们之间应该有什么样的利益关系。只有按照一定的判断标准对产业关系现状作出基本估计,找出存在的问题,才能确定产业关系调整的明确的具体目标。

但是,利益关系隐蔽化模糊了各行为主体的利益边界,混淆了各种利益关系,使其无法确立起一个明确的判断标准,也无法判断产业关系是否合理。即使从经验和感觉上认为产业关系中存在问题,也无法识别其问题症结所在。所以在利益关系隐蔽化的情况下,产业关系调整往往缺乏明确的具体目标,带有很大的盲目性。

利益关系明朗化由于使各行为主体的特殊利益得到了充分的显示,并使其的利益边界明确化了,形成了相对稳定的利益关系格局,所以有可能建立起比较明确的判断标准,也比较容易对其产业关系现状作出正确的估计和识别。这样,存在问题的显形化和判断准则明确化,就为产业关系的调整指明了正确的方向。

其次,从产业关系调整的方式来看。产业关系调整总是通过一定的方式实现的。这种调整方式的选择,固然与所要解决的问题的性质有关,但在很大程度上则是受制于利益关系的表现形式。不同的调整方式,就其本身来说,有实施难易的程度之分。显然,易于实施的调整方式有利于产业关系调整,而难以实施的调整方式则不利于产业关系调整。

利益关系隐蔽化往往使产业纠纷和矛盾以隐晦、消极的形式表现出来。要解决这种产业纠纷和矛盾,只有采取迂回的方式,例如进行政治思想工作,提高思想觉悟;领导干部以身作则,身先士卒,为政清廉,以此来感化职工;强调伦理规范和道德义务,注重人事关系培养等。这种迂回的调整方式有相当大的难度:一是针对性不强,难以落到实处、切中要害;二是工作量大,需要深入细致的工作,空泛与浮于表面的工作都无济于事;三是容易脱离利益关系来处理问题,虽然有可能暂时和表面上解决了产业纠纷和矛盾,但实质上并没有从根本上调整利益关系,反而留下了隐患。因此,利益关系隐蔽化所规定的产业关系调整方式,其调整的难度是很大的,不容易取得较好的调整效果。

利益关系明朗化则使产业纠纷和矛盾以公开的形式表现出来,因而解决其纠纷和矛盾,就可以采取直接的方式,例如让当事人双方通过对话来协商解决;由第三者出面调解、调停和仲裁等。这种直接的调整方式由于针对性强,就事论事,抓住要害问题,并以法律为依据进行公开调解和处理,从根本上调整利益关系,所以比较容易实施,从而也比较容易取得调整效果。

最后,从产业关系调整的内容来看。产业关系调整的核心是利益关系调整,但利益关系的不同表现形式,却使其调整的内容有较大的差别。这种差别主要表现在调整的集中与分散,单纯与复杂上。

利益关系隐蔽化使产业内部的矛盾冲突常常表现为组织与个人的关系,而不是不同利益之间的关系。这样,产业关系调整就不得不分散化了,即分别处理不同个体的问题。不仅如此,利益关系隐蔽化还使产业内部的矛盾冲突通过各个方面表现出来,例如工资收入、福利待遇、工作场所的安全保护和环境条件,甚至住房、子女入托、入学和就业等。这就使产业关系调整变得十分复杂,难以很好处理。

利益关系明朗化则使产业内部的矛盾冲突表现为不同利益之间的关系,因为大多数人的各种不同的特殊利益将通过相应利益集团实行利益表达。这样,产业关系调整就主要集中在协调不同利益集团的关系上。同时,由于利益关系明朗化使产业内部的矛盾冲突主要集中在工资收入、安全保护、工作环境等与生产有关的范围内,因而产业关系调整相对单纯一些。

从上面的论证中,我们可以看到,利益关系明朗化较之于隐蔽化,更有利于产业关系调整,从而更有利于提高产业素质,在产业利益关系隐蔽化的情况下,产业冲突的表现形式是消极的、隐晦的、软性的,而在产业利益关系明朗化的情况下,产业冲突的表现形式是积极的、公开的、硬性的。从长远来说,后者要比前者好。前者不利于产业调整,无异于产业生命力的"慢性自杀";后者只要调整得当将会给产业生命力带来朝气。但在短期内,前者不会出现大问题,而后者一旦处理不及时,或处理不当,则会酿成较大的危害。相比而言,利益关系明朗化有利于产业关系调整,有利于产业素质的提高。当然,这仅仅是一个前提条件,能否提高产业素质,还取决于产业关系调整是否得当。但对我们目前来说,首先是要实现利益关系明朗化。

在传统的经济理论中,我们是十分强调国家、集体、个人三者利益一致性的,而忽视或掩盖由利益冲突引起的产业冲突和争端。在这种理论指导下,以及在高度集中的产业管理体制下,利益关系被隐蔽化了。这主要表现在:国家的利益被强化,企业的利益被淡化,劳动者个人的利益被僵化。在这种情况下,企业行为方式、价值取向、目标选择主要受国家尤其是上级主管部门的控制和影响,企业的管理者也常常主动迎合上级意愿，甚至不惜牺牲经济利益。劳动者在工资收入僵硬的情况下，以闲暇来替代收入，追求闲暇最大化的目标函数。当工作时间不能伸缩时，闲暇的追求就以怠工的形式出现。事实上，不管我们是否承认，客观上一直存在着产业冲突和矛盾，只不过它是以效益低下、怠工、不负责任等消极、隐晦和软性的形式出现的。对于这种形式的产业冲突和矛盾，我们曾采取了政治思想工作、劳动竞赛、民主管理等各种方式，并从政治上、工作上、生活上做了大量工作来进行调整，但由于没能很好地切实解决各种利益关系，往往使这些调整方式及其工作流于形式，没能取得积极的效果。实践证明，在利益关系隐蔽化的框架下进行产业关系调整，其成效甚微。根本出路，是产业体制的改革，从而使利益关系明朗化。

自经济体制改革以来，企业的利益得到了强化，并出现了反映行业特征的跨地区、跨部门的企业集团和联合体，同时劳动者个人的利益也得到了充分肯定，打破收入分配平均主义引起了一定程度的利益分化。总的说来，产业利益关系隐蔽化正在朝着明朗化的方向转化。但在目前情况下，各种利益关系尚未明确，产业冲突和矛盾以新的形式表现出来。企业处在双重体制的管束下，追求着产值最大化和利润最大化的双重目标函数，尽管这两个目标函数经常发生严重冲突。劳动者的劳动虽然开始与收入挂钩，但还没有使其报酬取决于企业经营的效益，因而劳动者也追求着收入最大化和闲暇最大化的双重目标函数。在这种利益格局下，管理者(厂长、经理)同时充当着国家和企业的双重代表。但在厂长选举制的制约下，管理者往往屈服于职工追求收入最大化的压力，再加上客观存在的收入攀比机制的作用，乱发奖金和实物的企业短期行为便油然而起，结果引起生产性积累下降，给企业的长远发展带来严重危害。在这种情况下进行产业关系调整也是十分困难的。因为企业的双重目标函数以及它与劳动者个人的目标函数之间处于一种混杂的关系，其行为本身就是被扭曲的。要调整这种产业关系，实质上就是要改变现有的不合理的利益格局。这种不合理的利益格局不改变，由此引起的产业冲突和矛盾就难以有效调整。因此，我们仍然需要深化产业体制改革，继续推进利益关系明朗化。

从广义上讲，产业体制改革也是一种特殊形式的产业关系调整。因为产业体制改革实质上是产业利益格局的重新构造，是一种制度性的产业利益关系的重新确立。如果说在既定产业体制下的产业关系调整是一种常规性的调整，那么产业体制改革则是产业关系的制度因素的特殊调整，并且是更深刻、意义更深远的产业关系调整。但从狭义的产业关系调整来讲，产业体制改革，利益关系明朗化，则是其实行有效调整的前提条件。从这一意义上讲，产业体制改革将为产业关系调整提供一个利益关系明朗化的制度框架。对于中国目前的情况来说，这是当务之急。

30.3 产业关系调整政策：目标与手段

实行产业体制改革，构造利益关系明朗化的制度框架，固然是产业关系调整的前提条件，但这种制度框架本身并不意味着可以自行调整产业关系。相反，随着利益关系的明朗化，产业冲突和矛盾将日趋公开化、表面化和硬性化，因此社会对利益的协调整合的需求也将日趋紧迫和强烈。如果处理及时和得当，这种产业冲突会转化为积极因素；一旦处理不妥，这种产业冲突便会发展到以极端的形式表现出来，酿成较大的社会震荡。为此，我们迫切需要制定和采取产业关系调整政策，把产业冲突降低到最低限度，或者至少要迅速缓解产业冲突。

产业关系政策是关于调整产业关系，解决产业冲突，实现各种利益互补和互动，提高产业素质的政策。这一政策的主要目标有三个方面：(1)产业安定，即产业能够按其本质的规定性正常地进行各种活动（主要是生产、经营活动）；(2)产业民主，即上、下沟通、融洽，工人参与决策的一体感；(3)产业进步，即赋予企业以强大的生命力和活力。这三方面的目标是一个有机整体，缺一不可。为了实现这些政策目标，需要采取一系列互相配合的政策措施，主要有以下几项：

第一，产业关系调整法制化，建立一个良好的利益协调的法制环境。首先要用立法的形式把产业关系规范化和固定化，使产业中各方面的基本利益受法律保护，为各种利益的协调建立一般的程序。在此问题上，我们的立法面临着双重任务：一是要强化企业间的法律约束机制，使企业之间市场契约化关系更加稳固，建立起企业间商品交换的新秩序。二是要确立企业内部管理者与劳动者、劳动者之间关系的法律约束机制，使它们各自的基本利益得到法律保护，同时也使它们各自的行为受到法律制约。为此，要进一步制定和完善各种经济法、企业法、就业法、劳动关系法、同工同酬法、联营法等。在立法的基础上，司法机构和行政机构依照法律去处理各种产业冲突和矛盾,协调和整合各方面的利益关系,真正做到有法可依、有法必依、违法必究、执法必严。

第二,加强政治思想工作,结合利益关系落到实处,提高产业群体的凝聚力。在利益关系明朗化的前提条件下进行产业关系调整,并不是可以放弃政治思想工作。恰恰相反,政治思想工作是调整产业关系的一项重要措施。但我们也不是"空对空"地做政治思想工作,而要结合利益关系,把工作做到实处。为此,政治思想工作要将各方面特殊的、分散的目标函数注入既有的制度构架里去,把各种利益的价值取向整合成一个共同的价值观念,促使各利益集团依据比较相同的价值准则来衡量自己和别人的行为,使他们在实现社会总体利益或企业总体利益的过程中实现自己的特殊利益。具体说来,就是政治思想工作要与建立社会主义企业文化结合起来,使企业形成统一的群体意识、良好的群体道德、共同的价值观念和坚韧的群体黏合力,并使这种和谐的伦理关系内化为人们内在心理的自觉意识和外化为明确的规章制度与行为规范,以此来指导和协调个人利益、集体利益与国家利益、眼前利益与长远利益以及各种利益关系。

第三,建立调解、调停、仲裁制度,促进产业纠纷的及早解决。如果说政治思想工作是产业关系调整的一项积极的、预防性的措施,那么调解、调停、仲裁制度的建立则是产业关系调整的消极的、应急性的措施,政治思想工作毕竟不是万能的,各种产业冲突和矛盾仍然会出现,这时就需要相应的调解、调停和仲裁,以缓解其冲突与矛盾。对于产业纠纷,首先应该尽可能让当事人双方通过对话、谈判等一系列方式自己来解决。当纠纷的双方自己无法通过协商解决矛盾时,应由代表第三者身份的组织机构(如上级行政机构、行业协会、司法机构等)出面给予调解。进行产业纠纷调解的方式主要有两种:(1)敏感地觉察出纠纷各方的利益所在,在强调调和的前提下,寻找一个双方都可以接受的解决办法。(2)向纠纷双方讲明利害关系,要求双方以公共利益为重,反对分裂和内耗,使双方放弃各自的利益,实行互相妥协。由于产业纠纷直接影响到企业正常的生产经营活动,削弱企业的实力,所以对其要尽快解决,把其危害降低到最低限度。这就要求我们把有关的调解、调停、仲裁活动制度化,设立专门的产业纠纷调解机构,处理有关事宜,并制定相应的调解规则和程序,使调解工作尽可能做到公平合理,提高其活动的效率。

第四,大力培育产业关系利益代表组织,形成产业关系自我调节机制。产业关系调整不仅来自外部力量的干预,而且要有内部的自我调节机制。相对而言,这种自我调节机制更为重要,它是实现产业关系正常化的基础。因此,产业关系政策的一项重要措施就是建立产业关系自我调节机。制实现产业关系的自我调节,首先需要有相应的利益代表组织,使大多数人的各种不同的特殊利益能通过其组织实行利益表达。因而,应真正赋予这些组织机构以独立的利益和权力。过去我们在产业中也有工会、妇联、青年团等组织机构,但这些组织在实际工作中缺乏强有力的利益表达,只有微弱的利益聚合作用。所以要通过组织创新,使其成为一个独立的利益组织。除此之外,这些作为利益代表的组织机构要形成合理的结构,使之处于力量大致均等的互相制衡之中。这样,才有可能形成互相协商、互相监督的局面。如果某些利益组织残缺不全,或力量对比悬殊,那么其互相制约关系就会处于失衡状态,无法进行正当合理的协商实现产业关系自我调节。为此,我们要扶植和培育某些残缺或力量微弱的利益组织,促进组织结构合理化。总之,要通过组织创新建立起产业关系自我调节机制,形成互相协商、民主管理的制度。

第五,其他一些辅助性的政策措施。由于产业关系涉及面广,内容复杂,所以除了上述一些直接进行产业关系调整的政策措施外,还需要有一些辅助性政策措施加以配合。这些辅助性政策措施中,最主要的是收入政策、收入分配政策和就业政策、人力政策。在产业关系中,不同的收入水平往往是产生产业冲突和矛盾的焦点。在中国现阶段,这不仅表现在企业内部工人要求增加收入的强大压力,而且表现在企业之间收入水平的强烈攀比。收入政策就要调节这种状况,通常的办法有三种:一是控制工资总额,保证工资增长不超过劳动生产率的增长。二是以税收为基础的工资收入限制措施,规定一个工资收入增长的界限,对于没有超过这一界限的,给予减免税的奖励,若超过这个限额则加税。三是在非常时期冻结收入,但这只能短期使用。此外,还要实施收入分配政策,其主要内容是:(1)产品价格和收入决定均等化,排除垄断对价格的影响,提高劳动收入在总收入中的相对份额。(2)实行收入再分配,对高收入阶层增税,对低收入阶层免税,并向其提供相应的社会福利和社会保险。(3)收入源泉均等,包括机会均等、公平竞争等。随着产业体制改革的深化,产业利益关系的明朗化,原先存在于企业中的隐蔽失业将变成社会上的公开失业,这将成为产业冲突和矛盾的另一个突出问题。对于这一问题,需要采取就业政策和人力投资政策加以调节,其主要内容有:(1)对各类劳动力进行需求预测,提供就业信息,开展职业介绍和就业指导。(2)广开就业之门,吸纳过剩劳动力。(3)为劳动力在行业间、地区间的合理流动提供必要的物质援助和便利。(4)进行智力投资,普遍提高劳动者的文化水平和技能,并进行职业培训和劳动力再训练,使其更好地适应工作变动的要求。

通过上述这些政策措施,我们将能够较好地解决产业关系中的一系列冲突和矛盾,从而使产业迸发出强大的活力,提高其素质,为产业发展奠定物质基础。

31 中国经济发展新阶段的产业政策构想

对于一项产业政策来说，从其设计到实施的全过程，是离不开特定环境条件的。如果说过去的产业政策是当时历史条件的产物，那么今天我们来制定产业政策，就要首先确定目前环境条件的特殊性。中国正处于一个伟大的历史转折关头，已经进入国民经济发展的新阶段。面临这样一个新阶段，我们将从全新的角度思考应该实施的产业政策。

31.1 经济发展新阶段的政策要求及制约因素

我认为，目前环境条件的特殊性，最主要、最集中的一点，就是国民经济发展进入了一个新阶段。这一新阶段有以下几个重要标志：

一是非必需品需求日益成为拉动国民经济增长的重要力量。①经过 40 年的努力奋斗，中国国民经济实力已得到较大的增强，尤其是自 1979 年以来，经济发展水平已达到一定的高度。1979—1987 年，全国人均国民收入每年递增 9.9%。从 1982 年起，人均国民收入超过 400 元，并逐年大幅度增加，1987 年已达到 868 元。与此同时，全国居民消费水平从 1979 年的人均 197 元，增加到 1987 年的 506 元，平均每年增长 7.9%。②在这样一个发展水平上，满足人民温饱的问题已

---

① 此书中所用的“非必需品”是指除生存资料以外的享受资料和发展资料。

② 《中国统计年鉴》(1988)，第 52—53、800—801 页。

基本得到解决,从而非必需品的需求日益增强,并成为拉动国民经济增长的重要力量。这也就是国民经济将由温饱型消费向小康生活水平过渡。

二是市场机制的引入开始使需求对国民经济增长的拉动作用增强。在传统经济体制下,国民经济增长的主要带动力量是由计划安排的固定资产投资。1978年以前,轻、重工业增长与固定资产投资之间有很高的相关性,从而轻、重工业产值的增长曲线与投资曲线的波动高度吻合。国民经济的增长主要不取决于需求的带动。

自1978年经济体制改革以来,随着市场调节作用的发挥,社会生产与社会需求之间的联系日益密切,因而消费需求推动着经济的增长和结构的变化。1978—1985年,社会商品购买力平均每年增长17.24%,比1953—1977年的年平均增长6.31%的速度提高了近2倍。这无疑对供给发生了较强的拉动作用。一些学者所作的相关分析也表明,自1979年以来,轻工业产值增长速度同上年社会货币收入的增长速度之间,一反过去的不相关状态(1978年前 $r=0.1810$),而呈现出高度的相关状态($r=0.8496$)。这表明,由于市场机制的引入,市场需求对拉动经济增长和结构变动起着显著的作用。这是一个历史性的转折,它最终将引起中国经济流程的较大变化。

三是从闭关锁国的经济走向对外开放的经济。世界经济发展史表明,现代商品经济的发展,必然要打破国家界限而寻求内外分工协作和内外交叉渗透。新技术革命的影响更加促进了世界经济一体化的进程。①面对当今世界经济发展的潮流,我们采取积极的对外开放政策,开始走向世界经济。

自1978年以来,中国对外经济发生了巨大的变化。进出口贸易总额(按人民币计算)从1978年的355亿元增长到1987年的3084.2亿元。1979—1987年,签订利用外资协议额达625.09亿美元。"六五"期间共引进技术1397个项目,成交额达49.5亿美元。1976—1978年对外承包工程和劳务合作仅0.02亿美元(合同金额),而1979—1987年已达到82.65亿美元(合同金额)。②随着对外经济的发展,进口依存度(进口增加额/国民收入增加额)从1977年的1.61%上升到1983年的13.67%,1984年的22.08%和1985年的53.46%。并且,在进口

① 参阅拙文:《对外开放政策的国际背景分析》,《财贸经济》1988年第8期。

② 《中国统计年鉴》(1988),第721、733、737页。

商品总额中，工业制成品的比重明显上升，从 1979 年的 71.8%上升到 1985 年的 87.5%。

总之，我们已开始进入一个国民经济发展的新阶段。那么这一新阶段对产业政策具有什么含义呢？我认为，这一新阶段对产业政策提出了一系列新的要求。

（1）非必需品区别于必需品的一个重要特点是：在消费方面，它具有很大的选择性和替代弹性；在生产方面，不同的选择对资源约束、产业关联效应、就业弹性以及国民收入的增长有很不同的影响。因此，在这一新阶段中，如何发展非必需品生产，实现满足非必需品需求的结构变革，是产业政策面临的一个重大选择。

（2）市场机制的引入使需求拉动国民经济增长和结构变动的作用强化，从而经济流程将发生变化。其中最主要的新变化是，非直接积累流程的形成，它改变了由国家直接在国民收入初次分配中获取高积累，然后集中向有机构成高的重工业投放的方式；而是在国民收入初步分配后，由个人和企业的收入通过储蓄和其他金融环节转化为积累，让多种投资主体进行投资。在这种情况下，产业政策应如何有效地进行调整和促进产业结构的转换，是产业政策面临的又一重要问题。

（3）随着对外开放的发展，外部力量将对中国经济的增长和结构的变动发生重大影响。无疑，这种影响具有二重性，一方面，它有利于中国产业结构的改造和提高，另一方面，它也有不利的影响。因此，如何积极有效地引进各种技术、设备、资金，用以调整国内产业结构，是产业政策面临的又一重大的新课题。

国民经济发展新阶段的这些重大变化虽然对产业政策提出了新的要求，但在经济发展进程中中国某些基本经济特征并不因为新阶段的来临而改变，它们也依然对产业政策产生深刻影响。这些基本经济特征主要是：

（1）超后起国经济。在世界性的现代经济增长进程中，中国属于后起发展国家，但其经济成长的起点比一般后起国还要低。1952 年国民经济基本恢复后，中国便进入了现代经济增长过程，但那时人均国民生产总值只有 96 美元（按 1980 年美元不变价计算），一般后起国家进入现代经济成长的初始水平在人均产值 200 美元左右，有的高达 600 多美元。传统经济成分占很大比重，全国人口近 90%是以传统农业为生。这一特征至今仍在继续发挥着作用。

(2) 超大国经济。中国属于大国经济类型,但远远超过一般的大国经济,这主要归因于它那世界上独一无二的潜在国内市场规模(其规模是用人口数量来估算的)。1981 年,美国、苏联、中国、巴西和印度五个大国的人口占全世界人口的 51.23%,其中仅中国人口就占 22.52%。

(3) 超重就业压力。中国拥有世界上独具规模的劳动大军,劳动年龄人口约占世界总数的 30%,劳动就业人口占国内总人口的 48.5%(1986 年),并且尚存在大量隐蔽的"在职失业"。近年来,又有大批农业过剩劳动力向外转移,形成了沉重的就业压力。

这些基本经济特征对产业发展的方式和运行轨迹有重大影响,从而也在一定程度上构成了产业政策可供选择的可能性空间,成为产业政策的制约因素。因此,我们不仅要考虑发展新阶段对产业政策提出的新要求,而且又要考虑长期存在的经济基本特征对产业政策的制约和影响。作为一种全面的思考,应该把这两个方面较好地统一起来。所以,产业政策新思考的中心点就是解决如何在中国经济基本特征的约束下来满足发展新阶段对产业政策提出的要求。这是一个相当复杂的问题。我只能就这一问题提出一些探索性的意见,其主要之点有如下述:

第一,如何在严峻的资源(资金和能源原材料)约束下,把满足非必需品需求的结构变革和实现众多人口的积极就业结合起来。在传统产业结构变动模式中,重工业超前发展和第三次产业严重滞后这种状况未能很好地解决超重就业压力问题,大量的"在职失业"严重损害了创新机制,导致经济效益低下,同时也造成产业结构低水平,大量劳动力滞留在劳动生产率低的第一产业。

在非必需品的需求日益影响经济增长的情况下,如何较好地解决超重就业压力问题,避免其对产业发育产生不利的影响,仍然是一个主要经济问题。前面已提及,非必需品生产的不同选择对资源约束,就业弹性有很不相同的影响。看来较为正确的选择,应该是有利于积极就业的劳动—技术密集型的非必需品生产方式。

过去,人们往往把劳动密集型生产和技术密集型生产完全对立起来,这看来是值得商榷的。这种观点的片面性主要来源于两个方面:(1)把运用新技术所节约的生产成本,仅局限在节约劳动成本方面,而忽视资金的节约。如果单就劳动成本的角度来考察,技术进步似乎与劳动密集型生产有矛盾。(2)仅仅从单个企业的角度来考察技术与就业的关系。如果我们突破这种局限性，从资金节约（包括能源、原材料节约）的角度和社会的角度来考察技术与就业的关系，那么这两者是可以兼容的。①

我们知道，技术是渗透、融合在劳动资料、劳动对象和劳动者之中的，因而采用新技术，既可能节约劳动，也可能节约资金。从节约资金的角度来说，新技术的运用就不一定会减少对劳动力的需求，而很可能会增加社会的就业机会，正如基思·马斯顿指出的："在资本稀罕、劳动失业或就业不足的国家里（即大多数发展中国家），重点应该放在使资本生产率而不是劳动生产率最大化。在生产一定产品有数种方式可供选择的场合，应该（在其他因素不变时）选择那种用一定资本费用可以达到最高产量的方式。"②

另外，在考察技术进步的效果时，不能只从单个企业的角度只看到它的即时效果，而要从社会的角度看到它的长期效果。在这个问题上，可以作如下的分析：(1)技术进步需要采用机器，也就是要生产机器、操纵机器、维修机器，这都会增加对劳动力的需求。(2)在技术运用过程中，所减少的主要是从事简单劳动的工人、非熟练工人和半熟练工人，而复杂劳动者和熟练工人的人数则会增加。(3)如果技术进步引起的社会总产量的增长大于社会人口的增长，那么实际收入将增加，同时工作时间也将缩短。这将引起需求的增加，从而导致服务业就业人数的增加。因此，布鲁克斯认为，与就业有关的问题不在于提高了生产率的公司或产业部门失去了多少工作岗位，而在于由此解放出来的购买力所提供的工作岗位比失去的工作岗位是更好还是更坏。③当然，从采用新技术到增加社会的就业可能有一个时间间隔（包括工人的工种转移）。在这一过程中，原有企业的工人可能会失业，但技术进步毕竟为社会上更多的人提供了就业机会。

因此，在一定条件下，技术运用与劳动就业并不是完全排斥的，而是可以兼容和互相促进的。根据中国资金短缺、原材料和能源紧张、劳动力充裕的实际情况，应该把技术运用与劳动就业结合起来，在非必需品生产上选择劳动—技术密集型生产。

如果作出这种选择，那么就要同时解决两个方面的问题：一方面，要实行正

---

①② 基思·马斯顿：《适用于发展中国家的进步技术》，载《现代国外经济学论文选》第 8 辑，商务印书馆 1984 年版，第 187 页。

③ 参阅《经济学译丛》1985 年第 6 期，第 76 页。

确的需求引导,把需求重心转移到或集中到劳动—技术密集型行业的产品上。如果不能有效地影响非必需品需求的形成,生产方面的选择就会落空,尤其在需求拉动作用强化的情况下,生产方面的选择是服从需求选择的。另一方面,要提高劳动者素质,使其能够适应劳动—技术密集型产业的要求。例如第三次产业中不同行业对就业质量有不同的要求,有些诸如金融保险业等对劳动力质量的要求相当高。应该注意,在目前情况下,劳动者素质的提高与积极就业是相辅相成的。

第二,如何把数量扩张与提高经济效益结合起来。在今后相当长的时间内,不论是缩短与发达国家差距还是超重就业压力,仍然要求有一定规模的数量扩张,数量增长对整个国民经济仍有重要意义。然而新阶段市场机制的引入,则要求提高经济效益。因此,我们既不能仍然实行过去的数量扩张政策,也不能完全放弃数量扩张,而要把数量扩张与提高经济效益很好地结合起来。这主要表现为:(1)不是在原有结构和技术水平上的简单数量扩张,而是能带动结构调整和促进技术进步的数量扩张,并应有利于提高产品质量和经济效益,有利于调整供求关系。(2)不是以浪费资源为代价的数量扩张,而是能促进资源有效利用的数量扩张,从而应致力于对资源的深度加工。(3)不是全面推行数量扩张,而是有重点、有选择的数量扩张,抓住关键环节扩大其生产能力。总之,数量增长要以提高经济效益为中心,要有利于宏观经济效益的提高。

第三,如何在有限的财力下,把传统产业的改造同新兴产业的发展结合起来。在传统产业结构变动模式下,传统农业部门没有得到根本改造,基础很不稳定,以电力、原材料为中心的基础工业相对薄弱,成为国民经济的瓶颈制约。无疑,加强农业和基础工业,就需要有相当多的投入。同时,处于世界经济体系中的中国,还要迎接世界新技术革命的挑战,要求发展高技术、高水平的新兴产业和未来产业,这也需要有大量的资金投入。因此,在财力有限的情况下,如何把两者结合起来也是新阶段产业政策的重要问题之一。

在近期内,由于财力有限,应把主要力量投放在传统农业的改造和缓解国民经济瓶颈的制约上,而高技术、高水平的新兴产业则应进行必要的准备,不宜大规模地发展。当传统产业的改造和薄弱产业的加强达到相当程度时,就可以适当投放力量扶植新兴产业和未来产业的发展。在现阶段,高技术、高水平的新兴产业的准备工作主要是引进先进技术,进行消化、吸收和改进,并应注重与这些新兴产业发展有关的配套技术和产业部门的建设。

第四，如何使多种投资主体的分散投资与基础产业的大规模发展相适应。非直接性积累流程的形成，产生了投资主体多元化和投资分散化的新格局。这种格局是与市场需求拉动经济增长模式相适应的，有利于生产对市场需求多样化与多变性作出及时反应。然而，在现阶段，我们急需缓解国民经济的瓶颈制约，加强基础产业的建设。众所周知，基础产业建设具有投资大、周期长的特点。因此，就积累流程发生新变化的情况下，如何促进基础产业的发展，也是一个新的需要解决的问题。

首先应对积累流程的新变化给予肯定。在这一前提下，要积极引导预算外资金的投资方向，并通过投资公司等专业金融机构运用特殊利率把分散的资金集中投入基础产业上来。其次，在新的积累流程尚不完善、投资行为短期化的情况下，作为一种特殊措施，应适当提高财政收入在国民收入中的比重，使国家集中较大的财力用于基础产业的发展。最后，对投资结构进行调整。在固定资产投资中，压缩非生产性建设，扩大生产性建设。在生产性建设中，压缩加工业基建投资，扩大基础产业基建投资。

第五，如何把对外开放同国内经济的发展结合起来。在新阶段中，发展对外经济是一个重要标志。中国的经济发展面临资金短缺和技术落后等困难，通过发展对外经济，就可以使资源在更大范围内得到合理的配置，获得更多的国际经济交往的比较利益。然而，中国大国经济的基本特征又不宜实行外向型经济。如果不顾国内需求，把资源转向开放部门，不仅会引起收益递减，而且将导致国内建设资源的匮乏。并且，以引进支撑的新兴产业因产业关联薄弱也难以带动其他产业的发展。因此，处理好对外开放同国内经济发展的关系，也是产业政策面临的一个新问题。

我们应该以国内产业结构的合理调整为轴心来开展对外经济活动。①这就是说，对外开放的基本出发点并不是用以支撑总量的高速增长，而是调整国内产业结构。因此，引进技术要立足于中国现有生产力水平和技术水平，着重解决生产技术薄弱环节或关键设备。并且，要注重发挥各项引进技术的效益，经过消化、吸收和发展使之中国化。引进外资要和国内资金、物资配套能力相适应，并

① 参阅拙文：《初级阶段对外经济的重新审视》，《南京大学学报》1988 年第 2 期。

能对相关产业部门的发展有较大的带动作用。在国内产业结构合理调整的基础上,改善出口结构,发挥出口优势,扩大出口份额,逐步实现以出口支持进口的目标。

31.2 产业政策新设计:原则性构想

根据中国的基本经济特征,为了更好地满足新阶段经济发展的要求,我们必须调整或重新设计产业政策。这已成为宏观经济管理的当务之急。这里我们不打算详细描述新产业政策的具体内容,如哪些应成为主导产业,哪些应给予扶植或救援以及采取何种具体措施,等等。比这些问题更为重要的是,应提出产业政策新设计的原则性构想。这一构想的基本点是:

第一,确立以创新为基础的非均衡协调的政策思想。在经济发展的新阶段上,应逐步缩小乃至消除二元经济结构的差距。为此,产业结构的协调应是产业政策的基本指导思想。这一指导思想包括:(1)通过协调来发挥产业结构的整体效应,推动国民经济增长;(2)通过协调来促进产业发育,提高产业结构水平;(3)通过协调来提高经济效益,增强产业素质。

然而,由于前期产业结构变动的超常规轨迹所遗留下的结构缺陷,以及新阶段产业结构的动态变化,这一协调方式只能是非均衡协调。非均衡协调的主要内容是:(1)以支配产业的发展来带动从属产业的发展;(2)以瓶颈产业的发展来带动被制约产业的发展;(3)以主导产业的发展来带动相关产业的发展。这种非均衡协调自然要依靠一定的投入,但这必须建立在创新的基础上。单纯数量扩张型的协调,并不能有效地促进产业成长,提高产业结构水平,而往往陷入“低水平均衡”的陷阱。以创新为基础的非均衡协调则强调:(1)以创新来缩小各产业部门的技术差距,强化产业关联效应;(2)以创新来改造衰退产业或调整衰退产业,提高产业结构水平;(3)以创新缓解产业关联中的瓶颈制约;(4)以创新形成主导产业,发挥其扩散效应。

第二,实现产业政策模式的转换。在新阶段中,由于市场机制的引入和国民经济新流程的形成,传统的管理型产业政策模式已不再与此相适应了。因此,为了发挥产业政策的作用,必须实行产业政策模式的转换。

由传统的管理型产业政策模式向协调型产业政策模式的转换是新阶段的大趋势，但模式能转换到什么程度则取决于企业制度的改革、市场机制的完善、政府调控方式的改变、横向经济联系的发展和中间性组织的建立等条件（见第 19.3 节）。在现阶段，由于条件尚不具备，还不可能形成协调型产业政策模式。因此，过渡模式似乎是必不可少的。这种过渡模式就是政府协调主导型产业政策模式。在这一模式中，政策主体已不再是唯一的中央政府，而是中央政府，主管部门和地方政府。它们各自代表不同的利益（在一定程度上也间接代表着企业和劳动者个人的利益）进行协调，确定产业政策目标，选择政策手段，并加以实施。

这种过渡模式，以本质上说，仍然是管理型产业政策性质，但多少也渗透了一些协调的因素。因为主管部门和地方政府在不同程度上总还是反映着企业的部分利益。并且，企业已不再处于完全被动的地位，它们的行为也或多或少对政府行为形成约束，在产业政策实施中开始具有一定的影响。

当然，这一过渡模式应尽量避免其消极作用，尽量减少对企业活力的损害。为此，应注意以下几个方面：(1)在制定产业政策过程中，要充分考虑企业的利益，考虑到企业对政策的可能反应，尽可能把企业的意见和愿望反映在产业政策中。尽管这在管理型模式中很难做到，但在指导思想上应该如此。(2)应该重点解决对大多数企业有利的产业问题。例如，应着重解决影响大多数企业生产的原材料短缺、能源紧张、交通运输不便等瓶颈制约以及社会基础设施等问题。设定这样的政策目标，既针对了结构不合理的病灶，又不会引起较大的利益冲突。(3)尽量采取经济诱导的政策手段来引导产业结构的调整和产业的发展。只有在不得已的情况下，才采用行政命令和制裁手段。(4)要广泛宣传政策目标，使各方面统一认识，比较深刻地领会政策意图，从而把实现政策意图变为自觉的行动。这在一定程度上可以弥补政策主体单一（缺少企业）的缺陷。(5)谨防这种过渡模式僵化，以减少今后向目标模式转变的障碍。

第三，采取生产要素存量调整和增量配置相结合的方法。如果说在新中国成立初期缺乏足够的资产存量，从而必须把国民收入（流量）中相当一部分转化为投资形成资产存量，是当时产业政策唯一可采取的方法，那么经过 40 年的建设，我们已经形成了巨额的资产。1952—1987 年，中国积累总额高达 28.771 亿元，占累计国民收入使用额的 31%。其中生产性积累达 18.548 亿元。1987 年，仅全民所有制企业年底固定资产原值就达 7677.9 亿元，资金总额达 7457.4 亿元。[①]在这种情况下，资产存量调整就成为与资产增量配置同样重要的产业政策内容。

实践证明，在产业结构调整过程中，存量调整与增量配置是同样不可缺少的。因为产业结构变动的自身规律就是一些产业部门增长减速，另一些产业部门取而代之的自然发展过程。在这一过程中，衰退部门的生产要素转移是产业结构发展的重要一环。没有这些衰退部门的收缩，就难以有增长部门的扩展。正是这种资产存量的调整，才使产业结构在自身调整过程中得以提高。从一定意义上说，资产存量调整是产业结构变动规律的客观要求。

资产存量调整在产业结构发展中的作用是资产增量配置所无法替代的。尽管资产增量可投入增长部门，使这些高增长部门得以扩展，但它本身却无法使衰退部门有秩序地收缩。在这种情况下，产业结构是不可能协调和有效果的。因此，增量配置对存量调整的取代，将削弱国民经济自行恢复结构平衡的能力，降低产业素质，并且形成一种强大的投资压力，迫使国民经济进入膨胀式往复循环。与此同时，在没有存量调整配合下，增量配置效益也难以达到最大化。

如果说在传统的高度集中的体制下，资产存量调整因行政性分割而难以进行，那么在发展有计划商品经济的新阶段，由于在理论上承认生产资料同样也是商品，在实践中开放生产资料市场，资产存量的流动、转移和重新组合就有较大的可能。据有关方面调查，1987 年上半年，在全国工交企业 7000 多亿元的固定资产中，设备总资产就有 4000 多亿元，而被闲置的设备又占设备总资产的 10%左右，达 400 亿元之多。据分析，这些闲置设备中的 90%仍具有使用价值。近年来，各地调剂出来的闲置设备仅占闲置设备总数的 2%—3%。因此，存量调整作为产业政策的新手段，既有必要，又有可能，且潜力不小。新的产业政策必须把存量调整和增量配置结合起来加以运用。

31.3 新产业政策面临的困扰及其出路

新产业政策的原则性构想只是根据中国经济基本特征和新阶段一般要求而

---

① 见《中国统计年鉴》(1988)，第 26、66 页。

提出的，这些原则性构想仅仅提供了新产业政策区别于旧产业政策的基本框架。按照这些原则性构想所设计的具体的产业政策，应符合一定阶段的具体情况。这里我们不打算详细描述新产业政策的具体内容，而主要想指出新产业政策所面临的一系列困扰。这也许是我们进行产业政策分析更为重要的任务。

前一阶段，产业政策面临的困扰主要集中在超前高消费和通货膨胀两个方面。

首先，超前高消费倾向。前几年，随着居民收入水平的较快提高，基本生活消费品和传统耐用消费品的支出在收入增量中的比重开始下降。与此同时，对外开放引起的消费示范作用使中国出现了超前高消费倾向，即最终消费需求高档化趋势。

这种超前高消费倾向表现为两个方面：一是个人消费高档化倾向。家计调查表明，城市居民传统耐用消费品购买支出，1985 年比 1981 年减少了 9.24%，而新兴耐用消费品支出则增加了 1.7 倍，其增加部分占收入增量的比重高达 18.48%，弹性系数为 3.38。从而，新兴耐用消费品的普及率大大快于收入增长速度。1981—1985 年，城市人均收入增长了 50.36%，而洗衣机、电冰箱、彩电的普及率则提高了 38—40 倍。二是集团消费的高档化倾向。它比个人消费高档化更加厉害，不仅其增长速度远远超过个人消费，而且涉及产品范围之广泛也是个人消费无法比拟的。

这种超前高消费倾向对产业结构的变动产生了极大的影响，最为明显的是：(1) 需求快变与技术进步慢变之间的矛盾所引起的产业关联受阻。由高消费倾向带动的新兴消费品工业往往是在引进技术的支撑下建立起来的，它与原有产业之间的技术差距较大。因而，当引进生产线后，上游产品技术消化迟缓，难以形成配套生产能力。在这种情况下，引进的后向关联就会受阻，不得不依靠国外的后向关联的供给维持国内产业的生存。

(2) 新兴消费品工业的兴起，高度依赖于技术装备引进和原材料、零部件进口。而这些产业的生产主要是用以满足国内需求，出口动力很弱。因此，这些新兴消费品工业对进口的高度依赖不得不通过传统产品、特别是初级产品的出口来满足。尽管国际市场初级产品贸易条件日益恶化，我们却被迫增加初级产品出口。这种进口增加过快与出口增长缓慢、进口结构快变与出口结构慢变之间的矛盾，必然引起国际收支状况的恶化，并对国内产业结构产生不利的影响。

(3) 需求结构快变与生产结构慢变之间矛盾引起的生产能力损耗。由高消费倾向引起的需求结构的迅速变化,使时兴产品的寿命周期过于短暂,从而使生产体系难以形成。一般说来,越是耐用消费品,产业关联越长,生产能力的形成越需要时间。然而,强大的高消费的示范作用,往往使购买洪峰来去迅速且集中,因而当某一产品投资尚未形成生产能力或生产能力尚未得到充分发挥时,该产品就已出现更新换代趋向。

总之,高消费倾向给产业结构的合理调整带来较大的困难,甚至在某种程度上使原有不合理产业结构更加恶化。因此,新产业政策当时面临着如何解决高消费倾向的问题,排除高消费倾向给产业结构有序发展设置的障碍。

其次,通货膨胀的干扰。近年来,中国的通货膨胀日益严重。在通货膨胀的条件下,产业政策的实施将面临一系列困难:(1) 过多的货币注入国民经济流程,必然会改变各种商品价格变动的形式。这时价格体系的变动不再表现为价格总水平相对稳定下的有些商品价格上升,有些商品价格下降的规则变动,而是畸变为大多数商品价格上涨(按不同的幅度)。无疑,这将使价格信号失真,从而给产业结构的调整带来困难。因为,在商品价格普遍上涨时,生产者难以准确地测定各种商品的上涨幅度,往往把价格上涨的商品都误认为是有足够需求的商品。这样,就可能继续生产那些已接近供求平衡,甚至供过于求的产品。可见,通货膨胀引起的价格信号紊乱,将使产业政策难以准确地确定产业发展的序列。

(2) 通货膨胀会进一步加剧产业结构中基础产业的瓶颈制约。因为,通货膨胀刺激生产的直接效应是加工工业的增长,只有通过加工工业增长的转换机制,才能间接刺激基础工业增长。在这一过程中,由于基础产业生产能力的形成周期较长,加工业的扩张能力远远超过基础产业,从而使原材料、能源的供给更为短缺,引起市场价格大幅度上涨。在存在转嫁机制的条件下,这将使最终消费品价格上涨不可避免,从而引起物价与工资轮番上涨的恶性循环。也正是在这种循环中,基础产业产品短缺程度日益加深。然而,加强基础产业却是新产业政策一项基本内容。

(3) 通货膨胀将破坏正常的经济秩序,从而危害产业结构。例如通货膨胀会严重削弱人们的合理预期能力,产生逆反心理和超前购买的冲动,从而就会扩大短期内商品供求的差距。又如,通货膨胀会使人们改变正常的储蓄途径而进行实物保值。企业则大量储存预期将涨价的物资,人为地造成资源囤积的局面,破坏正常的资源分配。

面对这种经济发展过热的宏观环境，政府采取了以紧缩政策为主的治理整顿措施。经过一段时间的政策实践，基本上抑制了通货膨胀的势头，控制了投资规模，调整了居民消费行为和消费结构。从某种意义上讲，治理整顿为新阶段产业政策的实施创造了有利的宏观经济环境。然而，新阶段的产业政策又遇到了原先被经济过热发展掩盖着的深层障碍的困扰。这一深层障碍就是利益结构刚性和产业素质低，它严重阻碍了新阶段产业政策的实施，削弱了其应有的政策效应。

首先是利益结构刚性。宏观经济环境的改善使居民消费需求结构朝着适应于中国现阶段人均国民收入水平的正常化方向转变，即从盲目追求和抢购高档耐用消费品转向对高质量、新品种、新款式的中、低档日用消费品的选择性购买，这就要求产品供给结构作相应的调整。然而，利益结构刚性却导致了增量调整逆向、存量调整失灵的局面。

其次是产业素质差劣。目前产业政策无法发挥其应有作用的另一深层障碍就是产业素质差，它也在一定程度上制约了产业结构和产品结构的调整。中国目前产业素质差的表现主要是：

第一，低层次的劳动力。中国劳动力的质量反差很大，低质劳动力的比重占优势，因此从总体上来讲，中国劳动力的质量处于低层次。这种低层次的劳动力质量表现为两个方面：一是所受教育和训练的程度低，初中、小学、半文盲和文盲的比重大；二是所掌握的技能单一，不能适应于多种职业需求。这种劳动力状态严重地削弱了产业素质：(1)从宏观上来说，它在很大程度上限制了产业弹性，使产业不能灵活地适应经济变化的要求。人们往往比较重视市场机制对产业弹性的作用，似乎只要打破了行政“条条”对产业伸缩边界的限制，就可以使产业具有弹性了。其实并不完全如此。如果说完善的市场机制可以促使资金的产业间有效的流动，那么对于低质量的劳动力它则显得无能为力了。原因很简单，资金具有质的同一性，而劳动力却具有质的差异性。(2)从微观上来讲，它削弱了产业的创新能力。很明显，创新活动，尤其是技术创新，要求有较高质量的劳动力。低层次的劳动力是难以胜任创新活动的。因此，世界银行认为，中国目前对于人力开发与使用所采取的缺乏变通和各自为政的办法有可能成为经济增长的主要障碍。

第二,低水平的管理者。在中国目前的管理者队伍中,水平是比较低的。这主要表现在:(1)只会简单管理,不会复杂管理。不论是管理方式,还是管理手段,都是比较陈旧的和落后的。(2)习惯于传统管理,不擅长科学管理。(3)只具有单项管理能力,缺乏全能管理能力。搞组织管理的不懂技术,搞技术管理的不懂经营。这种管理水平无疑大大削弱了产业素质:(1)低水平的管理无法调动劳动者的积极性,只能导致生产低效率。最近一个时期,人们往往片面地强调经济利益对劳动者积极性的刺激,而忽视了管理对劳动积极性的作用。事实上,劳动者并不单纯是"经济人",在更大程度上是"社会人",高水平的管理对调动劳动者的积极性有重大意义。(2)低水平的管理往往造成决策上的失误,从而带来很大的损失和浪费。(3)低水平的管理无法适应外部环境的剧烈变动,极大削弱了产业承受能力。因为低水平的管理缺乏应变能力,不能审时度势、扬长避短、抓住时机、主动出击。

第三,低格调的产业文化。产业文化是产业素质的一个重要方面,它反映了产业的精神风貌和文明程度。产业文化在产业活动中所起的作用,是不可忽视和低估的。中国的产业文化是比较奇特的,格调较低,这主要表现在:(1)从上而下普遍的行为短期化,以追求眼前利益为满足。(2)利益攀比愈演愈烈,攀比手段五花八门。(3)劳动者与管理者,不同层次的管理者之间,"各打各的算盘",内耗严重,力量互相抵消。这种低格调的产业文化反映了产业素质的低劣,对产业活动有重大影响,容易造成产业秩序混乱,增加产业之间和产业内的摩擦。

当然,中国产业素质低还表现在其他方面,例如装备陈旧、技术落后、组织涣散等方面。显然,产业素质低劣将会给新产业政策的顺利实施带来较大的困难。

因此,能否消除其深层障碍,将是新阶段产业政策能否有效实施,取得应有的政策效应的前提条件。然而,这些深层障碍是与传统的经济发展战略和经济体制密切相关的。从这一意义上讲,新阶段产业政策取得成功的关键,在于经济发展战略的真正转变和经济体制改革的深化。如果发展战略没能实现真正的转变,依然靠大量投资追求高速度,忽视产业素质的提高和人力资源开发,新产业政策的实施就会遇到很大的阻力。同样,没有体制改革的深化,以利益刚性为基础的结构刚性将依然存在,需求拉动的导向作用就实现不了,新产业政策也无法见效。因此,全面实施新阶段的产业政策,本质上是一场深刻的战略上和体制上的变革,否则,新阶段的产业政策是不可能取得成功的。

主要参考文献

上编

[1]《1988年中国统计年鉴》,中国统计出版社版。

[2] A. O. 赫希曼:《经济发展的战略》,台北银行经济研究室1971年版。

[3] H. 钱纳里等:《发展的型式1950—1970》,经济科学出版社1988年版。

[4] H. 钱纳里等:《工业化和经济增长的比较研究》,上海三联书店1989年版。

[5] [荷]J. 丁伯根:《经济政策:原理与设计》,商务印书馆1988年版。

[6] R. 库姆斯等:《经济学与技术进步》,商务印书馆1989年版。

[7] 阿兰·兰德尔:《资源经济学》,商务印书馆1989年版。

[8] [世界银行]贝拉·巴拉萨等:《半工业化经济的发展战略》,中国财政经济出版社1988年版。

[9] [美]查尔斯·K. 威尔伯主编:《发达与不发达问题的政治经济学》,中国社会科学出版社1984年版。

[10] [日]大来佐武郎:《发展中经济类型的国家与日本》,中国对外翻译出版公司1981年版。

[11] 董辅礽:《经济发展战略研究》,经济科学出版社1988年版。

[12]《发展经济学的新格局——进步与展望》,经济科学出版社1987年版。

[13] [日]饭盛信男:《第三产业》,辽宁人民出版社1985年版。

[14] [日]饭田经夫等:《现代日本经济史》,中国展望出版社1987年版。

[15] 符钢战等:《社会主义宏观经济分析》,学林出版社1986年版。

[16]《工业增长中的结构性矛盾》,四川人民出版社1988年版。

[17]《国际经济和社会统计提要,1987》,中国统计出版社1987年版。

[18] 胡迺武主编:《现实的抉择》,中国人民大学出版社1988年版。

[19] [美]杰拉尔德·迈耶等编:《发展经济学的先驱》,经济科学出版社1988年版。

[20] [美]金德尔伯格和赫里克:《经济发展》,上海译文出版社1986年版。

[21] [日]经济企画厅综合计划局编:《走向21世纪的基本战略》,中国计划出版社1988年版。

[22] 李京文、郑友敬主编:《技术进步与产业结构——概论》,经济科学出版社1988年版。

[23] 联合国工业发展组织:《世界各国工业化概况和趋向》,中国对外翻译出版公司1980年版。

[24] [日]铃木、兴太郎等:《产业政策与产业结构》,台北经济研究杂志社版。

[25] 刘伟、杨云龙:《中国产业经济分析》,中国国际广播出版社 1987 年版。
[26] [美]刘易斯:《发展计划》,北京经济学院出版社 1988 年版。
[27] [美]罗斯托:《经济成长的阶段》,商务印书馆 1962 年版。
[28] [美]罗斯托编:《从起飞进入持续增长的经济学》,四川人民出版社 1988 年版。
[29] 罗肇鸿等编:《国外技术进步与产业结构的变化》,中国计划出版社 1988 年版。
[30] 马洪、孙尚清主编:《中国经济结构问题研究》(上),人民出版社 1983 年版。
[31] [日]牧野升、志村幸雄:《美日科技争霸战》,台北牛顿出版社 1985 年版。
[32] [美]纳克斯:《不发达国家的资本形成问题》,商务印书馆 1966 年版。
[33] 日中经济协会:《中国经济的中长期展望》,经济科学出版社 1988 年版。
[34] 世界银行:《1987 年世界发展报告》,中国财政经济出版社 1987 年版。
[35] 世界银行:《1988 年世界发展报告》,中国财政经济出版社 1988 年版。
[36] 世界银行:《中国:长期发展的问题和方案》,中国财政经济出版社 1985 年版。
[37] 世界银行:《中国经济结构的变化与增长的可能性和选择方案》,气象出版社 1985 年版。
[38] 谭崇台:《发展经济学》,人民出版社 1985 年版。
[39] [英]汤姆·肯普:《现代工业化模式》,中国展望出版社 1985 年版。
[40] 万晓光:《发展经济学》,中国展望出版社 1987 年版。
[41] 吴树青、胡乃武主编:《模式·运行·调控》,中国人民大学出版社 1987 年版。
[42] [美]西蒙·库兹涅茨:《各国的经济增长》,商务印书馆 1985 年版。
[43]《现代日本经济事典》,中国社会科学出版社 1982 年版。
[44] [日]小宫隆太郎等编:《日本的产业政策》,国际文化出版公司 1988 年版。
[45] 杨敬年:《西方发展经济学概论》,天津人民出版社 1988 年版。
[46] 杨叔进:《经济发展的理论与策略》,江苏人民出版社 1983 年版。
[47] 杨治:《产业经济学导论》,中国人民大学出版社 1985 年版。
[48] [日]野村综合研究所编:《新时代的尖端产业》,科学技术文献出版社 1987 年版。
[49] 张培刚:《农业与工业化》(上卷),华中工学院出版社 1984 年版。
[50] 中国经济体制改革研究所发展研究室:《走向现代化的抉择》,经济科学出版社 1987 年版。
[51] 周叔莲等编:《产业政策问题探索》,经济管理出版社 1987 年版。
[52] 周叔莲等主编:《国外产业政策研究》,经济管理出版社 1988 年版。
[53] 周振华等著:《社会主义市场的系统分析》,南京大学出版社 1988 年版。
[54] 朱争鸣、王忠民:《产业结构成长论》,浙江人民出版社 1988 年版。
[55] [日]佐贯利雄:《日本经济的结构分析》,辽宁人民出版社 1987 年版。
[56] Alex is Jacquemin (ed.), *European Industry: Public Policy and Corporate Strategy,* Clarendon Press. Oxford, 1984.
[57] Bernstein, Marver H., *Regulating Business by Independent Commission,* Princeton Univ. Press, 1955.
[58] Bruce Foster Johnston, *Redesigning Rural Development: A Strategic Perspective,* Johns Hopkins Univ. Press, 1981.
[59] C.G. Clark, *Conditions of Economic Progress,* Macmillan, 1957.
[60] Cary, William L., *Politics and the Regulatory Agencies,* New York: Mc Graw-Hill, 1967.

[61] Chalmers Johnson (ed.), *Industrial Policy Debate,* ICS Press, 1984.

[62] E. F. Vogel, *Japan as Number One-Lesson for America,* Harvard University Press, Cambridge, 1979.

[63] F. Blackaby(ed.), *British Economic Policy 1960—1974,* London: Cambridge Univ. Press, 1978.

[64] J. Wilczynski, *Comparative Industrial Relations*, Macmillan Press, 1983. Reprinted 1985.

[65] K. Dyson and S. Wilks (ed.), *Industrial Crises: A Comparative Study of the State and Industry,* Oxford: Robertson, 1983.

[66] Kevin P. Phillips, *Staying on Top: the Business Case for a National Industrial Strategy,* Random House New York, 1984.

[67] Margaret E. Dewar. (ed.) *Industry Vitalization,* Pergamon Press, 1982.

[68] P. J. Devine et al. (ed.) *An Introduction to Industrial Economics,* George Allen and Unwin, 1985.

[69] Paul R. Lawrence and Levis Dyer, *Renewing American Industry: Organizing for Efficiency and Innovation,* The Free Press, 1983.

[70] Phillips, Charles F. Jr., *The Economics of Regulation,* Homewood, III.: Irwin, 1965.

[71] R. B. Sutcliffe, *Industry and Underdevelopment,* Addison Wesley Publishing Company, 1971.

[72] Richard R., *Nelsoni Structural Change in a Developing Economy,* Princeton Univ. Press, 1970.

[73] S. J. Warnercke (ed.), *International Trade and Industrial Policies,* London: Macmillan, 1978.

[74] Thomas E. Petri et al. (ed.), *National Industrial Policy,* Westview Press, 1984.

[75] UNIDO, *Industry and Development: Global Report* 1985.

[76] UNIDO, *Industry in A Changing World,* United Nations New York, 1983.

[77] Wyn Grant, *The Political Economy of Industrial Policy,* Butterworths, 1982.

[78] Zoltáń Román (ed.), *Industrial Development and Industrial Policy,* Akadémiai Kiadó, Budapest 1979.

下编

[79] 联合国工业发展组织:《世界各国工业化概况和趋向》,中国对外翻译出版公司 1980 年版。

[80] 世界银行:《中国:长期发展的问题和方案》,中国财政经济出版社 1985 年版。

[81] 日中经济协会:《中国经济的中长期展望》,经济科学出版社 1988 年版。

[82] 世界银行:《中国经济结构的变化与增长的可能性和选择方案》,气象出版社 1985 年版。

[83] [日]大来佐武郎:《发展中经济类型的国家与日本》,中国对外翻译出版公司 1981 年版。

[84] [美]查尔斯·K·威尔伯主编:《发达与不发达问题的政治经济学》,中国社会科学出版社 1984 年版。

[85]《发展经济学的新格局——进步与展望》,经济科学出版社 1987 年版。

[86]《现代日本经济事典》,中国社会科学出版社 1982 年版。
[87][日]铃木、兴太郎等:《产业政策与产业结构》,(台湾)经济研究杂志社。
[88][日]经济企划厅综合计划局编:《走向 21 世纪的基本战略》,中国计划出版社 1988 年版。
[89][日]饭盛信男:《第三产业》,辽宁人民出版社 1985 年版。
[90][日]牧野升、志村幸雄:《美日科技争霸战》,台湾牛顿出版社 1985 年版。
[91][日]小宫隆太郎等编:《日本的产业政策》,国际文化出版公司 1988 年版。
[92][美]西蒙·库兹涅茨:《各国的经济增长》,商务印书馆 1985 年版。
[93][美]罗斯托编:《从起飞进入持续增长的经济学》,四川人民出版社 1988 年版。
[94][美]金德尔伯格和赫里克合著:《经济发展》,上海译文出版社 1986 年版。
[95][美]纳克斯:《不发达国家的资本形成问题》商务印书馆 1966 年版。
[96][美]杰拉尔德·迈耶等编:《发展经济学的先驱》,经济科学出版社 1988 年版。
[97][日]饭田经夫等著:《现代日本经济史》,中国展望出版社 1987 年版。
[98][荷]J·丁伯根:《经济政策:原理与设计》,商务印书馆 1988 年版。
[99] 世界银行:《1987 年世界发展报告》,中国财政经济出版社。
[100][美]罗斯托:《经济成长的阶段》,商务印书馆 1962 年版。
[101][英]汤姆·肯普:《现代工业化模式》,中国展望出版社 1985 年版。
[102] 世界银行、贝拉·巴拉萨等:《半工业化经济的发展战略》,中国财政经济出版社 1988 年版。
[103] 世界银行:《1988 年世界发展报告》,中国财政经济出版社。
[104][日]野村综合研究所编:《新时代的尖端产业》,科学技术文献出版社 1987 年版。
[105][美]刘易斯:《发展计划》,北京经济学院出版社 1988 年版。
[106][日]佐贯利雄:《日本经济的结构分析》,辽宁人民出版社 1987 年版。
[107] 杨叔进:《经济发展的理论与策略》,江苏人民出版社 1983 年版。
[108] 赫希曼:《经济发展的战略》,台湾银行经济研究室 1971 年版。
[109] 杨治:《产业经济学导论》,中国人民大学出版社 1985 年版。
[110] 李京文、郑友敬主编:《技术进步与产业结构——概论》,经济科学出版社 1988 年版。
[111] 刘伟、杨云龙:《中国产业经济分析》,中国国际广播出版社 1987 年版。
[112] 朱争鸣、王忠民:《产业结构成长论》,浙江人民出版社 1988 年版。
[113] 周叔莲等主编:《国外产业政策研究》,经济管理出版社 1988 年版。
[114] 周叔莲等编:《产业政策问题探索》,经济管理出版社 1987 年版。
[115]《走向现代化的抉择》,经济科学出版社 1987 年版。
[116]《工业增长中的结构性矛盾》,四川人民出版社 1988 年版。
[117] 罗肇鸿等编:《国外技术进步与产业结构的变化》,中国计划出版社 1988 年版。
[118] 万晓光:《发展经济学》,中国展望出版社 1987 年版。
[119] 张培刚:《农业与工业化》上卷,华中工学院出版社 1984 年版。
[120] 符钢战等著:《社会主义宏观经济分析》,学林出版社 1986 年版。
[121] 董辅礽:《经济发展战略研究》,经济科学出版社 1988 年版。
[122] 吴树青、胡乃武主编:《模式·运行·调控》,中国人民大学出版社 1987 年版。
[123] 胡迺武主编:《现实的抉择》,中国人民大学出版社 1988 年版。
[124] 杨敬年:《西方发展经济学概论》,天津人民出版社 1988 年版。
[125] 马洪、孙尚清主编:《中国经济结构问题研究》(上)人民出版社 1983 年版。

[126] 谭崇台:《发展经济学》,人民出版社 1985 年版。
[127]《国际经济和社会统计提要;1987》,中国统计出版社。
[128]《国统计年鉴》(1988),中国统计出版社。
[129] 马克思:《资本论》第 2 卷,人民出版社。
[130] 列宁:《论所谓市场问题》,《列宁全集》第 1 卷,人民出版社 1959 年版。
[131] Sutcliffe, R. B., *Industry and Underdevelopment,* Addison Wesley Publishing Company, 1971.
[132] Zoltań Roman(ed), *Industrial Development and Industrial Policy,* Akademiai Kiadó, Budapest 1979.
[133] Thomas E. Petri, et al. (ed.), *National Industrial Policy,* Westview Press, 1984.
[134] Wyn Grant, The Political Economy of Industrial Policy, Butterworths, 1982.
[135] Alexis Jacquemin(ed.), *European Industry: Public Policy and Corporate Strategy,* Clarendon Press, Oxford, 1984.
[136] Margaret E. Dewar(ed.), *Industry Vitalization,* Pergamon Press, 1982.
[137] UNIDO, *Industry in A Changing World,* United Nations New York, 1983.
[138] UNIDO, *Industry and Development: Global Report,* 1985.
[139] Devine, P. J., et al. (ed.), *An Introduction to Industrial Economics,* George Allen and Unwin, 1985.
[140] Paul R. Lawrence and Lavis Dyer, *Renewing American Industry: Organizing for Efficiency and Innovation,* The Free Press, 1983.
[141] Wilczynski, J., *Comparative Industrial Relations,* Macmillan Press, 1983. Reprinted 1985.
[142] Chalmers Johnson(ed.), *Industrial Policy Debate,* ICS Press, 1984.
[143] Blackaby, F. (ed.), *British Economic Policy 1960—74,* London: Cambridge University, Press, 1978.
[144] S. J. Warnercke(ed.), *International Trade and Industrial Policies,* London: Macmillan, 1978.
[145] Clark, C. G., *Conditions of Economic Progress,* Macmillan, 1957.
[146] Dyson, K. and S. WilKs(ed.), *Industrial Crises: A Comparative Study of the State and Industry,* Oxford: Robertson, 1983.
[147] Vogel, E. F., *Japan as Number One-Lesson for America,* Harvard University Press, 1979.
[148] Kevin P. Phillips, *Staying on Top: the Business Case for a National Industrial Strategy,* Random House New York, 1984.
[149] Cary, William L., *Politics and the Regulatory Agencies,* New York: McGraw-Hill, 1967.
[150] Bernstein, Marver H., *Regulating Business by Independent Commission,* Princeton University Press, 1955.
[151] Phillips, Charles F. Jr., *The Economics of Regulation,* Homewood, III. : Irwin, 1965.
[152] Richard R. Nelson, *Structural Change in a Developing Economy,* Princeton University Press, 1970.
[153] Bruce Foster Johnston, *Redesigning Rural Development: A Strategic Perspective,* Johns Hopkins University Press, 1981.

附　录

产业结构调整仍然是我国经济工作中的一大任务

——评周振华著《产业结构优化论》*

雍文远　李鸿江

青年学者周振华在出版了专著《现代经济增长中的结构效应》(上海三联书店)和《产业政策的经济理论系统分析》(中国人民大学出版社)之后,又完成了一部新作《产业结构优化论》,由上海人民出版社出版。对此著作,我们曾向有关部门进行过推荐,在此谈一下对此作的看法。

在世界性经济结构大调整的历史背景下,产业结构合理化和高度化已成为国际经济竞争的取胜法宝,因而许多国家纷纷把注意力从促进总量增长转向优化产业结构上面来,从结构转换中求效益、求速度。目前,不仅发达国家为优化其产业结构在高科技领域展开了激烈的竞争,而且发展中国家也都在优化产业结构上下工夫,以赶超发达国家,实现经济起飞。日本,以及亚洲"四小龙"等新兴工业化国家和地区在优化产业结构方面的成功,更是鞭策和激励着许多国家后来居上,采取强有力的措施,大幅度调整产业结构,追求结构效益最大化。

新中国成立以来,中国的产业结构经历了几次重大调整,在一定程度上促进了产业结构进步,但结构不合理的矛盾,以及结构低水平的问题始终存在,不时地干扰着国民经济的健康发展,甚至成为经济生活中的一大顽症。目前中国国民经济发展正走向一个新的阶段,非必需品消费日益成为主要的消费对象,消费

---

* 原载《上海经济研究》1992年第5期。

需求越来越成为拉动经济运动的主要力量。在这种情况下，产业结构如何适应需求结构变动的要求，减少和避免供求结构性矛盾，就成为一个重要问题。1988年经济高速增长时出现的能源、原材料、交通运输等基础产业的瓶颈制约，以及治理整顿后出现的市场结构性疲软，都从不同侧面反映了产业结构优化的重要性，显示了调整产业结构已成为中国宏观经济管理的当务之急。

《产业结构优化论》一书就是在这种深沉的历史感和强烈的现实感中展开对这一问题的理论分析和实证研究的。作者以马克思主义为指导，以中国产业结构为其分析对象，结合世界其他国家的经验教训，设定了产业结构优化的一般模型，具体分析了产业结构优化的内容(结构合理化和高度化)，阐述了产业结构优化的基本原则。在此基础上，分别引入了经济环境条件和贸易战略等因素，考察了产业结构变动模式的差异，并以此为依据实证描述和评价了新中国成立以来产业结构变动模式的特征，从宏观经济角度对其形成的原因作了深层次分析。然后，作者进一步阐述了实现产业结构优化所必需具备的基本条件，诸如经济发展战略选择，调节机制转换，以及微观基础改造等，并针对中国目前产业结构存在的问题提出了一系列政策建议。总之，本书在内容、观点、体系结构方面都做了新的尝试，可算是一本富有新意的产业结构理论专著。与同类著作相比，其主要特色是：

1. 研究的角度和立意比较新颖。国内外学术界对产业结构理论的研究通常集中于产业结构变动趋势方面，侧重于从国民收入变动的角度研究产业结构变动与之相关性，旨在揭示产业结构变动的规律性。该书研究的着眼点则在于如何使产业结构变动符合其规律性的要求，即如何实现产业结构优化。这一研究角度不仅独辟蹊径，而且使产业结构问题研究更加深化。无疑，这将有助于推动产业结构理论的发展。

2. 针对中国产业结构现实问题，在充分论证的基础上对一系列有争议的理论问题发表了独创之见。例如，作者认为中国产业结构超常规变动与中国特定经济环境条件有关，问题并不在于这种超常规变动本身，而在于产业结构超常规变动中缺乏协调和创新。根据这一判断，作者提出了实现中国产业结构优化的关键是加强协调和促进创新，而要做到这一点，不仅需要采取相应的政策措施，更主要的是实行新的经济发展战略和建立有效率的新体制和经济运行机制。这些新见解的提出，对我国社会主义现代化建设具有现实意义。

3. 该书体系结构是一种创新，而且比较合理。产业结构理论研究在我国刚刚起步，尚未形成一个较完整的理论体系。然而，作者在深入研究，认真思考，融会贯通的基础上，设定了一个总体的分析框架，全书的内容在这一较完整的、有内在关联的框架下，层层展开论述，逻辑性较强，论证翔实，避免了那种"大拼盘"式的体系结构的缺陷，具有相当的理论力度。

4. 综合运用各种研究方法，对现实经济问题进行研究。在我们传统的理论研究中，往往局限于思维的、逻辑的研究方法上。与此不同，作者在研究产业结构优化问题上，采用了理论实证分析、经验实证分析、规范分析以及对策研究等方法，并根据其研究内容和对象的要求，把这些研究方法有机地统一起来。应该讲，围绕产业结构优化问题把各种分析方法如此有机地融为一体运用，在产业结构理论研究中是比较有特色的。

总之，这是一本具有较高学术价值和现实意义的著作。它的出版将有助于推动中国产业结构理论研究的深入，为中国产业结构调整提供有益的帮助。当然，由于产业结构问题是一个新的研究领域，理论积累和实践经验的不足，自然会使该书带有某些不成熟的痕迹，还有待于进一步完善，但它毕竟是这一问题研究过程中的一个良好开端。我们期望作者在今后的研究探索中，有更多的高水平的专著问世。

《产业政策的经济理论分析》原序

胡迺武

社会主义宏观经济管理的任务在于实现社会供求的总量平衡和结构平衡，从而实现国民经济的持续、稳定、协调发展。产业政策作为计划调节的重要组成部分，在宏观经济政策体系中居于核心的地位，起着导向的作用，它对实现国民经济的持续、稳定、协调发展无疑有着十分重要的意义。

社会主义宏观经济管理，就其内容来说，包括需求管理和供给管理两个方面。需求管理属于总量管理，承担着短期调节的任务；而供给管理则是侧重于结构管理，因而承担着长期调节的任务。如果说财政政策和货币政策是进行需求管理（总量管理）的重要宏观经济政策的话，那么产业政策则是进行供给管理（结构管理）的重要宏观经济政策。社会主义宏观经济管理区别于西方国家宏观经济管理的两个显著特点是：第一，需求管理的侧重点不同。前者通常是适当抑制需求，后者通常是刺激需求；第二，供给管理被置于西方国家无可比拟的重要地位。因此，产业政策在社会主义宏观经济管理中的地位和作用，也与西方国家的产业政策不可同日而语。

长期以来，我国产业结构不合理，经济效益下降，这已成为经济生活中的一个突出的问题，严重影响着国民经济的持续、稳定、协调发展。效益问题，实际上是结构问题。在合理的产业结构的条件下，一则由于产业聚合质量的提高而可取得良好的结构效益；二则由于国民经济的协调发展而可取得良好的宏观经济效益；三则由于为企业提供了良好的供产销条件和宏观经济环境而可取得较好的微观经济效益。要调整结构和提高效益，就必须有一个正确的产业政策。

基于上述认识，我从周振华同志入校攻读博士学位之初，就把他的论文题目确定为产业政策问题研究,并要求他刻苦钻研,占有大量资料,掌握国内外研究成果,站在高的起点上,结合我国的实际,认真地、深入地进行研究。他的确这样做了,提前一年提交了论文,提前进行了答辩,校内外21位专家对他的论文给予很高的评价,认为是一部"开拓的颇多新意的高质量的学术著作"。

这部著作把产业政策提到经济理论的高度进行深入系统的研究,从而能为产业政策提供理论依据,这是它的特色之一。这部著作根据影响产业政策的基本变量,构造了一个产业政策分析的基本框架,强调了经济发展战略和经济体制模式对产业政策的制定和实施所具有的决定性影响作用;建立了产业政策总体模型和产业政策结构模型,并据此展开分析,这在研究方法上是有创新的。此为本书的特色之二。这部著作提出了许多新见解。例如,作者把创新和协调看作是产业政策的根本指导思想,颇有道理。前者对于实现产业结构的高级化具有重要的意义,后者对于提高经济效益具有不可忽视的作用。又如,作者提出产业政策选择基准的新假说,即"增长后劲基准、短缺替代弹性基准、瓶颈效应基准",比之日本经济学家筱原三代平的"收入弹性基准"和"生产率上升基准"更加切合中国的实际。这类种种新见解,构成本书的特色之三。

这部著作虽然也有不足之处,但它毕竟是我国第一部从经济理论高度对产业政策进行全面系统分析的学术专著。我相信,本书的出版将有益于我国学术界对产业政策问题的深入研究。

1990年11月10日于中国人民大学

《产业政策的经济理论分析》原后记

这本敬献给广大读者的学术专著，在当今知识爆炸的浩瀚著作丛中也许是微不足道的，但它对于我来说却有着重大意义。这不仅仅是因为它成为我第一部个人著作，更为重要的，它的雏形就是我所完成的博士论文。从这一意义上讲，它将在我的学术生涯中居于独一无二的地位。尽管它很不成熟，但它毕竟是我研究工作的一个良好开端。

值得特别指出的是，在此书写作过程中，我的博士生导师胡迺武教授给予了悉心指导和帮助。他颇有远见地给我选择了这一接近世界前沿的高难度的研究课题，并不断地鼓励和帮助我向这一研究领域开拓奋进，向纵深探索。当论文的初稿完成后，他极其认真地审读初稿，帮助我逐段逐句地进行推敲和修改。之后，他又积极地向出版社推荐此书的出版。在这本书中倾注了我尊敬的导师的大量心血和期望，这将使我终生难忘。

此课题的研究持续了五年之久，在此期间，阅读和参考了大量外文资料和国内最新的研究成果，并作了一些调查研究，在此基础上，于 1989 年 9 月完成了初稿。随后，把这篇博士论文提请国内有关专家评审。钟契夫、卫兴华、方甲、陶文达、周叔俊、张卓元、周叔莲、郑友敬、王积业、田江海、刘方棫、杨时旺、闻潜、王瑞荪、程树礼、雍文远、袁恩桢、苏东水、沈立人、罗季荣、胡培兆等教授专家在百忙中评阅了论文，对这一初步的研究成果给予了充分肯定，并提出了一些宝贵的修改意见，使我得益匪浅。在他们的鼓励和帮助下，我又花费了近一年的时间进行了认真的修改和补充，并调整了个别章节。在此，我谨向这些老师们表示衷心的感谢。另外，此书的出版得到了中国人民大学出版社的大力支持，在此也表示真诚的谢意。

在我攻读博士学位期间和此书写作过程中，我爱人秦慧宝以及我年过古稀的父母双亲从各方面给予我极大的支持，他们默默地承担起大量繁重和琐碎的家务，为我提供了宝贵的时间，使我有可能提前完成了学业，并较顺利地完成了此书的写作。我想此书的出版也许是对他们最好的报答，真诚地希望此书能给他们带来最大的欣慰。

周振华

初稿，1989 年 9 月于中国人民大学经济研究所

定稿，1990 年 9 月于上海社科院经济研究所

周振华教授学术贡献梳理

周振华教授长期从事产业经济、宏观经济、城市经济理论与政策研究，出版个人专著、译著及主编著作百多部，在《经济研究》等期刊发表学术论文百余篇。本文梳理周振华教授自上世纪80年代研究生阶段直至今天的主要学术经历与学术著述，概述周振华教授横跨40年的重要学术成就与学术贡献。

学术生涯开端：确立产业经济学研究方向

周振华教授在攻读硕士学位期间，师从我国《资本论》研究的权威人物陈征教授。硕士论文研究的是运用《资本论》原理分析社会主义流通问题，论文成果先后在《福建师范大学学报》和《南京大学学报》刊发。

硕士毕业后，在南京大学经济系任教期间，周振华将《资本论》的逻辑演绎与西方经济学分析工具相结合，用于研究中国改革开放及经济发展问题，撰写和发表了相关学术论文；并与金碚、刘志彪等几位青年学者合作开展关于市场经济的研究，以超前的学术眼光和思维探究"市场经济是什么样的，是怎样一种市场体系结构"。在这一研究的基础上，周振华领衔完成《社会主义市场体系分析》一书的撰写。该书于1987年底由南京大学出版社出版，这是国内较早一部全面系统研究社会主义市场经济的专著，我国杰出的经济学家、教育家，新中国国民经济学学科开拓者胡迺武曾为该书撰写书评并发表在《经济研究》上。

其后，周振华进入中国人民大学深造，师从胡迺武教授攻读博士学位，并参与胡迺武、吴树青承接的"中国改革大思路"国家重大课题。该课题成果因研究扎实，并提出独到的改革思路，获首届孙冶方经济科学奖论文奖。

周振华选择产业问题作为其博士论文研究内容，并挑战了从经济学角度研究产业政策这一世界性前沿课题。因为在当时,国际上针对产业政策的相关研究主要是从政治学角度或是从历史发展过程入手,而真正从经济学角度展开的研究几乎是空白。周振华提早一年完成并提交了这一高难度课题的论文,提前进行答辩,获得校内外 20 余位专家一致的高度评价。博士论文最终以《产业政策的经济理论分析》为书名于 1991 年由中国人民大学出版社出版。

胡迺武评价这部著作"把产业政策提到经济理论的高度进行深入系统的研究,从而能为产业政策提供理论依据",认为其在研究方法上的创新在于"根据影响产业政策的基本变量,构造了一个产业政策分析的基本框架,强调了经济发展战略和经济体制模式对产业政策的制定和实施所具有的决定性影响作用;建立了产业政策总体模型和产业政策结构模型,并据此展开分析"。这部著作还提出了许多新见解,例如,把创新和协调看作是产业政策的根本指导思想,提出产业政策选择基准的新假说,即"增长后劲基准、短缺替代弹性基准、瓶颈效应基准"。胡迺武评价这一新假说"比之日本经济学家筱原三代平的'收入弹性基准'和'生产率上升基准'更加切合中国的实际"。

学术精进:完成产业经济学研究"三部曲"

1990 年,周振华进入上海社会科学院经济所工作,开始进行产业经济学的深化研究,从产业结构演化规律、经济增长与产业结构关系两个方面展开深度理论挖掘。不仅在《经济研究》等刊物上发表论文,而且接连出版了《现代经济增长中的结构效应》(上海三联书店 1991 年版)和《产业结构优化论》(上海人民出版社 1992 年版)两部专著。二书延续了《产业政策的经济理论分析》的研究轨迹。

其中,《现代经济增长中的结构效应》是国内最早系统研究产业结构作用机理,揭示全要素生产率索洛"残值"中结构因素的专著。该书从产业结构的内部关联、外部联系及其发展成长和开放等方面,考察它们对经济增长的影响,分析结构效应的主要表现及其对经济增长的作用机理,深入探讨发挥结构效应所必须具备的条件和实现机制。该书在研究方法上,侧重于产业结构的机理分析。这种机理分析以动态结构的非均衡变动为基础,把总量增长描述为一种由结构变动和配置的回波效应促使经济增长不断加速的过程,重点研究的是产业结构变动及调整的资源再配置对经济增长的作用及其机制。这一机理分析的重要立论是,在更具专业化和一体化倾向的现代经济增长中,产业部门之间联系和交易及依赖度不断增大，结构效应上升到重要地位，成为现代经济增长的一个基本支撑点。这种来自结构聚合的巨大经济效益，是推动经济增长的重要因素。

如果说《现代经济增长中的结构效应》揭示了产业结构变动在经济增长中的效应释放机制，那么《产业结构优化论》则更踏前一步，探讨如何使产业结构的变动与调整朝着更优的方向行进，以更好地发挥结构效应、推动经济增长。该书从现代经济增长的特征与本质着手，建立产业结构优化分析理论模型，描述产业结构变动的一般趋势，分析产业结构高度化问题，并针对中国发展规律深层分析中国产业结构变动模式，进一步阐释如何以宏观经济非均衡运作的战略导向，建立起以人民需要为中心的发展模式，形成良性经济发展模式。中国社会主义政治经济学主要开拓者之一的雍文远教授评价该书的学术价值与贡献主要在于：

一是研究的角度和立意新颖。有别于国内外学术界对产业结构理论的研究通常集中于产业结构变动趋势方面，侧重于从国民收入变动的角度研究产业结构变动与之相关性以揭示产业结构变动的规律性，周振华的《产业结构优化论》的研究着眼点则在于如何使产业结构变动符合其规律性的要求，即如何实现产业结构优化。这一研究角度不仅独辟蹊径，而且使得对产业结构问题的研究更加深化，有助于推动产业结构理论的发展。

二是针对中国产业结构现实问题，在充分论证的基础上对一系列有争议的理论问题发表了独创之见。例如，周振华认为中国产业结构超常规变动与中国特定经济环境条件有关，问题并不在于这种超常规变动本身，而在于产业结构超常规变动中缺乏协调和创新。根据这一判断，周振华提出了实现中国产业结构优化的关键是加强协调和促进创新，而要做到这一点，不仅需要采取相应的政策措施，更主要的是实行新的经济发展战略和建立有效率的新体制和经济运行机制。这些新见解的提出，对中国社会主义现代化建设具有现实意义。

三是在体系结构上有所创新且合理。产业结构理论研究在国内刚刚起步，尚未形成一个较完整的理论体系。《产业结构优化论》则呈现了一个总体的分析框架，以及在此框架下的很强的逻辑性，具有相当的理论力度。

四是综合运用各种研究方法，对现实经济问题进行研究。周振华在研究产业结构优化问题上，采用了理论实证分析、经验实证分析、规范分析以及对策研究等方法，并根据其研究内容和对象的要求，把这些研究方法有机地统一起来。

改革开放以来，尽管中国经济持续高速增长，但产业结构偏差与扭曲一直存在，产业结构调整升级及解决产能过剩问题始终是先务之急。《现代经济增长中的结构效应》与《产业结构优化论》的研究也因此始终具有理论前瞻性，二书中关于产业结构的机理分析和现象分析至今仍有适用性，对于解释中国新时期经济转型升级的深刻内涵及指导实际工作具有长久的积极意义。

博观约取：在产业经济及相关研究领域理论建树卓著

在1991年破格晋升为研究员之后，周振华继续专精于产业经济学研究。而随着他对现实问题的思考层层深入，其涉猎的研究范围也越来越广，包括经济增长与制度变革、经济结构调整以及企业改制等问题。并在《经济研究》《工业经济研究》等期刊发表了多篇学术论文，研究进路不断拓展。1994—1999年间，先后出版了《步履艰难的转换：中国迈向现代企业制度的思索》(1994)、《体制变革与经济增长——中国经验与范式分析》(1999)、《积极推进经济结构的调整和优化》(合著)(1998)、《市场经济模式选择——国际比较及其借鉴》(主编)(1995)等多部专著。

其中，《步履艰难的转换：中国迈向现代企业制度的思索》切入微观视角，研究企业改革的问题。这看似突破了产业经济研究边界，但如周振华自己所言，其出发点在于理论研究关联性和系统性的需要，特别是中国宏观经济方面的现实问题大多要从微观基础予以解释。周振华在书中重点分析了中国现代企业制度的目标模式，尖锐地指出了转换机制尤其是国有企业制度创新的难点与关键所在，并对如何迈向现代企业制度提出了基本的对策思路和方案设想。这一研究是基于周振华对中国实行现代企业制度前景的总体把握和历史瞰视，体现了他敏锐的学术直觉与深刻的理论洞见。书中所提炼的财产所有权构成特征、所有权与控制相分离的特征、监督权结构特征、剩余索取权转让的特征等现代企业制度的“中国特色”，以及由这几方面特征有机组合而成的中国现代企业制度的目标模式假说等，不但为90年代中国现代企业制度建设之路的开启提供了基本理论架构，而且在该书出版后的近30年来，不断被中国企业改革与发展的实践所一一证实。

《体制变革与经济增长》则进一步研究产业结构背后的体制机制问题。该著作对改革开放前20年的体制变革与经济增长的交互关系进行了全面、深入的实证分析，从不同角度总结了中国改革开放与经济发展一系列富有成效和具有特色的经验，并将其提升到理论高度，进行了中国范式分析，通过国际比较归纳出中国范式的一系列基本特征。在该书中，周振华创造性地提出了“制度—增长”的分析框架及各种理论假设，并予以了初步检验。对政府政策制定者“改革程序”设定的论述是全书的灵魂；而该书最大的理论建树则是提出了一个以利益关系为主线，以行为主体间的博弈方式为联结的体制变革与经济增长互动模式。该书的学术贡献在于，不仅书中关于中国改革40年中前20年的经济发展过程的研究性描述成为重要史料，而且其构建的理论分析框架更成为得到时间检验、对中国经济至今仍然富有解释力的理论成果，书中所建立的“制度—增长”理论分析框架仍可继续用来解释后20年乃至今天及未来中国的改革开放与经济发展。

在改革开放早期，周振华就已前瞻地提出，在社会主义市场经济条件下，特别在买方市场条件下，经济结构调整必须以市场为导向，充分发挥市场机制配置资源的基础性作用。同时，也要注重政府的经济调控在结构调整中的作用，政府主要运用经济手段和法律手段，引导和规范各类经济主体的行为，通过政策支持，促进结构优化。概言之，要保持政策支持与市场导向之间的平衡，在结构优化上发挥政府和市场的双重优势。这些观点在他的《积极推进经济结构的调整和优化》《市场经济模式选择——国际比较及其借鉴》等早期论著中，都有所体现。这些论著分别探究了如何以市场为导向，使社会生产适应国内外市场需求的变化；如何依靠科技进步，促进产业结构优化；如何发挥各地优势，推动区域经济协调发展；如何转变经济增长方式，改变高投入、低产出，高消耗、低效益的状况；等等。这些观点与研究结论，在今天看来，仍具有重大的现实意义和深远的历史意义。

超前的研究意识和学术自觉还体现在周振华主编的《中国经济分析》年度系列研究报告上。尽管核心研究领域仍然是产业经济学，而且1990年回到上海后关注更多的是上海经济发展，但他始终意识到无论是中观层面的产业发展，还是地区和城市的经济发展，都离不开宏观层面的、国家层面的经济运行大背景及其相关条件制约。所以周振华也一直把中国经济运行分析放在一个重要的研究地位。1993年开始，周振华开始主编《中国经济分析》年度系列报告。这一研究报告既涉及年度性的中国经济形势分析与预测，又涉及对当时中国经济运行中突出问题的深入研究。

周振华认为，与一个较成熟且稳定的经济体系下的经济运行不同，改革开放下的中国经济运行呈现出更深刻的内涵、更复杂的机理、更丰富的内容、更迅速的变化等特征。因此，中国经济运行分析不是西方经济学的一般周期性分析，也不能仅停留在经济形势分析与预测层面上，而是要做基于制度变革的经济运行及其态势的深度分析。这要求理论工作者既进行中国经济运行动态跟踪分析，又进行中国经济运行中热点、难点和重点的专题研究。在此目标下，《中国经济分析》每一年度性研究报告都有一个明确主题，由周振华根据当时中国经济运行中的热点、难点及重大问题来确定，如“走向市场”“地区发展”“企业改制”“增长转型”“结构调整”“金融改造”“收入分配”“挑战过剩”“政府选择”“外部冲击与经济波动”“经济复苏与战略调整”“复苏调整中的双重压力”“危机中的增长转型”“供给侧结构性改革与宏观调控创新”等。围绕特定主题，周振华设计全书主要内容及体系架构，撰写导论，并选择与组织不同专业领域的学者、专家共同参与各章撰写。《中国经济分析》系列的研究自 90 年代初开始，一直持续近 25 年，形成了关于中国经济运行的长达四分之一个世纪的跟踪分析与学术研究成果。

着手“范式转变”：开拓产业经济学研究新境界

90 年代，信息化浪潮逐渐席卷全球，周振华敏锐地捕捉到信息化之于产业发展的又一学术前沿课题。1998 年，以承接上海市政府决策咨询重大课题“上海信息化与信息产业发展研究”为契机，周振华在产业经济学领域的深化研究进入了新的境界，即跳出传统产业经济理论范式，而使用溯因推理、外展推理的方法来寻求信息化进程中产业融合现象的一般性解释。

在 2003 年出版的《信息化与产业融合》一书中，周振华选择电信、广电、出版三大行业为典型案例，从个案分析到系统研究，建立起产业融合的基本理论模型，并依据产业融合新范式的内在机理提出了新的产业分类方法。在此基础上，对传统意义上的结构瓶颈制约、产业协调发展和结构动态平衡、产业结构高度化的线性部门替代及其基本表现特征等概念进行根本性的改造，赋予其新的内容或用新概念予以替代。进一步地，该书分析了产业融合在新型工业化道路中得以孕育与发展的内生性，探讨了新型工业化必须具备的基础性条件及相应的实现机制，从而揭示了走新型工业化道路是我国促进产业融合的唯一选择。该书中关于产业融合、产业边界、产业分类等维度的新颖讨论，至今仍被各种相关研究所引用,尤其是书中所探讨的电信、广电、出版的“三网融合”,于今还是理论热点。

在对产业经济理论研究进行“范式转变”的过程中,周振华不仅先见性地把信息技术的变量引入产业经济理论研究,而且还开创性地把空间概念运用于产业经济尤其是服务经济的理论研究中。《信息化与产业融合》已经关注到网络型组织结构的特定属性、产业空间模式、产业集群方式等。在其后出版的《崛起中的全球城市:理论框架及中国模式研究》《服务经济发展:中国经济大变局之趋势》等论著中,周振华进一步发展了产业空间载体、空间价值的研究,以及网络分析等产业经济学的崭新研究方法。

例如,在《崛起中的全球城市》中,周振华针对发展中国家崛起中全球城市的背景条件、发展基础、路径依赖等约束条件,引入全球生产链、产业集群、全球城市区域等新的理论元素,进行理论分析框架的新综合,并提出借助于全球生产链促进城市功能转换的逻辑过程、依赖于大规模贸易流量的流动空间构造方式等创新观点。在《服务经济发展》中,周振华提出相对于制造业生产的分散化,服务产业具有明显的空间高度集聚特性,特别是生产者服务业以大城市为主要载体的产业集群,不仅促使知识外溢与信息共享,有利于专业服务人员的流动与合理配置,而且带来了专业性服务的互补,增强了服务的综合配套能力,促进了产业融合;因此对于服务经济发展来说,城市化规模比区位条件更为重要。

鉴于产业发展尤其是高端(先进)服务经济必须有其空间载体的依托,周振华把产业经济学研究的新的聚焦点放在了“全球城市”上。“全球城市”概念肇始于欧美发达国家,全球城市理论阐述了当代全球化的空间表达,研究核心是其独特的产业综合体及全球功能性机构集聚,集中表现为总部经济、平台经济、流量经济等。周振华认为,全球城市研究的很大一部分内容是产业综合体及其空间分布规律,由此便可打通产业经济理论与全球城市理论之间的研究通路。

2007年,周振华撰写出版的《崛起中的全球城市》成为国内最早系统研究全球城市理论的专著。该书立足于经济全球化和信息化两大潮流交互作用导致世界城市体系根本性变革的大背景,从全球网络结构的独特角度重新审视了全球城市的形成与发展,对传统的主流全球城市理论提出了批判性的意见,并通过吸收新政治经济学和新空间经济理论等研究成果,结合发展中国家的全球城市崛起的路径依赖等实际情况,原创性地提出了新综合的理论分析框架,从而进一步完善了当时既有的全球城市理论，使其具有更大的理论包容性。在这一新综合的分析框架下，该书对中国全球城市崛起的前提条件及约束条件作了详尽的实证分析，富有创造性地揭示了中国全球城市崛起不同于纽约、伦敦等发达国家城市的发展模式及路径选择。

《崛起中的全球城市》出版后获得了国家"三个一百"原创图书奖和上海市哲学社会科学优秀成果奖一等奖，其英文版亦在全球发行，得到"全球城市"概念提出者萨斯基亚·沙森教授等国际学者的首肯。这一研究当时在国内是相当超前的，直到2010年之后，随着全球化流经线路改变和世界经济重心转移，上海、北京等城市日益成为世界城市网络中的重要节点，国内的全球城市研究才逐渐兴起，《崛起中的全球城市》则成为不可多得的重要文献。

关照中国现实：以理论研究反哺改革实践

一如当年选择产业问题作为博士论文题目的初心，周振华教授的学术研究从不隐于"象牙塔"，而是始终观照中国现实。周振华不仅致力于以产业经济学为主的本土经济学研究的发展进步，而且致力于社会经济本身的发展进步，90年代中后期开始，他的研究更是紧接上海发展的"地气"。在当时开展的"迈向21世纪的上海"大讨论中，周振华的研究贡献主要在于分析了世界经济重心东移和新国际分工下的产业转移，为上海确立"四个中心"建设战略目标提供背景支撑。在洋山深水港建设前期论证研究中，周振华通过分析亚洲各国争夺亚太营运中心的核心内容及基本态势，论证了加快洋山深水港建设的必要性和紧迫性，并评估了优势与劣势条件。在此期间，周振华还先后承接和完成了一批国家及市级的重大研究课题，凭借深厚的理论功底、广阔的学术视野，在完成这些问题导向的课题的同时，也在核心期刊上发表了相关课题的系统化和学理化研究成果，如"城市综合竞争力的本质特征：增强综合服务功能""流量经济及其理论体系""论城市综合创新能力""论城市能级水平与现代服务业"等。

2006年，周振华调任上海市人民政府发展研究中心主任，其工作重心转向政策研究和决策咨询，但他的学术研究也一直在同步延伸。前述已提及的《服务经济发展：中国经济大变局之趋势》一书，即是周振华在发展研究中心时期写成的又一部学术力作。

该书的研究对象主要是服务经济之发展，涵盖工业经济与服务经济两个不同社会经济形态中的“孕育脱胎”发展和成熟化发展。在书中,周振华首先从理论上回答了“何为服务经济”的一般性问题;其次,通过对服务经济发展动因及其作用机制的分析,揭示了服务经济演进轨迹及发展趋势性特征,回答了“服务经济从何处来”的问题,从而构建了服务经济发展的一般理论分析框架。在这一理论框架下,通过中国案例分析了影响服务经济发展的若干重要变量,尤其是结合中国实际情况剖析了发展战略及其模式、市场基础、制度政策环境等对服务经济发展的影响,以及服务经济发展中固有的非均衡增长问题。进一步地,从未来发展的角度,探讨发展转型与改革深化、信息化创新和国际化等重大问题,从而回答了“如何促进服务经济发展”的现实问题。

要而言之,《服务经济发展》的理论建树与学术价值在于从社会经济形态的层面来研究服务经济发展,从世界(一般)与中国(特殊)两个维度进行服务经济发展的交互分析,并立足中国发展阶段来认识与理解服务经济,扩展与充实了服务经济一般理论框架,使其具有更好的适用性和解释力,而且也为进一步探索如何促进中国服务经济发展提供了重要线索和思路。当前,中国仍处在工业化中期向后期过渡阶段,工业发展及其比重在国民经济中仍居主导地位。作为在2010年代上半期完成的关于中国服务经济发展的理论研究成果,该书再次体现了周振华出色的学术前瞻力与洞见力。该书2014年出版之后,获国际著名学术出版机构施普林格(Springer)青睐,于翌年出版发行了英文版。

在改革开放30年和40年的两个节点,周振华教授先后牵头,组织上海大批专家学者开展相关研究,分别形成《上海:城市嬗变及展望》(三卷本)和《上海改革开放40年大事研究》(12卷本)重大理论成果。2010年出版的《上海:城市嬗变及展望》对上海建埠以来的历史、现状、未来开展系统研究,以翔实的史料、清晰的脉络和开阔的视野,全面记录了改革开放前后两个30年上海这座城市所发生的深刻变化,整体勾勒了未来30年上海发展的远景。该三卷本获上海市第十一届哲学社会科学优秀成果奖著作类一等奖。2018年出版的《上海改革开放40年大事研究》以时间为经线、事例为纬线,抓住敢为天下先的大事,体现勇于探索实践的创新,反映上海改革开放的历程,凸显中国特色、上海特点和时代特征。该丛书是改革开放40年之际的首套大规模、成系统的地方性改革开放研究丛书,获得新华社、人民日报等主流媒体多方位报道。2019年1月30日,《中国新闻出版广电报》刊发关于该研究成果的头版文章《〈上海改革开放40年大事研究〉:讲理论说案例,展现排头兵先行者足迹》。周振华还执笔其中的第一卷,即丛书总论性质的《排头兵与先行者》一书。

这两套关于上海改革开放实践的代表性理论专著,不仅具有重要的历史价值,而且具有承前启后、继往开来的重大现实意义,为上海和全国不断全面深化改革,推动经济与社会发展,提供了坚实的学术支撑和理论支持。

填补理论空白:奠定全球城市研究领域学术地位

在2007年《崛起中的全球城市》完成之后,2017年,周振华教授立足中国发展模式及上海发展路径的研究成果《全球城市:演化原理与上海2050》出版。这部"十年磨一剑"的著作对全球城市内涵进行了系统化、范式化的研究,建构了全球城市演化的理论框架。

全球城市领域的既有文献几乎都聚焦于既定(已经形成)的全球城市上,探讨其在经济全球化中的地位与作用、所具备的主要功能及其通过什么样的运作方式发挥等内容,而对"一个城市是怎样成为全球城市的",即全球城市的动态演化这一问题则几无探讨。《全球城市:演化原理与上海2050》突破静态研究范式,充分考虑全球化进程仍在持续、上海等中国大城市正在快速发展的事实,以半部篇幅,从生成、崛起、发展、趋向的动态演化视角,运用演化本体论、演化生态环境、演化物种论、演化动力学、演化模式与形态及空间等理论和方法,来阐释全球城市,揭示全球城市动态过程中的复杂、不确定和非均衡意义。由此,周振华填补了用动态演化框架和演化理论支撑全球城市研究的空白。

在《全球城市:演化原理与上海2050》的下半部分中,周振华把上海作为案例,全面分析了上海全球城市演化的宏观与微观变量,推演了演化可能性,勾勒了上海真正演化为全球城市之后的目标定位、核心功能、空间表现、战略资源等面向。

关于目标定位,周振华提出,就连通性覆盖范围和连接种类范围而言,上海应该成为全球主义取向的综合性全球城市;从位置战略性和网络流动性角度看,应成为高流动的战略性城市;从基于枢纽型的递归中心性与基于门户型的递归权力性位置组合角度看,应成为门户型的枢纽城市。

关于核心功能,周振华认为主要体现为四大功能,即全球价值链管控功能、全球财富管理功能、全球科技创新策源功能、全球文化融汇引领功能。这些功能并非凭空产生，而是基于上海现有城市功能的转换和演进，其具体内涵则会随时间变迁而动态调整。

关于空间扩展，周振华分别从全球城市过程、全球城市区域过程、巨型城市区域过程三个层面展开论述。他提出，在全球城市过程阶段，上海中心城区功能会向郊区延伸，形成具有足够持续性和非常大的内部互联的多中心、多核城市空间结构，新城和新市镇的培育将是关键。在全球城市区域过程阶段，网络关系跨越市域边界向周围邻近地区拓展，很可能演化为形态单中心（上海）与功能多中心相结合的区域空间结构。在巨型城市区域过程阶段，上海全球城市空间向长三角地区更大范围扩展，即向长江三角洲巨型城市区域演化，空间结构仍将是形态单中心和功能多中心，其中存在若干核心城市（南京、杭州、合肥、苏州、宁波等）将共同成为全球资源配置的亚太门户。

在书中，周振华还强调城市演化本质上是基于主体参与者的城市心智进化，因而人力资本是重要的战略性资源。他鲜明地指出了人力资本的"二元结构"，即由"职位极化"带来的"劳动力极化"。除高端专业化人才外，全球城市的知识型全球功能性机构也离不开大量配套性服务人员，包括信息收集处理、办公文档管理等，以及餐饮、交通、快递、家政之类的社会服务人员。此外，周振华也预见了一些值得关注的影响演化全局的问题，比如，土地使用约束趋紧导致的空间拥挤将形成强烈的"挤出效应"，房地产过度依赖，社会极化与城市治理难题，以及生态环境压力等。

《全球城市：演化原理与上海 2050》出版的同时，《崛起中的全球城市：理论框架及中国模式研究》再版。2018 年 4 月，以两部著作发布为契机的"迈向卓越的全球城市：全球城市理论前沿与上海实践"高端研讨会在上海中心成功举办，"全球城市理论之母"萨斯基娅·萨森教授也应邀出席。这次研讨会影响深远，由周振华教授倡导和发展的"全球城市"前沿理论也得到更进一步的传播。

2019 年，周振华教授写就的简明读本《卓越的全球城市：国家使命与上海雄心》及《全球城市：国家战略与上海行动》出版。这两本书化抽象的概念范畴为具象化的内容，化繁杂的理论验证为简明扼要的推论，化学术语境的规范表述为浅显易懂的表达，以通俗的话语解读了上海建设卓越全球城市的历史必然性、所承载的国家战略使命、面临的时代新命题，以及如何破题书写历史新篇章等等。由此，"全球城市"理论、理念的传播，面向了更广泛的群体，为非专业领域的受众提供了全球城市理论的基本常识。正是在周振华不遗余力地引介、发展、推广下，“全球城市”理论在国内从学术前沿层面逐步走向理论普及层面。

与此同时，在完成引进理论的“本土化”之后，中国学者的“全球城市”研究成果成功“走出去”。继《崛起中的全球城市》出版英文版之后，《全球城市：演化原理与上海 2050》英文版也由世界知名学术出版商世哲(Sage)出版发行。周振华教授跨越数十年学术努力，为国内学界、政界创造国际化语境，构建中国学术界与国际同行或政府间交流话语权的学术初心初步实现。

在潜心完成“全球城市”理论的本土化工作和基本理论体系的构建之后，周振华教授着力开展多维度的深化研究，继续推动“全球城市”理论的发展和“全球城市”实践的进程。2018 年正式退休后，周振华即出任新成立的上海全球城市研究院院长，创办并主编《全球城市研究》季刊。在周振华的带领下，研究院坚持面向全球、面向未来，对标国际最高标准、最好水平，整合和运用多方面研究力量，开展对全球城市发展的跟踪研究，为以上海为代表的超大特大城市的发展和更新，在学术理论层面、实践经验层面、政策建议层面，提供了诸多新理念、新方法、新思路。代表性的成果包括三大标志性年度报告即《全球城市发展报告》《全球城市案例研究》和《全球城市发展指数》，《上海都市圈发展报告》系列，《全球城市经典译丛》系列，等等。

其中，三大年度标志性报告围绕“增强全球资源配置功能”“全球化战略空间”“全球化城市资产”“城市数字化转型”“全球网络的合作与竞争”等各年度主题，基于国内外相关理论成果、丰富的案例和扎实的数据资料，以图文并茂的呈现形式，发展全球城市前沿理论，总结全球城市实践经验，提出全球城市建设策略。由周振华教授设定的各年度主题，都紧扣“全球城市”概念所强调的特质，也就是“全球城市”不同于“国际大都市”“世界城市”等传统说法而具有的特质。多年来，周振华教授始终致力于“全球城市”这一概念在国内生根发芽，主张使用“全球城市”的提法和观点，强调以上海为代表的国内特大型城市在建设发展中，其核心功能并不在于财富、资本、跨国公司总部的单纯积累，而是在于资金、人才等要素的进出的流量、连通性与平台功能，在于生产者服务业的发展，在于萨斯基亚·沙森教授所提出的“中介化”功能。

2022 年，由周振华教授领衔的“以全球城市为核心的巨型城市群引领双循环路径研究”获国家哲社重大课题立项。至此，周振华教授在产业经济学、全球城市理论等领域的研究成果愈加丰富立体，学术贡献不断突破，学术境界再上新高度。

以上概要评述了周振华教授40年来的主要学术贡献，这些学术贡献既为中国经济发展提供了坚实的学术支撑，也为中国发展自己的哲学社会科学理论提供了丰厚的积淀。与此同时，我们从中既可以窥见周振华教授的超前学术思维、极度开阔的学术视野、对现实问题的超强敏锐度，以及广纳厚积的学术功力，也能真切感受到周振华教授所坚守的学术关怀与学术精神。

（忻雁翔整理）

后 记

近大半年时间，断断续续在做这套学术文集的整理和编纂工作，似乎并没有太多兴奋与激情，反而有一种“年在桑榆间，影响不能追”的落寞，叹人生一世，去若朝露晞。但不管怎样，这套学术文集凝结了自己毕生心血，又即将面世，不免感慨万端。借此后记，有感而发，略表心声。

一个突如其来的惊喜。也许，当初并没有在意，或已习惯“挥手过去”，没有完整存留数十年来的研究成果，更未想过有朝一日汇编为一整套的学术文集。当格致出版社忻雁翔副总编辑提出要汇编出版这套学术文集时，我一时愣然，惊喜之余，又有点不知所措。首先想到一个问题，这能行吗？这并不是担心成果数量能否形成文集规模，而是顾虑成果质量是否有汇编为文集的价值。毕竟这些作品，早的都已过去三十多年，近十年的也在快速“折旧”，赶不上时代迅速变化啊！忻总解释道，我们翻阅过，一些早期作品的主要观点在当时是比较超前的，为此还曾多次再版，不仅有历史价值，也有现实意义。随之，我又有点畏难，数十年的成果收集和整理势必琐碎，要花费太多时间与精力。忻总说，在我们这里出版的大部分著作，存有电子版，那些早期或在别处出版的著作，可以由专业排版人员做先期录入；你只要负责归类与编排，以及内容补充与修改完善即可。接着，我开玩笑地问道，现在汇编出版这套学术文集是否早了点，说不定以后还会有新的作品呢。忻总答，没关系，有了新的作品，以后再加进文集中去。至此，我才开始着手成果整理和编纂。应该讲，格致出版社和上海人民出版社是此事的始作俑者，是他们的大胆设想和务实精神促成了这套学术文集的诞生。

一种发自内心的感激。对于学者来说，出版社及编辑是“伯乐”之一。他们见多识广，博洽多闻，通晓理论前沿，谙熟学术规范。十分幸运，我的大部分专著是在上海三联书店、格致出版社和上海人民出版社，并经少数较固定的责任编辑之手出版的。在与出版社的长期合作中，他们成为我学术生涯中的良师益友。上海世纪出版集团原总裁陈昕将我一些主要著作，如《现代经济增长中的结构效应》《体制变革与经济增长——中国经验与范式分析》《服务经济发展：中国经济大变局及趋势》等列入他主编的“当代经济学系列丛书·当代经济学文库”，其对中国经济学界的发展产生了重大影响。当时，陈昕社长还经常召集“当代经济学文库”的主要作者，举行理论研讨会，激发学者创作热情，促进理论创新，并多次邀请我去世纪出版集团给社领导及编辑讲述最新研究成果，进行学术交流。后来，忻雁翔女士负责编辑出版我的许多专著以及我主编的著作，并多次举办新书发布会，向社会大力宣传和推荐我的新作品。基于对学者研究的长期跟踪和了解，她这次还专门为这套文集撰写了“周振华教授学术贡献梳理”。这种学界与出版界的长期紧密合作与互动，在我身上得到淋漓尽致的体现，对我的学术研究有很大的帮助，成为我学术生涯中不可或缺的重要组成部分。借这套学术文集出版之机，向这些出版社和出版人表示由衷的感谢。

一股由来已久的感动。在我的学术生涯中，虽然长期坐“冷板凳”，但我并不感到孤独与寂寞。这一路上，不乏“贵人”和“高人”指点迷津和遮风挡雨，得到陈征、胡迺武恩师以及张仲礼、袁恩桢、张继光等学术前辈的惜护与栽培，得到中学老师王佩玉、香兰农场党委书记刘荣栻等长期关心和教导。这一路上，最不缺的，是一大批风雨同舟、枝干相持的朋友。大学时期和读硕、读博时期的同窗好友，他们“书生意气，挥斥方遒”的风华，时时感召和激励着我。南京大学、上海社科院的同仁，以及一大批在学术领域一起合作过的专家学者，他们“才华横溢，竿头日进”的风采，极大促动和鞭策着我。上海市政府发展研究中心、上海发展战略研究所和上海全球城市研究院的同事挚友，他们“将伯之助，相携于道”的风尚，深深感动和温暖着我。我真切地看到，在这套学术文集中处处闪现他们留下的身影，有对我的鼓励、启发，有对我的批评、促进，也有对我的支持和帮助。当然，在这当中，也少不了父母大人、爱人秦慧宝、女儿周凌岑等家人的理解和支持，少不了他们所作出的无私奉献。借此机会，一并向他们表示深深的敬意和感谢。

一份意想不到的收获。原以为文集编纂比较简单，主要是根据不同内容构建一个框架。然而，实际做起来，便发现了问题，即已出版的著作并不能反映全部研究成果，致使呈现的学术研究不连贯，从而有必要把一些重大课题研究成果补充进去，作为学术研究的重要组成部分。为此，在这方面我下了较大功夫，进行系统收集、整理、归类乃至个别修改，有的补充到原有著作中去，有的经过系统化独立成册。“产业卷”的三本中，除《现代经济增长中的结构效应》外，《产业结构与产业政策》由原先出版的《产业结构优化论》和《产业政策的经济理论系统分析》汇编而成；《产业融合与服务经济》由原先出版的《信息化与产业融合》和《服务经济发展：中国经济大变局及趋势》汇编而成。“中国经济卷”的三本中，除《体制变革与经济增长》外，《市场经济与结构调整》由新编的“市场经济及运作模式”和“结构调整与微观再造”两部分内容构成；《经济运行与发展新格局》由历年《中国经济分析》中我个人撰写章节的汇编内容和“经济发展新格局”新编内容共同构成。“上海发展卷”的三本中，《增长方式与竞争优势》由原先出版的《增长方式转变》一书和基于重大课题研究成果新编的“竞争优势、现代服务与科技创新”两部分内容构成；《改革开放的经验总结与理论探索》在原先出版的《排头兵与先行者》一书基础上，增加了一部分新内容；《创新驱动与转型发展：内在逻辑分析》是基于重大课题研究成果和有关论文及访谈的新编内容。“全球城市卷”的三本中，除了《全球城市：演化原理和上海 2050》外，《全球城市崛起与城市发展》由原先出版的《崛起中的全球城市：理论框架及中国模式研究》和《城市发展：愿景与实践——基于上海世博会城市最佳实践区案例的分析》汇编而成；《迈向卓越的全球城市》由原先出版的《全球城市：国家战略与上海行动》和《卓越的全球城市：国家使命与上海雄心》，以及新编的“全球城市新议题”板块汇编而成。这样一种整理和补充，虽然又花费了不少功夫，但完善了整个学术研究过程及其成果，梳理出了一以贯之的主线及融会贯通的学术思想，四卷内容得以有机串联起来。在此过程中，通过全面回顾个人学术生涯的风雨与坎坷，系统总结学术研究的经验与教训，认真反思研究成果的缺陷与不足，使自己的学术情怀得以释放，学术精神得以光大，学术思想得以升华。

一丝踟蹰不安的期待。按理说，学术文集也应当包括学术论文的内容。无奈时间较久，数量较多，且散落于众多刊物中，平时也没有存留，收集起来难度很大，故放弃了。这套学术文集主要汇编了一系列个人专著及合著中的个人撰写部分，如上已提及的，分为“产业卷”“中国经济卷”“上海发展卷”“全球城市卷”，每卷之下安排三本书，总共 12 本。这套学术文集纵然是历经艰辛、竭尽全力的心血结晶，也希望出版后能得到广大读者认可并从中有所收获。但贵在自知之明，我深知这套学术文集存在的不足，如有些观点陈旧过时，有些分析比较肤浅，有些论证还欠充分，有些逻辑不够严密，有些判断过于主观，有些结论呈现偏差。在学术规范与文字表述上，也存在不少瑕疵。因此，将其奉献给读者，不免忐忑，敬请包涵，欢迎批评指正。

周振华

2023 年 7 月

图书在版编目(CIP)数据

产业结构与产业政策/周振华著.—上海:格致
出版社:上海人民出版社,2023.8
(周振华学术文集)
ISBN 978-7-5432-3463-5

Ⅰ.①产… Ⅱ.①周… Ⅲ.①产业结构-关系-产业
政策-研究-中国 Ⅳ.①F121.3 ②F269.22

中国国家版本馆 CIP 数据核字(2023)第 090011 号

责任编辑 忻雁翔
装帧设计 路 静

周振华学术文集
产业结构与产业政策
周振华 著

出 版 格致出版社
上海人民出版社
(201101 上海市闵行区号景路 159 弄 C 座)
发 行 上海人民出版社发行中心
印 刷 上海盛通时代印刷有限公司
开 本 787×1092 1/16
印 张 32.25
插 页 8
字 数 522,000
版 次 2023 年 8 月第 1 版
印 次 2023 年 8 月第 1 次印刷
ISBN 978-7-5432-3463-5/F·1506
定 价 178.00 元

周振华学术文集

产业卷

1. 产业结构与产业政策
2. 现代经济增长中的结构效应
3. 产业融合与服务经济

中国经济卷

4. 市场经济与结构调整
5. 体制变革与经济增长
6. 经济运行与发展新格局

上海发展卷

7. 增长方式与竞争优势
8. 改革开放的经验总结与理论探索
9. 创新驱动与转型发展:内在逻辑分析

全球城市卷

10. 全球城市崛起与城市发展
11. 全球城市:演化原理与上海 2050
12. 迈向卓越的全球城市